John F. MacArthur

Lass mich zu Dir kommen

… jeden Morgen neu

clv
Christliche
Literatur-Verbreitung e.V.
Postfach 11 01 35 · 33661 Bielefeld

1. Auflage 1999

Originaltitel: Drawing Near

Erschienen bei Crossway Books, Wheaton, Illinois

Postfach 11 01 35 · 33661 Bielefeld
Übersetzung: Hermann Grabe
Satz: CLV
Umschlag: Dieter Otten, Gummersbach
Druck und Bindung: Ebner Ulm

ISBN 3-89397-375-3

Einführung

Im Laufe meines Dienstes haben mich unzählige Leute gefragt, wie man die Bibel studieren sollte. Wann, wie und warum sie es tun sollten, waren einige der hauptsächlichen Fragen. Obwohl das alles wichtig ist, kommt man nicht an der schlichten Tatsache vorbei: Wichtiger als alles andere ist, dass man es überhaupt tut. Unser Christsein hängt davon ab.

Wirkliches geistliches Wachstum findet nur statt, wenn wir uns täglich dem Wort Gottes aussetzen. Der Apostel Petrus drückt das so aus: »Wie neugeborene Kindlein seid begierig nach der vernünftigen, unverfälschten Milch, auf dass ihr durch dieselbe wachst zur Errettung« (1. Petr. 2,2). Ich habe entdeckt, dass, je länger und intensiver und demütiger ich die Herrlichkeit Jesu Christi in den Blättern der Heiligen Schrift betrachte, umso mehr der Geist Gottes mein Leben in das Bild Christi umgestaltet. Aber da gibt es keine Abkürzungen. Wenn du und ich zur Reife und zu schließlicher Umgestaltung wachsen wollen, müssen wir das Wort in uns aufnehmen!

Leider setzt unsere unterhaltungsbewusste, Instant- und Fast-food-Gesellschaft alles daran, keine Zeit für das Bibelstudium zu erübrigen. Wie du sicher von deinen eigenen Bemühungen weißt, ist Bibelstudium oft nicht unterhaltsam, sondern Schwerarbeit. Es erfordert Disziplin, täglich die Zeit bereitzustellen, damit man die Früchte ernten kann, die ein solches Studium zu bieten hat. Du bist wahrlich nicht der Einzige, der Schwierigkeiten hat, wenn er sich vornimmt, mit dem Bibelstudium zu beginnen und wirklich zu lernen, was Gott dir sagen will. Ohne eine gewisse Planung wird man schnell frustriert und gibt vielleicht schon nach ein, zwei Tagen auf. Hier nun möchte das vorliegende Werk helfen.

Seit vielen Jahren hatte ich den Wunsch, ein Buch zu verfassen, das als tägliche Andachtshilfe zu brauchen wäre, das allerdings deutlich mehr bieten sollte, als die typischen thematischen und aktuellen Anmerkungen der meisten Andachtsbücher. Es müsste auch das widerspiegeln, um was es mir geht: das In-die-Tiefe-Dringen bei der Bibelauslegung. Und gerade das tut dieses Buch, indem es die Hauptgedanken meiner jahrelangen Belehrungen aufnimmt.

Diese Andachten sind zum Gebrauch an 365 Tagen des Jahres gedacht. Jeder Monat wird durch ein ganzes Kapitel oder einen zusammenhängenden Bibelteil führen, wobei es täglich um einen oder zwei Verse gehen wird. Wer ein Jahr lang dieses Material studiert hat, wird eine stabile Vorstellung von vielen der großen biblischen Wahrheiten gewonnen haben.

Aber dies ist nicht nur eine intellektuelle Übung. Der wahre Nutzen des Bibelstudiums liegt in der praktischen Anwendung der gewonnenen Erkenntnisse. So wirst du merken, wenn du dich von Vers zu Vers durch einen Abschnitt arbeitest, dass jeder Tagestext direkt auf deine Lebenspraxis einwirken möchte.

Um wirklich etwas davon zu haben, ist es unbedingt erforderlich, dass du das notwendige Opfer bringst, tatsächlich das sein zu wollen, was Gott von dir haben will. Mir war immer klar, dass der erste Schritt zur Selbstdisziplin darin besteht, klein anzufangen. Setzt man sich ein erreichbares Ziel, so bringt man etwas zustande und sei es noch so wenig. Das gibt dann Mut, sich an größere Dinge zu wagen. Beginne also deine Studien mit einem begrenzten Ziel. Jede Tagesandacht ist kurz genug, dass du den Bibelabschnitt und die Auslegung lesen kannst und dann noch Zeit zum Beten hast.

Die ersten paar Tage und Wochen sind entscheidend, wenn man sich das tägliche Bibelstudium zur Gewohnheit machen will. Wenn man sicherer im Sattel sitzt, möchte man die Zeit ausdehnen und weitergehende Studien anschließen. Sicher wirst du selbst andere Stellen finden, die zu dem Thema gehören. Lass dich nicht von diesem Buch einschränken, folge dem, was der Herr dir sagt.

Wenn du dieses Buch täglich gebrauchst, wirst du lernen, selbständig mit der Bibel umzugehen und die Fertigkeiten zu entwickeln, die du nötig hast, um den Reichtum und die wunderbaren Wahrheiten der Bibel selbst zu entdekken. Wenn du dich immer wieder dem Worte Gottes aussetzt, so übt dich das, biblisch zu denken, und das ist es letztlich, was dein geistliches Leben verändert. Der angefügte Bibel-Leseplan wird dich innerhalb eines Jahres durch die ganze Bibel führen.

Ich bete darum, dass du jemand wirst, der »in das vollkommene Gesetz, das der Freiheit, nahe hineingeschaut hat und darin bleibt, indem er nicht ein vergesslicher Hörer, sondern ein Täter des Werkes ist« (Jak. 2,25). Möge dies Andachtsbuch eine starke Ermutigung zu diesem Ziel sein!

John F. MacArthur

Wonach wird der Erfolg gemessen? 1. Januar

»Paulus, Apostel Jesu Christi nach Gottes Willen, den Heiligen und Treuen in Christus Jesus, die in Ephesus sind« (Eph. 1,1).

Gott interessiert sich mehr für deine Treue als für deine Leistungen.

Unsere Gesellschaft ist leistungsorientiert. Wir mögen Erfolgsstorys. Wir haben lauter Fernsehprogramme, die den Lebensstil der Reichen und Berühmten anpreisen. Aber Gottes Vorstellung vom Erfolg ist ganz anders. Völlig unbeeindruckt von unserem Status oder Reichtum legt Er stattdessen Wert darauf, dass wir seinem Willen gegenüber Treue beweisen.

Paulus hatte diesen Grundsatz verstanden und folgte mit großem Eifer seiner Berufung als Apostel – das waren die einzigartigen Männer, die den Grundstein zur Kirche legten, die das Neue Testament empfingen, lehrten und niederschrieben. Das war eine hohe Berufung und doch, betrachtete man den Lebensstil des Paulus, so werden ihn die wenigsten Leute als erfolgreich bezeichnet haben – ging er doch durch Gefängnisse, Schläge, Todesdrohungen, Schiffbrüche, Überfälle, Gehässigkeiten seiner theologischen Gegner, durch schlaflose Nächte, Hunger und Durst und war oft den Elementen schutzlos ausgeliefert (2. Kor. 11,23-27). Aber nichts konnte ihn davon abhalten, den Willen Gottes zu tun. Am Ende bekannte er: »Ich habe den guten Kampf gekämpft, ich habe den Lauf vollendet, ich habe den Glauben bewahrt« (2. Tim. 4,7). Das ist wahrer Erfolg!

Obwohl wir keine Apostel sind, müssen wir dem Beispiel der Treue des Paulus folgen (1. Kor. 11,1). Das ist möglich; denn wir sind – wie die ephesischen Gläubigen – »Heilige und Treue in Christus Jesus« (Eph. 1,1). Durch die Gnade Gottes haben wir unser Vertrauen auf Christus als unseren Herrn und Erretter gesetzt (Eph. 2,8-9), haben Seine Gerechtigkeit erhalten (Phil. 3,9) und Seinen Geist (Eph. 3,16) und alles, was wir zum Treuehalten nötig haben (Eph. 1,3).

Was übrig bleibt, ist, mehr Liebe zu Christus und beständigeren Gehorsam gegenüber Seinem Wort zu kultivieren. So sehen die Kennzeichen eines wahren Jüngers und Gottes Maßstäbe für den Erfolg aus. Setze dir für heute zum Ziel, dass dein Leben dem Lob des Herrn entspricht: »Wohl, du guter und treuer Knecht!« (Matth. 25,21).

Zum Gebet: Danke Gott für Seine wunderbare Gnade, durch die Er dich der Errettung und aller geistlichen Hilfsquellen hat teilhaftig werden lassen. · Danke Ihm für Sein Wort, durch das Er dich die Grundsätze eines heiligen Lebens lehrt. · Bitte Ihn um Möglichkeiten, heute die Treue anderer zu stärken.

Zum Bibelstudium: Lies Epheser 1,3-4; Titus 2,11-12. · Was ist das Ziel der Errettung? · Lebst du täglich im Lichte dieses Zieles?

Ziel: Daß wir heilig u. untadelig vor ihm sein sollten

»Gnade euch und Friede von Gott, unserem Vater, und dem Herrn Jesus Christus!« (Röm. 1,7).

Wahrer Friede ist Gottes Gabe für alle, die Ihn lieben und Ihm gehorchen.

Zu allen Zeiten haben die Menschen Frieden zu schaffen gesucht, indem sie Militärblöcke, Machtgleichgewichte und Bündnisse bildeten. Doch ist der wirklich dauerhafte Frieden ein Wunschtraum geblieben. Selbst in Zeiten relativen Friedens haben die Völker mit Streitereien und Verbrechensbekämpfung zu tun.

Die Bibel sagt, der Mensch könne von sich aus nicht wissen, was Frieden ist, weil er von dessen Quelle abgeschnitten ist. Doch brauchen wir nicht zu verzweifeln. Wahrer Frieden ist unmittelbar von Gott, unserem Vater, zu haben (Er ist der »Gott des Friedens« [Röm. 15,33]) und von dem Herrn Jesus Christus (Er ist der »Friedefürst« [Jes. 9,6]). Frieden ist eine göttliche Gnadengabe für solche, die Ihn lieben und Ihm gehorchen.

Das Neue Testament lehrt den unauflöslichen Zusammenhang zwischen Gottes Gnade und Liebe so deutlich, dass man sich allgemein in der frühen Christenheit mit »Gnade euch und Frieden« begrüßte. Gnade ist Gottes große Freundlichkeit gegenüber solchen, die Seine Gunst nicht verdient hatten, aber ihr Vertrauen auf Jesus Christus setzten. Sie ist die Quelle, aus der der Frieden strömt. Als Empfänger Seiner Gnade haben wir »Frieden mit Gott« (Röm. 5,1); wir sind versöhnt mit Ihm durch den Glauben an Seinen Sohn und wir werden niemals unter Seinen Zorn geraten. Wir besitzen außerdem den »Frieden Gottes« (Phil. 4,7). Durch ihn versichert uns der Heilige Geist, dass Gott alles in Seiner Hand hat, auch in den schwierigsten Umständen. Darum nennt Paulus ihn den Frieden, der »allen Verstand übersteigt« (Phil. 4,7).

Der Frieden in dieser Welt ist nur bedingt und unbeständig, weil er durch die Verhältnisse bestimmt wird. Gottes Friede ist absolut und ewig, weil er von Seiner Gnade abhängt.

Regiert der Friede Gottes dein Herz oder hast du der Sünde oder schwierigen Verhältnissen erlaubt, deiner Ergebung an Christus Abbruch zu tun?

Zum Gebet: Danke Gott, dass du mit Ihm Frieden hast durch den Glauben an Jesus Christus. · Bitte Gott, dass Er dir durch Seinen Geist jede Sünde zeigt, die dich hindert, dass Gottes Frieden dein Herz regiert. Sei sofort zu Bekenntnis und Buße bereit. · Bitte Gott um die Möglichkeit, den Frieden Gottes heute andere Menschen erfahren zu lassen.

Zum Bibelstudium: Lies Philipper 4,6-7. · Wie heißt Gottes Mittel gegen die Angst? · Wie wirkt sich der Friede Gottes auf Herz und Gemüt des Gläubigen aus?

»Gesegnet sei der Gott und Vater unseres Herrn Jesus Christus, der uns gesegnet hat …« (Eph. 1,3).

Wenn wir Gott segnen, tun wir es mit den Worten des Lobes; wenn Er uns segnet, tut Er es durch Erweisung Seiner Freundlichkeit.

Die kurze Doxologie (Lobpreis) des Paulus zeigt uns Gott, den Vater, als den, von dem aller Segen ausgeht und der allen Segen entgegennimmt. Er ist es, dem aller Segen zugeschrieben wird und der allen Segen denen austeilt, die Ihn lieben.

»Segnen« ist die Übersetzung des griechischen Wortes *eulogeoo,* das wörtlich »wohlreden« bedeutet. Gott zu segnen bedeutet, Ihn wegen Seiner mächtigen Taten und Seines heiligen Wesens zu loben.

Das sollte aus deinem und meinem Herzen hervorkommen, wie es auch bei den Gläubigen zu allen Zeiten geschehen ist. Der Psalmist sagte: »Gepriesen sei der HERR, Gott, der Gott Israels, der Wunder tut, er allein!« (Ps. 72,18). Petrus schreibt: »Gepriesen sei der Gott und Vater unseres Herrn Jesus Christus, der nach seiner großen Barmherzigkeit uns wiedergezeugt hat zu einer lebendigen Hoffnung durch die Auferstehung Jesu Christi aus den Toten« (1. Petr. 1,3).

Umgekehrt, wenn Er uns segnet, tut Er es nicht durch Lob, weil außerhalb Seiner selbst nichts Lobenswertes an uns ist. Stattdessen lässt Er uns die unverdiente Wohltat Seiner vielen Werke der Freundlichkeit zuteil werden. Die Heilige Schrift beschreibt Ihn als die Quelle alles Guten (Jak. 1,17), als Den, der alles zu unserem Guten und zu Seiner Verherrlichung mitwirken lässt (Röm. 8,28).

Das ist nur die Zusammenfassung all der vielen Segnungen, mit denen Er uns in Seinem Sohn, Jesus Christus, überschüttet. Das ist ein wunderbarer Kreis: Gott segnet uns mit freundlichen Taten und wir segnen Ihn mit Worten des Lobes.

Gott möge uns vor der Sünde der Undankbarkeit bewahren! Denke an Gottes Segnungen in deinem Leben und lass Ihn Herz und Lippen mit demütigem, wahrhaftigem Lob erfüllen!

ZUM GEBET: Mache dir zehn besondere Segnungen deutlich, die Gott dir in jüngster Zeit gewährt hat und danke für jede extra. · Bitte Ihn, dass dir Seine Güte in deinem Leben deutlicher bewusst und du dankbarer wirst. · Sei immer bereit, um Vergebung zu bitten, wenn du Seine Segnungen für selbstverständlich hingenommen hast!

ZUM BIBELSTUDIUM: Lies Psalm 103. · Welche Segnungen erwähnt David? · Findest du sie auch in deinem Leben?

»Gott … hat uns gesegnet mit jeder geistlichen Segnung« (Eph. 1,3).

Als Christ besitzt du alle geistlichen Kraftquellen, die du brauchst, um Gottes Willen in deinem Leben zu erfüllen.

Von einem wohlhabenden Londoner Geschäftsmann wird erzählt, dass er viele Jahre nach seinem fortgelaufenen Sohn gesucht hat. Eines Nachmittags, als er gerade in die Stadt fahren wollte, erblickte er eine in schmutzige Lumpen gehüllte Gestalt, die auf dem Bahnsteig die Reisenden anbettelte. Zuerst wollte er den Bettler übersehen, doch dann kam ihm dieser seltsam bekannt vor.

Als der Bettler bei ihm war und fragte, ob er einige Schillinge entbehren könne, merkte der Geschäftsmann, dass er seinen lang vermissten Sohn vor sich hatte. Mit Tränen in den Augen und großer Freude in der Stimme nahm er ihn in die Arme: »Ein paar Schillinge? Du bist mein Sohn – alles ist dein!«

So geht es manchen Christen, die nicht wissen oder fahrlässig vergessen haben, welche Schätze sie besitzen. Sie sind Königskinder und leben wie geistliche Bettler.

Paulus sagt wiederholt, dass wir als Gläubige alles besitzen. In Kolosser 2,10 erklärt er, dass wir »in Christus vollendet« sind. In Philipper 4,13.19 sagt er: »Alles vermag ich in dem, der mich kräftigt … Mein Gott wird alle eure Notdurft erfüllen nach seinem Reichtum in Herrlichkeit in Christus Jesus.« Und Petrus fügt hinzu, dass »seine göttliche Kraft uns alles in Betreff des Lebens und der Gottseligkeit geschenkt hat« (2. Petr. 1,3).

Das in Epheser 1,3 mit »geistlich« übersetzte Wort spricht von der Arbeit des Heiligen Geistes. Jede Segnung, sei sie materiell oder immateriell, hat Gott zum Ursprung.

Als Christ bist du im Besitz jeder geistlichen Kraftquelle, die du brauchst, um in deinem Leben Gottes Willen zu erfüllen. Du brauchst z. B. nicht um mehr Liebe zu beten; denn Er hat bereits Seine Liebe in dein Herz ausgegossen durch den Heiligen Geist (Röm. 5,5). Das Gleiche gilt von der Freude (Joh. 15,11), dem Frieden (Joh. 14,27), der Kraft (Phil. 4,13) und von allem, was du nötig hast.

Der Schlüssel zu Wachstum und Sieg liegt darin: Man muss das anwenden lernen, was man bereits hat, man braucht nichts Neues zu suchen.

ZUM GEBET: Danke Gott für die überfließenden geistlichen Vorräte. · Bitte Ihn, dir zu helfen, diese weise und beständig zu nutzen!

ZUM BIBELSTUDIUM: Lies Matthäus 6,25-34 und Philipper 4,6-8. · Welche spezifischen Verheißungen gibt Gott in diesen Abschnitten? · Was erwartet Er von dir?

»Gott … hat uns gesegnet mit jeder geistlichen Segnung in den himmlischen Örtern« (Eph. 1,3).

Christen haben eine doppelte Staatsbürgerschaft. Wir sind Bürger dieser Erde, aber wichtiger ist, dass wir auch Himmelsbürger sind.

Es heißt, einige Christen hätten eine himmlische Gesinnung, sie taugten nicht für diese Welt. Aber meistens gilt das Gegenteil. Viele Christen sind so verliebt ins Diesseits, dass sie gar nicht mehr nach dem Himmel ausschauen. Alles, was sie wünschen, haben sie hier schon. Die Gesundheits-, Reichtums- und Fortschrittslehre hat sie so sehr überzeugt, Christen könnten all das haben, dass sie nun mit aller Gewalt für dies »gute Leben« arbeiten.

Trotz dieses weitverbreiteten Denkens hat der alte Negro-Spiritual Recht, wenn er sagt: »Diese Welt ist meine Heimat nicht, ich wand're nur hindurch.« Paulus erinnert uns in Philipper 3,20 an diese Wahrheit: »Unser Bürgertum ist in den Himmeln, von woher wir auch den Herrn Jesus Christus als Heiland erwarten.« Darum nun müssen wir unseren Sinn auf die himmlischen, nicht auf die irdischen Dinge richten (Kol. 3,1-2). Unsere tiefste Freude und unsere höchsten Erwartungen sollten sich dorthin richten. Unsere Handlungen und Entscheidungen sollten das Ergebnis himmlischer Prioritäten und nicht irdischer Selbstgefälligkeit sein.

Obwohl wir in einer sündenbefleckten Welt leben und immer gegen verderbliche Einflüsse zu kämpfen haben, lässt Gott uns nicht zuschanden werden. Er verleiht uns alle Rechte und Privilegien unserer himmlischen Bürgerschaft. Lass dich durch diese Versicherung heute ermutigen, zu Seiner Ehre zu leben und auf Seine himmlische Vorsorge zu vertrauen. Achte darauf, dass unreine Hoffnungen und deiner unwürdige Anstrengungen dich nicht vom himmlischen Ziel abbringen.

ZUM GEBET: Sage Jesus, wie dankbar und voll Jubel du bist, weil Er dir eine Wohnung im Himmel bereitet hat (Joh. 14,1-3). · Bitte um ein stärkeres Bewusstsein davon, dass die Werte in dieser Welt vergänglich sind, während die Werte der zukünftigen Welt alles überdauern (1. Joh. 2,17).

ZUM BIBELSTUDIUM: Lies Offenbarung 4,5-11. · Womit sind die Himmelsbewohner vor allem beschäftigt? · Nenne einige der himmlischen Segnungen.

Gott ... hat uns gesegnet mit jeder geistlichen Segnung in den himmlischen Örtern in Christus« (Eph. 1,3).

Christentum ist nicht einfach ein Glaubenssystem – es ist eine völlig neue Identität.

Viele Leute sind der irrtümlichen Ansicht, es sei einerlei, was man glaubt, weil am Ende alles zum gleichen spirituellen Ziele führe.

Aber solch ein Denken ist barer Unsinn, weil uns die Bibel erklärt, dass niemand zu Gott kommt, außer durch Jesus (Joh. 14,6). Er ist die einzige Quelle der Errettung (Apg. 4,12) und Er allein ist stark genug, uns zu erlösen und für immer in Sicherheit zu bringen (Joh. 10,28).

Jeder Christ hat einen selbstverständlichen Anteil an der übernatürlichen Vereinigung mit Christus. Paulus sagte: »Wer aber dem Herrn anhängt, ist ein Geist mit ihm« (1. Kor. 6,17). Wir sind in Ihm und Er ist in uns. Sein Leben erfüllt uns durch Seinen Geist, der in uns wohnt (Röm. 8,9).

Als Nichtchrist bist du in den Fesseln des Bösen (Röm. 3,10-12), dem Willen Satans versklavt (2. Kor. 5,17) und ohne Hoffnung (Eph. 2,12). Doch im Augenblick der Errettung trat ein dramatischer Wechsel ein. Du wurdest eine neue Schöpfung in Christus (2. Kor. 5,17), in Ihm lebendig gemacht (Eph. 2,5), Gottes Sklave (Röm. 6,22) und Empfänger der göttlichen Gnade (Eph. 2,8). Als du zu Christus kamst, wurdest du »errettet (...) aus der Gewalt der Finsternis und versetzt in das Reich des Sohnes seiner (Gottes) Liebe« (Kol. 1,13). Du besitzt jetzt Seine Gerechtigkeit (2. Kor. 5,21) und hast Anteil an dem ewigen Erbe (Röm. 8,16-17).

Alle diese Segnungen – und noch viele mehr – gehören dir, weil du in Christus bist. Welch eine schwindelerregende Wirklichkeit! In gewisser Weise bist du, was Er ist, hast du, was Er hat und bist du da, wo Er ist.

Wenn der Vater dich sieht, sieht Er dich in Christus und segnet dich dementsprechend. Wenn andere dich sehen, sehen sie Christus in dir? »Lasst euer Licht leuchten vor den Menschen, damit sie eure guten Werke sehen und euren Vater, der in den Himmeln ist, verherrlichen« (Matth. 5,16).

ZUM GEBET: Danke Gott für Seine wunderbare Gnade, durch die Er dich vom geistlichen Tode zum Leben in Christus gebracht hat. · Bitte Ihn um Weisheit und Entschiedenheit, an diesem Tage nach Seinem Wohlgefallen zu leben.

ZUM BIBELSTUDIUM: Lies den Epheserbrief und achte jedes Mal auf den Ausdruck »in Christus«. · Was hat Gott in Christus bereitgestellt? · Welche Segnungen gehören uns in Christus?

»[Gott hat] uns (...) auserwählt in ihm vor Grundlegung der Welt« (Eph. 1,4).

Das richtige Identitäts-Bewusstsein kommt durch die Erkenntnis, dass Gott dich persönlich zu Seinem Kind erwählt hat.

In unserer Gesellschaft stellen viele Leute schier endlos und oftmals verzweifelt die Frage nach ihrer personalen Identität und ihrem Selbstwert. Identitätskrisen sind ganz allgemein und in jedem Lebensalter anzutreffen. Nur oberflächlich Lieben-können und bruchstückhafte Beziehungen sind Symptome unseres Versagens bei der Lösung der grundlegenden Fragen, wer wir eigentlich sind, warum wir existieren und wohin wir gehen. Leider leben und sterben die meisten Menschen, ohne je verstanden zu haben, was Gott mit ihrem Leben vorhatte.

Das ist tragisch, aber verständlich. Gott schuf den Menschen, um Sein Bildnis zu tragen und sich für immer Seiner Gemeinschaft zu erfreuen. Als aber Adam und Eva Gott ungehorsam wurden, störten sie diesen Vorsatz und stürzten das Menschengeschlecht in die Sünde. Das verursachte im Menschen eine geistliche Leere und eine Identitätskrise unvorstellbaren Ausmaßes. Solange es Menschen gibt, haben Ungläubige immer wieder versucht, diese Leere mit Zehntausenden von Surrogaten zu füllen, doch am Ende verfällt alles in Tod und Verzweiflung.

Trotz dieses trübseligen Bildes ist für jeden Christen ein wirklichkeitstreues Bewusstsein seiner Identität erreichbar. Es kommt durch die Erkenntnis, dass Gott selbst und persönlich dich zu Seinem Kinde auserwählt hat. Vor den Anfängen der Schöpfung schon hatte Gott seine Liebe auf dich gerichtet; es gehörte zu Seinem Plan, Christus für dich sterben zu lassen (1. Petr. 1,20). Darin liegt der Grund, weshalb du auf das Evangelium reagiert hast (2. Thess. 2,13). Und darum kannst du auch nie deine Errettung verlieren. Derselbe Gott, der dich zu sich zog, wird dich auch sicher heimbringen (Joh. 10,29).

Erlaube weder der Sünde, noch Satan oder den Umständen, dir das Bewusstsein deiner Identität in Christus zu rauben. Tue alles von dieser Sicht aus. Denke daran, wer du bist – Gottes Kind; warum du hier bist – Ihm zu dienen und Ehre zu erweisen; und wohin du gehst – in den Himmel, wo du die Ewigkeit bei Ihm verbringst.

ZUM GEBET: Danke Gott, dass du Sein Kind bist und dass Er dich in rettendem Glauben zu Sich gezogen hat. · Preise Ihn für das Versprechen, dich nie wieder loszulassen.

ZUM BIBELSTUDIUM: Lies Johannes 6,35-44; 10,27-30; Römer 8,31-39. · Was sagt der Herr, wie viele Gläubige verloren gehen? Womit beweist Er das? · Worauf gründete Paulus seine Sicherheit?

8. Januar — Die Praxis muss der Stellung entsprechen

»[Gott] hat uns erwählt …
dass wir heilig und tadellos vor ihm seien« (Eph. 1,4).

Die Herausforderung des christlichen Lebens besteht darin, immer mehr unser Verhalten unserer Stellung anzugleichen.

Gott erwählte dich in Christus, um dich »heilig und tadellos« vor Sich hinzustellen. »Heilig« sein bedeutet, von der Sünde getrennt, der Gerechtigkeit ergeben zu sein. »Tadellos« sein bedeutet, rein und ohne Fehl und ohne Flecken zu sein, wie Jesus, das Lamm Gottes (1. Petr. 1,19).

Epheser 1,4 beschreibt unsere Stellung. Das heißt, Paulus sagt uns, wie Gott uns sieht: »in Ihm [Christus]«. Gott sieht uns so »heilig und tadellos«, weil Christus, unser Erretter, heilig und tadellos ist. Seine Reinheit ist der Kredit für unser geistliches Bankkonto. Darum hat Gott Christus, also »den, der Sünde nicht kannte, für uns zur Sünde gemacht, auf dass wir Gottes Gerechtigkeit würden in ihm« (2. Kor. 5,21).

Trotz unserer erhabenen Stellung in Gottes Augen entspricht unsere Praxis oft bei weitem nicht Seinen heiligen Anforderungen. Daher besteht die Herausforderung im Leben eines Christen darin, immer mehr die Praxis der Stellung anzugleichen, wobei uns klar ist, dass wir es hier nie zu sündloser Perfektion bringen werden, sondern erst, wenn wir verherrlicht im Himmel sind (Röm. 8,23).

Wie gehst du mit dieser Herausforderung um? Durch Bibelstudium, Gebet und Unterwerfung des Lebens unter die Herrschaft des Heiligen Geistes. Lass dies heute dein Hauptziel sein, deiner Berufung möglichst gerecht zu werden in den »guten Werken, welche Gott zuvor bereitet hat, auf dass wir in ihnen wandeln sollen« (Eph. 2,10).

Zum Gebet: Danke Gott, dass du nicht deine eigene Gerechtigkeit schaffen musst, sondern dass Er sie in Seinem Sohn längst vorbereitet hat. · Bitte Gott, dass Er mit Seinem Heiligen Geist dein Herz durchforscht und jede Sünde offenbart, die dich hindern würde, in der Heiligung zu wachsen. Bekenne diese Sünde und tue alles, um sie aus deinem Leben zu entfernen.

Zum Bibelstudium: Lies Philipper 1,9-11. · Welche »Zutaten« gehören zur Liebe eines Christen, damit sie Ernsthaftigkeit und Tadellosigkeit hervorbringt? · Was ist die Hauptquelle solcher Zutaten (siehe Psalm 119,97-105)? · Was unternimmst du konkret, damit all das in deinem Leben geschieht und immer kräftiger wird?

(1) Güte, Gerechtigkeit u. Wahrheit
(2) unsere Quelle ist Go. Wort
(3) Gott darum bitten, er [illegible] zu [illegible] + festhalten v. [illegible]

»In Liebe [hat Gott] uns zuvorbestimmt zur Sohnschaft durch Jesus Christus für sich selbst nach dem Wohlgefallen seines Willens« (Eph. 1,4-5).

Weil Gott dich liebt, hat Er dich als Sohn angenommen und gewährt dir alle Rechte eines Familienmitglieds.

Mose sagte den Israeliten, Gott habe dies Volk nicht wegen seiner Menge oder seiner ihm innewohnenden Güte erwählt, sondern aufgrund Seines souveränen Willens und Seiner aufopfernden Liebe (5. Mo. 7,7-8). Das gilt auch für dich, wenn du ein Christ bist.

Das griechische mit »Liebe« übersetzte Wort an dieser Stelle spricht nicht von emotionaler oder sentimentaler Liebe, sondern von einer solchen, die das Beste für den Anderen sucht, einerlei, was es kostet. Sie ist eher durch Opfer als durch Selbstsucht gekennzeichnet – mehr durch Geben als durch Nehmen. Sie sucht zu vergeben, nicht zu verdammen – sie vergibt Kränkungen und rechnet sie nicht auf.

Gott selbst ist der Inbegriff solcher Liebe. Er liebt dich so, dass Er Seinen Sohn für dich opferte, und dieser gab bereitwillig Sein Leben für dich hin (Joh. 3,16; 15,13).

Während falsche Götter aus Angst und Unwissenheit verehrt werden, hat der wahre Gott – dein himmlischer Vater – alle Angst beseitigt, so dass du zuversichtlich in Seine Gegenwart kommen darfst (Hebr. 10,19; 1. Joh. 4,18). Du hast »den Geist der Sohnschaft empfangen« und kannst Ihn »Abba, Vater!« nennen (Röm. 8,15). *Abba* ist das aramäische »Papa, lieber Vater«.

Dein himmlischer Vater freut sich über dein Lob und wird durch deinen Gehorsam verherrlicht. Sei ein zuverlässiges Kind. Lass diesen Tag ein Tag für Ihn sein. Nutze dein königliches Erbteil. Suche in allem Seine Weisheit. Nimm Sein Wort und befolge dessen Rat. Zeige anderen Seine Liebe in der Praxis.

ZUM GEBET: Danke Gott, dass Er dir das Privileg verliehen hat, zu Seiner Familie zu gehören. · Danke Ihm für die vielfältigen Beweise Seiner Liebe an jedem neuen Tag. · Bitte Ihn, dir jemand zu zeigen, dem du Seine Liebe in praktischer und aufopfernder Weise zeigen kannst.

ZUM BIBELSTUDIUM: Lies 1. Korinther 13. · Führe dir die Eigenschaften der göttlichen Liebe vor Augen. · Inwieweit entspricht deine Nächstenliebe diesem Maßstab? Was kannst du unternehmen, dass deine Liebe besser damit übereinstimmt?

»[Gott erwählte uns] zum Preise der Herrlichkeit seiner Gnade, worin er uns begnadigt hat in dem Geliebten [Sohn]« (Eph. 1,6).

Du bist zur Verherrlichung Gottes geschaffen.

Henry Martyn, ein Engländer, diente im ausgehenden achtzehnten und zu Anfang des neunzehnten Jahrhunderts als Missionar in Indien und Persien. Bei seiner Ankunft in Kalkutta rief er aus: »Lass mich ganz und gar für Gott brennen!« Als er die Leute beobachtete, die sich vor ihren Götzen niederwarfen und über Christus lästerten, schrieb er: »Dies erregte mich viel mehr, als ich es beschreiben kann … ich hielte alles nicht aus, wenn Jesus nicht verherrlicht wäre; es wäre die Hölle für mich, würde Er auf diese Weise immerfort verunehrt« (John Stott, *Our Guilty Silence* [Wir werden schuldig durch unser Schweigen] Donners Grove, Ill: InterVarsity Press, 1967, S. 21,22).
Martyn kämpfte leidenschaftlich für Gottes Ehre – und er war in guter Gesellschaft. Engel verherrlichen Gott (Luk. 2,14), die Himmel tun es (Ps. 19,1), ja, selbst die Tiere (Jes. 43,20). Aber als Gläubiger verherrlichst du Gott auf ganz einmalige Weise, weil du ein Zeugnis Seiner erlösenden Gnade bist.
Du bist dazu erschaffen, Gott zu ehren – selbst in den allerirdischsten Tätigkeiten wie essen und trinken (1. Kor. 10,31). Du hast die Unmoral zu fliehen, damit du Gott an deinem Leibe verherrlichst (1. Kor. 6,18-20). Du musst der Berufung würdig wandeln, »damit der Name unseres Herrn Jesus Christus verherrlicht werde« (2. Thess. 1,12).
Gott zu verherrlichen ist ein unerhörtes Privileg und eine überwältigende Verantwortung. Wenn andere Sein Wesen in dir erkennen, werden sie an Seine Macht und Güte und Gnade erinnert. Wenn sie aber davon nichts sehen, wird Gott verunehrt und Sein Wesen wird in Zweifel gezogen.
Richte dein Leben auf die Verherrlichung Gottes aus, mache das zum Maßstab für alles, was du tust.

ZUM GEBET: Danke dem Herrn für das Vorrecht, Ihn verherrlichen zu dürfen. · Bitte Ihn, dir Bereiche in deinem Leben zu zeigen, in denen du Ihn nicht ehrst. · Suche einen vertrauenswürdigen christlichen Freund, der mit dir betet und dich auf Gebiete aufmerksam macht, in denen du dich ändern musst.

ZUM BIBELSTUDIUM: Lies 2. Mose 33,12-34,9. · Worum bittet Mose? · Was gibt ihm Gott zur Antwort und was lehrt uns das über Seine Herrlichkeit?

»In welchem [Christus] wir die Erlösung haben« (Eph. 1,7).

**Sündensklaverei ist Gebundenheit;
Gottes Sklave zu sein bedeutet Freiheit.**

Freiheit ist wunderbar. Zu allen Zeiten haben die Menschen um Freiheit gebetet, dafür gekämpft und sind sogar für sie in den Tod gegangen. Unser Grundgesetz erklärt sie zu einem unveräußerlichen Menschenrecht.
Leider ist die Wahrheit – einerlei, welcher politischen Überzeugung man huldigt –, dass jedermann ein Sklave ist, entweder ein Sklave Gottes oder der Sünde. Jesus sagt, dass »jeder, der Sünde tut, ein Sklave der Sünde ist« (Joh. 8,34). Paulus fügt hinzu, dass die ganze Schöpfung der Sklaverei der Vergänglichkeit unterworfen ist (Röm. 8,21). Allerdings, Gläubige sind »von der Sünde freigemacht und Gottes Sklaven geworden« (Röm. 6,22).
Das Römische Weltreich hatte etwa zwanzig Millionen Sklaven; Sklavenhandel war ein bedeutender Wirtschaftsfaktor. Wollte ein Sklave seine Freiheit erlangen, musste ein Lösegeld bezahlt werden. Das griechische Wort für diese Handlung ist *lytroöo*, das Paulus in Epheser 1,7 benutzt, um unsere »Erlösung« aus den Banden der Sünde zu beschreiben.
Sündensklaverei ist Gebundenheit; Gottes Sklave zu sein, bedeutet Freiheit. Das klingt paradox, aber Gott ist der souveräne König, und wahre Freiheit bedeutet, dass man seinen Willen dem Seinen zu unterwerfen vermag, um dadurch so zu werden, wie Er uns erschaffen hat. Obwohl du ab und zu versagen wirst, ist dein größter Wunsch und dein höchstes Ziel, Christus ähnlicher zu werden (1. Joh. 2,5-6). Wer der Sünde versklavt ist, kann das nicht und will es auch gar nicht.
Heute wirst du viele Gelegenheiten haben, deine Unterwerfung unter Christus zu demonstrieren. Lass dein Verhalten und deine Handlungen deutlich von deiner Liebe zu deinem Meister reden.

ZUM GEBET: Danke dem Herrn, dass Er ein treuer und gerechter Meister ist, der allezeit das Beste für Seinen Diener im Sinn hat. · Ein selbstsüchtiger Sklave ist ein Widerspruch in sich selbst. · Bitte den Herrn, Er möge dich vor Gedanken und Handlungen bewahren, die Seinem Willen zuwiderlaufen.

ZUM BIBELSTUDIUM: Welche Schlüsselkriterien werden nach 1. Korinther 4,1-2 von einem Diener Christi erwartet? · Lies Matthäus 24,42-51. Wie beschreibt Jesus einen klugen Knecht? · Lies Philipper 2,5-11. Wie offenbarte Jesus ein Dienerherz? Welchen Einfluss hat Sein Beispiel für dein Leben?

1. Treue 2. Wachsamkeit + Sorge f. andere - Versorgen
3. Jesus unser Vorbild - bereit sein Leben hinzugeben.

»In welchem wir die Erlösung haben durch sein Blut« (Eph. 1,7).

**Erlösende Gnade kostet uns nichts;
aber Gott bezahlte einen ungeheuren Preis.**

Sünde ist für die meisten Leute kein ernst zu nehmendes Thema. Unsere Kultur stellt sie in zahllosen Formen dar und betreibt Geschäfte damit. Selbst Christen, die nie auf den Gedanken kämen, selbst so etwas zu tun, gestatten sich, von solchen Sünden unterhalten zu werden, wie sie von Fernsehen, Film, Musik und anderen Medien verbreitet werden.

Wir flirten manchmal mit der Sünde; aber Gott hasst das. Der Preis, den Er für unsere Erlösung bezahlt hat, spricht von dem Ernst, mit dem Er die Sünde betrachtet. Immerhin sind wir »nicht mit verweslichen Dingen, mit Silber oder Gold, erlöst worden, (…) sondern mit dem kostbaren Blute Christi, als eines Lammes ohne Fehl und ohne Flecken« (1. Petr. 1,18-19).

In der Bibel spricht »Blutvergießen« von gewaltsamem physischem Tod – sei es bei den Opfertieren oder bei Christus selbst. Sünde ist eine so ernste Angelegenheit, dass in Gottes Augen nur Blutvergießen Vergebung der Sünde bewirken kann (Hebr. 9,22).

Die Opfertiere im Alten Testament sind ein Bild für das Opfer Christi am Kreuz. Darum nennt Johannes der Täufer Jesus »das Lamm Gottes, welches die Sünden der Welt wegnimmt« (Joh. 1,29).

Die alttestamentlichen Opfer waren notwendig, aber unzureichend. Christi Opfer war perfekt, allumfassend und ein für alle Mal (Hebr. 10,10). Kein weiteres Opfer ist nötig, als nur noch das »Opfer des Lobes« für das, was Er getan hat (Hebr. 13,15) und dass wir unsere Leiber im Dienst für Ihn darstellen »als ein lebendiges, heiliges, Gott wohlgefälliges Schlachtopfer« (Röm. 12,1).

Durch Sein Opfer hat Christus nicht nur gezeigt, dass Gott die Sünde hasst, sondern auch, dass Er den Sünder liebt. Du hättest dich nie selbst erlösen können, aber Christus bezahlte willig den hohen Preis mit Seinem kostbaren Blut, als Er »sich selber für uns hingegeben hat als Darbringung und Schlachtopfer, Gott zu einem duftenden Wohlgeruch« (Eph. 5,2). Sein Opfer wurde von Seinem Vater angenommen; und damit ist deine Erlösung vollkommen bezahlt.

Zum Gebet: Bete Gott an wegen Seines wunderbaren Erlösungsplanes. · Bete Christus an wegen Seines großen Opfers, das Er deinetwegen gebracht hat. · Bete den dreieinigen Gott an, dass durch den Heiligen Geist Christi Opfer auch dir gilt und dass Er dich durch den rettenden Glauben zu Christus brachte. · Bitte Gott, Er möge dein Herz vor dem Flirt mit der Sünde bewahren.

Zum Bibelstudium: Lies 2. Samuel 11. · Welche Umstände brachten David zur Sünde mit Bathseba? · Wie versuchte David seine Sünde zu verschleiern? · Wie ging er am Ende mit der Sünde um (siehe Psalm 51)?

1. David sah Batseba, begehrte sie u. widerstand nicht der Sü. 2. Holte Uria um d. seine Fr. anzugehen … 3 Bekannte sie

»In welchem wir die Vergebung der Vergehungen haben, nach dem Reichtum seiner Gnade, welche er gegen uns hat überströmen lassen« (Eph. 1,7-8).

In Christus haben wir unbegrenzte Vergebung für alle Sünden – in Vergangenheit, Gegenwart und Zukunft.

An Israels großem Versöhnungstag (Jom Kippur), wählte der Hohepriester zwei Ziegenböcke aus. Einer wurde geopfert, der andere wurde ausgesetzt. Bevor der zweite Bock losgelassen wurde, legte der Hohepriester symbolisch die Sünden des Volkes auf ihn, indem er ihm die Hände auflegte. Dieser »Sündenbock« wurde dann weit vom Lager fortgebracht und dort ausgesetzt – um nie mehr zurückzukehren (3. Mo. 16,7-10).

Das griechische Wort für »Vergebung« in unserem Text bedeutet »wegsenden«. Es spricht vom Erlassen einer Schuld oder von einem Gnadenerlass. Wie der Sündenbock hat Christus unsere Sünden auf dem Holz weggetragen.

In Christus hat Gott deine Schulden weggenommen und deine Übertretungen vergeben, und zwar tat Er das »nach dem Reichtum seiner Gnade, welche er gegen uns hat überströmen lassen« (Vers 8). Das bedeutet für dich unaufhörliche Vergebung, weil Gottes Gnade nie ein Ende findet. Du kannst nicht mehr sündigen, als Gott gnädig ist; denn »wo die Sünde überströmend geworden, ist die Gnade noch überschwänglicher geworden« (Röm. 5,20).

Gott hat Wohlgefallen daran, dich mit Seiner Gnade zu überschütten. Diese Gnade sprengt alle Maße und übertrifft bei weitem unser Fassungsvermögen. Dir sind alle deine Sünden vergeben worden, die vergangenen, die gegenwärtigen und die zukünftigen. Nie mehr wirst du von Gott verdammt oder von Ihm getrennt werden (Röm. 8,1-2.31-39). Selbst wenn du versagst, rechnet dir Gott die Sünden nicht an. Christus trug sie alle, damit du die Freude und den Frieden erfahren mögest, die aus der Befreiung von Sünde und Schuld hervorkommen.

Lass die Wirklichkeit der göttlichen Gnade dein Herz mit Freude und Gewissheit erfüllen und erkenne die Verantwortung, Ihn zu verherrlichen mit Ehrfurcht und demütiger Hingabe. Lass diesen Tag zu einem Opfer des Lobes und des Dienstes für Ihn werden!

Zum Gebet: Danke Gott für Seine nie endende Gnade. · Suche nach Möglichkeiten, andere Menschen Vergebung erfahren zu lassen.

Zum Bibelstudium: Lies Matthäus 18,21-35. · Welche Kennzeichen trug der böse Knecht? · Wie reagierte der König auf die Handlungsweise des bösen Knechtes? · Welche Schlussfolgerung zog Jesus? Inwieweit gilt das dir?

»... in aller Weisheit und Einsicht, indem er [Gott] uns kundgetan hat das Geheimnis seines Willens« (Eph. 1,8-9).

Auch wenn du keine akademischen Titel hast, übersteigt deine Weisheit bei weitem die des gelehrtesten Ungläubigen.

Als Gott dich erlöste, vergab Er dir nicht nur deine Übertretungen und befreite dich von Schuld und Sündenstrafe, nein, Er gab dir auch geistliche Weisheit und Einsicht – zwei wesentliche Merkmale des göttlichen Lebens. Beide sprechen sie von der Fähigkeit, Gottes Willen zu erkennen und diese Erkenntnis auf dein praktisches Leben anzuwenden.

Als Gläubiger begreifst du die allerhöchsten Wahrheiten. Zum Beispiel weißt du, dass Gott die Welt geschaffen hat und den Lauf der Geschichte lenkt. Du weißt, dass die Menschheit einzig dazu erschaffen ist, Gott zu erkennen und zu verherrlichen. Du hast Ziele und Prioritäten, die irdische Umstände und Beschränkungen übersteigen.

Solche Weisheit und Einsicht ist Ungläubigen verborgen; sie neigen dazu, göttliche Dinge gering zu achten (1. Kor. 2,14). Du aber hast »den Geist Christi« (Vers 16). Sein Wort offenbart Seinen Willen und Sein Geist gibt dir sowohl den Wunsch als auch die Fähigkeit, diesen zu erkennen und ihm zu gehorchen.

Heute hast du wieder die Möglichkeit, durch intensives Gebet und Bibelstudium diesen Wunsch zu kultivieren. Lass die Hingabe des Psalmisten die deine sein: »Wie liebe ich dein Gesetz! Es ist mein Sinnen den ganzen Tag. Weiser als meine Feinde machen mich deine Gebote ... Verständiger bin ich als alle meine Lehrer ... Mehr Einsicht habe ich als die Alten ... Von jedem bösen Wege habe ich meine Füße zurückgehalten, damit ich dein Wort bewahre« (Ps. 119,97-101).

Zum Gebet: Danke Gott für die Weisheit und Einsicht, die Er dir durch Sein Wort gibt. · Wenn du Sein Wort beiseite geschoben hast, bitte Ihn um Vergebung und fange ganz neu an, deinen Geist mit den göttlichen Wahrheiten zu erfrischen. · Bitte um Weisheit, heute allen Situationen, die auf dich zukommen, in biblischer Weise zu begegnen.

Zum Bibelstudium: Viele Christen meinen, Gottes Wille sei schwer zu ergründen oder gar völlig verborgen. Aber die Schrift kennt mehrere spezifische Aspekte Seines Willens. Hast du dich in *einem* Punkt danach ausgerichtet, wird der Geist dich auf andere Gebiete deines Lebens aufmerksam machen. · Schreibe sechs Elemente des göttlichen Willens nach folgenden Bibelstellen auf: Epheser 5,17-18; 1. Thessalonicher 5,18; 1. Petrus 2,13-15; 1. Petrus 3,17; 2. Petrus 3,9. · Folgst du Gottes Willen auf diesen Gebieten? Wenn nicht, was kannst du heute tun, um das zu ändern?

»... indem er [Gott] uns kundgetan hat das Geheimnis seines Willens, nach seinem Wohlgefallen, das er sich vorgesetzt hat in sich selbst für die Verwaltung der Fülle der Zeiten: alles unter ein Haupt zusammenzubringen in dem Christus, das, was in den Himmeln und das, was auf der Erde ist, in ihm« (Eph. 1,9-10).

Gott ist in starkem Maße am Gang der menschlichen Geschichte interessiert und steuert deren Kurs auf einen besonderen, zuvorbestimmten Höhepunkt zu.

Seit Jahrhunderten debattieren philosophische Schulen unterschiedlichster Richtungen über die Ursache, den Verlauf und das Endziel der menschlichen Geschichte. Einige leugnen Gott und damit Sein Eingreifen in die Geschichte. Andere glauben, Gott habe zu allem den Anstoß gegeben und es dann der Eigendynamik überlassen. Wieder andere glauben, Gott interessiere sich in höchstem Maße für den Gang der Menschengeschichte und steuere deren Kurs auf einen besonderen, vorherbestimmten Höhepunkt zu.

In Epheser 1,9-10 beendet Paulus die Debatte, indem er uns daran erinnert, dass Jesus selbst das Ziel der menschlichen Geschichte ist. In Ihm wird alles zusammengefasst sein: Alle menschliche Geschichte wird erfüllt und zusammengefasst in dem Vater durch das Werk des Sohnes.

So sagt Paulus an anderer Stelle: »Es war das Wohlgefallen der ganzen Fülle [der Gottheit], in ihm [in Christus] zu wohnen und durch ihn alle Dinge mit sich zu versöhnen – indem er Frieden gemacht hat durch das Blut seines Kreuzes« (Kol. 1,19-20). Der Gipfelpunkt des Erlösungswerkes Christi im Bezug auf die Menschheitsgeschichte wird Sein Kommen für das Tausendjährige Reich sein (Offb. 20). Von dort wird Er uns in den ewigen Zustand führen mit einem neuen Himmel und einer neuen Erde (Offb. 21).

Trotz der politischen Unsicherheit und der militärischen Unrast unserer heutigen Welt, sei versichert, dass Gott die Fäden in der Hand hat. Er regiert die Welt (Jes. 40,22-24), die Völker (Jes. 40,15-17) und auch jeden Einzelnen (Spr. 16,9). Gottes Zeitplan kann niemand durcheinander bringen. Nichts kann Ihn überraschen und nichts durchkreuzt Seine Absichten. Am Ende wird Er alles Böse beseitigen und alles in Christus dahin bringen, wohin es gehört.

Zum Gebet: Danke Gott für die Weisheit und die Einsicht, die Er dir gegeben hat, dass du durch die Zeitereignisse hindurch Seine ewigen Ratschlüsse erkennst. · Verbringe den heutigen Tag mit dieser Perspektive im Herzen.

Zum Bibelstudium: Lies Offenbarung 20. · Was geschieht mit Satan vor Beginn des Tausendjährigen Reiches? · Wie kommt Satan in seine definitive Verdammnis? · Was geschieht bei dem Gericht vor dem großen weißen Thron?

»In welchem [Christus] ihr auch ein Erbteil erlangt habt« (Eph. 1,10-11).

Als Glied der göttlichen Familie hast du ein zukünftiges Erbteil mit vielen Segnungen für die Gegenwart erlangt.

Ein Erbteil ist etwas, was einem Erben aufgrund eines Testaments oder eines Richterspruches zukommt. Es ist ein Vermächtnis, das einer erhält, weil er zu der Familie gehört.

Als Mitglied der göttlichen Familie bist du ein Erbe Gottes und ein Miterbe Christi (Röm. 8,17). Als solcher hast du ein Erbteil erhalten, das Petrus »unverweslich und unbefleckt« nennt, das »in den Himmeln aufbewahrt ist« (1. Petr. 1,4). Es kann nicht zugrunde gehen, nicht verschwinden oder verunreinigt werden, weil der Himmel zeitlos und sündlos ist. Es ist ein sicheres Erbteil.

In Epheser 1,11 spricht Paulus von diesem Erbe in der Vergangenheitsform (»erlangt haben«). Das ist wichtig. Die Fülle deines Erbteils wird dir erst offenbart, wenn du verherrlicht in Gottes Gegenwart stehst (1. Joh. 3,2). Aber dein Erbteil ist dir so sicher, dass Paulus davon sagt, du habest es jetzt schon. Obwohl seine Fülle in der Zukunft liegt, bietet dein Erbteil schon gegenwärtige Segnungen. Außer Christus und dem Heiligen Geist hast du Frieden ererbt und Liebe, Gnade, Weisheit, Freude, Kraft, Leitung, Barmherzigkeit, Vergebung, Gerechtigkeit, Urteilsfähigkeit und all die anderen geistlichen Segnungen. Paulus zählt sie in 1. Korinther 3,22-23 alle auf: »Alles ist euer, ihr aber seid Christi, Christus aber ist Gottes«.

Heutzutage sind viele Christen so sehr mit dem Sammeln irdischer Güter beschäftigt, dass sie viele der gegenwärtigen Segnungen ihres geistlichen Erbes entbehren. Lass dich dadurch nicht auch gefangen nehmen!

Blicke nach oben auf dein ewiges Erbteil, das wird dir helfen, dem Gegenwärtigen in rechter Weise zu begegnen und dich antreiben, Gott zu loben und Ihn anzubeten.

Zum Gebet: Lobe den Herrn wegen des unfasslichen Erbteils, das deiner im Himmel wartet. · Danke Ihm für die gegenwärtigen Segnungen deines Erbteils, die dir gehören, um dich täglich daran zu erfreuen.

Zum Bibelstudium: Ein wunderbarer Aspekt deines ewigen Erbteils ist Gottes Gnade. Psalm 136 besingt das Erbarmen Gottes, das Er an Israel erwiesen hat. Lies den Psalm und achte auf die Liebeserweise Gottes, die du in deinem Leben erfahren hast.

... SEINE Güte währet ewiglich.

»... Die wir zuvorbestimmt sind nach dem Vorsatz dessen, der alles wirkt nach dem Rate seines Willens« (Eph. 1,11).

Gott nahm das Rettungswerk in Seine Hand, indem Er dich erwählte und dir den rettenden Glauben schenkte.

In Epheser 1,4 sagt Paulus, Gott habe uns auserwählt in Christus »vor Grundlegung der Welt, dass wir heilig und tadellos seien vor ihm in Liebe«. In Vers 11 wiederholt er diese wunderbare Wahrheit, indem er bestätigt, dass die Gläubigen zur Errettung vorherbestimmt sind nach dem Vorsatz und Willen Gottes. Viele verwerfen die Lehre, dass Gott die Gläubigen zur Errettung erwählte (»vorherbestimmte«). Sie meinen, die Gläubigen hätten Gott erwählt. Einesteils ist das richtig. Zur Errettung gehört ein Akt der Abkehr von der Sünde und der Annahme Christi. Aber die Bedeutung von »Vorherbestimmung« geht tiefer. Die Frage ist, von wem die Initiative ausging. Erwählte dich Gott aufgrund deines Glaubens an Ihn oder befähigte Er dich, indem Er dich erwählte, glaubend zu reagieren?

Die Schrift gibt eine klare Antwort. Römer 3,11 sagt, dass niemand von sich aus Gott gesucht habe. Nicht-wiedergeborene Menschen besitzen nicht die Fähigkeit, geistliche Wahrheiten zu verstehen; diese scheinen ihnen Torheiten zu sein (1. Kor. 2,14). Sie sind geistlich tot (Eph. 2,1), blind (2. Kor. 4,4) und unwissend (Eph. 4,18).

Wie können Menschen in solchem Zustand die Initiative zu rettendem Glauben ergreifen? Das ist unmöglich! Genauso, wie Jesus sagt: »Niemand kann zu mir kommen, es sei denn, dass der Vater, der mich gesandt hat, ihn ziehe ... Alles, was mir der Vater gibt, wird zu mir kommen, und wer zu mir kommt, den werde ich nicht hinausstoßen« (Joh. 6,44.37). Paulus ergänzt: »[Gott], der uns errettet hat und berufen mit heiligem Rufe, nicht nach unseren Werken, sondern nach seinem eigenen Vorsatz und der Gnade, die uns in Christus Jesus vor ewigen Zeiten gegeben« ist (2. Tim 1,8-9).

Von Gott geht die Initiative aus. Er erwählte dich und gab dir den rettenden Glauben (Eph. 2,8-9). Freue dich über diese Wahrheit. Ruhe darin, dass Er Macht hat, alles Seinem Willen gemäß zu gestalten. Ziehe Kraft und Glaubensmut aus seiner Verheißung, dass Er dich nie loslassen wird (Joh. 10,27-29). Und dann lebe täglich als Gottes Auserwählter, der die Sünde meidet und nach der Heiligung strebt.

ZUM GEBET: Lobe Gott, dass Er Seine Liebe dir zugewandt hat, um dir die Errettung zu gewähren. · Bitte um die Rettung anderer und versuche, ihnen heute etwas über Christus zu sagen.

ZUM BIBELSTUDIUM: Lies Hesekiel 36,22-32. · Warum wird Gott eines Tages Israel erlösen? · Was lehrt dich dieser Text über die Initiative bei dem Werk der Errettung?

1. um seines heiligen Namens willen.

»[Wir sind vorherbestimmt,] damit wir zum Preise seiner Herrlichkeit seien, die wir zuvor auf den Christus gehofft haben« (Eph. 1,12).

Wie bei allem, hat Gott auch bei der Errettung den Vorrang. Ihm allein kommt alle Ehre zu.

Das Wort *Vorrang* bedeutet den höchsten Platz einzunehmen und beschreibt diesen als einen, der alle anderen in bestimmten Qualitäten oder Fähigkeiten überragt. Nur Gott ist wahrhaftig in allem vorrangig.

Epheser 1,12 unterstreicht diese Wahrheit. Du bist erlöst und dir wurde ein ewiges Erbteil geschenkt, damit du Gott verherrlichst. Gewiss hast du selbst sehr viel von der Errettung; aber das Hauptziel ist die Verherrlichung Gottes. Unsere auf den Menschen ausgerichtete Kultur teilt diese Sichtweise nicht. Leider hat sich von dort auch in die Kirche diese selbstsüchtige und selbstverherrlichende Mentalität eingeschlichen, sogar das Evangelium selbst wurde diesem Einfluss unterworfen. So wird z. B. Sünde in der Weise definiert, wie sie dem Menschen schadet; es wird nicht gesagt, welche Unehre dadurch Gott angetan wird. Die Errettung wird oft als Mittel dargestellt, das von Christus Angebotene zu empfangen, nicht als Auftrag, Seinen Anordnungen zu gehorchen. Viele heutige Evangelisten haben das Evangelium auf wenig mehr reduziert als die Möglichkeit, ein glücklicheres und erfüllteres Leben zu führen. Der Blick hat sich von der Verherrlichung Gottes auf das Wohlsein der Menschen gewandt.

Solch ein irreführendes Evangelium schürt das Feuer der Selbstliebe und Selbsterhöhung.

Als Gläubige wissen wir es besser. Wir wissen: Der Sinn des Lebens ist die Verherrlichung Gottes. Mit anderen Worten: Die Verherrlichung Gottes muss all unser Tun beherrschen.

Welch höheres und edleres Ziel könnte es für das Leben geben? »Vergessend was dahinten und mich ausstreckend nach dem, was vorn ist, jage ich, das Ziel anschauend, hin zu dem Kampfpreis der Berufung Gottes nach oben in Christus Jesus« (Phil. 3,14). Halte dies Ziel bei allem, was du heute tust, fest im Auge. Auf diese Weise wird heute dein Tag »zum Preise seiner Herrlichkeit« sein.

ZUM GEBET: Preise Gott dafür, dass Er in allem den Vorrang hat. · Bitte um Gelegenheit, mit anderen über Seinen Vorrang zu sprechen, indem du daran denkst, dass sie Ihn sowohl in deinen Taten als auch in deinen Worten erkennen möchten.

ZUM BIBELSTUDIUM: Lies Hiob 38,1-42,6. · Wie hat Gott den Hiob von Seiner überragenden Weisheit und Macht überführt? · Wie hat Hiob darauf reagiert?

»... nachdem ihr gehört habt das Wort der Wahrheit, das Evangelium eures Heils, in welchem ihr auch (...) geglaubt habt ...« (Eph. 1,13).

Das Evangelium ist wahr, weil Jesus wahr ist, nicht einfach, weil Christen an Ihn glauben.

Nachdem Paulus in Vers 12 das Evangelium aus der Sicht Gottes beschrieben hat, tut er es jetzt aus der Sicht des Menschen. Glaube ist deine Antwort auf Gottes auserwählenden Vorsatz in deinem Leben. Diese beiden Wahrheiten – Gottes Initiative und die Reaktion des Menschen – findet man in der ganzen Schrift beieinander.

Paulus nennt das Evangelium zu Recht »das Wort der Wahrheit«, weil Wahrheit dessen alles beherrschende Eigenschaft ist. Die Errettung wurde durch den Gott der Wahrheit zustande gebracht (Ps. 31,5) und bezahlt von dem Sohn, der die Wahrheit ist (Joh. 16,13). Das Evangelium zu kennen, bedeutet, die Wahrheit zu kennen, die Menschen befreit (Joh. 8,32). Gläubige sind Menschen der Wahrheit (Joh. 18,37) und sie beten Gott in Geist und Wahrheit an (Joh. 4,24) und sie gehorchen dem Wort der Wahrheit (Joh. 17,17). Doch, so tiefgreifend und mächtig auch Gottes Wahrheit ist, die Menschen haben sie durch alle Jahrhunderte hin verworfen, beiseite geschoben, verdreht und bekämpft. Einige, wie Pilatus, leugnen zynisch, dass es Wahrheit wirklich gibt oder dass der Mensch sie kennen könne (Joh. 18,38). Andere meinen törichterweise, indem sie die Wahrheit leugnen, würde sie irgendwie verschwinden. Vielleicht hast du schon jemand sagen hören: »Jesus mag für dich Wahrheit sein; aber das heißt nicht, dass Er auch für mich Wahrheit wäre.« Diese Ansicht unterstellt, dass der Glaube bestimmt, was wahr ist. Aber genau das Gegenteil ist richtig. Die Wahrheit bestimmt den Wert des Glaubens eines Menschen. Glaubt man einer Lüge, wird sie dadurch nicht wahr. Umgekehrt wird eine nicht geglaubte Wahrheit dadurch nicht unwahr.

Das Evangelium ist wahr, weil Jesus wahr ist, nicht einfach, weil Christen an Ihn glauben. Seine Auferstehung bewies die Wahrheit Seiner Ansprüche und bildet die objektive Grundlage unseres Glaubens (Röm. 1,4; 1. Petr. 1,3).

Du wirst dem heutigen Tag bewaffnet mit der Botschaft der Wahrheit und ausgerüstet mit dem Geist der Wahrheit entgegentreten. Wahrheit ist dein Schutz und deine Stärke (Eph. 6,14). Verlorene Seelen haben es dringend nötig, diese Wahrheit zu hören. Stelle sie richtig dar und verkünde sie tapfer!

ZUM GEBET: Danke dem Herrn, dass Er dich durch Seinen Geist befähigt hat, die Wahrheit zu verstehen (1. Kor. 2,14-16). · Bitte um Weisheit und Mut, Seine Wahrheit in Liebe weiterzusagen (Eph. 4,15).

ZUM BIBELSTUDIUM: Lies 1. Korinther 15,1-11 und Apostelgeschichte 17,30-31. · Welche Schlüsselelemente des Evangeliums zählt Paulus auf? · Welche Beziehung besteht zwischen der Auferstehung Christi und dem göttlichen Gericht über die Sünder?

»[Ihr seid] versiegelt worden mit dem Heiligen Geist der Verheißung, welcher das Unterpfand unseres Erbes ist« (Eph. 1,13-14).

Der Heilige Geist ist Gottes erste Rate auf dein ewiges Erbteil.

Der Dienst des Heiligen Geistes in deinem Leben ist vielfältig und von größter Wichtigkeit. Unter anderem verleiht Er dir das Heil, feste Überzeugungen, Führung und Kraft. Er wohnt in dir und befähigt dich zu geistlichem Dienst und gibt dir Heilsgewissheit. Er ist dein Helfer und Beistand. Er ist der Geist der Verheißung, der dich auf den Tag hin versiegelt, an dem deine Erlösung vollendet ist (Eph. 4,30).

Versiegeln spricht von Sicherheit, Glaubwürdigkeit, Besitz und Autorität. Früher setzten Könige, Fürsten und vornehme Leute ihr offizielles Siegel unter Dokumente oder auf andere Gegenstände, um ihre Unversehrtheit zu garantieren. Das Siegel zu brechen, zog den Zorn des Herrschers auf sich, den es repräsentierte (siehe Dan. 6,17; Matth. 27,62-66).

Ein Siegel auf einem Brief bestätigte, dass er von demjenigen herkommt, der das Siegel darauf geprägt hatte. Rechtliche Dokumente wie Besitzübergaben oder Testamente wurden mit einem offiziellen Siegel verschlossen. Wer solch eine versiegelte königliche Verfügung besaß, hatte das vom König verliehene Recht, gemäß dieser Verfügung zu handeln.

Jeder Aspekt, der in dem Bild vom Versiegeln zu erkennen ist, beschreibt den Dienst des Heiligen Geistes. Er ist Gottes Garantie, dass deine Errettung unzerstörbar ist und dass du wirklich zu dem Reiche Gottes und zu der göttlichen Familie gehörst. Du gehörst Ihm. Er hat dich mit dem kostbaren Blut Seines Sohnes gekauft (1. Kor. 6,20). Du bist Sein Gesandter und hast daher die Autorität verliehen bekommen, Seine Botschaft einer verlorenen Welt zu verkünden (2. Kor. 5,20).

Der Geist ist dein »Unterpfand« für dein ewiges Erbteil (Eph. 1,14). Das griechische Wort für »Unterpfand« (*arraboon*) wurde für Anzahlungen oder Handgeld zur Sicherung eines Kaufes verwendet. Freue dich der Versicherung, dass Gott, der nicht lügen kann (Tit. 1,2), dir den Geist als Garantie gegeben hat, dass Er sein Versprechen einhalten wird.

Zum Gebet: Preise Gott für die Sicherheit deines ewigen Erbes. · Preise Ihn für die vielen Dienste Seines Geistes in deinem Leben. Achte heute sorgsam auf die Leitung des Geistes, damit dein Dienst für andere in Kraft geschieht und mit Seinem Willen übereinstimmt.

Zum Bibelstudium: Lies Esther 3 und 8. Welche Rolle spielte des Königs Siegelring in Hamans Dekret (Kapitel 3) und in den Dekreten des Ahasverus und des Mordokai? (Kapitel 8).

»[Ihr wurdet mit dem Heiligen Geist versiegelt] für die (oder: bis zur) Erlösung des [von Gott] erworbenen Besitzes, zum Preise Seiner Herrlichkeit« (Eph. 1,14).

Eines Tages wird Gott alles vollkommen in Besitz nehmen, was Ihm rechtmäßig gehört.

Gestern sahen wir, dass Gott uns mit dem Heiligen Geist als Unterpfand unseres ewigen Erbes versiegelt hat. Hier sagt Paulus, dass Er dies für die Erlösung Seines erworbenen Besitzes tut. Das spricht von dem Tag, an dem Gott alles übernehmen wird, was Ihm rechtmäßig gehört.

Satan, der in gewisser Weise Gottes Herrschaft usurpiert hat und der »Gott dieser Welt« geworden ist (2. Kor. 4,4), hält zur Zeit die ganze Welt unter seiner Gewalt (1. Joh. 5,19). Demzufolge liegt die gesamte Schöpfung in den Banden des Verfalls und »seufzt (…) in Geburtswehen bis jetzt« (Röm. 8,22). Sie wartet sehnsüchtig auf die Zeit, wenn der Fluch von 1. Mose 3 aufgehoben, alle Christen verherrlicht und die Sünde für ewig verschwunden sein wird. Welch eine herrliche Zeit wird das sein!

Du bist Gottes besonderes Eigentum. Du gehörst Ihm sowohl als Erlöster als auch als Geschöpf. In Offenbarung 5,9 singen die vier lebendigen Wesen und die vierundzwanzig Ältesten vor dem Herrn ein Lied: »Du bist würdig … denn du bist geschlachtet worden und hast für Gott erkauft, durch dein Blut, aus jedem Stamm und Sprache und Volk und Nation.« In Apostelgeschichte 20,28 ermahnt Paulus die Ältesten von Ephesus, die Herde sorgfältig zu hüten, »welche er sich erworben hat durch das Blut seines eigenen [Sohnes]«. Das macht dich zu einem kostbaren Gegenstand für Gott. Auch dir persönlich gilt, was in 1. Petrus 2,9-10 steht: »Ihr seid ein auserwähltes Geschlecht, ein königliches Priestertum, eine heilige Nation, ein Volk zum Besitztum, damit ihr die Tugenden dessen verkündigt, der euch berufen hat aus der Finsternis zu seinem wunderbaren Licht, die ihr einst nicht ›ein Volk‹ waret, jetzt aber ein Volk Gottes seid.«

Als Gottes spezielles Eigentum solltest du in allem, was du tust, Sein Besitzrecht und Seine souveräne Herrschaft widerspiegeln. Denke daran: »dass ihr nicht euer selbst seid. Denn ihr seid um einen Preis erkauft worden; verherrlicht nun Gott in eurem Leibe« (1. Kor. 6,19-20).

ZUM GEBET: Danke Gott, dass du Sein kostbares Eigentum bist. · Suche die Leitung Seines Geistes, um in Worten und Taten Seine Herrlichkeiten anderen zu verkünden. · Bitte Ihn, andere Gläubige so hoch zu schätzen, wie Er es tut.

ZUM BIBELSTUDIUM: Lies Epheser 2,1-13 und achte auf die geistlichen Privilegien und Verantwortlichkeiten, die uns in Christus verliehen wurden.

»Weshalb auch ich, nachdem ich gehört habe von dem Glauben an den Herrn Jesus Christus, der in euch ist und von der Liebe, die ihr zu allen Heiligen habt, nicht aufhöre, für euch zu danken, [euer] erwähnend in meinen Gebeten« (Eph. 1,15-16).

Deine Liebe zu anderen Christen ist ein genauso gutes Erkennungszeichen für wahren Glauben, wie deine Liebe zu Gott.

Die Christen in Ephesus zeigten zwei wichtige Kennzeichen echten Glaubens: Glauben an den Herrn Jesus und Liebe zu den Mitgläubigen. Zum »Glauben an den Herrn Jesus« gehört sowohl das Festhalten an Christi Göttlichkeit, als auch die Unterwerfung unter Seine Herrschaft. Weil Er Gott ist, ist Er der souveräne Herr, und darum haben wir Seinen Befehlen zu gehorchen (Joh. 14,15; 1. Joh. 2,3-6).

Deine »Liebe zu allen Heiligen« ist ein ebenso deutliches Kennzeichen wahren Glaubens wie deine Liebe zu Gott. Johannes sagt: »Wer da sagt, dass er in dem Lichte ist und hasst seinen Bruder, ist in der Finsternis bis jetzt« (1. Joh. 2,9). In der Johannes-Stelle steht »Licht« für Gerechtigkeit und Wahrheit und »Finsternis« für Sünde und Irrtum. Es ist ein sündiger und ein irregeleiteter Anspruch, Gott liebhaben zu wollen und nicht gleichzeitig die anderen Gläubigen zu lieben. Wer Gott liebt, liebt auch die Brüder.

Wenn du andere liebst, wirst du für sie beten und Gott für ihr geistliches Wachstum danken – wie Paulus es im Blick auf die Epheser tat. Und sie werden das Gleiche für dich tun. Es liegt eine wundersame Dynamik in dem Leib Christi, die du mit aller Kraft unterstützen sollst.

Zum Gebet: Wenn du es noch nicht getan hast, dann beginne eine Gebetsliste für einzelne Personen, für die du täglich betest. Schreibe ihre Namen und besonderen Anliegen auf. Sage ihnen von Gebetserhörungen, wenn du siehst, dass Gott in ihrem Leben etwas bewegt. · Vergiss nicht, Gott für ihr geistliches Wachstum zu danken, wie du für ihre Nöte bittest. Lass sie wissen, dass du für sie betest. Das kann eine starke Ermutigung für sie sein. · Wenn du Schwierigkeiten mit einem anderen Gläubigen hast, so suche, dich sofort wieder mit ihm zu vertragen (Matth. 5,23-24); das stärkt dein Zeugnis und dem Namen des Herrn wird weniger Schmach angetan.

Zum Bibelstudium: Lies Philipper 1,9-11 und Kolosser 1,9-14. · Welche Bitten und Anliegen finden wir in den Gebeten des Paulus? · Haben deine Gebete die gleichen Prioritäten? Wenn nicht, was musst du ändern, um besser mit dem biblischen Muster übereinzustimmen?

»[Ich bete], dass der Gott unseres Herrn Jesus Christus, der Vater der Herrlichkeit, euch gebe den Geist der Weisheit und Offenbarung in der Erkenntnis seiner selbst« (Eph. 1,17).

Dein Erbteil in Christus ist so gewaltig und tiefgründig, dass du es ohne Gottes Hilfe nicht begreifen kannst.

Der frühere Journalist William Randolph Hearst investierte ein Vermögen in seine Kunstsammlung. Eines Tages las er über ein äußerst kostspieliges Werk, das er daraufhin seiner Sammlung einfügen wollte. Sein Agent durchsuchte die Galerien der Welt, aber ohne Erfolg. Schließlich fand er nach monatelangen Anstrengungen und großem finanziellen Einsatz das gepriesene Kunstwerk. Es lagerte seit langem in einem der Hearst'schen Warenhäuser!

Genauso machen es viele Christen. Sie sind ständig auf der Suche nach »mehr«, weil sie nicht begreifen, was sie in Christus längst besitzen. Weil Paulus das als mögliches Problem erkannt hatte, betete er dafür, dass Gott uns unseren geistlichen Reichtum zeigen möge.

»Geist« weist in diesem Vers auf eine Demutsstellung oder -haltung hin, wie in »Glückselig sind die Armen im Geiste« von Matthäus 5,3. »Offenbarung« bedeutet Erkenntnis, die Gott durch Sein Wort vermittelt. »Weisheit« ist die Anwendung dieser Erkenntnis auf das tägliche Leben. Der kombinierte Effekt ist eine demütige Haltung dem Worte Gottes gegenüber, das uns auffordert, die Offenbarung kennen zu lernen und sie auf jeden Bereich unseres Lebens anzuwenden.

Auf menschlicher Ebene bleibt die Fülle des Erbes in Christus unbegreiflich. Gottes Wort zeigt uns viele seiner Wohltaten und der Heilige Geist lehrt uns, entsprechend seiner Grundsätze zu leben; aber vieles wird in diesem Leben ein Geheimnis bleiben (1. Joh. 3,2). Paulus betet dafür, dass du so viel wie möglich verstehst, damit göttliche Weisheit und Offenbarung all dein Verhalten und dein Werk regieren möge. Lass es auch heute dein Ziel sein!

ZUM GEBET: Danke Gott für den unbegreiflichen Reichtum, der dir in Christus gehört. · Bitte darum, dem Worte Gottes stets mit einem unterwürfigen und lernbereiten Herzen zu begegnen.

ZUM BIBELSTUDIUM: Gottes Verheißungen Revue passieren zu lassen, motiviert zum Loben und erinnert uns an Seine gnädige Fürsorge. Lies die folgenden Stellen und notiere dir die enthaltenen Verheißungen: Psalm 29,11; Jesaja 26,3; 41,10; Matthäus 6,25-34; Johannes 14,2-3, 13-14; 1. Korinther 10,13; 2. Korinther 1,3-4; Philipper 4,6-7; 1. Johannes 1,9; 5,11-12; Offenbarung 21,3-4. · Prüfe dein Leben. Zeigt es Vertrauen in Gottes Verheißungen?

»[Ich bete], damit ihr erleuchtet an den Augen eures Herzens [werdet]« (Eph. 1,18).

Geistliche Erleuchtung kommt nicht durch eigene Anstrengung, auch nicht durch Meditation, sondern durch den Heiligen Geist.

Unsere Gesellschaft ist entzückt von der Vorstellung spiritueller Erleuchtung, besonders seit der Überschwemmung durch östliche Einflüsse. Jetzt treiben wir in einem Meer falscher Religionen und der Philosophien des New Age.

Wahre Erleuchtung bleibt vielen verborgen, weil sie deren Quelle ablehnen und sich zu Gurus und Lehrern wenden, die gar kein Licht geben können. Diese propagieren eigene Anstrengungen und meditative Versenkung; aber geistliche Erleuchtung ist auf solchem Wege nicht zu erreichen. Sie kommt ausschließlich durch den Heiligen Geist (1. Kor. 2,14-16). Darum betet Paulus, Gott selbst möge die Herzen der Epheser erleuchten (Eph. 1,18).

Wir hätten erwartet, Paulus hätte eher für erleuchteten Verstand als für ein erleuchtetes Herz gebeten; aber das kommt nur daher, weil wir das *Herz* mehr mit dem Gefühl als mit dem Denken verbinden. Im hebräischen und griechischen Denken wird das Herz als Sitz von Erkenntnis, Denken und Verständnis betrachtet (Matth. 15,19). Gefühle sind wichtig; aber sie müssen von dem erleuchteten Verstand kontrolliert werden.

Wie erleuchtet dich der Geist? Wenn du betest und Gottes Wort liest, gestaltet Er deinen Verstand um und erneuert ihn (Röm. 12,2), indem Er ihn »erfüllt (...) mit der Erkenntnis seines Willens in aller Weisheit und geistlichem Verständnis« (Kol. 1,9). Er lehrt dich, wahrzunehmen und zu verteidigen, was Ihm wohlgefällt, damit du »lauter und unanstößig« vor Gott bist (Phil. 1,10). Er pflanzt biblische Wahrheiten in dein Denken, damit du mehr und mehr so reagierst, wie Christus es getan hätte.

Welch wunderbares Bewusstsein ist es, dass Gott an jedem Augenblick dieses Tages in dieser Weise an dir arbeitet. Sei eifrig zum Beten und verbringe viel Zeit vor Gottes Wort, damit dein geistliches Wachstum allen offenbar werde (1. Tim. 4,15).

ZUM GEBET: Danke Gott für das verändernde Werk des Geistes in dir. · Mache deine Liebe zu Ihm aufs Neue fest und sag Ihm, dass du willens bist, dich vom Heiligen Geist verändern zu lassen, wo und wie Er es für nötig hält. · Sei wach für Haltungen und Taten, die verändert werden müssen. Verlass dich auf Seine Gnade und Kraft, das zu tun.

ZUM BIBELSTUDIUM: Lies 1. Mose 27 bis 33 und beachte, wie Gott die Umstände benutzt, Jakobs Leben umzugestalten von sehr schwacher Hingabe hin zu starkem und bedingungslosem Gehorsam (siehe besonders 1. Mose 28,20-22; 32,9-12).

»[Ich bete], damit ihr wisst …
welches die Hoffnung seiner Berufung ist« (Eph. 1,18).

Die Hoffnung deiner Berufung gründet sich auf Gottes Verheißungen und auf dem vollbrachten Werk Christi.

In Epheser 1,3-14 proklamiert Paulus die Segnungen unserer Errettung. In Vers 18 bittet er darum, dass wir diese großartigen Wahrheiten begreifen, die er in der »Hoffnung seiner Berufung« zusammenfasst.

»Berufung« bedeutet hier Gottes wirkkräftigen Ruf – den Ruf, der die Seele erlöst. Die Schrift spricht von zwei Arten von Berufung: 1. das Evangelium oder den allgemeinen Ruf und 2. den wirkkräftigen Ruf. Das Evangelium ist für alle Menschen und ruft sie zu Buße und Glauben an Christus, damit sie errettet werden (siehe z. B. Matth. 28,19; Apg. 17,30-31). Er richtet sich an alle Sünder; aber nicht alle, die ihn hören, reagieren im Glauben.

Der wirkkräftige Ruf kommt nur zu denen, die Gott erwählt hat. Durch ihn spricht Er zu der Seele, gewährt ihr Glauben und versetzt sie in Sein Reich (Joh. 6,37-44.65; Apg. 2,39). Alle, die ihn vernehmen, reagieren mit Glauben.

Die Hoffnung, der wirkkräftigen Berufung folgen zu können, gründet sich auf Gottes Verheißung und auf dem Werk, das Christus vollbracht hat (1. Petr. 1,3) und ist gekennzeichnet durch vertrauensvolles und geduldiges Warten, bis sich diese Verheißungen erfüllen. Zu dieser, deiner Hoffnung, gehört am Ende die Verherrlichung und die Teilhabe an Gottes Herrlichkeit, wenn Christus wiederkommt (Kol. 3,4). Sie ist eine Quelle von Kraft und Beständigkeit mitten in den Anfechtungen des Lebens (1. Petr. 3,14-15). Daher sollte sie dich mit Freude erfüllen (Röm. 5,2) und zu einem Gott wohlgefälligen Leben motivieren (1. Joh. 3,3).

Wenn du in diesen neuen Tag hinausgehst, tue es in dem Bewusstsein, ein Auserwählter Gottes zu sein. Er hat dich zu Sich gerufen und wird dich bei Sich behalten, einerlei, wie sich die Umstände gestalten. Nichts kann dich von Seiner Liebe scheiden (Röm. 8,38-39)!

ZUM GEBET: Danke Gott für die Sicherheit deiner Errettung. · Bitte Ihn, dir die Segnungen und die Verantwortung deiner Berufung tief ins Herz zu schreiben. · Lebe heute in der Erwartung der baldigen Ankunft Christi.

ZUM BIBELSTUDIUM: Josuas Berufung, Israel zu führen, war nicht die Berufung zum Heil, sondern offenbart uns einige wichtige Grundsätze geistlicher Leiterschaft. Du magst dich nicht als geistlichen Führer betrachten; aber du bist wichtig für die, die auf dich als ein Beispiel für einen christlichen Charakter schauen. Lies Josua 1,1-9 und dann beantworte folgende Fragen: Unter welchen Umständen berief Gott den Josua (die Verse 1 und 2)? · Welche Verheißungen gab Gott ihm (die Verse 3-6)? · Was verlangte Gott von ihm (die Verse 7-9)?

*»[Ich bete], damit ihr wisst, …
welches der Reichtum der Herrlichkeit seines Erbes [ist]« (Eph. 1,18).*

Wie du deine geistlichen Kraftquellen ansiehst,
entscheidet über deine Lebensführung.

Das ganze erste Epheserkapitel schreibt Paulus unter dem überwältigenden Eindruck unseres Erbes in Christus. Hier betet er dafür, dass wir dessen Reichtum und Herrlichkeit erkennen möchten.

Einige Kommentatoren beziehen »Sein Erbe« auf die Gläubigen als Gottes Erbe und Sein besonderes Besitztum (Vers 14). Diese Sichtweise hebt den Wert hervor, den Gott den Gläubigen beilegt, was Er auch bewiesen hat, indem Er Seinen Sohn sterben ließ, uns unsere Sünden vergab und den Reichtum Seiner Gnade über uns ausgeschüttet hat (die Verse 7 und 8).

Andere beziehen »Sein Erbe« auf das Erbteil der Gläubigen, das Paulus so nennt, weil Gott seine Quelle ist. Genau wie »Seine Berufung« (Vers 18) von Ihm ausgeht und von den Gläubigen aufgenommen wird, so kommt auch »Sein Erbe« von Ihm.

Beide Ansichten sind theologisch richtig, doch stimmt die zweite mehr mit dem überein, worauf Paulus in den Versen 11 und 14 den Nachdruck legt. Jedenfalls ist klar, was Paulus sagen will: Die Erlösung und die damit verbundenen Segnungen sind so weitreichend, dass wir übernatürliche Hilfe zu deren Verständnis nötig haben. Darum betet er um Erleuchtung (Vers 18).

Solche Erleuchtung ist entscheidend; denn die Erkenntnis der geistlichen Hilfsquellen bestimmt dein Leben. Wenn dir z.B. klar ist, dass du für alles Hilfe zur Verfügung hast (Eph. 1,3), bist du weniger anfällig für Verführungen. Die Erkenntnis, dass Gott dir in Christus die höchsten Güter geschenkt hat (Röm. 8,32), gibt dir die Gewissheit, dass Er dir geringere Sachen nicht vorenthalten wird, und darum wirst du dir über irdische Nöte keine Sorgen machen. Wenn du begriffen hast, was es heißt, »Gnade um Gnade« (Joh. 1,16), »Leben in Überfluss« (Joh. 10,10) und »alles in betreffs des Lebens und der Gottseligkeit« (2. Petr. 1,3) empfangen zu haben, wirst du Vertrauen fassen, dass Gottes zukünftige Gnade und Hilfe mehr als ausreichend sein wird (2. Kor. 12,9).

Lass dich dadurch anspornen, deinen reichen und herrlichen Gott für Sein reiches und herrliches Erbe zu preisen!

Zum Gebet: Danke Gott für das Privileg, Sein Kind zu sein. · Lerne Epheser 1,3 und 2. Petrus 1,3 auswendig und zitiere sie oft als Loblied auf die unbegrenzte Gnade Gottes.

Zum Bibelstudium: Lies 2. Korinther 11 und 12. · Welchen Leiden war Paulus ausgesetzt? · Wie antwortete Gott auf die Bitte des Paulus, den »Dorn im Fleische« wegzunehmen? · Wie könnte die Reaktion des Paulus dein Verhalten in Schwierigkeiten beeinflussen?

»[Ich bete], damit ihr wisst, … welches die überschwängliche Größe seiner Kraft an uns, den Glaubenden, [ist]« (Eph. 1,18-19).

Dieselbe göttliche Kraft, die das Weltall erschuf und es erhält und regiert, sichert unsere Errettung.

Gottes Kraft ist unvorstellbar! David schreibt: »Dein, HERR, ist die Größe und die Stärke und der Ruhm und der Glanz und die Pracht; denn alles im Himmel und auf Erden ist dein. Dein, HERR, ist das Königreich, und du bist über alles erhaben als Haupt; und Reichtum und Ehre kommen von dir, und du bist Herrscher über alles; und in deiner Hand sind Macht und Stärke, und in deiner Hand ist es, alles groß und stark zu machen. Und nun, unser Gott, wir preisen dich, und wir rühmen deinen herrlichen Namen« (1. Chron. 29,11-13).

In Epheser 1,19 lenkt Paulus den Blick auf einen ganz wichtigen Aspekt der göttlichen Kraft: Sein Vermögen, die Errettung Seiner Leute sicher zu machen. Und er bittet für dich, dass du die überschwängliche Großartigkeit dieser Wahrheit begreifst.

Das mit »Kraft« übersetzte griechische Wort heißt *dynamis,* wovon wir die Wörter Dynamo und Dynamit abgeleitet haben. Diese Kraft ist aktiv, unwiderstehlich – und sie ist mächtig zu deinen Gunsten wirksam. Du magst nicht immer das Bewusstsein davon haben, sie wirkt trotzdem allezeit für dich.

Petrus drückt denselben Gedanken in 1. Petrus 1,5 aus, wo er sagt, dass du in Christus »durch Gottes Macht durch Glauben bewahrt« wirst. Petrus lehrt uns also das Vertrauen auf die Unverletzlichkeit unserer Errettung.

Die gleiche grenzenlose Kraft, die das Weltall schuf und es erhält und regiert, rettete dich und hält dich in sicherer Hut. Darum sagt Jesus: »Niemand kann sie aus meines Vaters Hand rauben« (Joh. 10,29). Nicht einmal Satan hat dazu die Macht. Daher kann Paulus vertrauensvoll hinzufügen, dass nichts uns von der Liebe Gottes scheiden kann (Röm. 8,38-39). So sieht das Vertrauen aus, in dem du täglich leben solltest.

ZUM GEBET: Bitte um größere geistliche Erleuchtung und um ein besseres Verständnis von deiner Sicherheit in Christus. · Nichts wird dir die Sicherheit schneller rauben als Sünden, die du nicht zugeben willst. Wenn die vorhanden sind, bekenne sie sofort und lass von ihnen. Dann bitte Gott, dir die Freude des Heils zu erneuern.

ZUM BIBELSTUDIUM: Lies 1. Chronika 29,11-13. · Welche Privilegien schreibt David Gott zu (die Vers 11-12)? · Welche Antwort gab David, als er Gottes Macht sah (Vers 13)?

»... nach der Wirksamkeit der Macht seiner Stärke,
in welcher er gewirkt hat in dem Christus,
indem er ihn aus den Toten auferweckte« (Eph. 1,19-20).

In Christus hast du alle Kraft, die du je brauchst.

Die Auferstehung Jesu Christi ist die große Hoffnung der Gläubigen. Weil Er lebt, werden auch wir leben (Joh. 14,19). Petrus sagt, wir sind wiedergeboren »zu einer lebendigen Hoffnung durch die Auferstehung Jesu Christi von den Toten, zu einem unverweslichen und unbefleckten und unverwelklichen Erbteil« (1. Petr. 1,3-4). Wir, mit allem, was wir haben, werden durch Gottes Macht beschützt (Vers 5).

In Epheser 1,19-20 zieht Paulus zwei Vergleiche. Der erste ist zwischen der Kraft Gottes, die er in der Auferweckung Christi demonstriert hat und der Kraft, die Er zu Gunsten der Gläubigen einsetzt. Diese Kraft wird als »Wirksamkeit«, »Macht« und »Stärke« beschrieben. Zusammen dienen diese Synonyme, um die Großartigkeit dieser Kraft auszudrücken, die uns nicht nur unsere Errettung sichert, sondern uns auch befähigt, ein Gott wohlgefälliges Leben zu führen.

Der zweite Vergleich wird zwischen der Auferweckung und Erhöhung unseres Herrn und der unseren gezogen. So wenig Ihn das Grab halten konnte, wird es uns halten können (1. Kor. 15,54-57). Satan konnte die Erhöhung Christi nicht verhindern so wird er auch nichts gegen unser ewiges Erbteil unternehmen können.

In Christus hast du alle Kraft, die du jemals brauchst. Zum Evangelisieren hast du das Evangelium selbst, welches »ist Gottes Kraft zum Heil jedem Glaubenden« (Röm. 1,16). Für schwierige Zeiten hast du die Versicherung, dass Gott mit Seiner überschwänglichen Kraft für dich am Werke ist (2. Kor. 4,7). Für ein heiliges Leben wirkt Gott selbst in dir »sowohl das Wollen als auch das Wirken, nach seinem Wohlgefallen« (Phil. 2,13).

Einerlei, wie schwach oder unfähig du dich zeitweise fühlen magst, denke daran, dass Gott »über alles hinaus zu tun vermag, über die Maßen mehr als wir erbitten oder erdenken, nach der Kraft, die in uns wirkt« (Eph. 3,20). So kämpfe weiter gemäß dieser Kraft (Kol. 1,29), aber tue es im Vertrauen, dass am Ende Gott alles Gute in deinem Leben zur Vollendung führen wird.

Zum Gebet: Danke Gott, dass Er in der Lage ist, Seine Vorsätze in deinem Leben zu erfüllen (Phil. 1,6; 1. Thess. 5,24). · Bitte um Weisheit, wie du Ihm heute am besten dienen kannst.

Zum Bibelstudium: Lies Psalm 145 und achte darauf, wenn David von der Kraft Gottes spricht. Erlaube, dass diese Beispiele dein Herz mit Zuversicht und Lob erfüllen.

»Er [Gott] setzte ihn [Christus] zu seiner Rechten in den himmlischen Örtern« (Eph. 1,20).

Christus nimmt den höchsten Platz an Macht, Bedeutung, Herrschaft und Ehre ein.

Jemand erhöhen, heißt, die Würde, Macht und Ehre einer Person zu vergrößern. Als Gott besitzt Jesus alle Macht und Autorität, und Ihm gebührt alle Ehre und Herrlichkeit. Als Er aber auf Erden war, verweigerten Ihm die meisten Menschen die Ihm zukommende Verehrung. Stattdessen verspotteten sie Ihn und ermordeten Ihn schließlich.

Kurz vor Seinem Tode betete Jesus zu Seinem Vater: »Verherrliche du, Vater, mich bei dir selbst mit der Herrlichkeit, die ich bei dir hatte, ehe die Welt war« (Joh. 17,5). Der Vater reagierte auf dies Gebet, indem Er Ihm einen Namen und eine Stellung gab, die alles andere weit überragen.

Paulus schreibt: »Darum hat Gott ihn auch hoch erhoben und ihm einen Namen gegeben, der über jeden Namen ist, auf dass in dem Namen Jesu jedes Knie sich beuge, der Himmlischen und Irdischen und Unterirdischen, und jede Zunge bekenne, dass Jesus Christus Herr ist, zur Verherrlichung Gottes, des Vaters« (Phil. 2,9-10).

Hebräer 1,3 fügt dem noch hinzu, dass sich Christus, nachdem Er die Reinigung von den Sünden bewirkt hatte, zur Rechten der Majestät in der Höhe gesetzt hat. Die Priester des Alten Testaments setzten sich niemals hin, während sie ihren Dienst versahen, weil ihr Werk nie zu einem Abschluss kam. Immer neue Opfer waren nötig, sowohl wegen ihrer eigenen Sünden, als auch wegen der des Volkes. Christus dagegen hat sich hingesetzt, nachdem Er ein für alle Mal ein allgenugsames Opfer dargebracht hatte. Sein Erlösungswerk ist abgeschlossen. »Zur Rechten Gottes« bedeutet den höchsten Platz an Macht, Bedeutung, Herrschaft, Autorität und Ehre. Von diesem erhabenen Platz aus regiert Christus als souveräner Herr das ganze Weltall.

Es gibt nun einen Aspekt der Erhöhung Christi, an dem wir als Gläubige jetzt schon Anteil haben können. David sagt: »Erhebt den HERRN mit mir und lasst uns miteinander erhöhen seinen Namen« (Ps. 34,3). Und Psalm 99,5 fügt hinzu: »Erhebt den HERRN, unseren Gott, und fallt nieder vor dem Schemel seiner Füße.« Wir sollten auch heute nicht damit sparen, Ihn zu preisen. Er ist es wert!

ZUM GEBET: Lies Psalm 34 und erhebe den Herrn wegen all der Wohltaten, die Er Seinem Volk zukommen lässt.

ZUM BIBELSTUDIUM: Lies Kolosser 3,1-4. · Beschreibe deine Stellung in Christus (die Verse 1 und 3). · Was sollte das Ziel deines Lebens sein (Vers 2)? · Wann wird Gott endgültig und öffentlich bestätigen, dass du nicht umsonst geglaubt hast (Vers 4)? · Was musst du tun, um von Gott erhöht zu werden (siehe Jak. 4,10; 1. Petr. 5,8)?

»[Gott erhob Christus] über jedes Fürstentum und jede Gewalt und Kraft und Herrschaft und jeden Namen, der genannt wird, nicht allen in diesem Zeitalter, sondern auch in dem zukünftigen, und hat alles seinen Füßen unterworfen« (Eph. 1,21-22).

Jetzt und in alle Ewigkeit ist Christus der Allerhöchste!

Gestern haben wir gesehen, dass Christus sowohl einen erhabenen Namen, als auch eine erhabene Stellung hat. In den Versen 21 und 22 führt Paulus aus, wie weit die Autorität Christi reicht: »über jedes Fürstentum und jede Gewalt und Kraft und Herrschaft«.

»Fürstentum«, »Gewalt«, »Kraft« und »Herrschaft« sind Kennzeichen von Engelwesen, seien sie nun gut oder böse (siehe Eph. 6,12; Kol. 1,6). Als der Herr Mensch war, wurde Er »ein wenig unter die Engel erniedrigt«, damit Er für uns leiden und sterben konnte (Hebr. 2,9). Jetzt ist Er »so viel besser geworden als die Engel, als er einen vorzüglicheren Namen vor ihnen ererbt hat« (1,4), und der Vater befiehlt allen Engeln, den Sohn anzubeten (Vers 6).

So geht die Herrschaft Christi weit über die der Engel hinaus. Der Ausdruck »jeder Name, der genannt wird« aus Epheser 1,21 bezeichnet jede nur denkbare Autorität – sei sie im Himmel oder auf Erden, sei sie ewig oder zeitlich. Christus ist jetzt und für immer der Allerhöchste! Am Ende werden sich vor Ihm alle Knie beugen und jede Zunge wird Ihn als Herrn anerkennen (Phil. 2,10-11).

Diese Wahrheit hat atemberaubende Konsequenzen, denken wir nur an die Einleitung zu dem großen Missionsbefehl in Matthäus 28,19-20, dem Herzstück aller christlichen Verkündigung und Nachfolge: »Mir ist gegeben alle Gewalt im Himmel und auf Erden.«

Am Ende werden deine Evangeliumsverkündigung und deine Nachfolge deshalb von Erfolg gekrönt sein, weil sie sich auf die Autorität Christi selbst stützen. Macht das dir Mut, jede Gelegenheit zu ergreifen, mit anderen über Christus und Sein Wort zu reden? Es sollte so sein!

Sei heute treu, indem du dir klarmachst, dass du Den repräsentierst, der alle Gewalt in Händen hat. Nichts kann Seine Absichten durchkreuzen.

Zum Gebet: Bitte den Herrn, dass Er dich durch Seinen Heiligen Geist zu einer verlorenen Seele leitet oder dass du irgendeinen Menschen durch das Wort Gottes ermutigen kannst. Achte auf die Leitung des Geistes.

Zum Bibelstudium: Lies Kolosser 1,15-23. · Was tat Christus in Bezug auf die Schöpfung (die Verse 15 bis 17)? · Was ist Er für die Kirche (Vers 18)? · Was tat Er für die Erlösung (Vers 22)? · Welchen Platz nimmt Er in deinem Leben ein?

»[Gott erhob Christus] und hat ihn als Haupt über alles der Gemeinde gegeben, welche sein Leib ist, die Fülle dessen, der alles erfüllt« (Eph. 1,22-23).

Die Gemeinde ist »zur Fülle Christi« bestimmt.

Hier benutzt Paulus ein anschauliches Bild, um die Beziehung Christi zur Gemeinde zu verdeutlichen: Er ist das Haupt; die Gläubigen sind Sein Leib. Paulus führt das in Kolosser 2,19 näher aus: Dort werden wir ermahnt, an dem Haupt festzuhalten, »aus welchem der ganze Leib, durch die Gelenke und Bande Darreichung empfangend und zusammengefügt, das Wachstum Gottes wächst« (siehe auch Eph. 4,15-16).

Genau wie der Kopf den menschlichen Leib beherrscht, so regiert Christus Seinen Leib, die Gemeinde (siehe 1. Kor. 12,12-31). Durch Seinen Geist und durch Sein Wort reicht Er der Gemeinde alles dar, was die Gemeinde braucht, um zu Seiner Verherrlichung leben zu können. Auf diese Weise garantiert Er, dass Seine Absichten zur Vollendung kommen.

Die Gemeinde ist tatsächlich »die Fülle dessen, der alles in allem erfüllt« (Eph. 1,23). Das bedeutet: Der unerforschliche, allgenugsame, allmächtige und alles beherrschende Christus ist in einer Hinsicht unvollkommen – nicht Seinem Wesen nach, sondern in dem Ausmaß, wie Seine Herrlichkeit in dieser Welt sichtbar wird.

Ein Synonym für »Fülle« ist »Vervollständigung«. Die Gemeinde ist dazu bestimmt, Christus zu vervollständigen. Er ist der Eine, der »alles in allem erfüllt« – die Fülle der Gottheit in leiblicher Gestalt (Kol. 2,9) und der Geber aller Wahrheit und Gnade (Joh. 1,14). Doch es gefiel Ihm, Seine Herrlichkeit in der Gemeinde und durch sie zu offenbaren. Darum ist Christus erst vollkommen verherrlicht, wenn die Gemeinde vollkommen verherrlicht ist.

Dient dein Leben zur »Fülle« Christi? Gehörst du zu denen, die »die Lehre, die unseres Heiland-Gottes ist, zieren in allem« (Tit. 2,10)? Lässt du dein »Licht leuchten vor den Menschen, damit sie eure guten Werke sehen und euren Vater, der in den Himmeln ist, verherrlichen« (Matth. 5,16)? Dir stehen alle geistlichen Hilfsquellen zur Verfügung, darum solltest du dich durch nichts aufhalten lassen (Hebr. 12,1-2).

ZUM GEBET: Lies Psalm 139,23-24 und bitte Gott mit David, Gott möge dein Herz erforschen und jede Sünde aufdecken, die dich hindern würde, heute zur »Fülle« Christi zu leben.

ZUM BIBELSTUDIUM: Lies 1. Korinther 12,1-30. · Welche geistlichen Gaben werden in diesem Abschnitt aufgezählt? · Wie behandelt Paulus das Missverständnis, einige Gaben seien wichtiger als andere (siehe die Verse 14-30)? · Als Glied am Leibe Christi bist du mit dem Geist Gottes begabt, um anderen zu dienen. Machst du das auch?

»So freue ich mich und freue mich mit euch allen« (Phil. 2,17).

Die Freude hängt unmittelbar mit der Frömmigkeit zusammen.

Der Philipperbrief ist oftmals der Brief der Freude genannt worden, und das ist er auch, weil die Freude der Gläubigen sein Hauptthema darstellt. Paulus liebte die Christen in Philippi und sie liebten ihn. Als sie hörten, dass er wegen der Verkündigung des Evangeliums eingekerkert war, hatten sie große Sorge um ihn.

Paulus schrieb ihnen, um sie von ihrem Kummer zu befreien und ihre Freude wieder anzufachen. Von seinen eigenen Umständen sagte er: »Wenn ich aber auch als Trankopfer über das Opfer und den Dienst eures Glaubens gesprengt werde, so freue ich mich und freue mich mit euch allen. Gleicherweise aber freuet auch ihr euch und freuet euch mit mir« (Phil. 2,17-18).

Zu den jüdischen Tieropfern gehörte auch die Darbringung eines Trankopfers (siehe z. B. 4. Mo. 15,1-10). Das Tier war das größere Opfer, das Trankopfer das geringere. Aus diesem Bilde sehen wir, dass Paulus dem Glauben und dem geistlichen Wohlergehen seiner Leser größere Bedeutung beimaß als seinem eigenen Leben. Für Christus zu leiden, brachte ihm Freude und er wollte gern, dass die Philipper auch diese Sichtweise gewannen und sich mit ihm freuten. Gleichzeitig wollte er sie die Erkenntnis lehren, dass sich diese Freude nicht im luftleeren Raum ereignet. Sie ist vielmehr direkt von einem gottseligen Wandel abhängig. Christus ist ihre Quelle und der Gehorsam ihre Grundlage. Wir sehen das in Davids Bußeschrei: »Lass mir wiederkehren die Freude deines Heils!« (Ps. 51,12). Paulus kannte die Freude des Herrn, weil er Christus vertraute und sich Seinem Willen unterwarf.

Der Mangel an Freude und Frömmigkeit in unserer heutigen Welt macht es für die Christen umso nötiger, diese Eigenschaften zu offenbaren. Tun wir das, so werden andere unsere guten Werke sehen und unseren Vater in den Himmeln verherrlichen (Matth. 5,16).

In diesem Monat werden wir uns anhand von Philipper 1,1-11 und Kolosser 1,9-12 verschiedene Aspekte der Freude und der Gottseligkeit ansehen. Ich bete dafür, dass du gerne aus Gottes Wort lernst und willig bist, dem Gelernten zu gehorchen; denn darin liegt »unaussprechliche und verherrlichte Freude« (1. Petr. 1,8).

Zum Gebet: Bitte Gott, dass Er durch Seinen Geist unsere täglichen Betrachtungen dazu benutzt, deine Freude zu stärken und deine Gottseligkeit zu vermehren. · Suche der Haltung des Paulus nachzueifern, andere wichtiger zu nehmen als dich selbst – das ist unerlässlich für ein frohes Leben.

Zum Bibelstudium: Lies den Philipperbrief und achte darauf, wie oft von Freude die Rede ist. · Worüber freute sich Paulus? · Wen oder was hast du nötig, um froh zu sein?

»Freuet euch in dem Herrn!« (Phil. 3,1).

Glück hängt von den Umständen ab; Freude ist eine Gottesgabe.

Es ist noch nicht lange her, da liefen viele Leute mit Aufklebern umher, die jede mögliche Glücksquelle anpriesen. Auf einem stand: »Heirate und du wirst glücklich!« Ein anderer sagte das Gegenteil: »Glücklich sind die Singles.« Ein weiterer Sticker verkündete zynisch: »Glück gibt's nicht!«

Für die meisten Menschen ist Glück auf irgendeine Weise realisierbar, doch ist es launisch, hohl und flüchtig. »Glück und Glas, wie leicht bricht das!«, sagt der Volksmund. Sind die Umstände günstig, bist du glücklich, sind sie es nicht, fühlst du dich unglücklich. Die Freude der Christen dagegen bezieht sich direkt auf Gott und ruht in dem festen Vertrauen, dass alles gut wird, einerlei, wie die Umstände zur Zeit sein mögen.

In Philipper 3,1 sagt Paulus: »Freuet euch *in dem Herrn!*« Der Herr ist beides, Quelle und Gegenstand der Christenfreude. Ihn zu kennen, bedeutet eine Freude, die zeitliche Verhältnisse übersteigt. Ihm zu gehorchen bringt Frieden und Sicherheit.

Freude ist Gottes Gabe für jeden Gläubigen. Sie ist eine Frucht des Heiligen Geistes, die Er in dir hervorbringt (Gal. 5,22), und zwar von dem Augenblick an, wo du das Evangelium angenommen hast (Joh. 15,11). Diese Freude wächst, wenn du das Wort Gottes erforschst und ihm gehorchst (1. Joh. 1,4).

Selbst schwerste Trübsale brauchen diese Freude nicht zu rauben. Jakobus 1,2 sagt, dass wir uns freuen sollen, wenn wir in mancherlei Trübsale geraten, weil wir durch sie standhaft und geistlich erwachsen werden. Sie erweisen auch die Echtheit unseres Glaubens, und ein erprobter Glaube ist die Quelle großer Freude (1. Petr. 1,6-8).

Du lebst in einer von der Sünde verdorbenen Welt. Aber deine Hoffnung ruht auf dem lebendigen Gott und nicht auf einer sterbenden Welt. Er vermag dich »ohne Straucheln zu bewahren und vor seiner Herrlichkeit tadellos darzustellen mit Frohlocken« (Jud. 24). Darin liegt deine Gewissheit zukünftiger Herrlichkeit und ewiger Freude! Bis dahin vernachlässige Gottes Wort nicht, damit du den rechten Blick sowohl für die Trübsale der Gegenwart als auch für die ewige Belohnung behältst. Dann kann auch jetzt dein Herz von Freude erfüllt sein.

ZUM GEBET: Danke dem Herrn für alle schwierigen Umstände, in die du gerätst. Bitte Ihn, sie in Gottes Licht sehen zu können, damit du nicht den Mut verlierst (Gal. 6,9). · Achte auf alles sündige Verhalten deinerseits, das deine Freude mindern würde. Bekenne es sofort.

ZUM BIBELSTUDIUM: Lies Apostelgeschichte 16,11-40. · Welchen Schwierigkeiten begegneten Paulus und Silas, als sie die Gemeinde in Philippi gründeten? · Wie hat Gott ihre Schwierigkeiten zu Seiner Verherrlichung gereichen lassen?

»Paulus und Timotheus, Sklaven Christi Jesu …« (Phil. 1,1).

Wenn dein Ziel die Verherrlichung Christi ist, gereicht dir alles, was das Evangelium fördert, zur Freude.

Außer dem Herrn selbst ist sicher Paulus das deutlichste Beispiel dafür, dass Freude nicht notwendigerweise an die Umstände gebunden ist. Paulus schrieb den Philippern aus einer Kerkerzelle, und doch redete er von Freude und Zufriedenheit. Sein Leben war eine Kette von Schwierigkeiten und lebensbedrohenden Situationen (siehe 2. Kor 11,23-33). Das hatte der Herr auch gleich nach der Begegnung auf der Straße nach Damaskus gesagt: »Dieser [Paulus] ist mir ein auserwähltes Gefäß, meinen Namen zu tragen sowohl vor Nationen als Könige und Söhne Israels. Denn ich werde ihm zeigen, wie viel er für meinen Namen leiden muss« (Apg. 9,15-16). Trotzdem fand Paulus in jeder Lage Grund zur Freude.

Sein dringender Wunsch, Christus zu erheben, trieb ihn von einer Leidenserfahrung in die andere. Wenn nur Christus erhoben wurde, freute Paulus sich. Das sehen wir auch in Philippi, wo Gott nach einem kurzen Predigtdienst eine Geschäftsfrau mit Namen Lydia errettete und einen Dämon von einem Sklavenmädchen austrieb. Daraufhin wurden Paulus und Silas zu Unrecht angeklagt, wider alles Recht geschlagen und ins Gefängnis geworfen. Aber nichts konnte ihre Freude unterdrücken; denn »um Mitternacht (…) beteten Paulus und Silas und lobsangen Gott; und die Gefangenen hörten ihnen zu« (Apg. 16,25).

Das war ein dermaßen mächtiges Zeugnis für die Freude im Herrn, dass bald darauf der Kerkermeister mitsamt seiner ganzen Familie dem Evangelium glaubte und errettet wurde.

Selbst wenn die Gefängnishaft Paulus daran hinderte, so effektiv zu arbeiten, wie er es gern getan hätte, oder wenn andere seine Apostelschaft an sich reißen wollten und Christus aus Neid und Streitsucht predigten, blieb er unverzagt (Phil. 1,18). Seine Lebensumstände waren Nebensache im Vergleich zu der Hauptsache, dass Christus verherrlicht wurde.

Siehst du das auch so? Möglich wäre es! Wenn es dir vor allem und überall um die Verherrlichung Christi geht, bringt dir alles Freude, was diesem Ziele dient.

ZUM GEBET: Bitte den Herrn, Seiner Verherrlichung auf allen Lebensgebieten den Vorrang zu geben. · Fühlst du in dir Neid oder Ablehnung gegenüber anderen, die das Evangelium verkünden (Phil. 1,15-17), so bekenne das und lerne dich zu freuen, wann immer Christus erhoben wird.

ZUM BIBELSTUDIUM: Lies 2. Mose 15,1-21 und Psalm 99. Wie haben Mose, Mirjam und der Psalmist den Herrn erhoben?

»Paulus und Timotheus, Sklaven Christi Jesu …« (Phil. 1,1).

Trotz ihrer Fehler sind Menschen gleicher Gesinnung eine wunderbare Gottesgabe.

Timotheus war der Vertraute des Paulus bei seiner Evangeliumsarbeit. In Philipper 2,20 beschreibt er ihn als einen ihm »gleichgesinnten« Menschen. Sie teilten die gleichen Ansichten und hatten dieselbe Liebe zum Herrn und zu Seiner Kirche. An anderer Stelle nennt Paulus den Timotheus »mein geliebtes und getreues Kind in dem Herrn« (1. Kor. 4,17) und einen »Mitarbeiter Gottes in dem Evangelium des Christus« (Röm. 16,21; 1. Thess. 3,2). Das sind bedeutsame Komplimente aus dem Mund des Apostels, dessen Maßstab in Bezug auf Dienst und persönliche Integrität sehr hoch war.

Immerhin, wie fromm und nützlich Timotheus auch war, er hatte mit vielen der gleichen Schwachheiten zu kämpfen, mit denen auch wir es zu tun haben. So entnehmen wir dem 2. Timotheusbrief, dass er sich von falschen Lehrern einschüchtern ließ, die seine Führerschaft bestritten (1,7). Vielleicht hat er sich auch manchmal Christi geschämt (1,8) und war versucht, seine Theologie zu ändern, um den Angriffen derer zu entkommen, die der gesunden Lehre widerstanden (1,13-14). Er mag auch das Bibelstudium vernachlässigt haben(2,15), um dadurch gottwidrigen Vorstellungen zu verfallen (2,16-17). Damit wären weitere Schwierigkeiten verbunden.

Paulus schrieb dem Timotheus, um seinen geistlichen Charakter zu stärken und ihn zu ermutigen, auch in schweren Trübsalen standhaft zu bleiben.

Trotz dieser offensichtlichen Schwachheit schätzte Paulus den Timotheus sehr und betraute ihn mit riesigen Verantwortlichkeiten in seinem Dienst. Darüber hinaus waren die Freundschaft und der Dienst des Timotheus für den Apostel eine Quelle großer Freude und Stärkung.

Ich bete darum, dass auch du in deinem Leben »gleichgesinnte« Menschen hast – Brüder und Schwestern in Christus, die dich ermutigen, für dich beten und dich an deine Verantwortung für die Wahrheit Gottes erinnern. Sie mögen, wie Timotheus, nicht in allem deinen Erwartungen entsprechen; aber sie sind eine kostbare Gottesgabe. Halte sie wert und bete viel für sie. Tue alles, was du kannst, um auch ihnen zum Segen zu sein.

Sollten dir solche Freunde fehlen, suche die Gemeinschaft mit einer örtlichen Gemeinde, in der Christus verherrlicht wird, in der man Sein Wort lehrt und wo man zu einem heiligen Leben ermutigt. Baue Beziehungen zu reifen Christen auf, die dich anreizen »zur Liebe und zu guten Werken« (Hebr. 10,24).

ZUM GEBET: Finde drei Menschen, die »gleichgesinnt« mit dir sind und bete für sie. Sage ihnen, wie sehr du ihr Beispiel und ihren Dienst schätzt.

ZUM BIBELSTUDIUM: Lies 2. Timotheus 1,1-14. · Womit ermahnt Paulus den Timotheus? · Würde das auch dir gelten?

»Paulus und Timotheus, Sklaven Christi Jesu ...« (Phil. 1,1).

Ein treuer Sklave tut den Willen seines Herrn.

Die Metapher, Christen seien Sklaven Christi, finden wir häufig in den Schriften des Paulus. Damals verstand sie jeder Leser sofort wegen der Allgegenwart der Sklaverei im Römischen Weltreich.

Petrus, Jakobus, Johannes und Judas brauchten den gleichen Ausdruck, um ihren Dienst zu beschreiben. Der Herr Jesus selbst hat in Markus 10,45 gesagt: »Denn auch der Sohn des Menschen ist nicht gekommen, um bedient zu werden, sondern um zu dienen und sein Leben zu geben als Lösegeld für viele.« In Philipper 2,7 bezeichnet Paulus Christus als einen Sklaven, der die Ihm gebührende Herrlichkeit ablegte und sich bis zum Tode erniedrigte.

Der Herr Jesus war wie der Mann in 2. Mose 21, der sich freiwillig zum »ewigen« Knecht machen ließ, weil er seinen Herrn und die ihm gegebene Frau liebte und darum auf die Freilassung verzichtete. Er diente aus Liebe, nicht aus Zwang.

Das ist auch ein schönes Bild für den Gläubigen. Wir sind Sklaven Gottes (Offb. 1,1), »von der Sünde freigemacht und Gottes Sklaven geworden« (Röm. 6,22).

Während wir bei dem Wort »Sklaverei« meistens an Erniedrigung und unmenschliche Behandlung zu denken haben, gab es im Umfeld des frühen Christentums auch Sklaven, die von ihren Herren nicht nur mit allem Notwendigen versorgt wurden, sondern auch vertrauliche Aufträge für diese erledigten und bei ihnen in hohem Ansehen standen.

Ungehorsame oder eigenwillige Sklaven waren für ihre Herren von geringem Nutzen; solche aber, die den Willen des Herren über die eigenen Interessen stellten, wurden geschätzt.

Der Herr Jesus sagte: »Meine Speise ist, dass ich den Willen dessen tue, der mich gesandt hat, und sein Werk vollbringe« (Joh. 4,34). Das sollte auch dein Ziel sein, wenn du Gottes Diener sein willst. Wenn du treu bist, kann dich Gott zu vielem gebrauchen.

ZUM GEBET: Danke Gott für die Ehre, Ihm dienen zu dürfen. · Suche Weisheit, um deine geistlichen Hilfsquellen in rechter Weise einzusetzen, wenn du die Aufgaben erfüllst, mit denen Gott dich betraut hat.

ZUM BIBELSTUDIUM: Das Buch Philemon ist ein Begleitbrief, den Paulus dem Onesimus mitgab, einem entlaufenen Sklaven, den Paulus zu Christus geführt hatte und nun zu seinem Herrn zurückschickte. · Lies Philemon. · Was wünscht Paulus für Onesimus? · Was offenbart dieser Brief von dem Charakter des Philemon?

»... allen Heiligen in Christus Jesus« (Phil. 1,1).

Jeder Christ ist ein Heiliger.

Viele Menschen meinen, Heilige seien Männer oder Frauen von besonderer Frömmigkeit oder dass sie von offizieller kirchlicher Seite als Heilige kanonisiert wurden. Gewöhnlich müssen sie schon lange tot sein und außergewöhnliche religiöse Vollkommenheit gezeigt haben, um die notwendigen Kriterien zu erfüllen.

Gott aber betrachtet das Heiligsein ganz anders. Paulus nannte die Gläubigen in Korinth »Heilige« (1. Kor. 1,2), um dann in vielen Kapiteln ihre sündigen Verhaltensweisen zu korrigieren. Er nannte die Römer, Epheser und Kolosser ebenfalls »Heilige«, aber auch die waren nicht perfekt.

Was macht einen Menschen dann aber zum Heiligen? Die Antwort steht in Philipper 1,1 – »allen Heiligen *in Christus Jesus*«. Das ist entscheidend. Heiligsein ist nicht für eine geistliche Elite reserviert. Es gehört zu jedem Gläubigen; denn jeder Gläubige ist »in Christus Jesus«.

Wenn du Christus liebst, bist du ein Heiliger. Darüber mögen sich deine nächsten Bekannten sehr wundern; es stimmt aber trotzdem!

Das Kennzeichen des Heiligseins ist Heiligkeit. Das griechische Wort *hagios* wird im ganzen Neuen Testament für alles und für jeden gebraucht, der die Heiligkeit Gottes repräsentiert: Christus ist der Heilige Gottes, dann der Heilige Geist, der Heilige Vater, die heiligen Schriften, heilige Engel, heilige Brüder und so weiter.

Für Gott bist du ein »Heiliger und Geliebter« in Christus (Kol. 3,12). Du bist mit »heiligem Ruf« berufen (1. Kor. 1,2) und »zum Erbteil der Heiligen in dem Lichte« (Kol. 1,12). Du hast die »Erlösung, die Vergebung der Sünden« (Kol. 1,14) und jede andere geistliche Segnung (Eph. 1,3) empfangen.

Mit diesen Privilegien kommt die Verantwortung, ein heiliges Leben zu führen. Daher ermahnt dich die Schrift, deinen Leib als ein »lebendiges, heiliges, Gott wohlgefälliges Schlachtopfer« darzustellen (Röm. 12,1) und so zu leben, wie es sich für Heilige geziemt (Eph. 5,3).

Die Kraft, ein für Gott wohlgefälliges Leben zu führen, ist der Heilige Geist, der in dir wohnt. Wenn du dich Ihm in Gebet und Gehorsam gegen Gottes Wort zur Verfügung stellst, werden die typischen Merkmale eines wahren Heiligen in deinem Leben zunehmend erkennbar. Fange heute ganz entschieden damit an.

ZUM GEBET: Danke Gott, dass Er dich zu einem Seiner Heiligen erwählt hat. · Bitte darum, dass dein Leben ein beständiges Zeugnis von der Wirklichkeit wahrer Heiligkeit ist.

ZUM BIBELSTUDIUM: Welche Privilegien und Verantwortlichkeiten werden in Psalm 34 aufgeführt?

»... Heilige ..., die in Philippi sind« (Phil. 1,1).

**Wenn du für die Nöte anderer gibst,
wird Gott deine Bedürfnisse befriedigen.**

Die Gemeinde in Philippi war – vielleicht mehr als alle anderen – durch großzügige Opferbereitschaft gekennzeichnet. Sie unterstützte Paulus auf dessen Missionsreisen, und das war für ihn der Anlass zu großer Freude. Außer Geld schickten sie auch noch den Epaphroditus, einen frommen Mann, der Paulus diente, als dieser im Gefängnis lag (Phil. 2,25-30; 4,18).

Paulus suchte sich genau aus, von welcher Gemeinde er finanzielle Unterstützung annahm, weil er keine Belastung sein wollte oder weil man seine Motive missverstehen konnte. In 1. Korinther 9,6-14 sagt er uns, er habe das Recht, von denen unterstützt zu werden, denen er gepredigt hatte, doch habe er auf dies Recht verzichtet, um das Evangelium in keiner Weise zu behindern. In 2. Korinther 11,9 sagt er: »Als ich bei euch anwesend war und Mangel hatte, fiel ich niemand zur Last ... und hielt mich in allem unbeschwerlich und werde mich also halten.«

Ähnliches schrieb er den Thessalonichern: »Wir haben nicht unordentlich gewandelt, noch haben wir von jemand Brot umsonst gegessen, sondern wir haben mit Mühe und Beschwerde Nacht und Tag gearbeitet, um nicht jemand von euch beschwerlich zu fallen« (2. Thess. 3,7-9).

Im Gegensatz dazu spricht die Bereitschaft des Paulus, sich von der Gemeinde in Philippi unterstützen zu lassen, von dem besonderen Vertrauensverhältnis und der Wertschätzung, die sie genoss.

Offenbar war die Gebefreudigkeit der Philipper so groß, dass sie selbst dadurch in Schwierigkeiten gerieten. Paulus versichert ihnen, dass Gott Wohlgefallen an ihren Opfern hat und sagt dann: »Mein Gott aber wird alle eure Notdurft erfüllen nach seinem Reichtum in Herrlichkeit in Christus Jesus« (Phil. 4,18-19).

Auch du solltest – wie die Philipper – durch großzügiges Opfer und durch Unterstützung derer gekennzeichnet sein, die dir mit dem Wort dienen. Treue Hirten und Älteste sind dieser Ehre wert (1. Tim. 5,17-18), und Großzügigkeit bringt dir und anderen Freude.

Zum Gebet: Danke Gott für solche, die dir treu dienen. · Bitte um Weisheit, wie du den finanziellen Bedürfnissen deiner Gemeinde am besten entgegenkommen kannst.

Zum Bibelstudium: Lies 1. Korinther 9,1-14, 2. Korinther 9,6-14 und 1. Timotheus 6,6-9. · Welche Haltungen und Grundsätze findest du in diesen Abschnitten? · Wie kannst du sie in deine finanzielle Praxis einbauen?

»… allen Heiligen … mit den Aufsehern und Dienern« (*Phil. 1,1*).

Treue geistliche Leiter sind aller Anerkennung und Achtung wert.

Der Gruß des Paulus schließt die »Aufseher und Diener« in Philippi ein. Das ist möglicherweise kein Hinweis auf Älteste und Diakone, wie wir sie kennen, sondern gilt allen Heiligen in Philippi, samt den geistlichen Leitern und denen, die ihnen zur Seite standen.

Das setzt Einigkeit und Unterwürfigkeit in der Gemeinde voraus, was Leitern und denen, die ihnen folgen, zur Freude gereicht. In Hebräer 13,17 wird besonders darauf hingewiesen: »Gehorcht euren Führern und seid unterwürfig; denn sie wachen über eure Seelen (als die da Rechenschaft geben sollen), auf dass sie dies mit Freuden tun und nicht mit Seufzen; denn dies wäre euch nicht nützlich.«

Geistliche Führerschaft bringt heilige Verantwortung. Leiter müssen die Herde Gottes leiten, ernähren und bewachen, weil Gott sie durch das Blut Seines eigenen Sohnes erworben hat (Apg. 20,28). Sie sind Gott persönlich für die Handhabung ihrer Aufgaben verantwortlich.

Du hast auch eine heilige Verantwortung: Du musst den Führern gehorchen und dich ihnen unterwerfen. Hebräer 13,7 sagt: »Gedenket eurer Führer, die das Wort Gottes zu euch geredet haben und, den Ausgang ihres Wandels anschauend, ahmet ihren Glauben nach.« Und Paulus fügt in 1. Thessalonicher 5,12-13 hinzu: »Erkennt, die unter euch arbeiten und euch vorstehen im Herrn und euch zurechtweisen, und dass ihr sie über die Maßen in Liebe achtet, um ihres Werkes willen.«

Leider fördert unsere Gesellschaft Kritiksucht und Misstrauen gegenüber jeglicher Autorität. Verbale Angriffe und Rufmord sind weit verbreitet. Viele Gemeindeglieder haben diese Haltung gegenüber ihren geistlichen Führern übernommen, weil sie diese als Funktionäre und bezahlte Angestellte betrachten. Daraus ergibt sich die weitverbreitete Schwachheit und Wirkungslosigkeit der Gemeinden, die sich selbst durch Uneinigkeit und Streitereien lahmlegen. Viele Hirten leiden unter dem Ungehorsam und der Undankbarkeit der ihnen Anvertrauten.

Lass dich nie zu dieser Gesinnung verleiten. Wirkliche Führer verdienen deinen Respekt und deine Wertschätzung, nicht weil sie so überaus begabt wären, sondern weil Gott sie zu diesem heiligen Dienst berufen hat. Wenn du dich den geistlichen Leitern gegenüber so verhältst, wie Gott es fordert, wird das unermesslich zur Einheit und Harmonie in deiner Gemeinde beitragen.

ZUM GEBET: Danke Gott für geistliche Leiter. Bete für sie und ermutige sie, so oft du kannst.

ZUM BIBELSTUDIUM: Lies 1. Korinther 9,3-14. · Von welchen Rechten spricht Paulus da? · Welche Vergleiche braucht er?

»Gnade euch und Friede von Gott, unserem Vater, und dem Herrn Jesus Christus!« (Phil. 1,2).

Nichts, was dir heute begegnet,
ist außerhalb des Geltungsbereichs von Gottes Gnade und Frieden.

Paulus trug diesen Segenswunsch um Gnade und Frieden stets in seinem Herzen. Er stellte ihn an den Anfang aller seiner Briefe und entfaltete ihn in seinen Schriften. Gnade bedeutet, dass Gott uns Menschen mit Güte und Barmherzigkeit überschüttet, obwohl wir es nicht verdient haben. Jede empfangene Wohltat und Fürsorge entspringt der göttlichen Gnade. Das nennt Petrus die »mancherlei Gnade Gottes« (1. Petr. 4,10). So vielfältig und verschieden die Trübsale sind, so vielfältig und verschieden zeigt sich die Gnade Gottes, mit der Er uns zur Hilfe kommt.

Friede, wie er in Philipper 1,2 gemeint ist, spricht von der Ruhe und der Abwesenheit von Streit, die solche kennzeichnet, bei denen die Gnade Gottes wirksam ist. Das Neue Testament verbindet den Frieden auch mit Barmherzigkeit, Hoffnung, Freude und Liebe. Solche Gnaden zu erleben, bedeutet wahren Frieden zu erfahren.

Als die Bibel in die Sprache der Chol Indianer in Süd-Mexiko übersetzt werden sollte, suchte man nach einem Wort oder Ausdruck, der in ihrer Sprache die Bedeutung von »Frieden« wiedergab. Man fand heraus, dass die Worte für »ein stilles Herz« genau das sagten, was sie suchten. Das ist ein passender Vergleich, weil Frieden die Seele vor Angst und Streit bewahrt und stattdessen Trost und Harmonie gewährt.

In Kolosser 3,15 steht: »Der Friede des Christus regiere in euren Herzen, zu welchem ihr auch berufen worden seid in einem Leibe.« In Philipper 4,6-7 sagt Paulus: »Seid um nichts besorgt, sondern in allem lasst durch Gebet und Flehen mit Danksagung eure Anliegen vor Gott kundwerden; und der Friede Gottes, der allen Verstand übersteigt, wird eure Herzen und euren Sinn bewahren in Christus Jesus.«

Obwohl »Gnade und Friede« ein gewöhnlicher Gruß in der frühen Kirche war, erlebte man beides kaum in der ungläubigen Welt. Das ist heute noch so, weil nur solche, die zu Gott, dem Vater, und zu dem Herrn Jesus Christus gehören, Gnade und Frieden empfangen.

Lebst du in dem Frieden Gottes? Denke daran: Nichts, was dir heute begegnet, ist außerhalb der Reichweite der allgenugsamen Gnade Gottes und Seines überfließenden Friedens.

Zum Gebet: Lies Epheser 2,14-18 und danke Gott für Christus, der dein Friede ist, und für das Werk, das Er in Gnaden für dich vollbracht hat.

Zum Bibelstudium: Was ist der erste Schritt zu diesem Frieden (Joh. 16,33; 1. Petr. 5,14)? · Was will der Gott des Friedens in dir schaffen (1. Thess. 5,23; Hebr. 13,20-21)?

»Ich danke meinem Gott
bei aller meiner Erinnerung an euch« (Phil. 1,3).

Ein Schlüssel zu christlicher Freude ist die Erinnerung an die Güte anderer.

Obwohl Paulus in Rom unter Hausarrest stand, als er den Philipperbrief schrieb, war sein Geist nicht gebunden. Und oft fielen ihm die mit den Christen in Philippi gemachten Erfahrungen ein. Wenn er darüber nachdachte, wurden seine Gedanken immer wieder zu Lob- und Dankgebeten für das, was Gott durch sie getan hatte. Sicher dachte Paulus dann an seine Predigt, bei der Gott der Lydia das Herz auftat und sie dem Evangelium glaubte (Apg. 16,13-14). Daraufhin bekehrten sich alle, die zu ihrem Haushalt gehörten (Vers 15). Ganz gewiss waren ihre Freundlichkeit und Gastfreiheit lichte Punkte in den sonst sehr stürmischen Tagen in Philippi.

Er wird sich auch des besessenen Mädchens erinnert haben, das der Herr aus den geistlichen Fesseln befreite (Vers 18), und an den Kerkermeister dort, der Paulus und Silas in das Gefängnis warf, nachdem man sie blutiggeschlagen hatte (die Verse 23-24). Vielleicht kam das Mädchen zu der Gemeinde in Philippi; die Bibel sagt nichts darüber. Wir wissen aber, dass der Kerkermeister mit seiner ganzen Familie errettet wurde, wonach er Paulus und Silas mit größter Freundlichkeit begegnete, sich ihrer Wunden annahm und sie speiste (die Verse 30-34).

Auch der zahlreichen finanziellen Gaben, die Paulus von den Philippern erhielt, erinnerte er sich gern, weil sie aus Liebe und Anteilnahme gegeben waren. Das galt auch für die Gabe, die Paulus eben erst durch Epaphroditus erhalten hatte und die weit über das hinausging, was Paulus benötigte (Phil. 4,18).

Die Dankbarkeit des Paulus macht deutlich, dass christliche Freude dadurch erhöht werden kann, dass man sich der Güte anderer erinnert. Eine Folge davon ist die Fähigkeit, Mängel und Unfreundlichkeiten zu vergeben. Das widerspricht völlig dem Wunsch der Weltmenschen nach Vergeltung und Genugtuung, passt aber ganz und gar zu dem Mitleid und der Vergebung, die Gott dir hat zuteil werden lassen. Darum: Vergiss das Böse ganz schnell und das Gute nie!

ZUM GEBET: Nimm dir Zeit, um über Menschen nachzudenken, die dir Gutes erwiesen und dich in deinem christlichen Wandel bestärkt haben. Danke Gott für sie. Wenn möglich, rufe sie an und sage ihnen deinen Dank. Versichere sie deiner Gebete, wie Paulus es bei den Philippern tat. · Hegst du böse Gedanken gegen jemand, lasse sie gleich fahren und beginne, für diese Person zu beten.

ZUM BIBELSTUDIUM: Lies Matthäus 5,23-26; 18,21-35. · Was hat unser Herr über das Vergeben und Versöhnen gelehrt?

»... indem ich für euch alle das Gebet mit Freuden tue« (Phil. 1,4).

Das Fürbittegebet ist ein mächtiges Werkzeug in der Hand eines Gerechten.

Von einer Krankenschwester, die von der Bedeutung des Fürbittegebets wusste, wird Folgendes erzählt: Weil sie ihre Hände täglich als Instrumente der Liebe und Barmherzigkeit Gottes bei ihrer Arbeit gebrauchte, fand sie es natürlich, ihre Hand als Gebetsmuster zu betrachten. Jeder Finger stellte jemand dar, für den sie beten wollte. Der Daumen stand ihr am nächsten und erinnerte sie, für die zu beten, die ihr am wichtigsten und liebsten waren. Der Zeigefinger war zum Zeigen da und stand für ihre Ausbilder. Der dritte Finger war der größte und stand für alle, die in Leitungsfunktionen waren. Der vierte Finger war der schwächste und erinnerte sie an solche, die durch Trübsal und Schmerzen gingen. Der kleine Finger war der geringste und unwichtigste und erinnerte die Schwester daran, für ihre eigenen Nöte zu beten.
Zweifellos wusste die Schwester etwas von der Freude der Fürbitte. Paulus kannte sie auch. Unter gleichen Umständen wäre ein weniger glaubensstarker Mann sicher nur mit seinen eigenen Schwierigkeiten ausgefüllt gewesen, doch Paulus praktizierte, was er in Philipper 2,4 lehrt: »... ein jeder nicht auf das Seinige sehend, sondern ein jeder auch auf das der anderen.« Diese Haltung ist das Herzstück wirksamen Fürbittens.
Wem die Freude des Heiligen Geistes fehlt, hegt oft negative Gedanken gegen andere; dadurch wird das Mitempfinden geschwächt und die Fürbitte behindert. Das ist tragisch; denn die Fürbitte ist ein mächtiges Werkzeug in der Hand der Gerechten (Jak. 5,16).
Untersuche deine Gebete. Enthalten sie viel Lob für Gott und Seine Güte an anderen? Betest du für die Nöte anderer? Fang damit an und die Freude des Füreinander-Eintretens wird dich erfüllen.

Zum Gebet: Bete für bestimmte Personen und bestimmte Nöte. · Danke Gott für das, was du Ihn an anderen tun siehst.

Zum Bibelstudium: In Johannes 17 finden wir Christi Fürbitte für Seine Jünger, uns eingeschlossen (Vers 20). Nachdem du das gelesen hast, ergänze folgende Aussagen · Ewiges Leben ist in CHRISTUS. · Christus war auf die Erde gesandt, um uns zu erlösen. · Die Antwort der Welt auf Christus und Seine Nachfolger ist ihm nachzufolgen. · Der beste Weg, die Welt davon zu überzeugen, dass der Vater Ihn gesandt hat, ist ihn zu bezeugen.

»... wegen eurer Teilnahme an dem Evangelium vom ersten Tage an bis jetzt« (Phil. 1,5).

Beteilige dich an der heiligen Partnerschaft. Christi und deiner Mitchristen zur Förderung des Evangeliums.

In letzter Zeit verwendet man unter Christen gern das griechische Wort *koinoonia* als das neutestamentliche Wort für »Gemeinschaft«, obwohl es auch mit »Partnerschaft« oder »Teilhabe« übersetzt wird. In Philipper 1,5 verwendet Paulus es, um die Teilhabe der Philipper an vielerlei Verkündigungsarbeit zu betonen.

In Römer 12,13 finden wir einen Aspekt dieser Partnerschaft oder Teilhabe: Beitragszahlung. Das war eine der Sparten von Gemeinschaft, die von der Gemeinde in Philippi Paulus gegenüber eifrig gepflegt wurde. So sagt er in Philipper 4,15-16: »Ihr wisst ..., dass ... als ich aus Mazedonien wegging, keine Versammlung mir in Bezug auf Geben und Empfangen mitgeteilt hat, als nur ihr allein. Denn auch in Thessalonich habt ihr mir einmal und zweimal für meine Notdurft gesandt.« Sie waren Partner an seinem Dienst; denn durch ihre finanzielle Unterstützung war er in der Lage, das Evangelium erfolgreicher zu verkündigen.

Die Philipper wussten, dass Paulus die ungeheuren Sorgen für alle Gemeinden auf dem Herzen trug. Der Liste all dessen, was er als Apostel auszuhalten hatte, fügt er hinzu: »Außer dem, was außergewöhnlich ist, noch das, was täglich auf mich eindringt: die Sorge um alle Gemeinden« (2. Kor. 11,28). Die Philipper erleichterten in gewisser Weise diese Last, indem sie fest zu Paulus und zu seiner Lehre und seinem Gott wohlgefälligen Lebensstil standen. Das bereitete ihm große Freude.

Und du? Erhalten deine Leiter durch dich Ermutigung, weil du dich an der Ausbreitung des Evangeliums beteiligst? Mache dir klar, dass du dann teilhast an der heiligen Partnerschaft mit Christus und deinen Mitchristen in diesem Werk, genau wie die Philipper mit Paulus. Freue dich über dies Vorrecht und mache heute das Beste daraus!

Zum Gebet: Danke Gott für die christliche Gemeinschaft, die du genießt. · Bitte um Weisheit, wie du das Evangelium besser befördern kannst. · Versuche stets, die Lasten deiner geistlichen Führer zu erleichtern, indem du dich treu und deinen Gaben entsprechend an dem Dienst deiner Gemeinde beteiligst.

Zum Bibelstudium: Lies Epheser 4,11-16. · Worin liegt das Ziel christlichen Dienstes? · Welche Rollen haben die Hirten und Lehrer bei der Erreichung dieses Zieles? · Was ist deine Rolle (siehe auch Röm. 12,6-8; 1. Kor. 12,4-11; 1. Petr. 4,10-11)?

»... indem ich eben dessen in guter Zuversicht bin, dass der, welcher ein gutes Werk in euch angefangen hat, es vollführen wird« (Phil. 1,6).

Gott bringt immer zu Ende,
was Er angefangen hat.

Jeder, der Christus lieb hat, möchte Ihm ähnlich werden in geistlicher Vollkommenheit und absoluter Heiligkeit. Wir möchten Ihm in allem wohlgefallen. Doch erleben wir bei diesem edlen Vorsatz viele Frustrationen und Enttäuschungen, weil menschliche Schwäche und Sünde unseren Weg blockieren.

Wir rufen wie Paulus in Römer 7: »Was ich vollbringe, erkenne ich nicht; denn nicht was ich will, tue ich, sondern was ich hasse, übe ich aus ... Also finde ich das Gesetz für mich, der ich das Rechte ausüben will, dass das Böse bei mir vorhanden ist ... Ich elender Mensch! Wer wird mich retten von diesem Leibe des Todes?« (die Verse 15,21,24). Seine Antwort hallt wider von Vertrauen und Erlösung: »Ich danke Gott durch Jesus Christus, unseren Herrn!« (Vers 25).

Paulus war überzeugt, dass Gott Sein Erlösungswerk immer zur Vollendung bringt. In jedem neuen Gläubigen beginnt Er ein Werk, das uns fortschreitend dem Bilde Seines Sohnes gleichförmiger macht (2. Kor. 3,18). Dies mag im Augenblick schmerzlich stockend erscheinen; aber sei sicher, Er bringt es zu Ende. Alle, die Er gerechtfertigt hat, die wird Er auch verherrlichen (Röm. 8,29-30).

Inzwischen hast du eine aktive Rolle in diesem Prozess zu übernehmen. Paulus drückt das so aus: »Bewirket eure eigene Seligkeit mit Furcht und Zittern« (Phil. 2,12). Du musst dich selbst zu einem heiligen Wandel erziehen durch Gebet, Bibelstudium, Gehorsam und Berechenbarkeit für andere Gläubige. Alles, was du dazu brauchst, steht zu deiner Verfügung, weil Gott selbst in dir wirkt, was »nach Seinem Wohlgefallen« ist (Phil. 2,13).

Freue dich, Gott zu kennen, zu Ihm zu gehören und dass Er dich dem Bilde seines Sohnes gleichgestalten wird. Erblicke in jedem Geschehen dieses Tages einen Teil dieses Prozesses. Achte auf die Forderungen des Heiligen Geistes und halte fest, dass Gott Seinen Willen vollenden wird.

Zum Gebet: Danke Gott, weil Er dich »ohne Straucheln zu bewahren und vor seiner Herrlichkeit tadellos darzustellen vermag mit Frohlocken« (Jud. 24). · Sage Ihm, dass du dich gern zur Heiligkeit erziehen lassen willst. Bitte um Weisheit, um alle geistlichen Hilfsquellen, die dir als Gläubigem zur Verfügung stehen, zu diesem Zweck anzuwenden.

Zum Bibelstudium: Lies Hebräer 10,19-25. · In welcher Weise sollten wir Gott nahen? · Welche Verantwortlichkeit trägst du im Lichte der göttlichen Verheißungen?

»... indem ich eben dessen in guter Zuversicht bin, dass der, welcher ein gutes Werk in euch angefangen hat, es vollführen wird bis auf den Tag Jesu Christi« (Phil. 1,6).

Eines Tages wird Gott jeden Gläubigen verherrlichen und belohnen.

Für Christen steckt ein Körnchen Wahrheit in dem Aufkleber mit dem Text: »Keine Ungeduld, Gott hat mich noch nicht ganz fertig.« Wir sind nicht, was wir sein sollten; stattdessen ist noch viel zu tun, bis wir sind, wie Er uns haben will. Doch Gottes Wirken ist in uns so gewiss und so mächtig, dass uns die Bibel die Vollendung garantiert.

An diese Garantie dachte auch der Bibellehrer F. B. Meyer, als er schrieb: »Betreten wir ein Maleratelier, in dem lauter unvollendete Bilder an den Wänden stehen, so kann das daran liegen, dass der Maler sich übernommen hat oder dass seine Hände gelähmt waren oder dass der Tod ihn ereilte; in Gottes großer Werkstatt finden wir nichts, das nach Hast oder Mangel an Kraft und Fähigkeit zur Vollendung aussieht. Wir können sicher sein, dass die Arbeit, die Er in Seiner Gnade begann, auch von dem Arm Seiner Kraft vollendet wird« (*The Epistle to the Philippians* [Grand Rapids, Mich.: Baker, 1952] S. 28).

Die Vollendung des göttlichen Werkes in dir wird in einem künftigen Zeitpunkt geschehen, den Paulus den »Tag Jesu Christi« nennt (Phil. 1,6). Die Bibel kennt auch den »Tag des Herrn« als die Zeit des göttlichen Gerichts über die Ungläubigen. Aber »der Tag Jesu Christi« beschreibt die Zeit, wenn die Gläubigen völlig verherrlicht werden und den Lohn für ihre Treue im Dienen erhalten (siehe 1. Kor. 3,10-15). Alle deine irdischen Sorgen werden verschwunden sein und Gottes Verheißung, dich vor dem Straucheln zu bewahren und dich »tadellos mit Frohlocken« vor Sich hinzustellen (Jud. 24), wird glückselige Wahrheit sein.

Dich auf dein Versagen zu konzentrieren, macht dich mutlos; aber die Aussicht auf den herrlichen Tag Christi sollte dich erfreuen. Beschäftige dich nicht über Gebühr mit dem, was du heute bist. Blick nach vorne, zu dem, was du durch Gottes Gnade sein wirst.

ZUM GEBET: Denke über die Freude nach, dass du einem allmächtigen Gott gehörst, der mächtig an dir wirkt. Drücke vor Ihm diese Freude aus und lobe Ihn. · Lies 1. Chronika 29,11-13 als ein Gebet, um Gott zu loben.

ZUM BIBELSTUDIUM: Lies Offenbarung 7,9-17 und 22,1-5. Was lassen dich diese Abschnitte über das Tun der Verherrlichten im Himmel erkennen?

»... wie es für mich recht ist, dass ich dies in Betreff euer aller denke, weil ihr mich im Herzen habt und sowohl in meinen Banden als auch in der Verantwortung und Bestätigung des Evangeliums ihr alle meine Mitteilnehmer der Gnade seid. Denn Gott ist mein Zeuge, wie ich mich nach euch allen sehne mit dem Herzen Christi Jesu« (Phil. 1,7-8).

Die stärksten und tiefsten Beziehungen entwickeln sich oft im Schmelztiegel des Dienstes für Christus.

Zweifellos gibt es Menschen, die einen besonderen Platz in deinem Herzen einnehmen. Vielleicht siehst du sie selten und kannst nicht oft mit ihnen reden; aber sie sind in deinen Gedanken und du betest oft für sie.

Genauso betrachtete Paulus die Gläubigen in Philippi, und das war richtig so; denn sie waren ein unlöslicher Bestandteil seines Lebens und Dienstes. Sie standen ihm in jeder Lage bei – selbst während seiner Prozesse und seiner Gefangenschaft in Rom.

Die Dankbarkeit und die Freude, die Paulus empfand, war mehr als eine Gefühlsregung. Es war eine moralische Verpflichtung, Gott für das zu preisen, was Er durch sie zustande gebracht hatte. Das ist die Bedeutung des griechischen Wortes, das in Vers 7 mit »recht« übersetzt ist.

»Herz« bedeutet das Zentrum unseres Denkens und Fühlens (siehe Spr. 4,23). Paulus dachte oft an die Philipper und sehnte sich nach ihnen mit der Zuneigung, die in Christus selbst ist. In Philipper 4,1 nennt er sie: »Meine geliebten und ersehnten Brüder, meine Freude und Krone.«

Die gegenseitige Zuneigung zwischen Paulus und den Philippern zeigt, dass die stärksten und tiefsten Beziehungen sich oft im Zusammenhang mit dem Dienst für Christus entwickeln. Es besteht eine besondere kameradschaftliche Verbundenheit zwischen Menschen, die für das höchste Ziel des Lebens arbeiten und die sehen, wie Gott durch ihre Anstrengungen Resultate für die Ewigkeit erzielt. Gehe mit solchen Beziehungen sorgsam um und stifte so viele wie nur irgend möglich.

ZUM GEBET: Lege eine Liste mit den Menschen an, die mit dir zusammenarbeiten. Schreibe auch auf, was Gott durch dich in der letzten Zeit gewirkt hat. Nimm dir Zeit, für beides zu danken.

ZUM BIBELSTUDIUM: Barnabas war ein treuer Freund und Dienstgenosse des Paulus. Lies Apostelgeschichte 4,36-37; 9,22-28; 11,19-30 und 13,1-3 und beantworte folgende Fragen: · Was heißt »Barnabas«? Verhielt er sich entsprechend seines Namens? · Wie bahnte Barnabas dem Paulus den Weg für seinen Dienst unter den Jüngern in Jerusalem? · Welche Erlebnisse teilten Paulus und Barnabas, nachdem sie Antiochien verlassen hatten?

»Sein [Gottes] Wohlgefallen sind die im Wege Vollkommenen« (Spr. 11,20).

Deine Liebe macht Ihm Freude.

Bisher hatten wir in diesem Monat unseren Blick auf die Freude gerichtet, die wir im Dienst und in der Erkenntnis Christi empfinden. Bevor wir unsere Aufmerksamkeit nun auf das Thema der Gottesfurcht lenken, möchte ich noch auf einen weiteren Aspekt der Freude hinweisen: auf die Freude, Gott wohlzugefallen und wie man diese Freude verliert. Gott wohlzugefallen ist unser heutiges Thema.

Vielleicht hast du noch nicht viel darüber nachgedacht, wie du Gott Freude machen kannst; aber die Bibel redet mehrere Male darüber. In Lukas 15,7 heißt es z. B.: »Also wird Freude im Himmel sein über *einen* Sünder, der Buße tut, mehr als über neunundneunzig Gerechte, welche der Buße nicht bedürfen.« Und Vers 10 fügt hinzu: »Also … ist Freude vor den Engeln Gottes über *einen* Sünder, der Buße tut.«

Glaube ist eine andere Quelle der Freude Gottes. Hebräer 11,6 sagt uns: »Ohne Glauben aber ist es unmöglich, ihm wohlzugefallen.« Das ist die negative Seite eines positiven Grundsatzes: Wer Gott vertraut, gefällt Ihm.

Außer über Buße und Glauben freut sich Gott auch über das Beten. In Sprüche 15,8 lesen wir: »Das Opfer des Gesetzlosen ist dem HERRN ein Gräuel, aber das Gebet des Aufrichtigen sein Wohlgefallen.«

Aufrichtige Lebensführung ist eine weitere Freudenquelle für Gott, wie David in 1. Chronika 29,17 feststellt: »Ich weiß, mein Gott, dass du das Herz prüfst und Wohlgefallen hast an Aufrichtigkeit.« Salomo fügt hinzu, dass alle, die tadellos wandeln, Gott wohlgefallen (Spr. 11,20).

Buße, Glaube, Gebet und gerechte Lebensführung gefallen Gott, weil sie alle Ausdruck der Liebe zu Ihm sind. Liebe ist das allumfassende Prinzip. Wenn du deiner Liebe Ausdruck verleihst – sei es durch Worte des Lobes oder durch Taten des Gehorsams –, dann erfreust du Ihn.

Setzt es dich nicht in Entzücken, wenn du weißt, dass der Gott des Universums sich über dich freut? Eigentlich sollte das so sein! Mach es dir richtig klar und lass dich dadurch anspornen, Ihm heute Freude zu machen.

ZUM GEBET: Danke Gott für das Privileg, Ihm Freude machen zu dürfen. · Danke Ihm für die Gnade, die dich befähigt, Ihn zu lieben und deine Liebe durch Buße, Gebet und ein gerechtes Leben auszudrücken (siehe 1. Joh. 4,19).

ZUM BIBELSTUDIUM: Lies 1. Könige 3,3-15. · Was erbat Salomo von Gott? · Was antwortete Gott?

»Ich habe gelernt, worin ich bin, mich zu begnügen« (Phil. 4,11).

Unzufriedenheit und Undankbarkeit rauben dir die Freude.

Wahre Freude ist Gottes Gabe für jeden Gläubigen, und doch scheinen viele Christen daran Mangel zu leiden. Wie kann das sein? Hat Gott an ihnen etwas versäumt? Nein. Wie Friede, Sicherheit und andere Wohltaten unserer Errettung, kann auch die Freude durch mancherlei Ursachen abhanden kommen. Mutwillige Sünden, Gebetslosigkeit, Furcht, Ichsucht, das Starren auf die Verhältnisse und Mangel an Vergebungsbereitschaft sind die Hauptursachen.

Zwei der häufigsten Freudendiebe sind Unersättlichkeit und Undankbarkeit. Beide sind Nebenprodukte der Gesundheits-, Wohlstands- und Fortschrittsmentalität unserer Tage. Diese Lehren haben eine Generation von Christen hervorgebracht, die unersättlicher denn je ist, weil ihre Forderungen und Erwartungen höher als jemals zuvor sind. Sie haben den Blick für Gottes Souveränität verloren und damit die Fähigkeit, Ihm für alles zu danken.

In deutlichem Kontrast dazu stehen die Worte des Herrn Jesus, wenn Er von Zufriedenheit und Furcht redet in Bezug auf Nahrung und Kleidung – den Grundbedürfnissen des Lebens (Matth. 6,25-34). Heute geht es meistens nicht um Notwendigkeiten, sondern um Vorlieben. Die Gedanken drehen sich um Stilfragen, um das persönliche Erscheinungsbild, um Zufriedenheit beim Arbeitsplatz, um Machtgewinn, um größere Häuser und neuere Autos. Um unseren Glauben zu vergrößern, fordern wir gar von Gott, Er solle uns mit mehr Wundern, mehr Wohlstand und mehr Kraft ausstatten.

Mitten in all dem rücken die Worte des Paulus die Dinge mit erfrischender Eindeutigkeit wieder zurecht: »Ich habe gelernt, worin ich bin, mich zu begnügen« (Phil. 4,11). Er stellte Gott keine Forderungen, sondern vertraute Seiner gnädigen Vorsehung. Ob er viel oder wenig erhielt, machte ihm nichts aus. In beiden Fällen war er zufrieden und dankbar.

Werde nicht das Opfer des Zeitgeistes. Sieh Gottes Segnungen für das an, was sie sind, und preise Ihn beständig für Seine Güte. Wenn du das tust, wirst du dein Herz vor Unersättlichkeit und Undankbarkeit bewahren. Noch wichtiger: Du wirst Dem Freude bereiten, der allen Lobes wert ist.

ZUM GEBET: Bitte darum, dass der Heilige Geist in dir die Freude und die Zufriedenheit bewirkt, die dich über die Umstände erhebt. · Mache es zur täglichen Gewohnheit, Gott für bestimmte Segnungen und Trübsale zu danken, weil du weißt, dass Er beides benutzt, um Seinen Willen in dir zur Vollendung zu bringen.

ZUM BIBELSTUDIUM: Lies 1. Könige 18,1 – 19,8. · Wie ging Elia mit den falschen Propheten des Baal um? · Wie mit Isebels Drohung? · Was veranlasste Elia, von einem geistlichen Hoch zu einem geistlichen Tief umzuschalten?

»Um dieses bete ich ...« (Phil. 1,9).

Deine Gebete offenbaren deine geistliche Reife.

Wenn wir beginnen, die Gottesfurcht in Philipper 1,9-11 zu untersuchen, bemerken wir, dass dieser Abschnitt ein Gebet ist. Typischerweise spiegeln die Gebete des Paulus seine Besorgnis um das geistliche Wachstum seiner Leser wider. Das geht nicht ohne Gebet, weil geistliches Wachstum von der Kraft des Heiligen Geistes abhängt, die nur durch Gebet erschlossen wird. Gebet ist so lebensnotwendig, dass der Herr Seine Jünger lehrt, »allezeit« zu beten (Luk. 18,1). Paulus befiehlt uns: »Betet unablässig« (1. Thess. 5,17). Petrus sagt, wir sollten nüchtern und besonnen zum Gebet sein (1. Petr. 4,7). Die Bibel enthält viele andere Aufforderungen zum Gebet; doch ist der wahre Test auf deinen geistlichen Zustand der Drang zum Gebet, nicht nur das Befolgen einer Anordnung. Als Christ befindest du dich in einem geistlichen Reich, in dem das Gebet so natürlich ist wie das Atmen im Reich des natürlichen. So wie der Luftdruck auf deine Lungen wirkt und dich zum Atmen bringt, so zwingt dich deine geistliche Umgebung zum Beten. Sich zu widersetzen bringt in beiden Fällen verheerende Auswirkungen.

Je mehr du das Leben mit Gottes Augen betrachtest, umso mehr wirst du ins Gebet getrieben. In diesem Sinne offenbaren deine Gebete deine geistliche Reife. Paulus rang Tag und Nacht im Gebet, weil er Gottes Liebe zu den Menschen teilte und um ihr geistliches Wachstum besorgt war.

Untersuche deine Gebete. Betest du aus Pflichtgefühl oder weil es dich zum Beten treibt? Betest du nur selten und kurz? Drehen sich deine Gebete um deine Belange oder um die Nöte anderer? Betest du für die geistliche Reife anderer? Solche tiefgreifenden Fragen zeigen dir den Stand deiner eigenen geistlichen Reife und wo du unbedingt dein Gebetsmuster verändern musst.

ZUM GEBET: Danke Gott für das Vorrecht und die Kraft des Gebets. · Hast du das Gebet versäumt oder betetest du fast nur für deine Belange, so bekenne diese Sünde und bitte Gott, dir ein Bewusstsein heiliger Dringlichkeit zu geben, um endlich so zu beten, wie du solltest. · Gibt es einen, für den du kontinuierlicher beten solltest?

ZUM BIBELSTUDIUM: Lies Daniel 6,1-28. · Worum ging es bei Daniels Gebet? · Welche Anschuldigungen brachten die politischen Führer gegen Daniel vor? · Wie verhielt sich der König Daniel gegenüber? · Wie ehrte Gott den Glauben Daniels?

»... damit ihr prüfen möget, was das Vorzüglichere sei« (Phil. 1,10).

Christliche Liebe wirkt innerhalb der Maßstäbe biblischer Erkenntnis und geistlicher Urteilsfähigkeit.

Als Christ bist du ein Gefäß der göttlichen Liebe. Deutlicher als alles andere kennzeichnet dich die Liebe zu Gott und zu anderen Gläubigen als Jünger Jesu Christi (Joh. 13,35).

Außer dass du Gottes Liebe besitzt, hast du das Privileg und die Verantwortlichkeit, anderen um Seinetwillen diese Liebe zu erweisen. Das ist eine heilige Wahrheit. Paulus führt dazu in Philipper 1,9 aus, dass diese Liebe im Rahmen der Sphäre biblischer Erkenntnis und geistlicher Urteilsfähigkeit zu handhaben ist. Da finden sich die Maßstäbe, die Gottes Liebe zugrunde liegen.

Einerlei wie liebevoll eine Handlung oder ein Wort sein mag; wenn dadurch Erkenntnis und Urteilsfähigkeit verletzt werden, entstammen sie nicht wahrer christlicher Liebe. In 2. Johannes 5-11 wird dieser Grundsatz erläutert. Offensichtlich hatten einige Christen, denen es an Urteilsfähigkeit mangelte, falsche Lehrer im Namen christlicher Liebe und Gastfreundschaft aufgenommen. Johannes ermahnt sie sehr ernst: »Wenn jemand zu euch kommt und diese Lehre nicht bringt, so nehmt ihn nicht ins Haus auf und grüßt ihn nicht. Denn wer ihn grüßt, nimmt teil an seinen bösen Werken« (die Verse 10-11). Das mag lieblos und übertrieben klingen, doch stand die Reinheit des Volkes Gottes auf dem Spiel.

In 2. Thessalonicher 3,5-6 befiehlt Paulus den Thessalonichern, nachdem er für das Wachstum ihrer Liebe gebetet hatte: »... dass ihr euch zurückzieht von jedem Bruder, der unordentlich wandelt«, der der gesunden Lehre nicht gehorcht. Darin liegt kein Widerspruch, weil christliche Liebe Acht hat auf gesunde Lehre und heiligen Wandel.

Leider ist es heute unter Christen Mode geworden, lehrmäßige Reinheit im Namen der Liebe und der Einheit zu gering zu achten oder manches, was die Bibel eindeutig anordnet, als lieblos zu brandmarken. Beides ist falsch und führt zu ernsten Konsequenzen.

Achte darauf, in was du deine Liebe ausdrückst. Lasse sie überfließen; aber in Übereinstimmung mit biblischer Erkenntnis und Urteilsfähigkeit. Lauterkeit und Gerechtigkeit werden daraus hervorkommen (Phil. 1,10-11).

Zum Gebet: Danke Gott für die Liebe, die Er dir durch den Heiligen Geist gegeben hat (Röm. 5,5). · Bitte um Möglichkeiten, anderen die Liebe Christi erweisen zu können. · Bete darum, dass deine Liebe von Überzeugungen beherrscht wird, die sich auf Gottes Wahrheit gründen.

Zum Bibelstudium: Was lehren folgende Texte über die Liebe? Wie kannst du sie auf dein Leben anwenden? Römer 12,9-10; 1. Johannes 4,7-10; Galater 5,22; 1. Petrus 1,22; 4,8.

»… damit ihr prüfen möget, was das Vorzüglichere sei« (Phil. 1,10).

In einer Welt der Mittelmäßigkeit und Verwirrung ruft uns Gott zu Vollkommenheit und Urteilsfähigkeit auf.

Da gibt es die Geschichte von dem Piloten, der über Lautsprecher den Passagieren mitteilte: »Ich habe eine gute und eine schlechte Nachricht. Die schlechte lautet, wir haben alle Orientierung verloren und wissen nicht, wo wir uns befinden. Die gute Nachricht ist, dass starker Rückenwind herrscht und wir gutes Tempo drauf haben.« Das kennzeichnet genau das Leben vieler Menschen: Sie haben kein Lebensziel; aber sie stürmen erfolgreich darauf zu! Wir als Christen müssen uns davon unterscheiden, weil wir göttliche Leitung und ein ewiges Ziel haben. Unser Leben sollte sich durch festes Vertrauen auf Gott und durch das Streben nach Vollkommenheit auszeichnen.

»Das Vorzüglichere« in Philipper 1,10 spricht von wertvollen und lebenswichtigen Dingen. »Das Vorzüglichere prüfen« heißt Dinge genau zu untersuchen, wie man wertvolles Metall auf Wert und Reinheit testet. Das geht über die Erkenntnis von Gut und Böse hinaus. Da wird zwischen dem Besseren und dem Besten unterschieden. Dazu gehört biblisches Denken und das Ausrichten unserer Zeit und Kraft auf das, was wirklich zählt. Dazu gehört die Pflege geistlicher Disziplin und dass man sich nicht von Emotionen, Launen, Empfindungen oder Umweltbedingungen beherrschen lässt.

Viele Organisationen und Betriebe haben sich »der Vollkommenheit verschrieben«, was heißen soll, dass sie danach streben, nur die besten Produkte und Dienstleistungen zu erbringen. Wenn weltlich gesonnene Menschen sich um solche Ziele mühen, wie viel mehr sollte ein Christ zur Verherrlichung Gottes nach Vollkommenheit streben!

Sieh dir dein Leben an. Ist es erfüllt von göttlicher Liebe, von Urteilsvermögen und dem Streben nach Vollkommenheit –, oder haben weltliche Belanglosigkeiten diese Tugenden verdrängt?

Zum Gebet: Lies Jesaja 12,1-6 als Lobpsalm auf Gottes Vollkommenheit. · Bitte Gott um ein Herz, das beständig nach Vollkommenheit trachtet – zu Seiner Ehre.

Zum Bibelstudium: Daniel war ein Mann, der nach Vollkommenheit trachtete. Lies Daniel 1,1 – 2,23. · Wie hat sich Daniel in Bezug auf des Königs Speise und dessen Wein entschieden und wie handelte er in dieser Situation? · Wie unterschieden sich Daniel und seine drei Freunde in Bezug auf Weisheit und Verständnis von den Zauberern und Sterndeutern? · Welche Grundsätze aus diesen zwei Kapiteln müsstest du auf dein Leben übertragen?

1) Daniels Anliegen war es, in Gottes Geboten zu wandeln (u. danach zu tun)
2) Sie fragten nach Gottes Willen.

»... auf dass ihr lauter und unanstößig seid auf den Tag Christi« (Phil. 1,10).

Suche ein Leben, das sich durch Wachsamkeit auszeichnet.

In unserer Gesellschaft gelten solche, deren Leben durch Anstand, Aufrichtigkeit, Ehrlichkeit und Wahrheit ausgezeichnet ist, als integere Menschen. Allerdings reichen gesellschaftliche Maßstäbe oft nicht an die Forderungen Gottes heran. Geistliche Integrität erfordert den denkbar höchsten Verhaltensstandard und setzt übernatürliche Hilfsquellen voraus, die nur denen zur Verfügung stehen, die auf Gott vertrauen. Das Gebet des Paulus in Philipper 1,9-10 zeigt den Weg zu geistlicher Integrität. Er beginnt mit »Liebe«, die überströmt in »Erkenntnis und aller Einsicht« (Vers 9) und schreitet fort zum Streben nach dem »Vorzüglicheren« (Vers 10). Das Ergebnis ist Lauterkeit und Unanstößigkeit – beides Kennzeichen göttlicher Integrität.

Das mit »lauter« übersetzte griechische Wort spricht von Echtheit und Authentizität. Wörtlich heißt es »in der Sonne beurteilt« und spielt auf die Praxis an, Tongefäße zur Begutachtung ins Sonnenlicht zu halten. Im Altertum erhielten die Tonwaren beim Brennen oft Sprünge. Unehrliche Händler sortierten solche Stücke nicht aus, sondern verklebten die Risse mit Wachs und verkauften sie unachtsamen Kunden. Hielten diese aber das Gefäß ins Sonnenlicht, erkannten sie alle Fehler und wurden vor Schaden bewahrt.

Diesem Bild zufolge erfordert biblische Integrität, dass du »ohne Wachs« bist, ohne Heuchelei und versteckte Sünden, die zum Vorschein kommen, wenn du unter Druck gerätst oder in Versuchung kommst.

»Unanstößig« spricht von einem beständigen Leben, das niemand zu Irrtum und Sünde verleitet. Dein Maßstab lautet dann: Ich lebe außerhalb der Gemeinde genauso wie innerhalb.

Unanstößig zu sein, ist nicht leicht in einer Welt, die ihre sündige Praxis überall unverschämt zur Schau stellt. Du musst auf der Hut sein, nicht deine Empfindlichkeit gegenüber der Abscheulichkeit der Sünde zu verlieren und unbemerkt anzufangen, die einst gehasste Sünde zu tolerieren oder gar zuzulassen. Dann verlierst du deine Integrität und beginnst, anderen zum Fallstrick zu werden. Jage mit aller Kraft der Integrität nach, indem du danach trachtest, Christus zu verherrlichen, bis Er wiederkommt!

ZUM GEBET: Danke Gott, dass Er dich »ohne Straucheln zu bewahren und vor seiner Herrlichkeit tadellos darzustellen vermag« (Jud. 24). · Bewahre dein Herz und deinen Sinn mit viel Gebet vor den heimlichen bösen Einflüssen, die deine Integrität untergraben und dich für den Herrn unbrauchbar machen können.

ZUM BIBELSTUDIUM: Lies 1. Mose 39. · Wodurch wurde Josephs Integrität herausgefordert? · Wie vergalt Gott dem Joseph seine Hingabe an die göttliche Integrität?

»... erfüllt mit der Frucht der Gerechtigkeit, die durch Jesus Christus ist« (Phil. 1,11).

Fruchtbringen ist die Nagelprobe für den wahren Gläubigen.

Nach lebensbedrohenden Situationen sagen die Menschen oft: »Ich sah mein ganzes Leben vorüberfliegen.« Daran muss man bei Philipper 1,11 denken. »Die Frucht der Gerechtigkeit« ist das, was in dir gewirkt wurde, wenn du aus Liebe handelst, der Vollkommenheit nachstrebst und integer lebst. Dazu gehört jede Haltung und Handlung, die dem göttlichen Beurteilungsmaßstab genügt.

»Erfüllt« spricht von etwas, das in der Vergangenheit geschehen ist, aber bleibende Ergebnisse hervorbringt. Bei deiner Bekehrung wurde der Same der Gerechtigkeit in dich gepflanzt. Er bringt dein ganzes Leben hindurch Früchte der Gerechtigkeit. Am Tage Christi wird diese Frucht deine Errettung bestätigen.

Fruchtbarkeit ist noch immer die Nagelprobe wahrer Errettung gewesen. Der Herr Jesus sagt: »Wenn ihr in meinem Worte bleibt, so seid ihr wahrhaft meine Jünger« (Joh. 8,31). Als Johannes der Täufer seine Nachfolger ermahnte, »würdige Früchte der Buße« zu bringen (Luk. 3,8), sprach er von guten Werken (die Verse 10-14). Paulus sagt: »Wir sind sein [Gottes] Werk, geschaffen in Christus Jesus zu guten Werken, die Gott zuvor bereitet hat, auf dass wir in ihnen wandeln sollen« (Eph. 2,10). Johannes sagt, dass alle, die in Christus bleiben, schuldig sind, selbst so zu wandeln, wie Er gewandelt hat (1. Joh. 2,6).

Geistliche Frucht kannst du nicht aus dir selbst hervorbringen. Sie kommt »durch Jesus Christus« (Phil. 1,11). Er selbst sagt: »Bleibet in mir und ich in euch. Gleichwie die Rebe nicht von sich selbst Frucht bringen kann, sie bleibe denn am Weinstock, also auch ihr nicht, ihr bleibet denn in mir. Ich bin der Weinstock, ihr seid die Reben. Wer in mir bleibt und ich in ihm, dieser bringt viel Frucht, denn außer mir könnt ihr nichts tun« (Joh. 15,4-5).

Du bist erlöst, um Gott durch gerechte Taten zu verherrlichen. Mache das für heute zu deinem vordringlichsten Ziel.

ZUM GEBET: Psalm 71 ist ein Psalm, in dem Gott für Seine Gerechtigkeit und treue Fürsorge gepriesen wird. Lies ihn und denke über seine Wahrheiten nach. Dann danke Gott für Seine Gerechtigkeit, die Er an dir erwiesen hat. · Bitte um Möglichkeiten, heute anderen Gerechtigkeit widerfahren zu lassen.

ZUM BIBELSTUDIUM: Lies Sprüche 11,1-9; 15,8-9 und 21,2-3 und stelle die Kennzeichen und Wohltaten der Gerechtigkeit fest.

»... zur Herrlichkeit und zum Preise Gottes« (Phil. 1,11).

Gott verherrlichen, heißt Ihn in Worten und Taten widerzuspiegeln.

Das Gebet des Paulus in Philipper 1,11 schließt mit einer Erinnerung daran, dass Liebe, Vollkommenheit, Integrität und Gerechtigkeit Gott zu Herrlichkeit und Lob gereichen.

Die Ehre Gottes ist ein immer wiederkehrendes Thema in den Schriften des Paulus und das zu Recht, denn sie stellt die höchste Priorität für einen Christen dar. Aber was ist Gottes Ehre und was bedeutet es, Ihm Ehre zu bringen? Immerhin ist Er doch von unendlicher Herrlichkeit in sich selbst, so dass wir Ihm nichts hinzuzufügen vermögen. Auch kann Seine Ehre nie gemindert werden, so dass sie ergänzt oder vermehrt werden könnte.

In 2. Mose 33,18-19 sagt Mose zu Gott: »Lass mich doch deine Herrlichkeit sehen! Er [Gott] antwortete: Ich werde all meine Güte an deinem Angesicht vorübergehen lassen und den Namen Jahwe vor dir ausrufen. Ich werde gnädig sein, wem ich gnädig bin und mich erbarmen, über wen ich mich erbarme.« Damit sagt Gott, dass Seine Herrlichkeit die Zusammenfassung Seiner Eigenschaften ist.

Das lässt den Schluss zu, dass du Gott verherrlichen kannst, indem du Seine Eigenschaften in deinem Leben offenbarst. Wenn andere in dir göttliche Eigenschaften wie Liebe, Barmherzigkeit, Geduld und Freundlichkeit sehen, bekommen sie ein immer klareres Bild von Gott. Das ehrt Ihn. Darum solltest du auf dein Verhalten und auf dein Tun Acht geben. Paulus ermahnt den Timotheus, den Gläubigen ein Vorbild zu sein in »in Liebe, im Glauben, in Keuschheit« (1. Tim. 4,12). Das sollte für jeden Gläubigen gelten!

Ein anderer Weg, Gott zu ehren, ist, Ihn zu preisen. David sagt: »Gebt dem Herrn Herrlichkeit und Kraft! Gebt dem Herrn die Herrlichkeit seines Namens, betet den Herrn an in heiliger Pracht! ... In seinem Tempel ruft alles: Herrlichkeit!« (Ps. 29,1-2.9).

Du kannst der Herrlichkeit Gottes nichts hinzufügen, sie aber in Wort und Tat proklamieren. Welches Gottesbild sehen andere in dir? Verherrlicht dein Leben Gott?

Zum Gebet: In 1. Chronika 16,8-36 weist David den Asaph und dessen Verwandte an, wie sie Gott verherrlichen sollen. Nimm diesen Abschnitt als Modell und nimm dir Zeit, Gott im Gebet zu verherrlichen.

Zum Bibelstudium: Lies noch einmal 1. Chronika 16,8-36 und achte auf eine der Instruktionen, die du auf dich anwenden musst.

»Deshalb hören wir nicht auf, von dem Tage an, da wir es gehört haben, für euch zu beten und zu bitten, dass ihr mit der Erkenntnis seines Willens erfüllt werdet in aller Weisheit und geistlichem Verständnis« (Kol. 1,9).

Ein Gott wohlgefälliges Leben entwickelt sich, wenn es von biblischen Grundsätzen beherrscht ist.

Das Gebet des Paulus stimmt eng mit seinem Gebet im Kolosserbrief überein (Kol. 1,9-12). Beide Briefe wurden zu ungefähr gleicher Zeit in demselben römischen Gefängnis geschrieben. Bei beiden Gebeten geht es um einen Gott wohlgefälligen Wandel, der aber aus ein wenig unterschiedlichen Blickwinkeln betrachtet wird. Die Philipper waren dankbare Leute, denen mehr Erkenntnis und Urteilsvermögen in Bezug auf ihre Liebe Not tat. Die Kolosser waren auch dankbar; aber ihre Hingabe an Christus wurde durch Irrlehrer strapaziert, die ihnen beibrachten, Christus reiche nicht aus für die Errettung und einen gottseligen Wandel. Für wahre Spiritualität – so sagten die falschen Lehrer – brauche man außer Christus auch noch menschliche Philosophie, religiöse Gesetze, die Mystik und/oder die Askese. Paulus machte den Gläubigen in Kolossä Mut und widerlegte die falschen Lehrer, indem er die Allgenugsamkeit Christi herausstellte.

Am Anfang seines Gebets betont Paulus, wie wichtig es ist, von der Erkenntnis des göttlichen Willens regiert zu werden (die in Seinem Wort offenbart ist). Das ist mit dem griechischen Wort für »mehr und mehr überreich werden« gemeint (Vers 9). Mit »Erkenntnis« ist ein Wort übersetzt, das tiefes, durchdringendes Verstehen ausdrückt, das dann zur Veränderung des Verhaltens führt. »Weisheit und geistliches Verständnis« redet von einem Wissen, das nicht durch menschliches Nachdenken oder durch Philosophie gewonnen werden kann, sondern direkt vom Heiligen Geist mitgeteilt wird.

Im Grunde sagt Paulus also: »Ich bete dafür, dass ihr beständig von der lebensändernden Erkenntnis des Willens Gottes kontrolliert werdet, die euch der Heilige Geist durch betendes Studium des göttlichen Wortes mitteilen wird.« Die Bibel enthält alle Grundsätze, die du für ein Gott wohlgefälliges Leben brauchst. Und der Heilige Geist gibt dir die Kraft, danach zu handeln. Viele falsche Lehrer werden versuchen, dich von der einfältigen Nachfolge Christi abzubringen, indem sie dir andere Dinge anbieten: Philosophie, Psychologie und Tausende anderer hoffnungsloser Alternativen. Lass dich nicht von ihnen reinlegen! In Christus hast du alles, was du brauchst.

ZUM GEBET: Danke Gott für Seinen allgenugsamen Sohn und für die Hilfsquellen, die dir in Ihm erschlossen sind. · Bitte um Weisheit, diese Hilfsquellen in jeder Situation, vor die du heute gestellt wirst, einsetzen zu können.

ZUM BIBELSTUDIUM: Lies Kolosser 1,15 – 2,23. · Was hat Christus bei der Erschaffung der Welt getan? · Welches Ziel hatte Paulus als Diener? · Welche Warnungen und Befehle erteilte Paulus?

»... um des Herrn würdig zu wandeln zu allem Wohlgefallen« (Kol. 1,10).

Dein Lebenswandel sollte mit dem Wandel Christi übereinstimmen.

In Kolosser 1,9 spricht Paulus von der Kontrolle durch den Willen Gottes. In Vers 10 spricht er von einem des Herrn würdigen Wandel. Zwischen beiden Versen besteht eine direkte Beziehung von Ursache und Wirkung. Wenn du von der Erkenntnis des göttlichen Willens beherrscht bist, wandelst du »würdig des Herrn«.

Das Wort »wandeln« ist im Neuen Testament immer die Umschreibung für den Lebensstil eines Menschen oder einer Gruppe. So sagt Paulus den Thessalonichern, sie sollten »des Gottes würdig wandeln, der euch zu seinem Reich und zu seiner Herrlichkeit beruft« (1. Thess. 2,12).

Der Gedanke, des Herrn würdig zu sein, mag ein wenig Verwunderung erzeugen, weil wir gewöhnlich Würdigkeit mit Auszeichnungen oder irgendwelchen Verdiensten in Zusammenhang bringen. Das will Paulus natürlich überhaupt nicht sagen. Das griechische Wort für »würdig« in Kolosser 1,10 spricht von etwas Gleichgewichtigem, von etwas, das den selben Wert hat wie etwas anderes. Paulus sagt nicht, wir hätten Christus verdient, sondern unser Verhalten sollte mit dem Seinen übereinstimmen.

Das will auch Petrus in 1. Petrus 2,21 sagen: »Denn hierzu seid ihr berufen worden; denn auch Christus hat für euch gelitten und euch ein Beispiel hinterlassen, damit ihr seinen Fußspuren nachfolgt.« Johannes fügt hinzu: »Wer da sagt, dass er in ihm bleibe, ist schuldig, selbst so zu wandeln, wie er gewandelt ist« (1. Joh. 2,6) und erklärt dann noch: »Dies ist die Liebe, dass wir nach seinen Geboten wandeln« (2. Joh. 6). Auf diese Weise also zeigen wir unsere Liebe zu Christus (Joh. 14,15) und gefallen wir Ihm in jeder Beziehung wohl.

Ein Wort zur Ermutigung: Ein »würdiger Wandel« ist kein Leben in perfekter Sündlosigkeit. Das wird erst erreicht sein, wenn wir ganz verherrlicht sind. Aber jeden Tag wächst du in der Gottesfurcht, weil der Heilige Geist Sein verwandelndes Werk in dir tut (2. Kor. 3,18). Halte dich treu zu diesem Prozess. Habe deine Freude an Christus, achte auf Sein Wort und freue dich des Vorrechts, Ihm heute ähnlicher zu werden.

Zum Gebet: Danke Gott für die Kraft und Leitung Seines Geistes in deinem Leben. · Sei schnell bereit, deine Sünden zu bekennen, wenn du von dem »würdigen Wandel« abgewichen bist.

Zum Bibelstudium: Lies Epheser 4,1-3 und Philipper 1,27-30. · Welche Haltungen zeichnen einen würdigen Wandel aus? · Schließt ein würdiger Wandel die Möglichkeit von Leiden und Verfolgung aus? Erkläre das.

»… fruchtbringend in jedem guten Werk und wachsend durch die Erkenntnis Gottes« (*Kol. 1,10*).

Die Menge deiner Frucht hängt direkt von deiner Erkenntnis der göttlichen Wahrheit ab.

Jeder Bauer, der eine reiche Ernte einfährt, tut das nur, wenn er sich eifrig darum gemüht hat. Er muss pflügen, den Samen ausstreuen und dann die Pflanzen bis zur Reife pflegen. Jeder Schritt erfordert Nachdenken, Disziplin und Ordnung.

Genauso ist das geistliche Fruchttragen kein gedankenloser und willkürlicher Vorgang. Es erfordert ein eifriges Suchen nach der Erkenntnis des göttlichen Willens, den Er in Seinem Wort offenbart hat. Darum geht es im Gebet des Paulus in Vers 9 und das wiederholt er hier in Vers 10.

Der Ausdruck »wachsend *durch die* Erkenntnis Gottes« (Vers 10) kann auch mit »wachsend *in der* Erkenntnis Gottes« übersetzt werden. Beides ist richtig. Die erste Übersetzung betont die Rolle, die die Erkenntnis bei deinem geistlichen Wachstum spielt, während die zweite auf die Notwendigkeit des erkenntnismäßigen Wachstums hinweist.

Wenn deine Erkenntnis des göttlichen Wortes zunimmt, erneuert der Heilige Geist dein Herz und verwandelt dein Denken. Wenn du die Herrlichkeit des Herrn anstaunst, wie sie in der Schrift offenbart ist, wirst du »verwandelt in dasselbe Bild von Herrlichkeit zu Herrlichkeit« (2. Kor. 3,18). Du hast den »neuen Menschen« angezogen, »der erneuert wird zur Erkenntnis nach dem Bilde dessen, der ihn erschaffen hat« (Kol. 3,10).

Einer der Tricks des Teufels, um geistliche Produktivität zu verzögern, besteht darin, den Kopf mit humanistischer Philosophie und anderem bankrottem Ersatz zu beschäftigen. Darum brachte er falsche Lehrer nach Kolossä, die erzählten, die Erkenntnis des göttlichen Willens reiche nicht aus für wahre Spiritualität. Paulus weist diese Vorstellung zurück, indem er befestigt, dass in Christus »die ganze Fülle der Gottheit leibhaftig wohnt« (Kol. 2,9). Er ist es, in dem »alle Schätze der Weisheit und Erkenntnis verborgen sind« (Kol. 2,3). *Er ist alles, was du nötig hast!*

Die Schrift fordert dich auf, in der Gnade und Erkenntnis des Herrn Jesus Christus zu wachsen (2. Petr. 3,18). Kennzeichnet das dein Leben? Sehnst du dich nach einer reichlichen geistlichen Ernte?

ZUM GEBET: Danke Gott für das Vorrecht, Seinen Willen zu kennen und Sein Wort erforschen zu dürfen. · Bewache betend dein Herz vor sündigen Einflüssen. Lass dich von Gottes Wahrheit durchtränken.

ZUM BIBELSTUDIUM: Lies folgende Stellen und achte auf die Wirkungen des Wortes Gottes: Psalm 119,9.105; Apostelgeschichte 20,32; Römer 10,17; 1. Thessalonicher 2,13; 2. Timotheus 3,14-17; Hebräer 4,12-13; 1. Johannes 2,14.

»... gekräftigt mit aller Kraft nach der Macht seiner Herrlichkeit, zu allem Ausharren und [aller] Langmut« (Kol. 1,11).

Gott gibt dir stets die Kraft, dass du tun kannst, was er dir befiehlt.

Einer beängstigenden Menge von Christen scheint es an geistlicher Stabilität zu mangeln. Viele sind »hin- und hergeworfen und umhergetrieben von jedem Wind der Lehre durch die Betrügereien der Menschen, durch [ihre] Verschlagenheit zu listig ersonnenem Irrtum« (Eph. 4,14). Anderen fehlt moralische Reinheit. Viele werden mehr von ihren Gefühlen als von gesundem Nachdenken getrieben. Immer häufiger nehmen Therapeuten und Psychologen die Stelle von Hirten und biblischen Lehrern als geistliche Leitbilder ein. Während wir immer noch einen souveränen, allmächtigen Gott verkünden, straft unser Verhalten unser Bekenntnis Lügen.

Trotz unserer Wankelmütigkeit ist die Kraft in Christus unser, wenn wir der Erkenntnis Seines Willens erlauben, unser Leben zu regieren. Paulus beschreibt die Wirkung dieser Kraft in Kolosser 1,11. Die mit »gekräftigt« und »Kraft« wiedergegebenen griechischen Wörter sprechen von der innewohnenden Kraft, die uns befähigt, etwas zu tun.

Die Wendung »nach (der Macht)« zeigt, dass die Kraft zu geistlicher Stabilität dem wahrhaft unerschöpflichen göttlichen Überfluss entspricht; ja, diese Kraft entspricht tatsächlich »Seiner Herrlichkeit«. Das finden wir auch in Philipper 2,12-13, wo Paulus sagt, die Kraft zum Bewirken unserer Seligkeit komme von Gott, »der in euch wirkt sowohl das Wollen als auch das Wirken zu [seinem] Wohlgefallen«.

In Kolosser 1,11 ist das Ergebnis der göttlichen Befähigung »Ausharren und Langmut«. »Ausharren« spricht vom Standhalten gegenüber den Umständen; »Langmut« spricht vom siegreichen Umgang mit Menschen. Wenn du ausharrst und langmütig bist, zeigst du geistliche Stabilität. Deine Reaktionen sind biblisch, durchdacht und wohlüberlegt – nicht weltlich, emotional und unbeherrscht. Du hältst in Trübsalen durch, weil du Gottes Absichten verstehst und Seinen Verheißungen vertraust.

Paulus sagt: »Werdet stark im Herrn und in der Macht seiner Stärke!« (Eph. 6,10). Das ist möglich, wenn du Gott vertraust und dich auf die Kraft verlässt, die in Christus dir gehört.

ZUM GEBET: Vielleicht kennst du jemand, der mit geistlicher Instabilität zu kämpfen hat. Bitte für diesen Menschen und bitte Gott, dass Er dich zu einer Quelle der Ermutigung macht.

ZUM BIBELSTUDIUM: Psalm 18 ist ein Siegespsalm, den David schrieb, nachdem ihn Gott von Saul befreit hatte. Lies ihn, dann beantworte folgende Fragen: · Welche Eigenschaften Gottes erwähnt David? · Wie passen diese Eigenschaften zu der Situation, in der du dich befindest?

»… mit Freuden dem Vater danksagend« (Kol. 1,11).

**Freudiges Danken zeigt,
dass wir in Gott den Geber aller guten Gaben erkennen.**

Die untrennbare Verbindung zwischen Freude und Dank ist ein immer wiederkehrendes Thema bei Paulus. In Philipper 4,4-6 sagt er: »Freut euch in dem Herrn allezeit! Wiederum will ich sagen: Freut euch! … Seid um nichts besorgt, sondern in allem sollen durch Gebet und Flehen mit Danksagung eure Anliegen vor Gott kundwerden.« Und den Thessalonichern riet er: »Freut euch allezeit! Betet unablässig! Sagt in allem Dank! Denn dies ist der Wille Gottes in Christus Jesus für euch« (1. Thess. 5,16-18).

So oft Paulus Dank ausdrückte und andere ermutigte, dies ihrerseits zu tun, achtete er sorgsam darauf, niemals Menschen für etwas zu danken, was Gott allein zustand. So sagt er zum Beispiel in Römer 1,8: »Aufs erste danke ich meinem Gott durch Jesus Christus euer aller wegen, dass euer Glaube verkündigt wird in der ganzen Welt.« Er dankte Gott, nicht den Gläubigen in Rom, weil er wusste, dass Glaube eine Gabe Gottes ist.

Das bedeutet nicht, du dürftest niemand für eine erwiesene Freundlichkeit danken; aber indem du das tust, musst du sie als Werkzeuge der göttlichen Gnade betrachten.

Gott zu danken zeigt Unterwürfigkeit und anerkennt Ihn als den souveränen Herrn und Geber aller guten und vollkommenen Gaben (Jak. 1,17). Wer seine Herrschaft verwirft und Ihm nicht dankt, zieht Seinen Zorn auf sich (Röm. 1,21).

Nur solche, die Christus lieben, können Gott wirklich dankbar sein, weil Er der Kanal ist, durch den wir unseren Dank Gott gegenüber ausdrücken können. So sagt Paulus in Kolosser 3,17: »Alles, was ihr tut, im Wort oder im Werk, alles tut im Namen des Herrn Jesus und sagt Gott, dem Vater, Dank durch ihn.« Und Hebräer 13,15 fügt hinzu: »Durch ihn nun lasst uns Gott stets ein Opfer des Lobes darbringen! Das ist die Frucht der Lippen, die seinen Namen bekennen.«

Als einer, der das Privileg besitzt, den Gott aller Gnade zu kennen, solltest du auch heute nicht mit Lob und Dank knauserig sein. Betrachte alles als Gabe aus Seiner Hand, dir zur Freude und Auferbauung!

Zum Gebet: Lies laut den Psalm 136 und preise Gott.

Zum Bibelstudium: Schreibe aus Psalm 136 alles auf, was den Psalmisten zum Danken bewegte. Inwieweit kann dir der Psalm als Muster für dein eigenes Loben dienen?

»... der Vater ... der euch fähig gemacht hat zum Anteil am Erbe der Heiligen im Licht« (Kol. 1,12).

Du bist der Empfänger eines ganz besonderen Erbteils.

Vielleicht kennst du die enttäuschende und ärgerliche Erfahrung, dass du einen Brief erhältst, dessen Anschrift dich als Gewinner einer großen Geldsumme oder eines phantastischen Preises anredet, nur um zu entdecken, dass du überhaupt nichts gewonnen hast. Alles ist nur ein Trick, dich für etwas zu gewinnen oder zu einem Kauf zu überreden.

In einer Welt des Betrugs und unerfüllter Erwartungen, ist es wunderbar zu wissen, dass Gottes Treue und Wahrhaftigkeit niemals ins Wanken geraten. Er hat dir nicht nur ein ewiges Erbe verheißen, Er hat dich auch fähig gemacht, es anzutreten.

Das griechische, mit »fähig gemacht« übersetzte Wort in Kolosser 1,12 bedeutet »hinaufreichend machen« oder »autorisieren«. »Anteil« spricht von einem zugemessenen Teil. Damit ist gemeint, Gott hat uns befähigt, einen Anteil an Segnungen entgegenzunehmen, der jedem gehört, der Ihn liebt.

In Epheser 1,3 sagt Paulus, dass unser Erbteil aus »jeder geistlichen Segnung« im Himmel besteht. Das ist ein herrliches Erbe, von dem der Heilige Geist selbst das Pfand ist (die Verse 14,18). In Kolosser 3,24 nennt Paulus das Erbe »vom Herrn«.

In Kolosser 1,12 beschreibt er weiter das Erbe als »im Licht«; damit kennzeichnet er, wie es nach Art und Qualität ganz und gar beschaffen ist. Im Neuen Testament wird »Licht« oft als Bild für Wahrheit und Reinheit gebraucht. In 1. Johannes 1,5 heißt es, »dass Gott Licht ist und gar keine Finsternis in ihm ist«. Gläubige wandeln im Licht (Vers 7). So ist ein Erbe im Licht ein göttliches, wahres und reines Erbteil – eins, das im Himmel aufbewahrt ist, wo Er wohnt, der Licht ist (1. Petr. 1,4; Offb. 21,23).

Dein ewiges Erbe ist keine leere Versprechung. Gott hat es sichergestellt, indem Er dich aus der Gewalt der Finsternis errettete und dich in das Reich des Sohnes Seiner Liebe versetzte, in welchem wir die Erlösung haben, die Vergebung der Sünden (Kol. 1,13-14). Freue dich der Gnade Gottes! Lebe heute als ein Kind des Lichts!

ZUM GEBET: Danke Gott für die Gnade der Errettung und für die Herrlichkeit deines Erbes. · Bitte Ihn, er möge dich heute als Licht für solche gebrauchen, die in der Finsternis leben.

ZUM BIBELSTUDIUM: Nimm Epheser 5,6-16 als Anleitung, um den Unterschied zwischen Finsternis und Licht herauszuarbeiten.

»Betet zu jeder Zeit im Geiste« (Eph. 6,18).

Geistlicher Sieg steht in direktem Verhältnis zur Qualität unseres Gebetslebens.

Gebet ist die Vereinigung mit Gott; und wie jede Gemeinschaft kann sie zu höchster Wirksamkeit entwickelt werden, oder man lässt sie dahinsiechen. Wie du hier die Wahl triffst, das entscheidet über dein geistliches Leben.

Ironischerweise haben die Freiheit, Gott zu dienen, der wir uns in unserer Gesellschaft erfreuen und der hohe Lebensstandard es uns leicht gemacht, in Bezug auf das Gebet selbstzufrieden zu sein und die Gnade Gottes gedankenlos vorauszusetzen. Demzufolge leben viele, die auf Gott zu vertrauen vorgeben, so, als brauchten sie Ihn überhaupt nicht. Das ist ein sündliches Verhalten und führt in die Katastrophe.

Der Herr lehrt, dass man »allezeit beten und nicht ermatten« solle (Luk. 18,1). »Ermatten« spricht davon, dass man sich dem Bösen ergibt oder müde und feige wird. Paulus fügt hinzu, wir sollten zu aller Zeit beten im Geiste … und wachsam sein »mit allem Anhalten und Flehen für alle Heiligen« (Eph. 6,18). In 1. Thessalonicher 5,17 steht: »Betet unablässig!« Das heißt nicht, wir sollten nichts tun als beten. Es bedeutet, wir sollten uns in einem Zustand beständigen Gottes-Bewusstseins befinden. Wenn du dann einen schönen Sonnenaufgang erlebst oder einen Blumenstrauß siehst, ist dein erster Gedanke ein Lob Gottes für Seine wunderbare Schöpfung. Und wenn du jemand im Kummer siehst, so verwendest du dich seinetwegen bei Gott. Alles, was du erlebst, bringst du mit Gott in Beziehung.

Gott will, dass du eifrig und treu betest. Mit diesem Ziel vor Augen, werden wir diesen Monat anhand von zwei Texten dem Studium des Gebets widmen: Daniels Gebet in Daniel 9,1-19 und das Gebet für die Jünger in Matthäus 6,9-13. Beide sind majestätische Muster effektiver Gebete.

Während wir diese Stellen gemeinsam untersuchen, achte auf das Muster, dem dein Gebet folgt. Prüfe es sorgfältig auf Stärken und Schwächen. Stelle dich auf nötige Veränderungen ein.

Zum Gebet: Danke Gott für das Vorrecht, mit Ihm im Gebet Gemeinschaft haben zu dürfen. · Bitte Ihn, dir Bereiche in deinem Gebet zu zeigen, die Er stärken muss.

Zum Bibelstudium: Lies Daniel 9,1.19. · Was brachte Daniel zum Beten? · Wie verhielt sich Daniel Gott gegenüber, gegenüber sich selbst und gegenüber seinem Volk? · Worum bat Daniel?

»... dass sie allezeit beten ... sollten« (Luk. 18,1).

Das Beten sollte niemals auf bestimmte Zeiten, Orte oder Umstände beschränkt bleiben.

Als ich Kind war, wurde mir beigebracht, beim Beten meinen Kopf zu senken, die Augen zu schließen und die Hände zu falten. Noch als junger Mann meinte ich, das sei die einzig legitime Art zu beten.

Während meiner Seminarzeit sang ich in einem Quartett, mit dem ich überall durch die Vereinigten Staaten zu den unterschiedlichsten Gemeinden reiste. Als ich die erste Tour mitmachte, beteten wir während der Fahrt. Der Fahrer tat es mit offenen Augen und wir waren froh darüber; aber ich hatte meine Zweifel, ob Gott sein Gebet wirklich gehört hat.

Seitdem habe ich gelernt, dass das Schließen der Augen eine Hilfe zur Konzentration ist, aber nicht von der Bibel verlangt wird – genauso wenig wie die meisten anderen Gesetze, die sich die Leute beim Beten auferlegen. So meinen einige, man müsse eine gewisse Haltung beim Beten einnehmen; doch berichtet die Bibel von stehenden, knienden, aufwärts blickenden, nach unten gebeugten Betern und von solchen, die dabei die Hände aufhoben.

Einige versuchen, das Beten auf bestimmte Tageszeiten zu beschränken, etwa auf den Morgen oder den Abend. Aber in der Bibel beteten die Menschen zu allen Zeiten: morgens, abends, dreimal täglich, vor dem Essen, nach dem Essen, vor dem Schlafengehen, um Mitternacht, Tag und Nacht, in ihrer Jugend, im Alter, im Kummer und in guten Tagen.

Genauso nennt die Bibel keine Beschränkungen in Bezug auf den Ort oder die Umstände. Sie berichtet von Menschen, die in Höhlen beteten oder im Garten, auf den Bergen, am Flussufer, auf dem Meer, auf der Straße, im Tempel, im Bett, zu Hause, im Bauch eines Fisches, im Krieg, auf dem Hausdach, im Gefängnis, in der Wüste und am Kreuz.

Worauf es ankommt, ist klar: Es gibt keine besondere, festgelegte Art und Weise des Betens und es ist nicht auf bestimmte Orte und Umstände beschränkt. Du sollst überall beten. Das schließt jede Art des Gebets ein, worum, wann und wo du auch betest.

Zum Gebet: Schreibe deine laufenden Pläne, Gedanken und Sorgen auf. Hast du jeden Punkt im Gebet vor Gott gebracht? Nimm dir vor, jeden Bereich des Lebens mit Gott zu besprechen.

Zum Bibelstudium: Lies Psalm 136. Achte darauf, wie intensiv sich Gott für die Belange Seiner Leute einsetzt!

»Im ersten Jahr des Darius, des Sohnes des Ahasveros … richtete ich mein Gesicht zu Gott, dem Herrn, hin, um [Ihn] mit Gebet und Flehen zu suchen« (Dan. 9,1.3).

Wenn wir dem Gebet den ersten Platz einräumen, ehren wir Gott.

Daniels Gebet in Daniel 9,1-19 zeigt uns die wesentlichen Elemente effektiven Fürbittegebets. Diese Elemente werden wir uns mehrere Tage lang genauer ansehen; doch wird uns zuvor ein Blick auf den Hintergrund zu diesem Gebet von Nutzen sein.

Vers 1 sagt uns, dass Daniel im ersten Jahr der Regierung des Königs Darius betete, des ersten großen Königs des Medo-Persischen Weltreichs. Etwa fünfundsechzig Jahre zuvor hatte Gott das sündige Königreich Juda gestraft, indem Er dem König von Babylon, Nebukadnezar, erlaubte, Jerusalem zu erobern und die Israeliten in die Gefangenschaft nach Babylon zu schleppen. Danach fiel das Babylonische Reich an die Meder und Perser. Darius eroberte Babylon in der Nacht, in der der betrunkene König Belsazar beim Festmahl saß und Gott ihm sein Urteil an die Wand geschrieben hatte (Dan. 5,24-28). Daniel gehörte zu den Gefangenen, die Nebukadnezar gleich als erste nach Babylon gebracht hatte. Während der schrecklich langen Gefangenschaft vergaß er nie, dass er zu Gott gehörte und er repräsentierte seinen Gott auch in den schwierigsten Umständen in rechter Weise. Er war ein Mann von ungewöhnlicher Klugheit und er besaß großen Mut. Nie wurde er in seinem Gottvertrauen wankend, und das Gebet hatte bei ihm stets den Vorrang – selbst wenn dies sein Leben kosten konnte (Dan. 6,4-11).

Darum schützte Gott ihn und erhob ihn, weil er Gott verherrlichte – wie man aus dem Dekret des Königs Darius ersehen kann, dass sich jedermann im Königreich vor dem großen Gott Daniels fürchten und vor ihm zittern solle (Dan. 6,26).

ZUM GEBET: Beständigkeit im Gebet ist wichtig. Du könntest versuchen, an verschiedenen Tagen unterschiedliche Gebetsanliegen vorzutragen. Zum Beispiel kannst du montags für die Obrigkeit beten, dienstags für die geistlichen Führer und für die Arbeit in deiner Gemeinde usw.

ZUM BIBELSTUDIUM: Lies Daniel 6. · Welchen Rang bekleidete Daniel? · Zu was wollte der König Darius ihn erheben? · Wie reagierten darauf die Minister und Satrapen? · Wie lautete ihre betrügerische Argumentation? · Wie bewahrte Gott den Daniel?

»… [da] achtete ich, Daniel, in den Bücherrollen auf die Zahl der Jahre, über die das Wort des HERRN zum Propheten Jeremia geschehen war, dass [nämlich] siebzig Jahre über den Trümmern Jerusalems dahingehen sollten. Und ich richtete mein Gesicht zu Gott, dem Herrn, hin, um [ihn] mit Gebet und Flehen zu suchen« (Dan. 9,2-3).

Gottes Souveränität enthebt uns nicht der Notwendigkeit des Gebets.

Hast du dich nicht schon einmal gefragt, ob es biblisch ist, um Dinge zu beten, die Gott in Seinem Wort schon verheißen hat? Ist es richtig – sagen wir –, für die Errettung von Sündern zu beten, wo wir doch wissen, dass Gott die Auserwählten sowieso rettet oder für die Wiederkunft Christi, wo wir doch wissen, dass sie gewiss stattfindet? Daniel gibt uns eine deutliche Antwort.

Gott verhieß durch Jeremia, dass die babylonische Gefangenschaft siebzig Jahre dauern sollte (Jer. 25,11-12). Als Daniel die Prophetie las, begriff er, dass die Zeit für die Heimkehr seines Volkes nahe war. Das veranlasste ihn, flehentlich dafür zu beten.

In Daniel 9,19 ruft er aus: »Herr, höre! Herr, vergib! Herr, merke auf und handle! Zögere nicht um deiner selbst willen, mein Gott!« Er war im Einklang mit Gottes Wort und begriff irgendwie, dass seine Gebete zu Gottes Plan gehörten.

Die genaue Beziehung zwischen Gottes Souveränität und unseren Gebeten ist ein Geheimnis; aber es ist deutlich, dass Gottes Wort und unsere Gebete irgendwie zusammenwirken, um Gottes Absichten hinauszuführen.

Du und ich, wir leben – wie Daniel – in einer Zeit, in der die Erfüllung vieler der Verheißungen Gottes nahe bevorsteht. Nie zuvor haben die Weltereignisse so dramatisch auf die Wiederkunft unseres Herrn hingedeutet. Darum ist dies nicht die Zeit, sich selbstzufrieden zurückzulehnen, auch nicht, um sich fantastisch-enthusiastischen Spekulationen hinzugeben. Es ist die Zeit für sorgfältiges Bibelstudium und ringendes Gebet.

Zum Gebet: Danke Gott für Seine Treue und für die sicheren Verheißungen Seines Wortes. · Bitte Ihn um geistliche Weisheit, um Seinen Willen zu erkennen und dein Leben danach einzurichten.

Zum Bibelstudium: Jeremia 24,1 – 25,13 liefert einige Informationen zur jüdischen Gefangenschaft in Babylon. Nachdem du die Verse gelesen hast, beantworte folgende Fragen: Mit welchen Früchten vergleicht Gott das Volk Juda? · Was, sagte Gott, sollte mit Zedekia geschehen? · Welche Warnungen erteilte der Prophet dem Volk? · Wie reagierte es? · Wie hatte Gott vor, mit Babylon zu verfahren?

»Das Wort des HERRN geschah zu dem Propheten Jeremia, dass [nämlich] siebzig Jahre über den Trümmern Jerusalem, dahingehen sollten« (Dan. 9,2).

Erhörliches Gebet stimmt immer mit dem Willen Gottes überein.

Es kennzeichnet Gottes Volk, dass es mit Gottes Absichten übereinstimmt und dass es seinen Willen dem Willen Gottes unterordnet. Seinem Willen gemäß zu beten, ist ein wichtiger Schritt in diesem Prozess, weil es uns zur Bibel treibt und ein demütiges, unterwürfiges Herz offenbart.

Jesus legt starken Nachdruck auf den Vorrang des göttlichen Willens, wenn Er sagt: »Ich bin vom Himmel herabgekommen, nicht dass ich meinen Willen tue, sondern den Willen dessen, der mich gesandt hat« (Joh. 6,38). Er hat dies auch völlig in die Tat umgesetzt, wenn Er zu Seinem Vater sagt: »Ich habe dich verherrlicht auf der Erde, das Werk habe ich vollbracht, das du mir gegeben hast, dass ich es tun sollte« (Joh. 17,4). Selbst angesichts der Kreuzesschrecken wurde der Herr nicht wankend. Stattdessen betete Er: »Vater, wenn du willst, nimm diesen Kelch von mir weg – doch nicht mein Wille, sondern der deine geschehe!« (Luk. 22,42).

Und der Herr lehrte Seine Jünger die gleiche Rangordnung, indem Er sie anwies zu beten: »Unser Vater, der [du bist] in den Himmeln, geheiligt werde dein Name; dein Reich komme; dein Wille geschehe, wie im Himmel so auch auf Erden« (Matth. 6,9-10).

Daniel wusste, was es heißt, dem Willen Gottes entsprechend zu beten. Nachdem er die Prophetie von der siebzigjährigen Gefangenschaft in Babylon gelesen hatte, erkannte er darin sofort Gottes Absicht und begann, um die Erfüllung dieser Verheißung zu beten. Sein Gebet zeigt keine passive Resignation, so als hätte es keinerlei Einfluss auf dies Geschehen oder Verhängnis, nein, Daniel nahm aktiv an Gottes Plan Anteil, den er aus der Schrift kennen gelernt hatte. Er versuchte nicht, Gottes Willen zu ändern, sondern setzte alles daran, dass dieser in Erfüllung ging. Das ist das Wesentliche an einem Gebet nach Gottes Willen.

Wenn du in Übereinstimmung mit Gottes Willen betest, kannst du sicher sein, dass Er dich hört und deine Bitte erfüllt (1. Joh. 5,14-15). Lebe heute in dieser Zuversicht!

ZUM GEBET: Erforsche eifrig Gottes Wort, um Seinen Willen zu erkennen. · Bitte Gott, dir die Bereiche zu zeigen, in denen dein Wille nicht mit dem Willen Gottes eins ist. Wenn Er das tut, unternimm sofort Schritte, um die Situation zu ändern.

ZUM BIBELSTUDIUM: Lies Offenbarung 22,6-21, achte auf Gottes Willen in Bezug auf die Wiederkehr Christi und wie wir darauf zu reagieren haben.

»Ich richtete mein Gesicht zu Gott, dem Herrn, hin, um [ihn] mit Gebet und Flehen zu suchen, in Fasten und Sack und Asche« (Dan. 9,3).

Je besser du Gottes Heiligkeit begreifst, umso deutlicher wird dir deine Sündhaftigkeit bewusst.

Die Menschen haben unterschiedliche Vorstellungen vom Gebet. Für manche ist es der letzte Versuch, wenn alle menschlichen Möglichkeiten erschöpft sind: »Jetzt kann ich nur noch für dich beten!« Andere betrachten es wie einen Ersatzreifen – etwas, was man nur in Notfällen benutzt. Viele, die eifrig beten sollten, sind durch die Selbstgefälligkeit unserer gottlosen Wohlstandsgesellschaft schläfrig gemacht worden.

Daniel dagegen sah im Gebet die Möglichkeit, das Mitleid seines brennenden Herzens vor dem Gott auszudrücken, den er liebte und dem er diente. In Daniel 9,3 sagt er: »Ich richtete mein Angesicht zu Gott, dem Herrn, hin, um [ihn] mit Gebet und Flehen zu suchen.« Das bedeutet: Er reservierte eine bestimmte Zeit für bedachtes, ernstes und dringliches Gebet. Das zeigt sich außerdem durch seine Vorbereitung dazu, indem er fastete und in Sack und Asche einherging – den Bildern tiefer Demütigung und des Leidtragens wegen der Sünde.

Es mag eigenartig erscheinen, dass ein Mann von der geistlichen Statur eines Daniel von Sündenbewusstsein überwältigt ist; aber je näher man Gott kommt, umso deutlicher wird einem die eigene Sündhaftigkeit. Wir sehen das bei Paulus, der sich den »ersten der Sünder« nennt (1. Tim. 1,15). Das mag uns sonderbar erscheinen; aber Paulus sah die Sünde als das an, was sie ist und Daniel tat dies ebenso.

Der Titel »Gott, der Herr« in Vers 3 betont Gottes souveräne Herrschaft über alle Dinge. Daniel wusste, dass Gott die babylonische Gefangenschaft zugelassen hatte und dass nur Er das Volk daraus erlösen konnte. Darum wandte er beim Beten Gott seine ungeteilte Aufmerksamkeit zu und bat um Barmherzigkeit für sich und sein Volk.

Daniels Inbrunst weist so manche Leichtfertigkeit zurecht, mit der heute das Gebet gehandhabt wird. Es hatte »Tiefgang«, weil es durch Gottes Wort hervorgerufen und auf Gottes Willen gegründet war.

Jakobus 5,6 sagt: »Viel vermag eines Gerechten Gebet in seiner Wirkung.« Sei wie Daniel: ein Gerechter, der ernstlich und mit starker Wirkung betet!

Zum Gebet: Bitte Gott, dir größeren Ernst beim Beten zu schenken. · Sei empfindsam für jede Sünde, weil sie deine Gebete behindern würde.

Zum Bibelstudium: Lies Lukas 11,5-13. · Welches Gleichnis erzählt Jesus hier, um die Wohltaten eines demütigen und anhaltenden Gebets zu schildern? · Wie unterscheidet Er irdische Väter von dem himmlischen Vater?

»Ich betete zu dem HERRN, meinem Gott, und bekannte ...« (Dan. 9,4).

Gott wird nie auf selbstgerechte Gebete reagieren.

In Lukas 18 erzählt der Herr Jesus eine Geschichte vor Leuten, die sich auf ihre eigene Gerechtigkeit verließen. Er sagt: »Zwei Menschen gingen hinauf in den Tempel, um zu beten, der eine ein Pharisäer und der andere ein Zöllner. Der Pharisäer stand und betete bei sich selbst so: Gott, ich danke dir, dass ich nicht bin wie die übrigen der Menschen: Räuber, Ungerechte, Ehebrecher oder auch wie dieser Zöllner. Ich faste zweimal in der Woche, ich verzehnte alles, was ich erwerbe. Der Zöllner aber stand weitab und wollte sogar die Augen nicht aufheben zum Himmel, sondern schlug an seine Brust und sprach: Gott, sei mir, dem Sünder, gnädig!« (die Verse 10-14).
Ohne Gottes Barmherzigkeit können wir nicht in Seine Gegenwart gelangen. Der Zöllner wusste das und bat daher um Vergebung. Der Pharisäer versäumte das und ging ohne Vergebung davon.
Wie der Zöllner nahte sich Daniel zu Gott in einer Haltung des Bekennens und der Selbstverleugnung. Er hätte Gott auch an die vielen Jahre treuen Dienstes in Babylon erinnern können; aber das kam ihm nicht in den Sinn. Er wusste, dass in ihm selbst nichts war, womit er sich bei Gott hätte empfehlen können. Sein Denken war einzig davon beherrscht, für sich und sein Volk Gnade zu erflehen, damit Gottes Vorsätze durch sie verwirklicht werden könnten.
Als Christ hast du das wunderbare Vorrecht, mutig in die Gegenwart Gottes treten zu dürfen »mit wahrhaftigem Herzen und in voller Gewissheit des Glaubens« (Hebr. 10,22). Dies Vorrecht gründet in der Gnade Gottes durch das Opfer Christi und lässt für Anmaßung und Selbstgerechtigkeit keinen Raum. Denke beim Beten immer daran, damit du nicht unbemerkt in die Rolle des Pharisäers schlüpfst.

ZUM GEBET: Lerne Psalm 117,1 und 118,1 auswendig und zitiere diesen Text oft als ein Loblied für den Herrn.

ZUM BIBELSTUDIUM: Jesus hatte viel mit den selbstgerechten Schriftgelehrten und Pharisäern Seiner Zeit zu tun. Lies Matthäus 23; beachte, mit welch scharfen Worten Er ihre Heuchelei und ihr Handeln geißelt.

»Ich betete zum HERRN, *meinem Gott, und ich bekannte ...« (Dan. 9,4).*

Bekenntnis bringt Vergebung und hält Rechnung mit Gottes Wesen.

Sündenbekenntnis bedeutet: Du stimmst mit Gott überein, dass du Seine Heiligkeit beleidigt und darum Strafe verdient hast und Vergebung brauchst. Genau das sehen wir bei Daniel in den Versen 5-16. Vers 20 fasst sein Gebet zusammen, wo es heißt: »Während ich noch redete und meine Sünde und die Sünde meines Volkes Israel bekannte und mein Flehen für den heiligen Berg meines Gottes vor dem HERRN, meinem Gott, hinlegte ...«

Im Unterschied zu manchen, die unter Gottes Züchtigung leiden, versuchte er nicht, die Schuld an der Misere Israels auf andere zu schieben. Stattdessen erkannte er an, dass sein Volk absichtlich ungehorsam gewesen war und Gottes Wort und die Propheten beiseite geschoben hatte, wodurch es sich selbst das Gericht zuzog. Früher waren sie ein von Gott gesegnetes Volk; jetzt waren sie Fremdlinge und Gefangene in einem fremden Land. Gott hatte Seine Drohung wahrgemacht, sie zu verfluchen, wenn sie nicht gehorchen würden (5. Mo. 28,15).

In den Versen 12-15 untersucht Daniel die Folgen der Sünden Israels, zu denen auch die Gefangenschaft zählt und die Schuld, die das Volk wegen seiner arroganten Haltung und seiner Weigerung, Buße zu tun, auf sich geladen hatte.

Vers 14 beleuchtet den wohl wichtigsten Aspekt dieses Bekenntnisses – Daniels Feststellung: »Der HERR, unser Gott, ist gerecht in allen seinen Taten, die er tut.« Die Heidenvölker wussten, dass Israel Gottes auserwähltes Volk war. Ganz sicher warf der Fall Jerusalems Fragen über das Wesen Gottes auf: Was ist das für ein Gott, der untätig zusieht, wie Sein Volk vernichtet und Sein Tempel zerstört wird? Welchen Nutzen bringt es, einen solchen Gott zu haben? Daniel antwortet darauf sinngemäß: »Gott ist gerecht in *allem*, was Er tut. Wir haben diese Strafe verdient, darum werft Ihm keine unrechten Handlungen vor.«

Bekenntnis erfüllt also einen zweifachen Zweck: Es bringt Vergebung und es befreit Gott von der Anklage, böse oder ungerecht zu handeln, wenn Er straft. Dies Gebet des Daniel hatte seinen besonderen Ort in der Geschichte Israels; aber zweifellos war das Bekennen ein fester Bestandteil seines Lebens. Du solltest diesem Beispiel folgen. Warte nicht erst auf eine Katastrophe, ehe du mit dem Bekennen deiner Sünden beginnst. Mache es zu einer täglichen Praxis.

ZUM GEBET: Wenn du noch kein System in dein Beten gebracht hast, könnte diese Reihenfolge für dich hilfreich sein: *Anbeten – Bekennen – Danken – Fürbitte.*

ZUM BIBELSTUDIUM: Lies über Davids Sünde in 2. Samuel 11,1 – 12,25 und dazu den Bußpsalm 51. Worin bestehen die Ähnlichkeiten und die Unterschiede zwischen Davids und Daniels Bekenntnis?

»Wir haben gesündigt und haben uns vergangen und haben gottlos gehandelt und haben uns aufgelehnt und sind von deinen Geboten und von deinen Rechtsbestimmungen abgewichen … Wir haben nicht auf deine Knechte, die Propheten, gehört … HERR! Bei uns ist die Beschämung des Angesichts … weil wir gegen dich gesündigt haben … Ganz Israel hat dein Gesetz übertreten und ist abgewichen, so dass sie deiner Stimme nicht gehorcht haben … Dein Volk [ist] zum Hohn geworden für alle rings um uns her« (Dan. 9,5-16).

Wir sollten in der Hauptsache für andere beten.

In den Versen 5-16 identifiziert sich Daniel mit seinen Volksgenossen und verwendet sich für sie. Das ist in der Bibel allgemein üblich. So machte es auch Mose, der für die Israeliten bat, nachdem sie sich mit der Anbetung des goldenen Kalbes versündigt hatten (2. Mo. 32,11-13).

Alle von Paulus überlieferten Gebete sind Fürbitten. In Epheser 6,18 unterweist er uns: »Wachet hierzu in allem Anhalten und Flehen für alle Heiligen.« Und in 1. Timotheus 2,1-4 sagt er: »Ich ermahne nun vor allen Dingen, dass Flehen, Gebet und Fürbitten, Danksagungen getan werden für alle Menschen, für Könige und alle, die in Hoheit sind, damit wir ein ruhiges und stilles Leben führen mögen in aller Gottseligkeit und Ehrbarkeit. Dies ist gut und angenehm vor unserem Heiland-Gott, welcher will, dass alle Menschen errettet werden und zur Erkenntnis der Wahrheit kommen.«

Genauso sind die Gebete des Herrn voller Fürbitten. Selbst als er sterbend am Kreuz hing, bat Er für seine Peiniger: »Vater, vergib ihnen! Denn sie wissen nicht, was sie tun« (Luk. 23,34).

Als Gott uns dem Leibe Christi einfügte, machte Er uns voneinander abhängig. Wenn ein Glied leidet, leiden die anderen mit; wenn ein Glied geehrt wird, freuen sich die anderen mit ihm (1. Kor. 12,26). Darum lehrte uns Jesus zu beten: »*Unser* tägliches Brot gib *uns* heute; und vergib *uns unsere* Schulden … Und führe *uns* nicht in Versuchung, sondern errette *uns* von dem Bösen« (Matth. 6,11-13).

Lass deine Gebete Zusammengehörigkeitsgefühl und Selbstlosigkeit widerspiegeln und dass du die Nöte der anderen siehst.

ZUM GEBET: Danke Gott für die Menschen, die seit Jahren für dich beten. Erkenne, für wen du beten solltest. · Manchmal scheint einen die Gebetslast erdrücken zu wollen, weil so viel Grund zum Beten ist; aber sei treu, indem du weißt, dass das Beten den Herrn erfreut (Spr. 15,8).

ZUM BIBELSTUDIUM: Lies Johannes 17 und achte darauf, wie der Herr für Seine Jünger eintritt.

»Ach Herr, du großer und furchtbarer Gott, der Bund und Güte denen bewahrt, die ihn lieben und seine Gebote halten … Bei dir, o Herr, ist die Gerechtigkeit … Bei dem Herrn, unserem Gott, ist das Erbarmen und die Vergebung« (Dan. 9,4.7.9).

Gottes Wesensmerkmale bestätigen unsere Gebete.

Vor der babylonischen Gefangenschaft hatte Gott Sein Volk davor gewarnt, die götzendienerischen Wege ihrer Unterdrücker zu gehen, deren Götter nur Götzen sind, die weder hören noch aus dem Elend erretten können (Jes. 46,6-7).

In deutlichem Kontrast dazu liebt uns unser Gott und erlöst uns von dem Übel. Wenn wir unsere Sünden bekennen und für andere eintreten, hört und antwortet Er. In Jesaja 45,21-22 sagt Er: »Sonst gibt es keinen Gott außer mir. Einen gerechten und rettenden Gott gibt es außer mir nicht.«

In seinem Gebet erwähnt Daniel mehrere Merkmale Gottes, die sich unmittelbar auf die Erhörung von Gebeten auswirken. In Vers 4 nennt er Ihn den »großen und furchtbaren Gott«. Da sehen wir Seine Kraft und Majestät. Du kannst vertrauensvoll beten, weil Gott stark genug ist, deine Umstände zu verändern, wenn es in Seinen Plan passt.

Gottes Treue finden wir in dem Ausdruck »der Bund und Güte bewahrt« (Vers 4). Er macht alle Verheißungen wahr. Mit Israel hatte Er einen Bund gemacht, dass, wenn sie Buße täten, Er ihnen vergeben würde (5. Mo. 30,1-3). Er hat ihnen versprochen, sie nie zu verlassen (5. Mo. 31,6; Hebr. 13,5).

Gottes Liebe kann man an der Barmherzigkeit sehen, die Er denen erweist, die Ihn lieben (Vers 4). Seine Gerechtigkeit und Heiligkeit leuchtet aus dem Ausdruck »bei dir, o Herr, ist die Gerechtigkeit« (Vers 7). Gott handelt immer voll Liebe und Gerechtigkeit. Er macht niemals einen Fehler (1. Mo. 18,25).

Vers 9 erwähnt zwei weitere Attribute: Erbarmen und Vergebung. Er hat Mitleid mit dir und vergibt so, dass Er all deine Übeltaten austilgt, indem Er die Strafe aufhebt, die deine Sünden dir eingebrockt haben. Er versöhnt uns mit sich selbst zu seliger Gemeinschaft.

Welch einem gnädigen Gott dienen wir! Freue dich Seiner Liebe und verlasse dich auf Seine Verheißungen. Er wird dich niemals versäumen.

Zum Gebet: Preise Gott für die Attribute Seiner Macht, Majestät, Treue, Liebe, Heiligkeit, Barmherzigkeit und Vergebung.

Zum Bibelstudium: Lies Jesaja 44, wo Israel strengstens ermahnt wird, sich nicht mit dem babylonischen Götzendienst einzulassen, wenn sie dort in Gefangenschaft sind. · Welche Verheißungen macht Gott dem Volk Israel? · Wie kennzeichnet Gott die Götzendiener?

»Herr, nach all [den Taten] deiner Gerechtigkeit mögen doch dein Zorn und deine Erregung sich wenden von deiner Stadt Jerusalem, dem Berge deines Heiligtums! Denn wegen unserer Sünden und wegen der Vergehungen unserer Väter sind Jerusalem und dein Volk zum Hohn geworden für alle rings um uns her. Und nun, unser Gott, höre auf das Gebet deines Knechtes und auf sein Flehen! Und lass dein Angesicht leuchten über dein verwüstetes Heiligtum um des Herrn willen! Neige, mein Gott, dein Ohr und höre! Tue deine Augen auf und sieh unsere Verwüstungen und die Stadt, über der dein Name genannt ist! Denn nicht aufgrund unserer Gerechtigkeiten legen wir unser Flehen vor dich hin, sondern aufgrund deiner vielen Erbarmungen. Herr, höre! Herr, vergib! Herr, merke auf und handle! Zögere nicht um deiner selbst willen, mein Gott! Denn dein Name ist über deiner Stadt und deinem Volk ausgerufen worden (Dan. 9,16-19).

Gottes Herrlichkeit muss das letztliche Ziel aller unserer Bitten und Gebete sein.

Es sagte mal jemand: »Zeig mir dein erlöstes Leben und ich will an deinen Erlöser glauben.« Das ist kein unbilliges Verlangen! Als Christen sind wir Gesandte Christi an eine sterbende Welt. Mit Seinem Geist im Herzen und Seinem Wort in der Hand, sind wir verpflichtet, die Wahrheit in Liebe zu sagen und ein Leben zu führen, das unseren Worten Glaubwürdigkeit verleiht.

Wenn wir darin versagen, entehren wir Gott und liefern denen Munition, die Sein Werk in Misskredit bringen wollen. Das traf leider auf Israel zu. Sie waren Gottes auserwähltes Volk, doch wurde Sein Name unter den Heiden gelästert, weil Israel glaubenslos und ungehorsam war (Röm. 2,24).

Daniel wusste, dass Israel keine Gnade verdient hatte, aber er bat Gott um Gnade zur Vergebung und dass sie wieder heimkehren dürften, damit Gottes Name auf diese Weise geehrt werden möchte.

Wenn du gemäß dem Willen Gottes betest, mit allem Ernst deine Sünden bekennst und für andere eintrittst, folgst du der gottseligen Tradition eines Daniel und all der anderen Heiligen, die Gottes Herrlichkeit über alles andere stellten. Möge das heute so sein!

Zum Gebet: Bete für das Volk Israel, dass Gott viele der Juden retten möge um Seines Namens willen (siehe Röm. 10,1).

Zum Bibelstudium: Lies Hesekiel 36,16-38. · Warum hat Gott Israel zerstreut? Warum will Er es wieder sammeln? · Wie werden die Heidenvölker auf diese Sammlung reagieren?

»[Der Herr lehrte uns:] Betet ihr nun so: Unser Vater, der [du bist] in den Himmeln, geheiligt werde dein Name; dein Reich komme; dein Wille geschehe, wie im Himmel so auch auf Erden! Unser tägliches Brot gib uns heute; und vergib uns unsere Schulden, wie auch wir unseren Schuldnern vergeben haben; und führe uns nicht in Versuchung, sondern errette uns von dem Bösen! (Denn dein ist das Reich und die Kraft und die Herrlichkeit in Ewigkeit. Amen. [Dieser Schluss steht nur in späten Handschriften])« (Matth. 6,9-15).

Christus gab uns sechs Teile, aus denen ein wahres Gebet besteht.

Viele Menschen haben das »Vaterunser« auswendig gelernt, so dass sie es immer wieder aufsagen können; aber so schön das ist, wir haben es nicht zu diesem Zweck erhalten. Tatsächlich hat es im ganzen Neuen Testament niemand aufgesagt, nicht einmal der Herr selbst (siehe Joh. 17)!

Die Jünger hatten zu Jesus nicht gesagt: Lehre uns ein Gebet! sondern: Lehre uns beten (Luk. 11,1). Darin liegt ein entscheidender Unterschied. Jesus schickte Seinem Gebet denn auch Folgendes voraus: »Betet ihr nun also« (Matth. 6,9), was bedeutet: »Betet nach diesem Muster.« Sein Gebet war ein Vorbild für alle Gebete, und wenn es auch nicht zitiert wird, so hört man seine Grundsätze doch aus allen neutestamentlichen Gebeten heraus.

Christi Mustergebet lehrt uns, sechs Dinge von Gott zu erbitten: 1. dass Sein Name geehrt werde, 2. dass Er Sein Reich auf Erden errichte, 3. dass Er seinen Willen tue, 4. dass Er unsere täglichen Bedürfnisse befriedige, 5. dass Er uns unsere Sünden vergebe und 6. dass Er uns vor Versuchungen bewahre. Alle Bitten sind letztlich auf das Ziel aller Gebete gerichtet, dass Gott verherrlicht werde. Die letzten drei sind der Weg, auf dem die ersten drei erreicht werden. Wenn Gott uns täglich versorgt, uns unsere Sünden vergibt und uns vor Versuchungen bewahrt, dann wird Sein Name erhoben, dann kommt Sein Reich und Sein Wille geschieht.

Wenn du Christi Gebetsmuster verstanden hast und ihm folgst, kannst du sicher sein, so zu beten, wie Er uns unterwiesen hat; und was immer du in Seinem Namen bitten wirst, wird Er tun, »damit der Vater verherrlicht werde im Sohn« (Joh. 14,13).

ZUM GEBET: Entsprechen deine Gebete den sechs Elementen, die wir im »Vaterunser« finden? Wenn nicht, arbeite daran, dass sie dein tägliches Gebet bestimmen.

ZUM BIBELSTUDIUM: Lies Matthäus 6,1-8, wo Jesus einige Praktiken der jüdischen Führer zur Sprache bringt. · Welche erwähnt Er? · Wie dachte Er über ihre geistliche Führerschaft?

»Unser Vater, der [du bist] in den Himmeln« (Matth. 6,9).

**Beten fängt damit an, dass wir uns klarmachen:
Gott ist unser Vater und Ihm steht alles zu Gebote, was wir brauchen.**

Der Ausdruck *Vater* kommt sehr häufig in unseren Gebeten vor und das ist gut so, weil Jesus uns so zu beten gelehrt hat. Aber so geläufig uns dieser Ausdruck ist, so fremd war er zu Christi Erdenzeit.

Damals beteten die meisten Menschen falsche Götter an, die man sich fern, launisch und unmoralisch vorstellte und darum fürchtete. Selbst die Juden, die Gottes Vatersein hätten kennen müssen, hatten sich selbst durch ihre Sünde und ihren Abfall aus Gottes väterlicher Fürsorge entfernt. Sogar einige, die Gott für sich als ihren Vater reklamierten, wurden von Christus zurückgewiesen und Kinder des Teufels genannt, weil sie den Sohn Gottes ablehnten (Joh. 8,44).

Vor diesem Hintergrund war die Lehre Christi revolutionär. Er verkündigte Gott als einen fürsorglichen und barmherzigen Vater, dem es um innige Gemeinschaft mit Seinen Kindern geht. Doch diese Gemeinschaft kann nur durch den Glauben an Seinen Sohn entstehen.

Darüber hinaus offenbarte Jesus das Wesen des Vaters in allem, was Er sagte und tat. Als Philippus Ihn bat, Er möge ihnen den Vater zeigen, antwortete der Herr: »So lange bin ich bei euch und du hast mich nicht erkannt, Philippus? Wer mich gesehen hat, hat den Vater gesehen« (Joh. 14,9).

Jesus verkündigte außerdem Gott als einen Vater, dem alle Schätze des Himmels zur Verfügung stehen und der sie Seinen Kindern zugänglich macht, damit sie Ihn verherrlichen können: »Euer Vater weiß, was ihr benötigt, ehe ihr ihn bittet … So seid nun nicht besorgt … Trachtet aber zuerst nach dem Reich Gottes und nach seiner Gerechtigkeit! Und dies alles wird euch hinzugefügt werden« (Matth. 6,8.31.33).

Dein Glaube ist es, der Gott zu deinem himmlischen Vater macht. Er liebt dich, hört deine Gebete und gibt dir alles Nötige nach dem Überfluss Seiner Hilfsquellen. Blicke heute auf Ihn und verhalte dich wie ein dankbares, gehorsames Kind.

Zum Gebet: Danke Gott, dass Er dein barmherziger und liebender Vater ist. · Preise Ihn für den reichen Segen, den Er dir schenkt.

Zum Bibelstudium: Lies Sprüche 3,5-6 und Matthäus 7,7-11. · Wozu wirst du ermahnt? · Was will Gott demnach für dich tun? · In welcher Weise bestimmen diese Stellen deine Beziehung zu Gott?

»Unser Vater, der [du bist] in den Himmeln« (Matth. 6,9).

Mit Gott als deinem Vater hat dein Leben Ewigkeitsbedeutung.

Der Schriftsteller H. G. Wells erzählt von einem Menschen, den der Druck und die Anspannung des modernen Lebens zugrunde gerichtet hatte. Sein Arzt sagte ihm, seine einzige Hoffnung bestünde darin, mit Gott Gemeinschaft zu bekommen. Der Mann antwortete: »Was? Der da oben sollte mit mir Gemeinschaft haben? Da könnte ich mir genauso gut ein Glas Milch von der Milchstraße wünschen oder den Sternen die Hand zu schütteln.« Der Dichter Thomas Hardy hält Gebete für sinnlos, weil da niemand ist, zu dem man beten könnte, als nur »dies verträumte, dunkle, dumpfe Ding, das die Kurbel dreht, mit dem die ganze verrückte Show in Bewegung gehalten wird«. Voltaire beschrieb das Leben als einen schlechten Witz und fügte hinzu: »Lass den Vorhang fallen, die Posse ist vorbei.« So sehen die Lästerungen und die Verzweiflung all derer aus, die darauf bestehen, Gott habe mit dem Geschick der Menschen nichts zu tun.

Die griechischen und römischen Philosophen zur Zeit Jesu verwarfen das Vatersein Gottes, weil es mit ihrem philosophischen System unvereinbar war. Die Stoiker lehrten, die Götter seien gefühllos und zeigten keinerlei Empfindungen. Die Epikureer verkündeten, die höchste Eigenschaft der Götter sei völlige Ruhe und perfekter Friede. Um ihre Gelassenheit aufrecht zu erhalten, hätten sie sich völlig von den Angelegenheiten der Menschen zu isolieren.

Die Bibel weist solcherlei Häresien ab und erklärt, dass Gott ein mit allem vertrauter und fürsorgender Vater ist. Die Bedeutung dieser Wahrheit ist nicht hoch genug einzuschätzen. Er besiegt deine Ängste und tröstet dich in Leidenszeiten. Er vergibt dir deine Sünden und gibt dir ewige Hoffnung. Er überschüttet dich mit unbegrenzter Hilfe und macht dich zum Empfänger eines unvergänglichen Erbes. Er gewährt dir Weisheit und Wegweisung durch Seinen Geist und durch Sein Wort. Er wird dich nie verlassen oder vergessen. Wenn du demütig Gott als deinem Vater nahst, stehst du vor Ihm als Sein Kind, das gern seinem Vater gehorcht, und Er lässt dir alle Wohltaten Seiner Gnade zukommen. Lass dich dadurch über deine augenblicklichen Umstände erheben und deinen Blick auf das Ewige richten!

Zum Gebet: Danke Gott für die Freude und die Aussichten, die Er dir täglich gewährt. · Setze dir heute vor, Seinen Willen zu tun.

Zum Bibelstudium: Lies 2. Mose 3,1-5 und Jesaja 6,1-5. Welche Haltung solltest du einnehmen, wenn du zu Gott betest? · Was verspricht Hebräer 4,16, das du empfangen wirst, wenn du Gott im Gebet nahst?

»Geheiligt werde dein Name« (Matth. 6,9).

Unsere Gebete sollten immer Gott erheben.

Das »Vaterunser« zeigt uns, dass Gott in unseren Gebeten den ersten Platz haben will. Der Herr Jesus beginnt, indem Er den Namen des Vaters erhebt – »Geheiligt werde dein Name« (Vers 9), dann bittet Er um das Kommen seines Reiches und dass Gottes Wille geschehen möge (Vers 10). Danach endet Er mit einem Lobpreis, der zwar in den alten und besseren Handschriften fehlt: »Denn dein ist das Reich und die Kraft und die Herrlichkeit in Ewigkeit. Amen« (Vers 13). Sein Gebet beginnt und endet buchstäblich mit Gott.

»Geheiligt werde dein Name«, das erhebt den Namen Gottes und legt die Betonung auf Anbetung und Unterwerfung, die sich durch das ganze Gebet ziehen. Wo Gottes Name geheiligt wird, wird Er geliebt und man dient Ihm willig. Dort erwartet man sehnlich Sein Reich und tut Seinen Willen.

»Dein Name«, das ist mehr als ein Titel wie »Gott«, »Herr« oder »Jahwe«. Sein Name, das ist Gott selbst und die Zusammenfassung aller Seiner Eigenschaften. Die Hebräer betrachteten den Namen Gottes als so heilig, dass sie ihn nicht einmal auszusprechen wagten, doch das war nicht das Entscheidende. Während sie peinlichst genau auf die Buchstaben Seines Namens Acht hatten, missachteten sie Seinen Charakter und gehorchten Seinem Worte nicht. Ihretwegen wurde der Name Gottes unter den Heiden gelästert (Röm. 2,24). Psalm 102,16 sagt: »Die Nationen werden den Namen des HERRN fürchten, alle Könige der Erde deine Herrlichkeit.« Es sind nicht die Buchstaben Seines Namens, die von den Nationen gefürchtet werden; sie fürchten die Verkörperung all dessen, was Er ist, so wie der Herr betete: »Ich habe deinen Namen den Menschen offenbart, die du mir aus der Welt gegeben hast« (Joh. 17,6). Das tat Er, indem Er offenbarte, wer Gott ist. In Johannes 1,14 lesen wir: »Und das Wort wurde Fleisch und wohnte unter uns, und wir haben seine Herrlichkeit angeschaut, eine Herrlichkeit als eines Eingeborenen vom Vater, voller Gnade und Wahrheit.« Und dem Philippus sagte Jesus: »Wer mich gesehen hat, hat den Vater gesehen« (Joh. 14,9). Jesus ist der Ausdruck all dessen, was Gott ist.

Um Gott den Vorrang in deinen Gebeten geben zu können, musst du Ihn als den anerkennen, der Er ist und Ihm mit einem ehrfürchtigen und demütigen Geist nahen, der Seinem Willen ergeben ist. Wenn das so ist, wird Er Seinen Namen durch dich heiligen.

ZUM GEBET: Preise Gott, weil Er heilig ist. · Bitte Ihn, dich heute zu gebrauchen, Seine Heiligkeit anderen zu zeigen.

ZUM BIBELSTUDIUM: Lies 4. Mose 20. Auf welche Weise ehrte Mose den Namen Gottes nicht?

»Geheiligt werde dein Name« (Matth. 6,9).

Gott ist heilig und verdient deinen höchsten Respekt und deinen untertänigen Gehorsam.

Die meisten Menschen verbinden mit dem Wort »heiligen« eine abgehobene sakrale Feierlichkeit in eigens dazu errichteten Gebäuden und mit Kerzen und Orgelspiel und das Halten von besonderen Festtagen und Traditionen. Doch das hat nichts mit der biblischen Bedeutung dieses Wortes zu tun. Wenn Christus sagt: »Geheiligt werde dein Name«, so meint Er damit, dass wir Gottes Namen heilig – abgesondert von allem Unreinen – halten und Ihm den Ihm zukommenden Platz in unserem Leben einräumen.

Überall in der Schrift wird Heiligkeit solchen Personen oder Dingen zugeschrieben, die dem Dienst für Gott geweiht sind. Der Sabbathtag z. B. sollte »geheiligt« werden – abgesondert von den übrigen Tagen der Woche (2. Mo. 20,8) ... Die Priester in Israel wurden als »heilig« betrachtet, weil sie in besonderer Weise Gott dienten (3. Mo. 21,8). Als an Christus Gläubige, müssen wir heilig sein, weil wir zu Gott gehören (1. Petr. 1,15).

Heiligkeit spricht auch von moralischer Vortrefflichkeit und Reinheit. Gott wird »heilig« genannt (1. Petr. 1,15), nicht nur, weil Er abgesondert von seiner Schöpfung ist, sondern auch wegen Seiner Reinheit und Sündlosigkeit. Darum rief Jesaja auch aus: »Wehe mir!«, als er die Engel rufen hörte: »Heilig, heilig, heilig ist der Herr der Heerscharen! Die ganze Erde ist erfüllt mit seiner Herrlichkeit!« (Jes. 6,3-5). Er wurde in der Gegenwart des heiligen Gottes von dem Bewusstsein seiner eigenen menschlichen Sündhaftigkeit überwältigt.

Solch ein Gott verdient unseren höchsten Respekt und unsere Ehrfurcht. Er ist dein barmherziger und liebender Vater und gleichzeitig der souveräne, majestätische Gott des Universums. Darum musst du dich hüten, Ihn als guten Kumpel zu betrachten und leichthin in Seine Gegenwart zu treten.

Außerdem verdient Er demütigen Gehorsam. Du heiligst Seinen Namen nur, wenn dein Leben von Gerechtigkeit und moralischer Vortrefflichkeit gekennzeichnet ist.

Möge das für heute zutreffen und mögest du Ihn zu ehren trachten in allem, was du tust!

Zum Gebet: Komme zu Gott nur im Bewusstsein, dass Ihm Respekt und Ehrfurcht gebühren. · Denke nach, wie du Ihn heute speziell ehren kannst. Bitte Ihn um die Gnade, das dann auch tun zu können.

Zum Bibelstudium: Lies alle folgenden Verse und achte darauf, wie du jeweils Gott ehren kannst: Josua 7,19; Psalm 50,23; Johannes 15,8; Römer 15,5-6; 1. Korinther 6,20; Philipper 2,9-11 und 2. Thessalonicher 3,1.

»Geheiligt werde dein Name« (Matth. 6,9).

Gesunde Theologie, die zu einem heiligen Lebenswandel führt, heiligt den Namen Gottes.

Wir haben gelernt: Wer Gottes Namen heiligen will, muss ihn von allem Gemeinen fernhalten und ihm den ersten Platz in seinem Leben einräumen. Das fängt an, indem man glaubt, dass Er ist. Hebräer 11,6 sagt: »Wer Gott naht, muss glauben, dass er ist.«

Außer bloßem Für-existent-halten musst du auch noch wissen, wie Gott beschaffen ist. Viele Menschen, die behaupten, an Gott zu glauben, ehren Seinen Namen nicht, weil sie irrige Vorstellungen über Ihn haben. Die Israeliten meinten, sie verehrten den wahren Gott, wenn sie sich vor einem goldenen Kalb niederbeugten (2. Mo. 32,4). Die jüdischen Führer in den Erdentagen Jesu meinten, den wahren Gott zu ehren; aber der Herr nannte sie Teufelskinder, weil sie Gottes Wort verwarfen (Joh. 8,44.47). Gesunde biblische Lehre ist wesentlich, um Gott in gebührender Weise Ehrfurcht erweisen zu können.

Die Heiligung des Namens Gottes schließt auch das ständige Bewusstsein Seiner Gegenwart ein. Das hilft dir, Seine Prioritäten im Auge zu behalten und alles in deinem Leben in Seinem Licht zu sehen. Das meint David, wenn er sagt: »Ich habe den HERRN stets vor Augen« (Ps. 16,8).

Gehorsam ist ein anderer Weg, Gottes Namen zu heiligen. Deiner Theologie mag nichts mangeln und du magst dir der Gegenwart Gottes ständig bewusst sein; wenn du Ihm aber ungehorsam bist, entehrst du Seinen Namen. Jesus sagt: »So soll euer Licht leuchten vor den Menschen, damit sie eure guten Werke sehen und euren Vater, der in den Himmeln ist, verherrlichen« (Matth. 5,16).

Du bist ein Werkzeug, durch das Gott seine Heiligkeit in dieser Welt darstellt. Wenn Sein Name auf Erden so wie im Himmel geheiligt werden soll, so muss das zunächst in deinem Leben geschehen. Das aber geschieht, wenn du an Ihn glaubst und verstehst, wer Er wirklich ist, Ihn allezeit vor Augen hast und Seinem Wort gehorchst.

Diese hohe Berufung trennt dich von allen Ungläubigen (1. Petr. 2,9-10). Lebe heute im Licht dieser herrlichen Berufung!

ZUM GEBET: Bitte Gott, dir Seiner Gegenwart in allem, was dir heute begegnet, bewusst zu sein. · Bete darum, dass dein Leben Seine Heiligkeit darstellt.

ZUM BIBELSTUDIUM: Lies 2. Mose 32. · Warum bauten die Israeliten das goldene Kalb? · Wie reagierte Mose, als Gott drohte, Sein Volk zu vernichten?

»Dein Reich komme« (Matth. 6,10).

Wenn du betest: »Dein Reich komme!«, bittest du Christus, Er möge auf Erden regieren, wie Er es jetzt schon im Himmel tut.

Wenn wir das Wort »Reich« hören, neigen wir dazu, an das mittelalterliche Reich der Kaiser oder an Weltreiche zu denken, wie etwa an das römische. Das griechische Wort, das wir in Matthäus 6,10 finden, bedeutet eigentlich: »Königtum«. Wir sollten also lesen: »Tritt Dein Königtum an!« Dann verstehen wir besser, was Christus meint: Gottes Herrschaft möge auf Erden so sichtbar werden wie sie im Himmel ist.

Gottes »Reich« war das zentrale Thema des Dienstes Christi. Er verkündigte das Evangelium des Reiches (Matth. 4,23) und unterwies Seine Nachfolger, das Reich zur Hauptsache ihres Lebens zu machen (Matth. 6,33). Er erzählte Gleichnisse über den Charakter und den Wert des Reiches (Matth. 13) und beschuldigte die Schriftgelehrten und Pharisäer, solche zu behindern, die hineingehen wollten (Matth. 23,13). Nach Seinem Tod und nach der Auferstehung erschien Er den Jüngern vierzig Tage lang und belehrte sie weiterhin über das Reich (Apg. 1,2-3).

Wenn wir beten: »Dein Reich komme«, bitten wir, Christus möge Seine souveräne Herrschaft auf Erden errichten, wie im Himmel. Einerseits besteht das Reich jetzt schon – in den Herzen der Gläubigen. Das Reich besteht aus »Gerechtigkeit und Friede und Freude im Heiligen Geist« (Röm. 14,17). Aber andererseits ist das Reich noch zukünftig. In Lukas 17,21 sagt Jesus: »Das Reich Gottes ist mitten unter euch« (siehe Joh. 18,36). Der König war da; aber sie verwarfen Ihn. Eines Tages wird Er wiederkommen und auf Erden Sein Reich aufrichten und persönlich die Herrschaft ausüben. Um diesen Aspekt des Reiches bitten wir in Matthäus 6,10.

Sünde und Auflehnung greifen jetzt um sich; doch wenn Christus wiederkommt, wird das alles verschwunden sein (Offb. 20,7-9). Bis dahin geht die Arbeit des Reiches weiter und du hast das Vorrecht, es durch Gebet und treuen Dienst zu fördern. Nimm heute jede Gelegenheit dazu wahr und freue dich der Gewissheit, dass Christus eines Tages siegreich regieren und in alle Ewigkeit verherrlicht wird.

Zum Gebet: Preise Gott wegen der herrlichen Zukunft, die deiner mit allen Gläubigen wartet. · Bete in froher Erwartung für die Ankunft des ewigen Reiches Christi.

Zum Bibelstudium: Lies Matthäus 13,1-52. Mit welchen Gleichnissen pflegte Jesus Seine Jünger über das Reich der Himmel zu belehren?

»Dein Reich komme« (Matth. 6,10).

Unterstelle deinen Willen der souveränen Herrschaft Christi.

Der Versuch, alles zu beschreiben, was in dem Satz »Dein Reich komme« steckt, gleicht dem Versuch eines kleinen Kindes, den ganzen Ozean in einen kleinen Eimer zu schöpfen. Erst die Ewigkeit wird erfassen, was alles darin beschlossen liegt. Aber das Wesentliche hat die Liederdichterin aus dem neunzehnten Jahrhundert, Frances Havergal, zusammengefasst:

Wie wird's sein, wenn Du regierst, Herr?
Du, den meine Seele liebt!
Jeder wird Dich dankend preisen,
und anbetend Ehr' erweisen,
Dir, der allen alles gibt.
Du, mein König und mein Freund,
Siegreich hohe Majestät,
Wirst, soweit die Sonne scheint,
Angebetet und erhöht.

Psalm 2,6-8 gibt die Freude des Vaters über jenen großen Tag wieder: »Habe ich doch meinen König geweiht auf Zion, meinem heiligen Berg! Lass mich die Anordnungen des HERRN bekanntgeben! Er hat zu mir gesprochen: ›Mein Sohn bist du, ich habe dich heute gezeugt. Fordere von mir und ich will dir die Nationen zum Erbteil geben, zu deinem Besitz die Enden der Erde.‹« »Und er trägt ... einen Namen geschrieben: König der Könige und Herr der Herren« (Offb. 19,16).
Mit dieser Verheißung im Herzen hüte dich, das Gebet vor allem als Möglichkeit zu betrachten, Gott von deinen eigenen Plänen zu unterrichten und Ihn zu bitten, dir dabei behilflich zu sein. Bete stattdessen: »Dein Reich komme!«, worin die Bitte nach der Herrschaft Christi liegt. Dann zeigst du wirklich, dass du die Herrschaft über dein Leben abgegeben hast und dass der Heilige Geist dich zur Förderung des Reiches einsetzen kann, wann und wo und wie Er es für gut hält.
Solche Gebete mögen schwer fallen, weil wir so sehr mit uns selbst beschäftigt sind. Aber arbeite daran, dass deine Gebete den Absichten Gottes entsprechen. Dann wirst du sicher sein, nach Seinem Willen zu beten.

ZUM GEBET: Preise Gott für die Hoffnung auf die zukünftige Herrschaft Christi auf Erden. · Bitte Ihn, Er möge dich heute zu einem Botschafter Seines Reiches machen.

ZUM BIBELSTUDIUM: Wie sollten sich die Bürger des Reiches Christi nach Epheser 4,17 – 5,5 verhalten?

»Dein Reich komme« (Matth. 6,10).

Die Bekehrung zu Christus enthält drei Teile: Einladung, Buße und Hingabe.

Eines Tages wird Christus wiederkommen und über Sein Reich regieren. Inzwischen regiert Er in den Herzen derer, die Ihn lieben.
Bevor Er zum Himmel auffuhr, gab der Herr Jesus den Auftrag, die Verlorenen zu evangelisieren und sie Sein Wort zu lehren (Matth. 28,19-20). Tun wir das, werden Sünder bekehrt und von dem Reich der Finsternis in das Reich Christi versetzt (Kol. 1,13). So wächst Sein Reich.
Bekehrung ist ein Werk des Heiligen Geistes im Herzen des Ungläubigen. Er benutzt Zehntausende von Menschen und Gegebenheiten, um dies Werk zu vollbringen; aber alle haben sie drei Dinge gemeinsam: Einladung, Buße und Hingabe.
In Matthäus 22,1-14 benutzt der Herr ein Gleichnis zur Einladung in Sein Reich. Als Evangelist solltest auch du nicht nur das Evangelium anbieten, sondern die Hörer auffordern, auf das Gehörte zu reagieren.
In Markus 1,14-15 lesen wir: »Jesus [kam] nach Galiläa und predigte das Evangelium Gottes und sprach: Die Zeit ist erfüllt und das Reich Gottes ist nahe herbeigekommen. Tut Buße und glaubt an das Evangelium.« Buße tun heißt: Leid tragen über deine Sünden und sie lassen (2. Kor. 7,9-11).
Wahre Buße führt zur Hingabe; man entspricht damit den gerechten Forderungen des Evangeliums. In Markus 12,34 sagt Jesus zu dem weisen Schriftgelehrten: »Du bist nicht fern vom Reiche Gottes.« Was ihm fehlte, war die Hingabe, das in die Tat umzusetzen, was er begriffen hatte. In Lukas 9,62 lesen wir: Niemand, der seine Hand an den Pflug gelegt hat und zurückblickt, ist tauglich für das Reich Gottes.« Du magst alles über das Reich wissen, und doch ist Christi Herrschaft nicht in deinem Herzen etabliert, solange du dich weigerst, dich Ihm völlig zu übergeben.
Wenn du für das Kommen des Reiches Christi betest, betest du ein evangelistisches Gebet, an dessen Erfüllung du Anteil hast. Sei treu in der Verkündigung des Evangeliums und mache die Fürbitte für Ungläubige zu einem permanenten Bestandteil deines Gebets.

Zum Gebet: Bete für ungläubige Familienmitglieder und Freunde. · Bitte den Herrn, dir heute die Möglichkeit zu geben, Ungläubigen von dem Herrn Jesus zu sagen.

Zum Bibelstudium: Lies Johannes 4. · Wie machte es der Herr bei der Samariterin, das Gespräch auf die Errettung zu bringen? · Auf welche Weise hat Er sie eingeladen? Beschreibe das. · Wie reagierten die Mitbürger auf den Bericht über Jesus?

»Dein Reich komme« (Matth. 6,10).

Die einzige vernünftige Reaktion auf Christi Angebot, uns das Reich zu geben, ist die, es anzunehmen, es wertzuschätzen und danach zu streben!

Viele Menschen, die sich für Bürger dieses Reiches halten, werden eines Tages erschrocken feststellen, dass sie es nicht sind. In Matthäus 7,21 sagt der Herr: »Nicht jeder, der zu mir sagt: Herr, Herr! wird in das Reich der Himmel hineinkommen, sondern wer den Willen meines Vaters tut, der in den Himmeln ist.« Manche halten große Stücke auf das Reich Gottes; aber sie beugen sich nie vor dem König. Sie nennen Jesus »Herr«; aber sie tun nicht, was Er will. Lippenbekenntnisse reichen nicht. Man muss den König und Sein Reich annehmen (Joh. 1,12).

Du musst auch das Reich wertschätzen. In Matthäus 13,44 sagt Jesus: »Das Reich der Himmel ist gleich einem Schatz.« In den Versen 45-46 vergleicht Er es mit einer so kostbaren Perle, dass ein Kaufmann alles verkaufte, um sie zu besitzen. So kostbar ist das Reich. Es ist jedes Opfer wert.

Schließlich musst du beständig nach diesem Reiche streben. In Matthäus 6,33 sagt Jesus: »Trachtet aber zuerst nach dem Reich Gottes und nach seiner Gerechtigkeit! Und dies alles wird euch hinzugefügt werden.« Das sagt Er im Zusammenhang mit den Grundbedürfnissen des Lebens wie Nahrung und Kleidung und erinnert Seine Jünger daran, dass ihr himmlischer Vater ihre Bedürfnisse kennt und ihnen entspricht, wenn sie die richtige Rangfolge beachten. Ungläubige sind von den Sorgen um das täglich Nötige gekennzeichnet (Vers 32); Gläubige aber sollte man daran erkennen, dass sie Gott vertrauen und Sein Reich vorantreiben.

Christus bietet Sein Reich allen an (Matth. 28,19). Die einzig vernünftige Antwort ist, es anzunehmen, es wertzuschätzen und danach zu streben. Kannst du das von dir sagen? Hast du das Reich angenommen? Ist es dir wertvoll? Ich vertraue darauf. Wenn es so ist, freue dich und diene dem König heute gut. Mache Sein Reich zur Hauptsache. Steht es noch anders mit dir, so kehre um von deinen Sünden und unterwirf Christus dein Leben. Er liebt dich und sehnt sich danach, dich in Seinem ewigen Reich zu empfangen.

ZUM GEBET: Danke Gott für deine Himmelsbürgerschaft (Phil. 3,20-21). · Bitte Ihn, das am höchsten zu schätzen, was Er am höchsten schätzt.

ZUM BIBELSTUDIUM: Lies Offenbarung 21 – 22. Denke dabei daran, was Christus in alle Ewigkeit sein wird. Auf welche Aspekte der Ewigkeit freust du dich am allermeisten?

»Dein Wille geschehe, wie im Himmel so auch auf Erden« (Matth. 6,10).

Dein Gebet schafft Veränderung!

Matthäus 6,10 kann man auch so verstehen: »Was immer Du geschehen haben möchtet, lass es sofort geschehen. Im Himmel geschieht Dein Wille, nun lass ihn auch auf Erden verwirklicht werden!« Das ist ein Gebet aktiver Hingabe an den Willen Gottes.

Viele Menschen beten nicht so, weil sie das Wesen Gottes nicht verstanden haben. Sie meinen, auf ihre Gebete komme es nicht an; Gott wird ihnen gegenüber Seinen Willen durchsetzen, einerlei, was sie tun. Sie beten mehr in passiver Resignation, mit Gleichgültigkeit oder gar Groll im Herzen.

Ich erinnere mich an ein solches Gebet. Nach meinem ersten Semester auf dem College erlitt ich einen schweren Autounfall. Der Fahrer hatte bei einer Geschwindigkeit von 120 km/h die Kontrolle über den Wagen verloren; dieser überschlug sich mehrere Male, bevor er zum Stillstand kam. Ich war aus dem Auto geflogen und glitt wohl 90 Meter auf meinem Rücken auf der Fahrbahn entlang. Dabei verlor ich große Stücke meiner Haut, erlitt Verbrennungen dritten Grades und andere Verletzungen, aber glücklicherweise keine Knochenbrüche.

Ich war während der ganzen Zeit völlig bei Bewusstsein und weiß noch genau, was ich dachte: *Na ja, Gott, wenn Du so mit mir umspringst, dann geb' ich auf! Das halt ich nicht aus!* Das muss man richtig verstehen; denn Gott hatte mich in Seinen Dienst gerufen und ich hatte daraufhin beschlossen, meinem Leben eine neue Richtung zu geben.

Ich denke, Gott benutzte diese Erfahrung, meine Aufmerksamkeit auf Ihn zu richten, und bald wandelte sich mein Gebet von passiver Resignation zu aktiver Hingabe, als Er mein Herz verändert und mich Ihm zugewandt hatte.

Vielleicht hat Gott auch ernst in dein Leben eingegriffen. Wenn es so ist, so tat Er es nur aus Liebe und weil Er die Frucht der Gerechtigkeit in dir wachsen lassen will (Hebr. 12,11). Verachte nicht Seine Züchtigung und reagiere weder fatalistisch noch verstockt in deinen Gebeten. Gottesfürchtige Gebete schaffen Veränderung (Jak. 5,16). So setze alles daran, erwartungsvoll zu beten, weil du weißt, dass Gott barmherzig und weise ist und immer so antwortet, dass es zu Seiner Ehre und zu deinem Allerbesten ausschlägt (Röm. 8,28).

Zum Gebet: Wenn du zu gleichgültigem Gebet, zu Resignation oder Groll neigst, bitte Gott um Vergebung. Lerne Sein Wesen kennen und entwickle eine enge Beziehung zu Ihm durch diszipliniertes, vertrauensvolles Gebet.

Zum Bibelstudium: Lies Lukas 18,1-8. · Warum erzählte Jesus dies Gleichnis? · Welche Grundsätze erkennst du hier, die sich auf dein Leben anwenden lassen?

»Dein Wille geschehe, wie im Himmel so auch auf Erden« (Matth. 6,10).

Die Bitte, Gottes Wille möge geschehen, ist ein aggressives Gebet.

Viele Menschen meinen, dass alles, was geschieht, irgendwie Gottes Wille ist. Aber das stimmt nicht. Von mörderischen Aggressoren vernichtetes Leben und durch Ehebruch zerstörte Familien sind nicht Gottes Wille. Missbrauchte Kinder oder Erwachsene oder durch Krankheit zugrunde gerichtete Menschen sind nicht Sein Wille. Er benutzt Sünde und Krankheit, um Seine Ziele zu erreichen (Röm. 8,28), aber sie selbst sind nicht, was Er will.

Am Ende wird Gott alles Böse vernichten und Seine Absichten vollkommen durchsetzen (Offb. 20,10-14), doch ist es noch nicht soweit. Darum müssen wir beten, dass Sein Wille auf Erden geschehe. Wir können es uns nicht leisten, passiv oder gleichgültig zu beten. Wir müssen aggressiv beten und den Mut nicht verlieren (Matth. 18,1).

Darum betete David. Sein Engagement für den Willen Gottes brachte ihn zu diesem Gebet: »Lass mich verstehen den Weg deiner Vorschriften. Sinnen will ich über alle deine Wunder … Den Weg deiner Gebote will ich laufen; denn du machst mir das Herz weit. Lehre mich, Herr, den Weg deiner Ordnungen und ich will ihn bewahren bis ans Ende. Gib mir Einsicht und ich will dein Gesetz bewahren und es halten von ganzem Herzen. Leite mich auf dem Pfad deiner Gebote! Denn ich habe Gefallen daran« (Ps.119,27.32-35).

Aber David betete auch: »Gott wird sich erheben, es werden sich zerstreuen seine Feinde, und die ihn hassen, werden fliehen vor seinem Angesicht. Wie Rauch auseinander getrieben wird, so treibst du [sie] auseinander; wie Wachs vor dem Feuer zerschmilzt, so werden die Gottlosen umkommen vor dem Angesicht Gottes« (Ps. 68,2-3). Er liebte Gottes Willen; aber er hasste auch alles, was diesem im Wege stand.

Wenn du wirklich betest, Gottes Wille möge geschehen, dann wirst du aggressiv Seinem Willen in deinem Leben Raum schaffen und gleichzeitig gegen Satan aufstehen und gegen das böse Weltsystem und gegen alles, was Gottes Willen widerstreitet.

Zum Gebet: Danke Gott für das Vorbild Davids und für alle anderen, die sich leidenschaftlich für den Willen Gottes einsetzen. · Bitte um Weisheit, um hinter deinen Umständen zu erkennen, wie Gott dich durch sie vollkommen machen will.

Zum Bibelstudium: Lies Psalm 119. · Wie kann Gottes Wort dir helfen, Seinen Willen zu tun? · Welche Einstellung hatte der Psalmist gegenüber dem Wort Gottes?

»Unser tägliches Brot gib uns heute« (Matth. 6,11).

Gott wird verherrlicht, wenn Er unsere Bedürfnisse befriedigt.

Bei uns scheint die Bitte um das tägliche Brot kaum nötig zu sein. Die meisten Menschen hier müssten vielmehr um Beherrschung bitten, damit sie sich nicht überessen! Aber Matthäus 6,1 redet nicht nur über Nahrung. Wir drücken dadurch unsere Abhängigkeit von Gott aus und anerkennen, dass Er allein für alles Wesentliche sorgt.

Leider muss aber gesagt werden, dass viele Menschen das Gebet zu einem Mittel der Selbstverwirklichung herabgewürdigt haben. Kürzlich sandte mir eine Frau ein Buch und schrieb dazu: »Ich glaube, Sie verstehen überhaupt nicht, welche Hilfsquelle das Gebet für uns darstellt.« Das Büchlein betonte immer wieder unser Recht als Christen, etwas von Gott zu fordern. Aber damit wird das Gebet völlig missverstanden; denn Gott will dadurch verherrlicht werden (Joh. 14,13). Wir sind gehalten, Gott das Vorrecht zuzugestehen, dass Er Seine Herrlichkeit offenbart, indem Er unseren Nöten begegnet, wie Er es will. Wenn wir von Ihm etwas fordern, werden wir schnell enttäuscht sein oder wir stellen Ihn in Frage, wenn wir das Geforderte nicht bekommen. Das ist eine schwere Sünde!

David G. Myers sagt in seinem Buch *The Human Puzzle* (New York: Harper and Row, 1978): »Manchen Bittgebeten scheint es nicht nur an Glauben an die Gott innewohnende Güte zu mangeln; sondern sie erheben auch die Menschen in eine Stellung, von der aus sie Gott Befehle erteilen. Gott – die Bibel erinnert uns daran – ist allwissend und allmächtig und der souveräne Herrscher des Universums. Wenn Christen beten, als sei Gott eine Marionette, deren Fäden sie per Gebet ziehen können, so erscheint das nicht nur abergläubisch, sondern sogar lästerlich. Wer Gebete als Mittel anpreist, durch die man Gesundheit, Erfolg oder andere gute Dinge aus einem himmlischen Automaten ziehen kann, muss sich fragen lassen, was er da eigentlich anbietet. Ist das Glauben oder ist es eine Fälschung, eine wohlfeile Karikatur wahren Christentums?«

Achte auf deine Gebete! Sei dir stets des unschätzbaren Vorrechts bewusst, dem unendlichen Gott nahen zu dürfen und seiner barmherzigen Fürsorge sicher zu sein. Doch tu das immer im Bewusstsein, dass Seine Verherrlichung dein höchstes Ziel sein muss.

Zum Gebet: Lies Sprüche 30,8-9. Welche Haltung nehmen diese Verse Gott gegenüber ein? Ist das deine Gebetshaltung?

Zum Bibelstudium: Lies Matthäus 6,19-34 und Jakobus 4,3. Was könntest du einem erwidern, der sagt, Christen hätten das Recht, von Gott Segnungen zu fordern?

»Unser tägliches Brot gib uns heute« (Matth. 6,11).

Gott ist die Quelle aller guten Gaben.

Gott hat uns alles Gute zum Gebrauch gegeben, einschließlich des Regens, der die Früchte wachsen lässt, der Minerale, die das Land fruchtbar machen, der Tiere, von denen wir Nahrung und Bekleidung gewinnen und der Energie für Industrie und Verkehr. Alles kommt von Ihm und wir haben Ihm für alles zu danken.

Jesus sagt: »Wenn nun ihr, die ihr böse seid, euren Kindern gute Gaben zu geben wisst, wie viel mehr wird euer Vater, der in den Himmeln ist, Gutes geben denen, die ihn bitten!« (Matth. 7,11). Und in Jakobus 1,17 steht: »Jede gute Gabe und jedes vollkommene Geschenk kommt von oben herab, von dem Vater der Lichter, bei dem keine Veränderung ist, noch eines Wechsels Schatten.« Paulus fügt hinzu: »Jedes Geschöpf Gottes ist gut und nichts verwerflich, wenn es mit Danksagung genommen wird; denn es wird geheiligt durch Gottes Wort und durch Gebet« (1. Tim. 4,4-5).

Leider erkennen die Ungläubigen Gottes Güte nicht an, obwohl sie diese täglich genießen. Sie schreiben Seine voraussehende Fürsorge dem Glück oder dem Schicksal zu und Seine gnädige Bewahrung der Natur oder falschen Göttern. Sie ehren Ihn weder als Gott noch danken sie Ihm (Röm. 1,21).

Der große puritanische Dichter Thomas Watson sagte: »Wenn alles Gabe ist, dann erkenne die schreckliche Undankbarkeit der Menschen, die gegen ihren Geber sündigen! Gott ernährt sie und sie bekämpfen Ihn. Er gibt ihnen Brot und sie beleidigen Ihn. Wie unwürdig ist solch Verhalten! Würden wir nicht laut ›Pfui‹ über jemand rufen, der seinen Freund verrät und beschimpft, der ihn stets mit seinem Geld ernährt? So undankbar gehen die Sünder mit Gott um; sie vergessen nicht nur Seine Barmherzigkeit, sie missbrauchen sie. ›Obwohl ich sie sättigte, haben sie Ehebruch getrieben‹ (Jer. 5,7; siehe Fußnote dort). O, wie schrecklich ist es, gegen einen so gnadenreichen Gott zu sündigen! – auf die Hände zu schlagen, die uns helfen!« (*The Lord's Prayer* [London: The Banner of Truth Trust, 1972], S. 197).

Wie schade, solche Undankbarkeit zu sehen; und doch, wie aufregend, zu wissen, dass der ewige Gott für uns sorgt und alle unsere Bedürfnisse befriedigt. Nimm Seine Fürsorge nie für selbstverständlich! Gehe täglich zu Ihm und nimm Seine Gaben mit dankbarem Herzen entgegen.

Zum Gebet: Sei nicht sparsam mit deinem Lob für Gottes überreichen Segen.

Zum Bibelstudium: Lies 1. Mose 1,29-31 und achte auf die vielfache Nahrung, die Gott zu deiner Freude geschaffen hat.

»Und vergib uns unsere Schulden« (Matth. 6,12).

Gläubige bekennen ihre Sünden, Ungläubige leugnen sie.

Christen kämpfen mit Sünden. Das ist dir sicher nichts Neues. Wenn du ein reifer Christ bist, sündigst du weniger häufig; aber dein Sündenbewusstsein ist schärfer geworden. Das bedeutet nicht, du seiest weniger versuchlich; aber du bist dir der Raffiniertheit der Sünde bewusst und wie sehr Gott dadurch entehrt wird.

Manche meinen, man sollte seine Sünden nie bekennen oder um Vergebung bitten; doch unterweist uns der Herr, dies zu tun, wenn Er uns zu beten lehrt: »Und vergib uns unsere Schulden« (Matth. 6,12). So bittet der Gläubige den Vater um Vergebung.

Johannes sagt: »Wenn wir sagen, dass wir keine Sünde haben, betrügen wir uns selbst und die Wahrheit ist nicht in uns. Wenn wir unsere Sünden bekennen, ist er treu und gerecht, dass er uns die Sünden vergibt und uns reinigt von jeder Ungerechtigkeit. Wenn wir sagen, dass wir nicht gesündigt haben, machen wir ihn zum Lügner und sein Wort ist nicht in uns« (1. Joh. 1,8-10). Diese Stelle sagt uns nicht, wie wir errettet werden, wie manche lehren. Sie sagt uns, wie man Gläubige von Ungläubigen unterscheidet: Gläubige bekennen ihre Sünden; Ungläubige tun es nicht.

Wenn es in Matthäus 6,12 heißt: »Vergib uns«, so liegt darin, dass wir Vergebung nötig haben. »Schulden« ist die Übersetzung des griechischen Wortes für moralische oder monetäre Schulden. Hier geht es aber um Sünden. Wenn du sündigst, bist du Gott eine Wiedergutmachung schuldig, weil du Seine Heiligkeit verletzt hast.

Wenn du als Gläubiger sündigst, verlierst du nicht deine Errettung; aber du wirst Gottes Züchtigung erleben, wenn du nicht Buße tust. Hebräer 12 sagt: »Wen der Herr liebt, den züchtigt er; er schlägt aber jeden Sohn, den er aufnimmt … Er [züchtigt uns] zum Nutzen, damit wir seiner Heiligkeit teilhaftig werden« (Verse 6,10).

Wenn du an einer Sünde noch festhältst, bekenne sie jetzt und mache Gott Raum, dass Er dich reinigen und heute noch brauchbar machen kann, zu Seiner Ehre.

Zum Gebet: Schreibe auf, warum Gottes Vergebung wichtig für dich ist, dann drücke diese Gedanken aus, indem du Ihn dafür preist.

Zum Bibelstudium: Lies Psalm 38. · Welche physischen und seelischen Drangsale kamen wegen seiner Sünde über David? · Wie verhielt er sich Gott gegenüber, als er seine Sünde bekannte?

»Und vergib uns unsere Schulden« (Matth. 6,12).

Vergebung beseitigt die Schuld und die Strafe für die Sünde und erneuert wahre Beziehung zu Gott.

Das größte Problem des Menschen ist die Sünde. Sie hat ihn geistlich getötet, von Gott und dem Nächsten getrennt, plagt ihn mit Schuldgefühlen und Angst und bringt ihn am Ende in die Hölle. Das einzige Hilfsmittel dagegen ist die Vergebung, und die einzige Quelle dieser Vergebung ist Jesus Christus. Auf jeder Sünde liegt die Todesstrafe (Röm. 6,23); aber Christus trug die Sünden der Welt und ermöglichte uns so, Vergebung und ewiges Leben durch den Glauben an Ihn zu bekommen (Joh. 3,16). Welch eine herrliche Wahrheit!

Die Bibel spricht von zwei Arten der Vergebung: der rechtlichen und der väterlichen. Die rechtliche Vergebung kommt von Gott, dem gerechten Richter, der deine Sünden ausgelöscht und dich von Strafe und Schuldenlast befreit hat. Im Augenblick deiner Errettung vergab Er dir alle deine Sünden – die vergangenen, gegenwärtigen und zukünftigen – und erklärte dich in alle Ewigkeit für gerecht. Darum kann dich nichts wieder von der Liebe Christi scheiden (Röm. 8,38-39).

Die väterliche Vergebung wird dem Gläubigen von seinem liebenden himmlischen Vater gewährt, wenn er seine Sünden bekennt und davon gereinigt werden möchte. Von dieser Reinigung spricht Jesus in Matthäus 6,12.

Wenn ein Kind seinem Vater ungehorsam ist, so berührt das nicht das Vater/Kindverhältnis. Das Kind gehört weiterhin zur Familie und ihm ist insofern schon vergeben, als es unter dem Schirm der väterlichen Liebe steht. Aber vieles von der Innigkeit der Beziehung ist solange verloren, bis das Kind Vergebung sucht. Darum geht es in diesem Vers. Die Sünden, die du als Gläubiger begehst, rauben dir nicht die Errettung, wohl aber den Nutzen, den du aus deiner Beziehung zu Gott ziehen kannst. Er liebt dich immer noch und will immer dein Vater sein; aber die innige und herzliche Gemeinschaft, die du einst kanntest, besteht nicht mehr, bis du den Streit durch dein Sündenbekenntnis beilegst.

Als Christ ist dir, was die Gerechtigkeit angeht, vergeben und du kommst niemals in die Verdammnis. Aber ziehe nicht die Gnade auf Mutwillen. Mache das Bekenntnis zum Teil deines täglichen Gebets, dann wird die Sünde nie deine Beziehung zu deinem himmlischen Vater untergraben.

ZUM GEBET: Danke Gott, dass dir, was die Gerechtigkeit angeht, alle deine Sünden vergeben sind. · Bitte Ihn, dir zu helfen, die Freude der Beziehung zu Ihm immer aufrecht zu erhalten und stets schnell alle Sünden zu bekennen, die dir unterlaufen.

ZUM BIBELSTUDIUM: Lies Psalm 32,1-7. · Wie fühlte sich David, bevor ihm vergeben war? · Was geschah, bevor er seine Sünde bekannte?

»Und vergib uns unsere Schulden, wie wir unseren Schuldnern vergeben haben … Denn wenn ihr den Menschen ihre Vergehungen vergebt, so wird euer himmlischer Vater auch euch vergeben; wenn ihr aber den Menschen nicht vergebt, so wird euer Vater eure Sünden auch nicht vergeben« (Matth. 6,12.14-15).

Ein nicht vergebender Christ ist ein Widerspruch in sich selbst.

Es besteht die Möglichkeit, die Sünden bekannt zu haben und doch die Freude der Vergebung nicht zu kennen. Wie ist das möglich? Durch Mangel an Vergebungsbereitschaft anderen gegenüber. Der christliche Pädagoge J. Oswald Sanders beobachtete, dass der Herr Jesus uns mit dem Maß misst, das wir an andere anlegen. Er sagte nicht: »Vergib uns, *weil* wir anderen vergeben haben«, sondern: »Vergib uns, *wie* wir anderen vergeben.«

Ein Christ, der nicht vergibt, ist ein Widerspruch in sich selbst, weil wir aus der Vergebung leben! In Epheser 4,32 lesen wir: »Seid aber zueinander gütig, mitleidig und vergebt einander, so wie auch Gott in Christus euch vergeben hat.« Gott vergab uns eine unermessliche Schuld und errettete uns von den Schrecken der ewigen Hölle. Das sollte Motivation genug sein, jede Kränkung zu vergeben, und doch hegen einige Christen dauernden Groll.

Hier folgen drei praktische Schritte für den Umgang mit der Sünde des Nicht-Vergebens: Erstens bekenne sie dem Herrn und bitte Ihn, die fragliche Beziehung zu heilen. Zweitens gehe zu dieser Person, bitte um Vergebung und suche die Aussöhnung. Manchmal wirst du entdecken, dass sie sich gar nicht bewusst ist, dich gekränkt zu haben. Drittens schenke der Person etwas, was dir wertvoll ist. Das ist eine sehr praktische Handlungsweise, die auf der Lehre des Herrn basiert, dass, wo unser Schatz ist, sich auch unser Herz befindet (Matth. 6,21). Jedesmal, wenn ich einem, der mir etwas angetan hat, ein Buch oder etwas anderes schenkte, fühlte ich mich in meinem Geist sehr befreit. Darüber hinaus habe ich die doppelte Freude, die des Gebens und die des Vergebens.

Lasse niemals Groll zwischen dir und einem anderen Menschen stehen. Er raubt dir die Freude an der Vergebung Gottes.

Zum Gebet: Prüfe vor dem Beten dein Herz. Wenn du Bitterkeit gegen einen Menschen darin findest, handle nach der oben angegebenen Weise. Dann bete und danke Gott für die Freude des Versöhntseins.

Zum Bibelstudium: Lies das Gleichnis vom unbarmherzigen Knecht in Matthäus 18,21-35. · Welche Frage forderte dies Gleichnis heraus? · Wie reagierte der König auf die Bitten des Knechtes? · Was tat der Knecht später? Warum war das falsch?

»Und führe uns nicht in Versuchung, sondern errette uns von dem Bösen!« (Matth. 6,13).

Erhalte dir ein gesundes Selbstmisstrauen!

Im Augenblick deiner Errettung hat dir Gott als Richter alle Sünden vergeben – die aus Vergangenheit, Gegenwart und Zukunft. Und Er hat dir als Vater vergeben und die Freude der innigen Gemeinschaft wieder hergestellt, die durch spätere Sünden zerbrochen war. Aber neben der Freude der Vergebung läuft der Wunsch einher, vor künftigen Sünden bewahrt zu werden. Dieser Wunsch drückt sich in Matthäus 6,13 aus: »Und führe uns nicht in Versuchung, sondern errette uns von dem Bösen!«

Diese Bitte scheint zunächst sehr leicht verständlich zu sein, wirft aber einige bedeutende Fragen auf. Nach Jakobus 1,13 versucht Gott niemand; warum sollte Er uns dann vor etwas bewahren, in das Er uns offensichtlich nicht von sich aus führen wird?

Manche sagen, das Wort für »Versuchungen« in Matthäus 6,13 bedeute »Trübsale«. Aber Trübsale stärken uns und erweisen die Echtheit unseres Glaubens. Wir sollen uns über sie freuen und sie nicht vermeiden (Jak. 1,2-4).

Obwohl das griechische Wort hier sowohl »Trübsal« als auch »Verlockung« heißen kann, hat die Auflösung dieses Paradoxons mit dem Wesen der Bitte zu tun. Es handelt sich bei ihr nicht so sehr um eine sachlich-theologische Feststellung, als vielmehr um das gefühlsmäßige Begehren eines Menschen, der die Sünde hasst und vor ihr bewahrt bleiben möchte. Chrysostomos, der frühe Kirchenvater, sagte von dieser Bitte, sie sei die Reaktion der menschlichen Schwachheit angesichts einer Gefahr (*Homilien* 19,10).

Ich weiß von dir nichts; aber ich habe ein gesundes Selbstmisstrauen. Darum wache ich sorgfältig über alles, was ich denke, sage, ansehe, lese und höre. Wenn ich das Empfinden einer geistlichen Gefahr habe, eile ich in die Gegenwart Gottes und sage: »Herr, diese Situation wird mich überwältigen, wenn Du mir nicht zur Hilfe kommst.« Das ist der Geist von Matthäus 6,13.

Wir leben in einer gefallenen Welt, die uns eine Versuchung nach der anderen vor die Füße wirft. Darum ist es nur natürlich und passend für uns Christen, wenn wir beständig unsere Sünden bekennen, von unserem Vater Vergebung empfangen und Ihn bitten, uns von der Möglichkeit zu erlösen, künftig gegen Ihn zu sündigen.

ZUM GEBET: Danke dem Herrn, dass Er dich liebt und trotz deiner menschlichen Schwäche durch dich wirkt. · Bitte Ihn, dich heute vor allen Situationen zu bewahren, die dir Anlass zur Sünde werden könnten.

ZUM BIBELSTUDIUM: Lies 1. Korinther 10,13 und Jakobus 1,13-16. · Wie weit wird Gott erlauben, dass du versucht wirst? · Woher kommen gewöhnlich die Versuchungen?

»Und führe uns nicht in Versuchung, sondern errette uns von dem Bösen« (Matth. 6,13).

Lass dir deine Trübsale nicht zur Versuchung werden!

Wenn wir das deutsche Wort »Versuchung« hören, denken wir meistens an das Verleiten zum Bösen. Aber mit »Versuchung« wird in Matthäus 6,13 ein griechisches Wort übersetzt, das sowohl von Gott zur Reinigung deines Wesens zugelassene Trübsale meint (Jak. 1,2-4), als auch vom Satan oder deinem Fleisch verursachte Verlockungen, die dich zum Sündigen bringen (Matth. 4,1; Jak. 1,13-15). Beides sind begründete Übersetzungen.

Ich glaube, bei den »Versuchungen« in Matthäus 6,13 handelt es sich größtenteils um Trübsale. Obwohl wir wissen, dass Gott Trübsale zu unserem Nutzen verwendet, ist es gut, Ihn zu bitten, Er möge nicht zulassen, dass uns die Trübsal zu einer unwiderstehlichen Versuchung wird. Das kann geschehen, wenn wir geistlich schwach sind oder eine Situation uns unvorbereitet trifft. Gott wird uns nie über unser Vermögen versuchen (1. Kor. 10,13); aber zum Widerstehen gehören geistliche Disziplin und göttlicher Beistand. Wenn wir Gott bitten, uns von Trübsalen zu erlösen, die über uns kommen mögen, so ist das eine Sicherung vor dem Vertrauen auf eigene Stärke und vor der Missachtung Seiner Kraft.

Gott erprobte Joseph, indem er erlaubte, dass er von seinen Brüdern in die Sklaverei verkauft wurde, dass ihn eine ehebrecherische Frau ungerecht verklagte und er von einem eifersüchtigen Ehemann schuldlos ins Gefängnis geworfen wurde. Doch Joseph wusste die Hand Gottes über seinem Leben. Darum konnte er später seinen Brüdern sagen: »Ihr zwar, ihr hattet Böses gegen mich beabsichtigt; Gott [aber] beabsichtigt, es zum Guten [zu wenden und] … ein großes Volk am Leben zu erhalten« (1. Mo. 50,20). Joseph war zur Probe bereit und bestand sie großartig!

Jesus selbst wurde vom Geist in die Wüste geführt, um vom Teufel versucht zu werden (Matth. 4,1). Gott wollte Ihn prüfen und Seine Tugenden auf die Probe stellen; aber Satan wollte Ihn versuchen und Seine Tugenden zunichte machen. Der Herr ging auch daraus als Sieger hervor.

Wenn du Trübsale erfährst, lass sie dir nicht zur Versuchung werden. Denke an Gottes Absichten und suche Seine Kraft. Lerne aus den Beispielen solcher, die erfolgreich die gleichen Trübsale durchstanden haben. Sei sicher, Gott sitzt im Regiment und benutzt jede Trübsal, um deinen Charakter zu formen und dich immer stärker deine Abhängigkeit zu lehren.

ZUM GEBET: Danke Gott für die Trübsale, die Er dir auf deinen Weg legt. · Bitte Ihn, diese Trübsale als Mittel zu erkennen, durch die Er dich kräftiger machen und sich selbst verherrlichen will.

ZUM BIBELSTUDIUM: Lies Psalm 119,11, Matthäus 26,41, Epheser 6,10-18 und Jakobus 4,7. Was lehren dich diese Verse über den Umgang mit Versuchungen?

»Denn dein ist das Reich und die Kraft und die Herrlichkeit. Amen« (Matth. 6,13 Fußnote).

Das »Vaterunser« ist ein Muster, dem man zeitlebens zu folgen hat.

Die Bedeutung des »Vaterunser« ist tiefgreifend und weitreichend. Ein unbekannter Autor sagte es so:

Ich kann nicht sagen »unser«, wenn ich geistlich für mich selbst, wasserdicht abgeschottet lebe. Ich kann nicht sagen »Vater«, wenn ich nicht täglich wage, als Sein Kind zu leben. Ich kann nicht sagen »der Du bist im Himmel«, wenn ich dort keine Schätze eintrage.

Ich kann nicht sagen »geheiligt werde Dein Name«, wenn ich mit Gottes Heiligkeit im Streit liege. Ich kann nicht sagen »Dein Reich komme«, wenn ich nicht alles in meiner Kraft Stehende tue, um diesen wunderbaren Tag näherzubringen. Ich kann nicht sagen »Dein Wille geschehe«, wenn ich Seinem Wort nicht gehorche. Ich kann nicht sagen »wie im Himmel so auch auf Erden«, wenn ich Ihm nicht hier und jetzt diene.

Ich kann nicht sagen »gib uns … unser tägliches Brot«, wenn ich unehrlich bin und unlautere Geschäfte betreibe. Ich kann nicht sagen »vergib uns unser Schulden«, wenn ich einen Groll gegen andere hege. Ich kann nicht sagen »führe uns nicht in Versuchung«, wenn ich nicht die ganze Waffenrüstung Gottes trage.

Ich kann nicht sagen »Dein Reich komme«, wenn ich dem König nicht so loyal diene, wie es einem treuen Untertanen zukommt. Ich kann Ihm keine »Macht« attestieren, wenn ich mich vor Menschen fürchte. Ich kann Ihm keine »Herrlichkeit« zuschreiben, wenn ich nur meine Ehre suche. Ich kann nicht sagen »in Ewigkeit«, wenn mein Lebenshorizont völlig auf die Dinge dieses Zeitlaufs fixiert ist.

Wenn du die Grundsätze dieses wunderbaren Gebets auf dein eigenes Leben anzuwenden lernst, bete ich dafür, dass Gottes Reich dein Trachten, Seine Herrlichkeit dein Ziel und Seine Kraft deine Stärke wird. Nur so wird die Doxologie (Lobpreis) unseres Herrn beständig in deinem Herzen klingen: »Dein ist das Reich und die Kraft und die Herrlichkeit in Ewigkeit. Amen« (Vers 13).

Zum Gebet: Bitte Gott, Er möge das, was du vom »Vaterunser« gelernt hast, benutzen, um deine Gebete umzugestalten.

Zum Bibelstudium: Lies Johannes 17 und achte auf die Prioritäten, die Christus in Seinem Gebet setzt.

»Als er aber die Volksmengen sah, stieg er auf den Berg; und als er sich gesetzt hatte, traten seine Jünger zu ihm. Und er tat seinen Mund auf [und[lehrte sie« (Matth. 5,1-2).

Nur Christen kennen wahre Glückseligkeit, weil sie Christus kennen, der die Quelle ist.

Jesu Dienst auf Erden umschloss Lehre, Predigt und Heilung. Wohin Er kam, erregte Er großes Erstaunen und Ärgernis. Gewöhnlich folgten Ihm große Volksmengen bei Seinem Zug durch Judäa und Galiläa. Tausende wollten geheilt werden, viele kamen, um zu spotten oder ihn anzugreifen; doch einige suchten die Wahrheit.

Bei einem dieser Anlässe hielt Er Seine erste, uns mitgeteilte Rede – die Bergpredigt (Matth. 5 – 7). In ihr verkündete Er ein Verhaltensmuster, das dem Seiner Tage genauso diametral entgegenstand wie dem unserer Zeit. Indem er mutig die ritualistischen und heuchlerischen Praktiken der religiösen Führer des Judentums anprangerte, lehrte Er, dass wahre Religion eine Sache des Herzens oder der Gesinnung ist. Die Menschen werden sich so betragen, wie es ihr Herz ihnen vorschreibt (Luk. 6,45); somit liegt der Schlüssel zu einem veränderten Betragen in einer Veränderung des Denkens.

Zu Beginn Seiner Predigt stellte Er die Seligpreisungen vor (Matth. 5,3-12), eine Liste gottesfürchtiger Verhaltensweisen, die einen wahren Gläubigen kennzeichnen und wirkliches Glück begründen. Das griechische, hier mit »glückselig« übersetzte Wort spricht von dem Glück, mit Gott übereinzustimmen, meint aber nicht die Errettung als solche. Der Rest der Predigt beschreibt den Lebensstil, der daraus hervorgeht.

Der Herr lehrt, dass Glückseligkeit viel mehr ist als glückliche Umstände und frohes Gefühl. Tatsächlich hängt sie überhaupt nicht von den Umständen ab. Sie beruht darauf, dass Gottes Wesen in uns wohnt. Wenn dein Leben die Tugenden der Demut, des Leidtragens über Sünden, Sanftmut, Gerechtigkeit, Barmherzigkeit, Reinheit des Herzens und des Friedens trägt, wirst du ein Glück erleben, das auch schwere Verfolgungen nicht zu zerstören vermögen.

Wenn wir die Seligpreisungen studieren, bete ich, dass dein Verhalten dem dort beschriebenen Muster immer ähnlicher wird, damit du die wahre Glückseligkeit in Christus erlebst.

ZUM GEBET: Bitte darum, dass der Heilige Geist dir bei den täglichen Studien hilft. Stelle dich darauf ein, jede Verhaltensänderung vorzunehmen, die Er von dir fordern mag.

ZUM BIBELSTUDIUM: Lies die Bergpredigt (Matth. 5 – 7). · Welche Themen greift Christus auf? · Wie reagierten Seine Zuhörer? Wie reagierst du?

»Glückselig sind die Armen im Geist … die Trauernden … die Sanftmütigen … die nach der Gerechtigkeit hungern und dürsten … die Barmherzigen … die reinen Herzens sind … die Friedensstifter … die um der Gerechtigkeit willen Verfolgten« (Matth. 5,3-10).

Nach weltlichem Standard ist Christi Definition von Glück nicht nur schockierend, sondern widerspricht auch aller Erfahrung!

Ein Quiz in einer bekannten Zeitschrift charakterisierte glückliche Leute als solche, die anderen Leuten Spaß machen, ohne sich dabei aufzuopfern, die sich negativen Gefühlen und Regungen verweigern und die ein sicheres Gefühl dafür haben, wie sie sich selbst verwirklichen können.

Aber Jesus beschreibt glückliche Leute ganz anders. In der Tat, Er beschreibt sie als geistliche Bettler, die begriffen haben, in sich selbst völlig mittellos zu sein. Er sagt, sie seien eher sanftmütig als stolz, sie jammern über ihre Sünden, sie opfern sich auf und sind bereit, Verfolgungen auf sich zu nehmen, um Menschen mit Gott in Einklang zu bringen.

Nach weltlichen Maßstäben geurteilt sieht das eher nach Elend als nach Glück aus! Aber die Weltmenschen begreifen nicht, dass Dinge, die als elend betrachtet werden, oft der Schlüssel zum Glück sind.

Folgen wir dem Gedankengang des Herrn: Wahres Glück beginnt mit der »Armut im Geist« (Vers 3). Das bedeutet, du hast der Sünde gegenüber die richtige Einstellung, die dich zum »Trauern« über sie bringt (Vers 4). Das Trauern über die Sünde bringt Sanftmut hervor und führt zu Hunger und Durst nach der Gerechtigkeit (Vers 5-6); daraus erwachsen Barmherzigkeit, Reinheit des Herzens und ein friedevoller Geist (Vers 7-9) – Verhaltensweisen, die dir Glückseligkeit bringen (Vers 12).

Wenn du dieses Verhalten zeigst, kannst du mit Angriffen, Verfolgungen und falschen Anklagen rechnen (Verse 10-11), weil dein Leben eine irritierende Zurechtweisung für die Weltmenschen ist. Aber trotz der Verfolgungen kannst du »dich freuen und jubeln«; denn dein »Lohn ist groß in den Himmeln« (Vers 12).

Du bist eines der göttlichen Lichter in einer von der Sünde verdunkelten Welt (Vers 14); und während die meisten Menschen Christus verwerfen werden, können andere durch das Zeugnis deines Lebens zu Ihm gezogen werden. Sei Ihm heute treu, dann kann Er dich auf diese Weise brauchen.

ZUM GEBET: Danke Gott für die Gnade, dass Er dich befähigt, Verhaltensweisen der Seligpreisungen an den Tag zu legen. · Bitte Ihn, für irgendeinen Menschen heute ein helles Licht zu sein.

ZUM BIBELSTUDIUM: Lies 1. Petrus 2,19-23. · Wie reagierte der Herr auf Verfolgungen? · Wie solltest du dich verhalten?

*»Glückselig die Armen im Geist,
denn ihrer ist das Reich der Himmel« (Matth. 5,3).*

Armut des Geistes ist eine Voraussetzung für die Errettung und für ein siegreiches Christenleben.

In Lukas 18,9-14 erzählt unser Herr von zwei Menschen, die zum Beten in den Tempel gingen. Der eine war ein Pharisäer, der andere ein Zöllner. Der Pharisäer rühmte sich vor Gott seiner selbstgerechten Bemühungen; der Zöllner stellte sich demütig zu seinen Sünden. Der Pharisäer war stolz und blieb in seinen Sünden; der Zöllner war »arm im Geiste« und ging von seiner Sündenlast befreit davon.

Das griechische, in Matthäus 5,3 mit »Armen« übersetzte Wort wurde im klassischen Griechisch für solche gebraucht, die sich in dunkle Straßenecken zurückzogen, um milde Gaben zu erbetteln. Weil sie selbst über nichts verfügten, waren sie völlig auf die Zuwendungen anderer angewiesen. Dasselbe Wort wird in Lukas 16,20 zur Beschreibung des »armen« Lazarus verwendet. Das ist ein Gleichnis für alle, die ihre geistliche Hilflosigkeit und das völlige Versagen menschlicher Mittel erkannt haben, wenn es darum geht, uns Gott anempfehlen zu wollen. Solche sind vollständig auf Gottes Gnade angewiesen, sowohl was die Errettung als auch das tägliche Leben betrifft. Und Jesus nennt sie glückliche Leute, weil sie wahre Gläubige sind und das Reich der Himmel ihnen gehört.

Das in Matthäus 5,3 mit »ihrer« übersetzte griechische Wort ist im Urtext betont: Das Reich der Himmel gehört definitiv den »Armen im Geist«. Die Gnade davon genießen sie jetzt schon und die volle Herrlichkeit später (1. Joh. 3,1-2). Das ist Grund zu großer Freude!

In Jesaja 57,15 lesen wir: So spricht der Hohe und Erhabene, der in Ewigkeit wohnt und dessen Name der Heilige ist: In der Höhe und im Heiligtum wohne ich und bei dem, der zerschlagenen und gebeugten Geistes ist, um zu beleben den Geist der Gebeugten und zu beleben das Herz der Zerschlagenen.« Und David fügt hinzu: »Die Opfer Gottes sind ein zerbrochener Geist; ein zerbrochenes und zerschlagenes Herz wirst du, Gott, nicht verachten« (Ps. 51,19).

Sei dir wie der demütige Zöllner deiner Schwachheit bewusst und verlasse dich völlig auf Gottes Hilfe. Dann wird Er deine Gebete erhören und deinen Bedürfnissen entsprechen. So fängt die Glückseligkeit an!

Zum Gebet: Danke Gott, dass Er dich erhört, wenn du in Demut und Reue zu Ihm kommst. · Bewahre mit viel Gebet dein Herz vor den listigen Einflüsterungen des Stolzes.

Zum Bibelstudium: Lies die folgenden Verse und achte darauf, was Gott vom Stolz hält: Sprüche 6,16-17; 11,2; 16,5.18-19.

»Glückselig die Armen im Geist,
denn ihrer ist das Reich der Himmel« (Matth. 5,3).

Wenn du »arm im Geist« bist,
werden bestimmte Merkmale dein Leben kennzeichnen.

Der puritanische Schriftsteller Thomas Watson nannte sieben Möglichkeiten, festzustellen, ob du »arm im Geist« bist (*The Beatitudes* [Edinburgh: The Banner of Truth Trust, 1971], S. 45-48): · *Man ist »entwöhnt« vom eigenen Ich.* In Psalm 131,2 heißt es: »Wie ein entwöhntes Kind bei seiner Mutter, wie ein entwöhntes Kind ist meine Seele in mir.« Wenn du arm im Geist bist, denkst du nicht in erster Linie an dich, sondern an die Ehre Gottes und wie du anderen dienen kannst. · *Du wirst auf Christus blicken.* In 2. Korinther 3,18 steht von den Gläubigen: »Wir alle aber schauen mit aufgedecktem Angesicht die Herrlichkeit des Herrn an und werden [so] verwandelt in dasselbe Bild von Herrlichkeit zu Herrlichkeit, wie [es] vom Herrn, dem Geist, [geschieht].« Wenn du arm im Geist bist, nimmt dich der wunderbare Christus gefangen. Ihm zu gleichen wird dein höchstes Ziel sein. · *Du wirst nie klagen.* Wenn du arm im Geist bist, wirst du Gottes souveräne Herrschaft über deine Umstände in dem Bewusstsein anerkennen, dass du auch nichts anderes verdienst. Doch, je größer die Bedürfnisse, umso überschwänglicher ist Seine Fürsorge. · *Du wirst in anderen Gutes erblicken.* Eine Person, die arm im Geist ist, bemerkt ihre eigenen Schwächen und schätzt die Stärken anderer. · *Du wirst Zeit im Gebet verbringen.* Für Bettler ist das Betteln charakteristisch. Darum wirst du beständig vor Gottes Angesicht erscheinen und um Kraft und Segen bitten. · *Du wirst Christus zu Seinen Bedingungen annehmen.* Wer arm im Geist ist, gibt alles auf, um Christus zu gefallen, während der stolze Sünder Christus nur seinem sündigen Lebensstil hinzufügen will. · *Du wirst Gott loben und danken.* Wenn du arm im Geist bist, wirst du erfüllt sein von Lob und Dank für das Wunder der Gnade Gottes, das Er über dir ausgegossen hat durch Christus (Eph. 1,6).

Kennzeichnen diese Grundsätze dein Leben? Wenn ja, bist du arm im Geist und das Reich der Himmel ist dein (Matth. 5,3). Wenn nicht, musst du Gottes Vergebung suchen und das Leben eines demütigen Kindes beginnen.

Zum Gebet: Bitte darum, der Heilige Geist möge dein Herz durchforschen und dir die Haltungen und Motive offenbaren, die Ihm missfallen. Bitte um die Gnade, sie zu ändern.

Zum Bibelstudium: Lies 3. Johannes. Würdest du Gajus als einen »Armen im Geist« bezeichnen? Und Diotrephes? Erkläre.

»Glückselig die Trauernden,
denn sie werden getröstet werden« (Matth. 5,4).

Menschliche Sorgen sind natürliche und gesunde Empfindungen; aber hüte dich vor dem Klagen über unerfüllte sündige Begierden.

Die meisten Menschen unserer Gesellschaft haben eine Freizeitpark-Mentalität. Sie verbrauchen eine Menge ihrer Zeit und ihres Geldes für Unterhaltung; sie wollen das Leben genießen und vermeiden alle Probleme, wo immer möglich. Für sie klingt Matthäus 5,4 paradox. Wie kann ein Trauernder glücklich sein? Die Antwort liegt im Unterschied zwischen göttlichem und menschlichem Kummer. Göttlicher Kummer ist Trauer um Sünde – menschlicher Kummer ist Trauer über Schicksalsschläge oder Enttäuschungen (2. Kor. 7,8-11).

In Matthäus 5,4 redet der Herr von göttlicher Traurigkeit, die morgen unser Thema sein wird; aber wir alle haben es auch mit menschlichem Leid zu tun, so will ich heute kurz darüber reden.

Menschliche Trauer ist eine natürliche Gemütsbewegung. Unser Herr selbst war »ein Mann der Schmerzen und mit Leiden vertraut« (Jes. 53,3). Viele Dinge können der Anlass sein. Wir können wegen Liebeskummer, Enttäuschungen, Einsamkeit oder körperlichen Leiden trauern. An diesem Trauern ist nichts auszusetzen. Es ist ein gottgegebenes Sicherheitsventil für die Schmerzen und Leiden in dieser gefallenen Welt und fördert den Heilungsprozess.

Die Schrift liefert manches Beispiel für menschlichen Kummer. Abraham weinte, als seine Frau, Sarah, starb (1. Mo. 23,2). Unter Tränen verkündete Jeremia seine Gerichtsbotschaft (Jer. 9,1). Paulus zeigte seinen Kummer um die Kirche mit seinen Tränen (Apg. 20,31). Das ist natürlicher, gesunder Ausdruck menschlichen Schmerzes. Allerdings kann auch durch üble Begierden oder durch Mangel an Gottvertrauen Kummer ausgelöst werden. König Ahab trauerte so sehr, dass er schmollte und nichts aß, weil er den Besitz eines anderen nicht haben konnte (1. Kön. 21,4). Einige Christen trauern hemmungslos, wenn sie einen lieben Menschen verloren haben. Sie achten die Tröstung des Heiligen Geistes gering und konzentrieren sich auf ihren Schmerz. Extremes und lang hingezogenes Trauerverhalten ist sündig und muss bekannt und nicht in erster Linie getröstet werden.

Gott ist Seinen Kindern in Leidenszeiten besonders gnädig. Am Ende wird er allen Kummer und allen Schmerz für ewig wegtun (Offb. 21,4). Freue dich über diese Verheißung und tröste dich Seiner wunderbaren Gnade!

Zum Gebet: Danke Gott für den Dienst seines Geistes, als des großen Trösters und Helfers (Joh. 14,16-17). Kommen Kümmernisse, so verlass dich auf den Geist, nähre deine Seele mit Gottes Wort und rede mit Ihm im Gebet.

Zum Bibelstudium: Lies Psalm 55. Wie drückt David seinen Wunsch, der Schwierigkeit zu entfliehen, aus? Wie wurde er schließlich erlöst?

»Glückselig die Trauernden,
denn sie werden getröstet werden« (Matth. 5,4).

Wenn deine Sünden vergeben sind, bist du ein glücklicher Mensch!

Zu menschlicher Trauer gehört das Klagen über eine tragische oder enttäuschende Wende der Ereignisse. In solchen Fällen werden die Gläubigen der helfenden und tröstenden Gnade Gottes versichert (2. Kor. 1,3-4). Wenn aber Jesus sagt: »Glückselig die Trauernden, denn sie werden getröstet werden« (Matth. 5,4), bezieht Er sich auf göttliches Leid, zu dem das Trauern um die Sünde gehört.

Mit »Trauern« ist der stärkste griechische Begriff für den Ausdruck von Kummer übersetzt, der im Neuen Testament vorkommt. Er wurde bei der leidenschaftlichen Klage über den Verlust eines geliebten Menschen verwendet (z. B. in Mark. 16,10). David drückte diese Trauer aus, als er über seine Sünde klagte: »Als ich schwieg, zerfielen meine Gebeine durch mein Gestöhn den ganzen Tag. Denn Tag und Nacht lastete auf mir deine Hand; verwandelt wurde mein Saft in Sommerdürre« (Ps. 32,3-4). Sein Kummer und seine Verzweiflung machten ihn körperlich krank.

Zu dem Zeitpunkt war David keine glückliche Person; so wird denn auch das Glück, das die göttliche Trauer bringt, nicht in ihr selbst gefunden, sondern in der Reaktion Gottes auf sie. Wenn Paulus den Korinthern sagt: »Jetzt freue ich mich, nicht dass ihr betrübt worden, sondern dass ihr *zur Buße* betrübt worden seid; denn ihr seid nach Gottes [Sinn] betrübt worden ... Denn die Betrübnis nach Gottes [Sinn] bewirkt eine nie zu bereuende Buße zum Heil; die Betrübnis der Welt aber bewirkt den Tod« (2. Kor. 7,9-10). Göttliche Trauer ist der Weg zu Buße und Vergebung.

Als David seine Sünden bekannt hatte, verkündete er mit großer Freude: »Glückselig der Mensch, dem die Übertretung vergeben, dem die Sünde zugedeckt ist! Glückselig der Mensch, dem der HERR die Sünde nicht zurechnet und in dessen Geist kein Trug ist!« (Ps. 32,1-2). Wenn du begriffen hast, dass deine Sünden vergeben sind, bist du ein glücklicher Mensch!

Wie gehst du mit *deinen* Sünden um? Leugnest du sie und versuchst sie zu verbergen oder trauerst du über sie und bekennst sie? (siehe Spr. 28,13).

ZUM GEBET: Wenn du dieser und jener Sünde erlaubt hast, dir deine Freude zu rauben, halte nicht länger daran fest. Bekenne wie David deine Sünde und du wirst die Freude der Vergebung erfahren.

ZUM BIBELSTUDIUM: Lies Lukas 15,11-24. Wie handelte der verlorene Sohn mit seiner Sünde?

»Glückselig die Trauernden, denn sie werden getröstet werden« (Matth. 5,4).

Sünde ist in Gottes Augen immer etwas Schreckliches.

Er lässt niemals »fünf grade sein« und nimmt sie nicht leicht. Satan will die Christen gegenüber der Abscheulichkeit der Sünde abstumpfen. Er möchte, dass du wegen deiner Sünden nicht mehr betrübt bist, sondern dich daran freust. Unmöglich? Viele, die das einmal dachten, sind seiner Macht zum Opfer gefallen. Gewöhnlich geschieht das nicht plötzlich. Nein, es ist ein schleichender, kaum wahrnehmbarer Prozess; aber das Endergebnis ist immer tragisch.

Wie kannst du immer hellwach gegenüber dieser Gefahr sein und dich selbst vor Zugeständnissen schützen? Erstens muss dir deine Sünde gegenwärtig sein. So sagt David: »Meine Sünde ist stets vor mir« (Ps. 51,5). Und Jesaja ruft aus: »Wehe mir, denn ich bin verloren. Denn ein Mann mit unreinen Lippen bin ich und mitten in einem Volk mit unreinen Lippen wohne ich« (Jes. 6,5). Petrus sagt zu Jesus: »Geh von mir hinaus! Denn ich bin ein sündiger Mensch, Herr« (Luk. 5,8). Paulus nannte sich selbst den ersten der Sünder (1. Tim. 1,15). Diese Männer hatten eins gemeinsam: Sie waren sich ihrer Sündhaftigkeit bewusst und das trieb sie zu Gott, um Vergebung und Reinigung zu erhalten.

Zweitens: Erinnere dich der Bedeutung des Kreuzes. Wenn du irgendeiner Sünde erlaubst, sich in deinem Leben zu entfalten, hast du den gewaltig hohen Preis vergessen, den Christus zur Befreiung von dieser Fessel bezahlt hat.

Drittens: Mache dir klar, welche Auswirkung die Sünde auf andere hat. Der Psalmist sagt: »Wasserbäche fließen herab aus meinen Augen, weil man dein Gesetz nicht hält« (Ps. 119,136). Jesus klagte über Jerusalem: »Jerusalem, Jerusalem, die da tötet die Propheten und steinigt, die zu ihr gesandt sind! Wie oft habe ich deine Kinder versammeln wollen, wie eine Henne ihre Küken versammelt unter ihre Flügel und ihr habt nicht gewollt« (Matth. 23,37). Sein Herz stöhnte wegen solcher, die der Sünde verfallen waren.

Schließlich: Schaffe alles fort, was deine Sensibilität gegenüber der Sünde mindert, wie absichtliches Sündigen, Gottes Vergebung gering achten, stolz sein, Gottes Gnade missverstehen oder die Sünde leicht nehmen. All dies würde deine geistliche Wachheit bald einschläfern und Satan die Möglichkeit geben, dich zu immer größeren Sünden zu verleiten.

Zum Gebet: Danke Gott, dass Er denen Trost und Freude bringt, die wegen ihrer Sünden trauern. · Bitte Ihn, dein Herz vor allem zu bewahren, was deine Sensibilität der Schrecklichkeit der Sünde gegenüber herabsetzt.

Zum Bibelstudium: Lies 1. Samuel 15. · Worin bestand Sauls Sünde? · Trauerte er über seine Sünde? Erkläre.

»Glückselig die Sanftmütigen,
denn sie werden das Land erben« (Matth. 5,5).

Sanftmut ist kontrollierte Kraft.

Das griechische, mit »sanftmütig« übersetzte Wort spricht von Demut, Niedrigkeit und dem Verzicht auf Rache – alles Züge, die in unserer stolzen Gesellschaft für Schwäche und Feigheit gehalten werden. In Wirklichkeit aber sind sie Tugenden, an denen man Bürger des »Reiches« erkennt. Dasselbe Wort brauchte man im Griechischen, um eine sanfte Brise, eine Beruhigungsarznei oder einen gezähmten Hengst zu beschreiben. Das alles sind Beispiele für kontrollierte Kraft. Eine sanfte Brise erfreut, während ein Orkan Zerstörung bringt; eine beruhigende Arznei heilt, aber eine Überdosis kann tödlich wirken; ein gezähmtes Pferd ist nützlich, ein wildes aber gefährlich.

Christus selbst ist der Inbegriff der Sanftmut. Selbst als Er sich offiziell als Messias proklamieren ließ, ritt Er demütig auf einem Esel in Jerusalem ein (Matth. 21,5). Sein Verhalten in der Verfolgung ist beispielhaft: »Christus hat für euch gelitten und euch ein Beispiel hinterlassen, damit ihr seinen Fußspuren nachfolgt: der keine Sünde getan hat, auch ist kein Trug in seinem Munde gefunden worden, der, geschmäht, nicht wiederschmähte, leidend, nicht drohte« (1. Petr. 2,12-13). Dagegen schreckte Er nie davor zurück, unbußfertigen Sündern Gericht anzukündigen, nie beschädigte Er Seine Integrität noch missachtete Er den Willen Seines Vaters.

Die heuchlerischen religiösen Führer des Judentums erwarteten von dem kommenden Messias, Er würde sie wegen ihrer wunderbaren Spiritualität loben. Jesus aber verurteilte sie und nannte sie »Kinder des Teufels« (Joh. 8,44). Aus Rache dafür wollten sie Ihn ermorden. Er hatte seine Macht immer unter Kontrolle, sie dagegen nicht.

Unsere Gesellschaft legt wenig Wert auf Sanftmut. Machogehabe und Selbstverwirklichung kennzeichnen die meisten unserer Helden. Du aber bist zu einem höheren Ziel berufen. Wenn du dich nach dem Muster Jesu formen lässt, wirst du einen merkbaren Einfluss auf die Gesellschaft ausüben und wahre Freude erfahren.

Zum Gebet: Danke Gott für die Tugend der Sanftmut, die Er durch die Kraft des Geistes in dir wirkt. Folge heute dem Beispiel Christi, so dass die Sanftmut dein Wesen kennzeichnet.

Zum Bibelstudium: Lies folgende Textstellen und achte auf die Verantwortlichkeiten und den Segen, die zur Selbstbeherrschung gehören: Sprüche 16,32; Epheser 4,1-2; Kolosser 3,12 und Titus 3,1-2.

*»Glückselig die Sanftmütigen,
denn sie werden das Land erben« (Matth. 5,5).*

**Eines Tages wird Gott den Fluch aufheben
und die Erde Seinem Volk zuwenden.**

Zu Adam und Eva sagte Gott: »Seid fruchtbar und vermehrt euch und füllt die Erde und macht sie [euch] untertan; und herrscht über die Fische des Meeres und über die Vögel des Himmels und über alle Tiere, die sich auf der Erde regen!« (1. Mo. 1,18).

Der Apostel Paulus sagt: »Das sehnsüchtige Harren der Schöpfung wartet auf die Offenbarung der Söhne Gottes ... auf Hoffnung hin, dass auch selbst die Schöpfung von der Knechtschaft der Vergänglichkeit freigemacht werden wird« (Röm. 8,19-21). Eines Tages wird der Fluch aufgehoben und Gottes Volk wird die Erde wieder beerben.

Das griechische, mit »erben« übersetzte Wort bedeutet »gesetzmäßig zugeteilt bekommen«. Die Erde ist das rechtmäßige Teil der Gläubigen, die mit dem König regieren werden, wenn Er in Seinem Reiche kommt (Offb. 20,6). Das wird noch betont, indem es wörtlich heißt: »... da sie, [nur] sie das Land (oder die Erde) erben werden.«

Viele Juden glaubten zu Jesu Erdenzeiten, das Reich gehöre den Starken, Stolzen und Fordernden. Jesus aber sagt, die Erde gehöre den Sanftmütigen, Niedrigen und Demütigen. Stolze und selbstgerechte Menschen erreichen das Ziel nicht (siehe Luk. 1,46-55). Jesus sagt: »Wahrlich, ich sage euch, wenn ihr nicht umkehrt und werdet wie die Kinder, so werdet ihr keinesfalls in das Reich der Himmel hineinkommen« (Matth. 18,3).

Als Empfänger der göttlichen Verheißungen solltest du von dem Wissen, einmal die Erde zu erben und mit Christus in Seinem Reiche zu regieren, in höchstem Maße begeistert sein. Lass dich ermutigen: Auch wenn es scheint, als ob bösen Menschen und gottlosen Völkern jedes Vorhaben gelingt, so hat Gott doch alles völlig unter Kontrolle und wird eines Tages ein gerechtes Reich auf Erden errichten.

Freue dich dieser Zusage und versuche, ganz so zu sein, wie Er es bis zu jenem großen Tag von dir erwartet.

Zum Gebet: Danke Gott, dass eines Tages die gesamte Schöpfung von den zerstörerischen Einflüssen der Sünde befreit sein wird. · Preise Ihn für Seine gewaltige Kraft, die das alles zustande bringt.

Zum Bibelstudium: Lies 1. Korinther 6,1-8. · Worüber schreibt Paulus? · Was hat das künftige Regieren der Christen mit diesem Thema zu tun?

»Glückselig, die nach der Gerechtigkeit hungern und dürsten, denn sie werden gesättigt werden« (Matth. 5,6).

Nur Christus kann die tiefsten Bedürfnisse befriedigen.

In jedem Mann, in jeder Frau sind Hunger und Durst von einer Art, die nur Gott befriedigen kann. Darum sagt Jesus: »Ich bin das Brot des Lebens: Wer zu mir kommt, wird nicht hungern und wer an mich glaubt, wird nie mehr dürsten« (Joh. 6,35).

Leider suchen die meisten Menschen ihr Glück an falschen Orten. Der verlorene Sohn aus Lukas 15 ist ein Beispiel dafür. Er wandte sich von Gott ab, um sündigen Vergnügungen nachzulaufen; doch bald entdeckte er, dass die Sünde eine hungrige Seele nicht sättigen kann. Deshalb ging er wieder zum Hause seines Vaters, wo ein großes Fest gefeiert wurde – ein Bild für die Errettung.

Der reiche Tor aus Lukas 12 meinte, das Anhäufen von Besitztümern sei der Schlüssel zum Glück. So sagte er zu sich selbst: »Was soll ich tun? Denn ich habe nicht, wohin ich meine Früchte einsammeln soll ... Dies will ich tun: Ich will meine Scheunen niederreißen und größere bauen und will dahin all mein Korn und meine Güter einsammeln; und ich will zu meiner Seele sagen: Seele, du hast viele Güter liegen auf viele Jahre. Ruhe aus, iss, trink, sei fröhlich! Gott aber sprach zu ihm: Du Tor! In dieser Nacht wird man deine Seele von dir fordern. Was du aber bereitet hast, für wen wird es sein? So ist, der für sich selbst Schätze sammelt und nicht reich ist im Blick auf Gott« (Verse 17-21). Im Gegensatz zu dem verlorenen Sohn kehrte der reiche Tor nie in Buße zu Gott um. Aus diesem Grund verlor er alles.

Der reiche Tor ist typisch für viele Menschen heutzutage. Sie lehnen Christus ab und versuchen, die innere Leere mit weltlichen Vergnügungen aufzufüllen. Die meisten sind sich des ewigen Verderbens nicht bewusst, dem sie entgegengehen, wenn sie nicht umkehren.

Alle, die Gott lieben, verwerfen das weltliche Treiben, sie streben nach Gerechtigkeit und kennen die Erfüllung, die daraus erwächst, dass man Ihm wohlgefällt. Die ganze Bergpredigt ist in dem Wort zusammengefasst: »Trachtet aber zuerst nach dem Reich Gottes und nach seiner Gerechtigkeit! Und dies alles wird euch hinzugefügt werden« (Matth. 6,33). Dieses Ziel muss dir stets gegenwärtig sein, bei allem, was dir heute wieder begegnen wird.

ZUM GEBET: Danke Gott, dass Er die tiefsten Wünsche deines Herzens erfüllt.

ZUM BIBELSTUDIUM: Lies Daniel 4,28-37. · Worin bestand die Sünde Nebukadnezars? · Womit strafte Gott ihn? · Wie reagierte Nebukadnezar auf diese Strafe?

»Glückselig, die nach der Gerechtigkeit hungern und dürsten, denn sie werden gesättigt werden« (Matth. 5,6).

Dein geistlicher Appetit sollte so groß sein wie der nach irdischer Nahrung.

David war ein Mann nach Gottes Herzen. In Psalm 63,1 schreibt er: »Gott, mein Gott bist du; nach dir suche ich. Es dürstet nach dir meine Seele, nach dir schmachtet mein Fleisch in einem dürren und erschöpften Lande ohne Wasser.« Er hatte Umgang mit Gott und kannte den Segen Seiner Allgenugsamkeit: »Der Herr ist mein Hirte, mir wird nichts mangeln ... Er führt mich zu stillen Wassern. Er erquickt meine Seele. Er leitet mich in Pfaden der Gerechtigkeit ... Dein Stecken und Stab, sie trösten mich« (Ps. 23,1-4). Er ertrug ungerechte Verfolgung um des Herrn willen: »Der Eifer um dein Haus hat mich verzehrt und die Schmähungen derer, die dich schmähen, sind auf mich gefallen« (Ps. 69,10).

Davids Eifer für Gott zeigt uns, was der Herr meint, wenn Er sagt: »Glückselig, die nach der Gerechtigkeit hungern und dürsten« (Matth. 5,6). Die mit »hungern« und »dürsten« übersetzten Worte sprechen von heißem Verlangen. Sie stehen im Partizip Präsenz, was ein andauerndes Vorhandensein andeutet. Der Gedanke klingt paradox: Das beständige und intensive Begehren nach Gerechtigkeit wird beständig durch Christus befriedigt.

J.N. Darby, einer der frühen Führer der Brüderbewegung, hat gesagt: »Hungrig zu sein reicht nicht aus; ich muss regelrecht zugrunde gehen durch das Verlangen, das zu erkennen was in [Gottes] Herzen für mich zu finden ist. Als der verlorene Sohn hungrig war, ging er, um Schweinefutter zu essen; als er aber verschmachtete, kehrte er zu seinem Vater zurück« (Zitiert aus: Martyn Lloyd-Jones, *Studies in the Sermon on the Mount*, Vol. 1, S. 81). Wenn du derart verzweifelt bist, kann dich nur noch Gott satt machen.

Treibt dich dein Verlangen nach Gerechtigkeit zu Christus, damit Er dich zufriedenstelle? Ich bete dafür, dass auch für dich das Wort des Psalmisten gilt: »Ich aber, ich werde dein Angesicht schauen in Gerechtigkeit, werde gesättigt, wenn ich erwache, in deinem Bild« (Ps. 17,15).

Zum Gebet: Bitte Gott, Er möge die Umstände heute dazu benutzen, deinen Hunger und Durst nach Gerechtigkeit zu verstärken. Blicke in allem auf Ihn, weil du weißt, dass nur Er dich befriedigen kann.

Zum Bibelstudium: Lies Philipper 3,1-14. · Was heißt »auf Fleisch vertrauen«? · Wie beschreibt Paulus wahre Gerechtigkeit?

»Glückselig, die nach der Gerechtigkeit hungern und dürsten, denn sie werden gesättigt werden« (Matth. 5,6).

Deine Beziehung zu Gott ist das Maß deiner Gerechtigkeit.

Gerechtigkeit bedeutet »mit Gott übereinstimmen«. Wenn du nach Gerechtigkeit hungerst und dürstest, verlangt dich nach fortwährender und stets bewussterer Gemeinschaft mit Gott selbst.

Gerechtigkeit beginnt mit der Errettung und setzt sich in der Heiligung fort. Nur wenn du aller Selbstgerechtigkeit entsagst und nach der Errettung hungerst, wirst du von deinen Sünden gereinigt und in Christus gerecht gemacht. Damit trittst du in einen lebenslangen Prozess ein, so gerecht wie Christus zu werden – einen Prozess, der seine Krönung findet, wenn du vollkommen verherrlicht in Seiner Gegenwart stehst (Röm. 8,29-30), aber Befriedigung kommt aus der Gemeinschaft mit Christus und durch das Wachsen in der Gnade.

Du kannst wissen, ob du nach der Gerechtigkeit hungerst und dürstest, indem du dir einfache Fragen vorlegst. Erstens: Bist du mit deinem Sündigen unzufrieden? Selbstzufriedenheit ist ausgeschlossen, wenn du deine Sünden siehst und dich grämst, Gottes heiligen Forderungen nicht zu entsprechen.

Zweitens: Erfüllen äußerliche Dinge dein Verlangen? Ein hungriger Mensch ist erst zufrieden, wenn er isst. Ein durstiger Mensch ist erst zufrieden, wenn er trinkt. Wenn du nach Gerechtigkeit hungerst und dürstest, kann dich nur Gottes Gerechtigkeit befriedigen.

Drittens: Hast du Appetit auf Gottes Wort? Hungrigen Leuten braucht man nicht zu sagen, sie sollten essen. Sie tun es instinktiv! Geistlicher Hunger wird dich antreiben, dich von dem Wort Gottes zu nähren, um zu erfahren, was Gott über das Wachsen in der Gerechtigkeit sagt.

Viertens: Bist du mitten in Schwierigkeiten zufrieden? Eine hungrige Seele ist zufrieden, einerlei, in welchen Umständen sie sich befindet, weil sie jede Trübsal als Mittel erkennt, durch das Gott sie mehr von der Gerechtigkeit lernen lässt. Wenn du mit Ärger oder Beleidigtsein reagierst, wenn etwa schiefläuft, suchst du nur oberflächliches Glück.

Schließlich: Sind Hunger und Durst bei dir bedingungslos? Der reiche Jüngling in Matthäus 19 erkannte die Leere in seinem Herzen; aber er war nicht bereit, seinen Besitz aufzugeben. Er hatte Hunger mit Bedingungen.

Christus wird jedes Sehnen deines Herzens völlig befriedigen und doch wirst du immer mehr von Seiner Gerechtigkeit begehren. Das ist das gesegnete Paradoxon des Hungerns und Dürstens nach der Gerechtigkeit.

ZUM GEBET: Lies Psalm 112 als ein Loblied für Gott.

ZUM BIBELSTUDIUM: Lies folgende Verse und achte darauf, wie Gott die befriedigt, die Ihm vertrauen: Psalm 34,10; 107,9; Jesaja 55,1-3; Johannes 4,14; 6,35.

*»Glückselig die Barmherzigen,
denn ihnen wird Barmherzigkeit widerfahren« (Matth. 5,7).*

Barmherzigkeit ist ein Wesensmerkmal des wahren Gläubigen.

Wie die anderen Seligpreisungen enthält auch Matthäus 5,7 eine zweifache Botschaft: Um ins Reich zu gelangen, brauchst du Barmherzigkeit; bist du drin, hast du anderen Barmherzigkeit zu erweisen.

Der Gedanke, Barmherzigkeit zu erweisen, mag die Zuhörerschaft Christi verwundert haben, weil sowohl Juden als auch Römer zur Unbarmherzigkeit neigten. Die Römer hielten mehr von Gerechtigkeit, Mut, Disziplin und Macht. Ihnen galt Barmherzigkeit als Zeichen der Schwäche. So hielt zum Beispiel ein römischer Vater, wenn sein neugeborener Sohn leben sollte, den Daumen nach oben. Sollte der Kleine sterben, so hielt er ihn nach unten.

Der Herr Jesus rügte wiederholt die jüdischen religiösen Führer wegen ihrer egoistischen, selbstgerechten und verurteilenden Haltung. Sie waren sehr unduldsam gegen jeden, der sein Leben nicht genau nach ihren Traditionen einrichten konnte. Ja, selbst ihren eigenen bedürftigen Eltern versagten sie die notwendige finanzielle Unterstützung (Matth. 15,3-9).

Wie den Leuten zu Jesu Erdentagen fehlt auch heute vielen die Barmherzigkeit. Manche sind ausgesprochen grausam und unfreundlich, doch die meisten sind so sehr mit dem Wunsch, sich selbst Gutes zu tun, beschäftigt, dass sie die anderen einfach übersehen.

Christen andererseits sollten durch Barmherzigkeit gekennzeichnet sein. Tatsächlich macht Jakobus an der Barmherzigkeit deutlich, was wahrer Glaube ist: »Was nützt es, meine Brüder, wenn jemand sagt, er habe Glauben, hat aber keine Werke? Kann etwa der Glaube ihn erretten? Wenn aber ein Bruder oder eine Schwester dürftig gekleidet ist und der täglichen Nahrung entbehrt, aber jemand unter euch spricht zu ihnen: Geht hin in Frieden, wärmt euch und sättigt euch! Ihr gebt ihnen aber nicht das für den Leib Notwendige, was nützt es? So ist auch der Glaube, wenn er keine Werke hat, in sich selbst tot« (Jak. 2,14-18). Auch sagt er, dass Barmherzigkeit für göttliche Weisheit charakteristisch ist: »Die Weisheit von oben ist erstens rein, sodann friedvoll, milde, folgsam, voller Barmherzigkeit und guter Früchte, unparteiisch, ungeheuchelt« (Jak. 3,17). Als einer, der Gottes Barmherzigkeit erfahren hat, lass Barmherzigkeit das Markenzeichen deines Lebens sein!

Zum Gebet: Danke Gott für Seine große Barmherzigkeit. · Bitte Ihn, dir heute Möglichkeiten zu geben, anderen Barmherzigkeit zu erweisen.

Zum Bibelstudium: Lies Lukas 10,25-37. · Wer fragte Jesus? Worum ging es ihm? · Welche Merkmale der Barmherzigkeit offenbarte der Samariter dem Reisenden gegenüber? · Welche Herausforderung für die Hörer lag in den Worten Jesu? Willst du diese Herausforderung annehmen?

*»Glückselig die Barmherzigen,
denn ihnen wird Barmherzigkeit widerfahren« (Matth. 5,7).*

Barmherzigkeit ist Mitleid in Aktion.

Barmherzigkeit ist keine menschliche Eigenschaft. Sie ist Gottes Gabe für solche, die Ihn suchen. In Psalm 111,4 steht: »Gnädig und barmherzig ist der HERR.«

Das Verb »barmherzig sein« kommt in der Bibel häufig vor und bedeutet »Gnade erweisen«, »den Angefochtenen beistehen«, »den Elenden Hilfe erweisen« oder »den Unglücklichen retten«. Zusammengefasst ist es alles, was man tut, um einem Notleidenden wohlzutun. Das große Beispiel ist der Herr Jesus Christus selbst, von dem es in Hebräer 2,17 heißt: »Daher musste er in allem den Brüdern gleich werden, damit er ein barmherziger und treuer Hoherpriester vor Gott werde.« Er ist das Muster und die Quelle aller Barmherzigkeit.

Christus praktizierte während Seines ganzen irdischen Dienstes Barmherzigkeit. Er heilte die Kranken und ließ die Lahmen gehen. Er gab den Blinden das Augenlicht zurück, den Tauben das Gehör und den Stummen die Rede. Seine erbarmende Liebe nahm Sünder jeder Gattung an. Er weinte mit den Weinenden und tröstete die Einsamen. Er liebte die Kinder genauso wie die Erwachsenen. Seine Barmherzigkeit war Mitleid in Aktion!

Trotz seiner überströmenden Barmherzigkeit fand Er keine Barmherzigkeit bei Seinen Feinden. Sie hassten Ihn ohne Grund, klagten Ihn zu Unrecht an, schlugen Ihn, nagelten Ihn an ein Kreuz, bespien und verfluchten Ihn. Selbst dann noch bat Er für sie um Barmherzigkeit, indem Er betete: »Vater, vergib ihnen! Denn sie wissen nicht, was sie tun« (Luk. 23,34).

Manche haben Matthäus 5,7 so umschrieben: »Zeige Barmherzigkeit und man wird dir Barmherzigkeit erweisen.« Nun, das mag in Einzelfällen geschehen; aber in unserer gehetzten Welt gibt es das nicht oft – das Beispiel Jesu zeigt es aufs Deutlichste. Viele Christen haben sich für ihr edelmütiges Verhalten Verleumdungen, Rügen, Prozesse, ja selbst den Tod eingehandelt. Der Herr hat uns keine barmherzige Behandlung von anderen versprochen. Ihm ging es darum, zu zeigen, dass *Gott* denen Barmherzigkeit erweist, die anderen gegenüber barmherzig sind.

Weigere dich nie, anderen Barmherzigkeit zu erweisen – selbst wenn du missverstanden oder dafür misshandelt wirst. Gott wird deine Freundlichkeit zu Seiner Ehre ausschlagen lassen und dich dementsprechend belohnen.

ZUM GEBET: Preise den Herrn Jesus, dass Er bereit war, den Tod zu erleiden, damit dir Barmherzigkeit widerfahre. · Kennst du einen, dem du heute handfeste Barmherzigkeit erweisen kannst?

ZUM BIBELSTUDIUM: Lies Johannes 5,1-18. · Wie hat Christus dem Kranken Barmherzigkeit erwiesen? · Wie reagierten die jüdischen Führer?

»Glückselig die Barmherzigen,
denn ihnen wird Barmherzigkeit widerfahren« (Matth. 5,7).

Es gibt viele Möglichkeiten, Barmherzigkeit zu zeigen.

Gott liebt die Barmherzigkeit, und als Gläubiger hast du das Vorrecht, Barmherzigkeit auf vielfältige Art zu zeigen. Im irdischen Bereich kannst du den Armen Geld, den Hungrigen Nahrung und den Obdachlosen ein Bett geben. Zu aller Zeit wollte Gott Seine Leute auf diesem Wege sehen. In 5. Mose 15 steht: »Wenn es einen Armen bei dir gibt … dann sollst du dein Herz nicht verhärten und deine Hand … nicht verschließen. Sondern du sollst ihm deine Hand weit öffnen und ihm willig leihen, was für den Mangel ausreicht, den er hat« (die Verse 7-8). In den Versen 12-14 werden die Israeliten unterwiesen, wie sie einen entlassenen Sklaven mit allem Nötigen zu versorgen haben. Das war praktische Barmherzigkeit.

Auf geistlichem Gebiet kannst du Barmherzigkeit zeigen, indem du Mitleid mit den Verlorenen hast. Augustinus sagte: »Ich weine um einen Körper, von dem die Seele gewichen ist, wie sehr sollte ich um eine Seele weinen, von der Gott gewichen ist!« (zitiert bei Thomas Watson in *The Beatitudes*, S. 144). Wir klagen über Verstorbene; aber klagen wir auch über verlorene Seelen? Als Stephanus gesteinigt wurde, taten ihm seine erbärmlichen Mörder leid und er bat Gott für sie um Vergebung (Apg. 7,60). Der Herr Jesus tat dasselbe (Luk. 23,34). So sollten auch wir eingestellt sein.

Eine andere Weise, Barmherzigkeit zu erweisen, liegt darin, Sünden zu tadeln. In 2. Timotheus 2,24-25 steht: »Ein Knecht des Herrn aber soll nicht streiten, sondern gegen alle milde sein, … und die Widersacher in Sanftmut zurechtweisen [und hoffen], ob ihnen Gott nicht etwa Buße gebe zur Erkenntnis der Wahrheit.« Es ist barmherzig und liebevoll, Sünder zurechtzuweisen, weil ihnen damit die Chance zu Buße und Vergebung eröffnet wird. Auch Gebet ist ein Akt der Barmherzigkeit, so wie das Predigen des Evangeliums. In der Tat, Christus einem Menschen nahebringen ist das Barmherzigste, was du tun kannst!

Du kannst noch auf mancherlei Art barmherzig sein; aber ich hoffe, dies wird dir Anregung und Mut geben, all die Wege zu entdecken, auf denen du die Barmherzigkeit weitergeben kannst, die Gott dir so überreich hat zukommen lassen.

Zum Gebet: Danke Gott für die Barmherzigkeiten, die dir durch andere zuteil wurden. · Nimm jede Gelegenheit wahr, anderen zu dienen.

Zum Bibelstudium: Stelle fest, wer in den folgenden Versen Barmherzigkeit empfängt: Matthäus 6,14; Titus 3,5-6; Hebräer 4,14-16; Jakobus 2,13 und 1. Petrus 2,9-10.

»Glückselig die Barmherzigen,
denn ihnen wird Barmherzigkeit widerfahren« (Matth. 5,7).

Gott lobt Barmherzige; aber er verurteilt Unbarmherzige.

Die Bibel zeigt, dass solche, die Gott am meisten gesegnet hat, auch am barmherzigsten gegenüber anderen waren. Abraham zum Beispiel befreite seinen Neffen Lot, obwohl dieser ihm Unrecht getan hatte. Joseph erwies seinen Brüdern Barmherzigkeit, nachdem sie ihn in die Sklaverei verkauft hatten. Zweimal schonte David das Leben Sauls, der ihn töten wollte. Aber genauso sicher wie Gottes Lob auf den Barmherzigen ruht, kommt Sein Gericht über die Unbarmherzigen. In Psalm 109,14-16 lesen wir: »Der Ungerechtigkeit seiner [des Unbarmherzigen] Väter werde gedacht vor dem HERRN, nicht werde ausgelöscht die Sünde seiner Mutter ... Weil er nicht daran dachte, Gnade walten zu lassen.«

Wenn das Gericht kommt, wird Gott diesen Leuten sagen: »Geht von mir, Verfluchte, in das ewige Feuer, das bereitet ist dem Teufel und seinen Engeln! Denn mich hungerte und ihr gabt mir nicht zu essen; mich dürstete und ihr gabt mir nicht zu trinken; ich war Fremdling und ihr nahmt mich nicht auf; nackt, und ihr bekleidetet mich nicht; krank und im Gefängnis und ihr besuchtet mich nicht« (Matth. 25,41-43). Sie werden antworten: »Herr, wann sahen wir dich hungrig oder durstig oder als Fremdling oder nackt oder krank oder im Gefängnis und haben dir nicht gedient?« (Vers 44). Und Er wird ihnen antworten, dass sie Ihm die Barmherzigkeit versagt hatten, als sie diese Seinen Repräsentanten vorenthielten (Vers 45).

Unsere Gesellschaft reizt uns an, alles für uns selbst einzuheimsen; Gott aber will, dass wir so viel wir können, für andere hergeben. Wenn jemand dir Unrecht tut, eine Schuld nicht zurückzahlt oder etwas Geliehenes nicht wiederbringt, sei barmherzig mit ihm. Das bedeutet nicht, du solltest Sünden gutheißen; aber du solltest den Menschen mit einem Herzen voller Barmherzigkeit entgegentreten. So hat es Christus mit dir gemacht. Könntest du es mit anderen weniger gut machen?

ZUM GEBET: Hat dir jemand Unrecht getan, bete für ihn und bitte Gott um ein mitleidiges Herz für ihn. Suche, dich so schnell wie möglich mit ihm zu versöhnen.

ZUM BIBELSTUDIUM: Lies Römer 1,29-31. Wie schildert Paulus die Gottlosen?

»Glückselig, die reinen Herzens sind, denn sie werden Gott schauen« (Matth. 5,8).

Gesetzlichkeit schafft keine reinen Herzen.

Als der Herr in Israel lebte, befand es sich in einem verzweifelten geistlichen Zustand. Das Volk lag in den bedrückenden Fesseln der pharisäischen Gesetzlichkeit, die ein Gesetzessystem entwickelt hatten, das keiner mehr halten konnte. Demzufolge fehlte den Menschen jede Sicherheit und sie sehnten sich nach einem Retter, der sie von Schuld und Hoffnungslosigkeit befreite. Sie wussten, Gott hatte ihnen einen Erlöser verheißen, der ihnen die Sünden vergibt und ihre Herzen reinigt (Hes. 36,25-27); aber sie waren sich nicht sicher, wann er kommen und woran sie ihn erkennen könnten, wenn er erscheinen würde.

Der gewaltige Widerhall, den der Dienst Johannes des Täufers fand, zeigt das Maß der Erwartung unter dem Volk. In Matthäus 3,5-6 steht: »Da ging zu ihm hinaus Jerusalem und ganz Judäa und die ganze Umgegend des Jordan; und sie wurden von ihm im Jordanfluss getauft, indem sie ihre Sünden bekannten.« Die wichtigste Frage aller Herzen schien zu lauten: »Wie kann ich in das Reich der Himmel gelangen?«

Jesus selbst wurde diese Frage von vielen Menschen auf unterschiedliche Weise gestellt. In Lukas 10,25 fragt ein Gesetzesgelehrter: »Lehrer, was muss ich getan haben, um ewiges Leben zu ererben?« In Lukas 18,18 stellt ein reicher junger Mann genau dieselbe Frage. In Johannes 6,28 fragt eine Volksmenge: »Was sollen wir tun, dass wir die Werke Gottes wirken?« Und Nikodemus, ein prominenter jüdischer Führer, kam des Nachts mit derselben Frage zu Jesus; doch bevor er sie stellen konnte, hatte der Herr seine Gedanken gelesen und sagte: »Wenn jemand nicht von neuem geboren wird, kann er das Reich Gottes nicht sehen« (Joh. 3,3).

Wie hingegeben fromm diese Leute auch gewesen sein mögen, sie blieben geistlich verloren, bis sie ihr Vertrauen auf Christus setzten. Das ist der einzige Weg, ins Reich der Himmel einzugehen.

Auch heute schauen viele Menschen nach Erlösung von Sünde und Schuld aus. Gott kann uns benutzen, sie mit Christus in Verbindung zu bringen. Bitte Ihn um dieses Privileg und sei bereit, wenn es soweit ist.

Zum Gebet: Bitte für solche, die in gesetzlichen Systemen befangen sind. · Sei sicher, dass keine Sünde in deinem Leben ist, die dich hindern würde, Gottes Werkzeug zu sein.

Zum Bibelstudium: Lies Galater 3. · Warum rügte Paulus die Galater? · Wozu diente das Gesetz des Alten Testaments?

*»Glückselig, die reinen Herzens sind,
denn sie werden Gott schauen« (Matth. 5,8).*

Grundsätzlich gibt es nur zwei Arten von Religion: solche, die auf menschlichem Bemühen und solche, die auf göttlichem Tun beruhen.

Religion gibt's in vielfältiger Form. Beinahe alles, was man glauben oder machen kann, ist zu irgendeiner Zeit in irgendein Religionssystem eingefügt worden; doch gibt es in Wirklichkeit nur zwei Arten von Religion. Eine sagt: »Du kannst dir den Weg zum Himmel selbst ebnen«; die andere sagt, dass dich nur der Glaube an Jesus Christus dahin bringt. Eine ist die Religion menschlichen Bemühens, die andere die Religion, in der Gott alles tut.

Wer auf eigenes Bemühen setzt, neigt dazu, sich mit anderen zu vergleichen. Doch das ist ein relativer, sich selbst rechtfertigender Maßstab; denn immer wirst du jemand finden, der schlechter ist als du, um dich mit ihm zu vergleichen.

Der Herr Jesus schließt alle menschlichen Maßstäbe aus, wenn Er sagt: »Ihr nun sollt vollkommen sein, wie euer himmlischer Vater vollkommen ist« (Matth. 5,48). Nicht einmal die jüdischen Führer, die man für das Muster an Gerechtigkeit hielt, entsprachen diesem Standard. Ja, Jesus sagte den Menschen, ihre Gerechtigkeit müsse besser sein als die der Schriftgelehrten und Pharisäer, wenn sie in den Himmel kommen wollten (Matth. 5,20). Das muss ein Schock für sie gewesen sein; aber der Herr sprach nicht von der exakten Einhaltung religiöser Zeremonien, es ging Ihm um reine Herzen.

Gott vergleicht dich nicht mit Lügnern, Dieben, Schwindlern, Kinderschändern oder Mördern. Er vergleicht dich mit *sich selbst*. Sein absolut heiliger Charakter ist das Maß, ob du für den Himmel taugst. Ohne Christus erreicht niemand diesen Standard; »denn alle haben gesündigt und erlangen nicht die Herrlichkeit Gottes« (Röm. 3,23). Aber die herrliche Wahrheit der Errettung liegt darin, dass Jesus Christus auf die Erde kam, um unsere Herzen zu reinigen. Er nahm unsere Sünden auf sich, bezahlte die Strafe dafür und übertrug Seine Gerechtigkeit auf uns (Röm. 4,24). Er hält sie auch rein, indem Er uns immer wieder unsere Sünden vergibt und uns befähigt, Seinen Willen zu tun. Dein Glaube an Christus – nicht dein eigenes Bemühen – macht dich rein. Möge diese Wahrheit Freude in dein Herz und ein Loblied auf deine Lippen bringen!

Zum Gebet: Danke dem Herrn, dass Er die Errettung für dich vollbracht hat und dir den rettenden Glauben gewährte. · Bitte, dass deine Worte und Taten heute ein gereinigtes Herz offenbaren.

Zum Bibelstudium: Lies Psalm 24,1-5 und Hesekiel 36,25-29. · Wer ist vor Gott angenehm? · Wie reinigt Gott die Herzen Seiner Leute?

*»Glückselig, die reinen Herzens sind,
denn sie werden Gott schauen« (Matth. 5,8).*

Dein Denken bestimmt dein Handeln.

Gott geht es darum, wie du denkst. Das meint Paulus mit den Worten: »Seid nicht gleichförmig dieser Welt, sondern werdet verwandelt durch die Erneuerung des Sinnes, dass ihr prüfen mögt, was der Wille Gottes ist: das Gute und Wohlgefällige und Vollkommene« (Röm. 12,2). In Philipper 4,8 unterweist er uns, über das nachzudenken, »was wahr, alles, was ehrbar, alles, was gerecht, alles, was rein, alles, was liebenswert, alles, was wohllautend ist«.

Als der Herr in Matthäus 5,8 über das reine Herz sprach, redete er von einer geheiligten Gesinnung. Während wir bei dem Wort »Herz« meistens an Gefühle denken (z. B. »ihm brach das Herz« oder »er verschenkt sein Herz«), bezieht die Bibel dies Wort vor allem auf den Verstand (z. B.: »Aus dem Herzen kommen hervor böse *Gedanken:* Mord, Ehebruch, Unzucht, Diebstahl, falsche Zeugnisse, Lästerungen« [Matth. 15,19]). Darum heißt es in Sprüche 4,23: »Mehr als alles, was man [sonst] bewahrt, behüte dein Herz!«

In zweiter Linie hat das *Herz* natürlich auch mit den Gefühlen und mit dem Willen zu tun; denn sie werden vom Verstand beeinflusst. Wenn dich etwas interessiert, wird sich das auf deinen Willen auswirken, was wiederum deine Gefühle beeinflusst.

Das griechische Wort für »rein« in Matthäus 5,8 spricht von moralischer Reinigung, von Herzen, die vom Schmutz der Sünde frei sind. Es bezieht sich aber auch auf ein ungeteiltes, unverfälschtes, nur auf eins gerichtetes Herz. Geistliche Integrität und aufrichtige Motive sind die sich daraus ergebenden angemessenen Haltungen eines Christen.

Der Herr sagt also, Reichsbürger seien gesegnet, weil sie reine Gedanken und reine Motive haben, die zusammen ein geheiligtes Leben bewirken. Mancher mag sich für fromm halten; aber wenn er nicht Gott gemäß handelt, so zeigt das: Sein Herz ist nicht auf Ihn gerichtet. Man kann zur Kirche gehen, eine Bibel mit sich herumschleppen und daraus zitieren; doch entspricht man nicht den göttlichen Forderungen, wenn man kein reines Herz hat.

Weil man den Willen Gottes aus reinem Herzen tun soll (Eph. 6,6), musst du Davids Gebet zu dem deinen machen: »Erschaffe mir, Gott, ein reines Herz und erneuere in mir einen festen Geist« (Ps. 51,10).

Zum Gebet: Lerne Psalm 19,15 auswendig und lass dies einen Teil deines täglichen Gebets sein.

Zum Bibelstudium: Lies die folgenden Verse und achte auf die Wesenszüge eines reinen Herzens: Psalm 9,2; 26,2; 27,8; 57,8.

*»Glückselig, die reinen Herzens sind,
denn sie werden Gott schauen« (Matth. 5,8).*

Du bist mitverantwortlich für ein reines Herz.

Die Reinigung des Herzens ist ein gnädiges und wundersames Werk des Heiligen Geistes; aber es gibt einiges, was wir auf Sein Mahnen hin zu tun haben. Erstens müssen wir zugeben, dass wir unser Herz nicht selbst reinigen können. Sprüche 20,9 lehrt uns: »Wer darf sagen: Ich habe mein Herz reingehalten, ich bin rein von meiner Sünde?« Die erwartete Antwort heißt: »Niemand!«

Als nächstes müssen wir unseren Glauben auf Jesus Christus richten, dessen Opfer am Kreuz die Grundlage unserer Reinigung ist. In Apostelgeschichte 15,9 heißt es, dass Gott aufgrund des Glaubens die Herzen reinigt. Natürlich muss unser Glaube auf die richtige Person gerichtet sein. In 1. Johannes 1,7 steht: »Wenn wir aber im Licht wandeln, wie er im Licht ist, haben wir Gemeinschaft miteinander, und das Blut Jesu, seines Sohnes, reinigt uns von jeder Sünde.«

Schließlich müssen wir die Bibel lesen und beten. Der Psalmist sagt, wir könnten unseren Weg rein erhalten, wenn wir ihn nach Gottes Wort ausrichten, das wir in unserem Herzen zu bewahren haben (Ps. 119,9.11). Und wenn wir beten und uns dem Wort unterwerfen, reinigt der Geist unser Leben.

So bekommt und behält man ein reines Herz. Als Ergebnis davon wirst du »Gott schauen« (Matth. 5,8). Das heißt nicht, du würdest Ihn mit leiblichen Augen sehen, aber mit den geistlichen. Du wirst anfangen, in Seiner Gegenwart zu leben und immer deutlicher erkennen, wie Er in deinem Leben wirkt. Du wirst Seine Macht und Seine Geschicklichkeit in der Schönheit und in den Feinheiten der Schöpfung wahrnehmen (Ps. 19). Du wirst Seine Gnade und Seine Absichten auch in Trübsalen verstehen und wirst lernen, Ihn für alles zu loben. Du wirst erfahren, wie Er durch andere Christen an dir wirkt und wirst seine Souveränität in jedem Lebensereignis sehen. Das Leben wird wertvoll und erfüllt mit Ewigkeitsbedeutung, wenn du Ungläubigen von Christus erzählst und siehst, wie Er deren Leben verändert.

Es gibt keine größere Freude als die Erkenntnis, rein vor Gott zu sein und zu Seiner Ehre zu leben. Möge diese Freude heute dir gehören und möge Gott dich heute auf mächtige Weise zu Seiner Verherrlichung gebrauchen!

ZUM GEBET: Bitte den Herrn um die dauernde Gnade, ein reines Leben führen zu können, damit andere Christus in dir sehen.

ZUM BIBELSTUDIUM: Lies Jesaja 6,1-8. · Beschreibe, wie Jesaja Gott gesehen hat. · Wie reagierte Jesaja auf Gottes Gegenwart?

*»Glückselig die Friedensstifter,
denn sie werden Söhne Gottes heißen« (Matth. 5,9).*

Gottes Friede federt die Seele in schwierigen Zeiten ab.

Wie jeder weiß, ist die Oberfläche des Ozeans oft heftig bewegt; wenn man aber in die Tiefe taucht, wird das Wasser immer ruhiger. In seinen größten Tiefen ist der Ozean tatsächlich ganz still. Meeresforscher, die bis zum Grund hinabgetaucht waren, fanden Tier- und Pflanzenreste, die seit Hunderten von Jahren nicht bewegt waren.

Genauso können Christen Frieden in ihren Seelen erfahren, der sie gegen alles abschirmt, einerlei, wie turbulent es um sie herum zugehen mag. Das kommt daher, weil sie zu Gott gehören, der die Quelle des Friedens ist. Sie dienen Christus, dem Fürsten des Friedens, und in ihnen wohnt der Heilige Geist, der den Frieden vermittelt. Galater 5,22 sagt uns: »Die Frucht des Geistes aber ist Liebe, Freude, Friede.« Wenn du Christ wirst, gewährt dir Gott die Gaben des Friedens.

Gott ist nicht nur die Quelle vollkommenen Friedens, Er ist auch dessen reinstes Vorbild. Alles, was Er tut, ist durch Frieden gekennzeichnet. In 1. Korinther 14,33 heißt es, dass Er nicht ein Gott der Unordnung, sondern des Friedens ist. In Richter 6,24 wird Er »Jahwe-Schalom« genannt. Das bedeutet: »Herr des Friedens.« Die Dreieinigkeit ist durch völlige Konfliktfreiheit gekennzeichnet – vollkommene Einheit, vollkommene Gerechtigkeit und vollkommene Harmonie. Für Gott ist es unmöglich, mit sich selbst entzweit zu sein!

Gott will, dass alle diesen Frieden kennen lernen. Er schuf die Welt in Frieden und sandte Seinen Sohn, um Frieden anzubieten. Eines Tages wird Christus wiederkommen, um Sein Reich aufzurichten, und Er wird dauernden Frieden stiften.

Bis dahin sind alle, die Ihn nicht kennen, in vielerlei Unruhe. Sie haben keinen Schutz für ihre Seele. Du aber hast Frieden mit Gott durch den Tod Jesu Christi, und wenn du Ihm gehorchst, wird Sein Friede ohne Aufhören dein Herz regieren. Lass dir dies gesegnete Ruhepolster niemals durch Sünden rauben. Nur wenn du selbst in diesem Frieden lebst, kannst du andere daran teilhaben lassen.

Zum Gebet: Danke Gott für dies Friedenspolster, das Er dir mitten in den schwierigsten Lagen bereithält. · Bitte Gott, dich heute als Werkzeug Seines Friedens zu gebrauchen.

Zum Bibelstudium: Lies Jesaja 57,15-21 und achte darauf, wie Gott die Bußfertigen in Bezug auf den Frieden ermutigt und die Bösen warnt.

*»Glückselig die Friedensstifter,
denn sie werden Söhne Gottes heißen« (Matth. 5,9).*

Wahrer Friede ist nur dort, wo Wahrheit regiert.

Viele Menschen definieren *Frieden* als Abwesenheit von Streit; doch Gott sieht das anders. Bloße Abwesenheit von Streit ist nur ein Waffenstillstand, der offene Feindseligkeiten beendet, aber nicht die zugrunde liegenden Probleme löst. Ein Waffenstillstand ist der Beginn eines »kalten Krieges«, der den Konflikt oftmals in den Untergrund treibt, wo er weiter brodelt, bis er hervorbricht und physische und geistige Verheerungen anrichtet. Jakobus 3,17 lehrt uns: »Die Weisheit von oben aber ist erstens rein, sodann friedevoll ...« Göttliche Weisheit und Reinheit gehen mit dem Frieden Hand in Hand. Friede ist handelnde Weisheit und wird nie auf Kosten der Gerechtigkeit errichtet. Frieden behandelt eine Situation gerecht und versucht die Streitursache herauszufinden und echte Beziehungen aufzubauen. Widerstreitende Parteien werden wahren Frieden nur erleben, wenn sie bereit sind, zuzugeben, dass Bitterkeit und Hass falsch sind und wenn sie demütig Gottes Gnade erbitten, die Dinge in Ordnung zu bringen.

Manche Menschen meinen, man könne Frieden stiften, indem man über manches einfach schweigt; aber wahrer Friede kann sehr mutig eine Sache offenlegen. In Matthäus 10,34 sagt der Herr: »Meint nicht, dass ich gekommen sei, Frieden auf die Erde zu bringen; ich bin nicht gekommen, Frieden zu bringen, sondern das Schwert.« Das scheint im Widerspruch zu Matthäus 5,9 zu stehen; aber das stimmt nicht. Jesus wusste: Die sündigen Menschen müssen mit der Wahrheit konfrontiert werden, bevor sie Frieden erleben können. Das kann ein schmerzlicher und schwieriger Prozess sein, weil die Menschen dem Evangelium gewöhnlich feindlich begegnen, bevor sie es schließlich annehmen. Selbst Gläubige reagieren manchmal negativ, wenn sie Gottes Wahrheit gegenübergestellt werden.

Ein biblischer Friedensstifter zu sein, hat seinen Preis. Man muss mit Empörung bei Ungläubigen rechnen, die offen dem Wort Gottes widerstehen, aber auch bei Gläubigen, die, um »Frieden« mit Leuten anderer Lehrauffassungen zu halten, die Wahrheit kompromittieren. Manche werden dich engstirnig und sektiererisch nennen, wenn du kontroverse Themen ansprichst. Andere werden deine Beweggründe missverstehen und dich sogar persönlich angreifen. Aber so ist es allen wahren Friedensstiftern gegangen – einschließlich des Herrn selbst. Nimm dir ein Herz und sei treu. Deine Bemühungen, Frieden zu stiften, weisen dich als Kind Gottes aus.

ZUM GEBET: Bitte Gott um Mut, niemals Seine Wahrheit zu verfälschen. · Bitte für solche, die um des Evangeliums willen leiden.

ZUM BIBELSTUDIUM: Lies Lukas 12,51-53 und beachte, wie das Evangelium Trennungen in die Familien bringen kann.

»Glückselig die Friedensstifter,
denn sie werden Söhne Gottes heißen« (Matth. 5,9).

Sünde und Falschheit behindern wahren Frieden

Genauso wie Gerechtigkeit und Wahrheit in jeder Hinsicht dem Frieden förderlich sind, genauso wird er von Sünde und Falschheit behindert. Der Prophet Jerermia sagt: »Trügerisch ist das Herz, mehr als alles, und unheilbar ist es. Wer kennt sich mit ihm aus?« (Jer. 17,9). Und Jesus sagt: »Denn von innen aus dem Herzen der Menschen gehen hervor die schlechten Gedanken, Ehebruch, Hurerei, Mord, Dieberei, Habsucht, Bosheit, List, Ausschweifung, böses Auge, Lästerung, Hochmut, Torheit; alle diese bösen Dinge gehen von innen heraus und verunreinigen den Menschen« (Mark. 7,21-23). Menschen mit sündigen Herzen gestalten eine sündige Gesellschaft, die wahrem Frieden entgegensteht. Ironischerweise bezahlen viele, die von Frieden reden, enorme Eintrittspreise, um zuschauen zu können, wie sich zwei Menschen im Boxring gegenseitig windelweich prügeln! Die Helden unserer Gesellschaft neigen zu Gewaltbereitschaft und Rücksichtslosigkeit. Unsere Heldinnen sind oftmals emanzipierte Frauen, die Protestmärsche anführen und Streit schüren. Psychologen und Psychiater raten uns, für unser Recht zu kämpfen und alles mitzunehmen, was wir kriegen können. Daraus erwächst dann Streiterei und die Menschen werden immer schneller bereit, den Frieden des Evangeliums gering zu schätzen.

Darüber hinaus hat die Welt noch nie die Friedensstifter Gottes ertragen können. Christus selbst ist oft gewaltsamem Widerstand begegnet. Seine Ankläger sagten: »Er wiegelt das Volk auf« (Luk. 23,5). Auch die Predigt des Paulus wurde häufig und heftig bekämpft. Lange Zeiten brachte er unter Hausarrest und in schmutzigen römischen Gefängnissen zu. Bei einer Gelegenheit beschrieben ihn seine Verkläger als »eine Pest«, »die unter allen Juden, die auf dem Erdkreis sind, Aufruhr erregt« (Apg. 24,5).

Alle Verkündiger des Evangeliums werden schließlich Widerstand erfahren, weil Sünde und Falschheit die Herzen der Menschen für den Frieden blind gemacht haben. Darum warnt uns auch Paulus, dass alle Gottesfürchtigen Verfolgung erleiden müssen (2. Tim. 3,12). Man kann Anfeindungen nur vermeiden, wenn man nicht über den Herrn spricht; aber ein treuer Friedensstifter ist ohne Rücksicht auf die Konsequenzen bereit, die Wahrheit zu sagen. Mögest du zu ihnen gehören!

Zum Gebet: Danke Gott für den Herrn Jesus, der das Problem der Sünde und Falschheit in der Welt gelöst hat. Folge dem Beispiel von Paulus, der jede Möglichkeit wahrnahm, tapfer die Wahrheit zu verkündigen (Eph. 6,19).

Zum Bibelstudium: Lies Matthäus 10,16-25 und beachte die Art der Anteilnahme, die die Jünger bei den Ungläubigen zu erwarten hatten.

*»Glückselig die Friedensstifter,
denn sie werden Söhne Gottes heißen«(Matth. 5,9).*

Das Versöhnungswerk Christi machte es dem Menschen möglich, Frieden mit Gott zu haben.

Nach dem Zweiten Weltkrieg wurden die Vereinten Nationen ins Leben gerufen, um den Weltfrieden zu sichern, doch hat es seit ihrer Gründung noch keinen einzigen Tag universalen Friedens gegeben. Das ist eine traurige Bestätigung dessen, dass die Menschen unfähig sind, Frieden zu halten. Dazu bemerkte einmal jemand, in Washington gäbe es so viele Friedensdenkmäler, weil sie nach jedem neuen Krieg eins errichten!

Das war nicht von jeher so. Vor dem Fall des Menschen reagierte der Friede auf der Erde, weil die ganze Schöpfung in Harmonie mit dem Schöpfer lebte. Aber die Sünde zerbrach diesen Frieden, indem sie den Menschen von Gott löste und den Fluch über die Erde brachte. Der Mensch weiß nicht mehr, was Friede ist, weil er keinen Frieden im Herzen hat. Deshalb kam Jesus, um zu sterben.

Ich las einmal von einem Ehepaar, das mit seinen unlösbaren Problemen beim Scheidungsrichter saß. Ihr vierjähriger Sohn war darüber ganz verzweifelt. Während sich die Eheleute stritten, nahm der Junge die Hand der Mutter und die des Vaters und zog solange daran, bis sie zusammenkamen.

In gewisser Weise machte es Christus ebenso. Er sorgte für die Gerechtigkeit, die es Gott und Menschen gestattet, sich die Hand zu reichen. In Römer 5,1 heißt es: »Da wir nun gerechtfertigt worden sind aus Glauben, so haben wir Frieden mit Gott durch unseren Herrn Jesus Christus.« Und in Kolosser 1,20 steht, dass Gott alles mit sich versöhnt hat durch das Blut des Opfers Christi am Kreuz.

Doch war bei dem Geschehen am Kreuz äußerlich gar nichts vom Frieden zu erblicken. Schmerzen, Mühsal, Erniedrigung, Hass, Spott, Finsternis und Tod beherrschten in schrecklicher Weise die Szene. Aber durch all das tat Christus das, was nur er zu tun in der Lage war: Er machte Frieden zwischen Gott und den Menschen. Er bezahlte den ungeheueren Preis, um uns diese kostbare Gabe zu verleihen.

Bald wird Jesus Christus als Friedefürst Sein Reich aufrichten und uns in den ewigen Frieden aufnehmen. Bis dahin regiert Er in allen Herzen, die Ihn lieben. Lass heute Seinen Frieden dein Herz regieren!

Zum Gebet: Danke Gott für den Frieden des Herzens, der aus der Erkenntnis Christi fließt.

Zum Bibelstudium: Lies Philipper 4,6-9. Was muss ein Mensch tun, um den Frieden Gottes zu erfahren?

*»Glückselig die Friedensstifter,
denn sie werden Söhne Gottes heißen« (Matth. 5,9).*

Du bist ein Friedensbote!

Als der Herr Jesus sagte: »Glückselig die Friedensstifter, denn sie werden Söhne Gottes heißen«, sprach Er von einer besonderen Menschengruppe, die Gott berufen hatte, den durch die Sünde verspielten Frieden zu erneuern. Sie mögen keine Politiker, Staatsmänner, Diplomaten, Könige, Präsidenten oder Nobelpreisträger sein, trotzdem halten sie den Schlüssel zu wahrem, andauerndem Frieden in Händen.

Als Christ gehörst du zu dieser auserwählten Gruppe der Friedensstifter. Und als solcher hast du zwei Hauptaufgaben. Die erste ist, anderen zu helfen, selbst Frieden mit Gott zu bekommen. Es gibt kein größeres Vorrecht. Am besten tut man das, indem man das Evangelium so deutlich predigt, dass die Menschen ihre Trennung von Gott verstehen können, um Versöhnung zu suchen. In Römer 10,15 heißt es: »Wie lieblich sind die Füße derer, die Gutes verkündigen!« Die frühe Kirche predigte Frieden durch Christus, und das ist auch dein Vorrecht.

Deine zweite Aufgabe ist die Versöhnung von Gläubigen untereinander. Das nimmt Gott sehr ernst. Er nimmt keine Anbetung von solchen entgegen, die Streit untereinander haben. Erst muss der Konflikt bereinigt sein (Matth. 5,23-24). Das gilt in besonderem Maße innerhalb der Familie. Petrus ermahnt die Ehemänner, ihre Frauen richtig zu behandeln, damit ihre Gebete nicht behindert würden (1. Petr. 3,7).

Friedensstifter weichen geistlichen Konflikten nicht aus; vielmehr sagen sie die Wahrheit in Liebe und erlauben dem Heiligen Geist, durch sie zur Versöhnung zu wirken. Wenn du jemand siehst, der sich von Gott entfernt hat, so musst du ihm das Evangelium sagen. Siehst du zwei Christen miteinander streiten, so ist es an dir, ihnen bei der Konfliktlösung unter Wahrung des Rechts zu helfen.

Natürlich kannst du nur ein effektiver Friedensstifter sein, wenn du selbst mit Gott in Frieden lebst. Sünde in deinem Leben raubt dir den Frieden und hindert dich, den Frieden Gottes unter den Menschen auszubreiten. Darum bewahre beständig dein Herz und bekenne deine Sünden. Dann kann Gott dich als Friedensstifter gebrauchen.

Zum Gebet: Bete für solche, die dir nahe stehen und Christus nicht kennen. Nimm jede Gelegenheit wahr, ihnen von dem Frieden Gottes zu erzählen.

Zum Bibelstudium: Lies 2. Korinther 5,17-21. · Wie beschreibt Paulus den »Dienst der Versöhnung«? · Was tat Christus für die Aussöhnung zwischen Gott und Menschen?

»Glückselig die um der Gerechtigkeit willen Verfolgten« (Matth. 5,10).

Um ein Reichsbürger zu werden, musst du einen Preis bezahlen.

Ganz im Gegensatz zu vielen, die heute das Evangelium für widerspenstige Sünder annehmbar machen möchten, ließ der Herr Jesus keinen Zweifel daran, dass Seine Nachfolger einen Preis zu zahlen haben. Anstatt Anerkennung, Ruhm, Prestige und Wohlstand, musst du mit Verwerfung und Verfolgung rechnen. Das macht das Evangelium nicht volkstümlich, aber es ist ehrlich. Außerdem wird dadurch vermieden, dass man auf einer falschen Grundlage ins Himmelreich zu gelangen hofft.

Jesus wollte, dass die Jünger die Kosten der Nachfolge überschlugen. Er wusste: manche würden aus ihrer Familie oder aus der Synagogengemeinschaft ausgeschlossen. Viele würden Verfolgungen und das Martyrium von Seiten der römischen Regierung zu erdulden haben. Da war es nötig, die Kosten zu überschlagen!

Verfolgung kam tatsächlich über die ersten Christen. Der Kaiser Nero bestrich viele von ihnen mit Pech, kreuzigte sie und verbrannte sie als Fackeln bei seinen Gartenfesten. Er verurteilte die Christen, weil sie ihn nicht als Gott anerkennen wollten und legte ihnen den Brand Roms im Jahr 64 n. Chr. zur Last. Christen wurden auch bezichtigt, Kannibalen zu sein, weil der Herr gesagt hat: »Wer mein Fleisch isst und mein Blut trinkt, bleibt in mir und ich in ihm« (Joh. 6,56). Ebenso hielt man sie für Revolutionäre, weil sie glaubten, eines Tages werde Gott die Erde zerstören.

Die Feindseligkeit der Welt den Christen gegenüber hat sich nicht geändert. Magst du auch nicht in solche schweren Verfolgungen geraten wie die Christen der ersten Jahrhunderte –, verfolgt wirst du (Phil. 1,29). Selbst Jungbekehrte stehen oft vor großen Schwierigkeiten. Wenn sie bei dem sündigen Treiben ihrer früheren Freunde nicht mehr mitmachen wollen, verstößt man sie. Wenn sie bei einem unehrlichen Chef arbeiten, der von ihnen verlangt, seine bösen Praktiken mitzumachen oder auch nur zu dulden, so kann das ihre Entlassung bedeuten, oder sie müssen dort kündigen, wenn sie ein gutes Gewissen behalten wollen. Das kann für ihre Familien äußerst schwierig werden.

Gott wird dich nicht immer vor Verfolgungen bewahren; aber Er wird deine Aufrichtigkeit ehren und dir Kraft geben, solcherlei Trübsale auszuhalten. Preise Ihn für Seine allgenugsame Gnade!

ZUM GEBET: Bete für Menschen, die dir bekannt sind und die um Christi willen leiden müssen. · Bitte Gott um Weisheit und Kraft, Verfolgungen in Aufrichtigkeit und unerschütterlichem Glauben zu bestehen.

ZUM BIBELSTUDIUM: Lies Jakobus 1,2-4 und 1. Petrus 5,10. · Was soll das Leiden bewirken? · Wie sollten wir dem Leid begegnen?

»Glückselig die um Gerechtigkeit willen Verfolgten« (Matth. 5,10).

Wenn du gar keine Verfolgung erfährst, wissen die Leute vielleicht nicht, dass du Christ bist.

Ich hörte von einem furchtsamen Mann, der eine neue Arbeit in einer Gruppe von Ungläubigen erhalten hatte. Er meinte, diese würden ihm das Leben schwer machen, wenn sie merkten, dass er ein Christ war. Als er nach dem ersten Tag heimkam, fragte ihn seine Frau, wie es gegangen sei. »Wir sind gut miteinander ausgekommen«, sagte er. »Sie haben nicht gemerkt, dass ich Christ bin.«

Schweigen ist ein Weg, Verfolgungen zu entgehen. Andere sind, sich den Maßstäben der Weltmenschen anzugleichen, über ihre Witze zu lachen, ihre Unterhaltungen mitzumachen und zu lächeln, wenn sie über Gott spotten. Wenn du nie der Sünde entgegentrittst oder nie den Leuten sagst, dass Jesus der einzige Weg zum Himmel ist oder wenn dein Verhalten so ist, dass dich keiner von Ungläubigen unterscheiden kann, wirst du möglicherweise anerkannt und brauchst die Trübsalshitze nicht auszuhalten.

Aber denke daran, Jesus hat gesagt: »Wehe, wenn alle Menschen gut von euch reden … denn wer sich meiner und meiner Worte schämt, dessen wird der Sohn des Menschen sich schämen, wenn er kommen wird in seiner Herrlichkeit« (Luk. 6,26; 9,26). Das allerletzte, was sich jemand wünschen könnte, wäre, von Christus verflucht zu werden oder dass Er sich dieses Menschen schämte. Dieser Preis für weltliche Anerkennung ist wahrlich zu hoch!

Wenn du dich auf Christi Seite stellst und gemäß den Seligpreisungen handelst, gerätst du in direkte Opposition zu Satan und dem bösen Weltsystem. Und irgendeine Art der Verfolgung wirst du sicher erleben. Das ist vom Anfang der Menschheitsgeschichte an so gewesen, als Abel von seinem Bruder Kain ermordet wurde, weil Kain dessen Gerechtigkeit nicht ertragen konnte.

Du solltest keine Angst vor Verfolgung haben. Gott wird dir Gnade verleihen und dich nie mehr prüfen, als Er dir Kraft zum Tragen gibt (1. Kor. 10,13). Auch solltest du niemals biblische Wahrheiten preisgeben, um Verfolgungen aus dem Weg zu gehen. In Philipper 1,19 sagt Paulus, dass Verfolgung genauso eine Gottesgabe wie die Errettung selbst ist. Beide weisen dich als wahren Gläubigen aus!

Zum Gebet: Lerne 1. Petrus 2,20-21 auswendig. Bitte Gott unablässig, dir die Gnade zu gewähren, Christi Beispiel zu folgen, wenn dir Schwierigkeiten begegnen.

Zum Bibelstudium: Lies 2. Korinther 11,23-33 und beachte die schweren Verfolgungen, die Paulus um Christi willen zu ertragen hatte.

»Glückselig die um Gerechtigkeit willen Verfolgten, denn ihrer ist das Reich der Himmel. Glückselig seid ihr, wenn sie euch schmähen und verfolgen und alles Böse lügnerisch gegen euch reden werden um meinetwillen« (Matth. 5,10-11).

Wenn du dich auf Christi Seite stellst, kannst du mit Schikanen, Beleidigungen und übler Nachrede rechnen.

Jesus erwähnt drei große Gruppen von Leiden, die Christen erfahren werden. Die erste ist *Verfolgung.* »Verfolgte« (Vers 10) und »verfolgen« (Vers 11) haben beide die gleiche griechische Wurzel, die »vertreiben« bedeutet. Mit der Zeit verstand man darunter »schikanieren« oder »misshandeln«. In Vers 10 werden die glückselig gepriesen, die sich um der Gerechtigkeit willen der Misshandlung preisgaben. Glückselig bist du, wenn die Menschen dich wegen deines Christseins schikanieren und du dies des Herrn wegen willig auf dich nimmst.

Die zweite Form des Leidens sind »Schmähungen« (Vers 11). Damit wird ein griechisches Wort übersetzt, das »Vorwürfe machen« und »beleidigen« bedeutet. Es geht hier um verbale Verletzungen – jemand mit niederträchtigen und verhöhnenden Worten anzugreifen. Wir finden dies Wort bei der Verspottung Christi, die dieser am Kreuz erdulden musste (Matth 27,44). Ihm widerfuhr dies, und so werden auch Seine Nachfolger nicht davor verschont bleiben.

Die letzte, hier erwähnte Gruppe sind die *bösen Nachreden* – wenn Leute Lügen über dich verbreiten. Das ist vielleicht die schwerste Form der die Christen überkommenden Leiden, weil unsere Wirksamkeit für den Herrn in direkter Beziehung zu unserer persönlichen Reinheit und Integrität steht. Wenn jemand deine Reputation zerstören will, an der du ein Leben lang gearbeitet hast, ist das wirklich eine betrübliche Sache!

Wenn du durch eine Zeit der Leiden um der Gerechtigkeit willen gehst, fasse Mut – der Herr ist auch hindurchgegangen und Er weiß, wie schwer das sein kann. Er kennt dein Herz und will dir mit Seiner alles überströmenden Gnade dienen. Freue dich, gewürdigt zu sein, für Ihn zu leiden und dass das Reich der Himmel dein ist.

Zum Gebet: Bete für die, die dich unfreundlich behandeln; bitte Gott, Er möge ihnen vergeben und ihnen Gnade erweisen. · Bitte darum, stets jeden Menschen aufrichtig und fair zu behandeln.

Zum Bibelstudium: Im Lauf der ganzen Geschichte hat Gott selbst viel Spott und lügnerische Nachrede erfahren. Lies 2. Petrus 3,3-9, dann beantworte diese Fragen: Warum spotten die Spötter? · Was leugnen sie? · Warum straft sie Gott nicht auf der Stelle?

»Glückselig die um Gerechtigkeit willen Verfolgten,
denn ihrer ist das Reich der Himmel.
Glückselig seid ihr, wenn sie euch schmähen und verfolgen
und alles Böse lügnerisch gegen euch reden werden um meinetwillen«
(Matth. 5,10-11).

Die Verfolgung, die dir widerfährt, wenn du Christus verkündigst, soll in Wirklichkeit Christus selbst treffen.

Savonarola wurde das »Leuchtfeuer der Reformation« genannt. Seine Predigten klagten die Sünden und die Korruption der katholischen Kirche seiner Zeit an und halfen, der Reformation den Weg zu ebnen. Viele, die seine machtvollen Predigten hörten, gingen wie betäubt, verwirrt und sprachlos davon. Und oft erfüllte das Weinen der Bußfertigen den Versammlungsort, wenn der Heilige Geist die Herzen der Hörer anrührte. Doch konnten manche die Wahrheit auch nicht ertragen, und so wurde er am Ende hingerichtet.
Der Herr Jesus sagt: »Ein Sklave ist nicht größer als sein Herr. Wenn sie mich verfolgt haben, werden sie auch euch verfolgen« (Joh. 15,20). Sündige Menschen werden keinen gerechten Maßstab zulassen. Bevor der Herr geboren war, hatte die Welt noch keinen perfekten Menschen gesehen. Je mehr sie Christus beobachteten, umso deutlicher trat ihre Sündhaftigkeit hervor. Das ließ sie Ihn verfolgen und schließlich umbringen. Offenbar meinten sie, wenn sie den Maßstab aus den Augen geschafft hätten, brauchten sie ihn nicht einzuhalten.
Psalm 35,19 weissagt, dass die Menschen Christus ohne Ursache hassen würden. Das gilt auch für Christen. Gegen uns persönlich mögen die Leute nicht feindlich gesonnen sein, aber ihnen passt der heilige Maßstab nicht, den wir repräsentieren. Sie hassen Christus, doch der ist nicht für ihren Hass erreichbar; so schlagen sie auf Seine Leute ein. Für Savonarola hat das den Tod bedeutet. Für dich mag es gesellschaftliche Isolierung oder etwas anderes sein. Was immer dir begegnet, denke daran, »dass die Leiden der jetzigen Zeit nicht ins Gewicht fallen gegenüber der zukünftigen Herrlichkeit, die an uns geoffenbart werden soll« (Röm. 8,18). Darum sagt Petrus: »Freut euch, insoweit ihr der Leiden des Christus teilhaftig seid« (1. Petr. 4,13).

Zum Gebet: Wenn du für Christus leiden musst, so danke für dies Vorrecht und erinnere dich, wie viel Er für dich gelitten hat.

Zum Bibelstudium: Vor seiner Bekehrung (damals noch Saulus genannt) hat der Apostel Paulus die Christen wütend verfolgt und noch gemeint, Gott damit einen Gefallen zu tun. Lies Apostelgeschichte 8,1-3; 9,1-31 und 1. Timotheus 1,12-17 und beachte, wie aus einem Verfolger ein Prediger wurde.

»Glückselig seid ihr, wenn sie euch schmähen und verfolgen und alles Böse lügnerisch gegen euch reden werden um meinetwillen. Freut euch und jubelt, denn euer Lohn ist groß in den Himmeln; denn ebenso haben sie die Propheten verfolgt, die vor euch waren« (Matth. 5,11-12).

Die in diesem Leben für Christus erbrachten Opfer werden im Himmel überschwänglich erstattet.

Gott verheißt denen, die um Christi willen verfolgt werden, einen großen himmlischen Lohn (Matth. 5,12). Jesus sagt: »Ein jeder, der Häuser oder Brüder oder Schwestern oder Vater oder Mutter oder Kinder oder Äcker um meines Namens willen verlassen hat, wird hundertfach empfangen und ewiges Leben erben« (Matth. 19,29).

Wenn du deinen Blick auf diese Verheißung anstatt auf die gegenwärtigen Umstände richtest, kannst du dich mitten im Leiden freuen. Das war die großartige Zuversicht des Paulus, selbst angesichts des sicheren Todes. In 2. Timotheus 4,8 erklärt er: »… fortan liegt mir bereit der Siegeskranz der Gerechtigkeit, den der Herr, der gerechte Richter, mir [als Belohnung] geben wird an jenem Tage; nicht allein aber mir, sondern auch allen, die sein Erscheinen liebgewonnen haben.«

Eine weitere Quelle der Freude in Trübsalen fließt aus dem Wissen, das Los der Propheten zu teilen (Matth. 5,12). Diese gottseligen Menschen erduldeten unnennbares Leid, weil sie Gottes Botschaft weitergegeben hatten. Du bist also in der allerbesten Gesellschaft!

Ein letztes Trostwort aus Matthäus 5,11: Die Trübsal wird nicht ununterbrochen andauern! Der Herr sagt: »Glückselig seid ihr, wenn …« Das mit »wenn« wiedergegebene griechische Wort bedeutet »wann immer«. Du wirst nicht immer verfolgt, doch wenn es geschieht, bist du glückselig. Außerdem setzt Gott die Intensität der Trübsal fest, damit du sie ertragen kannst (1. Kor. 10,13). Er kennt deine menschliche Schwachheit und wird dir die nötige Gnade und den Frieden zum Durchkommen geben. Darum kannst du dich freuen, wo du sonst zugrunde gehen und vom Kummer ertränkt würdest. Wenn du jetzt bereit bist, Opfer zu bringen, wirst du in der Zukunft unvergleichlichen Lohn empfangen. Wie kurzsichtig sind alle, die sich jetzt schonen, indem sie Christus verleugnen oder Seine Wahrheit verwässern, anstatt die Gegenwart dranzugeben, um ewige Glückseligkeit und Herrlichkeit zu gewinnen!

ZUM GEBET: Danke Gott für das Vorbild der Propheten und anderer, die um Seinetwillen gelitten haben.

ZUM BIBELSTUDIUM: Lies Matthäus 21,33-39 und Hebräer 11,32-38. · Wie beschreibt der Herr die Verfolgung der Propheten Gottes? · Was sagt die Schrift von denen, die um der Gerechtigkeit willen gelitten haben?

Die Namen der zwölf Apostel aber sind diese: der erste Simon, der Petrus genannt wird, und Andreas, sein Bruder; und Jakobus, der [Sohn] des Zebedäus, und Johannes, sein Bruder; Philippus und Bartholomäus; Thomas und Matthäus, der Zöllner; Jakobus, der [Sohn] des Alphäus, und Thaddäus; Simon, der Kanaanäer, und Judas Iskariot, der ihn auch überlieferte« (Matth. 10,2-4).

Gott gebraucht unqualifizierte Leute für Seine Zwecke.

Wir leben in einer qualifikationsbewussten Gesellschaft. Beinahe für alles musst du zeigen, dass du einem Maßstab entsprichst, den andere gesetzt haben. Du musst beweisen, dass du ein Haus, ein Auto oder eine Kreditkarte kaufen oder eine höhere Schule besuchen darfst. Auf dem Arbeitsmarkt erfordern die schwierigsten Berufe die denkbar höchsten Qualifikationen.

Ironischerweise benutzt Gott unqualifizierte Leute, um das wichtigste Werk der Welt zu vollbringen: das Reich Gottes heraufbringen. Und das war immer so. Adam bestand die erste Probe nicht und stürzte die Menschheit in Sünde. Noah konnte mit dem Segen Gottes nicht richtig umgehen; Jakob meinte jahrzehntelang, mit List und weltlichen Tricks zu etwas kommen zu wollen; Mose konnte nicht reden; Jeremia dachte, er sei zu unerfahren, Paulus war unansehnlich und krank; und die anderen Apostel waren »ungelehrte Leute und Laien«, und gestrauchelt sind alle irgendwann einmal.

Tatsächlich ist niemand von sich aus fähig, Gottes Werk zu tun. Darum nimmt Er unqualifizierte Leute. Dies Prinzip wird am deutlichsten bei den zwölf Aposteln, die zahllose menschliche Schwächen aufwiesen, verschiedene Temperamente und Fähigkeiten hatten und aus den unterschiedlichsten Lebensverhältnissen kamen; und doch brauchte Christus sie, um die Welt zu verändern.

In diesem Monat werden wir einem der Jünger nach dem anderen begegnen. Wenn du mitmachst, möchte ich dir zeigen, dass sie ganz gewöhnliche Menschen waren, die allerdings eine höchst ungewöhnliche Berufung erfuhren. Auch möchte ich, dass du den Lernprozess beobachtest, dem ihr Meister sie unterzog; denn das ist auch das Muster für deine Jüngerschaftsausbildung.

Ich bete, du mögest von ihrem Durchhaltevermögen herausgefordert werden und dass du Mut gewinnst, wenn du siehst, wie Gott sie trotz ihrer Schwachheiten und Fehler gebrauchte. Er will auch dich gebrauchen, wenn du dabeibleibst, dein Leben Ihm zur Verfügung zu stellen.

Zum Gebet: Lerne Lukas 6,40 auswendig. Bitte Gott, Er möge dich Christus ähnlicher machen.

Zum Bibelstudium: Lies 2. Timotheus 1,3-5 und achte auf die Schwachheiten des Timotheus, mit denen er zu kämpfen hatte, und wie Paulus ihm Mut gemacht hat. Inwiefern würden die Worte des Apostels auf dich anwendbar sein?

»Und als er seine zwölf Jünger herangerufen hatte, ...« (Matth. 10,1).

Ein gutes Vorbild ist die beste Art des Unterrichts.

In Matthäus 10,1 finden wir die offizielle Berufung der handverlesenen zwölf Männer, die neben Ihm während Seines irdischen Dienstes wirken sollten. In Markus 3,13 heißt es: »Er ... ruft zu sich, welche er wollte. Und sie kamen zu ihm.« In Johannes 15,16 sagt Er ihnen: »Ihr habt mich nicht erwählt, sondern ich habe euch erwählt und euch [dazu] bestimmt, dass ihr hingeht und Frucht bringt.« Dies ist nicht ihre Berufung zur Errettung, sondern zum Dienst. Mit Ausnahme von Judas waren sie bereits errettet. Schon vor Grundlegung der Welt hatte Gott sie erwählt, in Christus errettet zu werden, und sie hatten schon dementsprechend reagiert. Jetzt berief Jesus sie zu einem besonderen Dienst.

Gott erwählt immer solche, die errettet werden und die in Seiner Kirche dienen. Aber zwischen der Errettung und dem Dienst muss eine Phase des Lernens liegen. Für die Jünger waren es die drei Jahre, während derer der Herr selbst sie unterrichtete, indem sie Tag für Tag erlebten, was es heißt, mit Ihm zusammen zu leben. Das ist die beste Weise, Jüngerschaft zu lernen. Klassenräume und Lernprogramme sind nützlich; aber es gibt keinen Ersatz für ein lebendiges Vorbild, dem man nacheifern kann – eins, das christliche Tugenden herausbildet und das zeigt, wie man biblische Grundsätze auf das Leben anwendet.

Paulus wusste, wie wichtig solch ein Vorbild ist. In Philipper 4,9 sagt er: »Was ihr auch gelernt und empfangen und gehört und an mir gesehen habt, das tut!« Und zu Timotheus sagt er: »Niemand verachte deine Jugend, vielmehr sei ein Vorbild der Gläubigen im Wort, im Wandel, in Liebe, im Glauben, in Keuschheit« (1. Tim. 4,12). Dazu paßt auch das Wort des Petrus, der die Ältesten ermahnt, ihre Stellung nicht in Herrschsucht zu missbrauchen, sondern Vorbilder der Herde zu sein (1. Petr. 5,3).

Ob du nun schon viele Jahre oder erst seit kurzem Christ bist, du dienst anderen als Beispiel. Die Menschen beobachten, was du sagst und wie du dich verhältst. Sie suchen in deinem Leben Christus wiederzufinden. Was bekommen sie zu sehen? Wie kämen sie geistlich voran, wenn sie dir in allem folgten?

ZUM GEBET: Danke Gott für solche, die dir Vorbilder in der Gottseligkeit waren.

ZUM BIBELSTUDIUM: Was sagen die folgenden Verse über deine Errettung aus? Johannes 15,16; Römer 8,28; Epheser 1,4 und 2. Thessalonicher 2,13. · Wozu bist du Epheser 2,10 zufolge errettet worden?

»Und als er seine zwölf Jünger herangerufen hatte …« (Matth. 10,1).

Der Herr Jesus kann deine Unzulänglichkeiten überwinden.

Viele Christen meinen, die Jünger seien fleckenlose und glasklare Heilige, die nicht mit den Schwächen und Fehlern anderer Menschen zu kämpfen hatten. In Wirklichkeit aber hatten sie genauso Mängel wie wir alle. Wenn wir sehen, wie der Herr mit ihnen umging, gibt uns das Hoffnung, dass Er uns auch noch gebrauchen kann.
Ein Mangel, den alle Jünger zu beklagen hatten, war ihr fehlendes Verständnis. So berichtet uns zum Beispiel Lukas 18, wie Jesus mit ihnen ausführlich über Sein künftiges Leiden, Seinen Tod und Seine Auferstehung sprach und sie nichts begriffen (die Verse 31-34). Der Herr überwand ihre Begriffsstutzigkeit, indem Er immer wieder dasselbe lehrte, bis sie es schließlich erfassen konnten.
Ein weiterer Mangel war die fehlende Demut. Mehr als einmal debattierten sie untereinander, wer im Reich der Himmel der Größte sei (z. B. Mark. 9,33-37). Jesus behandelte ihren Mangel an Demut, indem Er sich selbst zu einem Diener machte und sogar ihre schmutzigen Füße wusch (Joh. 13).
Außer an Verständnis und an Demut fehlte es ihnen an Glauben. Mehrmals rügte ihr Herr ihren Kleinglauben und in Markus 16,14 tadelte Er sie, weil sie den Berichten von Seiner Auferstehung nicht geglaubt hatten.
Ebenso fehlte es bei ihnen an Hingabe. Kurz vor seinem Tod verriet Judas Ihn. Petrus verleugnete Ihn und die anderen flohen. Jesus behandelte ihren Mangel an Hingabe, indem Er für sie betete (z. B. Luk. 22,31-32; Joh. 17,15).
Schließlich fehlte es ihnen auch an geistlicher Kraft; diesen Mangel behob der Herr, indem Er ihnen den Heiligen Geist gab.
Trotz solcher bemerkenswerten Unzulänglichkeiten berichtet uns die Apostelgeschichte, dass die Jünger mit ihrer machtvollen Predigt und ihren Wundertaten die Welt auf den Kopf gestellt haben. Sie glichen Christus so sehr, dass die Leute anfingen, sie »Christen« zu nennen, was bedeutet: »(kleine) Christusse«.
Der Herr Jesus will Unzulänglichkeiten in Sieghaftigkeit verwandeln. Er tut das durch den Geist, durch das Wort und das Gebet. Lass dich durch deine Unzulänglichkeiten nicht einschüchtern. Richte dein Leben beständig auf diese Hilfsquellen aus!

Zum Gebet: Danke dem Herrn für deine Unzulänglichkeiten, weil sie dir deine Abhängigkeit von Ihm bewusst machen. · Bitte Ihn um die Gnade, immer auf deine geistlichen Hilfsquellen anstatt auf menschliche Fähigkeiten zurückzugreifen.

Zum Bibelstudium: Lies Matthäus 20,20-28. · Wer verwendete sich bei Jesus für Johannes und Jakobus? · Wie reagierte der Herr? · Wie reagierten die übrigen Jünger? · Wie lautet der zusammenfassende Grundsatz Christi?

»Und als er seine zwölf Jünger herangerufen hatte,
gab er ihnen Vollmacht über unreine Geister, sie auszutreiben
und jede Krankheit und jedes Gebrechen zu heilen.
Die Namen der zwölf Apostel aber sind …« (Matth. 10,1-2).

Jeder Jünger muss ebenfalls Jünger machen.

Kennst du Leute, die immer nur aufsaugen, was die Kirche zu bieten hat und die niemals einen Dienst übernehmen, durch den sie anderen abgeben können? Ich habe viele derartige Menschen getroffen. Manche besuchen die Gottesdienste seit Jahren und haben sogar an evangelistischen Trainingskursen teilgenommen; aber sie fühlen sich niemals imstande, anderen zu dienen oder ein Zeugnis abzulegen. Allmählich verkrüppelt dadurch ihr geistliches Leben und schließlich das Leben der Gemeinde als Ganzes.

Als der Herr Seine Jünger zu sich rief, tat er das, um sie für ihren Dienst vorzubereiten. Das sehen wir in Matthäus 10,1-2. Das griechische, mit »Jünger« übersetzte Wort bedeutet »Lernende«. »Apostel« ist das eingedeutschte Wort für »Weggeschickter, Gesandter«. Im klassischen Griechisch bezog sich das auf die Aussendung zu einer Schiffsexpedition, um in fernen Gegenden etwas zu erledigen. Jünger sind Lernende; Apostel sind Gesandte. Jesus berief ungeübte Jünger und sandte erfahrene Apostel aus. Das ist normal bei einem Lernvorgang.

In Matthäus 28,19-20 sagt der Herr: »Geht nun hin und macht alle Nationen zu Jüngern und tauft sie auf den Namen des Vaters und des Sohnes und des Heiligen Geistes und lehrt sie, alles zu bewahren, was ich euch geboten habe.« Und Paulus sagt zu Timotheus: »Was du von mir in Gegenwart vieler Zeugen gehört hast, das vertraue treuen Menschen an, die tüchtig sein werden, auch andere zu lehren!« (2. Tim. 2,2).

So wunderbar und wichtig es ist, von Christus belehrt zu werden, du darfst dich niemals damit begnügen, ein Jünger zu sein. Du musst auch danach trachten, Jünger zu machen!

ZUM GEBET: Lerne Matthäus 28,18-20 auswendig. Wenn du nicht dabei bist, jemand für Gott zu gewinnen, dann bitte den Herrn um Gelegenheit dazu.

ZUM BIBELSTUDIUM: Ein wichtiger Teil des Jüngerschaftstrainings besteht darin, viel Zeit bei Christus zu verbringen. Ein Weg dazu ist, die Evangelien nach einem festgesetzten Plan zu lesen. Vielleicht hilft dir eine synoptische Übersicht dabei. Sage einem Freund von deiner Absicht, damit er dich ermutigen und daran erinnern kann.

Die Namen der zwölf Apostel aber sind diese: der erste Simon, der Petrus genannt wird, und Andreas, sein Bruder; und Jakobus, der [Sohn] des Zebedäus, und Johannes, sein Bruder; Philippus und Bartholomäus; Thomas und Matthäus, der Zöllner; Jakobus, der [Sohn] des Alphäus, und Thaddäus; Simon, der Kanaanäer, und Judas Iskariot, der ihn auch überlieferte« (Matth. 10,2-4).

Geistliche Einheit ist der Schlüssel für die Effektivität der Gemeinde auf allen Gebieten.

Einigkeit ist das entscheidende Element des Gemeindelebens – vor allem in deren Leiterschaft. Eine einmütige Gemeinde kann große Dinge für Christus zuwege bringen; doch Uneinigkeit kann sie zugrunde richten. Selbst die rechtgläubigsten Gemeinden sind nicht immun gegen die subtilen Angriffe der Uneinigkeit, weil sie sich meistens nicht an lehrmäßigen Themen entzündet, sondern eher durch persönliche Streitereien oder durch den Stolz entfacht wird.

Gott bringt in den Versammlungen und Arbeitsteams oft Menschen unterschiedlichster Erfahrung und Gemütsverfassung zusammen. Dadurch entsteht eine schöne Mischung an Gaben und Aufgaben; aber darin steckt auch das Potential zu Uneinigkeit und Streit. Das traf ganz gewiss auch auf die Jünger zu; denn dazu gehörten ein impulsiver Fischer (Petrus), zwei leidenschaftliche und ehrgeizige »Söhne des Donners« (Jakobus und Johannes), ein rechnender, pragmatischer und pessimistischer Mann (Philippus), einer mit rassistischen Vorurteilen (Bartholomäus), ein verachteter Zöllner (Matthäus), ein Politeiferer (Simon), ein Verräter (Judas, der nur des Geldes wegen hineingekommen war und sich mit dreißig Silberlingen wieder hinauszahlen ließ). Stell dir die möglichen Katastrophen in einer solchen Gruppierung vor! Doch ihr gemeinsames Ziel überwand ihre individuellen Unterschiede, und in Seiner Gnade richtete der Herr durch sie aus, was sie allein niemals fertigbekommen hätten. Das zeigt die Kraft geistlicher Einmütigkeit.

Als Christ gehörst du zu der auserwählten Mannschaft, der die größte Aufgabe der Welt übertragen wurde: das Werk zu vollenden, das Jesus begonnen hat. Das erfordert Einigkeit in Ziel und Anstrengung. Satan wird versuchen, Uneinigkeit zu säen; du aber musst alles daransetzen, die Mahnung des Paulus in die Tat umzusetzen: »Erfüllt meine Freude, dass ihr dieselbe Gesinnung und dieselbe Liebe habt, einmütig, eines Sinnes seid …« (Phil. 2,2).

Zum Gebet: Bete täglich für Einmütigkeit unter den Leitern und in deiner ganzen Gemeinde.

Zum Bibelstudium: Lies 1. Korinther 3,1-9 und beachte, wie Paulus mit der Uneinigkeit in der korinthischen Gemeinde umgeht.

Zu den zwölf Aposteln gehörte »Simon, der Petrus genannt wird« (Matth. 10,2).

Jesus kann einen impulsiven und schwankenden Christen so stabil wie einen Felsen machen.

Der erste im Matthäusevangelium genannte Jünger ist »Simon, der Petrus genannt wird«. Er war Fischer von Beruf, doch rief ihn der Herr, um Menschenfischer zu werden. In Johannes 1,40-42 finden wir die erste Begegnung: »Andreas, der Bruder des Simon Petrus, war einer von den zweien, die es von Johannes [dem Täufer] gehört hatten und ihm nachgefolgt waren. Dieser findet zuerst seinen Bruder Simon und ... führte ihn zu Jesus. Jesus blickte ihn an und sprach: Du bist Simon, der Sohn des Johannes; du wirst Kephas heißen – was übersetzt wird: Stein.«

»Petrus« heißt »Stein« und »Kephas« ist die aramäische Entsprechung. Von Natur neigte Petrus dazu, impulsiv und schwankend zu sein. Offensichtlich nannte Jesus ihn »Petrus«, um auf seine spätere Rolle in der Gemeinde hinzudeuten, in der er geistliche Stärke und Standhaftigkeit nötig hatte. Wenn Petrus wie ein Mann der Stärke handelte, nannte ihn der Herr bei seinem neuen Namen; als er sündigte, bei seinem alten (z.B. in Joh. 21,15-17). Im Johannesevangelium wird Petrus siebzehnmal Simon Petrus genannt. Vielleicht kannte Johannes den Petrus so gut, dass er wusste, wie dieser allzeit zwischen dem sündigen Simon und dem geistlichen Petrus hin- und herschwang.

In den nächsten Tagen werden wir sehen, wie der Herr daran arbeitete, Petrus in einen geistlichen Felsen zu verwandeln. Das war eine erstaunliche Veränderung, aber nicht unähnlich der, die Er im Leben eines jeden Gläubigen zu erreichen wünscht.

Du magst nicht dasselbe Temperament wie Petrus haben, und doch will dich der Herr genauso zu einem geistlichen Felsen machen. Petrus selbst schreibt: »Lasst euch auch selbst als lebendige Steine auferbauen, als ein geistliches Haus, ein heiliges Priestertum, um geistliche Schlachtopfer darzubringen, Gott wohlannehmbar durch Jesus Christus« (1. Petr. 2,5). Das geschieht, wenn ihr »wachst ... in der Gnade und Erkenntnis unseres Herrn und Heilandes Jesus Christus« (2. Petr. 3,18). Lass dies dein beständiges Ziel sein.

ZUM GEBET: Zähle die Gebiete deines Christenlebens auf, in denen du unbeständig und wankelmütig bist. Mache sie zum Gegenstand ernstlichen Gebets und bitte Gott um Weisheit und Gnade, wenn du damit anfängst, an dir zu arbeiten.

ZUM BIBELSTUDIUM: Der erste Petrusbrief wurde an Christen geschrieben, die in Gefahr standen, schwere Verfolgungen zu erdulden. Lies den Brief und achte auf die Schlüssel zu geistlicher Standhaftigkeit, die Petrus aufzeigt.

Zu den zwölf Aposteln gehörte
»Simon, der Petrus genannt wird« (Matth. 10,2).

Gott kann deine natürlichen Fähigkeiten für deinen geistlichen Dienst einsetzen.

Petrus ist ein gutes Beispiel dafür, wie Gott geistliche Leiter heranzieht. Er beginnt mit den natürlichen Charakterzügen und arbeitet von dorther. Natürliche Charakterzüge machen noch keinen geistlichen Leiter; eine solche Person muss auch vom Heiligen Geist begabt und berufen sein, eine Gemeinde zu führen und geistliche Tugenden musterhaft vorleben. Doch oft betraut Gott spätere Leiter mit natürlichen Fähigkeiten als Rohmaterial, aus dem Er ihr geistliches Dienstpotential entwickelt. Ganz gewiss war das bei Petrus so, der Leiterqualitäten wie Wissbegierde, Initiative und Engagement besaß.

Petrus stellte dauernd Fragen. Tatsächlich zeigt der biblische Befund, dass er mehr Fragen stellte als alle anderen Jünger zusammen! Leute ohne Wissbegierde werden keine guten Leiter, weil sie an Problemen und deren Lösungen nicht interessiert sind.

Initiative war ein anderes Kennzeichen seines Leiterschaftspotentials. Er fragte nicht nur, sondern war oft auch der erste, der auf die Fragen Jesu eine Antwort gab (z. B. Matth. 16,15-16; Luk. 8,45).

Auch mochte Petrus gern aktiv sein, selbst wenn dies ihn in Bedrängnis brachte. Zum Beispiel kann man seinen Kleinglauben kritisieren, als er beim Gehen über das Wasser versank; aber wir müssen daran denken, dass die anderen Jünger überhaupt nicht aus dem Boot zu steigen gewagt hatten.

Petrus war wissbegierig, initiativ und engagiert. Wie sieht's bei dir aus? Interessiert dich Gottes Wahrheit? Ergreifst du die Initiative, von Ihm zu lernen? Möchtest du an Seinem Werk beteiligt sein? Wenn ja, dann hast du das Rohmaterial zu geistlicher Leiterschaft. Halte an, diese Eigenschaften zu pflegen und erlaube dem Heiligen Geist, dich zu Gottes Ehre zu gebrauchen.

ZUM GEBET: Bitte um geistliche Leiter. · Bitte Gott um Gelegenheiten, anderen den Weg der Gerechtigkeit zu zeigen. Nutze jede Gelegenheit bis zum Letzten aus.

ZUM BIBELSTUDIUM: Lies die folgenden Verse: Matthäus 15,15; 18,21; 19,27; Markus 13,2-4; Johannes 21,20-22.

Zu den zwölf Aposteln gehörte »Simon, der Petrus genannt wird« (Matth. 10,2).

Deine jetzigen Erfahrungen wirken sich auf deine spätere Leiterschaft aus.

Stan Carder ist ein lieber Bruder in Christus und einer der Pastoren in unserer Gemeinde. Bevor er zur Grace-Gemeinde kam, diente er in einer Gemeinde in Montana. Während dieser Zeit fuhr er eines Nachts einen Lastwagen und geriet in einen schweren Verkehrsunfall. Stan erlitt einen Halswirbelbruch und andere schwere Verletzungen. Monatelange beschwerliche und schmerzliche Behandlungen waren die Folge.

Das war eine der schwierigsten Zeiten in Stans Leben, aber Gott benutzte sie in besonderer Weise. Heute ist er Pastor in der Abteilung für spezielle Dienste und dient mehr als fünfhundert physisch und psychisch angeschlagenen Menschen. Gott wählte Stan dazu aus und erlaubte ihm, die zu dieser Aufgabe nötigen Erfahrungen zu machen.

Gott lässt es nicht immer zu so ernsten Situationen kommen, doch führt Er uns sehr wohl in lebensverändernde Umstände, die unsere Diensteffizienz erhöhen.

Petrus machte viele solcher Erfahrungen. In Matthäus 16,15-16 gab ihm Gott zum Beispiel eine besondere Offenbarung der Göttlichkeit Christi. In Apostelgeschichte 10 sandte Gott ihn, den Heiden zu predigen – etwas Unerhörtes zu jener Zeit, weil die Juden jeden Umgang mit den Heiden vermieden. Vielleicht die traurigste Erfahrung im Leben des Petrus war seine Verleugnung Christi. Aber auch dadurch wurde seine Liebe zu Christus und die Wertschätzung der göttlichen Gnade nur noch stärker. Denn nach der Auferstehung vergab Christus ihm und setzte ihn erneut zum Dienst ein (Joh. 21,15-19).

Die vielen Erfahrungen bereiteten den Petrus für die Schlüsselrolle vor, die er in der frühen Kirche übernehmen sollte. So suche auch du in deinen Umständen die Hand Gottes zu sehen und freue dich daran, auf diese Weise in Zukunft ein brauchbarerer Christ zu werden.

Zum Gebet: Danke Gott sowohl für gute als auch für schlechte Erfahrungen, weil du weißt, dass beide für dein geistliches Wachstum wichtig sind (siehe Jak. 1,2-4).

Zum Bibelstudium: Lies Apostelgeschichte 10 und beachte, was Petrus aus diesem Erlebnis gelernt hat · Welche Vision hatte Petrus? · Worum ging es dabei?

»Zu den zwölf Aposteln gehörte »Simon, der Petrus genannt wird« (Matth. 10,2).

Petrus lernte fünf Lektionen, die jeder Gläubige lernen muss.

Wir haben gesehen, dass Gott die Erfahrungen gebraucht, um uns in nützlichere Christen und Leiter zu verwandeln. Indem wir Petrus zum Beispiel nehmen, wollen wir kurz fünf Lektionen betrachten, die wir aus unseren Erfahrungen lernen können: Unterwerfung, Selbstzurücknahme, Demut, Opferbereitschaft und Liebe.

Leiter neigen zu Selbstzufriedenheit und Aggressivität; so müssen sie lernen, sich einer Autorität zu unterwerfen. Jesus machte das deutlich, als Er Petrus befahl, einen Fisch zu fangen und eine Münze aus dessen Maul zu holen (Matth. 17,24-27). Auch sollte er dies Geld als Tempelsteuer hingeben. Petrus war ein Bürger des Reiches Gottes, und so bedurfte es einer deutlichen Lektion, dass er auch den weltlichen Obrigkeiten untertan zu sein hatte.

Als die Soldaten kamen, um den Herrn Jesus gefangenzunehmen, zog Petrus das Schwert und hätte es mit dem ganzen Haufen aufgenommen, wenn der Herr ihn nicht aufgehalten hätte. Petrus musste lernen, dem himmlischen Vater zu vertrauen, so wie sein Meister es tat.

Petrus hatte angegeben, Jesus niemals zu verlassen oder zu verleugnen – und doch tat er es. Demütig zu werden war die schmerzlichste Lektion, die er zu lernen hatte. Der Herr hatte Petrus gesagt, er werde als Märtyrer sterben (Joh. 21,18-19). Von dem Tage an wusste Petrus, wohin es mit ihm ging; aber er war bereit, das Opfer zu bringen und bis dahin seinen Dienst zu tun.

Leiter sind oft sachorientiert und vielfach wenig einfühlsam gegenüber den Menschen. Petrus war so einer. Darum zeigte ihm Jesus, was Liebe ist, indem Er ihm die Füße wusch und ihn anwies, anderen Liebesdienste zu erweisen (Joh. 13,6-9.34).

Unterwerfung, Selbstzurücknahme, Demut, Opferbereitschaft und Liebe sollten jeden Gläubigen kennzeichnen – einerlei, welche Funktion er im Leibe Christi hat. Ach, wären sie doch auch charakteristisch für dein Leben und möchtest du beständig danach trachten, in diesen Tugenden zu wachsen, so wie Gott das Werk Seiner Gnade an dir fortsetzt.

Zum Gebet: Geistliche Lektionen erfordern manchmal schmerzliche Lernprozesse; aber Gott ist geduldig und gnädig. Danke Ihm für Seine Geduld, danke Ihm auch für Christus, der das vollkommene Vorbild dessen ist, was wir sein sollten.

Zum Bibelstudium: Petrus hat seine Lektionen gut gelernt. Lies 1. Petrus 2,13-18.21-23; 4,8.16 und 5,5. Was kannst du von den Belehrungen des Petrus über Unterwerfung, Selbstzurücknahme, Liebe, Opferbereitschaft und Demut lernen?

Zu den zwölf Aposteln gehörte
»Simon, der Petrus genannt wird« (Matth. 10,2).

Gott weiß, wie Er zu den richtigen Ergebnissen kommt.

Gott schafft Führungspersonen, indem Er Menschen aus dem richtigen Rohmaterial nimmt, sie die richtigen Erfahrungen machen lässt und ihnen die richtigen Lektionen erteilt. So bildete Er den Petrus aus, und was dabei herauskam, ist staunenswert. In den ersten zwölf Kapiteln der Apostelgeschichte sehen wir, wie Petrus die Ersetzung des Judas durch Matthias in die Wege leitet, die mächtige Pfingstpredigt hält, einen Lahmen heilt, den jüdischen Autoritäten standhält, Ananias und Sapphira entgegentritt, sich mit Simon, dem Zauberer, auseinandersetzt, den Äneas heilt, Dorkas von den Toten erweckt und das Evangelium zu den Heiden bringt. Darüber hinaus schrieb er zwei Briefe, die uns allen von den Lektionen berichten, die er bei seinem Meister gelernt hatte. Welch eine Führungsperson!

Petrus war im Tode ein genauso großes Vorbild wie im Leben. Jesus hatte ihm gesagt, er werde zu Gottes Ehre gekreuzigt werden, und die Tradition der frühen Kirche berichtet, dass dies auch so geschehen ist. Bevor sie ihn umbrachten, zwangen seine Henker ihn, die Kreuzigung seiner Frau anzusehen. Am Fuß ihres Kreuzes stehend ermutigte er sie ununterbrochen, indem er sagte: »Denk an den Herrn! Denk an den Herrn!« Danach bat er, man möge ihn mit dem Kopf nach unten kreuzigen, weil er sich unwürdig fühlte, wie sein Herr zu sterben. Der Bitte wurde entsprochen.

So wie Gott bei Petrus aus einem unbesonnenen und impulsiven Fischer ein mächtiges Werkzeug zu Seiner Herrlichkeit machte, so kann Er jeden umgestalten, der sich Ihm überlässt.

Du wirst niemals ein Apostel werden; aber dein Wesen kann in gleicher Tiefe umgestaltet werden und du kannst dieselbe Freude im Dienste Christi erfahren, wie Petrus sie erlebt hat. Es gibt auf der ganzen Welt keine höhere Berufung als die, ein Werkzeug der Gnade Gottes zu sein. Petrus war seiner Berufung treu geblieben. Mögest du es auch sein!

Zum Gebet: Preise Gott für die Zusicherung, das in dir angefangene Werk zu vollenden (Phil. 1,6). · Bitte Ihn, die heutigen Erfahrungen als Werkzeuge zu benutzen, dich mehr in das Bild Christi umzugestalten.

Zum Bibelstudium: Lies Johannes 21,18-23. · Wie beschrieb der Herr den Tod des Petrus? · Wie reagierte Petrus auf Christi Ankündigung? · Welches Missverständnis kam bei ihrer Unterhaltung auf?

Zu den zwölf Aposteln gehörte »Andreas« (Matth. 10,2).

Andere zu Christus zu führen sollte in unserem Leben höchste Priorität haben.

Andreas war der Bruder des Petrus und stammte aus Bethsaida in Galiläa. Von Anfang an sehen wir ihn Leute zu Christus führen – angefangen mit seinem eigenen Bruder.

Im Johannes-Evangelium finden wir seine erste Begegnung mit Jesus: »Am folgenden Tag stand Johannes [der Täufer] wieder da und zwei von seinen Jüngern [Andreas und Johannes]; und hinblickend auf Jesus, der umherging, spricht er: Siehe, das Lamm Gottes! Und es hörten ihn die zwei Jünger reden und folgten Jesus nach … Andreas, der Bruder des Simon Petrus, war einer von den zweien, die es von Johannes gehört hatten und ihm nachgefolgt waren. Dieser findet zuerst seinen Bruder Simon und spricht zu ihm: Wir haben den Messias gefunden – was übersetzt ist: Christus. Und er führte ihn zu Jesus« (Joh. 1,35-37.40-42). Später berief der Herr beide, Andreas und Petrus, zu Seinen Jüngern und sie ließen augenblicklich ihre Netze, um Ihm zu folgen (Matth. 4,20).

Das nächste Mal entdecken wir Andreas in Johannes 6,8-9. Es war spät am Abend und Tausende waren Jesus nachgefolgt und begannen, hungrig zu werden, doch war nicht genügend Brot für sie vorhanden. Da brachte Andreas einen Jungen zu Jesus mit fünf Gerstenbroten und zwei Fischen. Aus dieser kleinen Ration machte der Herr so viel Speise, dass sie für alle ausreichte!

Dann erscheint Andreas wieder in Johannes 12,20-22, wo von den Griechen berichtet wird, die das Passah in Jerusalem feiern wollten. Sie kamen zu Philippus mit der Bitte, Jesus sehen zu dürfen. Philippus brachte sie zu Andreas, der sie offensichtlich zu dem Herrn brachte.

Andreas wusste nicht, wie Jesus im Einzelfall handeln würde; aber er hielt trotzdem an, Leute zu Ihm zu bringen. Das sollte jeden Gläubigen kennzeichnen. Deine geistlichen Gaben mögen sich von denen anderer unterscheiden; aber alle gemeinsam haben wir den Auftrag, Jünger zu machen (Matth. 28,19-20) und das beginnt damit, Sünder zu Christus zu führen. Lass dies dir heute das Wichtigste sein!

Zum Gebet: Wann hast du das letzte Mal einem Ungläubigen von Jesus erzählt? Bitte um eine baldige Gelegenheit.

Zum Bibelstudium: Weißt du, wie man das Evangelium klar und unverfälscht darbietet? Zur Wiederholung lies Römer 3,19-28; 1. Korinther 15,1-8; Epheser 2,8-10 und Titus 3,4-7.

Zu den zwölf Aposteln gehörte »Andreas« (Matth. 10,2).

Andreas ist ein Vorbild für Gläubige, die demütig im Hintergrund ihren Dienst tun.

Man weiß: Keiner spielt gern die zweite Geige, doch daran dachte Andreas überhaupt nicht. Im Schatten eines aggressiven und redegewandten Bruders wie Petrus aufzuwachsen, bedeutet für jeden eine Herausforderung. Selbst in der Bibel wird Andreas »der Bruder des Simon Petrus« genannt (z. B. in Joh. 1,40). Doch als Andreas Jesus getroffen hatte, war seine erste Reaktion, dies seinem Bruder zu sagen; dabei wusste er genau: Wenn Petrus erst ein Jünger war, würde der auch dort höchstwahrscheinlich die erste Geige spielen. Aber Andreas war ein wahrhaft demütiger Mensch, dem es mehr darum ging, Leute zu Jesus zu bringen, als wer das Sagen hat.

Der Glaube und die Offenheit des Andreas brachten ihn dazu, jede Möglichkeit zu ergreifen, andere zu Christus zu führen. Er wusste: Der Hauptauftrag des Herrn galt »den verlorenen Schafen des Hauses Israel« (Matth. 10,6), doch führte er auch Heiden zu Christus (Joh. 12,20-22). Er hatte gesehen, wie Jesus bei der Hochzeit zu Kana Wasser in Wein verwandelt hatte (Joh. 2,1-11), so wusste er, dass der Herr aus wenigem viel machen konnte. Daran muss er gedacht haben, als er den Jungen mit den fünf Gerstenbroten und den zwei Fischen zu Jesus brachte; war ihm doch klar, dass ein Wunder geschehen musste, wenn eine so riesige Menge mit einer so geringen Gabe gespeist werden sollte (Joh. 6,8-9).

Die Tradition berichtet, dass Andreas nahe vor seinem Tode in einer Provinz predigte, in der die Frau des Gouverneurs das Evangelium annahm. Der Gouverneur forderte sie auf, Christus zu verwerfen, doch sie weigerte sich. In seiner Wut kreuzigte er Andreas auf einem x-förmigen Kreuz, an dem dieser zwei Tage hing, bevor er starb. Selbst dort habe er nicht den Mut verloren, sondern vom Kreuz herab das Evangelium gepredigt – immer noch wollte er andere zu Christus bringen.

Andreas ist das Bild des demütigen, treuen und mutigen Christen, der im Hintergrund arbeitet. Solche Leute sind die Stützen aller Arbeit und von ihnen hängen die Leiter ab. Vielleicht wirst du nie ein prominenter Leiter wie Petrus; aber du kannst ein treuer und mutiger Diener sein wie Andreas.

ZUM GEBET: Danke dem Herrn für die demütigen, treuen Diener in deiner Gemeinde. · Bitte Ihn um größere Offenheit und Tapferkeit, damit du Ihm effektiver dienen kannst.

ZUM BIBELSTUDIUM: Lies Philipper 2,25-30 und beachte, wie Epaphroditus dem Paulus diente.

Zu den zwölf Jüngern gehörte
»Jakobus der [Sohn] des Zebedäus« (Matth. 10,2).

Gott kann begeisterungsfähige und ehrgeizige Leute zu Seiner Ehre gebrauchen.

Wie Petrus und Andreas waren auch Jakobus und Johannes Fischer. Eines Tages, als Jesus am See von Galiläa entlangging, sah Er sie im Boot mit ihrem Vater Zebedäus und zwei Angestellten. Als der Herr sie zur Nachfolge aufforderte, verließen sie augenblicklich das Boot und gingen mit Ihm (Mark. 1,19-20).

Jakobus und Johannes waren Eiferer und ehrgeizige Leute – so sehr, dass Jesus ihnen den Beinamen »Boanerges« gab, was »Söhne des Donners« heißt (Mark. 3,17). Zeitweise gewann ihr großer Eifer die Oberhand. In Lukas 9,54 zum Beispiel hatten die Bewohner eines samaritischen Dorfes es abgelehnt, den Herrn aufzunehmen. Jakobus und Johannes baten daraufhin um die Erlaubnis, Feuer vom Himmel fallen zu lassen, um das ganze Dorf zu vernichten. Bei einer anderen Gelegenheit schickten sie ihre Mutter mit der Bitte zu Jesus, ihnen hervorragende Plätze im Reiche Gottes zu gewähren (Matth. 20,20-28). Sie suchten Macht, Ansehen und Ehre, doch Jesus verhieß ihnen Leiden und, im Fall des Jakobus, das Grab eines Märtyrers.

Jakobus war wahrscheinlich der ältere der beiden Brüder, weil sein Name immer zuerst genannt wird, wenn die beiden gemeinsam in der Schrift auftreten. Vielleicht war er auch der leidenschaftlichere und ehrgeizigere von den beiden, weil er der erste Apostel war, der zum Märtyrer wurde. Als der König Herodes beschloss, die frühe Kirche zu verfolgen, erschlug er Jakobus mit dem Schwert (Apg. 12,2). Als er sah, wie sehr das die Juden freute, sperrte er Petrus ein, aber tötete ihn nicht. Offensichtlich sah er in Jakobus eine größere Bedrohung als in Petrus. Das lässt uns etwas von dem mächtigen Zeugnis dieses Mannes ahnen.

Wie Jakobus und Johannes werden manche Christen durch ihren Eifer im Dienst des Heiligen Geistes vorangetrieben. Wenn das auch für dich gilt, so danke Gott für diesen Eifer; doch achte darauf, dass der Heilige Geist immer bestimmt, was du sagst und tust. Wenn du aber in geistliche Lethargie versunken bist und dein Leben keinerlei Bedrohung für Satans Reich darstellt, dann musst du Buße tun und wieder eifrig für den Herrn werden.

Zum Gebet: Bitte Gott um heiligen Eifer, der von der Liebe getrieben und vom Heiligen Geist regiert wird.

Zum Bibelstudium: Lies Johannes 2,12-22. · Wie zeigte der Herr Jesus Seinen Eifer für das Haus Gottes? · Warum war Sein Handeln nötig?

Zu den zwölf Aposteln gehörte
»Jakobus, der Sohn des Zebedäus« (Matth. 10,2).

Eifer ohne Einfühlsamkeit kann dein Leben und deinen Dienst zerstören.

Da wird von einem norwegischen Pastor erzählt, dessen Motto lautete: »Alles oder nichts!« Sein Leben und seine Predigt waren ernst, stark, ohne Kompromisse – und bar jeglichen Einfühlungsvermögens. Bald hieß es, die Menschen seiner Gemeinde hätten sich kaum noch um ihn gekümmert, weil er sich nicht um sie gekümmert hätte. In seinem Eifer und in seinem Ehrgeiz, das Reich Gottes voranzutreiben und dessen Maßstäbe aufrecht zu erhalten, ließ er alles andere außer Acht – einschließlich seiner Familie.

Eines Tages wurde seine kleine Tochter so krank, dass der Arzt ihm dringend riet, sie aus dem kalten norwegischen Klima in eine wärmere Gegend zu bringen. Er lehnte ab und sagte dem Arzt: »Alles oder nichts!« Bald starb das Kind. Seine Frau war so schmerzzerrissen, dass sie stundenlang die Kleider ihrer Tochter ans Herz drückte, um so ihr Herzeleid zu lindern.

Als der Pastor das sah, gab er die Kleider einer armen Frau auf der Straße. Alles, was der Frau blieb, war ein kleines Mützchen, das sie als Andenken an ihr niedliches Töchterchen versteckt hatte. Als der Pastor es fand, gab er es auch weg, wobei er seine Frau belehrte: »Alles oder nichts!« Einige Monate später starb auch seine Frau.

Nun, das ist wohl ein extremes Beispiel für gefühllosen Eifer; und doch gibt es zahllose Pastoren, Evangelisten und andere christliche Arbeiter, die für den Herrn eifern, aber so werkorientiert, dass sie die dadurch verursachten Schmerzen in ihren Familien und Versammlungen gar nicht wahrnehmen.

Jakobus hätte auch so werden können, wenn er nicht sein Leben Christus geweiht hätte. Er begann mit großem, beinahe blindem Eifer; aber Gott hat ihn zubereitet, dass er Ihm in rechter Weise dienen konnte bis zum frühen Märtyrertod. Überprüfe deinen Dienst und die dahinter stehenden Motive. Bist du sensibel für deine Familie und für die anderen, denen du dienst? Eifer kann sehr gut sein, aber er muss durch Liebe und Einfühlungsvermögen abgefedert werden.

ZUM GEBET: Wenn du unachtsam mit anderen umgegangen bist, so bekenne ihnen das und bitte den Herrn, dir von heute an mehr Einfühlungsvermögen zu geben.

ZUM BIBELSTUDIUM: Eli, der Priester, war nachlässig und ohne Einfühlungsvermögen mit seiner Familie umgegangen. Lies 1. Samuel 3,1 – 4,18. · Was sagte der Herr zu Samuel über Eli? · Wie endete die Schlacht mit den Philistern? · Wie kamen Eli und seine Söhne zu Tode?

Zu den zwölf Jüngern gehörte »Johannes« (Matth. 10,2).

Versuche immer, zwischen Wahrheit und Liebe das Gleichgewicht zu halten.

Manche Leute stellen Johannes als ziemlich sentimentalen und egozentrischen Menschen dar, der sich mit dem Kopf an Jesu Schulter lehnte und sich dauernd den »Jünger, den Jesus liebte« nannte. Doch ist das keine richtige Beschreibung dieses »Donnersohnes«! Er liebte Jesus innig und war erstaunt, dass der Herr ihn liebte – auch dann noch, als er die Samariter verbrennen und für sich einen Sonderplatz im Reiche Christi ergattern wollte. Wenn er sich selbst den »Jünger, den Jesus liebte« nannte (z. B. Joh. 21,20), dann drückte er damit nur sein Erstaunen über die große Gnade Gottes in seinem Leben aus.

Wie sehr er auch den Herrn liebte, so erlaubte er seiner Liebe nie, in bloße Sentimentalität abzugleiten. Statt dessen ist gerade das Gleichgewicht zwischen Wahrheit und Liebe das Kennzeichen seines Dienstes. In seinen Schriften finden wir das Wort *Liebe* mehr als achtzigmal und das Wort *Zeugnis* beinahe siebzigmal. Seine tiefe Liebe zu Christus trieb ihn dazu, ein Lehrer der Liebe und ein Zeuge der Wahrheit zu sein. Für ihn war der Gehorsam gegen die Wahrheit der höchste Ausdruck der Liebe. So lesen wir in 1. Johannes 2,5: »Wer aber sein Wort hält, in dem ist wahrhaftig die Liebe Gottes vollendet.« Für Johannes bedeutete es die größte Freude, wenn er hörte, dass seine geistlichen Kinder in der Wahrheit wandelten (3. Joh. 4). Er ging streng mit jedem um, der versuchte, sie durch Leugnung oder Verdrehung des Wortes Gottes von diesem Ziel abzubringen.

Heutzutage haben Talkshows im Fernsehen oder auch andere Medien Einflüsse, durch die die Grenzen zwischen der jeweiligen Meinung und der Wahrheit verwischt werden. Die Meinung des einen wird für genauso richtig wie die des anderen gehalten; es geht überhaupt nicht mehr darum, was richtig oder was falsch ist. Die Wahrheit kommt selbst in der Kirche zu kurz, weil viele Christen zu Kompromissen bereit sind, um der Konfrontation mit widerstrebenden Leuten auszuweichen. Sie vergessen, dass wahre Liebe nur in der Atmosphäre biblischer Wahrheit gedeihen kann (Phil. 1,9).

Mitten in all dem Durcheinander ruft Gott dich auf, in Liebe die Wahrheit zu sagen (Eph. 4,15). Die Welt hat keine weitere Meinung, sondern Gottes absolutes und autoritatives Wort nötig!

Zum Gebet: Danke Gott für die Gabe Seiner Liebe und für die Kraft Seiner Wahrheit. Bitte Ihn, aus dir einen Menschen von immer stärkerer biblischer Integrität zu machen.

Zum Bibelstudium: Lies Offenbarung 2,1-7. · Worin bestand die Kraft der Gemeinde in Ephesus? · Was fehlte ihr? · Was erwartete der Herr Jesus von ihr?

Zu den zwölf Aposteln gehörte »Philippus« (Matth. 10,3).

Freundschaften bilden oft den fruchtbarsten Boden für das Evangelium.

Philippus war sicher ein Fischer und mit Petrus, Andreas, Jakobus, Johannes, Nathanael und Thomas längst bekannt, bevor sie Jünger wurden. Wir begegnen ihm zuerst in Johannes 1,43-46. Dort heißt es: »Am folgenden Tag [nach Jesu Begegnung mit Petrus und Andreas] wollte er nach Galiläa aufbrechen und er findet Philippus; und Jesus spricht zu ihm: Folge mir nach! Philippus aber war von Bethsaida, aus der Stadt des Andreas und Petrus. Philippus findet den Nathanael und spricht zu ihm: Wir haben den gefunden, von dem Mose in dem Gesetz geschrieben und die Propheten, Jesus, den Sohn des Joseph, von Nazareth … Komm und sieh!«

Diese kurzen Verse offenbaren zwei Dinge über Philippus. Erstens hatte er ein suchendes Herz. Offensichtlich hatten er und Nathanael die Schriften in Erwartung des kommenden Messias studiert. Als nun Jesus sagte: »Folge mir nach!« war Philippus bereit. In Jeremia 29,13 wird eine solche Person beschrieben: »Sucht ihr mich, so werdet ihr [mich] finden, ja, fragt ihr mit eurem ganzen Herzen nach mir, so werde ich mich von euch finden lassen.«

Zweitens hatte er das Herz eines Evangelisten. Das erste, was er nach seiner eigenen Bekehrung tat, war, dass er Nathanael zu Christus brachte. Stell dir seine Freude vor, als er seinem Freund sagte, er habe den gefunden, nach dem sie so lange gesucht hatten!

Ich glaube, Freundschaften bilden gewöhnlich die beste Voraussetzung für eine Evangelisation, weil du Christus in eine schon bestehende Beziehung bringst, die von Liebe, Vertrauen und gegenseitiger Wertschätzung geprägt ist. Überhaupt ist es nur natürlich, wenn du deine Freunde errettet sehen möchtest und ihnen mitteilen willst, was dir so wichtig geworden ist.

Ich bitte darum, dass deine Freude überfließt und dass dann durch dein Zeugnis andere zu Christus gezogen werden.

ZUM GEBET: Hast du unbekehrte Freunde? Wenn ja, dann sei treu im Gebet für ihre Bekehrung und bitte den Herrn, dich zum Werkzeug seiner Gnade zu machen. Wenn nicht, dann bitte Gott, dir unbekehrte Menschen in den Weg zu stellen, denen du von Christus sagen kannst.

ZUM BIBELSTUDIUM: Die samaritische Frau, der der Herr Jesus am Jakobsbrunnen begegnet war, hat nicht nur zu ihren Freunden, sondern zu der ganzen Stadt gesprochen. Lies Johannes 4,1-42. · Welches Bild brauchte Jesus, um ihr das Evangelium deutlich zu machen? · Wie beschreibt der Herr wahre Anbeter? · Wie reagierten die Leute der Stadt auf das Zeugnis der Frau?

Zu den zwölf Aposteln gehörte »Philippus« (Matth. 10,3).

Pessimismus macht blind für die Allgenugsamkeit der göttlichen Hilfsquellen.

Es heißt, Optimisten sähen ein halb volles Glas, wo Pessimisten ein halbleeres Glas erkennen. Ein Optimist erblickt Möglichkeiten, ein Pessimist dagegen Widerstände. Einerseits war Philippus ein Optimist. Kaum hatte er begriffen, dass Jesus der Messias ist, erkannte er auch schon eine Möglichkeit, diese Entdeckung dem Nathanael mitzuteilen. Andererseits war Philippus ein Pessimist, dem es manchmal nicht gelang, den Blick für die Möglichkeiten zu bewahren, die dem Herrn auch trotz der offensichtlichsten Widerstände zu Gebote standen.

Bei einer solchen Gelegenheit hatte Jesus eben aufgehört, eine nach Tausenden zählende Menge zu lehren und zu heilen. Die Nacht brach herein und die Leute begannen, hungrig zu werden. Offensichtlich war Philippus für die Verpflegung verantwortlich; denn Jesus fragte ihn: »Woher sollen wir Brote kaufen, dass diese essen?« (Joh. 6,5). Philippus antwortete: »Für zweihundert Denare Brote reicht nicht für sie hin, dass jeder [auch nur] ein wenig bekomme« (Vers 7). Mit anderen Worten: »Wir haben, auch wenn wir alles zusammenlegen, nicht ausreichende Mittel, um für eine Menge von dieser Größe Nahrungsmittel zu kaufen!« Des Philippus rechnender, pragmatischer, pessimistischer Verstand konnte nur zu dem einen Schluss kommen: Das ist völlig unmöglich. Der Herr wusste längst, wie Er das Problem lösen würde; aber Er wollte den Glauben des Philippus prüfen (Vers 6). Eigentlich hätte Philippus den Test bestehen müssen, hatte er doch schon erlebt, dass Jesus bei der Hochzeit in Kana Wasser in Wein verwandelt hatte. Trotz seines Versagens gab ihn der Herr nicht auf, sondern machte aus fünf Gerstenbroten und zwei Fischen genügend Nahrung für die ganze Menge und überwand so den Pessimismus des Philippus, indem Er ihm aufs Neue Seine göttliche Allgenugsamkeit vor Augen führte.

In uns allen steckt ein kleiner Philippus. Wir haben Gottes Rettermacht erfahren und Seine Gebetserhörungen erlebt, und doch gibt es Zeiten, in denen wir uns durch Pessimismus die Freude an der Erkenntnis rauben lassen, dass Er gerade durch die Widerstände in unserem Leben wirkt. Lass es nicht soweit kommen! Richte deine Augen auf Christus und vertraue Seiner Allgenugsamkeit. Er wird dich nie enttäuschen!

Zum Gebet: Lerne Epheser 3,20-21 auswendig. Sage dir diesen Text häufig als Danklied auf und als Befestigung deines Glaubens an Gott.

Zum Bibelstudium: Lies 4. Mose 13 – 14. · Welche Botschaft brachten die pessimistischen Kundschafter aus dem verheißenen Land mit? · Wie reagierten die Menschen auf diesen Bericht? · Wie reagierte Gott darauf?

Zu den zwölf Aposteln gehörte
»Bartholomäus [Nathanael]« (Matth. 10,3).

Vorurteile können Beziehungen zerstören und Menschen davon abhalten, zu Christus zu kommen.

Vorurteile sind unangebrachte Verallgemeinerungen, die sich auf Überlegenheitsgefühlen gründen. Sie sind scheußliche Sünden, die zu allen Zeiten Hass und Streit genährt haben. Ganze Völker wurden entzweit und unnennbares Elend entstand dadurch. Am verdammungswürdigsten sind aber Vorurteile, wenn sie Gottes Volk für Sein Wort blind machen. Der Prophet Jona war so voller Vorurteile gegen die Assyrer, dass er sich weigerte, nach Ninive zu gehen, um dort Buße zu predigen. Selbst nachdem ihn Gott zum Gehorchen gezwungen hatte, wollte er am liebsten sterben, weil Ninive Buße getan und Gott die Stadt verschont hatte.

Auch in Nathanael (sein zweiter Name Bartholomäus bedeutet: Sohn des Mutigen) hatte das Vorurteil sein hässliches Haupt erhoben. In Johannes 1,45-46 heißt es: Philippus findet den Nathanael und spricht zu ihm: Wir haben den gefunden, von dem Mose in dem Gesetz geschrieben und die Propheten, Jesus, den Sohn des Joseph, von Nazareth. Und Nathanael sprach zu ihm: »Kann aus Nazareth etwas Gutes kommen?« Nathanael kannte das Alte Testament und schaute nach dem Messias aus; aber er konnte nicht verstehen, wieso der Messias aus Nazareth kommen sollte.

Nazareth lag am Rande der jüdischen Welt – an der Grenze zu den heidnischen Gebieten. Vielleicht waren die Leute in Kana, dem Heimatort des Nathanael, feiner und gebildeter als die Bewohner von Nazareth. Wie auch immer – nach Nathanaels Meinung konnte nichts als Ungutes aus Nazareth kommen.

Vorurteile haben viele Menschen für das Evangelium blind gemacht. Die religiösen Führer des Judentums verwarfen Jesus, weil er nicht in ihr Messiasbild passte, nicht aus Jerusalem stammte und nicht in ihren Synagogen ausgebildet war. Glücklicherweise überwand Nathanaels Wahrheitsliebe seine Vorurteile, so dass er zu Jesus kam.

Vielleicht hast du Angehörige oder Freunde, die wegen verschiedener Vorurteile dem Evangelium widerstehen. Wenn ja, dann sei nicht entmutigt und gib nicht auf! Der Herr brach durch die Vorurteile des Nathanael und errettete ihn, und Er hat das bei Millionen anderen Menschen auch getan.

ZUM GEBET: Bete für solche, die durch Vorurteile blind sind und bitte Gott, ihnen die geistlichen Augen für Seine Wahrheit zu öffnen. · Bekenne die Vorurteile, die in deinem eigenen Herzen sind.

ZUM BIBELSTUDIUM: Einigkeit und Demut sind der beste Weg, Vorurteile im Leib Christi abzubauen. (Lies Epheser 4,1-6 und Philipper 2,1-8) · Welche Haltungen bestärkt Paulus? Welche bekämpft er? · Wessen Beispiel demütigen Dienstes sollen wir folgen?

Zu den zwölf Aposteln gehörte
»Bartholomäus [Nathanael]« (Matth. 10,3).

Gott kennt dein Herz und wird deine Suche nach Wahrheit belohnen.

Trotz Nathanaels Vorurteil wusste Jesus, dass er ein aufrichtiger, ernsthafter jüdischer Gläubiger war, ohne religiöse Heuchelei oder Falschheit (Joh. 1,47). Er suchte Gott wirklich und wartete auf das Kommen des Messias.

Die meisten Juden jener Tage glaubten, dass jeder beschnittene Nachkomme Abrahams ein wahrer Jude und Nutznießer des Abrahamsbundes war. Aber in Römer 2,28-29 erklärt Paulus, dass die Errettung eine Angelegenheit des Herzens und nicht der Abstammung ist: »Nicht der ist ein Jude, der es äußerlich ist, noch ist die äußerliche [Beschneidung] im Fleisch Beschneidung; sondern der ist ein Jude, der es innerlich ist und Beschneidung [ist die] des Herzens.« Nathanael gehörte zu solchen Menschen.

Es hatte Nathanael sehr überrascht, dass der Herr ihn einen Israeliten nannte, in dem kein Falsch war (Vers 47), weil sie sich vorher noch nie begegnet waren. Genauso überraschte es ihn, dass Jesus sagte, Er habe ihn unter dem Feigenbaum gesehen, weil der Herr gar nicht in der Nähe des Baumes war. Nathanael begriff sofort: Dieser ist allwissend – nichts ist Ihm verborgen. Darum rief er aus: »Rabbi, du bist der Sohn Gottes, du bist der König Israels« (Vers 49). Er hatte den Messias gefunden, nach dem er so lange geforscht hatte!

Dass der Herr den Feigenbaum erwähnte, ist bezeichnend. In jenen Gegenden wurde der Feigenbaum gewöhnlich als Schattenspender und Überdachung benutzt. Viele Häuser in Palästina hatten nur einen Raum; so suchte man Feigenbäume auf, wenn man zum Gebet oder zum Nachdenken über Gottes Wort allein sein wollte. Höchstwahrscheinlich saß Nathanael unter dem Feigenbaum und war mit dem Wort Gottes und dem Gebet beschäftigt, so dass Jesus sein offenes Herz und sein Verlangen nach dem Messias sah. Der Herr beantwortete Nathanaels Gebet persönlich.

Wenn Jesus in dein Herz blickt, sieht Er dann einen wahren Gläubigen ohne Heuchelei? Nathanael war nicht vollkommen; aber er liebte Gott und er forschte eifrig in Gottes Wort. So konnte der Herr große Dinge durch ihn tun. Ich bete, dass dies auch von dir gesagt werden kann.

Zum Gebet: Bitte Gott, Er möge durch Seinen Geist jede Heuchelei offenbaren und vertreiben, die noch in deinem Herzen verborgen ist. · Bitte Gott, Er möge dein Verlangen und deine Fähigkeit vergrößern, Ihn zu erkennen und zu lieben.

Zum Bibelstudium: Lerne Römer 12,1-2 als Schutz gegen alle Heuchelei auswendig.

Zu den zwölf Aposteln gehörte »Thomas« (Matth. 10,3).

Wer Christus wirklich nachfolgt, hat den intensiven Wunsch, in Seiner Gegenwart zu leben.

Wenn du an Thomas denkst, denkst du sicher an einen Zweifler. Blickst du aber hinter seinen Zweifel, wirst du etwas finden, was jeden wahren Gläubigen auszeichnen sollte – den intensiven Wunsch, bei Christus zu sein.

Johannes 10,39-40 berichtet uns, dass Jesus und Seine Jünger Jerusalem verlassen hatten, weil man Ihm nach dem Leben trachtete. Während sie sich am Jordan aufhielten, erhielt der Herr die Nachricht, sein lieber Freund Lazarus sei krank. Er zögerte, zu ihm zu gehen, weil Er ihn nicht nur gesund machen, sondern von den Toten auferwecken wollte.

Lazarus wohnte in Bethanien – nur knapp vier Kilometer von Jerusalem entfernt. So waren die Jünger zutiefst bekümmert, als Jesus beschloss, dorthin zu gehen, weil sie das für eine Selbstmordaktion hielten (Joh. 11,8). Trotz dieser Gefahr sagte Thomas: »Lasst auch uns gehen, dass wir mit ihm sterben« (Vers 16). Das ist eine pessimistische Haltung; gleichzeitig zeigt sie aber auch seinen Mut und sein Verlangen, bei Christus zu sein, sei es tot oder lebendig. Ein Optimist würde das Beste hoffen, wodurch alles einfacher gewesen wäre; Thomas aber fürchtete das Schlimmste und wollte trotzdem gehen.

Ich glaube, Thomas konnte den Gedanken, ohne Christus leben zu müssen, nicht ertragen. Das sehen wir auch in Johannes 14, wo Jesus den Jüngern sagt, Er gehe hin, um ihnen eine Stätte zu bereiten. Thomas erwiderte darauf sinngemäß: »Herr, wir wissen nicht, wohin Du gehst oder wie Du dahin kommst. Gehe aber bitte nirgends hin, wohin wir dir nicht folgen können« (Vers 5). Er verstand nicht, was Jesus vorhatte. Er wusste nur, dass er auf keinen Fall von seinem Herrn getrennt sein wollte.

Kannst du dich mit Thomas identifizieren? Ist Christus ein so integraler Bestandteil deiner täglichen Entscheidungen und Tätigkeiten, dass ein Leben ohne Ihn undenkbar wäre? Liebst du Ihn so, dass du darauf brennst, Ihn zu sehen? Davon war Thomas' Herz erfüllt. Hoffentlich auch deins!

Zum Gebet: Danke dem Herrn für Seine Gegenwart und Seine Kraft in deinem Leben. · Zeige Ihm deine Liebe, indem du viel Umgang mit Ihm pflegst.

Zum Bibelstudium: Lies Johannes 14,1-31. · Was sagt der Herr über Seine Wiederkehr? · Wer sollte während Seiner Abwesenheit die Jünger trösten und belehren?

Zu den zwölf Aposteln gehörte »Thomas« (Matth. 10,3).

Jesus, der Herr, kann deine Zweifel in Hoffnung verwandeln.

Als Jesus am Kreuz hing, war Thomas restlos am Ende. Er liebte Ihn aus ganzem Herzen und wollte immer bei Ihm bleiben. Er war sogar bereit, mit Ihm zu sterben. Und nun war das Schrecklichste eingetreten, was ihm passieren konnte: Jesus war von ihm gegangen.

Thomas war nicht bei den anderen Jüngern, als der Herr ihnen nach Seiner Auferstehung erschien. In Johannes 20,25 steht: »Da sagten die anderen Jünger zu ihm: Wir haben den Herrn gesehen. Er aber sprach zu ihnen: Wenn ich nicht in seinen Händen das Mal der Nägel sehe und meine Finger in das Mal der Nägel lege und lege meine Hand in seine Seite, so werde ich *nicht* glauben.« Thomas war innerlich leergebrannt und nicht bereit, sich weiteren Schmerzen auszusetzen. So verkroch er sich hinter der Forderung objektiver Beweise, indem er sinngemäß sagte: »Ich habe keine Lust, dies auf euer Wort allein hin zu glauben. Ich brauche Beweise! Ich muss Jesus selbst sehen.«

Seither reden die Leute vom »zweifelnden Thomas«. Wir erinnern uns aber, dass *keiner* der Jünger an die Auferstehung glaubte, bevor der Herr ihnen erschienen war. Thomas war kein zwanghafter Zweifler – er war ein liebender Pessimist.

Wie sich herausstellte, brauchte Thomas weniger Beweise als er selbst gemeint hatte. Als Jesus ihm endlich erschien und ihn aufforderte, Seine Hände und Seine Seite zu berühren, tat Thomas nichts dergleichen. Statt dessen rief er sofort aus: »Mein Herr und mein Gott!« (Vers 28). Kein größeres Glaubensbekenntnis von dieser Kürze ist je gemacht worden.

Thomas hatte mit Zweifeln zu kämpfen, weil er nicht verstand, was der Herr Jesus über Seinen Tod und Seine Auferstehung gesagt hatte; auch war er nicht bei den anderen Jüngern, als der Herr ihnen das erste Mal erschien. Es mangelte ihm an Verständnis für das Wort Gottes und er hatte die Gemeinschaft der Gläubigen verlassen – zwei häufige Fehler, die zu Zweifeln führen.

Der Herr verurteilt dich nicht, wenn du Zweifel hast. Statt dessen gibt Er dir Seinen Geist, Sein Wort und die Gemeinschaft Seines Volkes, um dir Mut und Kraft zu schenken. Darum habe Umgang mit dem Geist im Gebet, kenne dich in Gottes Wort aus und verlasse niemals die Gemeinschaft der Gläubigen. Auf diese Weise verwandelt sich dein Zweifel in Hoffnung!

Zum Gebet: Danke Gott für die Gegenwart des Heiligen Geistes, für die Kraft Seines Wortes und für die Gemeinschaft mit Seinem Volk.

Zum Bibelstudium: Lies Lukas 24,13-35. · Warum nahmen die beiden Jünger Jesus nicht wahr? · Wie verwandelte der Herr ihre Zweifel in Hoffnung?

Zu den zwölf Aposteln gehörte »Matthäus, der Zöllner« (Matth. 10,3).

Gott kann dich trotz deiner sündigen Vergangenheit brauchen.

Ich erinnere mich an die Anzeige in der Lokalpresse über die Eröffnung einer neuen evangelikalen Gemeinde hier am Ort. Da waren Tag und Uhrzeit des ersten Gottesdienstes angegeben. Außerdem hieß es: »Unser besonderer Ehrengast wird ... sein.« Es wurde eine allseits bekannte christliche Größe genannt. Bei dem Versuch, den Ungläubigen etwas zu bieten oder einfach viele Leute anzulocken, verfahren die Gemeinden heute gewöhnlich nach dieser Methode.

Jesus machte es allerdings völlig anders. Keiner seiner Jünger war irgendwie berühmt. Im Gegenteil: anstatt eine begeisterte Menge anzuziehen, waren einige geeignet, abstoßend oder gar Ärgernis erregend auf Seine jüdischen Hörer zu wirken. Matthäus war ein solcher Mensch, weil er ein verachteter Zöllner war – einer von vielen Juden, die von den Römern angestellt waren, von ihren eigenen Landsleuten Zölle zu nehmen. Als solcher wurde er als Verräter an seinen Landsleuten angesehen.

Das römische Zollwesen erlaubte den Zöllnern, alles zu behalten, was über das von den Römern Festgesetzte hinausging. Das ermutigte zu Bestechung, Erpressung und anderen Missbräuchen.

Ganz allgemein gesagt: Matthäus gehörte zu solchen, die das Privileg hatten, beinahe alles, was sie wollten, mit Zoll zu belegen: Straßen, Brücken, Häfen, Achsen, Esel, Ladungen, Briefe, Import, Export, den Handel und so weiter. Solche Leute konnten gewaltige Reichtümer für sich selbst zusammenraffen. Wir erinnern uns an einen anderen Zöllner – Zachäus –, der in Lukas 19 als reicher Mann beschrieben wird. Seine Bekehrung zeigte sich darin, dass er sich erbot, alles unrecht Erworbene vierfach zurückzuerstatten (Vers 8).

Manche Leute meinen, Gott könne sie wegen ihrer sündigen Vergangenheit oder weil sie nicht berühmt sind, nicht gebrauchen. Aber Gott gebraucht Matthäus, Zachäus und Millionen andere, die wie sie waren. Konzentriere dich auf Herzensreinheit in der Gegenwart und dann lass Gott deinen Dienst segnen, wie es Ihm gefällt.

Zum Gebet: Danke Gott, dass Er dich in Christus zu einem neuen Menschen gemacht hat (2. Kor. 5,17). Handle im Licht dieser Wahrheit!

Zum Bibelstudium: Lies Lukas 19,1-10. · Wo befand sich Zachäus, als der Herr Jesus das erste Wort zu ihm sprach? · Wie reagierte die Volksmenge, als Jesus in das Haus des Zachäus ging? · Was veranlasste Ihn zu sagen, Zachäus habe das Heil erfahren?

Zu den zwölf Aposteln gehörte »Matthäus, der Zöllner« (Matth. 10,3).

Verlerne nie, über Christi Vergebung zu staunen!

Matthäus beschreibt sich selbst als »Matthäus, der Zöllner« (Matth. 10,3). Er ist der einzige Apostel, der in dieser Reihe mit einem Beruf in Zusammenhang gebracht wird. Offensichtlich hat Matthäus nie vergessen, woher er errettet wurde. Darum hat er auch nie das Staunen über Christi Vergebung verlernt und dass er ihrer keinesfalls würdig war.

In Matthäus 9,1-8, wo er den Rahmen zu seiner eigenen Bekehrung beschreibt, erzählt er, dass Jesus einem Gelähmten die Sünden vergab und ihn dann von seiner Lähmung heilte. Als die jüdischen Schriftgelehrten Ihn der Blasphemie bezichtigten, weil Er die Autorität, Sünden vergeben zu können, für sich in Anspruch nahm, sagte Er zu ihnen: »Warum denkt ihr Arges in euren Herzen? Denn was ist leichter, zu sagen: Deine Sünden sind vergeben, oder zu sagen: Steh auf und geh umher?« Er wollte sie wissen lassen, dass Seine Wundertaten der Beweis Seiner Göttlichkeit waren. Als Gott konnte Er genauso leicht Sünden vergeben wie Krankheiten heilen.

Unmittelbar nach diesem Ereignis schildert Matthäus seine Berufung. Es ist, als wolle er seine eigene Errettung zur Illustration der Macht Christi benutzen, auch dem schmutzigsten Sünder vergeben zu können. In Matthäus 9,9 heißt es: »Als Jesus von dort weiterging, sah er einen Menschen mit Namen Matthäus am Zollhaus sitzen, und er spricht zu ihm: Folge mir nach! Und er stand auf und folgte ihm nach.«

Als die Pharisäer die Praxis Jesu, sich mit Zöllnern abzugeben, in Frage stellten, sagte Er zu ihnen: »Nicht die Starken brauchen einen Arzt, sondern die Kranken … Ich bin nicht gekommen, Gerechte zu rufen, sondern Sünder« (Verse 12-13). Die Pharisäer waren krank von Sünden; aber sie hielten sich für gesund. Matthäus und seine Genossen waren sich ihres Sünderseins bewusst und brauchten einen Retter.

Teilst du mit Matthäus die Demut und das Erstaunen darüber, Christi kostbare Gabe der Vergebung empfangen zu haben? Ich bete dafür, dass es bei dir so ist und dass du Ihm unablässig dafür dankst.

Zum Gebet: Danke Gott für das Wunder der Vergebung. · Wenn du nicht mehr über Gottes Vergebung staunen kannst und sie für selbstverständlich hältst, dann bekenne deine Apathie und bitte Ihn, dir ein tiefes Bewusstsein von dem ungeheuren Preis zu geben, den Er für deine Errettung hat bezahlen müssen.

Zum Bibelstudium: Als Erinnerung für das, was Christus für dich getan hat, lies Matthäus 26,17 – 27,56, wo beschrieben wird, wie Er verraten und gekreuzigt wurde.

Zu den zwölf Aposteln gehörte
»Jakobus, der[Sohn] des Alphäus« (Matth. 10,3).

Gott braucht oft einfache Leute, um große Dinge zu vollbringen.

Wie die meisten Christen ist Jakobus, der Sohn des Alphäus, ein unbekannter und unbesungener Kämpfer des Kreuzes. Sein Hauptkennzeichen ist die Verborgenheit. Nichts, was er tat oder sagte, wird in der Bibel berichtet – nur sein Name.

In Markus 15,40 wir er »Jakobus der Kleine« genannt. Das könnte sich auf seine Statur beziehen (er ist vielleicht klein gewesen) oder auf sein Alter (er war eventuell jünger als Jakobus, der Sohn des Zebedäus) oder auf seinen Einfluss (er mag relativ geringen Einfluss unter den Jüngern gehabt haben).

In Markus 2,14 wird Matthäus (Levi) »Sohn des Alphäus« genannt. Alphäus war ein häufiger Name; aber es ist möglich, dass Jakobus und Matthäus Brüder waren, weil ihr Vater jeweils Alphäus hieß. Auch Jakobus' Mutter wird in Markus 15,40 erwähnt. Sie war bei der Kreuzigung Christi zusammen mit anderen Frauen anwesend. In Johannes 19,25 wird sie als Frau des Klopas beschrieben. Weil Klopas eine Form von Alphäus ist, sehen wir darin ein weiteres Indiz für die Möglichkeit, dass die beiden miteinander verwandt waren.

Aus allem können wir schließen, dass Jakobus ein kleiner junger Mann von nur geringer Ausstrahlung war. Wenn er der Bruder des Matthäus war, hatte er vielleicht dieselbe demütige Haltung und wollte dem Herrn ohne Applaus und ohne bemerkt zu werden, dienen. Wie auch immer, lass dir Mut machen, dass Gott verborgene Leute wie Jakobus benutzt und sie öffentlich belohnen wird. Eines Tages wird Jakobus in Christi Tausendjährigem Reich auf einem Thron sitzen und die zwölf Stämme Israels richten – genauso wie die anderen, prominenteren Jünger (Luk. 22,30).

Einerlei, ob du von menschlicher Warte aus betrachtet verborgen oder prominent bist, Gott kann dich gebrauchen und wird dich mit einem herrlichen ewigen Erbteil belohnen.

ZUM GEBET: Danke Gott für alle Menschen, die du gar nicht kennst und die Er doch gebrauchte, dein Leben zu Seiner Ehre zu gestalten. · Suche, dem Jakobus ähnlicher zu werden, indem du Christus treu dienst, auch ohne Ehrungen und Applaus.

ZUM BIBELSTUDIUM: Lies Lukas 9,23-25. Was ist nach Jesu Aussage nötig, um Sein Jünger zu sein? · Lies Lukas 9,57-62. Was wollten diese Menschen nicht aufgeben, um Christus nachzufolgen?

Zu den zwölf Aposteln gehörte »Thaddäus« (Matth. 10,3).

Ein siegreiches Christenleben erfordert großen Mut.

Thaddäus war ein Mann mit vielen Bezeichnungen. In der Lutherbibel heißt er in Matthäus 10,3: »Lebbäus mit dem Zunamen Thaddäus«. Er wird auch »Judas, der Sohn des Jakobus« genannt (Luk. 6,16; Apg. 1,13) und »Judas, nicht der Iskariot« (Joh. 14,22).

Judas, was bedeutet »der Herr sei gepriesen«, war sicher sein Geburtsname. Später erhielt er dann die Namen Lebbäus und Thaddäus, um seine Eigenschaften zu charakterisieren. Wahrscheinlich stammt der Name *Thaddäus* von seiner Familie. Das Wort ist von einem hebräischen Wortstamm abgeleitet, der die weibliche Brust meint. Er heißt demnach also »Brustkind«. Vielleicht war er zu Hause der Jüngste und der Mutter besonders lieb. *Lebbäus* ist von dem hebräischen Wort für »Herz« abgeleitet. Er trug also sozusagen »das Herz auf dem rechten Fleck«. Diesen Namen wird er von seinen Freunden erhalten haben, die ihn als tapferen Menschen kennen gelernt hatten.

Die Tradition der frühen Kirche berichtet, Thaddäus sei von Gott in sehr hohem Maße mit der Gabe der Krankenheilung ausgestattet worden. Es heißt, ein syrischer König mit Namen Adgar sei sehr krank gewesen und habe nach Thaddäus geschickt, um ihn zu heilen. Auf seinem Wege dorthin heilte Thaddäus Hunderte von Leuten aus ganz Syrien. Als er schließlich zum König kam, heilte er ihn und predigte ihm von Christus, und der König wurde Christ. Allerdings kam es danach zu einem Aufruhr und ein rachsüchtiger Neffe des Königs warf Thaddäus ins Gefängnis, wo er ihn mit Knüppeln totschlagen ließ. Wenn diese Tradition der Wahrheit entspricht, bestätigt sie, dass Thaddäus ein Mann von außergewöhnlichem Mut war.

Es gehört Mut dazu, für Christus zu sterben, aber auch Mut, um für Ihn zu leben. Deshalb sagt Paulus: »Gott hat uns nicht einen Geist der Furchtsamkeit gegeben, sondern der Kraft und der Liebe und der Zucht« (2. Tim. 1,7). Vertraue jeden Tag auf Seine Verheißungen und verlass dich auf Seinen Geist. Nur auf diese Weise kannst du jeder Herausforderung mit Mut und Zuversicht entgegentreten.

Zum Gebet: Danke Gott für den Mut, den Er dir in der Vergangenheit gegeben hat und bitte Ihn, künftige geistliche Kämpfe ohne Zugeständnisse und Kompromisse bestehen zu können.

Zum Bibelstudium: Lies Daniel 3,1-30. · Weshalb wurden Sadrach, Mesach und Abednego vom König Nebukadnezar bestraft? · Wie ehrte Gott ihren Mut?

Zu den zwölf Aposteln gehörte »Thaddäus« (Matth. 10,3).

Wenn du Christus liebst, wirst du Sein Wort annehmen und halten.

Radiowellen sind etwas Faszinierendes. Zu jeder Zeit sind alle Räume deines Hauses mit Stimmen, Klängen und vielen anderen Geräuschen erfüllt; aber hören kannst du erst etwas, wenn du ein Radio auf bestimmte Frequenzen einstellst. Das ist ein modernes Gleichnis für eine geistliche Wahrheit, die der Herr in Johannes 14,21 lehrt: »Wer meine Gebote hat und sie hält, der ist es, der mich liebt; wer aber mich liebt, wird von meinem Vater geliebt werden; und ich werde ihn lieben und mich selbst ihm offenbar machen.« Damit sagt Jesus also: »Ich offenbare Mich denen, die Mich lieben – deren geistlicher Empfänger auf Meine Frequenz eingestellt ist. Sie empfangen Mein Wort und gehorchen Mir.«

Dem biblischen Bericht zufolge ist Thaddäus ein Mann von wenigen Worten. Seine Frage in Johannes 14,22 ist die einzige Äußerung, die in der Bibel von ihm berichtet wird. Sie war durch die Verwunderung über die Aussage in Vers 21 hervorgerufen, der Herr werde sich nur denen offenbaren, die Ihn lieben. Thaddäus fragte: »Herr, wie kommt es, dass du dich uns offenbaren willst und nicht der Welt?«

Thaddäus verstand Christi Aussage nicht, weil sie nicht mit dem landläufigen Messiaskonzept übereinstimmte. Wie die anderen Jünger erwartete er, Jesus werde augenblicklich die römische Unterdrückung beseitigen, das Volk Gottes befreien und ein Reich auf Erden errichten, in dem Er auf dem Thron Davids als Herr und Erretter regiert. Wie konnte Er das, wenn Er sich nicht vor allen offenbaren wollte?

In Vers 23 antwortet Jesus, indem Er wiederholt, dass nur solche, die Ihn lieben, Ihn empfangen können; und sie werden dann diejenigen sein, in denen Er und der Vater wohnen wollen.

In diesem kurzen Gespräch zwischen dem Herrn und Thaddäus geht es tatsächlich um das Herz allen Christentums. Nicht alle, die sagen, sie liebten Gott, sind wahre Gläubige, sondern alle, die Christus annehmen und seinem Wort gehorchen, wie Jesus sagt: »Wenn jemand mich liebt, wird er mein Wort halten« (Vers 23).

Charakterisiert der Gehorsam dein Leben? Bitte, lass es so sein! Bedenke: Dein Gehorsam gegen Christus ist das Maß deiner Liebe zu Ihm.

ZUM GEBET: Danke Gott für Sein Wort, durch das der Heilige Geist dich belehrt und dir Kraft gibt, ein gehorsames Leben zu führen.

ZUM BIBELSTUDIUM: Lies Johannes 8,31-47. · Mit wem sprach Jesus? · Warum suchten sie Ihn zu töten? · Wie beschreibt der Herr den Teufel?

*Zu den zwölf Aposteln gehörte »Simon, der Kananäer (**kana = hebr. eifern**)« (Matth. 10,4).*

Selbst Leute mit völlig unterschiedlichem Hintergrund können gemeinsam Christus dienen.

Während der Zeit zwischen dem Alten und dem Neuen Testament führte ein feuriger Revolutionär, Judas Makkabäus, die Juden in einen Aufstand gegen die griechischen Einflüsse auf ihr Volk und ihren Gottesdienst. Den Geist dieser Bewegung erkennen wir aus einem Ausspruch, den wir in dem apokryphen 1. Makkabäerbuch (2,50) finden: »Eifert für das Gesetz und gebt euer Leben für den Bund.« Diese politisch orientierte Gruppe selbsternannter Gesetzeshüter wurde später unter dem Namen »Zeloten« bekannt. Während der Zeit des Neuen Testaments verübten die Zeloten Terroranschläge gegen die Römer, um Israel zu befreien. Dadurch forderten sie Rom heraus, im Jahre 70 n. Chr. Jerusalem zu zerstören und die Bewohner von fast allen galiläischen Ortschaften zu erwürgen.

Nach der Zerstörung Jerusalems schlossen sich die restlichen Zeloten unter der Führung eines Mannes mit Namen Eleasar zusammen und errichteten ihr Hauptquartier in der Felsenburg Massada. Als die Römer Massada schon fast erstürmt hatten und die Niederlage unausweichlich war, entschlossen sich die Zeloten, lieber ihre Familien umzubringen und dann Selbstmord zu begehen, als den Tod von den Römern zu erleiden. Das war eine Tragödie monumentalen Ausmaßes, entsprach aber voll ihrem flammenden Eifer für das Judentum und ihrem Hass auf alle politischen Feinde.

Bevor Simon zu Christus kam, war er ein Zelot. Selbst als Gläubiger muss er viel von seinem Eifer beibehalten haben, wenn er jetzt auch in eine gottgewollte Richtung ging. Wir können nur ahnen, mit welcher Leidenschaft er seinen Dienst ausübte, hatte er doch endlich einen Führer und eine Aufgabe gefunden, die beide weit über Judaismus und politischen Umsturz hinauswiesen.

Man kann nur staunen, wenn man wahrnimmt, dass Simon der Zelot und Matthäus der Zöllner zusammenarbeiteten. Unter normalen Umständen hätte Simon einen Verräter wie Matthäus umgebracht. Aber Christus zerbrach die Barrieren, lehrte sie, einander zu lieben und brauchte beide zu seiner Verherrlichung. Vielleicht kennst du Gläubige, die ganz anders als du aufgewachsen sind. Hast du Mühe, mit ihnen klarzukommen? Wenn ja, warum? Womit kannst du anfangen, Differenzen zu beseitigen? Lass dich durch die Veränderungen ermutigen, die Christus bei Simon und Matthäus bewirkt hat und folge ihrem Beispiel.

Zum Gebet: Bitte um den Geist der Einigkeit in deiner Gemeinde.

Zum Bibelstudium: Welche Haltung solltest du nach Römer 12,9-21 anderen gegenüber einnehmen?

Jesus hat absichtlich einen Verräter ausgewählt (Judas, den Iskariot) — 28. Mai

Zu den zwölf Aposteln gehörte
»Judas, der Iskariot, der ihn auch überlieferte« (Matth. 10,4).

Gott lässt alles nach Seiner Absicht zusammenwirken.

Früher war das kleine Städtchen Kerioth ein ziemlich unbekannter Ort in Judäa; doch alles änderte sich, als aus ihr der meistgehasste Mensch hervorging, der je gelebt hat – Judas, der Iskariot.

Hier in dieser Liste wird Judas zum ersten Mal erwähnt. Wir kennen seine Berufungsgeschichte nicht, doch wissen wir, dass der Herr ihn mit den anderen zusammen berufen hat und ihm sogar die Macht gab, wunderbare Zeichen zu vollbringen (Matth. 10,1). Sein Name wird heute verachtet, doch war er damals sehr verbreitet. Er stellt die griechische Schreibung des Namens »Juda« dar und erinnert an das Land, in dem Gottes Volk lebte. Iskariot bedeutet eigentlich »Mann aus Kerioth«.

Die Menschen fragen gewöhnlich, wie Jesus solch einen Menschen zu Seinem Jünger erwählen konnte. Wusste Er nicht, wie es kommen würde? Ja, selbstverständlich, und gerade darum suchte er ihn aus. Das Alte Testament erklärt, dass der Messias von einem vertrauten Freund für dreißig Silberlinge verraten würde, und Jesus wusste, dass Judas dieser Mann war (Joh. 17,12).

Einigen tut Judas leid. Sie halten ihn für einen missgeleiteten oder missbrauchten Menschen, für eine Art Marionette in einem supranatürlichen Drama, auf das er keinen Einfluss hatte. Aber Judas tat alles absichtlich. Mehrfach hat ihm der Herr die Chance zur Umkehr gegeben, doch er hatte abgelehnt. Am Ende benutzte ihn Satan bei seinem diabolischen Versuch, Jesus zu vernichten und den Plan Gottes zu unserer Erlösung zu vereiteln. Der Anschlag des Teufels misslang allerdings, weil Gott selbst einen Judas gebrauchen kann, um Seine Absichten auszuführen.

Zweifellos gibt es Menschen in deinem Leben, die dir Schmerzen zufügen wollen. Lass dich nicht entmutigen. Sie gehören genauso gut zu Gottes Plan für dich wie alle, die freundlich zu dir sind. Du musst dich ihnen gegenüber so verhalten, wie der Herr Jesus sich dem Judas gegenüber verhielt. Gott weiß, was Er tut. Vertraue Ihm und freue dich, wenn du siehst, wie er seine Pläne selbst durch deine Feinde verwirklicht.

Zum Gebet: Danke Gott, dass Er alle Umstände souverän in Händen hält und für seine Verheißung, dass Seine Absichten niemals vereitelt werden können.

Zum Bibelstudium: Lies Matthäus 26,14-50 und 27,1-10. · Wie zeigte der Herr, dass Judas Ihn verraten würde? · Wie reagierte Judas, als er von der Verurteilung Jesu gehört hatte?

Zu den zwölf Aposteln gehörte
»Judas, der Iskariot, der ihn auch überlieferte« (Matth. 10,4).

Heuchelei ist ein geistliches Krebsgeschwür,
das Leben und Dienst zerstören kann.

Auf einer kürzlichen Reise nach Neuseeland erfuhr ich, dass die Hirten dort besonders abgerichtete, kastrierte Schafböcke benutzen, um die Schafe von den Weiden in die Schlachthäuser zu führen. Diese Böcke haben den bezeichnenden Namen »Judasschafe«. Daraus ersieht man, wie allgemein Judas mit Betrug und Tod in Verbindung gebracht wird. Sich als Freund ausgebend verriet er den Herr Jesus mit einem Kuss und wurde so für Zeit und Ewigkeit das Urbild der Heuchelei.

Mehrere Kennzeichen geistlicher Heuchelei werden im Leben des Judas überaus deutlich. Erstens scheinen Heuchler ein echtes Interesse an hehren Zielen zu haben. Sicher gefiel dem Judas die römische Herrschaft über Israel nicht und er vermutete in Christus eine Möglichkeit zu besitzen, etwas dagegen zu unternehmen. Vielleicht hegte auch er die verbreitete falsche Meinung, Jesus werde augenblicklich Sein irdisches Reich errichten und die römische Unterdrückung beseitigen.

Zweitens demonstrieren Heuchler äußerliche Treue zu Christus. Viele von denen, die Christus im Anfang Seiner Wirksamkeit nachgefolgt waren, verließen Ihn nach und nach (Joh. 6,6). Nicht so Judas. Er blieb bis zum Ende bei Ihm.

Drittens erscheinen Heuchler oft als heilige Leute. Als Jesus den Jüngern sagte, einer von ihnen werde Ihn verraten, fiel auf Judas kein Verdacht. Selbst nachdem der Herr den Judas als Seinen Verräter identifiziert hatte, begriffen die anderen Jünger noch nichts (Joh. 13,27-29). Judas muss seine Rolle ausgezeichnet gespielt haben!

Viertens denken Heuchler nur an sich. Judas liebte Christus nicht, sondern nur sich selbst. Er hatte sich aus persönlicher Gewinnsucht zu den Jüngern gehalten.

Schließlich sind Heuchler Betrüger. Judas war eine Marionette in der Hand Satans, den Jesus als einen »Lügner und Vater derselben« bezeichnet (Joh. 8,44). Verwundert es da, dass sein ganzes Leben aus lauter Betrügereien bestand? Judas war ein Ungläubiger; aber Heuchelei kann auch in Gläubigen gedeihen, wenn man die verräterischen Kennzeichen ignoriert. Überwache sorgfältig deine Motive und lass dich täglich vom Geist leiten. Bekenne augenblicklich selbst das kleinste Anzeichen von Heuchelei!

Zum Gebet: Bitte Gott, deine Liebe zu Ihm zu reinigen und dich vor dem heimlichen Eindringen der Heuchelei zu bewahren.

Zum Bibelstudium: Lies Johannes 12,1-8. · Wie zeigte Maria ihre Liebe zu Christus? · Welche Einwände erhob Judas? · Was waren seine Motive?

Zu den zwölf Apostel gehörte
»Judas, der Iskariot, der ihn auch überlieferte« (Matth. 10,4).

Gott kann selbst einen Abtrünnigen wie Judas benutzen, uns einige wichtigen Lehren zu erteilen.

Die Geschichte des Judas ist die größte menschliche Tragödie. Er hatte die Möglichkeiten und Vorrechte, die sonst nur den anderen elf Jüngern galten, doch wandte er sich ab und stürzte sich ins Verderben. Aber selbst von seiner Torheit können wir manches Wichtige lernen.

Judas ist zum Beispiel der weltweit traurigste Fall von verspielten Gelegenheiten. Er arbeitete drei Jahre mit dem Herrn selbst zusammen und war doch mit einer nur losen Verbindung zufrieden; niemals unterwarf er sich Ihm im rettenden Glauben. Millionen sind seinem Beispiel gefolgt, indem sie das Evangelium hörten und sich den Christen anschlossen, jedoch Christus ablehnten. So schrecklich es ist, werden auch sie, wenn der Tod gekommen ist, für alle Ewigkeit verdammt sein.

Judas ist auch das weltweit größte Beispiel für missachtete Vorrechte. Er hätte den Reichtum eines ewigen Erbes haben können, stattdessen wählte er dreißig Silberlinge. In dieser Hinsicht ist er auch die schreiendste Illustration für das Verderben und die Verdammnis, die der Habsucht folgen. Er tat das Undenkbare, und doch hat er heutzutage viele Gleichgesinnte, die Reichtum und Wohlleben der Gottseligkeit vorziehen.

Positiv betrachtet ist Judas das weltweit größte Beispiel für die langmütige und geduldige Liebe Gottes. Im Bewusstsein dessen, was Judas tun würde, tolerierte der Herr ihn drei Jahre lang. Darüber hinaus bemühte Er sich um ihn und nannte ihn selbst noch »Kamerad«, nachdem er Ihn mit einem Kuss verraten hatte (Matth. 26,50).

Wenn du einmal von einem Freund betrogen worden bist, weißt du, wie bitter das sein kann. Aber die Schmerzen des Herrn waren vielfach größer, weil Er von Anfang an wusste, dass Judas Ihn verraten würde und weil die Konsequenzen so überaus schwer waren. Doch Er ertrug den Schmerz, weil Er Judas liebte und weil Er wusste, dass dieser Verrat ein notwendiger Bestandteil des Erlösungsplanes war.

Zum Gebet: Danke dem Herrn für die Schmerzen, die er von Seiten des Judas zu ertragen hatte. · Bitte Ihn, dass du Ihm niemals einen solchen Schmerz bereitest.

Zum Bibelstudium: Lies 1. Timotheus 6,6-19. · Welche Plagen haben solche zu erwarten, die reich werden wollen? · Was sollten wir statt Reichtum suchen? · Welche Haltung sollten Reiche ihrem Geld gegenüber einnehmen?

»Die Namen der zwölf Apostel aber sind diese: der erste, Simon, der Petrus genannt wird, und Andreas, sein Bruder; und Jakobus, der [Sohn] des Zebedäus, und Johannes, sein Bruder; Philippus und Bartholomäus; Thomas und Matthäus, der Zöllner; Jakobus, der [Sohn] des Alphäus, und Thaddäus; Simon, der Kananäer, und Judas, der Iskariot, der ihn auch überlieferte« (Matth. 10,2-4).

In Gottes Händen kannst du ein kostbares und nützliches Instrument sein.

Von einem berühmten Geiger wird erzählt, er habe einmal etwas beweisen wollen. So mietete er einen Konzertsaal und kündigte an, er werde seine äußerst kostbare Violine vorführen. Am Konzertabend war der Saal bis zum letzten Platz gefüllt, weil alle das teure Instrument hören wollten. Der Geiger trat auf die Bühne und spielte wunderbar. Man dankte ihm mit lang anhaltendem Beifall. Als das Klatschen verebbt war, warf der Geiger sein Instrument auf den Boden, zertrat es in Stücke und verließ die Bühne. Die Zuhörer rangen nach Luft, dann erstarrte alles in Schweigen.

Gleich darauf trat der Intendant ans Mikrophon und sagte: »Meine Damen und Herren, zu Ihrer Erleichterung: die eben zerbrochene Geige war nur ein billiges Schülerinstrument. Der Meister wird nun wiederkommen und auf seiner Stradivari spielen.« Am Ende seiner Darbietung geriet das ganze Auditorium aus dem Häuschen, doch hätten viele nicht sagen können, welche Geige ihnen besser gefallen hat. Darum ging es auch: Nicht die Geige macht die Musik, sondern der sie spielt.

Die Jünger glichen der Schülergeige, die aber Jesus zu kostbaren Instrumenten zum Ruhm Seiner Herrlichkeit machte. Ich hoffe, du hast Mut gefasst, weil Gott auch sie trotz ihrer Schwächen gebraucht hat, und ich bete dafür, dass du dich durch ihre Stärken herausgefordert fühlst. Du magst nicht so dynamisch wie Petrus sein oder so eifrig wie Jakobus und Simon; aber du kannst so treu sein wie Andreas und so mutig wie Thaddäus. Denke daran: Gott wird das Rohmaterial deines Wesens nehmen und dich durch Erfahrungen und Belehrungen umgestalten, bis du ein Diener wirst, wie Er ihn sich gedacht hat.

Vertraue darauf, dass Er vollführen wird, was er in dir angefangen hat und weihe dich jeden Tag aufs Neue dem Ziel, ein immer fähigerer und brauchbarerer Jünger zu werden.

Zum Gebet: Stelle eine Liste der am meisten bewunderten Eigenschaften der Jünger zusammen. Bitte den Herrn, diese Wesenszüge in dir zu verstärken.

Zum Bibelstudium: Lies 1. Timotheus 1,12-17 und achte auch darauf, was dem Paulus bei seiner eigenen Berufung wichtig war.

»Seid aber Täter des Wortes und nicht allein Hörer, die sich selbst betrügen!« (Jak. 1,22).

Gott will, dass du weißt, ob dein Glaube echt ist oder nicht.

In diesem Monat bewegen sich unsere Betrachtungen um Jakobus 1,19 – 2,26, wo es um die Echtheit des Glaubens geht – ein überaus wichtiges Thema. Zu wissen, dass der Glaube echt ist, gibt wunderbare Sicherheit; doch zu meinen, man sei errettet, wenn das nicht stimmt, ist der schrecklichste Selbstbetrug, den man sich vorstellen kann. In Matthäus 7,21-23 spricht Jesus von solchen, die Ihn »Herr« nennen und sogar Wunder in Seinem Namen tun, aber nicht errettet sind. In 2. Timotheus 3,5 lesen wir von Leuten, die »eine Form der Gottseligkeit haben, deren Kraft aber verleugnen«. Sie sind religiös, aber verloren. Leider sind heute viele Menschen Opfer dieser Täuschung. Sie meinen Christen zu sein; aber sie eilen der ewigen Verdammnis entgegen, wenn sie nicht ihren wahren Zustand erkennen und Buße tun.
Eine so ungeheure Täuschung ist eine unbeschreibliche Tragödie. Aber du brauchst ihr nicht zum Opfer zu fallen; denn Jakobus nennt eine Reihe von Tests für wahren Glauben. Diesen Monat wollen wir einen dieser Tests genauer betrachten: deine Haltung dem Wort Gottes gegenüber. Das ist ein besonders wichtiger Test, weil das Wort das Mittel sowohl zu deiner Errettung als auch zu deiner Heiligung ist. Der Heilige Geist verleiht ihm die Kraft, dich zu retten, und Er arbeitet durch das Wort dauernd an dir, um dich in das Bild Christi umzugestalten. Darum sagt Petrus: »Ihr seid wiedergeboren nicht aus vergänglichem Samen, sondern aus unvergänglichem durch das lebendige und bleibende Wort Gottes … [Darum] seid wie neugeborene Kinder begierig nach der vernünftigen, unverfälschten Milch – damit ihr durch sie wachset zur Errettung« (1. Petr. 1,23 – 2,2).
Jesus selbst beschreibt Gläubige als solche, die in Seinem Worte bleiben und Seinen Befehlen gehorchen. Sie empfangen das Wort in unterwürfiger und demütiger Haltung. Ungläubige dagegen widerstehen dem Wort und gehorchen ihm nicht (Joh. 8,31.43-45). Und in Psalm 119,155 lesen wir: »Fern von den Gottlosen ist das Heil, denn nach deinen Ordnungen suchen sie nicht.«
Wenn du diesen Test wahren Glaubens zu Gesicht bekommst, frage dich: »*Bestehe ich diesen Test?*« Ich bete dafür, dass du mit dem Psalmisten sagen kannst: »Ich habe mein Herz geneigt, deine Ordnungen zu tun. Für ewig. Bis ans Ende« (Ps. 119,112; Fußnote).

ZUM GEBET: Bitte Gott um Klarheit und Vertrauen in Bezug auf deinen Glauben.

ZUM BIBELSTUDIUM: Lies den Jakobusbrief und achte auf die Belehrungen, die er für das Christenleben gibt.

Ihr wisst [doch], meine geliebten Brüder: Jeder Mensch sei schnell zum Hören, langsam zum Reden, langsam zum Zorn! Denn eines Mannes Zorn wirkt nicht Gottes Gerechtigkeit. Darum legt ab alle Unsauberkeit und das Übermaß an Schlechtigkeit und nehmt das eingepflanzte Wort mit Sanftmut auf, das eure Seelen zu erretten vermag« (Jak. 1,19-21).

Die Gläubigen nehmen Gottes Wort auf.

Das Schlüsselwort unseres heutigen Abschnitts heißt »aufnehmen« (Jak. 1,21). Gläubige müssen Gottes Wort aufnehmen. Das unterscheidet sie von Ungläubigen. Der Herr Jesus sagte zu einer Gruppe religiöser Ungläubiger: »Warum versteht ihr meine Sprache nicht? Weil ihr mein Wort nicht hören könnt … Wer aus Gott ist, hört die Worte Gottes« (Joh. 8,43.47).

»Hören« bezieht sich in diesem Vers nicht allein auf das akustische Wahrnehmen. Insofern hörten die Leute, was Jesus sagte – sogar soweit, dass sie Ihn dafür umbringen wollten (Vers 59); aber sie nahmen Sein Wort nicht auf und taten nicht danach. Indem sie die Wahrheit verwarfen, offenbarten sie sich selbst als Kinder des Teufels, des »Vaters der Lüge« (Vers 44).

Petrus nennt Gottes Wort den »unvergänglichen« und »lebendigen« und »bleibenden« Samen, der Errettung bringt (1. Petr. 1,23). Aber die Aufnahme des Wortes Gottes ist nicht auf die Errettung beschränkt. Als Christ ist das Wort in dich hineingepflanzt. Jetzt muss du es pflegen, indem du alles Unkraut der Unreinheit und Bosheit ausreißt, damit es Frucht der Gerechtigkeit hervorbringt. Das ist nicht ein einmaliger Kraftakt, sondern eine Lebenshaltung beständigen Forschens in Gottes Wort; da will man immer Gottes Willen erfahren und dann danach tun. Das bedeutet keine sündlose Perfektion; aber dein Leben wird durch wachsende geistliche Reife und durch Gehorsam gegen Gottes Wort gekennzeichnet sein. Wenn du ungehorsam bist, müsstest du eine gewaltige geistliche Anspannung empfinden, bis du Buße getan und die Sache in Ordnung gebracht hast.

Hörst du in dieser Weise auf Gottes Wort? Kennen dich deine Nächsten als einen Menschen, der sich von biblischen Grundsätzen leiten lässt? Der Herr hat gesagt: »Wenn ihr in meinem Wort bleibt, so seid ihr wahrhaft meine Jünger« (Joh, 8,31). Nimm Sein Wort auf und bleibe beständig darin!

Zum Gebet: Bitte den Herrn, dich in allem, was dir heute begegnet, empfindsam für Sein Wort zu erhalten.

Zum Bibelstudium: Lies 1. Thessalonicher 2,13-14 und achte darauf, wie die Thessalonicher auf Gottes Wort reagierten.

*»Ihr wisst [doch], meine geliebten Brüder:
Jeder Mensch sei schnell zum Hören« (Jak. 1,19).*

Zum schnellen Hören gehört die richtige Haltung dem Wort Gottes gegenüber.

Die Bemerkung ist richtig: Entweder hält dich Gottes Wort vom Sündigen ab oder das Sündigen hält dich von Gottes Wort ab. Offensichtlich gestatteten einige der Leser des Jakobusbriefes der Sünde, sie davon abzuhalten, das Wort Gottes in rechter Weise aufzunehmen. Gott erlaubte ihnen, allerlei Trübsal zu erleben, damit ihre Freude und ihre geistliche Kraft wachsen könne; ihnen mangelte es aber an Weisheit und sie fielen in Versuchungen und Sünden. Jakobus rief sie zum Wort zurück und zu einer gottgemäßen Betrachtung ihrer Lage.

Jakobus 1,19 beginnt mit einer Wendung »Ihr wisst [doch]«, die sich auf Vers 18 bezieht. Bei ihrer Errettung hatten sie die Kraft des Wortes erfahren und nun wollte Jakobus, dass sie dem Wort erlaubten, sie zu heiligen. Damit das geschehen konnte, mussten sie »schnell zum Hören, langsam zum Reden und langsam zum Zorn« sein (Vers 19).

»Schnell zum Hören« sein bedeutet, Gottes Wort nicht gering achten oder bestreiten. Stattdessen bitte Gott um Weisheit, wenn Trübsale oder schwierige Entscheidungen auf dich zukommen und empfange aus Seinem Wort Rat mit der Willigkeit, diesem Rat zu folgen. Dann gleichst du nicht den Jüngern auf dem Weg nach Emmaus, zu denen Jesus sagte: »O ihr Unverständigen und im Herzen [zu] träge, an alles zu glauben, was die Propheten geredet haben!« (Luk. 24,25).

Du solltest schnell auf das Wort hören, weil es Nahrung für dein geistliches Leben ist und eine Waffe gegen alle geistlichen Feinde. Es ist das Mittel, durch das du gestärkt und befähigt wirst für jedes gute Werk (2. Tim. 3,16-17). Es erlöst dich aus Trübsalen und Versuchungen und erhält dich in Gemeinschaft mit dem lebendigen Gott. Das Wort sollte dein meistgeliebter Freund sein!

Sei »schnell zum Hören«, indem du jede Gelegenheit wahrnimmst, von Gottes Wahrheit etwas zu lernen. Lass das Zeugnis des Psalmisten auch das deine sein: »Wie liebe ich dein Gesetz! Es ist mein Nachdenken den ganzen Tag … Von jedem bösen Pfad habe ich meine Füße zurückgehalten, damit ich dein Wort bewahre … Wie süß sind meinem Gaumen deine Worte, mehr als Honig meinem Mund!« (Ps. 119,97.101.103).

ZUM GEBET: Danke Gott für sein wunderbares Wort und für das staunenswerte Umwandlungswerk, das es in dir vollbringt.

ZUM BIBELSTUDIUM: Lies Psalm 19,1-14. · Welche Ausdrücke benutzt der Psalmist, um Gottes Wort zu beschreiben? · Welche Wohltaten bringt das Wort?

»Jeder Mensch sei ... langsam zum Reden« (Jak. 1,19).

Stürze dich nicht in die Rolle eines Bibellehrers!

Von dem schottischen Reformator John Knox wird berichtet, er habe jedesmal, wenn er zum Predigen gerufen wurde, Tränen vergossen und sich zum Gebet in sein Zimmer zurückgezogen. So sehr erschütterte ihn die auf ihn zukommende Verantwortung. Nur die ihn drängende Gnade des Heiligen Geistes machte ihn fähig, solcher Berufung zu entsprechen.

John Knox hatte verstanden, was es heißt, »langsam zum Reden« zu sein. Er wusste, dass Gott die Lehrer für das verantwortlich macht, was sie sagen und ein strengeres Gericht an ihnen vollziehen wird, wenn sie ihren Auftrag missbrauchen (Jak. 3,1-2).

In gewisser Weise zieht Gott jeden für sein Reden zur Verantwortung. So heißt es: »Kein faules Wort komme aus eurem Mund, sondern nur eins, das gut ist zur notwendigen Erbauung, damit es den Hörenden Gnade gebe!« (Eph. 4,29). Aber »langsam zum Reden« bezieht sich nicht auf Wortmenge oder Ansichten, sondern auf das Lehren des göttlichen Wortes. Du musst jede Gelegenheit wahrnehmen, Gottes Wort zu hören, dir aber Zurückhaltung auferlegen, wenn es um die Rolle des Lehrenden geht. Warum? Weil die Zunge die verborgenen Sünden des Herzens offenbart und leicht jemanden zu Fall bringt (Jak. 3,2).

Heißt das nun, du dürftest niemals ein Bibellehrer werden? Nein, weil Gott jedem Gläubigen befiehlt, Jünger aus allen Nationen zu machen und *sie zu lehren, alles zu bewahren,* was der Herr uns geboten hat (Matth. 28,19-20). Und der Geist begabt manche Gläubige, das Wort zu predigen und zu lehren. Paulus sagt: »Ein Zwang liegt auf mir. Denn wehe mir, wenn ich das Evangelium nicht verkündigte!« (1. Kor. 9,16).

Du musst jede Gelegenheit wahrnehmen, mit anderen über das Evangelium zu reden; und wenn Gott dich berufen und begabt hat, das Wort Gottes zu lehren, dann tu es in Treue. Aber denke daran, dass du in einer heiligen Verantwortung stehst. Sei dir sicher, dass deine Motive rein und deine Lehre richtig ist. Wenn sich jemand angegriffen fühlt, dann nur wegen der überführenden Kraft des Wortes und nicht, weil du in einem unbedachten Augenblick etwas Törichtes gesagt hast.

ZUM GEBET: Bitte den Herrn, deine Zunge zu bewahren und nur zu sagen, was die anderen auferbaut.

ZUM BIBELSTUDIUM: Lies Sprüche 10,19; 13,3; 17,28 und 29,20 und achte darauf, was jeder Vers über das weise Reden sagt.

»Jeder Mensch sei … langsam zum Zorn! Denn eines Mannes Zorn wirkt nicht Gottes Gerechtigkeit« (Jak. 1,19-20).

Wenn du mit Gottes Wort haderst, kannst du nicht in der Gerechtigkeit wachsen.

Kennst du das? Du fängst an, die Bibel zu lesen und meinst, alles sei zwischen dir und dem Herrn in Ordnung, und dann schneidet das Wort dir plötzlich tief in die Seele, weil es dir eine Sünde zeigt, die du bisher übersehen oder versteckt hattest. Das geschieht gewöhnlich, weil Gott Seine Kinder von Sünden reinigen will. Der Heilige Geist benutzt das Wort, um die verborgenen Verstecke des Herzens aufzudecken, um sein überführendes und reinigendes Werk zu tun. Wie du darauf reagierst, zeigt, wie echt dein Glaube ist. »Zorn« wie in Jakobus 2,19-20 ist die negative Reaktion bei diesem Vorgang. Es ist ein tiefsitzender Groll, verbunden mit einer abweisenden Haltung. Manchmal ist dieser Groll nicht leicht zu fassen. Paulus redet von solchen, die »die gesunde Lehre nicht ertragen, sondern sich nach ihren eigenen Begierden selbst Lehrer aufhäufen werden, weil es ihnen in den Ohren kitzelt« (2. Tim. 4,3). Das sind die Leute, die von einer Gemeinde zur anderen laufen, um jemand zu finden, der ihnen sagt, was sie hören wollen, oder es sind Versammlungen, die einen Pastor suchen, der ihnen das Gefühl vermittelt, mit ihnen sei alles in Ordnung, anstatt dass er das Wort Gottes predigt und hohe Maßstäbe in Bezug auf Heiligkeit setzt.

Manchmal hört der Groll gegen die Ansprüche Gottes auch auf, fein im Hintergrund zu bleiben; dann tritt er als offene Feindschaft zutage. So geschah es bei der Menge, der Stephanus entgegengetreten war. Da hielt man sich die Ohren zu, trieb ihn zur Stadt hinaus und steinigte ihn (Apg. 7,57-60). Zahllose andere haben im Lauf der Geschichte unter den tödlichen Schlägen derer leiden müssen, deren Groll gegen Gottes Wahrheit sich in Hass gegen Seine Leute entlud.

Zum Empfang des Wortes gehört es, »schnell zu hören«, was es zu sagen hat; aber »langsam zum Zorn« zu sein, wenn es nicht mit unseren Ansichten übereinstimmt oder unseren Sünden entgegentritt. Nimmst du seine Mahnungen gern an und schätzt du seine Warnungen, oder bist du heimlich böse darüber? Wenn ein christlicher Bruder oder eine Schwester dir eine begangene Sünde vorhält, lässt du dir etwas sagen oder verwirfst du ihren Rat?

ZUM GEBET: Danke Gott für die Kraft Seines Wortes, das dich überführt und zur Buße bringt. Nimm die Korrekturen demütig und dankbar an.

ZUM BIBELSTUDIUM: Lies 2. Timotheus 4,1-5 und beachte, welche Anweisung Paulus dem Timotheus gibt und welche Gründe er dafür anführt.

»Deshalb legt ab alle Unsauberkeit und das Übermaß der Schlechtigkeit und nehmt das eingepflanzte Wort in Sanftmut auf« (Jak. 1,21).

Du kannst nicht gleichzeitig Gottes Wort annehmen und Sünde im Herzen bewahren.

Wenn der Psalmist sagt: »Von jedem bösen Pfad habe ich meine Füße zurückgehalten, damit ich dein Wort bewahre« (Ps. 119,101), so erkennt er damit einen wesentlichen Grundatz geistlichen Wachstums an: Du musst die Sünde beseitigen, wenn du aus Gottes Wort profitieren willst. Petrus drückt den gleichen Gedanken aus, wenn er sagt: »Legt nun ab alle Bosheit und allen Trug und Heuchelei und Neid und alles böse Nachreden und seid wie neugeborene Kinder begierig nach der vernünftigen, unverfälschten Milch – damit ihr durch sie wachset zur Errettung« (1. Petr. 2,1-2). Genauso ermahnt uns Jakobus, die Sünde abzulegen und das Wort anzunehmen (1,21).
Weder Jakobus noch Petrus wenden sich an Ungläubige; denn ohne Christus ist niemand imstande, die Sünde abzulegen oder das Wort Gottes anzunehmen. Aber wir Christen sind durch die Fähigkeit gekennzeichnet, beides zu tun und wir müssen unser Leben dauernd durch Bekenntnis, Buße und richtige Entscheidungen von Sünden reinigen. Darum sagt Paulus: »Wie ihr eure Glieder als Sklaven der Unreinigkeit und der Gesetzlosigkeit zur Gesetzlosigkeit zur Verfügung gestellt habt, so stellt jetzt eure Glieder zur Verfügung als Sklaven der Gerechtigkeit zur Heiligkeit« (Röm. 6,19).
Wie schmutzige Kleidung sollen wir alle Unreinheit ablegen. Das mit »Unsauberkeit« übersetzte griechische Wort bezieht sich nicht nur auf äußerliche Unreinheit, sondern auch auf moralischen Schmutz. Ursprünglich wurde es auch für Ohrschmalz verwendet, wodurch das Hören erschwert werden kann. Auch Sünde macht schwerhörig für Gottes Wort. »Schlechtigkeit« spricht von den üblen Absichten und Begierden. Beide Begriffe zusammen zeigen, wie wichtig es ist, alle bösen Handlungen und Absichten abzulegen.
Einfach ausgedrückt: Missbrauche niemals Gottes Gnade, indem du Sein Wort mit Sünde verbindest, die du nicht bekennen willst. David betete: Auch von übermütigen (absichtlichen) Sünden halte deinen Knecht zurück, lass sie mich nicht beherrschen! Dann bin ich tadellos« (Ps. 19,14). Er wollte rein vor dem Herrn sein. Ich bete dafür, dass du dies Begehren mit ihm teilst und das Wort stets in Reinheit empfängst.

Zum Gebet: Lerne Psalm 19,15 auswendig. Mache das zu deinem Gebet, wenn du Gottes Wort erforschst.

Zum Bibelstudium: Lies Kolosser 3,5-17. · Welche Dinge sollst du danach ablegen? · Warum ist es so wichtig, diese Ermahnungen zu beherzigen?

»Nehmt das eingepflanzte Wort in Sanftmut auf, das eure Seelen zu erretten vermag« (Jak. 1,21).

Ein sanftmütiges Herz ist ein belehrbares Herz.

Die Schrift spricht von der Errettung als etwas Gegenwärtigem, Vergangenem und Zukünftigem. Du bist von der Sündenstrafe errettet (Erlösung), bist von der Macht der Sünde befreit (Heiligung) und wirst am Ende aus der Gegenwart der Sünde entrückt (Verherrlichung). Auf den ersten Blick scheint Jakobus 1,21 für Ungläubige geschrieben zu sein, die gedrängt werden, das Wort anzunehmen, das sie erretten kann. Aber der Ausdruck »das eure Seelen zu erretten vermag« enthält diesen Gedanken: Das eingepflanzte Wort besitzt fortwährend die Kraft, unsere Seele zu retten. Es bezieht sich also auf den gegenwärtigen fortlaufenden Prozess der Heiligung, der durch das vom Geist mit Kraft erfüllte Wort vorangetrieben wird.

Dies Wort wurde durch den Heiligen Geist bei deiner Bekehrung in dich eingepflanzt. Es ist die Quelle der Kraft und des Wachstums deines neuen Lebens in Christus. Deine Verantwortung liegt darin, es in Reinheit zu empfangen, damit es sein heiligendes Werk in dir tun kann.

»Sanftmut« kann hier auch mit »Demut« übersetzt werden oder mit »einen willigen Geist haben«; ich ziehe das Wort »lernfähig« vor. Wenn dein Herz rein und demütig ist, so ist es lernfähig und wird allen Groll, Zorn und Stolz hinwegtun, damit du Gottes Wahrheit erkennen und auf dein Leben anwenden kannst.

Wenn der Herr Jesus sagt: »Wenn ihr mich liebt, so werdet ihr meine Gebote halten« (Joh. 14,15), so redet Er von der gleichen Sache. Wenn du Ihn liebst, wirst du darauf brennen, Ihm zu gehorchen und Sein Wort anzunehmen, damit du weißt, was Er von dir will. Und wenn du Sein Wort annimmst, wird dir der Heilige Geist die Kraft geben, dem entsprechend zu leben.

Paulus sagt: »Das Wort des Christus wohne reichlich unter euch; in aller Weisheit lehrt und ermahnt euch gegenseitig! ... Und alles, was ihr tut, im Wort oder Werk, alles tut im Namen des Herrn Jesus und sagt Gott, dem Vater, Dank durch ihn!« (Kol. 3,16-17). Das ist das Herzstück biblischen Lebenswandels und die Frucht des in Sanftmut empfangenen Wortes. Möge Gott dich mit einem lernfähigen Geist segnen und mit fort und fort wachsender Liebe zu seiner Wahrheit!

Zum Gebet: Bitte Gott, Er möge dein Herz weich erhalten für Christus und Sein Wort.

Zum Bibelstudium: Lies Nehemia 8. · Wer liest das Wort Gottes vor den Leuten? Wie reagierten die Menschen? · Würdest du sie als »Empfangende« bezeichnen? Erkläre.

»Seid aber Täter des Wortes und nicht Hörer allein, die sich selbst betrügen!« (Jak. 1,22).

Ein Täter des Wortes tut, was die Schrift sagt.

Effektives Bibelstudium gründet auf drei Hauptfragen: Was sagt die Bibel? Was bedeutet das? Wie kann ich das auf mein Leben anwenden? Jede dieser Fragen ist wichtig; aber die Anwendung des Wortes muss immer das höchste Ziel sein. Erkenntnis ohne Anwendung ist nutzlos.

Sowohl das Alte als auch das Neue Testament betonen die Wichtigkeit der Anwendung der Schrift. So erhielt zum Beispiel Josua, direkt bevor er die Israeliten ins verheißene Land führte, diese Botschaft von Gott: »Dieses Buch des Gesetzes soll nicht von deinem Munde weichen und du sollst Tag und Nacht darüber nachsinnen, damit du darauf achtest, nach alledem zu handeln, was darin geschrieben ist; denn dann wirst du auf deinen Wegen zum Ziel gelangen und dann wirst du Erfolg haben« (Jos. 1,8). Das ist ein Befehl, ein Täter des Wortes zu sein – es zu empfangen, zu studieren und zu verstehen und dann auf alle Aspekte des Lebens anzuwenden. Hierin lag der Schlüssel zu Josuas erstaunlichem Erfolg.

Jakobus 1,22 ist das neutestamentliche Gegenstück zu Josua 1,8 und wendet sich an alle Gläubigen: »Seid aber Täter des Wortes und nicht allein Hörer, die sich selbst betrügen!« Es reicht nicht, das Wort nur zu hören, man muss auch tun, was es sagt.

Der Ausdruck: »Täter des Wortes« bezieht sich nicht auf Leute, die ab und zu gehorchen, sondern auf solche, deren Haltung und Wesen vom Gehorsam geprägt sind. Es ist ein Ding, einen Wettlauf zu bestreiten und ein anderes, ein Wettläufer zu sein. Es ist eine Sache, eine Klasse zu unterrichten, eine andere, ein Lehrer zu sein. Wettläufer sind fürs Laufen bekannt, Lehrer fürs Unterrichten – das kennzeichnet ihr Leben. Genauso sind Täter des Wortes für ihren Gehorsam gegenüber biblischen Wahrheiten bekannt.

Sei nie damit zufrieden, nur ein Hörer des Wortes zu sein, sondern erweise dich als Täter des Wortes in deinem ganzen Christenleben. Dein Anspruch, Christus zu lieben, bedeutet nur etwas, wenn du tust, was Er sagt.

Zum Gebet: Lerne Josua 1,8 auswendig und bitte regelmäßig Gott darum, Er möge dich zu einem treuen Täter Seines Wortes machen.

Zum Bibelstudium: Lies Psalm 1. · Welchen Nutzen bringt die Freude an Gottes Gesetz? · Wie kennzeichnet der Psalmist solche, die die Gerechtigkeit verwerfen?

»Seid aber Täter des Wortes und nicht allein Hörer, die sich selbst betrügen« (Jak. 1,22).

Du betrügst dich selbst, wenn du meinst, du könntest Gottes Wort hören und ungestraft ungehorsam sein.

Matthäus 7,21-23 berichtet von dem traurigen Ergebnis geistlichen Selbstbetrugs. Der Herr Jesus sagt dort: »Nicht jeder, der zu mir sagt: Herr, Herr! wird in das Reich der Himmel hineinkommen, sondern wer den Willen meines Vaters tut, der in den Himmeln ist. Viele werden an jenem Tage zu mir sagen: Herr, Herr! haben wir nicht durch *deinen* Namen geweissagt und durch *deinen* Namen Dämonen ausgetrieben und durch *deinen* Namen viele Wunderwerke getan? Und dann werde ich ihnen bekennen: Ich habe euch niemals gekannt. Weicht von mir, ihr Übeltäter!«

Jesus macht einen deutlichen Unterschied zwischen denen, die nur behaupten, Christen zu sein, und denen, die es wirklich sind. Der Unterschied liegt darin: Wahre Gläubige tun den Willen des Vaters. Mit den Worten des Jakobus: Sie sind Täter des Wortes, nicht nur Hörer, die sich selbst betrügen.

Mit »Hörer« wird hier in Jakobus ein griechisches Wort übersetzt, das von Hörern im Unterricht spricht. Im Auditorium werden Schüler unterrichtet, die dem Lehrer zuhören, dabei aber nichts tun. Daher bekommen sie auch keine Anerkennung dafür. Der Ausdruck »sich selbst betrügen« zeigt an, dass man das Opfer seiner eigenen törichten Überlegungen werden kann.

Leute, die das Wort Gottes vernehmen, aber niemals gehorchen, gleichen geistlichen Schülern, die sich selbst betrügen, indem sie meinen, das Hören des göttlichen Wortes sei alles, was von ihnen erwartet wird. Leider sind viele Gemeinden voll von solchen Leuten. Sie nehmen am Gottesdienst teil und hören die Predigten, aber ihr Leben ändert sich nicht. Sie geben sich mit dem Hören zufrieden und wenden es niemals an. Wie jene, die der Herr in Matthäus 7 verurteilt, haben sie religiöse Aktivitäten dem wahren Glauben an Christus vorgezogen.

Wie schrecklich, wenn man meint, errettet zu sein und dann zu hören: »Ich habe euch niemals gekannt. Weicht von mir, ihr Übeltäter!« (Matth. 7,23). Das wird nie geschehen, wenn du ein Täter des Wortes bist.

ZUM GEBET: Nimm jede Gelegenheit wahr, im Einzelfall dem Wort zu gehorchen. Bitte Gott um Seine Gnade, dich treu auf dies Ziel auszurichten.

ZUM BIBELSTUDIUM: Lies Matthäus 7,13-29. · Wie beschreibt Jesus die falschen Propheten? · Wie unterscheidet man falsche von wahren Propheten? Wem vergleicht der Herr alle, die Sein Wort hören und entsprechend handeln? Warum?

»Wenn jemand ein Hörer des Wortes ist und nicht ein Täter, der gleicht einem Mann, der sein natürliches Gesicht im Spiegel betrachtet. Denn er hat sich selbst betrachtet und ist weggegangen und er hat sogleich vergessen, wie er beschaffen war« (Jak. 1,23-24).

Lebe entsprechend dem,
was du als Willen Gottes für dich erkannt hast.

Ihr Männer, habt ihr bei der Arbeit euer Gesicht berührt, um festzustellen, dass ihr euch zu rasieren vergessen habt? Vielleicht seid ihr dadurch abgelenkt worden, dass euch eure Frau zum Frühstück gerufen hat oder weil die Kinder etwas von euch wollten. Oder ihr Frauen, merkt ihr plötzlich in der Öffentlichkeit, dass etwas mit eurer Frisur nicht stimmt? Das kommt vor und zeigt, was es bedeutet, Gottes Wort zu hören, ohne ihm zu entsprechen.
In Jakobus 1,23 heißt es: »Wenn jemand ein Hörer des Wortes ist und nicht ein Täter, der gleicht einem Mann, der sein natürliches Gesicht im Spiegel betrachtet.« »Betrachten« heißt nicht zufällig kurz hinblicken, sondern bewusst und sorgfältig beobachten. Eine solche Person sieht sich richtig und mit Muße an. Hörer des Wortes sind nicht notwendigerweise oberflächlich oder betrachten das Wort Gottes nur als Nebensache. Sie können ernsthaft das Wort erforschen. Und doch, manche Professoren in den Seminaren und manche Sonntagsschullehrer sind keine wahren Gläubigen. Einige von ihnen schreiben sogar Bibelkommentare und Nachschlagewerke. Gott aber geht es vor allem darum, wie du auf das Wort reagierst, nicht wie sehr du dich damit beschäftigst.
Trotz des intensiven Hineinsehens, versagt der Hörer bei der Reaktion darauf. Dann verblasst alsbald das vom Spiegel reflektierte Bild. Das erinnert an das Wort Jesu: »Sooft jemand das Wort vom Reich hört und nicht versteht, kommt der Böse und reißt es weg, was in sein Herz gesät war« (Matth. 13,19). Das Wort wurde gesät, aber es brachte keine Frucht. Der Mann hatte in den Spiegel gesehen, aber nichts korrigiert.
Vielleicht ist etwas in Gottes Wort, das es dich zu tun auffordert und du hast es beiseite geschoben. Wenn ja, dann zögere nicht länger, es zu tun. Sei kein vergesslicher Hörer!

Zum Gebet: Bitte Gott, schneller dem zu entsprechen, was Gott dir in Seinem Wort vorschreibt.

Zum Bibelstudium: Lies Matthäus 13,1-23 und beachte die verschiedenen Böden und was sie bedeuten.

»Wer aber in das vollkommene Gesetz der Freiheit hineingeschaut hat und dabei geblieben ist, indem er nicht ein vergesslicher Hörer, sondern ein Täter des Werkes ist, der wird in seinem Tun glückselig sein« (Jak. 1,25).

Gott segnet dich, wenn du Seinem Wort gehorchst.

In Jakobus 1,21-24 werden Hörer und Täter des Wortes einander gegenübergestellt. Hörer reagieren weder auf die Schrift, noch gewinnen sie etwas aus ihren Wahrheiten, selbst wenn sie eifrig darin forschen. Täter empfangen das Wort in Demut und gehorchen seinen Befehlen. Jakobus 1,25 fügt hinzu, dass sie »gesegnet« in ihrem Tun sind. Das heißt: Im Akt des Gehorsams selbst liegt Segen.

Jakobus nennt hier die Heilige Schrift »das Gesetz der Freiheit«. Es ist »Gesetz«, weil es Gottes verpflichtender Verhaltenskodex ist. Gnade hebt nicht Gottes Moralgesetz auf; aber sie gibt uns die geistlichen Hilfsquellen, um diesem Gesetz zu entsprechen und Vergebung, wenn wir versagt haben. Auf diese Weise erfüllt der Herr selbst das Gesetz in uns (Matth. 5,17).

Die Schrift ist »das vollkommene Gesetz«, weil sie vollständig, umfassend, verstehbar und fehlerlos ist. Durch sie begegnet Gott jeder Not und erfüllt alle Bedürfnisse des menschlichen Herzens. Darüber hinaus ist sie »das Gesetz der Freiheit«. Das mag paradox erscheinen, weil wir Gesetz und Freiheit für Gegensätze halten. Aber wenn du das Wort intensiv untersuchst, befähigt dich der Heilige Geist, die biblischen Grundsätze auf dein Leben anzuwenden; dadurch befreit Er dich von aller Schuld und von den Fesseln der Sünde und versetzt dich in die Lage, zu Gottes Ehre zu leben. Das ist wahre Freiheit!

Mit »hineingeschaut« wird ein griechisches Wort wiedergegeben, das »beiseitebücken« bedeutet, also weg von anderem, intensiv und sorgfältig prüfen. Das zeigt Demut und den Wunsch an, klar zu sehen, was die Schrift über deinen persönlichen geistlichen Zustand zu sagen hat. Das bezieht sich sowohl auf die Einstellung als auch auf das Tun.

Wenn du deine Bibel liest, dann tu es stets, indem du dabei betest: »Herr, wenn ich mit aller Kraft Dein Wort verstehen möchte, dann offenbare mir die Dinge in meinem Leben, die geändert werden müssen. Und gib mir die Gnade, sie auch tatsächlich zu ändern, damit ich mehr zu Deiner Ehre lebe.«

Zum Gebet: Lerne Psalm 139,23-24 auswendig und lass das dein ernstes Gebet sein.

Zum Bibelstudium: Lies Hebräer 4,12-13. · Womit wird Gottes Wort verglichen? · Welche Wirkung hat es auf alle, die ihm ausgesetzt werden?

»Wer aber in das vollkommene Gesetz der Freiheit hineingeschaut hat und dabei geblieben ist, indem er nicht ein vergesslicher Hörer, sondern ein Täter des Werkes ist, der wird in seinem Tun glückselig sein« (Jak. 1,25).

Täter des Wortes sind beständig Lernende.

Der Ausdruck »dabeibleiben« in Jakobus 1,25 verdient unsere eingehende Betrachtung. Dabeibleiben kann auch »sich dranhalten«, »ausharren« und »fortfahren« bedeuten. Der Gedanke ist: Der Täter des Wortes hält seinen Blick beständig auf das vollkommene Gottesgesetz gerichtet. Mit anderen Worten: Er ist ein beständig Lernender.

Wenn du dich dem Wort Gottes gegenüber so verhältst, wirst du ein brauchbarer Täter – einer, der mit Gottes Willen übereinstimmt und diesem mehr als allem anderen gehorchen will. Wenn du das tust, will Gott dich segnen. Das bedeutet nicht notwendigerweise, in der Welt für erfolgreich gehalten zu werden, doch sind dann deine Prioritäten und deine Perspektiven die richtigen und Gott wird dein Handeln wertschätzen.

Dieser Vers ist ein Aufruf, dich sorgfältig im Lichte der göttlichen Maßstäbe zu prüfen. Das ist in unserer Gesellschaft höchst unbeliebt; denn viele Menschen haben starke Abneigungen gegen ernste geistliche Betrachtungen und Selbstprüfungen. Ich glaube, dass darum christliches Fernsehen, Musik und andere Unterhaltungsformen so beliebt sind. Der Wirklichkeit durch Unterhaltung zu entrinnen, ist den meisten Leuten weit attraktiver als die Betrachtung des göttlichen Wortes, das unsere geistlichen Mängel und unsere Schande aufdeckt. Aber wenn du Christus ähnlich werden willst, musst du erkennen, wie du bist und dann alle nötigen Korrekturen vornehmen. Um das tun zu können, hast du dein Leben beständig im Licht der Schrift zu prüfen.

Kannst du auch nur ahnen, wie die Kirche aussähe, wenn alle Christen das täten? Kannst du dir vorstellen, wie anders dein Leben wäre, wenn du dies weniger lückenhaft tätest? Nur der Heilige Geist kann dich befähigen, ein Täter des Wortes zu sein. So halte dich an Seine Leitung in Gebet und Buße, während du das Wort studierst und es auf dich anwendest.

ZUM GEBET: So oft du die Schrift studierst, bitte den Herrn, Er möge durch den Geist Herz und Verstand erleuchten und das Wort benutzen, dich immer mehr in das Bild Jesu zu verwandeln.

ZUM BIBELSTUDIUM: Lies Kolosser 3,16-17 und achte auf das, was Paulus über das Reagieren auf das Wort Gottes sagt.

»Wenn jemand meint, er diene Gott und zügelt nicht seine Zunge, sondern betrügt sein Herz, dessen Gottesdienst ist vergeblich« (Jak. 1,26).

Dein Reden offenbart deinen Herzenszustand.

In Vers 22 sprach Jakobus von dem Selbstbetrug, das Wort zwar zu hören, aber nicht danach zu tun. Hier spricht er von der Selbsttäuschung durch äußerliche fromme Aktivität ohne innere Reinheit des Herzens.

Das kommt sehr häufig vor. Viele verwechseln die Freude an frommem Tun mit der Liebe zu Gott. Sie mögen äußerlich alles machen: die Bibel lesen, den Gottesdienst besuchen, beten, Geld spenden oder Lieder singen; aber in Wirklichkeit ist ihr Herz fern von Gott. Diese Art Selbsttäuschung kann sehr feingesponnen sein. Darum hält Jakobus wenig von dem bloßen Anspruch, ein Christ zu sein und fragt nach unseren Motiven und ob wir dem Wort gehorsam sind. Das ist die Nagelprobe!

Jakobus hat absichtlich für »Gott dienen« oder »Gottesdienst« nicht das gewöhnliche griechische Wort für Frömmigkeit gewählt, sondern eins, das äußerliche religiöse Kultgegenstände, Zeremonien und Rituale meint – alles Dinge, die für wahre Spiritualität nutzlos sind.

Sein Blick richtet sich in Sonderheit auf die Zunge als Test wahrer Frömmigkeit, weil diese ein Fenster des Herzens ist. Der Herr sagt: »Aus der Fülle des Herzens redet der Mund« (Matth. 12,34). Reden wir etwas Schädliches, weist das auf ein unwiedergeborenes Herz hin. Dient unser Reden der Gerechtigkeit, zeigt dies ein verändertes Herz. Es spielt keine Rolle, wie evangelikal oder biblisch deine Theologie ist; wenn du deine Zunge nicht unter Kontrolle hast, ist dein Gottesdienst wertlos!

Du kannst viel über den Charakter einer Person erfahren, wenn du lange genug zuhörst. Andererseits erfahren andere viel über dich, wenn sie hören, was du sprichst. Offenbaren deine Worte ein reines Herz? Denke an die Ermahnung des Paulus: »Kein faules Wort komme aus eurem Munde, sondern nur eins, das notwendig ist zur notwendigen Erbauung, damit es den Hörenden Gnade gebe!« (Eph. 4,29). Setze dir das täglich zum Ziel, dann wirst du den Segen und die Gnade disziplinierten Redens erfahren!

Zum Gebet: Bitte den Herrn, deine Zunge zu bewahren, damit du nichts sagst, womit du Ihn entehrst. Sei dir immer bewusst, was du sagst.

Zum Bibelstudium: Lies Jakobus 3,1-12. · Wovor warnt Jakobus? · Womit vergleicht er die Zunge?

»Ein reiner und unbefleckter Gottesdienst vor Gott, dem Vater, ist dieser: Waisen und Witwen in ihrer Bedrängnis besuchen, sich selbst von der Welt unbefleckt erhalten« (Jak. 1,27).

Wahre Frömmigkeit bringt Heiligkeit und aufopfernde Liebe hervor.

In diesem Vers setzt Jakobus seine praktischen und unter die Haut gehenden Beschreibungen wahren Glaubens fort. Bisher sagte er dem Sinn nach: »Lest nicht nur die Bibel – gehorcht ihr! Haltet euch nicht mit äußerlicher Frömmigkeit auf – haltet eure Rede rein!« Jetzt fügt er hinzu: »Sagt nicht nur, ihr wäret fromm – zeigt es durch aufopfernde Liebe! Behauptet nicht nur, Gott zu lieben – führt ein reines Leben!« Leeres Prahlen, ein Christ zu sein, bedeutet ihm nichts. Er will gottesfürchtiges Verhalten und gerechte Taten sehen. Der Apostel Johannes geht genauso an die Sache heran, wenn er schreibt: »Wer sagt, dass er in ihm bleibe, ist auch schuldig, so zu wandeln, wie er gewandelt ist ... Wer seinen Bruder liebt, bleibt im Licht und nichts Anstößiges ist in ihm. Wer aber seinen Bruder hasst, ist in der Finsternis und wandelt in der Finsternis und weiß nicht, wohin er geht, weil die Finsternis seine Augen verblendet hat« (1. Joh. 2,6.10.11). »Licht« bedeutet in diesem Abschnitt Wahrheit und Gerechtigkeit; »Finsternis« spricht von Irrtum und Sünde. Wenn du wirklich gerettet bist, bist du im Licht, und das wird sich in deiner Liebe zu anderen zeigen.

In unserer Gesellschaft wird der Begriff »Frömmigkeit« sehr weit gefasst. Beinahe jedes Glaubenssystem passt da hinein. Aber für Gott ist jede Religiosität, die nicht Heiligkeit und hingebende Liebe hervorbringt, keine wahre Frömmigkeit. Das engt das Feld bemerkenswert ein, weil alle, die nicht durch den Glauben an Jesus Christus errettet sind, in den Fesseln der Sünde verhaftet bleiben und kein heiliges und selbstloses Leben führen können.

Wie steht's mit dir? Fliehst du vor der Sünde und reichst du den Notleidenden deine Hand? Wenn ja, bist du wahrhaft fromm. Wenn nicht, nimm Christus jetzt an. Er allein ist die Quelle von Heiligkeit und Liebe.

ZUM GEBET: Wenn du ein Gläubiger bist, ist Gottes Liebe schon über dein Herz ausgegossen durch den innewohnenden Heiligen Geist (Röm. 5,5). Bitte Gott, Er möge deine Liebesfähigkeit mehren, um andere so zu lieben, wie Christus dich liebt.

ZUM BIBELSTUDIUM: Lies 1. Johannes 3,10-18 und achte auf den Vergleich zwischen den Kindern Gottes und den Kindern des Teufels.

Ein reiner und unbefleckter Gottesdienst vor Gott, dem Vater, ist dieser: Waisen und Witwen in ihrer Bedrängnis besuchen« (Jak. 1,27).

Aufopfernde Liebe ist das Kennzeichen wahren Christentums.

Kürzlich berichtete eine Lokalzeitung die Geschichte von einer jungen Frau, die brutal geschlagen, sexuell missbraucht, mit einem Messer verwundet und dann einen Hügel hinabgerollt worden war, damit sie dort sterben sollte. Wunderbarerweise überlebte sie den Angriff. Sie kletterte den Hügel hinauf und gelangte an eine Stelle, wo mehrere Wagen hielten, deren Insassen den Panoramablick auf die Stadt genossen.

Blutverschmiert von Kopf bis Fuß ging sie von einem Auto zum anderen und bat um Hilfe, aber alle Fahrer kurbelten ihre Fenster nach oben und fuhren davon. Niemand wollte sich damit abgeben. Schließlich kam ihr einer zur Hilfe und brachte sie ins Krankenhaus, wo man sich ihrer Verletzungen annahm. Der Artikel fuhr fort, den Zorn des Retters zu beschreiben über all jene, die trotz des Hilfeschreis der Frau ihr nur die kalte Schulter gezeigt hatten.

Die traurige Geschichte zeigt den so verbreiteten Mangel an Mitgefühl in unserer Gesellschaft. Viele kümmern sich nicht um andere – selbst wenn deren Leben auf dem Spiel steht. Sie sind unwillig, persönliche Nachteile oder Unbequemlichkeiten auf sich zu nehmen; vielleicht sind sie auch nur selbstsüchtig und gefühllos.

Das sollte bei Christen niemals so sein! Der Herr Jesus zeigte stärkstes Mitempfinden mit denen, die in Not waren, und Er erwartet dasselbe von uns.

Genauso wie Jakobus die Zunge zum Beweis eines reinen Herzens nahm (Vers 26), so benutzt er hier Witwen und Waisen als Anzeiger wahrer Liebe. »Besuchen« heißt, ihnen Liebe, Mitgefühl und Fürsorge entgegenbringen. Witwen und Waisen sind ein besonders bedürftiger Teil innerhalb der Gemeinde. Als solche repräsentieren sie alle Bedürftigen und alle, die unsere Freundlichkeit nicht vergelten können.

Habe opferbereite Liebe! Gib ohne die Erwartung, etwas dafür zu bekommen. Setze deine Zeit und Mittel großzügig zum Dienst an denen ein, die sich selbst nicht helfen können. Darin liegt das Wesen wahrer Frömmigkeit!

Zum Gebet: Gibt es in deiner Nachbarschaft oder Gemeinde einen, dem du heute helfen kannst? Bitte Gott um Weisheit und Urteilsfähigkeit, wie du dieser Person am besten Gottes Liebe zeigen kannst.

Zum Bibelstudium: Lies 2. Mose 22,22-24, 5. Mose 14,28-29, Psalm 68,5, Apostelgeschichte 6,1-6, 1. Timotheus 5,3-16 und beachte, wie Gott für die Witwen und Waisen sorgt.

»Ein reiner und unbefleckter Gottesdienst vor Gott, dem Vater, ist dieser: … sich selbst von der Welt unbefleckt erhalten« (Jak. 1,27).

Gott toleriert keine Kompromisse mit der Welt.

Ein wichtiger Test für unseren geistlichen Zustand liegt darin, in wieweit wir uns »von der Welt unbefleckt erhalten«. Der Apostel Johannes sagt: »Liebt nicht die Welt, noch was in der Welt ist! Wenn jemand die Welt liebt, ist die Liebe des Vaters nicht in ihm« (1. Joh. 2,15). Auf den ersten Blick mag das widersprüchlich klingen, hat doch Gott selbst die Welt so geliebt, dass Er seinen eigenen Sohn für sie dahingab (Joh. 3,16). Aber Johannes 3,16 bezieht sich auf die Bewohner der Erde – die Menschen, für die Christus starb. Der Text aus 1. Johannes 2,15 redet von dem bösen Weltsystem, in dem wir leben, zu dem der Lebensstil, die Philosophien, die Moral und die Ethik unserer sündenbeladenen Kultur gehören. Diese Welt vergeht mitsamt allem, was zu ihr gehört (1. Joh. 2,16-17).

In Jakobus 4,4 steht: »Ihr Ehebrecherinnen, wisst ihr nicht, dass die Freundschaft der Welt Feindschaft gegen Gott ist? Wer nun ein Freund der Welt sein will, erweist sich als Feind Gottes.« Das sind starke Worte; aber Gott will sich keine Kompromisse gefallen lassen. Du kannst nicht gleichzeitig ein Freund Gottes und ein Freund der Welt sein!

Trennung von der Welt ist das letzte Element wahrer Frömmigkeit, das in Jakobus 1 aufgezählt wird. Bevor wir zu Kapitel zwei übergehen, nimm noch einmal eine geistliche Inventur nach der Checkliste in den Versen 26 – 27 vor: *Hast du deine Zunge unter Kontrolle?* Unterziehe deine Unterhaltungen einer häufigen Untersuchung. Was sagt dir das Ergebnis über deinen Herzenszustand? Musst du manches Sprechverhalten ändern? 2. *Zeigst du Liebe zu anderen?* Geht es dir ernsthaft darum, deren Not zu lindern? Wenn du hilfst, sind dann deine Motive sauber, oder willst du damit nur dein Gewissen beschwichtigen, oder sollen andere hoch von dir denken? 3. *Hältst du dich von der Welt unbefleckt?* Wie bist du der Welt gegenüber eingestellt? Willst du sie für Christus gewinnen und selbst vor ihren üblen Einflüssen bewahrt bleiben, oder möchtest du so viel wie möglich von ihr profitieren?

Zum Gebet: Falls bei deiner geistlichen Inventur sündige Motive oder Handlungsweisen herauskommen, bekenne sie und fang heute an, es anders zu machen.

Zum Bibelstudium: Lies noch einmal Jakobus 1,19-27 und präge dir noch einmal die dort gelernten Grundsätze ein.

»Meine Brüder, habt den Glauben Jesu Christi, unseres Herrn der Herrlichkeit, ohne Ansehen der Person!« (Jak. 2,1).

Weil Gott unparteiisch ist, müssen wir Christen es auch sein.

Die Menschen sind anfällig dafür, andere unterschiedlich zu behandeln. Dabei spielen äußerliche Gründe wie Aussehen, Reichtum oder sozialer Status eine Rolle; Gott aber ist ganz und gar unparteiisch. Er zieht niemals jemand vor und urteilt immer gerecht.

»Ansehen der Person« kann man so definieren: Man zieht eine Person oder eine Gruppe anderen vor, die eigentlich die gleichen Ansprüche und Rechte besitzen. Das ist Unrecht und Parteilichkeit. In Jakobus 2,1-13 wird es als Sünde angesehen und wir werden ermahnt, so etwas unter allen Umständen zu vermeiden.

Gottes Unparteilichkeit sieht man überall in der Bibel. So sagt zum Beispiel Mose dem Volk Israel: »Der HERR , euer Gott, ist der Gott der Götter und der Herr der Herren, der große, mächtige und furchtbare Gott, der niemanden bevorzugt und kein Bestechungsgeschenk annimmt, der Recht schafft der Waise und der Witwe und den Fremden liebt, so dass er ihm Brot und Kleidung gibt. Auch ihr sollt den Fremden lieben; denn Fremde seid ihr im Land Ägypten gewesen« (5. Mo. 10,17-19). Josaphat, der König von Juda, ermahnte die Richter, unparteiisch zu urteilen, weil bei Gott selbst »kein Unrecht, kein Ansehen der Person« ist (2. Chron. 19,7).

Gottes Unparteilichkeit kann man auch an Seinem barmherzigen Versöhnungsangebot erkennen, das Er allen Rassen auf der Erde anbietet. In Apostelgeschichte 10,34-35 sagt Petrus: »In Wahrheit begreife ich, dass Gott die Person nicht ansieht, sondern in jeder Nation ist, wer ihn fürchtet und Gerechtigkeit wirkt, ihm angenehm.«

Gott ist unparteiisch im Gericht. So lesen wir in Römer 2,9-11, dass Gott »Bedrängnis und Angst über die Seele jedes Menschen [bringt], der das Böse vollbringt … Herrlichkeit aber und Ehre und Frieden jedem, der das Gute wirkt … Denn es ist kein Ansehen der Person bei Gott.«

Unser Text ist sehr zeitgemäß, weil Vorurteile, Diskriminierung und Bigotterie allgegenwärtige Übel in unserer Gesellschaft sind – sowohl innerhalb als auch außerhalb der Kirche. Ich bete dafür, Gott möge diese Seiten dazu benutzen, dich vor den untergründigen Einflüssen der Parteisucht zu bewahren und deine Hingabe an ein gottesfürchtiges Leben zu stärken.

ZUM GEBET: Bitte Gott, Er möge dir zeigen, wo du noch parteiisch bist. Wenn Er das tut, bekenne und lass es.

ZUM BIBELSTUDIUM: Lies Epheser 6,5-9 und 1. Timotheus 5,17-21. Auf welche Weise wendet Gott die Unparteilichkeit auf deinen Umgang mit Mitarbeitern und geistlichen Führern an?

»Meine Brüder, habt den Glauben Jesu Christi, unseres Herrn der Herrlichkeit, ohne Ansehen der Person« (Jak. 2,1).

Dein wahrer Wert ist durch den Wert deiner Seele, nicht durch äußerliche Erwägungen begründet.

Jesus ist »unser Herr der Herrlichkeit« (Jak. 2,1) – der souveräne Herrscher über Seine gesamte Schöpfung. Er ist es, in dem sich die Fülle der göttlichen Herrlichkeit offenbart. Johannes sagt: »Und das Wort [Jesus] wurde Fleisch und wohnte unter uns, und wir haben seine Herrlichkeit angeschaut, eine Herrlichkeit als eines Eingeborenen vom Vater, voller Gnade und Wahrheit« (Joh. 1,14). Und Paulus schreibt: »In ihm wohnt die ganze Fülle der Gottheit leibhaftig« (Kol. 2,9).

Als Gott teilt Jesus die Unparteilichkeit mit dem Vater. Er weiß, dass der Wert einer Person durch den Wert ihrer Seele, nicht durch äußerliche Erwägungen festgelegt ist. Darum blickt Er immer auf das Herz und nicht nur auf Äußerliches.

Das wird deutlich in Seinem Umgang mit den Sündern, als er noch auf Erden war. Niemals zögerte Er, ihnen entgegenzutreten – einerlei, ob sie einflussreiche jüdische religiöse Führer oder einfache Leute waren. Selbst Seine Feinde anerkannten Seine Unparteilichkeit, wenn sie sagten: »Lehrer, wir wissen, dass du wahrhaftig bist und den Weg Gottes in Wahrheit lehrst und dich um niemand kümmerst; denn du siehst nicht auf die Person des Menschen« (Matth. 22,16).

Wie der Vater erstreckte auch der Herr das Angebot der Errettung auf alle Männer und Frauen aller Rassen, sozialen Schichten und moralischen Zustände. Das wird im Gleichnis von der Hochzeit des Königssohnes (womit Er sich selbst meint) in Matthäus 22,1-14 beschrieben. Die eingeladenen Gäste (Israel) wollten nicht kommen, darum befahl der König seinen Knechten, auszugehen und einzuladen, wen sie fanden, um den Hochzeitssaal mit Gästen zu füllen. Als Ergebnis nahmen Menschen jeglichen Standes an der Hochzeit teil, wie auch Menschen jeden Standes eingeladen werden, sich retten zu lassen.

Wenn du heute Gelegenheit hast, anderen zu dienen, lass dich nicht durch Äußerlichkeiten beeinflussen, wie Aussehen, Kleidung oder soziale Stellung. Mache es, wie der Herr es tat: Nötige sie, hereinzukommen und sage kompromisslos die Wahrheit.

Zum Gebet: Preise den Herrn für Seine Unparteilichkeit und bitte Ihn um die besondere Gnade, anderen heute dienen zu können.

Zum Bibelstudium: Lies Matthäus 20,1-6. Wie beschreibt dies Gleichnis die Unparteilichkeit Gottes?

»Wenn in eure Synagoge ein Mann kommt mit goldenem Ring, in prächtigem Kleid, es kommt aber auch ein Armer in unsauberem Kleid herein, ihr seht aber auf den, der das prächtige Kleid trägt und sprecht: Setze du dich bequem hierher! und sprecht zu dem Armen: Stehe du dort oder setze dich unten an meinen Fußschemel! – habt ihr nicht unter euch selbst einen Unterschied gemacht und seid Richter mit bösen Gedanken geworden?« (Jak. 2,2-4).

Du musst Armen und Reichen mit dem gleichen Respekt begegnen.

Parteilichkeit ist ein uraltes Problem, das in beinahe alle Lebensbereiche hineinreicht. Ihre vielleicht häufigsten Erscheinungsformen sind rassische, religiöse und soziale Diskriminierungen. Jakobus verwirft zwar die Parteilichkeit in jedweder Form; aber in Jakobus 2,2-4 erwähnt er besonders die Bevorzugung der Reichen gegenüber den Armen. Er weiß: Solche Parteilichkeit wirkt zerstörerisch, nicht nur, weil sie eine Sünde ist, sondern weil die Mehrheit der Gläubigen in der frühen Kirche aus armen, einfachen Leuten bestand. Sie zu diskriminieren hätte die Kirche bis ins Mark erschüttert!

Von Anfang an hat die Kirche dem Dienst an den Armen den Vorrang gegeben. In Apostelgeschichte 2,44-45 heißt es: »Alle Gläubiggewordenen aber waren beisammen und hatten alles gemeinsam; und sie verkauften die Güter und die Habe und verteilten sie an alle, je nachdem einer bedürftig war.« Paulus organisierte eine Wohltätigkeitssammlung für die bedürftigen Heiligen in Jerusalem (1. Kor. 16,1-4), und während einer schweren Hungersnot beschlossen sie, »dass [je nachdem] wie einer der Jünger begütert war, jeder von ihnen zur Hilfeleistung den Brüdern, die in Judäa wohnten, [etwas] senden sollte; das taten sie auch, indem sie es durch die Hand des Barnabas und Saulus an die Ältesten sandten« (Apg. 11,29-30).

Gott hat die Armen dieser Welt auserwählt, reich im Glauben und Erben des Reiches zu sein; trotzdem gaben ihnen manche der Leser des Jakobusbriefes nicht die ihnen zustehende Ehre (die Verse 5-6). Das musste aufhören! Auch wir haben die Armen zu ehren, indem wir sie mit Würde und nicht mit Vorurteilen behandeln und indem wir ihren Nöten nach Möglichkeit abhelfen. Hab ein wachsames Auge auf solche um dich herum, denen du in praktischer Weise helfen könntest.

ZUM GEBET: Bitte den Herrn, Er möge dich für deine Umgebung empfindsam erhalten und dir Weisheit geben, den Nöten in rechter Weise zu begegnen.

ZUM BIBELSTUDIUM: Lies 1. Korinther 1,26-29 und achte darauf, mit welcher Art von Leuten Gott Seine Absichten verwirklicht.

»Wenn in eure Synagoge ein Mann kommt mit goldenem Ring, in prächtigem Kleid, es kommt aber auch ein Armer in unsauberem Kleid herein, ihr seht aber auf den, der das prächtige Kleid trägt und sprecht: Setze du dich bequem hierher! und sprecht zu dem Armen: Stehe du dort oder setze dich unten an meinen Fußschemel! – habt ihr nicht unter euch selbst einen Unterschied gemacht und seid Richter mit bösen Gedanken geworden?« (Jak. 2,2-4).

Parteilichkeit entstammt dem bösen Wunsch, für sich selbst einen Vorteil zu gewinnen.

Von einem Pastor wird erzählt, er hätte niemals für einen Einzelnen oder eine Familie etwas getan, bevor er nicht den aktuellen Stand ihrer Gemeindebeiträge überprüft hatte. Je großzügiger sie mit ihrem Geld verfahren waren, umso großzügiger war er mit seinem Zeitaufwand. Das ist ein entsetzliches Beispiel flagranter Parteilichkeit, aber im Grunde das gleiche, was Jakobus in unserem heutigen Text rügt.

Stell dir vor, du sitzt im Gottesdienst oder in der Bibelstunde und plötzlich kommen zwei Besucher herein. Der erste Besucher ist ein reicher Mann, was man an seinen Ringfingern und an dem Designeranzug sieht, während der andere ganz arm ist. Dass er auf der Straße zu Hause ist, verrät sein Aufzug: alles ist schmutzig und schäbig und er riecht unangenehm.

Wie reagierst du auf diese Besucher? Wenn du dem Reichen den besten Platz anbietest, damit er es möglichst bequem hat, so ist das eine gute Sache, wenn deine Motive sauber sind. Wenn du aber dadurch einen Vorteil zu gewinnen suchst, um an seinem Reichtum teilzuhaben, bist du einer schlimmen Sünde erlegen.

Deine wahren Motive treten bei der Behandlung des Armen zutage. Erweist du ihm die gleiche Ehre oder lässt du ihn irgendwo in einer Ecke sitzen? Alles, was du ihn weniger ehrtest, würde böse Absichten offenbaren.

Parteilichkeit kann sehr feingesponnen sein; deshalb musst du viel beten und das Wort Gottes lesen und dem Heiligen Geist erlauben, auch deine tiefsten und geheimsten Motive zu durchdringen.

ZUM GEBET: Preise Gott, dass Er so rein ist. · Bitte Ihn, stets deine Motive und Handlungen zu kontrollieren.

ZUM BIBELSTUDIUM: Manche Christen verwechseln Ehre mit Parteilichkeit. Denen, die in Hoheit sind, Ehre zu erweisen, ist biblisch; sie wegen ihrer Stellung zu bevorzugen, ist sündig. Lies 1. Petrus 2,17 und Römer 13,1 und achte auf die Ermahnungen, die Obrigkeiten zu ehren.

»Hört, meine geliebten Brüder:
Hat nicht Gott die vor der Welt Armen auserwählt, reich im Glauben und Erben des Reiches [zu sein], das er denen verheißen hat, die ihn lieben? Ihr aber habt den Armen verachtet« (Jak. 2,5-6).

Den Reichen vorzuziehen,
passt nicht zu Gottes Erwählung des Armen.

Reichtum und Armut sind nicht notwendigerweise geistliche Werte. Viele Reiche sind gottesfürchtige Christen und viele Arme sind Ungläubige. Aber im Allgemeinen hat Gott die Armen erwählt, um Sein Reich zu bevölkern. Der Herr Jesus sagt: »Schwer wird ein Reicher in das Reich der Himmel hineinkommen. Wiederum aber sage ich euch: Es ist leichter, dass ein Kamel durch ein Nadelöhr geht, als dass ein Reicher in das Reich Gottes hineinkommt« (Matth. 19,23-24). Das kommt daher, weil Reiche an diese Welt gebunden sind und ein falsches Sicherheitsgefühl haben. Viele von ihnen lehnen nicht nur Christus ab, sondern verfolgen auch die Gläubigen (siehe Jak. 2,6-7).

Jakobus sagt: »Der niedrige Bruder aber rühme sich seiner Hoheit, der reiche aber seiner Niedrigkeit; denn wie des Grases Blume wird er vergehen« (Jak. 1,9-10). Die meisten Reichen streben nach immer größerem Reichtum und verpassen dadurch den wahren Reichtum des Reiches Gottes. Doch wie eine zarte Blume in der sengenden Sommersonne werden sie zugrunde gehen mitsamt ihrem unnützen Streben.

Wenn du Gott liebst, bist du – unabhängig von deinem Geldbeutel – reich im Glauben und ein Erbe des Reiches (Jak. 2,5). Das heißt: Du bist errettet und wirst die Fülle deiner Errettung und den Reichtum der göttlichen Segnungen ererben. Das ist eine staunenswerte Wahrheit!

Lass dir nie vom Reichtum dein gesundes Urteil verderben. Gott erwartet von den Christen, dass sie ihrer ärmeren Brüder und Schwestern in Christus gedenken. Das kannst du nicht, wenn du Parteilichkeit für die Reichen zeigst.

ZUM GEBET: Wenn Gott dich mit größerem Reichtum gesegnet hast, als du zum Leben brauchst, dann sei dankbar und stets bereit, mit Notleidenden zu teilen (1. Tim. 6,18). Wenn du es schwer hast auszukommen, danke Ihm, dass Er für dich sorgt und dass Er dich dadurch größere Abhängigkeit von Ihm lehrt.

ZUM BIBELSTUDIUM: Lies 1. Timotheus 6,6-19. · Was ist Gottes Maß für Zufriedenheit? · In welche Fallen geraten solche, die reich werden wollen? · Worin liegt wahrer Reichtum?

»Unterdrücken euch nicht die Reichen und ziehen nicht sie euch vor die Gerichte? Lästern nicht sie den guten Namen, der über euch angerufen worden ist? (Jak. 2,6-7).

Man kann nicht Gottes Willen tun,
wenn man zu Seinen Feinden hält.

Parteilichkeit weiß ihre Opfer vor der Wirklichkeit blind zu machen. Jakobus schreibt über Christen, die versuchten, einen Reichen zu beeindrucken, um an seinem Reichtum und seinem Sozialstatus teilzuhaben (die Verse 2-3). Der Reiche repräsentiert hier die Feinde Christi; trotzdem bevorzugten sie ihn. Der Arme dagegen repräsentiert solche, die Gott erwählt hatte, reich zu sein im Glauben und die Er zu Erben Seines Reiches gemacht hat; trotzdem wurde er schlecht behandelt und verunehrt (Vers 6). Das ist nicht nur Treulosigkeit, das ist Torheit! Man kann Gottes Absichten nicht erfüllen, wenn man zu Seinen Feinden hält.
Einige gottlose Reiche quälten die Christen, indem sie ihnen ihren Lohn vorenthielten und sie sogar töten ließen (Jak. 5,4-6). Sie zogen die Christen mit Gewalt vor die Gerichte, um sie durch Unrechtsurteile um ihr Hab und Gut zu bringen. Sie lästerten den hohen Namen Christi. Der Ausdruck »der über euch angerufen worden ist« (Vers 7), spricht von der persönlichen Beziehung; denn normalerweise verkündeten Neubekehrte ihren Glauben öffentlich durch die Taufe. Von da an wurden sie »Christen« genannt, das heißt »Christi Eigen« oder »die des Christus sind« oder »die zu Christus gehören«. Wenn die Leute also die Christen schmähten, schmähten sie Christus selbst. Dass man so etwas übersehen und für die Feinde Christi Partei ergreifen konnte, zeigt die subversive und zerstörende Macht der Parteilichkeit. Heute mögen die Umstände anders sein, der Grundsatz ist geblieben. So erinnere dich um Christi und der Seinen willen an die drei Gründe, die Jakobus gegen die Parteilichkeit aufführt: 1. Du und deine Geschwister in Christus sind eins mit dem Herrn, der die offenbarte Herrlichkeit Gottes ist (Vers 1); 2. Gott hat die Armen erwählt, ewige Reichtümer zu besitzen (Vers 5); und 3. Gott hat Seinen eigenen Namen mit dir verbunden (Vers 7). Wenn du wie Christus sein möchtest, kannst du nicht parteilich sein.. Handle bei allem, was du mit anderen zu tun hast, immer redlich und unparteiisch.

Zum Gebet: Befindest du dich in einer persönlichen oder beruflichen Beziehung, in der du aus Vorteilsgründen parteilich bist? Wenn ja, dann bekenne es und bring die Sache in Ordnung.

Zum Bibelstudium: Lies Römer 15,5-7. · Wie sollten Christen miteinander umgehen? · Wie wird es sich auswirken, wenn wir dieser Ermahnung folgen?

»Wenn ihr wirklich das königliche Gesetz ›Du sollst deinen Nächsten lieben wie dich selbst‹ nach der Schrift erfüllt, so tut ihr recht« (Jak. 2,8).

Liebe ist das einzige Gegenmittel für Parteilichkeit.

In Matthäus 22,36 fragte ein Gesetzesgelehrter den Herrn Jesus, welches das größte Gebot sei. Dieser antwortete: »›Du sollst den Herrn, deinen Gott, lieben mit deinem ganzen Herzen, mit deiner ganzen Seele und mit deinem ganzen Verstand.‹ Dies ist das größte und erste Gebot. Das zweite aber ist ihm gleich: ›Du sollst deinen Nächsten lieben wie dich selbst.‹ An diesen zwei Geboten hängt das ganze Gesetz und die Propheten« (die Verse 37-40). Die Liebe zu Gott und zu unseren Mitmenschen fasst die Absichten des göttlichen Gesetzes zusammen und bestimmt das Maß wahren Glaubens.

Der Herr verlangt nicht nach der seichten, gefühligen, egozentrischen Liebe, die in unserer Gesellschaft vorherrscht, sondern nach der sich aufopfernd hingebenden Liebe, die die Nöte der anderen den eigenen gleichsetzt. Diese Art der Liebe ist völlig unvereinbar mit der Parteilichkeit, die nur eigensüchtige Ziele im Auge hat.

Parteilichkeit zu offenbaren heißt Gottes Gesetz brechen, weil man damit Gottes Eigenschaften verletzt, den christlichen Glauben entstellt, Gottes Wahl in Bezug auf die Armen ignoriert und das lästerliche Verhalten der Reichen toleriert (Jak. 2,1-7). Wenn du aber die anderen unparteiisch behandelst, erfüllst du das königliche Gesetz. »Königlich« ist es, weil es von Gott stammt, der die höchste Autorität im ganzen Universum innehat; daher ist es autoritativ und bindend. Die Liebe erfüllt dies Gesetz; denn wenn du jemand liebst, sündigst du nicht gegen ihn.

Offenbar handelten nicht alle Leser des Jakobus parteilich, daher lobt er sie, sie täten »wohl«. Das griechische Wort für »wohltun« bedeutet, etwas ausgezeichnet tun und das deshalb, weil es mit Gottes unparteilichem, liebendem Wesen übereinstimmt. Dazu hat Gott jeden Gläubigen berufen; denn »wer sagt, dass er in ihm bleibe, ist schuldig, selbst auch so zu wandeln, wie er gewandelt ist« (1. Joh. 2,6). Wenn du so handelst, erfüllst du Gottes Gesetz und zeigst dadurch die Echtheit deines Glaubens.

ZUM GEBET: Gottes Liebe ist das einzige Mittel gegen Parteilichkeit. So bitte Ihn täglich, Er möge dir immer klarer zeigen, wie du Seine Liebe den Menschen um dich her erweisen kannst.

ZUM BIBELSTUDIUM: Lies die folgenden Verse und achte auf die Merkmale göttlicher Liebe: Johannes 3,16; Epheser 5,25-29; Philipper 1,9-11 und 1. Johannes 5,1-3.

»Denn wer das ganze Gesetz hält, aber in einem strauchelt, ist aller [Gebote] schuldig geworden. Denn der da spricht: ›Du sollst nicht ehebrechen‹, sprach auch: ›Du sollst nicht töten.‹ Wenn du nun nicht ehebrichst, aber tötest, so bist du ein Gesetzes-Übertreter geworden« (Jak. 2,9-11).

Du sündigst, wenn du Gottes Anforderungen nicht entsprichst oder die Grenzen des Gesetzes überschreitest.

Viele Menschen versuchen ihre Sündhaftigkeit dadurch zu rechtfertigen, dass sie die Sünden nach ihrer vermeintlichen Schwere einordnen. So erscheint ihnen eine Notlüge nicht so schlimm wie ein Meineid, über die Steuern zu schimpfen ist nicht so ernst zu nehmen wie ein Bankraub. Andere betrachten Gottes Gesetz als eine lose Sammlung von Anordnungen und sie meinen, bei Gott Pluspunkte sammeln zu können, wenn sie ein Gesetz gehalten haben, selbst wenn sie ein anderes übertreten. Bei der Endabrechnung, ist ihre Hoffnung, wird dann alles gutgehen, wenn die gehaltenen Gebote die missachteten überwiegen.

Offensichtlich waren manche, an die Jakobus schrieb, der gleichen Fehleinschätzung erlegen, indem sie Vorurteile, Parteilichkeit oder gleichgültiges Betragen angesichts der Not der Armen für weniger schlimm als Mord und Ehebruch hielten. Vielleicht meinten sie auch, ihr »Ansehen der Person« durch das Halten der göttlichen Gebote auf anderen Gebieten kompensieren zu können. Beides ist ein Irrtum und bringt das Gericht über diese Menschen, weil Gottes Gesetz eben nicht eine lose Sammlung von Anordnungen ist oder eine Möglichkeit, Pluspunkte zu sammeln, sondern eine einheitliche Darstellung Seines heiligen Wesens. Auch wenn nicht alle Sünden gleich abscheulich und zerstörerisch sind, so verletzt doch jede Sünde Gottes heilige Norm. Wenn du ein Gebot übertrittst, hast du alle übertreten und stellst dich als Sünder und Gesetzesbrecher dar.

»Sünde« (Vers 9) spricht davon, das gesteckte Ziel und Gottes heilige Norm nicht erreicht zu haben. »Gesetzes-Übertreter« bezieht sich auf das Nichtbeachten der gesetzten Grenzen. Das eine sagt: »Du hast nicht der Norm entsprochen«, das andere: »Du bist zu weit gegangen.« Beides greift gleichermaßen Gottes Heiligkeit an. Du musst jede Sünde als Affront gegen Gott ansehen und darfst sie nicht noch verschlimmern, indem du sie zu verbergen oder zu rechtfertigen oder sie mit »guten Werken« auszugleichen suchst.

Zum Gebet: Lerne 1. Johannes 1,9 auswendig und bekenne stets deine Sünden, wenn du Gottes heiliges Gesetz übertreten hast. · Preise Gott für Sein Mitleid mit unserer Notlage und dass Er für einen Erretter gesorgt hat.

Zum Bibelstudium: Lies Galater 3,10-29 und beachte, wozu Gott das Gesetz gegeben hat.

»Redet so und handelt so wie [solche], die durch das Gesetz der Freiheit gerichtet werden sollen! Denn das Gericht [wird] ohne Barmherzigkeit [sein] gegen den, der nicht Barmherzigkeit geübt hat. Die Barmherzigkeit triumphiert über das Gericht (Jak. 2,12-13).

Barmherzigkeit ist das Kennzeichen eines wiedergeborenen Menschen.

Das Gericht Gottes war niemals ein beliebtes Unterhaltungsthema. Gottesfürchtige Menschen sind zu aller Zeit belächelt, verfolgt oder gar umgebracht worden, wenn sie es gepredigt haben. In ihrem Streben, die Anerkennung der Menschen zu erhalten, stellen falsche Lehrer das Gericht in Frage oder sie leugnen es. Aber Jakobus 2,12-13 erinnert uns daran, dass es kommt, so tun wir gut daran, uns dementsprechend zu verhalten.

Die Grundlage des göttlichen Gerichts ist Sein Wort, das Jakobus »das Gesetz der Freiheit« nennt (Vers 12). Es ist ein befreiendes Gesetz, weil es uns aus den Fesseln der Sünde löst und vom Fluch des Todes und der Hölle. Dies Wort ist das Mittel für das verändernde Werk des Heiligen Geistes, das tief in unsere Seele eindringt, um unsere Gedanken und Motive zu beurteilen (Hebr. 4,12). Es gibt uns die zur Errettung bringende Weisheit und befähigt uns zu einem gottesfürchtigen Leben (2. Tim. 3,15-17). Es verleiht uns Wahrheit und Ernst und befreit uns von Irrtum und geistlichem Selbstbetrug. Es ist in jedem Sinn ein Gesetz der Freiheit und der Befreiung für alle, die es annehmen.

Das Gesetz befreit die Gläubigen und verdammt die Ungläubigen. Der Ausdruck »Das Gericht wird ohne Barmherzigkeit sein gegen den, der nicht Barmherzigkeit geübt hat« (Vers 13) spricht von einem unaufhörlichen Gericht, in dem die Sünde ihre ganze Strafe erhält. Das kann nur die ewige Hölle sein!

Wenn das Wort an dir arbeitet, wird das an deinem Reden und Handeln offenbar. Begegnest du den Menschen in Not ohne Vorurteil und in Barmherzigkeit, so erweist du dich darin als wahrer Christ und dass du selbst die Vergebung und Barmherzigkeit Gottes erfahren hast. Bist du aber parteilich und missachtest die Bedürftigen, so wird das Gesetz dein Richter, indem es offenbart, dass du nicht errettet bist.

Bist du ein barmherziger Mensch? Möchtest du ohne Ansehen der Person für andere sorgen? Wenn du das verneinen musst, bekennst du dann deine Sünden, um Vergebung und Wiederherstellung zu erreichen? Daran erkennt man wahren Glauben.

ZUM GEBET: Preise den Herrn, denn Er ist dir gegenüber barmherzig gewesen, und pass auf, dass auch du deinen Mitmenschen Barmherzigkeit erweist.

ZUM BIBELSTUDIUM: Lies Lukas 1,46-55.68-79. Folge dem Beispiel der Maria und des Zacharias, indem du dich über die Barmherzigkeit Gottes gegen Sein Volk freust.

»Was nützt es, meine Brüder, wenn jemand sagt, er habe Glauben, hat aber keine Werke? Kann etwa der Glaube ihn erretten? … Ihr seht [also], dass ein Mensch aus Werken gerechtfertigt wird und nicht aus Glauben allein« (Jak. 2,14,24).

Wahrer Glaube bringt gute Werke hervor.

Viele falsche Lehrer verkünden, man könne die Seligkeit mit guten Werken selbst verdienen. Die meisten Christen verstehen die Irrlehre solcher Predigt, doch manchen macht es Schwierigkeiten, wenn sie lesen, »dass ein Mensch aus Werken gerechtfertigt wird und nicht aus Glauben allein« (Jak. 2,24). Das scheint mit der Lehre des Paulus zu kollidieren, der von der Errettung aus Gnaden durch den Glauben spricht.

Aber richtig verstanden, stimmt die Lehre des Jakobus über die Errettung vollkommen mit der des Paulus überein. Dieser lehrt deutlich die Errettung aus Gnaden. In Epheser 2,8-9 sagt er: »Aus Gnade seid ihr errettet worden durch Glauben, und das nicht aus euch, Gottes Gabe ist es; nicht aus Werken, damit niemand sich rühme.« Aber derselbe Paulus lehrt auch, dass wahre Errettung zu guten Werken führt; denn schon im nächsten Vers sagt er: »Denn wir sind sein Gebilde, in Christus Jesus geschaffen zu guten Werken, die Gott vorher bereitet hat, damit wir in ihnen wandeln sollen.«

In Titus 3,5 sagt er, Gott errettete uns, »nicht aus Werken, die, in Gerechtigkeit [vollbracht], wir getan hätten, sondern nach seiner Barmherzigkeit«. Aber Titus 2,11-12 macht klar, dass Gottes Gnade »uns unterweist, damit wir die Gottlosigkeit der weltlichen Begierden verleugnen und besonnen und gerecht und gottesfürchtig leben in dem jetzigen Zeitlauf«. Darin liegt die richtige Balance zwischen Glauben und Werken.

Jakobus lehrt auch die Errettung aus Gnaden. Er sagt, dass Gott die Sünder durch das Wort der Wahrheit errettet und in sie das Wort einpflanzt, das sie befähigt, in der Heiligkeit voranzukommen (Jak. 1,18.21). Das ist Gottes Werk, nicht menschliches Bemühen. Jakobus 2,14-24 entfaltet das und zeigt uns, wie wir diese Wirkungen an uns feststellen können: Man wird mehr sehen können als nur die Proklamation unseres Glaubens; da ist ein Glaube, der gute Werke tut.

Mach dir nicht zu viele Gedanken darüber, wie das mit dem Glauben und den guten Werken zusammenhängt. Bringe beides dadurch zusammen, dass du ein lebendiges Zeugnis der heilbringenden Gnade Gottes bist.

ZUM GEBET: Danke Gott für alle Gerechtigkeit, die Er in deinem Leben hervorbringt. Halte danach Ausschau, wie du im Einzelnen heute deinen Mitmenschen deinen Glauben unter Beweis stellen kannst.

ZUM BIBELSTUDIUM: Lies Johannes 8,31-32. · Woran erkennt man einen wahren Jünger? · Wie wirkt sich Gottes Wort auf alle aus, die darauf achten, was es sagt?

»Was nützt es, meine Brüder, wenn jemand sagt, er habe Glauben, hat aber keine Werke? Kann etwa der Glaube ihn erretten? Wenn aber ein Bruder oder eine Schwester dürftig gekleidet ist und der täglichen Nahrung entbehrt, aber jemand unter euch spricht zu ihnen: ›Geht hin in Frieden, wärmt euch und sättigt euch!‹, ihr gebt ihnen aber nicht das für den Leib Notwendige, was nützt es? So ist der Glaube, wenn er keine Werke hat, in sich selbst tot« (Jak. 2,14-17).

Toter Glaube ist heuchlerisch, leer und nutzlos.

Der Herr Jesus hat gesagt: »So soll euer Licht leuchten vor den Menschen, damit sie eure guten Werke sehen und euren Vater, der in den Himmeln ist, verherrlichen« (Matth. 5,16). Deine guten Werke erleuchten den Weg zu Gott, indem sie Seine Macht und Gnade auf andere reflektieren. Das bringt Ihm Ehre und erweist deinen Glauben als echt.

Deine Taten dienen als Grundlage göttlichen Gerichts. Wenn du Gerechtigkeit übst, wirst du ewiges Leben empfangen; wenn du ungerecht handelst, wird dir »Zorn und Grimm« zuteil (Röm. 2,6-8). Gott wird dich aufgrund deiner Taten richten; denn diese offenbaren, was du wirklich bist und was du wirklich glaubst. Daher ist jeder sogenannte Glaube, der keine guten Taten hervorbringt, tot und ganz und gar wertlos!

Jakobus illustriert das sehr praktisch. Wenn jemand nicht das Lebensnotwendige hat und zu dir um Hilfe kommt, was nützt es ihm, wenn du ihm nur alles Gute wünschst und ihn wegschickst, ohne ihm geholfen zu haben? Gar nichts! Deine frommen Worte sind Heuchelei und bar jeden Inhalts. Wünschtest du ihm wirklich Gutes, tätest du, was in deinen Kräften steht, um ihm auszuhelfen. Deine Unwilligkeit zum Tun verrät dein wahres Gefühl. Genauso ist toter Glaube heuchlerisch, leer und nutzlos, weil er seinen Worten keine Taten folgen lässt; er hat eben keine göttliche Kraft dafür in sich.

Ich bete dafür, dass dein Leben stets wahren Glauben offenbaren wird und dass andere Gott wegen deiner guten Werke verherrlichen.

ZUM GEBET: Vielleicht kennst du jemand, dessen Anspruch, ein Christ zu sein, zweifelhaft ist, weil in seinem Leben nichts von der Frucht der Gerechtigkeit zu sehen ist. Dann bete regelmäßig für diesen Menschen und sei ihm ein Beispiel guter Werke.

ZUM BIBELSTUDIUM: Lies Johannes 15,1-8. · Welche Bilder braucht der Herr, um geistliche Fruchtbarkeit darzustellen? · Was ist die Voraussetzung zum Fruchttragen?

»Es wird aber jemand sagen: Du hast Glauben und ich habe Werke. Zeige mir deinen Glauben ohne Werke und ich werde dir aus meinen Werken den Glauben zeigen! Du glaubst, dass [nur] einer Gott ist? Du tust recht; auch die Dämonen glauben und zittern. Willst du aber erkennen, du eitler Mensch, dass der Glaube ohne Werke nutzlos ist?« (Jak. 2,18-20).

Selbst der Glaube der Dämonen ist besser als toter Glaube!

In neuerer Zeit ist die Zahl derer erschreckend angestiegen, die bekennen, Christen zu sein und doch meinen, zwischen Glauben und Tun bestehe kein Zusammenhang. Sie sagen, man könne den geistlichen Zustand eines Menschen nicht von seinen Taten ablesen, weil die Errettung allein Sache des Glaubens sei – so, als verletze man mit der Forderung nach Taten den Grundsatz des Glaubens.

Genau diese Art zu argumentieren war es, die Jakobus veranlasste, diese Herausforderung zu äußern: »Du hast Glauben und ich habe Werke. Zeige mir deinen Glauben ohne Werke und ich werde dir aus meinen Werken den Glauben zeigen!« (2,18). Das griechische, mit »zeigen« übersetzte Wort bedeutet »demonstrieren« oder »zur Schau stellen«. Die Absicht ist einleuchtend: Es ist unmöglich, wahren Glauben ohne ein heiliges Leben glaubhaft darzustellen, weil Lehre und Leben untrennbar sind.

Kannst du feststellen, ob jemand ein Christ ist, indem du sein Verhalten beobachtest? Jakobus zufolge ist das *der einzige Weg,* das zu erfahren! In Vers 19 sagt er: »Du glaubst, dass [nur] *einer* Gott ist? Du tust recht; auch die Dämonen glauben und zittern.« Mit anderen Worten: An orthodoxer Lehre festzuhalten ist nicht unbedingt ein Beweis für rettenden Glauben. Die Dämonen glauben an den einen Gott, und was das bedeutet, erfüllt sie mit Angst und Schrecken; aber sie sind nicht errettet. Der Ausdruck »Du tust recht«, ist sarkastisch gemeint. Gesagt soll damit werden: Der Dämonenglaube ist besser als nichtssagender Glaube, weil die Dämonen wenigstens zittern, was besser ist als gar keine Reaktion.

Du kannst nicht Christ sein nur mit Worten – du musst auch einer mit Taten sein. Jakobus macht das sehr deutlich. Lass dich weder verwirren noch verführen von solchen, die etwas anderes lehren. Lass dein Leben unablässig darauf gerichtet sein, Gott zu verehren, indem du die biblischen Wahrheiten gehorsam in die Tat umsetzt.

ZUM GEBET: Mach es bei dem Herrn von neuem fest, dass du dich an Sein Wort halten willst.

ZUM BIBELSTUDIUM: Lies Johannes 12-47. Fertige eine Liste von Lehren und Taten an, die toten Glauben kennzeichnen, und dann eine entsprechende Liste solcher, die auf wahren Glauben hinweisen.

»Ist nicht Abraham, unser Vater, aus Werken gerechtfertigt worden, da er Isaak, seinen Sohn, auf den Opferaltar legte? Du siehst, dass der Glaube mit seinen Werken zusammenwirkte und der Glaube aus den Werken vollendet wurde. Und die Schrift wurde erfüllt, welche sagt: »Abraham glaubte Gott und es wurde ihm zur Gerechtigkeit gerechnet« und er wurde ›Freund Gottes‹ genannt. Ihr seht [also], dass ein Mensch aus Werken gerechtfertigt wird und nicht aus Glauben allein« (Jak. 2,21-24).

Du bist ein Freund Gottes, wenn du Ihn liebst und Ihm gehorchst.

Kannst du dir ein Leben ohne Freunde vorstellen – ohne diese prächtigen Leute, die dich trotz deiner Fehler lieben und die zu dir halten in Freud und Leid – denen du ergeben bist und deren Gesellschaft du aufs Höchste zu schätzen weißt? Sie sind zweifellos eine der größten Gottesgaben; und doch gibt es noch eine größere Gabe – die Freundschaft Gottes selbst.

Der Herr spricht in Johannes 15,13-16 von solch einer Freundschaft und beschreibt sie als innige, wechselseitige Liebe, als aufopfernde Hingabe. In Vers 14 sagt Er: »*Ihr* seid meine Freunde, wenn ihr tut, was ich euch gebiete.« Solcherart war die Freundschaft Abrahams, als er Gott gehorchte und Isaak zum Opfer vorbereitete (1. Mo. 22,3-10). Isaak war der Sohn, durch den Gott Seinen Bund mit Abraham erfüllen wollte. Ihn zu töten bedeutete, diesen Bund zu zerstören und Gottes Charakter in Frage zu stellen, weil sein Wort Menschenopfer verbietet (5. Mo. 18,10). Gottes Befehl zu gehorchen erforderte von Abraham ein Vertrauen, das keine Fragen stellt. Indem er das tat, konnte jeder sehen, was und wie er glaubte.

Das in Vers 21 mit »rechtfertigen« übersetzte griechische Wort hat zwei Bedeutungen: 1. »von Schuld freisprechen« und 2. »als gerecht erweisen«. Jakobus legt die Betonung auf die zweite Bedeutung. Als Abraham Gott glaubte, war er durch den Glauben gerechtfertigt und freigesprochen von der Schuld (seine Bekehrung zu Gott). Als er aber den Isaak opferte, wurde er durch die Werke gerechtfertigt, indem sie diesen seinen rechtfertigenden Glauben demonstrierten.

Stets ist der Glaube die einzige Bedingung für die Errettung; aber rettender Glaube steht niemals allein da – er wird immer von gerechten Werken begleitet. Darin besteht der Test für wahre Errettung und Freundschaft mit Gott. Als Freund Gottes halte diese Beziehung in hohen Ehren und lass dir die volle Freude darüber niemals von der Sünde rauben!

ZUM GEBET: Preise Gott für das Vorrecht, Sein Freund zu sein.

ZUM BIBELSTUDIUM: Lies 1. Mose 22,1-19 und denke über den Glauben und den Gehorsam Abrahams nach.

»Ist aber nicht ebenso auch Rahab, die Hure, aus Werken gerechtfertigt worden, da sie die Boten aufnahm und auf einem anderen Weg hinausließ? Denn wie der Leib ohne Geist tot ist, so ist auch der Glaube ohne Werke tot« (Jak. 2,25-26).

Wahrer Glaube bringt willig jedes Opfer, das Gott verlangt.

Man kann verstehen, dass Jakobus Abraham als Beispiel lebendigen Glaubens herausstellt – besonders, weil er vor allem an jüdische Leser schreibt. Mit der Rahab aber liegt die Sache völlig anders. Sie war eine Heidin, dazu eine Prostituierte; sie hat gelogen und lebte in der heidnischen Stadt Jericho. Wie kann eine solche Person als Beispiel für wahren Glauben herhalten?

Rahab wusste nur sehr wenig von dem wahren Gott; aber was sie wusste, glaubte sie und handelte danach. Sie glaubte, dass Gott Sein Volk aus Ägypten geführt und die Amoriter besiegt hatte (Jos. 2,9-10). Sie bekannte öffentlich: »Der Herr, euer Gott, ist Gott oben im Himmel und unten auf der Erde« (Vers 11). Und sie stellte ihren Glauben unter Beweis, als sie die hebräischen Spione beschützte, die Jericho kurz vor der Invasion durch Josua erkundet hatten.

Sowohl Abraham als auch Rahab stellten ihren Glauben über alles andere. Beide waren bereit, das ihnen Wertvollste zu opfern. Für Abraham war es sein eigener Sohn und für Rahab ihr eigenes Leben. Der Gehorsam angesichts solcher Opfer bewies die Echtheit ihres Glaubens.

Jakobus ruft uns alle auf, sicherzugehen, einen lebendigen Glauben zu haben. Die Nagelprobe liegt darin, ob er Gehorsam hervorbringt. Es spielt keine Rolle, was du von dir behauptest; wenn dein Leben nicht durch Gerechtigkeit gekennzeichnet ist, so hast du nur einen toten Glauben. Jakobus vergleicht einen solchen Glauben mit Heuchelei, die den Bedürftigen fromme Worte anbietet, anstatt ihnen zu geben, was sie nötig haben, und mit dem Glauben der Dämonen, die der Wahrheit Gottes glauben und doch ewig verloren sind, oder mit leblosen, unnützen Körpern. Das sind erschreckende Vergleiche; aber Gott will nicht, dass du dich selbst, was die Qualität deines Glaubens angeht, hinters Licht führst.

Ich bete dafür, dass du dich der Gewissheit erfreust, echten Glauben zu besitzen. Gott segnet dich, wenn du jeden Tag in seiner wunderbaren Gnade lebst.

Zum Gebet: Bitte Gott um die Gnade und den Mut, dass du jedes notwendige Opfer bringst, das ein Leben aus Glauben erfordert.

Zum Bibelstudium: Lies Josua 2,1-24; 6,1-27 und Matthäus 1,1-5. · Wie bewahrte Rahab die Spione? · Wie segnete Gott die Rahab?

»Zu ihm kommend als zu einem lebendigen Stein … lasst euch auch selbst als lebendige Steine aufbauen, als ein geistliches Haus, ein heiliges Priestertum … Ihr aber seid ein auserwähltes Geschlecht, ein königliches Priestertum, eine heilige Nation, ein Volk zum Besitztum … ein Volk Gottes, … [die ihr] Barmherzigkeit empfangen habt« (1. Petr. 2,4-10).

Du hast in Christus riesige Vorrechte.

Ein Universitätsstudent bekannte einmal seinem Pastor: »Ich bin zu dem Schluss gekommen, dass ich nicht an Gott glaube.« »So, so«, sagte der Pastor, »erzähle mir doch einmal etwas von dem Gott, an den du nicht glauben kannst.« Der Student beschrieb daraufhin ein rachsüchtiges, ungerechtes, willkürliches kosmisches Ungeheuer, dessen Freude es ist, uns Erdenwürmern zuzuschauen, wie wir durch das Leben stolpern, immer auf der Suche nach Sinn und Ziel. Nachdem der Pastor dieser Gottesbeschreibung zugehört hatte, antwortete er weise: »An den Gott glaube ich auch nicht!«

Wie dieser Student haben die meisten Menschen ein verkrümmtes Gottesbild, weil sie nicht über ihre Situation und über die Mühsale unserer gefallenen Welt hinaus sehen können. Ihr verformtes Weltbild hindert sie daran, Gottes Güte und Gnade zu begreifen. Wir Gläubige aber können das, weil wir über das Irdische hinauszublicken vermögen und Seine Gnade und Freundlichkeit schon vielfach erfahren haben.

Die Schrift spricht zwar sehr deutlich von den Pflichten und von der Verantwortlichkeit des Christen; aber das steht im schönen Gleichgewicht zu den Rechten und Wohltaten, die wir in Christus haben. In seinem Brief an Christen, die schwere Trübsale erlebten, erinnert der Apostel Petrus sie an ihre Vorrechte und fordert sie auf, Gottes überreiche Gnade zu preisen (1. Petr. 2,9). Dazu bist auch du berufen.

In diesem Monat werden wir viele dieser Vorrechte anschauen, einschließlich unseres Einsseins mit Christus, unseres Zugangs zu Gott, unserer Rolle als Priester, unserer geistlichen Sicherheit, der Auserwählung, des kommenden Reiches und unseres Erbes. Was uns damit geschenkt ist, übersteigt unser Begriffsvermögen und sollte uns eine Quelle großer Freude und Dankbarkeit sein, nicht nur, während wir es in Gottes Wort lesen, sondern in unserem Alltag.

ZUM GEBET: Danke Gott für das Vorrecht, Sein Kind zu sein. · Bitte Ihn, Er möge dich durch die auf den nächsten Seiten dargestellten Wahrheiten stärken und ermutigen. · Lerne – unabhängig von deinen Umständen – deinen Blick auf Gottes Herrlichkeit und Gnade zu richten. Erlaube ihnen, dein Herz allezeit mit Lob und Anbetung zu erfüllen.

ZUM BIBELSTUDIUM: Lies 1. Petrus 1,3-9 und 2,4-10. Schreibe alle geistlichen Vorrechte auf, die Petrus aufzählt.

»… zu ihm [Christus] kommend als zu einem lebendigen Stein« (1. Petr. 2,4)

Jesus Christus ist die Quelle aller geistlichen Vorrechte.

Oft sagen die Christen von ihrer Errettung, sie seien »zu Christus gekommen«. Das ist eine richtige, biblische Beschreibung; denn der Herr selbst sagt: »Kommt her zu mir, alle ihr Mühseligen und Beladenen! Und ich werde euch Ruhe geben« (Matth. 11,28); »ich bin das Brot des Lebens: wer zu mir kommt, wird nicht hungern und wer an mich glaubt, wird nie mehr dürsten« (Joh. 6,35); »wenn jemand dürstet, so komme er zu mir und trinke« (Joh. 7,37). Das alles sind Beschreibungen der Errettung.

Alle unsere geistlichen Segnungen fangen damit an, dass wir zu Christus kommen, weil Gott uns in Ihm »alles zum Leben und zur Gottseligkeit geschenkt hat« (2. Petr. 1,3). Und Paulus sagt: »Gepriesen sei der Gott und Vater unseres Herrn Jesus Christus! Er hat uns gesegnet mit jeder geistlichen Segnung in der Himmelswelt in Christus« (Eph. 1,3).

Das griechische, mit »zu [ihm] kommend« übersetzte Wort in unserem Vers bedeutet nicht nur die erstmalige Hinwendung zu Christus, um errettet zu werden, sondern auch das Bleiben bei Ihm. In der griechischen Übersetzung des Alten Testaments wird es auf solche angewendet, die Gott zu einem fortwährenden Dienst nahten. Es wurde auch für Proselyten gebraucht – Menschen, die erwählt hatten, zum Volke Gottes zu gehören.

Als du zu Christus gekommen bist, begann damit eine innige, persönliche Gemeinschaft. Vorher warst du im Aufstand gegen Gott, ohne Hoffnung, und dir galten keine der göttlichen Verheißungen. Jetzt bist du wiedergeboren zu einer lebendigen Hoffnung; du bleibst in Ihm und in Seinem Wort und du besitzt wunderbare geistliche Vorrechte.

In der Tat, du bist eine privilegierte Person, und das größte Privileg ist deine persönliche Beziehung zu Christus selbst. Bleibe dabei! Nahe Ihm auch heute mit Bitten und Anbetung.

ZUM GEBET: Sage dem Herrn, wie sehr du Ihn liebst und wie sehr du verlangst, dass deine Beziehung zu Ihm so ist, wie sie sein soll.

ZUM BIBELSTUDIUM: Lies Epheser 2,1-22. · Wie beschreibt Paulus unseren geistlichen Zustand vor der Errettung? · Wie wurden Sünder mit Gott versöhnt? · Mit welchem Bild beschreibt Paulus die Beziehung des Christen zu Jesus Christus?

»Zu ihm [Christus] kommend als zu einem lebendigen Stein« (1. Petr. 2,4).

Jesus Christus ist die einzige Quelle ewigen Lebens und die Grundlage, auf der die Kirche gebaut ist.

Petrus beschreibt hier Christus mit einem Paradoxon, weil Steine nicht lebendig sind. Wir brauchen tatsächlich manchmal das Bild vom Stein, um zu zeigen, wie tot und unbeweglich etwas ist. Doch ist der Vergleich des Petrus sehr wohl begründet, weil er gleich drei wunderbare Wahrheiten über Christus offenbart.

Erstens ist der Herr der lang erwartete Messias der Juden, von dem das Alte Testament als von einem »Stein« spricht. Und Petrus in 1. Petrus 2,6-8 fügt diesen Text in die Beschreibung des Herrn mit ein: »Siehe, ich lege in Zion einen Grundstein, einen bewährten Stein, einen kostbaren Eckstein, felsenfest gegründet. Wer glaubt, wird nicht [ängstlich] eilen« (Jes. 28,16); »der Stein, den die Bauleute verworfen haben, ist zum Eckstein geworden« (Ps. 118,22); und »er wird … zum Stein des Anstoßes und zum Fels des Strauchelns« (Jes. 8,14). Die Parallelen sind offensichtlich und waren den jüdischen Lesern des Petrusbriefes besonders bedeutungsvoll, waren doch damit die jahrhundertealten Erwartungen der frommen Juden in Christus erfüllt. Gott hatte Sein Versprechen gehalten und den Messias gesandt!

Zweitens ist der Herr der »Stein«, weil er der Mittelpunkt Seines geistlichen Hauses, der Kirche, ist. Das griechische Wort für »Stein« wird oft für Bausteine benutzt. Diese wurden zurecht gehauen und bearbeitet, bis sie vollkommen an ihren Ort passten und praktisch nicht wieder fort zu bewegen waren. Der Herr Jesus ist aber nicht nur ein Stein, Er ist der Eckstein, der wichtigste Stein im ganzen Bau. Er gibt der Kirche ihre geistliche Symmetrie.

Schließlich ist der Herr »lebendig«. Das ist eine sehr zutreffende Beschreibung, weil alles, was Petrus in diesem Brief schreibt, darauf gegründet ist, dass der Herr lebt. Das ist die Hoffnung des Gläubigen und die Grundlage all unserer geistlichen Vorrechte. Du bist »wiedergeboren … zu einer lebendigen Hoffnung durch die Auferstehung Jesu Christi aus den Toten« (1. Petr. 1,3). Christus ist ein einzigartiger Stein – ein Stein, der Leben besitzt. Alle, die zu Ihm kommen, erhalten ewiges Leben (siehe 1. Joh. 5,11).

ZUM GEBET: Preise den Herrn für Seinen unwandelbaren Charakter und Seine unwiderruflichen Verheißungen.

ZUM BIBELSTUDIUM: Lies Apostelgeschichte 2,22-47. · Was ist das zentrale Thema der Petrus-Predigt? · Wie reagierten die Menschen darauf? · Wie viele ließen sich taufen? · Nenne einige Aktivitäten der jungen Kirche.

»Zu ihm kommend als zu einem lebendigen Stein, von Menschen zwar verworfen, bei Gott aber auserwählt, kostbar« (1. Petr. 2,4).

Gottes Wertschätzung Christi ist für uns der einzig richtige Maßstab, nach dem wir den Wert Christi bestimmen dürfen.

Ich las einmal über eine Unterhaltung im Museum des Louvre in Paris. Einer der Museumskuratoren, ein großer Bewunderer der Kunst, hörte, wie sich zwei Männer über ein Meisterwerk unterhielten. Der eine sagte: »Ich halte nicht viel von diesem Bild.« Da fühlte sich der Kurator herausgefordert, in die Unterhaltung einzugreifen und sagte: »Lieber Herr, entschuldigen Sie, wenn ich Sie unterbreche, aber dies Bild steht hier nicht auf dem Prüfstand, sondern Sie. Die Qualität des Gemäldes ist längst festgestellt worden. Ihre geringe Wertschätzung beweist nur die Fragwürdigkeit Ihres Werturteils.«
Genauso steht der Herr nicht auf dem Prüfstand der Menschen, sondern die Menschen stehen so vor Ihm. Er ist längst von dem Vater bestätigt worden. Alle, die Ihn arrogant als ihrer Ehrerbietung nicht für wert halten, zeigen nur ihre Unfähigkeit, diesen alles übertreffenden Schatz als solchen zu erkennen. Petrus sagt: »Es ist in der Schrift enthalten: ›siehe, ich lege in Zion einen auserwählten, kostbaren Eckstein; und wer an ihn glaubt, wird nicht zuschanden werden.‹ Euch nun, die ihr glaubt, [bedeutet er] die Kostbarkeit; für die Ungläubigen aber [gilt]: ›Ein Stein des Anstoßes und ein Fels des Ärgernisses‹« (1. Petr. 2,6-8). Nach Gottes Standard ist der Herr der vollkommene Eckstein. Die Leiter Israels jedoch hatten fehlerhafte Maßstäbe. Sie hatten Ihn genau betrachtet und doch verworfen, weil Er nicht in ihr Messias-Konzept passte. Leider sind im Laufe der Geschichte Millionen von Menschen ihrem Beispiel gefolgt.
Wenn du anderen von Christus erzählst, werden viele Ihn mit falschen Maßstäben messen und Ihn verwerfen. Andere werden Gottes Standard benutzen und feststellen, dass Er über alle Maßen kostbar ist. Sei du auf jeden Fall ein treuer Zeuge, weil du weißt, dass Sein voller Wert eines Tages von allen gepriesen wird (Phil. 2,10-11).

Zum Gebet: Schreibe auf, welche Eigenschaften Christi dir besonders wertvoll sind. Betrachte jede dieser Eigenschaften in Gebet und Anbetung.

Zum Bibelstudium: Lies Apostelgeschichte 4,1-13 und achte darauf, wie Petrus die in 1. Petrus 2,4-8 dargestellten Grundsätze auf die jüdischen Führer anwendet.

»Lasst euch auch selbst als lebendige Steine aufbauen, als ein geistliches Haus« (1. Petr. 2,5).

Christus ist dein Leben, und du bist ein integraler Bestandteil dessen, was Er in dieser Welt zur Vollendung führt.

Die jüdische Kultur zur Zeit des Petrus hatte den Tempel in Jerusalem zum Mittelpunkt. Offensichtlich braucht er dies Bild, um in lebendiger Sprache darzustellen, dass Gott nicht mehr in einem irdischen, materiellen, zeitlichen Hause, sondern in einem geistlichen Tempel wohnt. Christus ist der Eckstein und das geistliche Haus, das Er baut, besteht aus den einzelnen Gläubigen.

Dieser Vergleich führt uns zu dem ersten geistlichen Vorrecht, dessen sich die Christen erfreuen: die Einheit mit Christus selbst. Das macht das Christentum einmalig unter den Religionen. Von Buddhisten heißt es nicht, sie seien in Buddha; Moslime sind nicht in Mohammed oder gar in Allah; Konfuzianer sind nicht in Konfuzius. Nur die Christen sind mit Christus vereint und empfangen ihr geistliches Leben von dem Gegenstand ihrer Verehrung.

Als du zu Christus, dem lebendigen Stein, kamst, wurdest du selbst ein lebendiger Stein. Du besitzt Sein Auferstehungsleben und lebst von Seinen geistlichen Kraftquellen. Das meint Petrus, wenn er in 2. Petrus 1,4 sagt: »… durch die er uns die kostbaren und größten Verheißungen geschenkt hat, damit ihr durch sie Teilhaber der göttlichen Natur werdet.«

Und Epheser 2,19-22 fügt hinzu: »So seid ihr nun nicht mehr Fremde und Nichtbürger, sondern ihr seid Mitbürger der Heiligen und Gottes Hausgenossen. [Ihr seid] aufgebaut auf der Grundlage der Apostel und Propheten, wobei Jesus Christus selbst Eckstein ist. In ihm zusammengefügt wächst der ganze Bau zu einem heiligen Tempel im Herrn, und in ihm werdet auch ihr mitaufgebaut zu einer Behausung Gottes im Geist.« Christus ist der Eckstein der Kirche, die auf der Grundlage biblischer Wahrheit gegründet ist; das ist die göttliche Offenbarung, die Er durch die Apostel und Propheten gegeben hat. Freue dich des Vorrechts, mit Christus vereint zu sein und Sein Wort lernen zu dürfen!

ZUM GEBET: Danke Gott dafür, dass Er dich zu einem Seiner geistlichen Steine auserwählt hat. · Suche Seine Weisheit und Gnade, um jeden Tag zu Seiner Ehre leben zu können.

ZUM BIBELSTUDIUM: Lies Apostelgeschichte 17,24; 1. Timotheus 3,15; Hebräer 3,6. Was wird dort über Gottes geistliches Haus gesagt?

»Lasst euch … aufbauen als ein geistliches Haus, ein heiliges Priestertum, um geistliche Schlachtopfer darzubringen, Gott wohlannehmbar durch Jesus Christus« (1. Petr. 2,5).

Christi Tod öffnete den Zugang zum Vater für alle Gläubigen.

Zu aller Zeit wurden falsche Götter als gegenüber den menschlichen Nöten fern, indifferent und teilnahmslos dargestellt und die gewöhnlichen Menschen können ihnen niemals nahen. Aus Angst mag ein Mensch versuchen, seine Götzen zu beschwichtigen; aber er hat weder den Wunsch noch die Möglichkeit, sich ihnen zu nähern.

Selbst diejenigen, die im Alten Testament dem wahren Gott dienten, hatten nur begrenzten Zugang zu Ihm. Der gewöhnliche Jude konnte Gott im Gebet nahen; aber es war ihm verboten, körperlich in Seine Gegenwart zu kommen. Nur der Hohepriester durfte in die Gegenwart Gottes, ins Allerheiligste kommen – und auch das nur einmal im Jahr, am großen Versöhnungstag. Aber auch dann musste er sich einer zeremoniellen Waschung unterziehen und ein Opfer für seine Sünden darbringen. Hätte er es versäumt, sich vorschriftsmäßig vorzubereiten, hätte ihn das sein Leben gekostet.

Jedweder Versuch, das Priesteramt an sich zu reißen, stand ebenfalls unter schwerer göttlicher Strafe. Der König Asarja (auch Usija genannt) wurde dadurch aussätzig. Das Haus des Königs Saul wurde verflucht und Korah und seine rebellischen Genossen kamen um, als sich die Erde unter ihnen auftat und sie verschlang.

Wir aber, als Christen, genießen ungehinderten Zugang zum Vater durch Jesus Christus. In Hebräer 10,19-22 heißt es: »Da wir nun, Brüder, durch das Blut Jesu Freimütigkeit haben zum Eintritt in das Heiligtum, den er uns eröffnet hat als einen neuen und lebendigen Weg durch den Vorhang – das ist durch sein Fleisch – und einen großen Priester über das Haus Gottes, so lasst uns hinzutreten mit wahrhaftigem Herzen in voller Gewissheit des Glaubens.«

Als ein Mitglied von Gottes königlicher Priesterschaft darfst du Ihm mit großer Zuversicht nahen, weil du Seine Liebe kennst und Ihm in Seiner Gegenwart genauso willkommen bist wie Sein eigener Sohn. Mach viel Gebrauch von diesem Vorrecht, indem Du im Gebet mit Ihm sprichst und Ihm täglich geistliche Schlachtopfer darbringst.

Zum Gebet: Preise den Herrn Jesus, dass Er sein kostbares Blut vergossen hat, durch das du Zugang zum Vater hast. · Preise Gott, dass Er ein personaler und nahbarer Gott ist.

Zum Bibelstudium: Lies 2. Mose 19. · Was sagte Gott dem Mose? · Worauf sollte sich das Volk vorbereiten? · Konnte das Volk Gott nahen?

»Lasst euch … aufbauen als ein geistliches Haus, ein heiliges Priestertum, um geistliche Schlachtopfer darzubringen, Gott wohlannehmbar durch Jesus Christus« (1. Petr. 2,5).

Christen teilen manche geistlichen Merkmale mit den Priestern des Alten Testaments.

Petrus bezeichnet die Gläubigen als heilige Priester; nur wissen viele Christen überhaupt nicht, was das bedeutet, weil es in unserer Kultur keine Priester mehr gibt.

Die Hauptaufgabe der alttestamentlichen Priester war es, für das Volk Gott wohlannehmbare Opfer darzubringen. Die Priester waren von Gott selbst erwählt, durch spezielle, vorgeschriebene Zeremonien gereinigt, in vorgeschriebener Weise gekleidet und mit Öl gesalbt als Zeichen, dass Gottes Geist auf ihnen ruhte. Von ihnen wurde erwartet, dass sie Gott gehorchten, Sein Wort liebten und in Seinen Wegen wandelten.

Treue Priester übten einen positiven Einfluss auf Gläubige und Ungläubige gleichermaßen aus. In Maleachi 2,6 steht: »Viele brachte er zur Umkehr von Schuld.« Und Vers 7 fügt hinzu: »Die Lippen des Priesters sollen Erkenntnis bewahren und Weisung sucht man aus seinem Mund; denn er ist ein Bote des HERRN der Heerscharen.«

Diese Qualifikationen gelten genauso für Christen, in denen Gott jetzt die einzig wahren Priester sieht. Er hat dich vor Grundlegung der Welt erwählt und dich durch das Bad der Wiedergeburt und Erneuerung des Heiligen Geistes gereinigt. Du bist bekleidet mit der Gerechtigkeit Christi und mit dem Heiligen Geist gesalbt. Und deine Aufgabe ist, »geistliche Schlachtopfer darzubringen, Gott wohlannehmbar durch Jesus Christus« (1. Petr. 2,5).

Die Bibel fordert dich deshalb auf, deinen Leib darzustellen »als lebendiges, heiliges, Gott wohlgefälliges Opfer, was euer vernünftiger Gottesdienst ist« (Röm. 12,1). Gehorsam, Liebe zu Gottes Wort und Gemeinschaft mit Ihm sollte dein Leben kennzeichnen; Heilige und Sünder sollten gleichermaßen Christus in dir sehen und von dem, was sie sehen, beeinflusst werden.

Die Priesterschaft der Gläubigen ist eine hohe und heilige Berufung, zu der keiner ohne Gottes Gnade und Kraft fähig ist. Aber sei versichert: Der dich berufen hat, wird Sein Wohlgefallen in dir ausführen. Richte dich ganz auf dies Ziel aus und verlasse dich täglich auf Seine Hilfsmittel und vertraue Seiner Allgenugsamkeit.

ZUM GEBET: Danke Gott, dass Er dich zu einer solchen Priesterschaft berufen hat. · Bitte Ihn, dich dazu zu gebrauchen, einen guten Einfluss auf andere auszuüben.

ZUM BIBELSTUDIUM: Lies 3. Mose 8 und 9, wo von der Einsetzung des Aaronitischen Priestertums die Rede ist.

»Lasst euch … aufbauen als geistliches Haus, ein heiliges Priestertum, um geistliche Schlachtopfer darzubringen, Gott wohlannehmbar durch Jesus Christus« (1. Petr. 2,5).

Geistliche Schlachtopfer sind Akte des Lobens und der Anbetung, die durch Jesus Christus dargebracht werden.

Die Hauptaufgabe eines hebräischen Priesters war es, Gott wohlannehmbare Opfer darzubringen. Dafür hat Gott genaue Anweisungen über die von Ihm geforderten Opfer gegeben. So musste zum Beispiel ein Opferlamm tadellos – ohne Fehler und Mängel – sein. Dann musste es in vorgeschriebener Weise geopfert werden. Es war eine schreckliche Übertretung, ein Opfer auf unangebrachte Weise darzubringen – Aarons zwei ältesten Söhnen kostete ein solcher Fehler das Leben (3. Mo. 10,1-2).

Das Opfersystem des Alten Testaments ist ein Bild des überragenden Opfers Christi am Kreuz. Als Er starb, zerriss der Vorhang, der das Allerheiligste von dem übrigen Tempel trennte. Damit wurde angezeigt, dass seither der Zugang zu Gott durch Christus möglich ist. Von diesem Augenblick an wurden die Opfer des Alten Testaments bedeutungslos. So steht im Hebräerbrief: »In diesem Willen sind wir geheiligt durch das ein für allemal geschehene Opfer des Leibes Jesu Christi. Und jeder Priester steht täglich da, verrichtet den Dienst und bringt oft dieselben Schlachtopfer dar, die niemals Sünden hinwegnehmen können. Dieser aber hat *ein* Schlachtopfer für Sünden dargebracht und sich für immer gesetzt zur Rechten Gottes … Denn mit *einem* Opfer hat er die, die geheiligt werden, für immer vollkommen gemacht« (Hebr. 10,10-14).

Christi Opfer war vollkommen. Nichts weiter war zur Erlösung notwendig. Die von den Gläubigen geforderten geistlichen Schlachtopfer haben nichts mit der Sünde zu tun. Sie sind vielmehr Akte des Lobens und der Anbetung, die aus einem erlösten Leben hervorkommen. Sie sind Früchte der Errettung und wohlannehmbar bei Gott, weil sie durch Seinen Sohn dargebracht wurden.

Weil der Herr der einzige Mittler zwischen Gott und Menschen ist, ist auch dein Zugang zu Gott einzig durch Ihn möglich. Alles, was Ihm gefällt, gefällt auch dem Vater. Seinen Willen zu tun, Seine Pläne, Sein Reich, alles sind Aspekte des Darbringens wohlannehmbarer geistlicher Schlachtopfer. Tatsächlich soll dein ganzes Leben ein ununterbrochenes Opfer der Liebe und des Lobes für Gott sein. Möge es Wirklichkeit bei dir werden!

ZUM GEBET: Wenn du betest, sei sicher, dass alles, was du sagst und was du bittest, mit dem Willen Christi übereinstimmt.

ZUM BIBELSTUDIUM: Lies Hebräer 10,1-18 und beachte, welcher Unterschied zwischen dem Opfer Christi und denen des Alten Testaments besteht.

»... um geistliche Schlachtopfer darzubringen, Gott wohlannehmbar durch Jesus Christus« (1. Petr. 2,5).

Alles, was du hast und kannst, solltest du zur Ehre Gottes einsetzen.

In Römer 12,1 mahnt Paulus die Gläubigen, ihre Leiber als »lebendiges, heiliges, Gott wohlgefälliges Opfer« darzustellen. Das wäre ein Gottesdienst, der Gott gefällt. Aber es hat einmal jemand ganz richtig gesagt, das Problem mit den lebendigen Opfern bestünde darin, dass sie vom Altar herunterkriechen. Daher verlangt ein solches Leben geistliche Disziplin und beständige Abhängigkeit vom Heiligen Geist. Wir Christen sind nicht immer dazu bereit.

Paulus zufolge sind die Motivation und die Fähigkeit zur Selbsthingabe in den schon erfahrenen Gnaden Christi zu finden. In Römer 1 bis 11 nennt er eine Reihe davon, unter anderen Liebe, Gnade, Frieden, Glauben, Trost, Kraft, Hoffnung, Geduld, Freundlichkeit, Herrlichkeit, Gerechtigkeit, Vergebung, Versöhnung, Rechtfertigung, Heilsgewissheit, ewiges Leben, Freiheit, Auferstehung, Sohnschaft, Fürbitte und den Heiligen Geist. Weil du das alles schon bekommen hast, solltest du mit Freuden alle deine Fähigkeiten heiligen Zwecken unterordnen.

Mit dem »Leib« in Römer 12,1 ist auch deine Gesinnung gemeint; denn in Vers 2 heißt es: »Seid nicht gleichförmig dieser Welt, sondern werdet verwandelt durch die Erneuerung eures Sinnes, dass ihr prüfen mögt, was der Wille Gottes ist: das Gute und Wohlgefällige und Vollkommene.« Eine veränderte Gesinnung ist der Schlüssel zu einem veränderten Verhalten.

Vor deiner Bekehrung hattest du weder den Wunsch noch die Fähigkeit, solche Opfer zu bringen. Aber weil du in Christus eine neue Schöpfung bist, darfst du deine Glieder nicht der Sünde zu Werkzeugen der Ungerechtigkeit zur Verfügung stellen, sondern Gott zu Werkzeugen der Gerechtigkeit (Röm. 6,13). Ein praktisches Beispiel ist die Enthaltung von sexueller Unmoral. »Dass jeder sein eigenes Gefäß in Heiligkeit und Ehrbarkeit zu gewinnen wisse« (1. Thess. 4,3-4).

Du bist ein heiliger Priester und dein priesterliches Werk beginnt, indem du dich selbst als ein lebendiges und heiliges Opfer darbringst. Willst du das? Bist du ein treuer Priester?

ZUM GEBET: Danke Gott für den Überfluss an Gnaden dir gegenüber. · Gib dich Ihm heute hin und bitte Ihn um die Gnade zu einem heiligen Leben.

ZUM BIBELSTUDIUM: Lies Römer 6. · Welche Möglichkeiten hast du als Gläubiger, die du als Ungläubiger nicht hattest? · Welchen Vorteil bringt es, Gottes Sklave zu sein?

»... um geistliche Schlachtopfer darzubringen, Gott wohlannehmbar durch Jesus Christus« (1. Petr. 2,5).

Das Loben besteht darin, Gottes Eigenschaften und Seine mächtigen Werke auszusprechen.

Preis den Herrn!« sagen heute viele Christen. Manche sehen das als eine griffige Formel an, andere kommerzialisieren diesen Spruch, andere wieder sehen darin nichts anderes als die Buchstaben »PTL« (Praise The Lord). Aber trotz all dieser Versuche, den Lobpreis Gottes zu trivialisieren, ist und bleibt er der Ausdruck der Liebe und Wertschätzung des Gläubigen Gott gegenüber, der sich ihm in überströmender Güte erzeigt hat. So klingt es aus Davids Herzen, wenn er sagt: »Den HERRN will ich preisen allezeit, beständig soll sein Lob in meinem Munde sein. In dem HERRN soll sich rühmen meine Seele; hören werden es die Sanftmütigen und sich freuen. Erhebt den HERRN mit mir, lasst uns miteinander erhöhen seinen Namen!« (Ps. 34,1-3). Das wird das Lied der Gläubigen in Zeit und Ewigkeit sein!

Gott fordert und verdient dein Lob. Darum heißt es in Hebräer 13,15: »Durch ihn [Christus] nun lasst uns stets ein Opfer des Lobes darbringen! Das ist die Frucht der Lippen, die seinen Namen bekennen.« Aber was heißt Loben nun eigentlich? Soll man immerfort »Preis den Herrn« sagen?

Aus der Schrift erkennt man deutlich zwei Arten des Lobes. Erstens besteht er darin, die Wesensmerkmale Gottes vor Ihm auszusprechen. Das finden wir besonders im Alten Testament. Zum Beispiel lesen wir in Psalm 104: »Preise den HERRN, meine Seele! HERR, mein Gott, du bist sehr groß, mit Majestät und Pracht bist du bekleidet« (Vers 1).

Der zweite Aspekt ist das Aussprechen Seiner Werke. In Psalm 107,21-22 heißt es: »Sie sollen den HERRN preisen für seine Gnade, für seine Wunder an den Menschenkindern. Sie sollen Dankopfer darbringen und mit Jubel seine Taten erzählen!«

Zum Loben gehört also, dass ein liebendes Herz ausspricht, wie groß Gott ist, wodurch es Ihn ehrt und sich vor Seiner Majestät verneigt. Außerdem gehört dazu, dass man ausspricht, was Gott für Sein Volk getan hat. Dein Lob sollte diesem Muster entsprechen, dann wird es zu einem wohlannehmbaren geistlichen Schlachtopfer für deinen liebenden Gott.

ZUM GEBET: Lies Psalm 103 als Lobpreis für deinen Gott.

ZUM BIBELSTUDIUM: Die Schrift erwähnt andere geistliche Opfer, die von Gläubigen dargebracht werden sollen. Lies Römer 15,16, Epheser 5,2, Philipper 4,10-18, Hebräer 13,16 und Offenbarung 8,3. Um welche Opfer geht es da jeweils?

»Denn es ist in der Schrift enthalten:
Siehe, ich lege in Zion einen auserwählten, kostbaren Eckstein;
wer an ihn glaubt, wird nicht zuschanden werden« (1. Petr. 2,6).

Christus ist die Erfüllung aller messianischen Weissagungen, und in Ihm sind wir für alle Ewigkeit in Sicherheit.

Erste Petrus 2,6 ist eine Umschreibung von Jesaja 28,16, wo es heißt: »Darum, so spricht der Herr, HERR: Siehe, ich lege in Zion einen Grundstein, einen bewährten Stein, einen kostbaren Eckstein, felsenfest gegründet. Wer glaubt, wird nicht [ängstlich] eilen.« Jesaja sprach von dem Messias – dem kommenden Christus Gottes. Petrus wendet diese Prophetie des Jesaja, durch den Heiligen Geist inspiriert, auf den Herrn Jesus an.

In Jesajas Weissagung ist mit »Zion« Jerusalem gemeint, das auf dem Berg Zion steht. Der Berg Zion wird im Neuen Testament als Bild für den neuen Bund der Gnade verwendet, während der Berg Sinai den alten Gesetzesbund darstellt. Jesaja sagt damit also, dass Gott den Messias zum Eckstein des neutestamentlichen Tempels, der Kirche, machen würde.

Der Vergleich der Gläubigen mit Steinen und Christi mit dem Eckstein war für die Juden von tiefer Bedeutung. Als der Tempel in Jerusalem gebaut wurde, waren die dazu verwendeten Steine im Steinbruch nach genauen Plänen ausgewählt, behauen und vermessen (1. Kön. 6,7). Erst dann wurden sie auf die Baustelle gebracht und an der bestimmten Stelle eingefügt. Der wichtigste Stein war der Eckstein, auf den hin der ganze Bau ausgerichtet war.

Gott benutzt die gleiche Methode zum Bau des neutestamentlichen Tempels. Seine Steine (die einzelnen Gläubigen) sind vom Heiligen Geist auserwählt und so geformt, dass sie in Gottes Meisterplan für die Kirche passen. Der Herr selbst ist der kostbare Eckstein, der ganz besonders vom Vater auserwählt und vorbereitet wurde, um als Muster zu dienen, nach dem sich alles einzufügen hat. Er ist die Erfüllung der messianischen Verheißungen. Er ist der, auf den man vertrauen kann, ohne enttäuscht zu werden. Das bedeutet: Du bist in Ihm völlig sicher!

Lebe heute in dem Vertrauen, dass Jesus nie einen Fehler macht. Er wird immer Seinen Ratschluss ausführen.

ZUM GEBET: Preise Gott dafür, dass Er Seine Versprechungen hält und dir in Christus völlige Sicherheit gibt.

ZUM BIBELSTUDIUM: Lies Galater 4,21-31. · Wer war die Magd und wen stellt sie dar? · Mit wem vergleicht Paulus die Gläubigen?

»Euch nun, die ihr glaubt, [bedeutet] er die Kostbarkeit« (1. Petr. 2,7).

Liebe zu Christus ist das vornehmste Kennzeichen eines wahren Gläubigen.

Unser Vers spricht von der hohen Wertschätzung des Gläubigen für Christus, im Gegensatz zu Seiner Verwerfung durch die Ungläubigen. Man könnte den ersten Teil des Verses auch übersetzen: »Für euch, die glauben, ist Er kostbar.« »Kostbar« bedeutet »wertvoll«, »köstlich«, »unvergleichlich«, »unersetzlich«. All das ist Christus; aber nur für Gläubige, die Seinen überragenden Wert erkennen und Ihn dafür liebhaben.

Liebe zu Christus ist das grundlegende Kennzeichen wahrer Gläubiger. An Ihn zu glauben und Ihn zu lieben, ist untrennbar. In Johannes 16,27 sagt der Herr: »Der Vater selbst hat euch lieb, weil ihr mich geliebt und geglaubt habt.« Und in Matthäus 10,37 sagt Er: »Wer Vater oder Mutter mehr liebt als mich, ist meiner nicht würdig; und wer Sohn oder Tochter mehr liebt als mich, ist meiner nicht würdig.« Gläubige haben eine unüberwindliche und alles überwindende Liebe zu Christus.

Seinen Gegnern erklärt der Herr: »Wenn Gott euer Vater wäre, so würdet ihr mich lieben« (Joh. 8,37). Jeder, der wirklich Gott liebt, liebt auch Christus. Seine Feinde behaupteten, Kinder Gottes zu sein; aber ihre Verblendung wurde deutlich, als sie Ihn töten wollten, weil Er Gottes Wahrheit verkündigte. In Wirklichkeit waren sie Kinder des Teufels (Vers 44).

In Johannes 14 fügt der Herr hinzu: »Wenn ihr mich liebt, werdet ihr meine Gebote halten ... Wer meine Gebote hat und sie hält, der ist es, der mich liebt; wer aber mich liebt, wird von meinem Vater geliebt werden; und ich werde ihn lieben ... Wenn jemand mich liebt, so wird er mein Wort halten und mein Vater wird ihn lieben und wir werden zu ihm kommen und Wohnung bei ihm machen. Wer mich nicht liebt, hält meine Worte nicht« (die Verse 15.21.23-24).

Viele Menschen sind sich nicht im Klaren, was es heißt, ein Christ zu sein. Aber du hast das Vorrecht, dir darüber Sicherheit zu verschaffen: Du bist einer, wenn du Christus hoch schätzt, Ihn innig liebst und diese Liebe durch Gehorsam gegen Sein Wort zeigst. Möge Gott dich reichlich segnen, wenn du heute diesem Ziel nachstrebst.

Zum Gebet: Bitte Gott, dir Gelegenheit zu geben, deinen Nächsten heute die Liebe Christi in besonderer Weise zeigen zu können.

Zum Bibelstudium: Lies 1. Johannes 4,7 – 5,3. · Wie stellt Johannes Gott dar? · Welche Auswirkung sollte deine Liebe zu Gott auf deine Beziehungen zu anderen Menschen haben? · Wie definiert Johannes Liebe?

*»Für die Ungläubigen aber [gilt]:
›der Stein, den die Bauleute verworfen haben,
dieser ist zum Eckstein geworden‹ und: ›ein Stein des Anstoßes
und ein Fels des Ärgernisses.‹ Da sie nicht gehorsam sind, stoßen sie
sich an dem Wort, wozu sie auch bestimmt sind« (1. Petr. 2,7-8).*

Die Verwerfung Christi führt zu ewiger Verdammnis.

Israel war eine einzigartige Nation. Gott selbst hatte sie auserwählt, der Wächter über Sein Wort und der Herold Seines Reiches zu sein. Das Alte Testament berichtet, wie Gott jahrhundertelang für dies Volk gesorgt hat, und die Propheten kündeten von dem Einen, der als ihr großer Erretter erscheinen würde. So wartete Israel ungeduldig auf den verheißenen Messias.

Aber diese Geschichte hat ein erstaunliches Ende. Als in der Person Jesu Christi der Messias endlich gekommen war und sich dem Volk vorstellte, untersuchten und prüften ihn die religiösen Führer genauestens und auf jede erdenkliche Weise. Er entsprach aber nicht ihren Vorstellungen. Sie erwarteten einen herrschenden, politischen Messias, der sie augenblicklich vom Römerjoch befreien würde. An einem geistlichen Erlöser bestand für sie kein Bedarf; so lehnten sie Ihn ab und warfen Ihn wie einen wertlosen Feldstein weg.

Der verworfene Eckstein ist zwar für die Gläubigen kostbar; aber für die Ungläubigen bleibt Er »ein Stein des Anstoßes und ein Fels des Ärgernisses«. Über einen »Stein des Anstoßes« stolpert man, wenn man auf dem Wege geht. Und ein Fels des Ärgernisses ist groß genug, einen Menschen zu zermalmen. Damit wird gesagt: Die Verwerfung Christi führt zu geistlichen Verwüstungen ungeheuren Ausmaßes.

Alle, die Christus verwerfen, tun das, weil sie dem Wort ungehorsam sind. Auflehnung gegen das geschriebene Wort führt unausweichlich zur Auflehnung gegen das lebendige Wort. Von solchen Leuten sagt Petrus, dass sie »dazu bestimmt worden sind« (Vers 8). Sie waren nicht dazu bestimmt, Christus zu verwerfen, sondern für das Gericht – aufgrund ihrer Verwerfung Christi. Das ist eine schreckliche Realität, die dich antreiben sollte, jede Möglichkeit zu nutzen, um den Verlorenen die gute Botschaft zu sagen.

ZUM GEBET: Wenn in deiner Familie oder bei deinen Bekannten einer ist, der Christus verwirft, dann bete viel für ihn, Gott möge ihm den rettenden Glauben schenken.

ZUM BIBELSTUDIUM: Lies Römer 9,30 – 10,17 und achte auf den falschen Gerechtigkeitsmaßstab, den die Israeliten anlegten, und auf das Gebet des Paulus für ihre Errettung.

»Ihr aber seid ein auserwähltes Geschlecht« (1. Petr. 2,9).

Die Auserwählung ist das geistliche Vorrecht, aus dem alle anderen entspringen.

Im Gegensatz zu denen, die zum Verderben bestimmt sind, weil sie Christus verwerfen (1. Petr. 2,8), sind die Christen »ein auserwähltes Geschlecht«, das durch Gottes erlösende Gnade zusammengefügt wurde. Das ist Anlass zu der allergrößten Freude!

Unser Vers ist eine Anspielung auf 5. Mose 7,6-9, wo es heißt: »Du bist dem HERRN, deinem Gott, ein heiliges Volk. Dich hat der HERR, dein Gott, erwählt, dass du ihm als Eigentumsvolk gehörst aus allen Völkern, die auf dem Erdboden sind. Nicht weil ihr mehr wäret als alle Völker, hat der HERR sich euch zugeneigt und euch erwählt – ihr seid ja das geringste unter allen Völkern –, sondern wegen der Liebe des HERRN zu euch und weil er den Eid hielt, den er euren Vätern geschworen, hat der HERR euch mit starker Hand herausgeführt und dich erlöst aus dem Sklavenhaus, aus der Hand des Pharao, des Königs von Ägypten.«

Wie Israel ist die Kirche eine erlöste Gemeinschaft Gottes, »auserwählt nach Vorkenntnis Gottes, des Vaters, in der Heiligung des Geistes« (1. Petr. 1,1-2). Bevor die Welt geschaffen wurde, wandte Gott dir Seine Liebe zu und brachte dich in Sein Reich, indem Er dir Seine rettende Gnade gewährte. Das ist die Lehre von der Erwählung.

Das verstehen viele Menschen nicht; aber es ist eine wunderbare Lehre und bringt außerordentlichen Gewinn. Sie erhöht Gott, indem sie Seine Liebe und Gnade elenden Sündern gegenüber groß macht. Sie schließt allen Selbstruhm aus, weil sie bekräftigt, dass du ganz und gar von Gottes Gnade abhängst. Das sollte solche Dankbarkeit in deinem Herzen erwecken, dass du von ganzem Herzen und um jeden Preis ein heiliges Leben führen und Ihm dienen willst. Auch Freude und Kraft sollten daraus erwachsen, weil du weißt, dass Gott dich nie verlässt. Er wird Seine Absichten mit dir vollenden. Du kannst jeder Herausforderung mit der größten Zuversicht auf Seine Durchhilfe entgegentreten.

Freue dich der Auserwählung! Bete Gott an und halte dich an die Leitung des göttlichen Geistes, so wird allen deutlich, dass Er dich auserwählt hat.

Zum Gebet: Was hat das geistliche Vorrecht der göttlichen Auserwählung in deinem Leben bewirkt? Drücke deine Antwort im Gebet vor Gott aus und danke Ihm für Seine wunderbare Gnade.

Zum Bibelstudium: Lies Römer 5. Welche Wohltaten der Erwählung nennt Paulus?

»Ihr seid … ein königliches Priestertum« (1. Petr. 2,9).

Christen dienen dem König und werden eines Tages mit Ihm in Seinem Reich herrschen.

In 2. Mose 19,5-6 sagt Gott zu Israel: »Wenn ihr willig auf meine Stimme hören und meinen Bund halten werdet, dann sollt ihr aus allen Völkern mein Eigentum sein … Und ihr sollt mir ein Königreich von Priestern und eine heilige Nation sein.« Sie sollten sowohl Priester als auch königliche Hoheiten sein; aber sie missachteten diesen Bund und verscherzten ihre Privilegien. Nun sind – nach Petrus – die Christen die königliche Priesterschaft Gottes.

Das griechische Wort in unserem Vers für »königlich« wurde auf den königlichen Palast, auf seine Herrschaft, die Krone oder die Monarchie angewendet. In diesem Vers geht es um das Königtum im Allgemeinen. Wir sprechen von dem englischen oder schwedischen Königshaus und meinen nicht ein Gebäude, sondern die königliche Familie. So ist es auch mit Gottes »geistlichem Haus« (Vers 5). Die Gläubigen dienen dem König und werden einmal mit Ihm herrschen, weil sie zu Seiner Familie gehören.

Das wird überall in der Schrift bestätigt. Im Buch der Offenbarung lesen wir: »… und hast sie unserem Gott zu einem Königtum und zu Priestern gemacht« (Offb. 5,10) und: »Sie werden Priester Gottes und des Christus sein und mit ihm herrschen« (Offb. 20,6).

Deine königliche Stellung hat einige praktische Konsequenzen für deine tägliche Lebensführung. Zum Beispiel sagt Paulus im Hinblick auf Streitigkeiten unter Christen: »Bringt es jemand von euch, der einen Rechtsstreit mit dem anderen hat, über sich, vor den Ungerechten zu streiten und nicht vor den Heiligen? Oder wisst ihr nicht, dass die Heiligen die Welt richten werden? Und wenn durch euch die Welt gerichtet wird, seid ihr dann nicht würdig, über die geringsten Dinge zu richten? Wisst ihr nicht, dass wir Engel richten werden, wie viel mehr [über] Alltägliches?« (1. Kor. 6,1-3).

Vergiss nie, wer du in Christus bist und lass dich nicht durch die Welt aus deiner priesterlichen Rolle drängen.

Zum Gebet: Lerne 1. Timotheus 4,12 auswendig. Bitte Gott, Er möge dich zu einem besseren Beispiel für Seine königliche Priesterschaft hier auf Erden machen.

Zum Bibelstudium: Lies 1. Mose 14,18-20 und Hebräer 7,1-17. Wer war Melchisedek und was war das Einzigartige an seinem Priestertum?

»Ihr seid … eine heilige Nation« (1. Petr. 2,9).

Heiligung bedeutet, dass wir immer seltener sündigen und immer häufiger der Gerechtigkeit entsprechen.

Christen sind »eine heilige Nation« – ein Volk, das von Sünde und Hölle befreit in inniger Beziehung zu Gott lebt. Ursprünglich waren die Israeliten Gottes heilige Nation; aber sie haben dies Vorrecht durch Unglauben verspielt. Nun bildet die Kirche, die sowohl aus Heiden als auch aus Juden besteht, dies einzigartige Volk, und das wird so bleiben, bis das Volk Israel Buße tut und den Messias bei Seiner Ankunft annimmt (Sach. 12,10).

Biblische Heiligung ist oft missverstanden worden, was aber nicht zu sein braucht. Als der Heilige Geist dich aus dem Reich der Finsternis führte und dich in das Reich Christi brachte, wurdest du zu dem besonderen Besitztum Gottes. Das bedeutet nicht, perfekt und sündlos zu sein; aber es bedeutet sehr wohl, kein Sklave der Sünde, des Teufels und des Todes mehr zu sein. Das ist die *stellungsmäßige* Heiligung. *Praktische* Heiligung besteht darin, im täglichen Wandel immer seltener zu sündigen und immer häufiger der Gerechtigkeit Gottes zu entsprechen.

Die Heiligung sollte nicht mit den falschen Maßstäben für das Heiligsein durcheinander gebracht werden. Da gibt es die Pharisäer, die mit äußerlichen Mitteln heilig werden wollen, oder die Stoiker mit ihrer emotionslosen Pflichthingabe, oder die Mönche, die sich selbst aus der Welt zurückziehen oder die quasi-christlichen Psychologen, die Heiligung durch Selbstbespiegelung, Selbstanalyse und Verbesserung des Selbstwertgefühls ersetzen.

Wahre Heiligung beginnt mit der Liebe zu Christus. Sie – und nur sie – fordert uns zu größerer Heiligung heraus.

Petrus sagt, dass wir »auserwählt sind nach Vorkenntnis Gottes, des Vaters, in der Heiligung des Geistes zum Gehorsam … Jesu Christi« (1. Petr. 1,1-2). Der Herr selbst wurde für dich »Weisheit von Gott und Gerechtigkeit und Heiligkeit und Erlösung« (1. Kor. 1,30). In Ihm wurdest du errettet. Das war der Anfang der Heiligung, und in Ihm stehen dir alle Hilfsquellen zur Verfügung, die du bei dem Heiligungsprozess benötigst.

ZUM GEBET: Danke Gott für deine stellungsmäßige Heiligung; denn durch sie bist du vor Ihm vollkommen. · Danke Ihm für die Kraft des Heiligen Geistes in deinem Leben, die dir ermöglicht, zu Seinem Wohlgefallen zu leben.

ZUM BIBELSTUDIUM: Was sagen folgende Stellen über die Heiligung? Apostelgeschichte 15,7-9; 1. Thessalonicher 4,3; Hebräer 10,14; 1. Petrus 1,15-16.

»Ihr seid … ein Volk zum Besitztum« (1. Petr. 2,9).

Weil Gott den Preis für deine Erlösung bezahlt hat, gehörst du Ihm.

Als der Herr Jesus sagte: »Ich bin der gute Hirte und ich kenne die Meinen und die Meinen kennen mich« (Joh. 10,14), eröffnete Er uns eine Wahrheit, die mir seit den ersten Jahren meiner theologischen Ausbildung besonders kostbar ist. Eine meiner schönsten Erinnerungen an die Seminarzeit ist, wie ich in der Kapelle saß und das im vorigen Jahrhundert von Wade Robinson gedichtete Lied sang: »Ich bin Sein und Er ist mein.« Wenn ich auch niemals die ganze Tiefe dessen verstehen mag, was es bedeutet, zu Christus zu gehören, so werde ich mich dieser Tatsache doch stets rühmen.

Das griechische Wort für »Besitztum« in unserem Vers wird in Epheser 1,14 mit »Eigentum« (etwas, was man rechtmäßig erworben hat) wiedergegeben. Alle Menschen gehören Ihm, weil Er der Schöpfer ist; doch wir als Christen sind auf ganz besondere Weise Sein Eigentum, weil Er den Preis für unsere Erlösung von den Ketten der Sünde und des Todes bezahlt hat.

Dass die Gläubigen Gott gehören, sagt die Schrift an vielen Stellen. Die Ältesten ermahnt der Apostel Paulus, »die Gemeinde Gottes zu hüten, die er sich erworben hat durch das Blut seines eigenen [Sohnes]« (Apg. 20,28). Und den Korinthern sagt er: »Oder wisst ihr nicht, dass euer Leib ein Tempel des Heiligen Geistes in euch ist, den ihr von Gott habt und dass ihr nicht euch selbst gehört? Denn ihr seid um einen Preis erkauft worden. Verherrlicht nun Gott mit eurem Leibe!« (1. Kor 6,19-20). In Titus 2,14 heißt es, Christus »hat sich selbst für uns gegeben, damit er uns loskaufte von aller Gesetzlosigkeit, sich selbst zu einem Eigentumsvolk«.

In Jesaja 43,21 steht: »Dieses Volk, das ich mir gebildet habe, sie sollen meinen Ruhm erzählen.« Das war das Ziel mit Israel und auch mit dir. Gott erwählte dich zum Besitztum und gab Seinen Sohn als Preis für deine Errettung. Du gehörst Ihm nun in alle Ewigkeit; so lebe dementsprechend und rühme dich dieses hohen Vorrechts!

Zum Gebet: Mache es zu einer guten Übung, Gott immer wieder zu danken für das Vorrecht, Ihm zu gehören.

Zum Bibelstudium: Lies Johannes 10,1-33. · Was zeichnet den Guten Hirten aus? · Welche Beziehung zu Gott, dem Vater, beansprucht der Herr? · Wie reagierten die jüdischen Führer auf seine Lehren?

»... damit ihr die Tugenden dessen verkündigt, der euch aus der Finsternis zu seinem wunderbaren Licht berufen hat« (1. Petr. 2,9).

Gott hat dir die Fähigkeit geschenkt,
die Wahrheit zu erkennen und nach ihr zu leben.

Im natürlichen Leben kann Finsternis Verwirrung stiften und Angst einflößen. Von einem Missionar wird erzählt, dass er während einer Seereise mitten in der Nacht durch den verzweifelten Schrei: »Mann über Bord!« aus dem Schlaf gerissen wurde. Er sprang sofort aus seiner Koje, riss die tragbare Lampe aus ihrer Halterung und hielt sie aus dem Kabinenfenster.

Er konnte nichts sehen; aber bald erfuhr er, dass der Lichtstrahl aus seinem Bullauge den an der Reling Stehenden ausgereicht hatte, um den verlorenen Mann zu entdecken, der sich an ein Seil geklammert hatte. Das Licht war gerade im richtigen Augenblick aufgeleuchtet.

Auf geistlichem Gebiet wirkt sich die Finsternis noch verheerender aus, weil sie ein Bild der Sünde mit all ihren katastrophalen Folgen ist. In 1. Johannes 1,5-6 steht: »Dies ist die Botschaft, die wir von ihm gehört haben und euch verkündigen: dass Gott Licht ist und gar keine Finsternis in ihm ist. Wenn wir sagen, dass wir Gemeinschaft mit ihm haben und wandeln in der Finsternis, lügen wir und tun nicht die Wahrheit.«

Ungläubige werden Kinder der Finsternis genannt. Sie sind Sklaven Satans, des Fürsten der Finsternis, der ihre Augen verblendet, damit sie das Licht des herrlichen Evangeliums Christi nicht erkennen (2. Kor. 4,4). Sie lieben die Finsternis und hassen das Licht, weil sie ihre bösen Werke nicht ins Licht gestellt wissen möchten (Joh. 3,19-20).

Christen dagegen sind »aus der Finsternis zu seinem wunderbaren Licht berufen« worden (1. Petr. 2,9). Gott hat also selbst die Initiative zu unserer Erlösung ergriffen. Als unerretteter Sünder hättest du dich nie aus eigener Kraft von der Finsternis abwenden können, weil du weder die Fähigkeit noch den Antrieb dazu in dir selbst hast. Gott musste dir die rettende Gnade und die Erleuchtung des Heiligen Geistes gewähren, damit du die Wahrheit erkennen und entsprechend handeln konntest.

Von diesem gesegneten Vorrecht wissen nur die Christen. Welche Freude ist es, nicht nur Gottes Wahrheit zu begreifen, sondern sich auch täglich in ihr zu bewegen!

ZUM GEBET: Danke Gott für die Erleuchtung deines Verstandes, dass du geistliche Wahrheiten erkennst. Bitte anhaltend für andere, dass auch sie dies Licht sehen.

ZUM BIBELSTUDIUM: Lies 1. Johannes 1,5 – 2,11. Wie unterscheiden sich die Kinder der Finsternis von den Kindern des Lichtes?

»... die ihr einst ›nicht ein Volk‹ wart, jetzt aber ein Volk Gottes seid; die ihr ›nicht Barmherzigkeit empfangen hattet‹, jetzt aber Barmherzigkeit empfangen habt« (1. Petr. 2,10).

Wegen Seiner Barmherzigkeit straft dich Gott nicht deinen Sünden entsprechend.

Hosea hatte unter den Propheten eine Sonderrolle zu spielen. Gott benutzte ihn und seine ehebrecherische Frau, Gomer, als lebendiges Bild für Seine Liebe zu dem untreuen Volk Israel. Als Gomer eine Tochter zur Welt gebracht hatte, befahl der Herr dem Hosea, diese Lo-Ruhama (Kein Erbarmen) zu nennen, weil das Erbarmen mit Israel seinem Ende zulief. Als Gomer später einen Sohn bekam, befahl der Herr, ihn Lo-Ammi (Nicht mein Volk) zu nennen; denn Gott betrachtete Israel nicht mehr als Sein Volk. Doch stiftete Er auch Hoffnung, indem Er sagte: »Und es wird geschehen, an der Stelle, wo zu ihnen gesagt wurde: Ihr seid nicht mein Volk!, wird zu ihnen gesagt werden: Söhne des lebendigen Gottes« (Hos. 2,1).

In unserem heutigen Bibelwort wendet Petrus den alttestamentlichen Text auf die neutestamentliche Gemeinde an, genau wie Paulus in Römer 9,25-26: »Ich werde Nicht-mein-Volk mein Volk nennen und die Nicht-Geliebte Geliebte.« »Und es wird geschehen, an dem Ort, da zu ihnen gesagt wurde: Ihr seid nicht mein Volk, dort werden sie Söhne des lebendigen Gottes genannt werden.« Gott verwarf das ungläubige Israel; aber Er wendet Seine Barmherzigkeit jedem zu, der sein Vertrauen auf Christus setzen will. Es trifft besonders auf die Heiden in der Kirche zu, dass sie nicht Gottes Volk waren, doch nun haben sie Barmherzigkeit erlangt und sind Gottes geliebte Kinder geworden.

Gottes Barmherzigkeit umschließt seine allgemeine Fürsorge für alle Menschen; doch sprechen Hosea, Petrus und Paulus von Seinem besonderen Erbarmen – zunächst bei der Errettung und weiter in den täglichen Segnungen – gegenüber denen, die zu Ihm gehören. Er straft uns also nicht, wie wir es wegen unserer Sünden verdient haben, sondern wendet uns Seine große Herzensgüte zu.

Wenn du über Gottes Gnade in deinem Leben nachdenkst, lass Psalm 136 das Lied deines Herzens sein: »Preist den HERRN, denn er ist gut. Denn seine Gnade [währt] ewig!«

ZUM GEBET: Lerne Psalm 59,17-18 auswendig und sprich den Text oft vor dem Herrn aus.

ZUM BIBELSTUDIUM: Was lehren dich die folgenden Verse über Gottes Erbarmen?: Psalm 103,11; 2. Korinther 1,3; Titus 3,5.

»... damit ihr die Tugenden dessen verkündigt, der euch aus der Finsternis zu seinem wunderbaren Licht berufen hat« (1. Petr. 2,9).

Du bist ein Gesandter des lebendigen Gottes.

Das Vorrecht, die Tugenden Gottes verkündigen zu dürfen, bringt uns zum vorigen Vers (9) zurück. Wir kommen noch einmal darauf zu sprechen, weil darin der Zweck aller christlichen Vorrechte zusammengefasst ist. Das griechische Wort für »verkünden« ist ungewöhnlich und kommt nur an dieser Stelle im Neuen Testament vor. Wörtlich heißt es »herausverkünden«. Das, was wir in der Nähe Gottes gelernt haben, sollen wir »draußen«, in der Welt verkünden. Und der Inhalt unserer Verkündigung sind die »Tugenden« Gottes, die sich mächtig an uns erwiesen haben. Du bist ein Gesandter Christi und hast das große Vorrecht, allen mitzuteilen, was Gott für Sein Volk getan hat.

Das war ein elementarer Bestandteil des hebräischen Gottesdienstes. So sagt zum Beispiel Psalm 103: »Preise den HERRN, meine Seele, und vergiss nicht alle seine Wohltaten! Der dir vergibt alle deine Sünde, der da heilt alle deine Krankheiten. Der dein Leben erlöst aus der Grube, der dich krönt mit Gnade und Erbarmen. Der mit Gutem sättigt dein Leben. Deine Jugend erneuert sich wie bei einem Adler. Der Herr schafft Gerechtigkeit und Recht allen, die bedrückt werden. Er tat seine Wege kund dem Mose, den Kindern Israel seine Taten. Barmherzig und gnädig ist der HERR, langsam zum Zorn und groß an Gnade« (die Verse 2-8).

Es wäre gewiss eine Ehre, Gesandter deines Landes zu sein, seine Macht und Leistungskraft anderen Ländern vorzuführen. Dir aber kommt eine noch höhere Ehre zu: Du sollst die Macht des lebendigen Gottes und Seine unumschränkte Weisheit repräsentieren. Wenn du die Möglichkeit hast, von Ihm zu reden, kannst du mit Recht sagen: »Ich habe das Vorrecht, die mächtigen und vollkommenen Taten des lebendigen Gottes zu verkündigen, der mich in Seinen Dienst gestellt hat.«

Weil du Christ bist, hast du herrliche Privilegien: Einssein mit Gott, Zugang zum Vater, geistliche Opfer darfst du bringen, du bist in Sicherheit, Gott hat Wohlgefallen an dir. Außerdem gehören dir Herrschaft, Reichtümer, Heiligkeit, Erleuchtung und Barmherzigkeit. Welche größere Ehre könnte es geben, als die Vollkommenheit Dessen zu verkündigen, der dir solche großartigen Vorrechte gewährt hat?

ZUM GEBET: Danke Gott für deine Berufung zum Gesandten. · Bitte Ihn um Mut und Integrität, Ihn immer richtig zu vertreten.

ZUM BIBELSTUDIUM: Lies Psalm 147 und achte auf all die mächtigen Taten, die dort beschrieben werden.

»Gepriesen sei der Gott und Vater unseres Herrn Jesus Christus, der nach seiner großen Barmherzigkeit uns wiedergeboren hat zu einer lebendigen Hoffnung durch die Auferstehung Jesu Christi aus den Toten, zu einem unvergänglichen und unbefleckten und unverwelklichen Erteil, das in den Himmeln aufbewahrt ist für euch« (1. Petr. 1,3-4).

Sieg über die augenblicklichen Verhältnisse bekommst du, indem du auf das ewige Erbe blickst und Gott dafür dankst.

Ein unsagbar hohes Vorrecht hast du als Christ, weil du Nutznießer eines reichen und jetzt schon vorhandenen geistlichen Erbes bist. Der Herr hat uns ein klein wenig davon sehen lassen, wenn Er sagt: »Dann wird der König zu denen zu seiner Rechten sagen: Kommt her, Gesegnete meines Vaters, erbt das Reich, das euch bereitet ist von Grundlegung der Welt an!« (Matth. 25,34). Das Reich selbst ist Teil unseres Erbes!

Dies Erbe steht jedem Kind Gottes zu. In Hebräer 9,15 heißt es: »Darum ist er [Christus] Mittler eines neuen Bundes, damit ... die Berufenen die Verheißung des ewigen Erbes empfangen.« Der erhöhte Christus beauftragte Paulus, den Heiden zu predigen, »dass sie sich bekehren von der Finsternis zum Licht und von der Macht des Satans zu Gott, damit sie Vergebung der Sünden empfangen und ein Erbe unter denen, die durch den Glauben an mich geheiligt sind« (Apg. 26,18).

Niemand kann voll erfassen, »was Gott denen bereitet hat, die ihn lieben« (1. Kor. 2,9). Wenn du allerdings vergisst, ein Königskind zu sein, wirst du auch anfangen, so zu handeln, als sei diese Welt das Einzige, für das du lebst. Dann muss dich Gott immer wieder einmal in die Schule nehmen, um dein Verhalten zu verändern. Doch eines Tages wirst du so sein, wie Gott dich haben wollte und wirst die Herrlichkeit deines Erbes voll erfassen. Bis dahin »sinne auf das, was droben ist, nicht auf das , was auf der Erde ist« (Kol. 3,2). Richte deinen Blick auf das Erbteil und danke Gott dafür. Das wird dir helfen, über deine gegenwärtigen Umstände hinweg auf die Herrlichkeit zu blikken, die auf dich wartet, wenn Jesus dich heimruft.

Zum Gebet: Danke Gott für das reiche Erbe, das dir in Christus gehört.

Zum Bibelstudium: Lies 1. Petrus 1. · Welche geistlichen Vorrechte erwähnt Petrus? · Welche Anordnungen erteilt er? · Bestehen irgendwelche Verbindungen zwischen den Vorrechten und den Anordnungen? Erkläre.

»Gepriesen sei der Gott und Vater unseres Herrn Jesus Christus!« (1. Petr. 1,3).

Gott hat dich reich gesegnet und ist es wert, gepriesen zu werden.

Die Quelle deines ewigen Erbes ist Gott, den Petrus auf verschiedene Weise beschreibt. Zuerst ist Er unser »gepriesener« Gott (1. Petr. 1,3). Das mit »gepriesen« wiedergegebene Wort weist darauf hin, dass man die richtigen Worte für das findet, was Gott ist und tut. Das kann sich nur in Lobpreis, Bewunderung und Anbetung ausdrücken. Der Lobpreis des Petrus ist uns ein Beispiel, dem wir folgen sollen. Unser Gott ist ganz besonders zu preisen im Lichte des herrlichen Erbes, das Er uns in Seinem Sohn geschenkt hat (Vers 4).

»Vater«, das war eine ganz neue Bezeichnung Gottes für die Juden zur Zeit des Petrus. Die bekanntesten jüdischen Segnungen redeten von Gott als dem Schöpfer des Alls und von dem Erlöser und Befreier Seines Volkes aus Ägypten, aber nicht von dem Vater (z. B. 1. Mo. 14,20; 24,27; 2. Mo. 18,10). Doch jetzt haben wir durch Christus »einen Geist der Sohnschaft ... empfangen, in dem wir rufen: Abba [lieber Vater], Vater!« (Röm. 8,15).

So wunderbar die Vaterschaft Gottes ist, so sagt doch Petrus in erster Linie nicht, Gott sei *unser* Vater, sondern der Vater Christi. Diese einzigartige Beziehung bestätigt die Göttlichkeit Christi (vergl. Joh. 10,30-33). Gott ist erst in zweiter Linie der Vater der Gläubigen, weil Er sie durch Christus erlöst und in Seine Familie aufgenommen hat (Gal 4,4-6).

Indem Christus als »unser Herr Jesus Christus« bezeichnet wird (1. Petr. 1,3), hebt Petrus das Erlösungswerk hervor. »Herr« spricht von souveräner Herrschaft; »Jesus« ist sein Name als Gott im Fleisch; und »Christus« stellt Ihn als den Messias, den gesalbten König dar.

Die letzte Beschreibung Christi finden wir in dem Fürwort »unseres«. Er ist »*unser* Herr Jesus Christus«, ein persönlicher Herr und Retter – keine entfernte, unpersönliche Gottheit. Er schuf und errettete dich, weil Er dich liebt und weil Er jetzt in alle deine Lebensbezüge ganz nah hinein genommen werden will.

Welch einem herrlichen Gott dienen wir! Bete Ihn heute an, wie Er es würdig ist, angebetet zu werden.

ZUM GEBET: Preise Gott, Er ist dein Vater, dein Erretter, dein ständiger Begleiter und die Quelle deines ewigen Erbes.

ZUM BIBELSTUDIUM: Lies Johannes 4,1-26. Was sagt der Herr über das Vatersein Gottes?

»… Nach seiner großen Barmherzigkeit« (1. Petr. 1,3).

Jeder Aspekt unseres physischen und geistlichen Lebens ist ein Zeugnis der Barmherzigkeit Gottes.

Als Gott dich errettete und dir ein ewiges Erbteil schenkte, tat er es nicht, weil du etwas Besonderes bist oder seine Liebe und Gnade mehr als andere verdient hättest. Er tat es, weil Er sich in Seiner souveränen Gnade entschieden hatte, dich zu lieben und Seine große Gnade und Barmherzigkeit über dir auszugießen. Darum sagt Paulus: » Gott aber, der reich ist an Barmherzigkeit, hat um seiner vielen Liebe willen, womit er uns geliebt hat, auch uns, die wir in den Vergehungen Tote waren, mit dem Christus lebendig gemacht – durch Gnade seid ihr errettet!« (Eph. 2,4-5). Er »errettete uns, nicht aus Werken, die, in Gerechtigkeit vorgebracht, wir getan hätten, sondern nach seiner Barmherzigkeit« (Tit. 3,5).

Wegen seiner großen Barmherzigkeit kommt Gott dem traurigen Zustand der Menschheit entgegen. Nicht-wiedergeborene Menschen sind völlig verloren, tot in Übertretungen, der Sünde versklavt, verflucht zu ewiger Verdammnis, unfähig sich selbst zu helfen; sie haben es verzweifelt nötig, dass jemand kommt, um ihnen Gnade und Erbarmen zu erweisen. Das ist die gute Botschaft des Evangeliums: Gott liebt Sünder und erweist seine Gnade jedem, der willig ist, auf ihn sein Vertrauen zu setzen.

Die Barmherzigkeit mildert Gottes Gericht. Der puritanische Schriftsteller Thomas Watson sagt: »Die Barmherzigkeit versüßt alle anderen Eigenschaften Gottes … Als das Wasser bitter war und Israel es nicht trinken konnte, warf Mose ein Holz hinein; dadurch wurde es süß. Wie bitter und furchterregend wären die anderen Eigenschaften Gottes, würden sie nicht durch die Barmherzigkeit versüßt! Barmherzigkeit setzt Gottes Kraft zu unserer Hilfe in Bewegung; sie lässt Seine Gerechtigkeit uns zum Freunde werden und sie wird uns unsere Mühsal vergelten« (*A Body of Divinity* [Edinburgh: The Banner of Truth, 1978], S. 94).

Die einfache Tatsache, dass wir noch am Leben sind, zeigt uns, wie barmherzig Gott uns gegenüber ist. In Klagelieder 3,22-23 steht: »Die Gnadenerweise des Herrn sind nicht zu Ende, ja, sein Erbarmen hört nicht auf, es ist jeden Morgen neu. Groß ist seine Treue.«

Einerlei in welcher Situation du steckst, Gottes Barmherzigkeit ist weit größer als alle deine Bedürfnisse. Psalm 108,5 sagt uns: »Groß ist deine Gnade über die Himmel hinaus.« So fasse Mut und blicke unablässig auf Ihn!

Zum Gebet: Preise Gott für Seine große Gnade; denn durch sie hast du ewiges Leben und ein ewiges Erbteil erhalten.

Zum Bibelstudium: Lies Markus 10,46-52. Wie zeigte Jesu Heilungsdienst die Barmherzigkeit Gottes?

»Gott, … der uns wiedergeboren hat zu einer lebendigen Hoffnung durch die Auferstehung Jesu Christi aus den Toten« (1. Petr. 1,3).

Jeder empfängt ein ewiges Erbteil – entweder den Himmel oder die Hölle.

Wir haben jetzt mehrere Aspekte des Erbteils der Gläubigen kennen gelernt und wir werden in den folgenden Tagen noch einige hinzulernen. Dabei müssen wir uns allerdings klar sein, dass auch Ungläubige ein Erbteil zu erwarten haben; denn der Herr Jesus wird zu ihnen sagen: »Geht von mir, Verfluchte, in das ewige Feuer, das bereitet ist dem Teufel und seinen Engeln … Und diese werden hingehen zur ewigen Strafe, die Gerechten aber in das ewige Leben« (Matth. 25,41.46).

Nur Christen empfangen ewiges Leben und ein königliches Erbteil. Als du Jesus Christus als deinen Herrn und Retter annahmst, wurdest du eine neue Schöpfung in Christus und dein Leben begann sich um Ihn zu drehen und nicht mehr um dich selbst. Der Heilige Geist zog bei dir ein und begann dein Wesen und deine Handlungen zu verändern. Das ist die Wiedergeburt! Das ist ein völliger Neuanfang, nur dass du diesmal Gottes Ehre im Sinn hast und nicht weltliche Vergnügungen oder Ziele.

Außerdem wurdest du mit deiner Errettung ein Erbe Gottes und Miterbe Christi (Röm. 8,17). Somit war die Wiedergeburt das Mittel zu deiner Errettung und zu deinem ewigen Erbteil.

Wenn ich das so sage, muss ich dich ermahnen, wie auch Paulus die Korinther ermahnte: »Untersucht euch! Oder erkennt ihr euch selbst nicht, dass Jesus Christus in euch ist? Es sei denn, dass ihr etwa unbewährt seid« (2. Kor. 13,5). Du willst dich doch in Bezug auf dein Verhältnis zu Christus nicht selbst betrügen! Nur wenn du an den lebendigen Herrn glaubst, hast du eine lebendige Hoffnung und ein herrliches ewiges Erbteil. Alles andere führt zu dem Erbteil ewiger Verdammnis.

Der Herr sagt: »Ich bin die Auferstehung und das Leben; wer an mich glaubt, wird leben, auch wenn er gestorben ist« (Joh. 15,25). Werde dir klar darüber, dass dein Glaube fest auf Ihn gerichtet ist.

Zum Gebet: Bete für deine Verwandten und Freunde, die Christus nicht kennen. Bitte den Herrn, sie zu erlösen, so wird Er verherrlicht und sie werden Miterben Christi werden.

Zum Bibelstudium: Was lehren die folgenden Verse über die Wiedergeburt? Johannes 1,12-13; 3,3; 1. Petrus 1,23

»... zu einem unvergänglichen und unbefleckten und unverwelklichen Erbteil« (1. Petr. 1,4).

Dein ewiges Erbteil kann dir nie geraubt werden.

Trotz der Sicherheiten von Bankkonten, Aktien, Pfandbriefen und Tausenden von anderen Anlagemöglichkeiten, geht jeder irdische Besitz schließlich verloren. Wenn er nicht gestohlen wird oder seinen Wert bei einem Börsenkrach oder einer Rezession verliert, wird der Tod dich davon scheiden. Das ist unausweichlich! Darum sagt der Herr: »Sammelt euch nicht Schätze auf der Erde, wo Motten oder Rost zerstören und wo Diebe durchgraben und stehlen; sammelt euch aber Schätze im Himmel, wo weder Motten noch Rost zerstören und wo Diebe nicht graben noch stehlen!« (Matth. 6,19-20).

Der Einfluss der Sünde wirkt sich nicht nur auf die Finanzen aus – er beeinflusst alles. Paulus sagt: »Die Schöpfung ist der Nichtigkeit unterworfen ... auf Hoffnung hin, dass auch selbst die Schöpfung von der Knechtschaft der Vergänglichkeit freigemacht werden wird zur Freiheit der Herrlichkeit der Kinder Gottes. Denn wir wissen, dass die ganze Schöpfung zusammen seufzt und zusammen in Geburtswehen liegt bis jetzt« (Röm. 6,20-22). Nichts auf Erden entrinnt der Zerstörungsmacht der Sünde.

Aber unser ewiges Erbteil gleicht nicht den irdischen Schätzen. Es ist unvergänglich, unbefleckt und unverwelklich (1. Petr. 1,4). »Unvergänglich« bedeutet, es ist unzerstörbar und nicht dem Verfall preisgegeben. Das hier verwendete griechische Wort beschreibt ein Land, das nie überfallen oder von einem einmarschierenden Heer geplündert wurde. Das bedeutet: Dein geistliches Erbteil ist sicher und kann von keinem Eindringling zerstört werden – nicht einmal von Satan selbst. »Unbefleckt« heißt: nicht von Sünden besudelt. Mit »unverwelklich« ist eine Schönheit gemeint, der die Zeit nichts anhaben kann. Petrus braucht dasselbe Wort in 1. Petrus 5,4, um den unverwelklichen Siegeskranz der Herrlichkeit zu beschreiben, den treue Hirten von Christus bei Seiner Wiederkunft verliehen bekommen.

Dein Erbteil ist einzigartig unter allen Schätzen. Niemand kann es stehlen und nichts kann es verderben oder in irgendeiner Weise verringern. Es ist dein Eigen und du kannst es bis in alle Ewigkeit bis zum Äußersten genießen. Lass dich nicht von der Freude an diesem ewigen Reichtum abhalten, indem du vergänglichen Dingen nachjagst.

Zum Gebet: Bitte den Herrn, dass er dir zu erkennen hilft, was in Seinen Augen den größten Wert hat.

Zum Bibelstudium: Lies Matthäus 6,19-34. · Warum solltest du dir um das zum Leben Notwendige keine Sorgen machen? · Was sollte dir das Wichtigste sein?

Ein »Erbteil, das in den Himmeln aufbewahrt ist für euch, die ihr in der Kraft Gottes durch Glauben bewahrt werdet zur Rettung, [die] bereit[steht], in der letzten Zeit geoffenbart zu werden« (1. Petr. 1,4-5).

Dein ewiges Erbteil ist doppelt sicher; du bist für das Erbe und das Erbe ist für dich aufbewahrt.

Als Petrus diesen ersten Brief schrieb, standen die Verhältnisse für die Christen im römischen Weltreich überhaupt nicht gut. Weil sie den Kaiser nicht als Gott anbeten wollten und auch an den sündigen Praktiken der Heiden nicht teilnahmen, betrachtete man die Christen mit Argwohn und Geringschätzung. Nero hatte sie angeklagt, Rom angezündet zu haben (in Wirklichkeit hatte er es selbst getan); so wuchsen Zorn und Hass ihnen gegenüber ins Unermessliche.

Petrus schrieb, um sie – und damit alle Gläubigen – zu ermuntern, ihren Glauben auch unter Verfolgung auszuleben, gerade so wie es der Herr Jesus getan hatte, als Er ungerecht leiden musste (siehe 1. Petr. 2,21-23). Er erinnert sie daran, dass sie nach allem Leiden dieses Erdenlebens von Gott mit einem Erbteil belohnt werden, das ewig sicher ist, weil es für sie im Himmel aufbewahrt wird.

Wenn in 1. Petrus 1,4 steht, das Erbteil werde »aufbewahrt«, so muss es schon vorhanden sein. Es wird in der Gegenwart für uns gehütet und immer in Sicherheit sein. Der Aufbewahrungsort ist der Himmel, »wo weder Motte noch Fraß zerstören und wo Diebe nicht durchgraben und stehlen!« (Matth. 6,20). »Und alles Unreine wird *nicht* in sie hineinkommen, noch [derjenige], der Gräuel und Lüge tut, sondern nur die, welche geschrieben sind im Buche des Lebens des Lammes« (Offb. 21,27). Es gibt keinen sichereren Platz!

Nicht nur wird das Erbe für dich aufbewahrt, sondern du wirst auch für das Erbe aufbewahrt! Das meint Petrus, wenn er sagt: »zu einem Erbteil …, das in den Himmeln aufbewahrt ist für euch, die ihr in der Kraft Gottes durch Glauben bewahrt werdet zur Rettung, [die] bereit[steht], in der letzten Zeit geoffenbart zu werden« (1. Petr. 1,4-5). Die allmächtige, souveräne Kraft Gottes wird dich ohne Unterlass bewahren, bis Sein Werk in deinem Leben vollendet ist. Dann wird er dir die Herrlichkeit schenken – die Fülle der Errettung, zu welcher du erlöst worden bist.

Du brauchst den Verlust deines Erbes nicht zu befürchten. Stattdessen freue dich der Bewahrung deines barmherzigen Gottes.

Zum Gebet: Danke Gott für die Bewahrung und die Sicherheit deines Erbes.

Zum Bibelstudium: Was lehren dich die folgenden Verse über die Sicherheit deines Erbes? Römer 8,31-39; Philipper 1,6 und Judas 24.

»Darin jubelt ihr ...« (1. Petr. 1,6).

Das Sinnen über das ewige Erbteil sollte dich mit einer Freude erfüllen, die alle zeitlichen Umstände überwindet.

Freude ist ein Hauptthema der Schrift. Der Psalmist sagt: »Jubelt, ihr Gerechten, über den HERRN; den Aufrichtigen geziemt Lobgesang« (Ps. 33,1); »Jubeln sollen meine Lippen, wenn ich dir spiele und meine Seele, die du erlöst hast« (Ps. 71,23).

Selbst von der Schöpfung wird gesagt, dass sie dem Herrn zujubelt: »die Aufgänge des Morgens und des Abends lässt du jauchzen ... Es freue sich der Himmel und es frohlocke die Erde! Es brause das Meer und seine Fülle! Es frohlocke das Feld und alles, was darauf ist! Auch alle Bäume im Wald sollen jubeln vor dem HERRN! Denn er kommt, denn er kommt, die Erde zu richten« (Ps. 65,8; 96,11-13; 98,8-9).

Freude ist das besondere Vorrecht jedes Gläubigen, und das völlig unabhängig von seinen Umständen. Du magst unsägliches Herzeleid und viel Verfolgung um Christi willen erdulden; trotzdem möchte Gott, dass du auch in den bittersten Trübsalen eine tiefe Freude empfindest. Darum sagt Petrus: »Freut euch, in soweit ihr der Leiden des Christus teilhaftig seid, damit ihr euch auch in der Offenbarung Seiner Herrlichkeit jubelnd freut!« (1. Petr. 4,13).

In 1. Petrus 1,6-9 werden uns fünf Elemente genannt, die trotz Trübsalen Freude ins Leben der Christen bringen. Das erste ist dein sicheres Erbe; denn davon spricht Petrus, wenn er sagt: »*Darin* jubelt ihr« (Vers 6). Zu den anderen Elementen gehören: ein erprobter Glaube, die versprochene Herrlichkeit, persönliche Gemeinschaft und eine gegenwärtige Erlösung (die Verse 6-9), worüber wir in den nächsten Tagen nachdenken werden.

Das in 1. Petrus 1,6 mit »jubeln« wiedergegebene griechische Wort drückt keine gewöhnliche Freude aus. Petrus braucht hier einen stärkeren und intensiveren Ausdruck, um zu zeigen, dass es hier nicht um irdische und zeitliche Freuden geht, sondern um eine in der Ewigkeit begründete, tiefe, geistliche Glückseligkeit.

Solcherart ist die Freude, die Gott denen schenkt, die auf Ihn vertrauen und die über die zeitlichen Trübsale hinweg auf die Herrlichkeit ihres ewigen Erbes schauen. Möge auch dein Blick dahin gerichtet sein!

ZUM GEBET: Danke Gott für diese alles Irdische übersteigende Freude.

ZUM BIBELSTUDIUM: Lies Johannes 16,16-22. · Warum werden die Jünger Jesu Worten zufolge klagen? · Was wird ihnen Freude bereiten? · Was lehrt dich ihre Erfahrung über die Grundlage deiner Christenfreude?

»Darin jubelt ihr, die ihr jetzt eine kleine Zeit, wenn es nötig ist, in mancherlei Versuchungen betrübt worden seid, damit die Bewährung eures Glaubens viel kostbarer befunden wird als die des vergänglichen Goldes, das durch Feuer erprobt wird zu Lob und Herrlichkeit und Ehre in der Offenbarung Jesu Christi« (1. Petr. 1,6-7).

Erprobter Glaube bringt Freude und Zuversicht.

Obwohl manche Christen fürchten, Trübsale und Verfolgung könnten ihnen die Freude rauben, lehrt Petrus gerade das Gegenteil. Tatsächlich sagt er, dass die Freude nicht *trotz* der Trübsale, sondern *durch* sie kommt. Darum kannst du so schnell deine Freude verlieren, wenn du an der Errettung zweifelst; aber wenn dein Glaube erprobt ist und sich als echt erwiesen hat, wird der Zweifel verschwinden und du wirst wahre Freude und Sicherheit genießen.

Jede Trübsal, die dir begegnet, ist dazu bestimmt, deinen Glauben zu testen und zu vervollkommnen; und Gott steuert alles so, dass dieser Zweck erreicht wird. Vers 6 sagt uns, Trübsale seien zeitlich, nötig, betrübend und vielgestaltig; doch sollten sie nie deine Freude zunichte machen. Gott wird nicht erlauben, dass du mehr erdulden musst, als du ertragen kannst (1. Kor. 10,13).

Petrus gebraucht das Bild eines Metallurgen oder Goldschmiedes, um den Reinigungsprozess zu beschreiben, der den erprobten Glauben hervorbringt (Vers 7). Das Feuer sind die Trübsale und der Glaube ist das reine Gold; so reinigt Gott dich durch die Trübsale, um die Reinheit deines Glaubens zu offenbaren.

Das ist ein passendes Bild, weil Gold das kostbarste Metall ist und der gesamte Geldverkehr dadurch bestimmt wird. Aber so wertvoll Gold auch ist, erprobter Glaube ist unendlich wertvoller. Gold ist zeitlich und vergänglich; erprobter Glaube ist ewig.

Darum fürchte dich nicht vor Trübsalen, wenn sie dir auf deinen Wegen begegnen. Begrüße sie als Möglichkeit, zu zeigen, dass dein Glaube Wirklichkeit ist. Habt Mut! denn »der Gott der Gnade … der euch berufen hat zu seiner ewigen Herrlichkeit in Christus, er selbst wird euch, die ihr eine kurze Zeit gelitten habt, vollkommen machen, stärken, kräftigen, gründen« (1. Petr. 5,10).

ZUM GEBET: Wenn du jetzt gerade durch eine Zeit der Prüfung gehst, so bitte Gott um Gnade und Weisheit, den Test zu bestehen. Danke Ihm im Voraus für die Freude und die Zuversicht, die du erleben wirst, wenn die Prüfung vorüber ist.

ZUM BIBELSTUDIUM: Lies 2. Korinther 11,23-28 und achte auf die Leiden, die Paulus wegen seines Glaubens an Christus erduldete.

»… damit die Bewährung eures Glaubens … befunden wird … zu Lob und Herrlichkeit und Ehre in der Offenbarung Jesu Christi« (1. Petr. 1,7).

Deine zukünftige Belohnung hängt direkt von deinem gegenwärtigen Dienst ab.

Die Freude, die du erfährst, nachdem dein Glaube als echt erprobt worden ist, besteht weitgehend aus deinen gegenwärtigen Segnungen und deiner Heilsgewissheit. Aber es gibt auch noch einen zukünftigen Aspekt: Das ist die Freude auf den zu erwartenden Lohn, den du vom Herrn empfangen wirst, wenn du Ihn von Angesicht schauen und Ihn sagen hören wirst: »Recht so, du guter und treuer Knecht! … Geh hinein in die Freude deines Herrn« (Matth. 25,21). Petrus spricht von »Lob und Herrlichkeit und Ehre … [die du empfangen wirst] in der Offenbarung Jesu Christi« (1. Petr. 1,7).

Mit »Lob« ist in diesem Zusammenhang der Zuspruch des Herrn gemeint. Die »Herrlichkeit« besteht darin, dass wir Ihm gleich sein werden. Der Herr ist die Inkarnation der Herrlichkeit Gottes (Joh. 1,14) und wir wissen, dass, wenn Er erscheint, wir Ihm gleich sein werden, weil wir Ihn sehen werden, wie Er ist (1. Joh. 3,2). Paulus spricht von solchen, »die mit Ausdauer in gutem Werk Herrlichkeit und Ehre und Unvergänglichkeit suchen« (Röm. 2,7). Als Ergebnis werden sie empfangen, was sie gesucht haben (Vers 10).

Vielleicht braucht Petrus das Wort »Ehre« als Synonym für den Lohn, welchen Gott denen darreicht, die Ihm treu gedient haben. Ich glaube, dieser Lohn besteht aus den unterschiedlichen Fähigkeiten zu himmlischen Diensten, die in direkter Beziehung zum Dienst des Gläubigen auf der Erde stehen. Der Herr sagt uns: »Siehe, ich komme bald und mein Lohn mit mir, um einem jeden zu vergelten, *wie sein Werk ist*« (Offb. 22,12). Paulus sagt: »Der aber pflanzt und der begießt sind eins; jeder aber wird seinen eigenen Lohn empfangen *nach seiner eigenen Arbeit*« (1. Kor. 3,8).

Gott allein hat Lob und Herrlichkeit und Ehre verdient; aber Er will dir all das geben, weil du im Bilde Jesu Christi bist – ohne Sünde und vollkommen verherrlicht (1. Joh. 3,2). Bis dahin: »Seht auf euch selbst, damit ihr nicht verliert, was wir erarbeitet haben, sondern vollen Lohn empfangt!« (2. Joh. 8).

Zum Gebet: Preise den Herrn für die Freude auf den zu erwartenden Lohn.

Zum Bibelstudium: Petrus spricht von jener Zeit, wenn der Herr die Gläubigen belohnen wird. Was lehren die folgenden Stellen über diese Zeit? Römer 8,18; 1. Korinther 1,7-8; 2. Thessalonicher 1,5-10; 1. Petrus 4,10-13.

»... den ihr liebt, obgleich ihr ihn nicht gesehen habt; an den ihr glaubt, obwohl ihr ihn jetzt nicht seht, [über den] ihr mit unaussprechlicher und verherrlichter Freude jubelt« (1. Petr. 1,8).

Gemeinschaft mit Christus gründet sich auf Liebe, Vertrauen und Gehorsam.

Die Empfänger des ersten Petrusbriefes hatten gleich uns den Herrn nie gesehen; trotzdem erfreuten sie sich der Gemeinschaft mit Ihm. Und ihre Gemeinschaft war echt; denn sie gründete auf Liebe, Vertrauen und Gehorsam.

Die Liebe, von der Petrus hier spricht, ist nicht oberflächlich, emotional oder sentimental. Sie entspringt dem Willen – sie hatten sich dafür entschieden, und seine Leser hatten das getan, obwohl sie Christus nie auf Erden gesehen hatten. Solche Liebe ist durch Gehorsam gekennzeichnet, wie der Herr in Johannes 14 bestätigt: »Wenn ihr mich liebt, werdet ihr meine Gebote halten ... Wer mich nicht liebt, hält meine Worte nicht« (die Verse 15.24). Mit Christus Gemeinschaft zu haben bedeutet, Ihn zu lieben und Ihm zu gehorchen.

Ein anderes Element der Gemeinschaft ist das Vertrauen. Nachdem er den Bericht von der Auferstehung Christi gehört hatte, erklärte der Jünger Thomas, er wolle dem Herrn erst glauben, nachdem er Ihn gesehen und berührt hätte. Der Herr kommt seinem Wunsch entgegen und sagt: »Reiche deinen Finger her und sieh meine Hände und reiche deine Hand her und lege sie in meine Seite und sei nicht ungläubig, sondern gläubig!« (Joh. 20,27). Doch dann sagte der Herr: »Weil du mich gesehen hast, hast du geglaubt. Glückselig [sind], die nicht gesehen und [doch] geglaubt haben« (Vers 29).

Wenn wir Christus lieben und Ihm vertrauen, werden wir »mit unaussprechlicher und verherrlichter Freude« jubeln (1. Petr. 1,8). Diese Freude übersteigt all unser Vorstellungsvermögen. Ähnliches gibt es ja sogar auf der menschlichen Ebene – wie wir aus den tausendfachen Versuchen ersehen, dem Verliebtsein Worte zu verleihen.

»Verherrlichte Freude« weist auf das göttliche Element in der Freude der Christen hin. Sie ist eine übernatürliche Gabe, bewirkt und mit Kraft erfüllt vom Heiligen Geist (Gal. 5,22).

Gemeinschaft mit Christus zu pflegen ist eins der höchsten Privilegien deines Christenlebens. Stärke und bereichere diese Beziehung, indem du das Wort Gottes studierst und dich auf den Geist Gottes verlässt. Auf diesem Wege wirst du Christus immer besser lieben und vertrauen lernen.

Zum Gebet: Bitte Gott um Belehrung, wie du Ihn mehr lieben und Ihm besser vertrauen kannst. Danke Ihm für die Freude, die du dadurch erfährst.

Zum Bibelstudium: Lerne Matthäus 22,37 auswendig.

»… und [so] erlangt ihr das Ziel eures Glaubens: die Rettung der Seelen« (1. Petr. 1,9).

Deine gegenwärtige Errettung bewahrt dich vor der Strafe und der Gewalt der Sünde.

In 1. Korinther 1,18 sagt Paulus: »Das Wort vom Kreuz ist denen, die verloren gehen, Torheit; uns aber, die wir errettet werden, ist es Gottes Kraft.« Das unterstreicht sehr deutlich die wunderbare Tatsache von der gegenwärtigen Errettung des Gläubigen von der Sünde. Petrus betont in unserem Vers die gleiche Wahrheit, wenn er sagt, die Gläubigen erlangen als Ziel ihres Glaubens die Errettung ihrer Seelen.

Das griechische, mit »erlangen« übersetzte Wort bedeutet wörtlich »euch Holende«. Das heißt, du holst etwas ab, das dir aufgrund deines Glaubens an Christus zusteht. »Das Ziel eures Glaubens« bezieht sich auf das logische Ergebnis oder auf das Ende des Glaubens. Mit der »Seele« ist die ganze Person gemeint. Man könnte den ganzen Vers auch so übersetzen: »Ihr freut euch, weil ihr das logische Ergebnis eures erprobten Glaubens habt und beständig festhaltet – eure fortdauernde Errettung von der Sünde.«

Du brauchst beständige Errettung von der Sünde, weil die Sünde ein beständiges Problem ist. Du hast das neue Leben in Christus, du bist in Ihm eine neue Schöpfung und du bist kein Sklave der Sündenstrafe und Sündenmacht mehr; doch bist du noch nicht vollständig verherrlicht. Daher bist du dem Einfluss der Sünde immer noch ausgesetzt. Paulus personalisiert das Problem in Römer 7, wo er sagt: »Das Gute, das ich will, übe ich nicht aus, sondern das Böse, das ich nicht will, das tue ich … Ich finde also das Gesetz, dass bei mir, der ich das Gute tun will, [nur] das Böse vorhanden ist … Ich elender Mensch! Wer wird mich retten von diesem Leibe des Todes?« (die Verse 19.21.24). Der Sieg kommt in Vers 25, wo es heißt: »Ich danke Gott durch Jesus Christus, unseren Herrn!«

Jesus heißt der große Erretter, durch den wir Sieg über Sünde, Tod und Hölle haben. Das ist das letzte, aber keineswegs geringste Vorrecht in der kurzen Liste des Petrus. Wenn du den Herrn Jesus liebst und Ihm vertraust, wirst du auch die Freude über diese Errettung kennen lernen.

ZUM GEBET: Preise den Herrn, weil Er dich von den Ketten der Sünde gelöst hat.

ZUM BIBELSTUDIUM: Bedenke noch einmal alle geistlichen Segnungen und Hilfsquellen, die wir in diesem Monat betrachtet haben. Halte sie immer frisch in deinem Gedächtnis, während du die Herausforderungen dieses neuen Tages annimmst.

»Alles bei euch geschehe in Liebe!« (1. Kor. 16,14).

Je mehr du Gott liebst, umso weniger wirst du sündigen.

Sowohl die Bibel als auch persönliche Erfahrung lehren uns, dass Sünde immer Folgen hat. Wenn du Sünden nicht bekennen willst, verunehrst du Gott und verspielst deine Segnungen und die Freude, die Er dir gern schenken möchte. Langes Festhalten an der Sünde kann dir sogar Züchtigung durch Schmerzen und Krankheit einbringen.

So erging es den Gläubigen in Korinth, die in sündiger Weise am Tisch des Herrn teilnahmen (1. Kor. 11,27-30). Paulus ermahnte die Übrigen aus der Versammlung, bei sich selbst eine sorgfältige geistliche Inventur vorzunehmen, um eine ähnliche Strafe zu vermeiden. In Kapitel 13 offenbart er die Wurzel ihres Problems, indem er sinngemäß sagt: »Einige von euch leiden an körperlichen Krankheiten, weil sie gesündigt haben. Fangt an, Gott und einander zu lieben, wie ihr es solltet, und eure Leiden werden verschwinden.«

Liebe ist die Arznei gegen Sünden. Als ein Pharisäer Jesus fragte, welches das größte Gebot sei, antwortete Jesus: »›Du sollst den Herrn, deinen Gott, lieben mit deinem ganzen Herzen und mit deiner ganzen Seele und mit deinem ganzen Verstand.‹ Dies ist das größte und erste Gebot. Das zweite aber ist ihm gleich: ›Du sollst deinen Nächsten lieben wie dich selbst.‹ An diesen zwei Geboten hängt das ganze Gesetz und die Propheten« (Matth. 22,37-40).

Wenn du den Herrn und deinen Nächsten liebst, wirst du niemals gegen ihn sündigen. Darum sagt Paulus: »Wer den anderen liebt, hat das Gesetz erfüllt. Denn das: ›Du sollst nicht ehebrechen, du sollst nicht töten, du sollst nicht stehlen, du sollst nicht begehren‹ und wenn es ein anderes Gebot [gibt], ist in diesem zusammengefasst: ›Du sollst deinen Nächsten lieben wie dich selbst.‹ Die Liebe tut dem Nächsten nichts Böses. So ist nun die Liebe die Erfüllung des Gesetzes« (Röm. 13,8-10).

Liebe ist deine höchste Berufung und das Schönste, was du anderen geben kannst. Aber es besteht die Möglichkeit, nachlässig mit ihr umzugehen oder ihr Wesen nicht richtig zu verstehen. Darum werden wir in diesem Monat die wahre Liebe untersuchen und sehen, wie man sie handhabt. Währenddessen bete darum, dass deine Liebe zu Gott und anderen Menschen täglich wachsen möge.

Zum Gebet: Bitte Gott, Ihn mehr lieben zu können und dann zeige deine Liebe, indem du Seinem Wort gehorchst.

Zum Bibelstudium: Lies 1. Korinther 13 und achte auf die Wesenszüge der Liebe.

»Und einen Weg noch weit darüber hinaus zeige ich euch« (1. Kor. 12,31).

Ohne Liebe sind geistliche Gaben bedeutungslos.

Erste Korinther 13 hat man eine Hymne auf die Liebe genannt oder eine lyrische Interpretation der Bergpredigt – die Seligpreisungen in Musik gesetzt. Jedenfalls ist es ein wunderschöner Schriftabschnitt, der uns wie eine frische Brise aus einem Buch der Bibel entgegenweht, in dem ein Problem auf das andere folgt.

Man hat dies Kapitel oft losgelöst von seinem Kontext betrachtet; doch liegt seine wahre Kraft darin, dass es dem übrigen Brief Ausgewogenheit und Korrektur verleiht. Die Korinther waren wie alle Christen, die vom Augenblick ihrer Bekehrung an von Gott mit besonderen Gaben zum Nutzen der Gemeinde ausgestattet waren. Aber viele missbrauchten ihre Gaben, indem sie sich eher damit hervorzutun suchten, als den anderen damit zu dienen. So behandelt Paulus in Kapitel 12 das Konzept der geistlichen Gaben, in Kapitel 14 deren richtige Anwendung und in Kapitel 13 die Notwendigkeit, sie in Liebe anzuwenden.

Wie viele Christen heutzutage, hatten die Korinther vergessen, dass geistliche Gaben nur in einer wahrhaft geistlichen Person richtig funktionieren. Sie hatten die Gaben des Geistes; aber sie zeitigten nicht die Frucht des Geistes (Gal. 5,22), und die erste ist die Liebe.

In 1. Korinther 13 fängt Paulus an: »Wenn ich in den Sprachen der Menschen und der Engel rede, aber keine Liebe habe, so bin ich ein tönendes Erz geworden oder eine schallende Zimbel. Und wenn ich Weissagung habe und alle Geheimnisse und alle Erkenntnis weiß und wenn ich allen Glauben habe, so dass ich Berge versetze, aber keine Liebe habe, so bin ich nichts.« Die Liebe muss das Motiv und die Triebfeder hinter allem sein, was wir tun!

Womit hat dich Gott zum Dienst begabt? Gebrauchst du deine Gaben in Liebe?

ZUM GEBET: Bitte Gott, deine Liebe zu reinigen, damit du mit den von Ihm erhaltenen Gaben wirkungsvoller arbeiten kannst.

ZUM BIBELSTUDIUM: Lies 1. Korinther 12. · Wer teilt die Gaben aus? · Welche Gaben nennt Paulus? · Wozu dienen sie?

»Einen Weg noch weit darüber hinaus zeige ich euch ...« (1. Kor. 12,31).

Biblische Liebe erweist sich in Demut, Gehorsam gegen Gott und Selbstaufgabe.

In unserer Gesellschaft ist *Liebe* ein bekanntes Wort, aber eine unbekannte Erfahrung. Oft verstehen solche, die viel von Liebe reden, am wenigsten davon. Und viele, die meinen, sie hätten Liebe gefunden, geben sich mit viel weniger zufrieden, als Gott für sie vorgesehen hat.

Viele sehen in der Liebe vor allem romantische oder sexuelle Beziehungen. Doch obwohl die Schrift viel über Intimität und Ehe zu sagen hat, hat das Wort *Liebe* im Neuen Testament eine andere Bedeutung erhalten. Selbst Epheser 5,25 (»Ihr Männer, liebt eure Frauen!«) bezieht sich nicht auf romantische Liebe. Andere, weit verbreitete Irrtümer besagen, Liebe sei mit Gefühligkeit oder Sentimentalität gleichzusetzen oder man verwechselt sie mit freundlicher und toleranter Gesinnung den Bekannten gegenüber – oft ohne an lehrmäßige Reinheit oder biblische Überzeugungen zu denken. Aber biblische Liebe ist das alles nicht.

Der »Weg, noch weit darüber hinaus«, von dem Paulus in unserem Vers redet, ist die Liebe, die von Gott selbst kommt und Seinen heiligen Eigenschaften entspricht. Wir vermögen nicht, sie aus eigener Kraft hervorzubringen. Das griechische Wort für diese Liebe ist *agapé* und zeichnet sich durch Demut, Gehorsam gegen Gott und Selbstaufgabe aus. Johannes 13,1 sagt von der Liebe Christi zu Seinen Jüngern: »Da er die Seinen, die in der Welt waren, geliebt hatte, liebte er sie bis ans Ende.« Man kann auch übersetzen: »... bis zur Vollendung«; denn Seine Liebe ist grenzenlos. In den folgenden Versen (4 und 5) zeigt er Seine Liebe, indem Er ihnen die Füße wäscht. Liebe ist demütig. Ihr geht es darum, Bedürfnissen abzuhelfen.

Außerdem ist die Liebe gehorsam und zu Opfern für andere bereit. Jesus sagt: »Wenn ihr mich liebt, so werdet ihr meine Gebote halten« (Joh. 14,15). Gott brachte das höchste Opfer, »denn so hat Gott die Welt geliebt, dass er seinen eingeborenen Sohn gab« (Joh. 3,16).

1. Korinther 13 gilt den Christen zu allen Zeiten, weil wir alle in der Gefahr stehen, unsere geistlichen Gaben zu missbrauchen. Wenn du darüber und über andere Stellen nachdenkst, frage dich, ob deine Liebe ganz so ist, wie Gott es von dir erwartet. Wenn nicht, so überlege, welche nötigen Änderungen du im Lichte des Gelernten vorzunehmen hast.

Zum Gebet: Danke Gott dafür, dass Er dich liebt. · Bitte Ihn um Weisheit und Gnade, in Liebe deinen Weg zu gehen.

Zum Bibelstudium: Lies Johannes 14,23-24 und beachte, wie Jesus diejenigen beschreibt, die Ihn lieben.

»Geliebte, lasst uns einander lieben! Denn die Liebe ist von Gott … Wir lieben, weil er uns zuerst geliebt hat« (1. Joh. 4,7.19).

Wahre Liebe kann nicht auf menschlicher Ebene hervorgebracht werden; sie ist eine Gottesgabe.

Die Bibel fordert oft scheinbar Unmögliches von uns. Zum Beispiel sagt Jesus: »Liebt eure Feinde und betet für die, die euch verfolgen« (Matth. 5,44). Das ist leicht gesagt; aber wie kann man es tun? Natürlicherweise neigen wir dazu, unsere Freunde zu lieben und unsere Feinde zu hassen. Aber Jesus sagt: »Wenn ihr liebt, die euch lieben, welchen Lohn habt ihr? Tun nicht auch die Zöllner dasselbe? Und wenn ihr allein eure Brüder grüßt, was tut ihr Besonderes? Tun nicht auch die von den Nationen dasselbe? (die Verse 46.47).

Die Israeliten betrachteten Zöllner als Verräter und Heiden als Ausgestoßene. Doch selbst Verräter und Ausgestoßene erzeigen denen Liebe und Freundlichkeit, die diese erwidern. Der Herr beruft uns zu einer weit höheren Liebe – einer, die unparteiisch ist, wie Gott sie zeigt, »denn er lässt seine Sonne aufgehen über Böse und Gute und lässt regnen über Gerechte und Ungerechte« (Vers 45). Sein Erbarmen reichte bis zu uns, den völlig Unwürdigen: »Gott … erweist seine Liebe zu uns darin, dass Christus, als wir noch Sünder waren, für uns gestorben ist« (Röm. 5,8).

Trotz jahrhundertelanger Auflehnung und der Missachtung Seines heiligen Willens und Namens opferte Gott Seinen geliebten Sohn und schuf so das Mittel, durch das Sünder gerettet werden können. Aus Liebe allein ertrug Jesus absichtlich die Schmerzen und die Schande des Kreuzes, und aus Liebe bezahlte Er den Preis zu unserer Erlösung. Das ist wahrlich göttliche Liebe »in action«!

Gott gebietet dir, so zu lieben, wie Er – unparteiisch und opferbereit. Das mag menschlich gesprochen eine Unmöglichkeit sein; doch denke daran, dass Gott niemals etwas verlangt, wozu Er dir nicht vorher schon die Kraft gegeben hat. Im Augenblick deiner Errettung bezog der Heilige Geist Wohnung in dir und begann, die Frucht der Liebe in dir hervorzubringen (Gal. 5,22). Du brauchst es nicht aus eigener Kraft zu versuchen. Alles, was du tun musst, ist, dem Heiligen Geist Raum zu geben, alle deine Gedanken und Taten zu kontrollieren. Tust du das, so wird Er Seine wunderbare Frucht reichlich in deinem Leben sehen lassen.

ZUM GEBET: Danke Gott für die Liebe, die Er durch den Heiligen Geist in dein Leben gebracht hat. · Bitte Ihn heute um Gelegenheiten, noch besser lieben zu lernen.

ZUM BIBELSTUDIUM: Lerne Galater 5,22-23 auswendig.

»Wenn ich in den Sprachen der Menschen und der Engel rede, aber keine Liebe habe, so bin ich ein tönendes Erz geworden oder eine schallende Zimbel« (1. Kor. 13,1).

Die Liebe unterscheidet wahren Gedankenaustausch von unnützem Gerede und bedeutungslosem Geräusch-Erzeugen.

Paulus beginnt seine Ausführungen über die Liebe, indem er feststellt, dass das Reden ohne Liebe sinnlos ist. Die Korinther waren große Freunde schauträchtiger Geistesgaben, wobei sie offenbar andere, die sie für weniger attraktiv hielten, vernachlässigten (siehe 1. Kor. 12,12-31). Eine Gabe, die sie besonders hoch schätzten, war das Zungenreden, womit die Fähigkeit gemeint ist, Gottes Wahrheit in einer Sprache zu sagen, die der Sprecher nicht versteht, wohl aber gewisse Hörer.

Das Zungenreden war ein Zeichen, das ungläubige Juden dazu brachte, auf das Evangelium zu hören (1. Kor. 14,21-22). Zum ersten Mal trat es am Pfingsttag auf, wo der Heilige Geist die im Obersaal Versammelten dazu befähigte, die großen Taten Gottes in den Sprachen zu verkünden, die von den Besuchern des Pfingstfestes daheim gesprochen wurden (Apg. 2,4-11).

Bei den »Zungen der Engel«, von denen in unserem Vers die Rede ist, handelt es sich nicht um die Gabe des Zungenredens, wie etliche annehmen. Paulus benutzt nur eine Übertreibung, um die Sache auf den Punkt zu bringen; denn er will damit sagen: »Hätte ich gar die Fähigkeit, mich mit *Engeln* unterhalten zu können, hülfe es mir ohne Liebe doch nichts.«

In den Tagen des Paulus gehörten zur Tempelfeier der Kybele und des Dionysos ekstatische Sprachen, begleitet von schmetternden Trompeten, schallenden Gongs und klirrenden Zimbeln. Ich glaube, dass Paulus im Blick auf diese allseits bekannte Praxis den Christen sagt, ihr Dienst unterscheide sich, losgelöst von der Liebe, in nichts von den heidnischen Bräuchen. Es mag so aussehen oder so klingen wie das Wahre und doch ist es bedeutungslos und ohne jeglichen geistlichen Nutzen.

Du solltest jede Gelegenheit wahrnehmen, mit deinen geistlichen Gaben anderen zu dienen. Wenn du es aber tust, so vergewissere dich, dass es in Liebe geschieht und in der Kraft des Geistes und in Übereinstimmung mit Gottes Wort. Du wirst stets das meiste erreichen, wenn Christus deine Bemühungen zu Seiner Ehre gebrauchen kann.

Zum Gebet: Bitte Gott, dich immer zu überführen, wenn du versuchst, deine geistlichen Gaben lieblos zu gebrauchen.

Zum Bibelstudium: Lies Römer 12,1-31. · Was sagt Paulus über geistliche Gaben? · Wie müssen Christen ihre brüderliche Liebe gegenseitig ausdrücken?

»Und wenn ich Weissagung habe … aber keine Liebe, so bin ich nichts« (1. Kor. 13,2).

Die Liebe motivierte Gott, sich mit einer gefallenen Menschheit einzulassen. Das muss auch unser Motiv sein.

Das Wort *Weissagung*, wie es in unserem Vers gebraucht wird, ist die Fähigkeit, öffentlich Gottes Wahrheit richtig und autoritativ zu sagen. Das ist eine größere Gabe als das Zungenreden, weil letztes als Zeichen für das ungläubige Israel während des ersten Jahrhunderts gegeben war (1. Kor. 14,21-22), während die Weissagung die Gläubigen aller Jahrhunderte unterweist und erbaut. Paulus sagt: »Wer aber weissagt, redet zu den Menschen [zur] Erbauung und Tröstung … Wer aber weissagt, erbaut die Gemeinde« (1. Kor. 14,3-4).

Weissagung hat zwei Aspekte: Offenbarung und Wiederholung. Wenn die Propheten des Alten oder Neuen Testaments eine neue Information von Gott erhielten, so war das Offenbarung. So oft aber diese Information in Predigt und Lehre wiedergegeben wurde, handelt es sich um Wiederholung. So verbinden zum Beispiel die Predigten des Petrus und des Paulus neue Offenbarungen mit den Wiederholungen alttestamentlicher Wahrheiten. Das ist ein häufiges Element neutestamentlicher Predigten.

Mit dem Abschluss des neutestamentlichen Kanons hörten die direkten Offenbarungen Gottes auf. Alle Predigt und Lehre besteht heute aus Wiederholung. Neutestamentliche Propheten wachten gegenseitig darüber, dass sie sicher waren, die Weissagung wirklich von Gott erhalten zu haben (1. Kor. 14,32). Heute ist die Schrift selbst der Standard, an dem wir die Botschaft eines Menschen messen, wie der Prophet Jesaja sagt: »Hin zur Weisung und zur Offenbarung! Wenn sie nicht nach diesem Wort sprechen, dann gibt es für sie keine Morgenröte« (8,20).

Paulus sagt in unserem Vers: »Wenn ich Weissagung habe und alle Geheimnisse und alle Erkenntnis weiß und wenn ich allen Glauben habe, so dass ich Berge versetze, aber keine Liebe habe, so bin ich nichts.« Im weitesten Sinne gilt dieser Grundsatz für alle Gläubigen, weil wir alle Gottes Wort verkünden. Du magst nicht ein Seminar leiten oder eine Predigt halten; aber immer, wenn du jemand von Christus erzählst oder biblische Grundsätze vertrittst, wiederholst du göttliche Wahrheiten. Darum musst du immer »Wahrheit reden in Liebe« (Eph. 4,15). Dann kann der Heilige Geist deinen Worten Kraft verleihen, um anderen damit zu dienen.

ZUM GEBET: Bitte Gott, dass du auf deine Worte achthast, damit alles, was du sagst, in Liebe eingebettet sei.

ZUM BIBELSTUDIUM: Lies 5. Mose 13,1-5 und 18,20-22. · Welchen Test gibt uns Mose, um falsche Propheten zu entlarven? · Welche Strafe erhielten sie?

»Wenn ich Weissagung habe ... aber keine Liebe, so bin ich nichts« (1. Kor. 13,2).

Liebe ist ein unverzichtbarer Bestandteil des Lernprozesses.

Ich habe das Vorrecht, jede Woche mit Hunderten von jungen Leuten zusammen zu sein, die das Master's College besuchen. Wenn ich ihren Fortschritt beobachte, sehe ich den Einfluss, den gottesfürchtige Lehrer auf ihr Leben gehabt haben, und ich bin überzeugt, dass Schüler am besten lernen, wenn sie wissen: Unsere Lehrer kümmern sich wirklich um uns.

Stimmt das nicht für jede Beziehung? Reagierst du nicht bereitwilliger auf solche, die dich lieben und die dein Bestes wollen? Ganz sicher gilt das für den Dienst in der Gemeinde. Denke an die Pastoren und Lehrer, die dir im Lauf des Lebens am meisten bedeutet haben. Es sind höchstwahrscheinlich die, die dir Liebe entgegengebracht und dir in besonderer Weise gedient haben.

Seist du nun Pastor, Lehrer, Familienmitglied oder Freund; immer, wenn du von Gottes wegen zu Menschen sprichst, musst du es mit echter Liebe und ganzem Ernst tun. Das ist die positive Seite der negativen Aussage des Paulus in unserem Vers. Jeremia war ein solcher Mann. Er liebte sein Volk Israel sehr und war tief betrübt über dessen Gottlosigkeit und über das hereinbrechende Gericht. »O dass mein Haupt Wasser wäre und mein Auge eine Tränenquelle«, sagt er, »dann wollte ich Tag und Nacht die Erschlagenen der Tochter meines Volks beweinen!« (Jer. 8,23). Das entspricht dem Geist eines liebenden Propheten, und so klagte Jeremia immer wieder über die Sünde seines Volkes.

Lieblose Predigt und Lehre stellt Gott in ein falsches Licht und behindert das Evangelium; liebende Verkündigung ist gewinnend und erfolgreich. Das heißt nicht, alle Hörer würden positiv reagieren, ganz im Gegenteil. Das Volk von Juda hörte nicht auf Jeremia und zog sich ein schweres Gericht zu. Genauso werden einige, zu denen du sprichst, höflich deine Worte beiseite schieben, andere werden feindselig reagieren. Aber alle, die im Glauben reagieren, werden dein liebendes Bemühen um ihr geistliches Wohlbefinden zu schätzen wissen.

Zum Gebet: Danke Gott für solche, die dir in Liebe gedient haben. Versuche, ihnen nachzueifern, indem du dich um andere kümmerst.

Zum Bibelstudium: Lies Apostelgeschichte 20,19.31; Römer 9,2-3 und 2. Korinther 2,4 und achte besonders auf die Dinge, die Paulus veranlassten, um Menschen zu weinen, denen er gedient hatte.

»Wenn ich alle Geheimnisse und alle Kenntnis weiß ... aber keine Liebe habe, so bin ich nichts« (1. Kor. 13,2).

Wahre Erkenntnis wird immer von der Liebe regiert.

Christen sollten niemals die Erkenntnis für selbstverständlich halten. Die Gabe, von Christus etwas lernen zu können und in Seiner Wahrheit zu wachsen, ist ein unermesslicher Segen. Paulus betete darum, dass wir »mit der Erkenntnis seines Willens erfüllt« werden »in aller Weisheit und geistlichem Verständnis« (Kol. 1,9). Dadurch werden wir fähig, einen Gott wohlgefälligen Weg zu gehen (Vers 10).

Aber die Erkenntnis muss von der Liebe regiert werden, genauso, wie die Liebe von der Erkenntnis regiert werden muss. In Philipper 1,9 sagt Paulus: »Um dieses bete ich, dass eure Liebe noch mehr und mehr überreich werde in Erkenntnis und aller Einsicht.« In unserem Vers sagt er, dass Erkenntnis ohne Liebe nichts sei. Hier handelt es sich also um eine göttlich verordnete Balance, die du aufrechterhalten musst, wenn du effektiv für den Herrn arbeiten willst.

In 1. Korinther 13,2 benutzt Paulus ein hypothetisches Bild, um die Bedeutung der Liebe zu unterstreichen: »Wenn ich ... alle Geheimnisse und alle Erkenntnis weiß ... aber keine Liebe habe, bin ich nichts.« Das griechische, mit »Geheimnisse« übersetzte Wort in diesem Vers wird im ganzen Neuen Testament für die rettende Wahrheit benutzt, die einst verborgen war, jetzt aber offenbart wurde. Zum Beispiel spricht die Schrift von dem Geheimnis, dass Gott im Fleisch geoffenbart wurde (Kol. 2,2-3) oder von dem, dass Christus in uns wohnt (Kol. 1,26-27) und von dem der Kirche als dem Leib Christi (Eph. 3,3 – 6,9).

»Erkenntnis« bezieht sich in unserem Vers auf Tatsachen, die durch Nachforschung festgestellt werden können. Es ist unmöglich, jedes im Universum vorhandene Geheimnis oder alle Fakten zu kennen; aber selbst wenn du das könntest, so wäre das ohne Liebe nutzlos. Erkenntnis allein macht nur arrogant, aber die Liebe erbaut (1. Kor. 8,1).

Erkenntnis und Liebe im Gleichgewicht zu halten, ist ein Grundsatz, der deine täglichen Entscheidungen beeinflusst. Wenn du dich zum Beispiel entscheiden musst, ob du zur Bibelstunde gehst oder einem Nachbarn in einer dringenden Notlage hilfst, solltest du lieber dem Nachbarn beistehen. Du wirst noch Gelegenheit finden, die Bibel zu studieren; aber die Chance, dem Nachbarn die Liebe Christi zu zeigen, bietet sich vielleicht nicht so bald wieder.

ZUM GEBET: Bitte Gott um die Weisheit, Erkenntnis und Liebe richtig im Gleichgewicht zu halten.

ZUM BIBELSTUDIUM: Lies Lukas 10,25-37. · Wie wollte sich der Gesetzeslehrer vor Jesus rechtfertigen? · Wie beschreibt der Herr die Nächstenliebe?

»Wenn ich allen Glauben hätte, so dass ich Berge versetzte, aber keine Liebe habe, so bin ich nichts« (1. Kor. 13,2).

Liebloser Glaube ist unnützer Glaube.

In Matthäus 17,19 kamen die Jünger zu Jesus und wollten wissen, warum sie den dämonischen Geist nicht bei dem Kind austreiben konnten. Der Herr erwiderte ihnen: »Wegen eures Kleinglaubens; denn wahrlich, ich sage euch, wenn ihr Glauben habt wie ein Senfkorn, so werdet ihr zu diesem Berg sagen: Hebe dich weg von hier dorthin! Und er wird sich wegheben. Und nichts wird euch unmöglich sein« (Vers 20). In Matthäus 21,21 wiederholt Er den gleichen Grundsatz – »Wahrlich, ich sage euch: Wenn ihr Glauben habt und nicht zweifelt, so werdet ... ihr auch zu diesem Berg sagen: Hebe dich empor und wirf dich ins Meer! So wird es geschehen.«

Diese Stellen haben vielen Menschen Schwierigkeiten bereitet, weil sie niemals jemand gesehen haben, der einen Berg bewegt hätte. Aber Jesus sprach in Bildern. Das Berge-Bewegen brächte alle möglichen ökologischen Probleme und wäre ein sinnloses Mirakel. Der Ausdruck »Berge versetzen können« war damals ein bekannter Ausdruck und wurde gebraucht, wenn jemand große Widerstände überwinden konnte. Jesus sprach von denen, die die Gabe des Glaubens erhalten hatten – die durch unerschütterliches Gebet den Arm Gottes bewegen können.

Die Gabe des Glaubens besteht in der Fähigkeit, daran festzuhalten, dass Gott gemäß Seines Willens handeln wird, ohne auf die Umstände zu blicken. Leute mit dieser Gabe sind Gebetskämpfer und stehen auch dann noch felsenfest, wenn die anderen ringsumher schon gestrauchelt sind. Sie sehen Gottes Macht und wie Er Seine Absichten verwirklicht, und sie vertrauen Ihm, auch wenn die anderen zweifeln.

Aber, sagt Paulus, selbst wenn du solchen Glauben hättest, dir aber die Liebe fehlte, wärest du nichts. Das ist eine harte Zurechtweisung, die aber die Betonung dahin legt, wohin sie gehört – auf unsere Motive. Die Motive der Korinther offenbarten sich in ihrer selbstischen Zurschaustellung ihrer Gaben. Was sind deine Motive? Denke daran, ohne Liebe spielt es keine Rolle, welche Gaben du hast, wie eloquent du reden kannst, was du weißt oder was du glaubst. Nur die Liebe verleiht deinem Dienst für Christus einen Wert.

Zum Gebet: Bitte Gott, Ihm größeres Vertrauen entgegenzubringen, und um den Trieb, mit stärkerer Hingabe zu beten.

Weitere Studien: Lies Hebräer 11 und lerne von den dort angeführten Beispielen großen Glaubens.

»Wenn ich alle meine Habe zur Speisung [der Armen] austeile … aber keine Liebe habe, so nützt es mir nichts« (1. Kor. 13,3).

Liebe ist durch Selbstaufopferung gekennzeichnet; aber nicht jede Selbstaufopferung geschieht aus Liebe.

Wenn du jemals deiner Gemeinde oder einem Hilfswerk wegen einer Verpflichtung etwas gegeben hast oder auf gesellschaftlichen Druck, aus Gesetzlichkeit, wegen einer Schuld – vielleicht auch, weil du auf dich aufmerksam machen wolltest oder einfach, um Steuern zu sparen, dann weißt du, was es heißt, ohne Liebe wohltätig zu sein. In unserer Gesellschaft kann man dieser Art des Gebens leicht zum Opfer fallen, weil die Nöte sehr vielseitig sind und die Spendensammler jedes nur denkbare Motiv für sich nutzen möchten. Dazu kommt, dass viele Glaubensrichtungen und falsche Religionen zum Spenden oder zu Bußübungen ermuntern, weil man dadurch vermeintlich Gottes Wohlwollen erreicht. Aber Gott interessiert sich mehr dafür, *warum* wir geben, als *was* wir geben.

Paulus redet in unserem Vers von der hypothetischen Möglichkeit, den gesamten Besitz zur Speisung der Armen wegzugeben. Das mit »Speisen« übersetzte griechische Wort bedeutet das »bissenweise Austeilen«. Paulus spricht also nicht von einem Menschen, der nur einen Scheck ausschreibt, sondern der persönlich ein Langzeit-Hilfsprogramm aufgezogen hat, das am Ende all sein Vermögen verzehrt.

Paulus redet nicht über dessen Motive – nur dass es ihm an der Liebe fehlt. Demzufolge bleibt der Nutzen seiner Wohltaten auf das Leibliche beschränkt. Jeder geistliche Nutzen ist vertan.

Jesus stellt dasselbe heraus, wenn Er sagt: »Habt acht auf eure Gerechtigkeit, dass ihr [sie] nicht vor den Menschen übt, um von ihnen gesehen zu werden! Sonst habt ihr keinen Lohn bei eurem Vater, der in den Himmeln ist« (Matth. 6,1). Wenn du mit deinen Gaben die Anerkennung der Menschen suchst, wird ihr Beifall dein einziger Lohn sein. Bist du aber durch die Liebe zu Gott motiviert, wird Er dich reichlich belohnen (die Verse 2-4).

Wenn du dem Herrn etwas gibst, was sind deine Motive? Sollen die anderen besser von dir denken? Fühlst du dich verpflichtet? Weil solcherlei Einflüsse so leicht zu übersehen sind, musst du sehr über deine Motive wachen. Denke daran, das einzige akzeptable Motiv ist die Liebe.

ZUM GEBET: Bitte Gott, Er möge dich durch den Heiligen Geist empfindsam für die Nöte anderer machen, damit du immer aus echter Liebe heraus gibst.

WEITERE STUDIEN: Lies Lukas 18,9-14. · Worin unterscheidet sich das Gebet des Pharisäers von dem des Zöllners? · Wie reagierte Gott auf beide Gebete?

»Und wenn ich meinen Leib hingebe, damit ich Ruhm gewinne (nach anderer Lesart: verbrannt zu werden), aber keine Liebe habe, so nützt es mir nichts« (1. Kor. 13,3).

Falsche Motive rauben selbst dem größten Opfer seinen geistlichen Nutzen.

Bisher hat Paulus bei seiner Darstellung lieblosen Wirkens von dem gesprochen, was wir sagen, wissen und glauben und wie wir geben. Jetzt kommt er zum Gipfelpunkt seiner Argumentation – er spricht davon, wie wir sterben. Viele Christen haben dies höchste Opfer, das Martyrium, dargebracht; aber selbst das ist ohne Liebe nutzlos.

Zur Zeit des Paulus erhielten viele Sklaven ein mit glühenden Eisen angebrachtes Brandmal, um sie als Besitz ihres Herrn zu kennzeichnen. Darum glauben einige Ausleger, Paulus rede von dieser Prozedur, wenn er hier sagt: »Wenn ich meinen Leib hingebe, verbrannt zu werden ...« Andere denken an das Verbrennen auf dem Scheiterhaufen – also an einen Tod, den viele Christen von Seiten ihrer Verfolger erleiden mussten.

Obwohl der Tod durch Verbrennen zur Zeit der Abfassung des Korintherbriefes noch selten war, glaube ich doch, dass Paulus dies in unserem Abschnitt meint. In den Versen eins und zwei gebraucht er Extreme, um die Dinge deutlich zu machen: in Sprachen der Engel reden, *alle* Geheimnisse und *alle* Erkenntnis wissen, *allen* Glauben haben und *alle* Habe zur Speisung der Armen hingeben. Die furchtbare Sterbenspein des Feuertodes passt zu diesen Extremen. Jesus nennt das Martyrium den höchsten Ausdruck der Liebe (Joh. 15,13). Aber man hat es nicht immer aus Gottesfurcht oder Liebe getan. Viele Menschen sind für geringere Ziele gestorben. Man braucht nur an die japanischen Kamikaze-Piloten im zweiten Weltkrieg zu denken oder dass sich noch kürzlich Mönche und Studenten aus Protest gegen irgendwelche soziale und politische Ungerechtigkeiten selbst verbrannt haben.

Nicht einmal Christen sind von falschen Motiven ausgenommen. Es ist bekannt, dass viele Christen der frühen Kirche das Martyrium als Mittel ansahen, durch den Tod genauso berühmt zu werden wie die ihnen vorangegangenen Märtyrer. Viele Taten, die, oberflächlich betrachtet, Opfercharakter tragen, sind in Wirklichkeit Produkte des Stolzes.

Wenn selbst das höchste Opfer ohne Liebe wertlos ist, dann sind es alle geringeren Opfer ganz gewiss. Aber die Liebe heiligt sie alle. Lass daher Gottes Liebe alles regieren, was du tust.

Zum Gebet: Lerne Römer 5,8 auswendig, damit du dich stets des Opfers erinnerst, das Gott gebracht hat.

Zum Bibelstudium: Lies Offenbarung 2,1-7. · Welche Stärken zeigt die Gemeinde in Ephesus? · Was sagt der Herr über ihre unübersehbare Schwäche?

»Die Liebe ist langmütig, sie ist gütig; sie neidet nicht; sie tut nicht groß, sie bläht sich nicht auf, sie benimmt sich nicht unanständig, sie sucht nicht das Ihre, sie lässt sich nicht erbittern, sie rechnet Böses nicht zu, sie freut sich nicht über die Ungerechtigkeit, sondern sie freut sich mit der Wahrheit, sie erträgt alles, sie glaubt alles, sie hofft alles, sie erduldet alles« (1. Kor. 13,4-7).

Liebe ist schwer zu definieren; aber man kann sie mit dem Betragen beschreiben, das sie hervorbringt.

Paulus gibt uns hier ein Bild von der Liebe, die Jesus in jedem Gläubigen hervorbringen möchte. Tatsächlich ist es das Bild Christi selbst, der die Liebe in ihrer höchsten Vollendung ist. In unseren Bibelversen wird nicht so sehr beschrieben, was die Liebe ist, sondern was sie tut und was sie nicht tut. Im Blick auf das selbstverherrlichende Verhalten der Korinther waren die Worte des Paulus scharfe Zurechtweisungen. In diesem Sinn bedeuten seine Worte: »Die Liebe ist geduldig; ihr aber seid ungeduldig. Die Liebe ist freundlich; ihr aber seid zu denen unfreundlich, die nicht eurer Meinung sind. Die Liebe neidet nicht; ihr aber beneidet einander wegen gewisser geistlicher Gaben. Die Liebe tut nicht groß; ihr aber seid stolz auf eure Theologie. Die Liebe bläht sich nicht auf und benimmt sich nicht unanständig; ihr aber seid grob und zeigt untereinander schlechte Umgangsformen.

Die Liebe sucht nicht das Ihre; ihr aber denkt nur an euch selbst. Die Liebe lässt sich nicht erbittern; ihr aber zankt miteinander. Die Liebe rechnet Böses nicht zu; ihr aber hegt gegeneinander Groll. Die Liebe freut sich nicht über die Ungerechtigkeit; ihr aber seid froh, wenn andere versagen. Die Liebe freut sich mit der Wahrheit; ihr aber missachtet das Wort Gottes und gehorcht ihm nicht.

Die Liebe erträgt alles; ihr aber zieht euch zurück und wollt nicht verzeihen. Die Liebe will gern das Beste von anderen glauben; ihr aber nehmt schnell das Schlechteste an. Die Liebe gibt nie auf und kann unvorstellbaren Widerstand ertragen; ihr aber seid schwach und intolerant.«

Paulus wollte, dass die Korinther die Mängel in ihrer Liebe im Licht dieser Wahrheit erkannten und die nötigen Korrekturen vornahmen. Du und ich, wir müssen das auch tun. So bitte Gott, er möge dein Herz beim fortlaufenden Betrachten der Eigenschaften dieser Liebe reinigen, damit andere immer deutlicher das von Paulus gezeichnete Bild der Liebe bei dir zu sehen bekommen.

Zum Gebet: Lies 1. Korinther 13,4-7 und ersetze das Wort »Liebe« durch das Wort »Jesus«. Dann preise Ihn für all Seine Vollkommenheiten.

Zum Bibelstudium: Was lehrt 1. Johannes 3,13-18 über die Liebe?

»Die Liebe ist langmütig« (1. Kor. 13,4).

Die Liebe rächt sich nicht.

Der griechische Ausdruck für »ist langmütig« bedeutet wörtlich »ist fern vom Zorn«. Es geht hier also nicht so sehr um das geduldige, klaglose Tragen dessen, was Menschen oder Umstände uns auferlegen, sondern um das freiwillige Aufsichnehmen dessen, was man ändern könnte.

Diese Art der Geduld ist eine geistliche Tugend, die Gottes Wesen widerspiegelt (Gal. 5,22). Sie ist auf rein menschlicher Ebene nicht nachzumachen; aber für den Christen muss sie zu einer Lebenshaltung werden. Paulus sagt: »Ich ermahne euch nun: ... Wandelt würdig der Berufung, mit der ihr berufen seid, mit aller Demut und Sanftmut, mit Langmut, einander in Liebe ertragend« (Eph. 4,1-2).

Gott selbst ist das hohe Beispiel der Langmut. Petrus sagt: »Er ist langmütig euch gegenüber, da er nicht will, dass irgendwelche verloren gehen, sondern dass alle zur Buße kommen« (2. Petr. 3,9). Wer Gottes Gnade abweist, verachtet »den Reichtum seiner Gütigkeit und Geduld und Langmut« (Röm. 2,4).

In der griechisch-römischen Welt zur Zeit des Paulus wurde die Vergeltung für eine empfangene Schmähung oder Verletzung als Tugend betrachtet. Wer sich nicht rächte, galt als Schwächling. In unserer Gesellschaft ist es nicht viel anders. Die Helden von heute neigen zu physischer Gewalt oder sie bemühen die Gerichte. Gott aber sieht die Sachen anders, wie auch der Herr, als Er für Seine Mörder bat: »Vater, vergib ihnen! Denn sie wissen nicht, was sie tun« (Luk. 23,34).

Wenn du über deine eigene Langmut nachdenkst, musst du wissen, dass die Rache nicht immer offen und mit Gewalt ausgeübt wird. Sie ist oft ganz fein gesponnen – wie etwa die Verweigerung von Zuneigung deinem Ehepartner gegenüber, wenn er dir Unrecht getan hat, oder wenn du dich einem Freund entziehst, der dich verletzt hat. Göttliche Liebe aber rächt sich nicht. Sie denkt mehr an die Gefühle der anderen als an die eigenen.

Denke an die Langmut des Herrn, die Er mit dir hat, und erlaube Seinem Geist, dieselbe Langmut auch in dir zu wecken.

Zum Gebet: Wenn du etwas gegen jemand hast, der dir Unrecht tat, so bekenne das vor dem Herrn und setze alles daran, dich mit demjenigen zu vertragen.

Zum Bibelstudium: Lies 1. Mose 50,15-21. · Wovor fürchteten sich Josephs Brüder? · Wie reagierte Joseph auf ihre Bitte um Vergebung? · Wie hat Gott die Sünde der Brüder Josephs benutzt, um Seine Absichten zum Ziel zu führen?

»Die Liebe ist gütig« (1. Kor. 13,4).

Gütigkeit vergilt Böses mit Gutem.

Zwei Männer begegneten sich auf einem schmalen Bergpfad und wollten aneinander vorbei. Auf der einen Seite war der steile Abgrund und an der anderen der aufragende Fels. Der eine schimpfte und drohte, den anderen einfach hinabzustürzen. Der aber legte sich, ohne ein Wort zu sagen, auf den Boden und erlaubte dem anderen, über ihn hinwegzugehen. Das ist ein Bild für Gütigkeit, die nichts danach fragt, wenn andere über sie dahin gehen, falls sie damit dem Frieden dient.

Das hier mit »gütig« übersetzte Wort kann auch »nützlich« oder »milde« bedeuten. Sie ist einfach die angenehme Haltung, die wir gewöhnlich »Freundlichkeit« nennen. Sie ist das Gegenstück zur Geduld. Geduld erträgt die Misshandlung anderer; die Gütigkeit vergilt sie mit guten Taten.

Gott erwies die allerhöchste »Gütigkeit«, indem Er für verlorene Sünder Rettung schaffte. In Titus 3,3-5 heißt es: »Einst waren auch wir unverständig, ungehorsam, gingen in die Irre, dienten mancherlei Begierden und Lüsten, führten unser Leben in Bosheit und Neid, verhasst, einander hassend. Als aber die Güte und Menschenliebe unseres Heiland-Gottes erschien, errettete er uns.«

Jesus sagt: »Nehmt auf euch mein Joch und lernt von mir! Denn ich bin sanftmütig und von Herzen demütig, und ihr werdet Ruhe finden für eure Seelen; denn mein Joch ist sanft und meine Last ist leicht« (Matth. 11,30). Das mit »leicht« übersetzte Wort ist im Griechischen dasselbe wie »gütig« hier in 1. Korinther 13. Der Herr sagt also: »Vertraut Mir und Ich will euch erretten und euch Meine Gütigkeit erleben lassen.«

Weil »ihr geschmeckt habt, dass der Herr gütig ist« (1. Petr. 2,3), sollten alle Christen sehr darauf bedacht sein, anderen Gütigkeit zu erweisen. Das wollte Paulus bei den korinthischen Gläubigen erreichen. Er wusste, sie hatten dazu die Fähigkeit; aber sie mussten erst über ihre selbstsüchtigen Wege Buße tun und der Liebe erlauben, ihre Herzen zu regieren.

ZUM GEBET: Die böse Welt, in der wir leben, gibt reichlich Möglichkeit, anderen Gütigkeit zu erweisen. Bitte den Herrn, heute alle Gelegenheiten ausschöpfen zu können.

ZUM BIBELSTUDIUM: Lies Matthäus 5,38-48 und achte auf die praktischen Beispiele von Gütigkeit, die der Herr Seinen Jüngern zur Befolgung aufgibt.

»Sie [die Liebe] neidet nicht« (1. Kor. 13,4).

Neid erzeugt ein Klima, in dem selbstsüchtiger Ehrgeiz gedeiht.

Neid ist eine heimtückische Sünde, die immerzu schreit: »Ich will haben, was du hast, und außerdem missgönne ich dir, dass du es hast!« Neid vertreibt die Zufriedenheit durch Unmut und ist die Quelle unzähliger anderer Sünden.

Die Korinther beneideten einander wegen der geistlichen Gaben. 1. Korinther 12,31 kann auch übersetzt werden: »Ihr seid neidisch auf die größeren Gaben, aber ich zeige euch einen weit besseren Weg.« »Eifern« in 12,31 ist das gleiche Wort wie »neiden« in 13,4. Es heißt eigentlich »sieden, kochen« und spricht von dem inneren Brodeln, das entsteht, wenn man etwas unbedingt haben will, was ein anderer hat. In 1. Korinther 3,3 weist Paulus sie wegen all dem Neid und Streit unter ihnen zurecht.

Paulus wusste, was es heißt, das Opfer neidischer Menschen zu sein. Während einer seiner Inhaftierungen schreibt er offenherzig: »Einige aber predigen Christus auch aus Neid und Streit, einige aber auch aus gutem Willen. Die einen aus Liebe, weil sie wissen, dass ich zur Verteidigung des Evangeliums eingesetzt bin; die anderen aus Eigennutz verkünden Christus nicht lauter, weil sie [mir in] meinen Fesseln Bedrängnis zu erwecken gedenken« (Phil. 1,15-17).

Die Haltung des Paulus solchen Neidern gegenüber ist beispielhaft: »Was [macht es] denn? Wird doch auf jede Weise, sei es aus Vorwand oder in Wahrheit, Christus verkündigt, und darüber freue ich mich« (Vers 18). Ihn trieben weder persönlicher Vorteil noch selbstsüchtiger Ehrgeiz. Er liebte Christus von ganzem Herzen und wollte nur, dass möglichst viele Menschen das Evangelium hörten. Solange Christus verkündigt wurde, war Paulus glücklich – völlig unabhängig von seinen eigenen Umständen oder den Motiven der anderen. So sollten wir die Sache auch ansehen!

Liebe ist das Gegenmittel für Neid. Wenn göttliche Liebe dein Herz regiert, kannst du dich über den geistlichen Erfolg anderer freuen, selbst wenn du weißt, dass ihre Motive nicht lauter sind. Aber wenn du für dich Ehre und selbstsüchtigen Nutzen suchst, wirst du schnell das Opfer des Neides und der üblen Laune.

Zum Gebet: Bekenne jeden Neid, den du anderen gegenüber hegst. · Bitte Gott, Jesus mehr zu lieben, damit der Neid in Zukunft keinen Platz mehr in deinem Herzen hat.

Zum Bibelstudium: Lies 2. Korinther 11,2. Gibt es so etwas wie göttlichen Eifer oder Neid? Erkläre.

»Die Liebe tut nicht groß« (1. Kor. 13,4).

Die Liebe erhebt andere; der Stolz erhebt sich selbst.

Die meisten von uns meiden solche Menschen, die viel von sich halten und sich bei jeder Unterhaltung in den Mittelpunkt drängen. Aber vielleicht hast du selbst mit dieser Versuchung zu kämpfen, die meiste Zeit des Gesprächs von dir zu erzählen. Selbst wenn du niemals in der Öffentlichkeit prahlst, magst du doch im Stillen ärgerlich sein, wenn andere deine Leistungen nicht würdigen wollen. Das ist heimlicher Stolz.

Prahlerei verletzt in jedem Fall die Liebe, weil sie sich selbst auf Kosten anderer erhebt. Man will gut aussehen und macht dadurch andere kleiner. Das offenbart Neid und andere Sünden. Leider gibt es das Prahlen auch in der Gemeinde. Darum ermahnt uns Paulus, nicht höher von uns zu denken, als zu denken sich gebührt, sondern darauf bedacht zu sein, besonnen zu sein, »wie Gott einem jeden das Maß des Glaubens zugeteilt hat« (Röm. 12,3). Das steht dort im Zusammenhang mit geistlichen Gaben, die zu Stolz verführen können, wenn sie nicht von Demut und Liebe regiert werden.

Die Korinther waren geistliche Angeber – jeder buhlte um Aufmerksamkeit und Anerkennung. Die Folge war ein chaotischer Gottesdienst. In 1. Korinther 14,26 lesen wir: »Wenn ihr zusammenkommt, so hat jeder einen Psalm, hat eine Lehre, hat eine Offenbarung, hat eine Sprache[nrede], hat eine Auslegung.« Offensichtlich drückten sie ihre geistlichen Gaben alle zur gleichen Zeit und ohne Rücksicht auf andere aus. Darum fährt Paulus fort: »Alles geschehe zur Erbauung.«

Ihr Mangel an Liebe war offensichtlich; denn wer wirklich die anderen liebt, erhebt sich nicht selbst; der achtet die anderen höher als sich, genauso wie Christus, der sich selbst erniedrigte und wegen unserer Sünden starb (Phil. 1,3-8).

Sich der geistlichen Gaben zu rühmen, ist Torheit; denn wir haben nichts getan, um sie zu erwerben. Sie spiegeln nicht unsere Tüchtigkeit, sondern Gottes Gnade wider. Darum fragte Paulus die Korinther: »Was aber hast du, was du nicht empfangen hast? Wenn du es aber empfangen hast, was rühmst du dich, als hättest du es nicht empfangen?« (1. Kor. 4,7). Das gilt sowohl für irdische als für geistliche Fähigkeiten. Alles, was du hast, ist eine Gabe Gottes. Darum: »Wer sich rühmt, der rühme sich des Herrn!« (1. Kor. 1,31).

ZUM GEBET: Erkenne täglich deine völlige Abhängigkeit von Gottes Gnade an. · Preise Ihn für die dir verliehenen Gaben.

ZUM BIBELSTUDIUM: Achte darauf, was Gott in den Sprüchen über den Hochmut gesagt hat: 6,16-17; 16,18; 18,12; 21,3-4 und 21,24.

»Sie [die Liebe] bläht sich nicht auf« (1. Kor. 13,4).

Liebe ist der Schlüssel zu effektivem Dienst.

In 1. Korinther 13,4 sagt Paulus: »Die Liebe tut nicht groß, sie bläht sich nicht auf.« Wir meinen oft, beide Begriffe bedeuteten dasselbe, doch erkennen wir in diesem Abschnitt einen feinen Unterschied. Das mit »tut nicht groß« übersetzte Wort weist mehr auf das arrogante Sprechen und Tun hin, während »aufblähen« mehr die dahinterstehende stolze Haltung bezeichnet. Die dünkelhafte Haltung der Korinther tritt auf mehreren Gebieten hervor. In 1. Korinther 4,18-21 sagt Paulus: »Einige aber sind aufgeblasen, als ob ich nicht zu euch kommen würde. Ich werde aber bald zu euch kommen, wenn der Herr will, und werde nicht das Wort, sondern die Kraft der Aufgeblasenen kennen lernen ... Was wollt ihr? Soll ich mit der Rute zu euch kommen oder in Liebe und im Geist der Sanftmut?« Offensichtlich meinten einige, sie hätten seine Belehrungen nicht mehr nötig. Immerhin, so meinten sie, hätten sie die besten Lehrer gehabt – Apollos, Petrus und sogar Paulus selbst (1. Kor. 1,12), was brauchten sie da noch weiter unterrichtet zu werden? Tatsächlich hatten sie gerade genug gelernt, um ihr Ego aufzublähen; aber sie waren schreckliche Ignoranten, was die Liebe betraf (1. Kor. 8,1).

Es war der Hochmut, der die korinthische Gemeinde verleitete, die gröbsten Sittenlosigkeiten zu begehen: »Überhaupt hört man, dass Unzucht unter euch ist und [zwar] eine solche Unzucht, die selbst unter den Nationen nicht [stattfindet]: dass einer seines Vaters Frau hat. Und ihr seid aufgeblasen und habt nicht etwa Leid getragen, damit der, der diese Tat begangen hat, aus eurer Mitte entfernt würde« (1. Kor. 5,1-2). Sie waren zu stolz, um sich unter diese Situation zu beugen und sie in Ordnung zu bringen, statt dessen prahlten sie damit; dabei hätten nicht einmal Heiden ein solches Verhalten gutgeheißen!

Das ist das traurige Bild von Menschen, die der Stolz so blind gemacht hat, dass sie es ablehnen, zwischen gut und böse zu unterscheiden. Das führte dazu, dass alle ihre geistlichen Gaben ihnen nur zum Schaden gerieten. Sie waren vom Geist begabt und stellten sogar ihre Gaben zur Schau; aber es fehlte an Liebe, die aus einer begabten Person einen nützlichen Diener macht. Lerne von den Fehlern der Korinther. Sei nie mit rein geistlichen Aktivitäten zufrieden. Lass stets die Liebe die Triebfeder sein. Dann kann Gott deinen Dienst ehren und ihn zu Seinen Zwecken nutzen.

Zum Gebet: Bitte Gott, dich zu einem nützlicheren Diener zu machen und dich vor der Verblendung durch den Hochmut zu bewahren.

Zum Bibelstudium: Was sagen die folgenden Sprüche über den Hochmut? Sprüche 8,13 und 29,23.

»Sie [die Liebe] benimmt sich nicht unanständig« (1. Kor. 13,5).

Rücksichtsvolles Verhalten zeigt göttliche Liebe und verleiht deinem Zeugnis Glaubwürdigkeit.

Als ich noch ein kleiner Junge war, mochte ich gern meine Suppe schlürfen. Ich fand nichts Anstößiges dabei, obwohl meine Eltern es jedesmal monierten. Dann aßen wir eines Abends mit einem zusammen, der seine Suppe schlürfte. Er genoss sein Essen; aber mir gefiel die Mahlzeit gar nicht. Ich begriff auf einmal, dass gute Tischmanieren ein Weg sind, anderen gegenüber Rücksichtnahme zu zeigen. Man drückt damit aus: »Es geht mir um dich und ich will nichts tun, was dich hindert, diese Mahlzeit zu genießen.«

Ein ernsterer Fall: Ich kenne ein Ehepaar, das geschieden wurde, weil der Mann so grob zu seiner Frau war. Sie behauptete, ihr Mann zeige durch sein unablässiges Rülpsen, dass er sie nicht liebhabe. Der Richter entschied in ihrem Sinne, indem er konstatierte, wenn der Ehemann seine Frau liebhätte, so würde er sich rücksichtsvoller betragen. Das ist eine seltsame, aber wahre Geschichte, die aber deutlich macht, dass die Liebe sich nicht unanständig benimmt.

»Unanständig sein« im Sinne von 1. Korinther 13,5 schließt alles Verhalten ein, das biblische oder mitmenschliche Normen verletzt. Wir könnten es so umschreiben: »Liebe nimmt Rücksicht auf andere.« Das stünde dann im starken Kontrast zu dem rücksichtslosen Verhalten der Korinther – viele ließen sich bei ihren Liebesmahlen gehen und betranken sich am Abendmahlswein (1. Kor. 11,20-22). Einige Frauen überschritten ihre Grenzen, indem sie den Schleier entfernten und Männerrollen in der Gemeinde übernahmen (1. Kor. 11,3-16; 14,34-35). Und sowohl Männer als Frauen verdarben die Zusammenkünfte, indem sie sich gegenseitig mit ihren geistlichen Gaben übertrumpfen wollten (1. Kor. 14,26).

Zweifellos verteidigten die Korinther ihr schlechtes Betragen, wie wir es auch oft tun. Aber unanständiges Verhalten offenbart einen Mangel an Liebe und steht einem effektiven Dienst diametral im Wege. So habe ich Christen gesehen, die sich so grob gegenüber rauchenden Nichtchristen aufführten, dass ihnen jede Möglichkeit genommen war, ihnen von Christus zu erzählen.

Achte darauf, wie du mit anderen umgehst – seien es Gläubige oder Ungläubige. Selbst die kleinste Höflichkeit kann einen tiefen Eindruck auf sie machen.

ZUM GEBET: Bitte darum, dass Gottes Geist dein Verhalten steuere und dich auf jede lieblose Handlung aufmerksam mache. Tut Er das, so bekenne sie gleich und mache es anders.

ZUM BIBELSTUDIUM: Lies Lukas 7,36-50. Wie beschützte Jesus die bußfertige Frau vor der Taktlosigkeit des Pharisäers?

»Sie [die Liebe] sucht nicht das Ihre« (1. Kor. 13,5).

Die Liebe verändert selbstsüchtige Menschen in Menschen, die sich aufopfern.

Schon Adam und Eva haben Gott gegen das eigene Ich vertauscht. Das ist die Wurzel aller Sünde. Unsere Voreltern hatten nur ein Gebot zu befolgen: »Aber von dem Baum der Erkenntnis des Guten und Bösen, davon darfst du nicht essen; denn an dem Tage, da du davon isst, musst du sterben« (1. Mo. 2,17). Aber Eva glaubte der Lüge der Schlange, Gott versuche nur, sie von der Verwirklichung aller ihrer Möglichkeiten abzuhalten (1. Mo. 3,5). Sie aß von der verbotenen Frucht und gab auch Adam davon, und beide zusammen stürzten das Menschengeschlecht in Sünde und Tod.

Christus veränderte all das, als Er kam, »nicht … um bedient zu werden, sondern um zu dienen und sein Leben zu geben als Lösegeld für viele« (Matth. 20,28). Anders als Adam und Eva suchte Er nicht Seinen eigenen Vorteil zu gewinnen, sondern brachte jedes Opfer, das zur Errettung verlorener Sünder nötig war.

Es wird von einer Grabinschrift auf einem kleinen englischen Friedhof berichtet, die so lautet: »Hier liegt er, der Geizhals, der stets nur gerafft, / an and're nie dachte, für sich nur geschafft. / Doch was er jetzt treibe und wo er auch sei, / ist allen egal jetzt und ganz einerlei.«

Wie tragisch ist es, sein ganzes Leben der Selbstsucht versklavt zu sein! Im Gegensatz dazu lesen wir auf einem Grabstein auf dem Friedhof der St. Paul's Kathedrale: »Der Erinnerung an General Charles George Gordon gewidmet, der zu aller Zeit und an jedem Ort seine Kraft für die Schwachen und sein Vermögen für die Armen einsetzte. Sein Mitgefühl gehörte den Leidenden und sein Herz Gott.« Der erste Grabstein dokumentiert die Sinnlosigkeit der Gier und des Eigennutzes, der zweite die Ehre, die der Großzügigkeit und der Selbsthingabe gebührt.

Christus ist das vollkommene Vorbild für Selbsthingabe. Wenn du Ihn liebst, solltest du Ihm ähnlich sein. Die anderen werden deine Aufrichtigkeit und deinen Einsatz für sie sehen und durch Gottes Gnade zu deinem Herrn gezogen werden.

Welche Grabinschrift werden deine Freunde und Verwandten dir widmen? Ich bete dafür, dass es eine sein wird, in der Gott verherrlicht wird wegen der selbstlosen Liebe, die Er durch dich sichtbar werden ließ.

ZUM GEBET: Danke Gott für alle, die erkennbar Opfer für dein geistliches Wachstum gebracht haben. Versuche, so zu lieben wie sie.

ZUM BIBELSTUDIUM: Schreibe die fünfzehn Eigenschaften der Liebe in 1. Korinther 13,4-7 auf und überlege, wie jede mit der Selbsthingabe in Beziehung steht.

»Sie [die Liebe] lässt sich nicht erbittern« (1. Kor. 13,5).

Vom Ich ausgehender Zorn und die Liebe können nicht nebeneinander bestehen.

Der große Prediger und Theologe aus dem achtzehnten Jahrhundert, Jonathan Edwards, hatte eine äußerst unbeherrschte Tochter. Als ein junger Mann Dr. Edwards um die Hand seiner Tochter bat, sagte er: »Nein!« Der junge Mann war tief traurig. »Aber ich liebe sie und sie liebt mich«, wandte er ein. »Das ändert nichts«, antwortete Edwards, »sie ist Ihrer nicht würdig.« »Aber sie ist doch eine Christin, oder nicht?«, argumentierte der junge Mann. »Ja«, sagte Edwards, »aber die Gnade Gottes hält es auch bei Menschen aus, mit denen niemand sonst zurechtkommt.«

Das mag hart klingen; aber Jonathan Edwards wusste, was sein Möchtegern-Schwiegersohn noch nicht gelernt hatte: Wo selbstischer Zorn lebt, fehlt die echte Liebe. »Die Liebe«, so sagt Paulus, »lässt sich nicht erbittern.« Plötzliche Wutausbrüche oder Taten aus der Erregung heraus kommen nicht von ihr. Sie reagiert nie im Zorn auf angetanes Unrecht.

Paulus redet nicht von dem Zorn über die Sünde und deren schlimme Folgen. Da handelt es sich um gerechte Empörung, die man von Christen erwarten sollte. Als Jesus die Händler und Wechsler aus dem Tempel trieb (Joh. 2,14-15), war Er wirklich zornig, weil das Haus Seines Vaters entweiht wurde. Aber niemals reagierte Er so, wenn Er selbst angegriffen oder verleumdet wurde. Genauso ist es richtig, wenn du zornig wirst, wenn andere misshandelt werden und wenn Gott angegriffen oder Sein Wort missachtet wird. Aber persönliche Anfeindungen erträgt die Liebe immer.

Solche Großmut ist unserer Gesellschaft fremd. Sie lehrt uns, für unsere persönlichen Rechte zu kämpfen und zurückzuschlagen, wenn wir nicht bekommen, worauf wir Anspruch zu haben meinen. So sind gierige und lieblose Menschen herangewachsen, die fast nur noch den persönlichen Erfolg und ihre Bequemlichkeit suchen. Jeder, der ihnen dabei im Wege steht, läuft Gefahr, ihren Zorn zu erregen. Als Christ musst du solchen Einflüssen widerstehen, indem du dein Augenmerk mehr auf deine geistlichen Pflichten als auf deine Rechte lenkst. Wenn du nichts von der Welt erwartest, wirst du auch nicht ärgerlich, wenn nichts von ihr kommt. Denke daran: Gott ist der Geber aller guten und vollkommenen Gaben (Jak. 1,17). So »demütigt euch vor dem Herrn! Und er wird euch erhöhen« (Jak. 4,10).

ZUM GEBET: Bitte Gott, denen vergeben zu können, die dir Unrecht getan haben.

ZUM BIBELSTUDIUM: Wie solltest du nach Epheser 4,26-27 mit dem Zorn umgehen?

»Sie [die Liebe] rechnet Böses nicht zu« (1. Kor. 13,6).

Wenn du jemand liebst, führst du nicht Buch über dessen Vergehen.

Von den ersten Herrnhuter Missionaren bei den Eskimos wird erzählt, sie hätten in deren Sprache kein Wort für »Vergebung« finden können. So mussten sie eine Reihe kurzer Wörter zu einem langen Wort zusammensetzen: *Issumagidschadschangnainermik.* Dies Wort scheint ungeheuerlich, hat aber eine wunderschöne Bedeutung: »Nicht fähig sein, je wieder daran zu denken.«

Vielleicht ist dir schon aufgefallen, dass Menschen, die nicht vergeben können, gewöhnlich ein gutes Gedächtnis haben. Manche können ihren Groll ein Leben lang festhalten. Die Liebe aber führt nicht Buch über empfangenes Unrecht. Sie vergibt und kann sich dann nicht mehr daran erinnern.

Daran denkt Paulus, wenn er sagt, die Liebe rechne Böses nicht zu (1. Kor. 13,5). Das mit »zurechnen« übersetzte griechische Wort wurde für die Eintragungen ins Hauptbuch eines Buchhalters benutzt. Solche Notizen halfen dem Buchhalter, sich an alle finanziellen Transaktionen zu erinnern. Im Gegensatz dazu führt die Liebe niemals Buch oder zieht andere weiterhin zur Verantwortung, weil sie ihr Unrecht getan haben.

Das größte Beispiel dieser Liebe ist Gott selbst. In Römer 4,8 heißt es: »Glückselig der Mann, dem der Herr die Sünde nicht zurechnet.« Und 2. Korinther 5,19 fügt hinzu, »dass Gott in Christus war und die Welt mit sich selbst versöhnte, ihnen ihre Übertretungen nicht zurechnete …«

Jede Sünde, die wir als Gläubige begehen, ist eine Beleidigung Gottes; aber Er rechnet sie uns nie an. Wir sind in Christus, der die Strafe am Kreuz trug. Wenn wir sündigen, ist uns augenblicklich vergeben, wenn auch die Gemeinschaft mit Gott erst nach dem Bekenntnis der Schuld wiederhergestellt ist.

Wenn du andere Gläubige liebst, wirst du ihnen vergeben, wie Gott vergeben hat. Anstatt ihnen ihre Schuld zu behalten, wirst du daran denken, was sie in Christus sind. Du wirst dich an die Ermahnung des Paulus erinnern: »Seid aber zueinander gütig, mitleidig und vergebt einander, so wie auch Gott euch in Christus vergeben hat!«

Zum Gebet: Gibt es jemand, dem du die Vergebung verweigerst? Wenn ja, dann betrachte das als Sünde und bekenne sie vor dem Herrn. Danach versöhne dich mit dieser Person auf der Stelle. · Danke Gott, dass Er dir deine Sünden nicht behält (siehe Ps. 130,3-4).

Zum Bibelstudium: Was lehrt Matthäus 18,21-35 über die Vergebungsbereitschaft?

»Sie [die Liebe] freut sich nicht über die Ungerechtigkeit« (1. Kor. 13,6).

Die Liebe rechtfertigt niemals Sünden.

Den meisten Christen widersteht der Gedanke, sich über Ungerechtigkeit zu freuen, weil das hieße, Gefallen an vorsetzlichen und mutwilligen Sünden zu haben. Wir haben die schrecklichen Folgen der Sünde in der Menschheit kennen gelernt und wie Gott durch sie geschmäht wird; wie sollten wir uns über Derartiges freuen? Aber sich der Ungerechtigkeit freuen ist auch jeder Versuch, Sünden bei sich oder anderen zu rechtfertigen; das mag uns selbst lange verborgen bleiben.

Es gibt viele Weisen, sich der Ungerechtigkeit zu freuen. Die eine ist, Recht mit Unrecht zu verwechseln. Das verurteilt der Prophet Jesaja, wenn er sagt: »Wehe denen, die das Böse gut nennen und das Gute böse; die Finsternis zu Licht machen und Licht zu Finsternis!« (Jes. 5,20). In unserer Gesellschaft werden zum Beispiel Jungfräulichkeit und eheliche Treue als altmodische Prüderie gebrandmarkt, während man Promiskuität und Ehebruch als zeitgemäß und befreiend anpreist. Der gesellschaftliche Druck kann unachtsame und schwache Christen veranlassen, solchen abartigen und gottlosen Moralvorstellungen zu verfallen.

Eine andere Art, sich der Ungerechtigkeit zu freuen, besteht darin, nicht auf das achtzugeben, was man hört und sieht. Humanistische Philosophie und die unverhohlene Unmoral unserer Gesellschaft können unser moralisches Empfinden schnell einschläfern. Darum musst du sorgfältig prüfen, was du liest, anschaust und hörst. Wird Gott dadurch entehrt und Gewalt, Verbrechen, Unmoral, Verleumdung und Ähnliches verherrlicht? Wenn du ein solches Buch oder Bild unterhaltsam findest, freust du dich der Sünde.

Einige Gläubige freuen sich tatsächlich über die Sünden anderer. Darum wollte zum Beispiel Jona nicht in Ninive predigen. Er fürchtete, die Leute dort könnten Buße tun und Gott würde ihnen vergeben. Er wollte lieber, dass sie weiter sündigten, als dass sie mit Gott versöhnt würden. Diese Haltung liegt uns heute weit weniger fern, als manche meinen. Ich habe bekennende Christen kennen gelernt, die so sehr darauf aus waren, ihren Ehepartner loszuwerden, dass sie hofften, dieser werde doch endlich einmal Ehebruch begehen, um damit eine Scheidung zu rechtfertigen. Welch eine verdrehte Denkungsart!

Wahre Liebe kann sich nicht über Ungerechtigkeit freuen, sondern jubelt, wenn der Gerechtigkeit zum Sieg verholfen wird. Wenn du Gott liebst, gefallen dir die Dinge, die auch Gott gefallen, und was Er hasst, hasst auch du. – Möge das immer so bei dir sein!

Zum Gebet: Bitte um die Gnade, ein Gott wohlgefälliges Leben zu führen.

Zum Bibelstudium: Lies Matthäus 18,15-20 und beachte sorgfältig, wie mit einem sündigenden Christen umzugehen ist.

»Sie [die Liebe] freut sich mit der Wahrheit« (1. Kor. 13,6).

Die Liebe verwirklicht sich nie auf Kosten des Wortes Gottes.

Paulus hat gerade aufgezählt, was die Liebe alles nicht tut: sie neidet nicht, tut nicht groß, bläht sich nicht auf, benimmt sich nicht unanständig, sucht nicht das Ihre, läßt sich nicht erbittern, rechnet Böses nicht zu, freut sich nicht über Ungerechtigkeit. Nun nennt er das erste von fünf Dingen, die sie tut: »Sie freut sich mit der Wahrheit« (Vers 6).

Wir sehen deutlich den Kontrast: Die Liebe kann sich nicht an Ungerechtigkeiten freuen, dagegen sehr über den Sieg der Wahrheit. »Die Wahrheit« bezieht sich auf das Wort Gottes, als dem Standard der Gerechtigkeit. Paulus hätte sagen können: »Die Liebe freut sich nicht der Ungerechtigkeit, sondern der Gerechtigkeit.« Aber er geht über die einfachen gerechten Werke hinaus, indem er von deren Maßstab und Ausgangspunkt spricht.

Die Liebe duldet keine falsche Lehre und kein sündiges Betragen, sondern freut sich, wenn Gottes Wort gelehrt und befolgt wird. Der Psalmist sagt: »Wie liebe ich dein Gesetz! Es ist mein Nachdenken den ganzen Tag. Deine Gebote machen mich weiser als meine Feinde … Verständiger bin ich als meine Lehrer … Einsichtiger als Greise bin ich … Von jedem bösen Pfad habe ich meine Füße ferngehalten, damit ich dein Wort bewahre. Von deinen Bestimmungen gewichen bin ich nicht, denn *du,* du hast mich unterwiesen. Wie süß sind meinem Gaumen deine Worte, mehr als Honig meinem Mund! Aus deinen Vorschriften empfange ich Einsicht. Darum hasse ich jeden Lügenpfad!« (Ps. 119,97-104). So spricht ein Mensch, der sich der Wahrheit freut.

Oft sind Christen bereit, aus Liebe zu den anderen die reine Lehre zu verwässern. Sie meinen, lehrmäßige Genauigkeit sei irgendwie trennend und lieblos. Aber die Schrift sagt: »Dies ist die Liebe, dass wir nach seinen Geboten wandeln … Denn viele Verführer sind in die Welt hinausgegangen, die nicht Jesus Christus, im Fleisch gekommen, bekennen; dies ist der Verführer und Antichrist. Seht auf euch selbst, damit ihr nicht verliert, was wir erarbeitet haben, sondern vollen Lohn empfangen« (2. Joh. 6-8).

Biblische Liebe wirkt immer innerhalb der biblischen Maßstäbe und der geistlichen Einsicht (Phil. 1,9-10). Am liebevollsten verhältst du dich, wenn du gemäß der biblischen Wahrheit lebst. Lehrmäßige Kompromisse verringern nur die Qualität der Liebe und spielen dem Bösen in die Hände.

Zum Gebet: Bitte Gott um Weisheit und Erkenntnis, die du brauchst, um deine Liebe innerhalb der richtigen biblischen Grenzen zu halten.

Zum Bibelstudium: Lerne Philipper 1,9-10 auswendig.

»Sie [die Liebe] erträgt alles« (1. Kor. 13,7).

Die Liebe tritt der Sünde entgegen, sie schont aber den Sünder.

In 1. Korinther 13,7 nennt Paulus vier Dinge, die eng miteinander verbunden sind: alles ertragen, alles glauben, alles hoffen und alles erdulden. Das erweckt den Eindruck, als könne die Liebe nichts unterscheiden und würde alles akzeptieren, was ihr begegnet. Aber das »alles« wird durch den Kontext beschrieben. Die Lieb lehnt Neid, Angeberei, Hochmut und Ähnliches ab (die Verse 4-6); dafür trägt, glaubt, hofft und erduldet sie alles innerhalb der Grenzen des göttlichen Wortes.

»Die Liebe erträgt alles« spricht von der Bereitschaft der Liebe, Sünden zuzudecken und den Sünder vor weiteren Verletzungen zu bewahren. Das ist das Gegenteil von der in der heutigen Gesellschaft gepflegten Geschwätzigkeit, mit der man gern alles öffentlich zur Schau stellt, weil die Leute einen schier unersättlichen Appetit auf Enthüllungen und »die Wahrheit« über alles, was irgendwie Prominenz hat, empfinden. Die Liebe sucht zuzudecken, nicht zu enthüllen. Sie tritt der Sünde entgegen und erzieht den Sünder; aber sie posaunt niemals Fehler und Mängel aus. Sie fühlt, wie es dem Geliebten zumute ist und findet sich bereit – wenn nötig –, den Schmerz auf sich zu nehmen, wie auch Christus es tat, als Er für unsere Sünden litt.

Im Alten Testament wurde der Gnadenstuhl mit dem Blut der Versöhnung besprengt, um die Sünden des Volkes zu bedecken (3. Mo. 16,14). Dies Bedecken war ein Bild von der vollkommenen Bedeckung der Sünden durch den Kreuzestod Christi (Röm. 3,25-26). Alle, die Ihm vertrauen, sind für ewig in den Mantel der Liebe Gottes eingehüllt.

Du kannst keine Sünden im Sinne der Versöhnung zudecken; aber du bist in der Lage, Opfer zu beschützen und aufzurichten. Sprüche 10,12 lehrt uns: »Hass erregt Zänkereien; aber Liebe deckt alles Vergehen zu.« Und in 1. Petrus 4,8 heißt es: »Vor allem aber habt untereinander eine anhaltende Liebe. Denn die Liebe bedeckt eine Menge von Sünden.«

Wenn du hörst, jemand habe gesündigt, wie reagierst du? Nimmst du das Schlimmste an oder weidest du dich gar an dessen Fehlern? Oder aber hoffst du das Beste und versuchst ihn vor weiteren Bloßstellungen, vor Gelächter und Kummer zu beschützen? Bist du bereit, wenn nötig, der Sünde entgegenzutreten oder sogar, dieser Person beim Tragen der selbst verschuldeten Last zu helfen? Deine Reaktion offenbart die Qualität deiner Liebe.

ZUM GEBET: Danke Gott, dass Er deine Sünden mit dem Blut Christi bedeckt hat. · Gib dein ganzes Herz darein, andere so zu lieben, dass du »alles erträgst«.

ZUM BIBELSTUDIUM: Lies Jesaja 53,3-12. · Wie wird Christus dort dargestellt? · Was hat Er deinetwegen erduldet?

»Sie [die Liebe] glaubt alles« (1. Kor. 13,7).

Die Liebe erwartet von anderen immer das Beste.

In Lukas 15 erzählt der Herr Jesus das Gleichnis von einem Vater, der zwei Söhne hat. Der jüngere Sohn bat um seinen Teil des Familienerbes, dann verließ er das Elternhaus und vergeudete es mit seiner sündigen Lebensführung. Als er seine Torheit eingesehen hatte, beschloss er zurückzukehren und seinen Vater um Vergebung zu bitten. »Und er machte sich auf und ging zu seinem Vater. Als er aber noch fern war, sah ihn sein Vater und wurde innerlich bewegt und lief hin und fiel ihm um seinen Hals und küsste ihn sehr. Der Sohn aber sprach zu ihm: Vater, ich habe gesündigt gegen den Himmel und vor dir, ich bin nicht mehr würdig, dein Sohn zu heißen. Der Vater aber sprach zu seinen Sklaven: Bringt schnell das beste Gewand heraus und zieht es ihm an und tut einen Ring an seine Hand und Sandalen an seine Füße; und bringt das gemästete Kalb her und schlachtet es und lasst uns essen und fröhlich sein« (Luk. 15,20-23).

Das ist ein schönes Bild von der Eilfertigkeit der Liebe, wenn es ums Vergeben geht; aber auch andere Kennzeichen der Liebe werden daran deutlich. Während der Sohn noch fern war, sah ihn sein Vater kommen. Wie war das möglich? – Weil er auf seinen Sohn gewartet hatte – er ersehnte und erhoffte dessen Rückkehr. Die Liebe vergibt, was ihr angetan wurde und hofft das Beste für den anderen. Das ist mit dem »alles glauben« in unserem Vers gemeint. Der Sohn hatte den Vater tief verletzt; trotzdem gab dieser nie die Hoffnung auf die Rückkehr des Sohnes auf.

Ich kenne eine Christin, die seit dreißig Jahren mit einem ungläubigen Mann verheiratet ist. Doch hört sie nicht auf zu sagen: »Eines Tages wird er sich bekehren.« Sie ist nicht blind für ihre Lage; aber ihre Liebe zu ihrem Ehemann hat ihren sehnlichen Wunsch zu einer Erwartung gemacht. Sie glaubt, dass er sich zu Christus wenden wird, weil die Liebe immer das Beste erwartet. Vielleicht hast du einen Ehepartner oder Kinder, die noch ungläubig oder vom Herrn abgekommen sind. Verliere nie den Mut! Erwarte das Beste und lass dich deine Erwartung zu flehentlichem Gebet antreiben und zu einem gottesfürchtigen Leben, dem deine Lieben gern folgen möchten.

Zum Gebet: Bitte Gott, dein Herz vor zynischen oder misstrauischen Haltungen anderen Menschen gegenüber zu bewahren.

Zum Bibelstudium: Lies Matthäus 9,1-13 und achte auf die Haltung der jüdischen Schriftgelehrten und Pharisäer dem Herrn gegenüber.

»Sie [die Liebe] hofft alles« (1. Kor. 13,7).

Die Liebe weigert sich, menschliches Versagen als das Letzte zu betrachten.

Selbst wenn der Glaube ins Stocken gerät, kommt uns die Hoffnung noch zur Hilfe. Sie ist das lange Seil, das uns mit der Souveränität und der Kraft Gottes verbindet.

Der Apostel Petrus schrieb seinen Brief an Gläubige, die schwere Drangsale zu erleiden hatten. Um sie zu ermutigen, begann er: »Gepriesen sei der Gott und Vater unseres Herrn Jesus Christus, der nach seiner großen Barmherzigkeit uns wiedergeboren hat zu einer lebendigen Hoffnung durch die Auferstehung Jesu Christi aus den Toten« (1. Petr. 1,3).

Unsere Hoffnung ist eine »lebendige Hoffnung«, weil Gott ein lebendiger Gott ist. Einerlei, wie dunkel deine Lage auch scheint, Gott ist dabei, Seine Absichten zur Vollendung zu bringen. Als Christus am Kreuz hing, schien es, als habe die Sünde endgültig über die Gerechtigkeit triumphiert. Aber der größte Augenblick der Sünde gereichte ihr zum Todesstoß, als Christus aus dem Grab erstand als Herr des Lebens und Erretter Seines Volkes. »Der Jesus aus den Toten auferweckt hat, [wird] auch eure sterblichen Leiber lebendig machen wegen seines in euch wohnenden Geistes« (Röm. 8,11). Trübsale und Tod haben keine Macht über dich. Sie bringen dich nur näher zu Christus.

Wenn man anderen dient, gibt die Hoffnung einem das Vertrauen, dass, solange jemand noch lebt, menschliches Versagen nicht das letzte Wort hat. Gott weigerte sich, Israels Fehler anzuerkennen; so tat es der Herr auch bei Petrus, und Paulus bei den Korinthern. Wenn deine Versuche, die Sünden anderer zu bedecken, fehlschlugen oder deine gerechten Erwartungen sich zerschlagen haben, dann sagt die Hoffnung: »Gib nicht auf. Gott kann auch daraus noch etwas Gutes machen.«

Was Hoffnung ist, zeigt die wahre Geschichte von einem Hund, der auf dem Flughafen einer großen Stadt verloren ging. Er blieb dort mehr als fünf Jahre lang und wartete auf seinen Herrn. Das Flugplatzpersonal fütterte und versorgte ihn; aber er weigerte sich, den Platz zu verlassen, wo er seinen Herrn zuletzt gesehen hatte. Wenn die Liebe eines Hundes so viel Hoffnung erzeugen kann, wie viel anhaltendere Hoffnung sollte aus deiner Liebe zu Gott hervorgehen?

ZUM GEBET: Preise Gott für Seine Souveränität und Kraft und für die Hoffnung, die du um Christi willen hast.

ZUM BIBELSTUDIUM: Lies Psalm 42 und beachte, wie der Psalmist seine widrigen Lebensumstände zu seiner Hoffnung auf Gott in Beziehung setzt.

»Sie [die Liebe] erduldet alles« (1. Kor. 13,7).

Die Liebe überwindet alle Widerstände.

Das Aushalten ist der letzte Wesenszug der Liebe, wie Paulus sie hier darstellt. Das griechische, mit »erdulden« wiedergegebene Wort stammt aus dem militärischen Bereich und meint das Aushalten mitten im schwersten Gefecht. Es bezieht sich nicht auf das Durchstehen kleinerer Widerwärtigkeiten, sondern auf das Durchhalten, auch wenn die Feindschaft unvorstellbar ist – ohne dass die Liebe aufhört.

Stephanus ist ein gutes Beispiel für Liebe, die alles erduldet. Er predigte kompromisslos Gottes Wort, darum steinigten ihn seine Feinde zu Tode. Als letzte Handlung fiel er auf die Knie und rief ganz laut: »Herr, rechne ihnen diese Sünde nicht zu!« (Apg. 7,60). Ein Geringerer möchte seine Peiniger gehasst haben, nicht aber Stephanus. Er hatte ihnen vergeben und bat Gott, es auch zu tun. Damit folgte er dem Beispiel des Herrn, der am Kreuz bat: »Vater, vergib ihnen! Denn sie wissen nicht, was sie tun« (Luk. 23,34). So sieht das Erdulden in göttlicher Liebe aus!

Die Liebe erträgt alle Verletzungen, Sünden und Enttäuschungen. Sie breitet sie nie aus, sondern versucht alles, die Sünder zu Versöhnung und Wiederherstellung kommen zu lassen. Die Liebe glaubt immer das Beste von anderen und ist nie zynisch oder argwöhnisch. Selbst unter schwersten Angriffen vergibt sie und hält sich an die Macht und die Verheißungen Gottes. Diese Liebe sollte jeden Gläubigen kennzeichnen. Deine Liebe muss nicht perfekt, aber sie muss erkennbar sein. Wenn es dir in manchen Lebensbereichen schwerfällt, Liebe zu üben, so erinnere dich dieser fünf Hilfen:

- Anerkenne, dass die Liebe ein Befehl ist (Röm. 13,8-10).
- Mache dir klar, dass du geistliche Quellen besitzt, die dir helfen, andere zu lieben, wie Gott dich liebt (Röm. 5,5).
- Begreife, dass Nächstenliebe normales Christen-Verhalten darstellt (1. Joh. 4,7-10).
- Mache dir klar, dass Liebe das Werk des Heiligen Geistes ist (Gal. 5,22).
- Sei eifrig, anderen Liebe zu erweisen (1. Petr. 1,22; 4,8).

Die göttliche Liebe sollte dein höchstes Bestreben und deine größte Freude sein (Matth. 22,36-40). Wenn du andere liebst, verherrlichst du Christus und machst Ihn den anderen bekannt.

Zum Gebet: Bitte Gott im Hinblick auf die fünfzehn Wesenszüge der Liebe aus 1. Korinther 13,4-7, Er möge sie in deinem Leben wirksamer werden lassen.

Zum Bibelstudium: Lies noch einmal die fünf Hilfen für das Wachstum der Liebe in deinem Leben und behalte wenigstens eine davon heute im Gedächtnis.

»Die ihr den HERRN liebt, hasst das Böse!« (Ps. 97,10).

Gottes Hass auf das Böse entspringt Seiner Liebe.

Nachdem wir in diesem Monat fünfzehn Wesenszüge der Liebe betrachtet haben, scheint es eigenartig, ganz plötzlich zum Thema »Hass« zu wechseln. Außerdem wirkt »heiliger Hass« wie ein Widerspruch in sich selbst, wenigstens für alle, die Hass in jedem Fall als etwas Böses betrachten. Aber Liebe und Hass sind untrennbar. Du kannst nicht wirklich etwas lieben und gleichgültig gegen Dinge sein, die dem Geliebten entgegenstehen oder es bedrohen.

Wer seinen Ehepartner liebt, hasst alles, was ihn verunreinigt oder verletzt. Liebst du deine Kinder, so hasst du alles, was ihnen Schaden zufügt. Wenn du das Gute liebst, hasst du das Böse. Liebst du Einigkeit, hasst du Dissonanzen. Wenn du Gott liebst, hasst du den Satan. Darum sagt die Schrift in unserem Text: »Die ihr den HERRN liebt, hasst das Böse!« und: »Die Furcht des HERRN [bedeutet], Böses hassen. Hochmut und Stolz und bösen Wandel und einen ränkevollen Mund, [das] hasse ich« (Spr. 8,13).

Zweifellos ist Gott der Gott der Liebe. So steht in 1. Johannes 4: »Geliebte, lasst uns einander lieben! Denn die Liebe ist aus Gott; und jeder, der liebt, ist aus Gott geboren und erkennt Gott. Wer nicht liebt, hat Gott nicht erkannt, denn Gott ist Liebe ... Geliebte, wenn Gott uns so geliebt hat, sind auch wir schuldig, einander zu lieben ... Und wir haben erkannt und geglaubt die Liebe, die Gott zu uns hat. Gott ist Liebe, und wer in der Liebe bleibt, bleibt in Gott und Gott bleibt in ihm« (die Verse 7-8.11.16).

Wie reagieren wir auf diese Liebe? Der Psalmist schreibt: »Aus deinen Vorschriften erhalte ich Einsicht. Darum hasse ich jeden Lügenpfad! ... Die Gemeinen hasse ich, aber ich liebe dein Gesetz ... Darum wandle ich aufrichtig nach allen deinen Vorschriften. Jeden Lügenpfad hasse ich ... Lüge hasse und verabscheue ich. Dein Gesetz liebe ich« (Ps. 119,104.113.128.163).

Ist das dein Gebet? Hasst du alles, was sich gegen Gott stellt? Fühlst du dich von allem angegriffen, was Ihn angreift? Denke daran: Heiliger Hass ist genauso Bestandteil der göttlichen Liebe wie alles andere, was wir seither betrachtet haben. Wenn du Gott liebst, musst du notwendigerweise das Böse hassen.

ZUM GEBET: Bitte Gott, Ihn mehr zu lieben und das Böse mehr zu hassen.

ZUM BIBELSTUDIUM: Denke über Psalm 119,101-104 nach und präge dir den Text ein.

»Sechs [Dinge] sind es, die dem HERRN verhasst sind und sieben sind seiner Seele ein Gräuel: Stolze Augen, falsche Zunge und Hände, die unschuldiges Blut vergießen; ein Herz, das heillose Anschläge schmiedet, Füße, die eilig dem Bösen nachlaufen; wer Lügen vorbringt als falscher Zeuge und wer freien Lauf lässt dem Zank unter Brüdern« (Spr. 6,16-19).

Gott sagt deutlich, was Ihm nicht gefällt.

Gott hasst die Sünde in jeglicher Gestalt; aber in Sprüche 6,16-19 nennt Er sieben, die Ihm besonders abscheulich sind. Erstens sind es die »stolzen Augen« (Vers 17), womit ein selbstsicherer und hochmütiger Mensch beschrieben wird, der die Nase hoch trägt und von oben herab blickt. Der Stolz seines Herzens drückt sich in seinem Benehmen aus.

Stolz wird vielleicht deshalb als erstes aufgeführt, weil er der Ausgangspunkt aller Auflehnung gegen Gott ist – angefangen bei dem Teufel selbst, der Gott entgegenschrie: »Zum Himmel will ich hinaufsteigen, hoch über den Sternen Gottes meinen Thron errichten und mich niedersetzen auf den Versammlungsberg im äußersten Norden. Ich will hinaufsteigen auf Wolkenhöhen, dem Höchsten mich gleichmachen« (Jes. 14,13.14).

Ebenso hasst Gott eine »falsche Zunge« (Vers 17). Die Menschen spielen oft mit der Wahrheit, sie leugnen oder verdrehen sie um eines vermuteten Vorteils willen. Aber Gott kann keine Betrügerei irgendeiner Art dulden. Er erwartet, dass wir gemäß Seiner Wahrheit leben.

Drittens hasst Er mörderische Hände (Vers 17). Das redet von Menschen, deren Hass oder Gier so groß ist, dass sie eher morden, als auf ihre Wünsche zu verzichten. Gott schuf das Leben und erklärte es für heilig. Deshalb ordnete Er an, Mörder umzubringen (1. Mo. 9,6).

Gott hasst auch heillose Herzen und Füße, die zum Bösestun eilen (Vers 18). Manchmal fallen Menschen unerwartet in eine Sünde. Diese Leute aber haben ihre sündigen Absichten sorgfältig abgesprochen und drängen dann auf die Ausführung ihrer Pläne.

Schließlich hasst Gott »falsche Zeugen« und einen Geist, der Spaltungen hervorruft (Vers 19). »Falsche Zeugen« verbreiten Unwahrheiten über Unschuldige. Das kann Gerechtigkeit verhindern, den Ruf untergraben und sogar das Leben zerstören. Ein spalterischer Geist stiftet Uneinigkeit, wo Einheit herrschen sollte. Diese Sünden sind das Kennzeichen der Ungläubigen; aber auch Christen sind dagegen nicht immun. So passe auf, dass du nicht in Haltungen und Taten gerätst, die Gott hasst.

ZUM GEBET: Wenn du eins dieser Dinge tust, so bekenne es und tue Buße.

ZUM BIBELSTUDIUM: Wie sollten sich Christen nach Philipper 2,1-5 gegeneinander verhalten?

»Liebt nicht die Welt noch was in der Welt ist! Wenn jemand die Welt liebt, ist die Liebe des Vaters nicht in ihm; denn alles, was in der Welt ist, die Begierde des Fleisches und die Begierde der Augen und der Hochmut des Lebens, ist nicht vom Vater, sondern ist von der Welt. Und die Welt vergeht mit ihrer Begierde; wer aber den Willen Gottes tut, bleibt in Ewigkeit« (1. Joh. 2,15-17).

Wenn du die Welt liebst, bist du in ein Verhältnis verwickelt, das Gott hasst.

Satan hat von Beginn seines rebellischen Treibens an ein undurchschaubares geistliches System entwickelt, um Gott zu bekämpfen und die Menschen in Sklaverei zu bringen. Der Apostel Johannes nennt dies System »die Welt« und warnt uns davor, es zu lieben.

Satan hatte jahrhundertelang Zeit, sein böses System auszubauen; und so wirkt es sich sehr effektiv auf alle aus, die Christus ablehnen. In 1. Johannes 5,19 wird erklärt, dass die Christen zu Gott gehören, doch »die ganze Welt liegt im Bösen«. Dieses Böse ist der, den der Herr »Fürst der Welt« nennt (Joh. 12,31). In Johannes 8,44 sagt Er von einigen Ungläubigen, sie seien Kinder ihres Vaters, des Teufels, der ein »Menschenmörder« und der »Vater der Lüge« ist. Daran sehen wir, wie vollkommen – wenn auch unbewusst – sich Ungläubige mit dem Satan identifizieren.

Als Gläubiger hast du dich mit Gott identifiziert. Du bist aus der Herrschaft der Finsternis in das Reich Christi versetzt (Kol. 1,13). Du bist »aus Gott« und hast den Bösen überwunden, weil der in dir wohnende Heilige Geist größer als der Herrscher dieser Welt ist (1. Joh. 4,4).

Leider flirten Christen manchmal mit genau den Dingen, von welchen sie erlöst sind. Mach das nicht! Satan und sein System haben dir nichts zu bieten. Sie sind schon gerichtet. In 1. Johannes 2,17 lesen wir: »Die Welt vergeht und ihre Begierde; wer aber den Willen Gottes tut, bleibt in Ewigkeit.«

ZUM GEBET: Wenn du mit der Welt liebäugelst, bitte Gott um Vergebung. · Preise Gott dafür, dass eines Tages der Teufel mitsamt seinem bösen System verschwunden sein wird.

ZUM BIBELSTUDIUM: Lies den ersten Johannesbrief und achte auf den Unterschied zwischen den Kindern Gottes und den Kindern der Welt.

»Liebt nicht die Welt noch was in der Welt ist!
Wenn jemand die Welt liebt,
ist die Liebe des Vaters nicht in ihm« (1. Joh. 2,15).

Die Welt widersteht allem, was Gott gefällt.

Die Liebe zur Welt beginnt mit dem Gedanken, Gott wüsste nicht, was für dich das Beste ist und gönne dir nicht, was dir zukommt. Dieser Gedanke reift sehr bald zu der Bereitschaft, Gottes Warnungen insgesamt zu missachten und alles zu nehmen, was Satan anzubieten hat.

Die Liebe zur Welt begann im Garten Eden und hält bis heute an. In 1. Mose 3,6 heißt es: »Und die Frau sah, dass der Baum gut zur Speise und dass er eine Lust für die Augen und dass der Baum begehrenswert war, Einsicht zu geben; und sie nahm von seiner Frucht und aß und sie gab auch ihrem Mann bei ihr und er aß.« Wie kam sie auf die Idee, die Frucht sei »gut zur Speise« und könne Einsicht geben? Gott hatte ihr das nicht gesagt. Im Gegenteil, Er hatte sie gewarnt, sie würden sterben, wenn sie von der Frucht äßen (1. Mo. 2,17). Aber Eva glaubte der Lüge der Schlange und Adam folgte ihr willig.

Satan verkündet auch heute noch seine Lügen; aber du brauchst ihnen nicht zum Opfer zu fallen, wenn du Gott liebst und dich erinnerst, dass die Welt alles bekämpft, was Gott wohlgefällt. Sie ist geistlich tot, hat den Heiligen Geist nicht (Joh. 14,17), ist moralisch befleckt und von Stolz, Gier und bösen Wünschen beherrscht. Sie erzeugt irrige Ansichten, selbstsüchtige Ziele, sündige Vergnügungen, wirkt verrohend, verdirbt das Zusammenleben, fördert eitle Ehre und wetterwendische Liebe.

Du kannst nicht gleichzeitig Gott und die Welt lieben, denn die Liebe wendet sich stets nur einem zu, dem räumt sie den ersten Platz ein. Wenn du Gott liebst, hat Er die erste Stelle in deinem Leben. Liebst du aber die Welt, so ist die Liebe des Vaters nicht in dir (1. Joh. 2,15).

Galater 1,3-5 erklärt, dass der Herr Jesus Christus »sich selbst für unsere Sünden hingegeben hat, damit er uns herausreiße aus der gegenwärtigen bösen Welt nach dem Willen unseres Gottes und Vaters, dem die Herrlichkeit [sei] von Ewigkeit zu Ewigkeit!« Christus starb, um uns von dem bösen satanischen System zu erlösen. Welche stärkere Motivation könnte es geben, die Welt abzulehnen und zur Ehre Gottes zu leben?

ZUM GEBET: Bitte Gott um mehr Weisheit und Gnade, den weltlichen Einflüssen zu widerstehen.

ZUM BIBELSTUDIUM: Wie kannst du dich nach Epheser 6,10-18 als Gläubiger vor dem bösen System des Satans schützen?

»Werdet stark im Herrn und in der Macht seiner Stärke! Zieht die ganze Waffenrüstung Gottes an, damit ihr gegen die Listen des Teufels bestehen könnt! Denn unser Kampf ist nicht gegen Fleisch und Blut, sondern gegen die Gewalten, gegen die Mächte, gegen die Weltbeherrscher dieser Finsternis, gegen die geistlichen [Mächte] der Bosheit in der Himmelswelt« (Eph. 6,10-12).

Sieg im Kampf gibt es nur, wenn man den Feind erkannt hat, seinen Angriffen widersteht und dann gegen ihn die Initiative ergreift.

Unser Volk hat viele Kriege durchgemacht; aber der Vietnamkrieg war eine besonders schmerzliche Angelegenheit. Im dichten Dschungel war es schwierig, den Gegner zu erkennen, und der Guerillakampf war äußerst verlustreich. Viele Vietnamesen, die tagsüber friedlich auf ihren Reisfeldern arbeiteten, zogen sich bei Nacht die schwarze Uniform der Vietkongkämpfer an und überfielen ahnungslose Amerikaner, die in der Nähe übernachteten. Die amerikanische Öffentlichkeit lehnte den Krieg strikt ab und die Moral der Truppe war oft unzureichend.

Der geistliche Kampf weist hierzu viele Parallelen auf. Gerissen und hinterlistig verkleidet sich Satan als »Engel des Lichts« (2. Kor. 11,14) und andererseits geht der Teufel »umher wie ein brüllender Löwe und sucht, wen er verschlingen kann« (1. Petr. 5,8). Seine Abgesandten tarnen sich als »Apostel Christi« und als »Diener der Gerechtigkeit« (2. Kor. 11,13-15). Du brauchst Weisheit und Durchblick, sie zu erkennen und dich gegen ihre Angriffe zu verteidigen. Die meisten Menschen sind gänzlich wehrlos, weil sie das Übernatürliche mit Spott belegen und die Realität des geistlichen Krieges leugnen. Sie meinen, der Teufel sei gut fürs Kino oder für Buchautoren und vertreten die Ansicht, nur abergläubische und dumme Menschen nähmen ihn ernst. Leider haben sich viele Christen durch solch abwertendes Lächeln beeindrucken lassen und haben den Kampf aufgegeben.

Epheser 6,10-24 erinnert uns daran, dass der geistliche Krieg Realität ist; aber auch, dass Gott uns alle benötigten Hilfsmittel zur Verfügung gestellt hat – nicht nur zur Verteidigung, sondern auch, um in die Initiative zu gehen und den Sieg über die Mächte der Finsternis zu erringen.

Ich bete dafür, dass unsere Studien in diesem Monat dich zum Kampf ermutigen und herausfordern werden, allezeit die ganze Waffenrüstung Gottes anzuziehen, »damit ihr gegen die Listen des Teufels bestehen könnt!« (Eph. 6,11).

Zum Gebet: Bitte um Erkenntnis und Gnade, den Feind erkennen zu können und ihm tapfer zu widerstehen.

Zum Bibelstudium: Lies Epheser 6,10-24. Welche Waffen hat Gott für den geistlichen Krieg bereit gestellt?

»Werdet stark in dem Herrn und in der Macht seiner Stärke! Zieht die ganze Waffenrüstung Gottes an, damit ihr gegen die Listen des Teufels bestehen könnt!« (Eph. 6,10-11).

Die richtige Ausrüstung ist der Schlüssel zum geistlichen Sieg.

Im Golfkrieg kamen einige sehr ausgeklügelte Waffen zum Einsatz, die vorher nie in einer Ernstsituation erprobt waren. Einige waren selbst den Soldaten unbekannt, doch führte die Kombination von Menschen und Material zu einem bemerkenswerten Sieg.

Sorgfältige Vorbereitung erwies sich dabei als unverzichtbar für den Erfolg. Dazu gehörte die Entwicklung und Erprobung der hoch technisierten Waffen und die Einübung der Soldaten in zahlreichen Manövern. Generale wissen: Wenn wir schlecht vorbereitet in den Krieg ziehen, müssen wir mit einer Niederlage rechnen.

Genauso hängt dein Erfolg im geistlichen Krieg davon ab, wie gut du vorbereitet bist. Du musst »stark im Herrn und in der Macht seiner Stärke« sein (Eph. 6,10) und die Waffenrüstung anlegen (Vers 11). Gott ist deine Stärke, die dir Sieg verleiht; aber du musst Ihm vertrauen und dir die geistlichen Hilfsmittel aneignen. So wie Oliver Cromwell sagte: »Vertrau auf Gott und halt dein Pulver trocken!«

Wenn du mit der Vorbereitung wartest, bis der Kampf dich überfällt, ist es zu spät. Hast du die Waffen nicht zur Hand, bist du für die Pfeile des Feindes verwundbar. Wenn du Gebet, Anbetung, Bibellese, Zuverlässigkeit und die anderen Tugenden des Glaubens vernachlässigst, kannst du keinen Sieg erwarten, wenn geistliche Auseinandersetzungen über dich kommen.

Kein Soldat, dem sein Leben lieb ist, geht unvorbereitet aufs Schlachtfeld. Wie viel mehr sollten sich die Soldaten Christi rüsten, um gegen die Mächte des Teufels zu bestehen! Sei nicht töricht! Christus hat uns am Ende den Sieg versprochen; aber du kannst manches Einzelgefecht verlieren, wenn es an der Vorbereitung mangelt. Es ist sogar möglich, dass du in eine Periode geistlicher Lethargie, Gleichgültigkeit, Schwäche und Nutzlosigkeit verfällst; aber das passt durchaus nicht mit dem Auftrag zusammen, den »guten Kampf zu kämpfen« (1. Tim. 1,18).

Lass dich nicht beim Schlafen ertappen! Trage deine Waffen und sei auf die Vorstöße des Feindes gefasst.

ZUM GEBET: Bitte Gott, Er möge dich allezeit für die Wahrheit des geistlichen Kampfes wach erhalten und dir die Notwendigkeit zeigen, stets für diesen Kampf gerüstet zu sein. · Danke Ihm, dass Er dich bewahrt hat, als deine Bewaffnung nicht so in Ordnung war, wie es eigentlich nötig ist.

ZUM BIBELSTUDIUM: Lerne 2. Timotheus 2,4 auswendig, um an die ständige Bereitschaft erinnert zu werden.

»Werdet stark im Herrn und in der Macht einer Stärke! Zieht die ganze Waffenrüstung Gottes an, damit ihr gegen die Listen des Teufels bestehen könnt!« (Eph. 6,10-11).

In Christus stehen dir alle für den Sieg nötigen Hilfsquellen zur Verfügung.

Satan streitet gegen Gott und will die Gläubigen daran hindern, Ihn zu verherrlichen. Den einen redet er ein, er sei so ungeheuer stark, dass ihn niemand überwinden kann, den anderen stellt er sich als so schwach vor, dass sie es wagen, in eigener Kraft gegen ihn anzutreten.

In 2. Korinther 10,4 heißt es: »Die Waffen unseres Kampfes sind nicht fleischlich, sondern mächtig für (oder: in, durch) Gott zur Zerstörung von Festungen.« Mit menschlichen Mitteln allein kann man den geistlichen Feind nicht besiegen, mit Gottes Hilfe aber wohl. Darum ist es so wichtig, dass du die Hilfsmittel kennst, die du in Christus hast und die dir den geistlichen Sieg garantieren.

In Epheser 1,3 sagt Paulus, dass wir in Christus »jede geistliche Segnung in der Himmelswelt« haben. Dazu gehört die Vergebung und die Erlösung (die Verse 6-7) und Weisheit, Offenbarung und Erkenntnis (die Verse 17-18). Dazu wohnt in dir der Heilige Geist (Vers 13), der dir Kraft verleiht und mehr für dich tut, als du erbitten oder erdenken kannst (Eph. 3,16.20).

Die Gläubigen repräsentieren die überragende Kraft Gottes in dieser Welt – eben die Kraft, mit der Er Christus aus den Toten auferweckt und zu Seiner Rechten gesetzt und alles Seinen Füßen unterworfen hat (Eph. 1,19-22). Er ist der souveräne Herr, dem niemand erfolgreich Widerstand leisten kann. Darum ermahnt uns Paulus, »stark *im Herrn* und in der Macht *seiner* Stärke« zu sein (Eph. 6,10). Wir erhalten diese Stärke, indem wir die Waffenrüstung anziehen, die Er uns bereitgelegt hat: Wahrheit, Frieden, Glauben, Rettung und Sein Wort, und das alles unter Gebet. Dann werden wir fest stehen, einerlei, aus welcher Ecke der Feind kommt oder wie hinterlistig er uns angreift.

Satans Angriffe sind vielschichtig und schwer zu durchschauen. Er wirkt in dieser Welt mit Schlauheit und allen Verführungskünsten. Weil es unmöglich ist, jede seiner Attacken rechtzeitig zu erkennen, musst du dein Augenmerk auf deine Rüstung richten, indem du deine geistlichen Hilfsmittel immer besser kennen lernst und täglich damit umgehst.

ZUM GEBET: Bitte Gott, Er möge dich für den geistlichen Kampf immer besser ausrüsten. · Trachte nach Weisheit, damit du deine Mittel möglichst effektiv einsetzt. · Gerätst du in einen geistlichen Kampf, so vertraue dich einem christlichen Freund an, damit er mit dir betet und dich ermutigt.

ZUM BIBELSTUDIUM: Wie ging der Herr nach Matthäus 4,1-11 mit den Angriffen Satans um?

»Werdet stark im Herrn und in der Macht seiner Stärke! Zieht die ganze Waffenrüstung Gottes an« (Eph. 6,10).

Geistlicher Sieg ist nicht passiv; er erfordert täglichen Gehorsam gegenüber Christus und Seinem Wort.

Als ich Kind war, sah ich mit meinem Vater einen Boxkampf im Fernsehen an. Nachdem einer der Kontrahenten die üblichen Rituale durchgeführt hatte, wie in die Luft boxen, die Füße ausschütteln und Kolophonium auf die Schuhe streuen, kniete er in der Ecke nieder und bekreuzigte sich. Ich fragte meinen Vater, ob das hilft. Er sagte: »Natürlich, wenn er boxen kann. Wenn er nicht boxen kann, hilft es überhaupt nichts!«

Das illustriert, was wir gestern schon besprochen haben und heute genauer ansehen werden: Was tut Gott und was habe ich zu tun in dem geistlichen Krieg? Manche Christen meinen, geistliche Siege würden erfochten, indem man einfach alles Gott überlässt. Sie zitieren Verse wie 2. Chronika 20,15, um ihre Ansicht zu untermauern: »Der Kampf ist nicht eure [Sache], sondern Gottes!« »Höre auf, selbst zu ringen und zu kämpfen«, sagen sie. »Stattdessen unterwirf dich völlig Gott, Er allein führt den Krieg und Er wird am Ende siegen.« Solche Leute werden oft »Quietisten« genannt, weil sie meinen, der Christ habe im geistlichen Kampf passiv und still zu sein. Auf ihrem Banner steht: »Tut nichts, lasst Gott alles machen.«

Die Schrift stellt die Rolle des Gläubigen aber anders dar. Sie beschreibt das Christenleben als Krieg, Wettlauf und Kampf. Wir haben dazu unbedingt Gottes Energie, Macht und Kraft nötig; aber wir sind durchaus nicht passiv. Wir sind aufgerufen, gute Werke zu tun, dem Teufel zu widerstehen, unseren Körper in Zucht zu halten, in Weisheit zu wandeln, dem Kampfpreis entgegenzueilen, sowohl Geist als auch Fleisch vor aller Unreinheit zu bewahren, unsere Errettung mit Furcht und Zittern zu bewirken und die Heiligkeit zu vollenden in der Furcht Gottes. Das alles sind Aufrufe zu entschiedenem Handeln.

In Epheser 6,10-11 sagt Paulus: »Werdet stark … in der Macht seiner Stärke! Zieht die ganze Waffenrüstung an.« Darin liegt die Ausgewogenheit. Gott stellt Seine Hilfsmittel zur Verfügung und wir kämpfen mit ihnen.

Zum Gebet: Danke Gott für die Kraft, die Er für den geistlichen Sieg gibt. · Bitte um Weisheit, ein ausgewogenes Christenleben führen zu können.

Zum Bibelstudium: Lies 2. Petrus 1,2-7. · Was stellt Gott für unser Christenleben bereit? · Was hast du als Gläubiger zu leisten?

»Werdet stark in dem Herrn und in der Macht seiner Stärke … Denn unser Kampf ist nicht wider Fleisch und Blut, sondern gegen die Gewalten, gegen die Mächte, gegen die Weltbeherrscher dieser Finsternis, gegen die geistlichen [Mächte] der Bosheit in der Himmelswelt« (Eph. 6,10.12).

Der geistliche Krieg kann sehr viel erfordern; aber Gottes Gnade hilft dir, die Angriffe Satans abzuschlagen.

Zu allen Zeiten hat der Satan die Gläubigen angeklagt, bedrängt und gequält, um sie zu hindern, zur Ehre Gottes zu leben. Er versucht, die Botschaft des Evangeliums aus den Herzen der Menschen zu reißen, wenn sie noch gar nicht bekehrt sind (Matth. 13,19). Und er bombardiert die Gläubigen mit falschen Lehren, um sie zu verwirren und von der biblischen Wahrheit abzuziehen (Eph. 4,14). Martin Luther berichtet, der Konflikt mit dem Satan sei so heftig gewesen, dass er einmal meinte, ihn leibhaftig zu erblikken. Im Zorn über die unaufhörlichen Angriffe habe er das Tintenfass nach ihm geworfen. Das Glas zerschmetterte an der Wand und die Tinte spritzte überall herum. Die Flecken waren viele Jahre lang sichtbar und zeigten allen, die sie sahen, wie heiß geistliche Konflikte werden können.

Du magst solche intensiven Erfahrungen wie Martin Luther nicht gemacht haben; aber der geistliche Kampf ist für dich genauso real wie für ihn. Du stehst in einem tödlichen Konflikt mit dem Teufel und seinen bösen Mächten. Darum sagt Paulus: »Unser Kampf ist nicht gegen Fleisch und Blut, sondern gegen die … geistlichen [Mächte] der Bosheit in der Himmelswelt« (Eph. 6,12). »Kampf« ist in diesem Vers ein Ringen auf Leben und Tod, ein Nahkampf, so wie Jesus ihn hier auf Erden zu bestehen hatte. Ihm schlugen Feindschaft und Verfolgung jeglicher Art entgegen. Dasselbe galt für Paulus und die anderen Apostel, sobald sie es mit den religiösen Juden, Heiden, Zauberern und Besessenen zu tun hatten; allen ging es darum, die Missionsanstrengungen der Apostel zu unterlaufen.

Die satanischen Angriffe scheinen manchmal unaufhaltsam zu sein, aber lass dich nicht entmutigen. Betrachte sie als das, was sie sind – Rückzugsgefechte eines geschlagenen Feindes, der den siegreichen Eroberern noch Schaden zufügen möchte. Der Herr wird dich stärken und bewahren, so wie Er es mit allen Gläubigen bisher gemacht hat.

Zum Gebet: Preise den Herrn, dass Er dein Beschützer und die Garantie des geistlichen Sieges ist.

Zum Bibelstudium: Lies Apostelgeschichte 4,1-22. · Welcher Art war die Feindschaft, der Petrus und Johannes ausgesetzt waren? · Wie reagierten sie auf die Anordnung des Hohen Rates, nicht mehr das Evangelium zu predigen?

»... damit ihr gegen die Listen des Teufels bestehen könnt« (Eph. 6,11).

Sei zu aller Zeit geistlich gerüstet!

Jede Schlacht hat ihre Offensiv- und Defensivstrategie. Paulus stellt die christliche Offensive in 2. Korinther 10,3-5 so dar: »Obwohl wir im Fleisch wandeln, kämpfen wir nicht nach dem Fleisch; denn die Waffen unseres Kampfes sind nicht fleischlich, sondern mächtig für Gott zur Zerstörung von Festungen; so zerstören wir Vernünfteleien und jede Höhe, die sich gegen die Erkenntnis Gottes erhebt und nehmen jeden Gedanken gefangen unter den Gehorsam Christi.«

Unsere Defensivstrategie besteht darin, uns auf Christus zu verlassen und unsere geistliche Rüstung anzulegen (Eph. 6,10-11). Paulus war beim Schreiben des Epheserbriefes wahrscheinlich an einen römischen Soldaten gekettet, so dass er immer das Bild eines Gerüsteten vor Augen hatte. Aber im Unterschied zu dem römischen Soldaten, der nach Dienstschluss die Waffen ablegen konnte, muss der Christ zu aller Zeit gewappnet sein. Dieser Gedanke steckt auch in der grammatischen Form des griechischen Wortes, das mit »zieht an« wiedergegeben ist (Vers 11). Dies »Anziehen« wird als eine ein für allemal geschehene Tatsache betrachtet.

»Bestehen« ist ein Begriff aus dem militärischen Bereich und bedeutet, den Angriffen standhalten. Richtig angewendet dient dir deine geistliche Rüstung als lebenslanger Begleiter, mit dem du gegen die Mächte des Bösen kämpfen kannst, ohne jemals weichen zu müssen. So wie der Herr die Gemeinden in Thyatira und Philadelphia persönlich anwies, bis zu Seiner Wiederkehr festzuhalten, was sie hatten (Offb. 2,25; 3,11), so unterweist Er auch uns, standhaft und ohne Schwankungen auszuhalten.

Ähnliche Ermahnungen im Neuen Testament rufen uns auf, die biblische Wahrheit (1. Kor. 15,2), das Gute (1. Thess. 5,21), unser Vertrauen auf Christus (Hebr. 3,6) und unser Bekenntnis des Glaubens (Hebr. 4,14) festzuhalten. Das sind Kennzeichen eines starken, stabilen Gläubigen, dem die Listen Satans wenig anhaben können.

Zum Gebet: Gibt es Bereiche in deinem Christenleben, in denen du nicht so fest stehst, wie du solltest – vielleicht in Gebet, Bibellese oder persönlichem Dienst für den Herrn? Wenn ja, dann bekenne es vor dem Herrn und fange heute an, in diesem Gebiet etwas zu tun. Biete dem Teufel keine empfindliche Angriffsfläche.

Zum Bibelstudium: Lerne 1. Johannes 4,4 auswendig, um immer an Gottes Kraft in deinem Leben zu denken.

»... damit ihr gegen die Listen des Teufels bestehen könnt« (Eph. 6,11).

Satan widersteht allem, was Gott tut.

Der Konflikt der Gläubigen mit den Mächten der Finsternis wird zu Recht als geistlicher Krieg beschrieben, weil Satan und sein böses Weltsystem ihre Feindschaft gegen alles richten, was Gott tut. Sie sind ihrem Wesen nach Feinde Gottes und Christi.

Satan ist das Gegenstück jedweder göttlichen Eigenschaft. Gott ist heilig; Satan ist böse. Gott ist Liebe; Satan ist die Verkörperung des Hasses. Gott erlöst Seine Kinder; Satan reißt seine Leute ins Verderben. Jesus offenbart Gnade und Wahrheit (Joh. 1,17); aber Satan »bestand nicht in der Wahrheit, weil keine Wahrheit in ihm ist. Wenn er die Lüge redet, so redet er aus seinem Eigenen, denn er ist ein Lügner und der Vater derselben« (Joh. 8,44).

Gott gibt Leben, wo Satan den Tod herbeiführt (Hebr. 2,14). Gott schafft »Liebe, Freude, Friede, Langmut, Freundlichkeit, Güte, Treue, Sanftmut, Enthaltsamkeit« (Gal. 5,22). Satan produziert »Unzucht, Unreinheit, Ausschweifung, Götzendienst, Zauberei, Feindschaften, Hader, Eifersucht, Zornausbrüche, Selbstsüchteleien, Zwistigkeiten, Parteiungen, Neidereien, Trinkgelage, Völlereien und dergleichen« (Gal. 5,19-21).

Gott benutzt Trübsale, um die Echtheit des Glaubens zu beweisen und um Freude und geistliche Standfestigkeit zu vermehren (Jak. 1,3). Satan benutzt die Versuchung, um möglichst den Glauben zu zerstören und dein Zeugnis zum Schweigen zu bringen. Gott gewährt Freiheit von den Fesseln der Sünde, während Satan dich für alle Ewigkeit zum Sklaven der Sünde machen will (2. Tim. 2,26).

Jesus ist der Fürsprecher, der sich beim Vater für dich verwendet (1. Joh. 2,1). Satan ist der Ankläger, der dich andauernd für Dinge verantwortlich macht, die längst vergeben sind (Offb. 12,10).

Weil Satan gegen alles ist, was Gott tut, ist er auch gegen die Kinder Gottes. Wenn du das erlebst, so wundere dich nicht zu sehr, als geschähe dir etwas Absonderliches. Im Gegenteil, rechne mit Trübsalen, stelle dich darauf ein und freue dich, weil sie dir zeigen, dass du eine Bedrohung für Satans Weltsystem und einen Pluspunkt für Christi Reich darstellst.

ZUM GEBET: Danke Gott, dass du Christus kennst und von den Sündenketten befreit worden bist. · Bitte Gott, Er möge dich heute in mächtiger Weise zu Seiner Ehre gebrauchen.

ZUM BIBELSTUDIUM: Lies Römer 14,17 und 1. Johannes 2,16-17. Wodurch wird das Reich Gottes gekennzeichnet? Und wodurch das böse satanische System?

»... damit ihr gegen die Listen des Teufels bestehen könnt« (Eph. 6,11).

Eine der effektivsten Taktiken Satans ist es, die Glaubwürdigkeit Gottes anzutasten.

Die Ermahnung des Paulus: »Damit ihr gegen die Listen des Teufels bestehen könnt ...« (Eph. 6,11) bezieht sich auf die vielschichtigen Taktiken Satans, die er in dem geistlichen Krieg anwendet. Eine davon besteht darin, das Wesen Gottes und Seine Absichten zu beargwöhnen, indem er Zweifel an Gottes Wort ausstreut.

So hat der Teufel es schon im Garten Eden gemacht, als er zu Eva sagte: »Hat Gott wirklich gesagt: Von allen Bäumen des Gartens dürft ihr nicht essen?« (1. Mo. 3,1). Mit einer kurzen Bemerkung untergrub er das Wort Gottes. Gott hatte durchaus nicht verboten, von *allen* Bäumen zu essen. Sie durften gern von jedem Baum essen, nur von einem nicht – dem Baum der Erkenntnis des Guten und Bösen (2,16-17).

Der Verdrehung des göttlichen Wortes ließ Satan einen direkten Angriff folgen: »Keineswegs werdet ihr sterben!« (3,4). Das hieß: Gott lügt, wenn Er sagt, auf Sünde folge der Tod. Danach erzählte der Teufel der Eva, wenn sie von der Frucht äße, würde sie sein wie Gott (Vers 5). Eva sollte glauben, Gott halte etwas zurück, was gut für Eva wäre, und um sie von der Suche danach abzuhalten, hätte Er sie mit leeren Drohungen von Tod und Gericht einzuschüchtern versucht.

Kannst du sehen, wie hinterhältig der Satan zu Werke geht? Leider hat Eva das nicht erkannt. Anstatt Gott zu glauben und zu gehorchen, glaubte sie den Lügen des Teufels und kam zu dem Schluss, der Baum sei »gut zur Speise« und »eine Lust für die Augen« und »begehrenswert, Einsicht zu geben«. »Und sie nahm von der Frucht und aß« (Vers 6).

Satan streut seither seine Verführungen und Lügen von einer Generation zur anderen aus (2. Kor. 11,14). Obwohl er sehr listig ist, sollten seine Versuche, Gott in Frage zu stellen und Sein Wort zu verdrehen und zu leugnen, allen ernsthaften Christen durchschaubar sein.

Lass dich von den Angriffen Satans nicht überrumpeln. Werde durch systematisches Bibelstudium vertraut mit Gottes Wort. Befiehl dich unter Gebet und Gehorsam gegen biblische Grundsätze der Leitung des Heiligen Geistes an.

ZUM GEBET: Bitte Gott um Aufmerksamkeit, damit du die satanischen Verführungen erkennst und dann um Weisheit, der Wahrheit zu folgen. · Bitte Gott, dir zu helfen, ein diszipliniertes, ernsthaftes, tägliches Bibelstudium zu betreiben.

ZUM BIBELSTUDIUM: Lies 1. Johannes 2,12-14. Wie beschreibt Johannes solche, die durch das Wort Gottes stark geworden sind?

»… damit ihr gegen die Listen des Teufels bestehen könnt« (Eph. 6,11).

Satan will uns erwischen, wenn wir gerade nicht wachsam sind.

Gestern haben wir gesehen, wie Satan das Wort Gottes angreift. Heute werden wir sehen, wie er sich gegen Gottes Volk wendet. Verfolgung, Gesellschaftszwänge und Voreingenommenheit sind drei Waffen, die er höchst wirksam einsetzt. Verfolgungen sollten einen Christen niemals überraschen, weil uns die Schrift wiederholt vor ihnen warnt. So steht zum Beispiel in 2. Timotheus 3,12: »Alle aber auch, die gottesfürchtig leben wollen in Christus Jesus, werden verfolgt werden.« Doch werden solche Warnungen in der heutigen Christenheit leicht überhört, weil sie nur an Gesundheit, Reichtum und Fortkommen interessiert ist.

Wenn die durch solches Denken hervorgerufene Begehrlichkeit ihre Angriffe auf die christlichen Tugenden fortsetzt, werden noch viel mehr bekennende Gläubige meinen, ihnen stünde ein schmerz- und sorgenfreies Leben zu. Wenn dann Trübsale hereinbrechen, werden sie davon überrascht und wenden sich desillusioniert von der Gemeinde oder gar von Gott ab. Einige erweisen sich dann als unecht, so wie Jesus sie im Gleichnis von den auf das Steinige Gesäten in Matthäus 13,21 beschreibt – zu Anfang nehmen sie das Evangelium freudig an; wenn es aber zu Bedrängnis oder Verfolgung kommt, fallen sie ab.

Satan setzt auch den gesellschaftlichen Druck als wirksame Waffe ein. Viele Menschen kommen deshalb nicht zu Christus, weil sie fürchten, ihre Freunde zu verlieren oder für absonderlich gehalten zu werden. Selbst Christen erliegen oft dem gesellschaftlichen Druck und verlassen die göttlichen Maßstäbe, um andere Menschen nicht vor den Kopf zu stoßen.

Eine andere Waffe ist das Aufgehen in weltlichen Belangen. Oft ist es am schwersten, wahres Christenleben zu praktizieren, wo alles glatt läuft. So ist keine Lebensbedrohung damit verbunden, sich in der westlichen Welt zu Christus zu bekennen, wie es andernorts der Fall ist. Einige, die tapfer Verfolgungen und den Spott der Gesellschaft ertragen, kommen in einem wohlwollenden Klima zu Fall, weil dort die Gefahr des Sich-gehen-lassens und des weltlichen Engagements am größten ist. Um gegen solche Angriffe gewappnet zu sein, denke daran, dass Gott Verfolgungen zulässt, damit du reifer wirst und Er dadurch geehrt wird. Nimm dir auch täglich vor, in erster Linie Gott wohlzugefallen und nicht den Menschen. Schließlich sieh genau zu, wo deine Prioritäten liegen und wofür du dich einsetzt. Bekämpfe die Tendenz, dich mit allem Möglichen einzulassen, was mit dem Reich Gottes nichts zu tun hat.

ZUM GEBET: Bitte Gott, dich heute geistlich wach zu erhalten, damit der Feind dich nicht unachtsam findet.

ZUM BIBELSTUDIUM: Lies Matthäus 26,31-56. Was hätten die Jünger tun sollen, um nicht überrumpelt zu werden?

»... damit ihr gegen die Listen des Teufels bestehen könnt« (Eph. 6,11).

Satan will dich unbrauchbar für Christus machen.

In 1. Korinther 16,9 sagt Paulus: »Eine große und wirksame Tür ist mir geöffnet worden und der Widersacher sind viele.« Das ist typisch für den geistlichen Kampf. Je mehr Möglichkeiten dir eröffnet sind, Christus zu dienen, umso mehr Feindschaft schlägt dir entgegen, weil Satan deinen geistlichen Dienst behindern will.

Oftmals fragen mich Studenten aus dem Seminar, ob der Dienst mit den Jahren leichter wird. In gewisser Weise ja, weil man beim Studieren und in der Organisation der Arbeit Erfahrungen sammelt. Aber in weit größerem Maß wachsen die Schwierigkeiten; denn ob man in Gottes Wort forscht oder um Seelen kämpft oder mit der eigenen Schwachheit zu tun hat, überall greift der Satan an.

Aus den Worten des Paulus an die Thessalonicher kannst du entnehmen, welche Schwierigkeiten im Dienst für den Herrn entstehen können: »So, in Liebe zu euch hingezogen, waren wir willig, euch nicht allein das Evangelium Gottes, sondern auch unser eigenes Leben mitzuteilen, weil ihr uns lieb geworden wart. Denn ihr erinnert euch, Brüder, an unsere Mühe und Beschwerde: Nacht und Tag arbeitend, um niemand von euch beschwerlich zu fallen, haben wir euch das Evangelium Gottes gepredigt« (1. Thess. 2,8-9). Und den Ältesten von Ephesus sagte er: »Darum wacht und denkt daran, dass ich drei Jahre lang Nacht und Tag nicht aufgehört habe, einen jeden unter Tränen zu ermahnen« (Apg. 20,31).

Jeder Bereich des Dienstes ist wichtig – ob du nun Pastor, Hausfrau, Fabrikarbeiter oder Schüler bist. Demzufolge erfährt jeder Dienst den Widerstand Satans, der versucht, in Familien, Gemeinden und Arbeitsstätten Spannungen und Entmutigungen zu stiften. Daher müssen Gläubige demütig und freundlich miteinander umgehen und sich befleißigen, »die Einheit des Geistes zu bewahren im Band des Friedens« (Eph. 4,3). Tun wir das, so wird der Leib Christi gestärkt und der Teufel bekommt den Fuß nicht zwischen die Tür.

Dienst für Gott ist harte Arbeit und die Widerstände sind groß; doch sind die Siege noch größer. So sei nun treu und denke daran, dass Gott dich reich belohnen wird.

ZUM GEBET: Danke Gott für das Vorrecht, Ihm dienen zu dürfen, auch wenn harte Zeiten hereinbrechen. · Danke Ihm für die Ermutigungen, die du durch den Heiligen Geist, durch Gottes Wort und durch Mitgläubige erhältst.

ZUM BIBELSTUDIUM: Wie betrachtete Paulus auftretende Schwierigkeiten? Lies dazu Römer 8,18.

»Unser Kampf ist nicht gegen Fleisch und Blut, sondern gegen die Gewalten, gegen die Mächte, gegen die Weltbeherrscher dieser Finsternis, gegen die geistlichen [Mächte] der Bosheit in der Himmelswelt« (Eph. 6,12).

Verwechsle nicht den Kriegsgefangenen mit dem Feind.

In der Hitze des Gefechts können wir leicht aus den Augen verlieren, wer der eigentliche Gegner ist. Unser Vers erinnert uns, dass wir nicht gegen sündige Menschen kämpfen, sondern gegen das böse System und die übernatürlichen Mächte, die das Verhalten und die Taten der Menschen steuern.
Zu seinem Angriff auf das Reich Gottes hat Satan ein hochtrainiertes Heer gefallener Engel aufgeboten. Paulus nennt sie »Gewalten … Mächte … Weltbeherrscher der Finsternis … geistliche [Mächte] der Bosheit in der Himmelswelt« (Eph. 6,12).
Das ist keine vollständige Beschreibung der satanischen Hierarchie, sondern nur eine allgemeine Darstellung seiner Macht und Schlauheit. Offensichtlich sind »Gewalten« und »Mächte« hochrangige Dämonen. »Weltbeherrscher dieser Finsternis« sind vielleicht Dämonen, die die verschiedenen politischen Systeme in der Welt infiltrieren, um die menschlichen Führer gegen Gottes Pläne aufzuhetzen. Ein Beispiel ist der Dämon, der in Daniel 10,13 »der Fürst des Königreichs Persien« genannt wird, der dem zu Daniel gesandten Engel widerstand, bis ihm Michael, der Erzengel, zu Hilfe kam. Bei den »geistlichen [Mächten] der Bosheit in der Himmelswelt« handelt es sich vielleicht um Dämonen, die mit den gemeinsten und scheußlichsten Sünden zu tun haben, wie gröbste Unmoral, okkulte Praktiken, Satanskult und Ähnliches.
Menschen, die Christus und Gott ablehnen, sind ohne ihr Wissen Kriegsgefangene – vom Feind gezwungen und aufgereizt, dessen Ziele zu verfolgen. Schrecklich ist es, dass, wenn er sie nicht mehr brauchen kann, sie in die ewige Verdammnis gehen werden.
Du kennst vielleicht Ungläubige, die sich über deinen Glauben lustig machen oder dir Steine in den Weg legen. Obwohl es nicht leicht fällt, habe Mitleid und werde nicht bitter gegen sie. Bitte Gott, dich zu einem Werkzeug Seiner Liebe zu machen, um sie zu erreichen. Bitte Gott auch darum, Er möge ihre geistliche Blindheit heilen, damit sie die Lügen des Teufels erkennen und begreifen, wie nötig sie einen Erretter haben.

ZUM GEBET: Preise Gott, dass Er dich aus »der Gewalt der Finsternis« errettet und in »das Reich des Sohnes seiner Liebe« versetzt hat (Kol. 1,13). · Bitte Ihn, dich heute zu gebrauchen, einem Menschen die Augen für den Betrug Satans zu öffnen.

ZUM BIBELSTUDIUM: Lies 2. Korinther 4,3-7. Da steht, warum die Menschen das Evangelium ablehnen.

*»Darum ergreift die ganze Waffenrüstung Gottes,
damit ihr an dem bösen Tag widerstehen und,
wenn ihr alles ausgerichtet habt, stehen [bleiben] könnt!« (Eph. 6,13).*

Geistlicher Kampf ist weniger ein Frontalangriff gegen Satans Reich, als vielmehr die Fähigkeit, seinen Anschlägen zu widerstehen.

Geistliche »Kriegsführung« ist in den letzten Jahren ein bekanntes Schlagwort geworden. Haufenweise gibt es darüber Bücher, Tonbänder und Seminare; aber es herrscht immer noch allerhand Verwirrung. Einige sagen, wir müssten Satan binden, um seine Macht und seinen Einfluss einzudämmen. Andere meinen, wir sollten die dämonischen Geister durch einen »Befreiungsdienst« austreiben. Andere wieder fordern uns auf, uns zusammenzutun und mit aller Macht die Festungen vermuteter Territorialdämonen anzugreifen.

Aber geistlicher Kampf ist kein Frontalangriff gegen die Mächte der Finsternis. Die Bibel sagt: »Unterwerft euch nun Gott! Widersteht aber dem Teufel! Und er wird von euch fliehen« (Jak. 4,7); »Seid nüchtern, wacht! Euer Widersacher, der Teufel, geht umher wie ein brüllender Löwe und sucht, wen er verschlingen kann. Dem widersteht standhaft im Glauben« (1. Petr. 5,8-9). Der Gedanke, Christen hätten die Autorität, den Satan zu zurechtzuweisen oder zu binden, ist der Schrift unbekannt. Selbst der Erzengel Michael behandelte ihn respektvoll (Jud. 9). Zum geistlichen Sieg gehört die Demütigung unter Gott, das Tun Seines Willens, das Tragen der geistlichen Waffenrüstung, das Wachsein für Satans Angriffe und dass wir »an dem bösen Tag« feststehen und ihm widerstehen (Eph. 6,13).

Der »böse Tag« herrscht solange, wie die Sünde in der Welt ist, so wie der »Gott dieser Welt« (2. Kor. 4,4) nicht aufhört, Böses zu tun, bis er und seine Mächte in den Feuersee geworfen sind (Offb. 20,10-15). Dann wird der »böse Tag« der ewigen Gerechtigkeit weichen.

Zahllose Menschen haben ihren Gemeinden als Pastoren gedient, Sonntagsschulklassen unterrichtet, Bibelschulen geleitet, in Chören gesungen und in jedem nur denkbaren Bereich Gott gedient, nur um eines Tages alles fahren zu lassen und die Welt liebzugewinnen. Irgendwann haben sie nachgelassen, dem Teufel zu widerstehen und den Mut zum Standhalten verloren.

Wie steht es bei dir? Lebst du in ganzer Hingabe? Willst du heute fest für den Herrn eintreten?

Zum Gebet: Bitte Gott um die Gnade, tapfer allem zu widerstehen, was deinen Glauben herausfordert.

Zum Bibelstudium: Lies 1. Korinther 9,23-27. · Wovor fürchtete Paulus sich am meisten? · Welche Maßstäbe setzt er, um sicher zu sein, geistliche Siege zu erringen? · Sind das auch deine Maßstäbe?

»Steht nun, eure Lenden umgürtet mit Wahrheit« (Eph. 6,14).

Wahrhaftigkeit ist der beste Schutz gegen Satans Lügen.

Das erste Stück der Waffenrüstung ist der Gürtel der Wahrheit. Die römischen Krieger zur Zeit des Paulus trugen eine Tunika; diese war ein großes quadratisches Stück Stoff, in das für den Kopf und die Arme Löcher geschnitten waren. Ein Gürtel sorgte dafür, dass sie nicht umherflatterte und während des Kampfes im Wege war.

Man sagte sehr häufig: »Ich habe meine Lenden umgürtet«, wenn man sich zum Kampf oder für eine Reise rüstete. Das sollte zeigen, dass man bereit ist. Schon in 2. Mose 12,11 sagt Gott den Kindern Israel, sie sollten ihre Lenden umgürten für den Auszug aus Ägypten. Jesus braucht den Ausdruck in Lukas 12,35 bildlich, wo Er uns ermahnt, die Lenden umgürtet zu haben, damit wir bereit sind, wenn Er wiederkommt. Und Petrus sagt, wir hätten »die Lenden der Gesinnung« zu umgürten (1. Petr. 1,13).

Das mit »Wahrheit« übersetzte griechische Wort kann sowohl den Inhalt dessen, was wahr ist, als auch die wahrhaftige Haltung bedeuten. Beides ist in dem Vers gemeint. In Epheser 4,14-15 verbindet Paulus beide Aspekte in der Ermahnung, »wir sollten nicht … hin- und hergeworfen [sein] und umhergetrieben von jedem Wind der Lehre durch die Betrügerei der Menschen, durch [ihre] Verschlagenheit zu listig ersonnenem Irrtum«. Stattdessen müssen wir gesunde Belehrung lieben und uns untereinander die Wahrheit in Liebe sagen.

Du kannst dich gegen die verschlagenen Verführungen Satans nur durch eine tiefgründige Kenntnis des göttlichen Wortes und völligen Gehorsam schützen. Leider bleiben viele Christen verwundbar, weil sie das nicht wollen.

Paulus ermuntert die Philipper, »überreich zu werden in Erkenntnis und aller Einsicht«, damit sie »lauter und unanstößig« seien auf den Tag Christi (Phil. 1,9-10), und wir haben das gleiche zu tun. Du darfst mit deinem augenblicklichen geistlichen Zustand niemals zufrieden sein. Lerne dazu, wachse weiter! Zeige Wahrhaftigkeit, die dich ausweist als einen, der sich dem Wort Gottes ergeben hat und zum Kampf bereit ist.

ZUM GEBET: Ist dein Leben von Wahrhaftigkeit gekennzeichnet? Wenn nicht, bist du ein leichtes Opfer der satanischen Listen. Bekenne das dem Herrn und bitte Ihn, dein Herz zu reinigen und die Wahrheit liebzuhaben. Beginne heute, Sein Wort auf dein Leben anzuwenden.

ZUM BIBELSTUDIUM: Lies die Verse 1-4 und 13-15 von 2. Korinther 11 und achte auf die Taktik Satans und seiner Knechte.

»Steht nun ...
bekleidet mit dem Brustpanzer der Gerechtigkeit« (Eph. 6,14).

Wahre Gerechtigkeit beginnt mit der richtigen Beziehung zu Gott.

Römische Soldaten gerieten oft in Nahkämpfe mit ihren Gegnern. In solchen Fällen war das Kurzschwert die geeignete Waffe, um den Gegner zu durchbohren. Zu seinem eigenen Schutz trug er eine geformte Metallplatte, die vom Hals bis zum Oberschenkel reichte. Sie half, alle Angriffe, die auf sein Herz oder seinen Bauch gerichtet waren, abzuweisen.

Der römische Brustpanzer war in der Bildersprache des Paulus von großer Aussagekraft, weil nach jüdischer Vorstellung das Herz der Sitz des menschlichen Verstandes und Denkvermögens war, während die Eingeweide den Ort des Fühlens und der Emotionen darstellten. In Jeremia 17,9 heißt es: »Trügerisch ist das Herz, mehr als alles, und unheilbar ist es. Wer kennt sich mit ihm aus?« Und Jesus fügt hinzu: »Aus dem Herzen des Menschen kommen die bösen Gedanken« (Mark. 7,21).

Während des geistlichen Kampfes ist Satans Hauptangriffsziel dein Denken und dein Fühlen. Wenn er es erreicht, dein Denken und Fühlen gegen Gottes Wort einzustellen, hat er einen bedeutenden Sieg errungen. Darum versucht er, deinen Verstand mit Lügen, Unmoral, falschen Lehren und Halbwahrheiten zu füllen. Er möchte die Grenze zwischen Gerechtigkeit und Sünde verwischen, indem er dich mit bösen Einflüssen umgibt, die deine Toleranz für die Sünde erhöhen. Er kleidet aggressive Sünden in das blendende Gewand von Unterhaltung. Er steckt sie in Musik und verkleidet sie in Späße, um dich zu verwirren und deine geistlichen Empfindungen einzuschläfern. Satan will deine Gefühlswelt verderben und sündige Begierden in dir wecken.

Den Brustpanzer der Gerechtigkeit anzulegen, beginnt mit der richtigen Beziehung zu Gott, der die Quelle der Gerechtigkeit ist. Von daher kommt das Verlangen, diese Gerechtigkeit im eigenen Leben zu kultivieren, indem man Gottes Wort studiert und danach tut. Allein darin liegt die Bewahrung, die du brauchst, um Verstand und Gefühle vor satanischer Verführung zu bewahren.

ZUM GEBET: Lass heute deine Beziehung zu Gott vertieft werden. Rede mit Ihm im Gebet. Denke über Sein Wort nach. Suche Seine Gnade, um den Versuchungen wach und im Gehorsam gegen Gott begegnen zu können.

ZUM BIBELSTUDIUM: Lies Sprüche 10 und beachte, wie Salomo die Gerechten beschreibt.

»So steht nun …
bekleidet mit dem Brustpanzer der Gerechtigkeit« (Eph. 6,14).

Praktische Gerechtigkeit ist lückenloser Gehorsam gegen Gott.

Wir haben gesehen, wie wichtig der Brustpanzer der Gerechtigkeit ist, um uns gegen die Versuche Satans zu schützen, unser Denken und Empfinden zu pervertieren. Aber die Schrift spricht von drei Arten der Gerechtigkeit: eigene Gerechtigkeit, verliehene Gerechtigkeit und praktische Gerechtigkeit. Welche meint Paulus in Epheser 6,14?

Paulus spricht nicht von der Selbstgerechtigkeit, denn davor soll dich ja der Brustpanzer beschützen. Die Selbstgerechtigkeit betrügt den Menschen, so dass er denkt: »Ich kann Gott aufgrund eigener Verdienste wohlgefallen und den Himmel selbst verdienen.« Aber Jesaja sagt: »All unsere Gerechtigkeit [ist] wie ein beflecktes Kleid« (64,5). Weit davon entfernt, dir den Himmel zu erwerben, verdammt dich die Selbstgerechtigkeit in die ewige Hölle, weil sie das Versöhnungswerk Christi missachtet.

Genauso wenig spricht Paulus hier von der verliehenen Gerechtigkeit – der Gerechtigkeit, die Christus jedem Gläubigen im Augenblick seiner Bekehrung schenkt. Diese wird auch wohl die »stellungsmäßige Gerechtigkeit« genannt, weil sie in deiner Stellung zu und in Christus begründet ist. In 2. Korinther 5,21 heißt es: »Den, der Sünde nicht kannte, hat er für uns zur Sünde gemacht, damit wir Gottes Gerechtigkeit würden in ihm.« Jeder Gläubige ist in das Kleid der Gerechtigkeit Christi gehüllt. Das brauchst du nicht anzuziehen. In Christus trägst du es schon.

Es kann sich hier also nur um die praktische Gerechtigkeit handeln, die aus dem Gehorsam gegen Gottes Wort entsteht. Obwohl du in Gottes Augen um Christi willen gerecht bist, musst du nach gerechtem Verhalten streben. Mit anderen Worten: Dein Verhalten sollte deiner Stellung entsprechen. Das meint Paulus, wenn er sagt: »Bewirkt euer Heil mit Furcht und Zittern!« (Phil. 2,12). Und Johannes fügt hinzu: »Wer sagt, dass er in ihm bleibe, ist schuldig, selbst so zu wandeln, wie er gewandelt ist« (1. Joh. 2,6).

Wenn du lernst, dem Wort Gottes gehorsam zu sein, wirst du durch den Brustpanzer der Gerechtigkeit beschützt.

ZUM GEBET: Bitte darum, dass der Herr durch Seinen Geist dein Herz erforscht und dir jede Selbstgerechtigkeit zeigt, die dich für Satans Angriffe verwundbar macht. Bekenne solche Haltung und preise den Herrn für die Gerechtigkeit, die Er dir erworben hat.

ZUM BIBELSTUDIUM: Lies Römer 3,10-23. Welche Art von Gerechtigkeit beschreibt Paulus dort?

»So steht nun …
bekleidet mit dem Brustpanzer der Gerechtigkeit« (Eph. 6,14).

Ein Leben in praktischer Gerechtigkeit bezeugt die verändernde Kraft Gottes und bringt Ihm Ehre.

Wir haben gesehen, wie wichtig das Tragen des Brustpanzers der Gerechtigkeit ist; aber die Schrift spricht auch von den Folgen, wenn wir es nicht tun. Diese Folgen sollen denen zur Warnung dienen, die dazu neigen, die Gerechtigkeit gering zu achten.

Wenn du nicht nach Gerechtigkeit strebst, machst du dich nicht nur geistlich verwundbar, du verspielst auch einige von Gottes wunderbaren Segnungen. David bat: »Lass mir wiederkehren die Freude deines Heils!« (Ps. 51,14). Seine Sünde hatte ihm Freude und Sicherheit geraubt. Das geht uns genauso, weil die Freude direkt vom Gehorsam abhängt. Strebst du nach größerer Gerechtigkeit, wirst du auch größere Freude erleben.

Du kannst auch etwas von deiner himmlischen Belohnung verspielen. Johannes sagt: »Seht auf euch selbst, damit ihr nicht verliert, was wir erarbeitet haben, sondern vollen Lohn empfangt!« (2. Joh. 8). Ich glaube, der Lohn im Neuen Testament besteht in verschiedenen Fähigkeiten, im Himmel Gott Lob darzubringen. Deine augenblickliche praktische Gerechtigkeit und Treue bestimmt, was du in alle Ewigkeit tun wirst. Lass nicht zu, dass Sünde und Gleichgültigkeit deinen Lohn schmälern!

Ohne Gerechtigkeit wird es dir auch an Gelegenheiten mangeln, Gott zu verherrlichen. Durch ungerechtes Denken und Handeln missachtest du den Zweck deiner Existenz als Geschöpf Gottes: Du sollst in allem zur Ehre Gottes leben (1. Kor. 10,31). Anstatt Gott zu erheben, bringst du Schande über Seinen Namen. Anstatt dass andere deine guten Werke sehen und deinen Vater im Himmel verherrlichen (Matth. 5,16), stiftest du Verwirrung und Spott.

Petrus sagt uns: »Geliebte, ich ermahne [euch] als Beisassen und Fremdlinge, dass ihr euch der fleischlichen Begierden, die gegen die Seele streiten, enthaltet und führt euren Wandel unter den Nationen gut, damit sie … aus euren guten Werken, die sie anschauen, Gott verherrlichen am Tage der Heimsuchung« (1. Petr. 2,11). Wenn Ungläubige dein Leben unter die Lupe nehmen, was bekommen sie zu sehen? Zeugt deine Gerechtigkeit von der rettenden und heiligenden Gnade Gottes?

Zum Gebet: Bitte Gott um wachsenden Hunger und Durst nach Gerechtigkeit, wenn du heute versuchst, zu Seiner Ehre zu leben.

Zum Bibelstudium: Lerne 2. Korinther 5,21 auswendig, damit du immer an die wunderbare Gnade Gottes denkst.

»So steht nun … beschuht an den Füßen mit der Bereitschaft [zur Verkündigung] des Evangeliums des Friedens« (Eph. 6,14-15).

Um im Streit fest stehen zu können, bedarf es des richtigen geistlichen Schuhwerks.

Nie werde ich ein Fußballspiel vergessen, das ich während meiner Collegezeit in Rose Bowl erlebte. Es war Winter und die Fußballsaison ging dem Ende zu. Das Spielfeld befand sich durch tagelangen Regen und weil die ganze Saison darüber hingegangen war, in schlechtem Zustand. Allerdings hatten die Platzherren das Spielfeld grün übersprüht, so sah es besser aus, als es tatsächlich war. Ich hatte zwei Paar Fußballschuhe – eins mit langen Spikes für weichen Boden und eins mit kurzen Spikes für guten Boden. Weil ich nun das Spielfeld für ziemlich in Ordnung hielt, entschied ich mich für die kurzen Spikes.

Ich bekam den Anstoß, machte zwei Schritte – und saß auf meinem Hinterteil. Das geschieht häufiger, wenn man angerempelt wird; aber diesmal war kein Gegner in der Nähe. Ich war im Schlamm ausgerutscht. Meine Schuhe hatten mir einen Streich gespielt.

Die richtigen Schuhe sind im Sport sehr wichtig. Noch wichtiger sind sie, wenn du um dein Leben kämpfst. Die römischen Legionäre legten großen Wert auf das richtige Schuhwerk. Gewöhnlich trugen sie Halbschuhe mit dicken Sohlen, die mit Riemen an den Waden befestigt waren. Die Sohlen waren mit Nägeln versehen, die wie die Stollen der Baseball-Schuhe wirkten. Die dicken Sohlen schützten die Füße vor Verletzungen und die Schuhnägel sorgten für Bodenhaftung.

Das Schuhwerk der Christen ist das »Evangelium des Friedens« (Eph. 6,15). In Römer 5,1 heißt es: »Da wir nun gerechtfertigt sind aus Glauben, so haben wir Frieden mit Gott durch unseren Herrn Jesus Christus.« Gott versöhnte dich mit sich selbst durch den Tod Seines Sohnes (Vers 10). Früher warst du Sein Feind, jetzt bis du Sein Kind. Einst war Er gegen dich, jetzt steht Er auf deiner Seite.

Einerlei, wie schwierig alles ist oder wie viele Feinde gegen dich stehen, mache dir immer klar, dass der unüberwindliche Gott des Universums zu dir hält. Er führt den Krieg gegen Seine Feinde (Offb. 2,16) und Ihm kann niemand widerstehen. So stehe nun fest in diesem Vertrauen. Richte deinen Blick viel mehr auf deinen großen Verbündeten als auf deine schwachen Feinde.

Zum Gebet: Danke Gott für Seinen Frieden, Seine Gegenwart und Seinen Schutz in deinem Leben.

Zum Bibelstudium: Lies Richter 7. Wie zeigte Gideon, dass er auf Gottes Beistand vertraute?

»Bei alledem ergreift den Schild des Glaubens, mit dem ihre alle feurigen Pfeile des Bösen auslöschen könnt!« (Eph. 6,16).

Intensiver geistlicher Kampf erfordert intensives Vertrauen auf Gott.

Ein römischer Legionär war immer für den Krieg gerüstet; aber er brauchte Schild, Helm und Schwert erst, wenn die Kampfhandlung ausbrach. Wir Christen aber müssen jederzeit zum Kampf bereit sein, weil wir einen erbarmungslosen Feind haben. Wir können es uns nicht leisten, auch nur eine Waffe wegzulassen oder in Gleichgültigkeit zu geraten.

Es ist, als ob uns Epheser 6,16 sagte: »Ihr habt euch jetzt auf den Kampf vorbereitet, indem ihr eure Lenden mit Wahrheit umgürtet, eure lebenswichtigen Organe mit dem Brustpanzer der Gerechtigkeit geschützt und eure Füße mit dem Evangelium des Friedens gesichert habt; jetzt vergesst den Schild des Glaubens nicht!«

Die römischen Krieger kannten zwei Arten von Schilden. Der eine war ein kleiner, leichter, runder Schild, der am linken Arm befestigt war und mit dem man die Schläge im Nahkampf parierte. Der andere, den Paulus hier meint, war ein Langschild von etwa eineinhalb Meter Länge und siebzig Zentimeter Breite. Er war aus festem Holz gemacht und mit Metall überzogen, auf dem eine ölgetränkte Lederschicht lag. An dem Metall prallten die Pfeile ab und das ölige Leder löschte das Feuer der Brandpfeile. Solch ein Schild konnte den ganzen Mann schützen.

Zu Beginn einer Schlacht knieten die Krieger in der ersten Reihe hinter ihren großen Schilden, um sich selbst zu schützen und eine Verteidigungsmauer für die Truppen hinter ihnen zu bilden, die ihre Offensivwaffen einsetzten. Das Ziel war, sich langsam als lebende Wand heranzuschieben, bis man zum Nahkampf übergehen konnte.

Für dich als Gläubigen ist der Schild dein Glaube an Gott. Wenn du nie an Gottes Wesensart, an Seiner Macht und an Seinem Wort zweifelst, wirst du nie den Attacken Satans zum Opfer fallen. Das heißt nicht, er würde dir nicht schaden wollen; aber seine Angriffe bleiben wirkungslos.

Zum Gebet: Der Glaube ist eine kostbare Gottesgabe (Phil. 1,29). Danke Ihm dafür und bitte Ihn um Weisheit, sie im geistlichen Kampf richtig einzusetzen (Jak. 1,5).

Zum Bibelstudium: Lies Römer 8,31-39. · Denke über den Sieg nach, den du in Christus hast. · Wie sollte sich das auf dein tägliches Leben auswirken?

»Bei alledem ergreift den Schild des Glaubens, mit dem ihr alle feurigen Pfeile des Bösen auslöschen könnt!« (Eph. 6,16).

Setze den Willen Satans nicht über den Willen Gottes in deinem Leben.

In diesem Vers bezeichnet Paulus den Satan als den »Bösen«, der die Gläubigen mit feurigen Pfeilen angreift. Das griechische, mit »Bösen« übersetzte Wort bedeutet auch »schlecht, unrein, ekelhaft«. All das sind ebenfalls richtige Bezeichnungen für den Erzfeind der Seelen, der uns zu schaden und geistlich zu Grunde zu richten sucht.

Der Ausdruck »feurige Pfeile« beschreibt eine zur Zeit des Paulus gebräuchliche Waffe. Da wurden mit Pech getränkte Lappen an den Pfeilspitzen befestigt. Während des Kampfes wurden sie in Brand gesetzt und auf den Feind geschossen. Traf der Pfeil sein Ziel, so spritzte brennendes Pech umher und steckte alles Brennbare an. Unter solchen Umständen waren Soldaten ohne Schild in einer wahrhaft brenzligen Lage.

Satans feurige Pfeile sind sehr unterschiedlicher Natur: Unreines vor Augen führen, Selbstsucht, Zweifel, Furcht, Enttäuschung, Habgier, Eitelkeit, Feigheit und dergleichen. Aber was sie im Einzelnen auch sein mögen – alle sind sie Verführungen und Versuchungen, um widergöttliches Verhalten zu provozieren.

Dein Glaube schützt dich vor solchen Angriffen, wenn du Gottes Willen über den des Teufels in deinem Leben stellst. Als der Herr vom Satan versucht wurde, sagte Er sinngemäß: »Ich will nicht den Willen Meines Vaters übertreten, indem Ich mich auf deine Verschlagenheit einlasse. Er wird Mich zu Seiner Zeit versorgen, Mich als den Messias einsetzen und Mir die Weltherrschaft geben. Niemals will Ich deinen Willen und deine Zeitvorstellung über die Meines Vaters stellen!« (Matth. 4,1-11).

Als der Feind den Rat gab, aus Steinen Brot zu machen, hätte Jesus Speise erschaffen können. Auch ist Er der Messias und der souveräne Herr über alle Reiche der Welt. Aber Er vertraute Seinem Vater und ergab sich Seinem Willen, auch wenn das persönliche Mühsal und am Ende gar das Kreuz bedeutete. Als der Teufel sah, dass des Herrn Vertrauen unerschütterlich war, wich er von Ihm (Vers 11). Das ist die Kraft des Glaubens.

Ich bete darum, dass du in Versuchungszeiten auch so fest stehst. Satan wird fliehen, wenn du ihm im Glauben standhaft widerstehst (1. Petr. 5,9).

Zum Gebet: Preise den Herrn für Sein sündloses Wesen und Sein Vorbild als Sieger über jede Versuchung.

Zum Bibelstudium: Lerne Jakobus 4,7 auswendig, damit du immer daran denkst, wie wichtig es ist, dem Teufel zu widerstehen.

»Nehmt auch den Helm des Heils« (*Eph. 6,17*).

Mutlosigkeit und Zweifel lassen sich vertreiben, wenn man seine Sicherheit in Christus kennt.

Der Helm des römischen Kriegers war ein wichtiger Teil der Waffenrüstung und diente dazu, Schläge auf den Kopf abzufangen, besonders die tödlichen Schläge des Breitschwertes. Damals hatten die Kämpfer ein leichtes, gut zu handhabendes Kurzschwert für den Nahkampf. Sie hatten es aber auch mit riesigen, beidseitig geschliffenen Breitschwertern zu tun, deren Schläge eine verheerende Wirkung ausübten.

Um sich vor den vernichtenden Schlägen Satans zu schützen, rät uns Paulus, den »Helm des Heils« aufzusetzen. Wenn wir an alles bisher Gesagte denken, ist es klar, dass Paulus damit nicht meint: »Nebenbei, ihr müsst euch auch noch retten lassen.« Paulus wendet sich an Gläubige. Ungläubige brauchen nicht die geistliche Waffenrüstung anzulegen. Sie befinden sich nicht im Kampf. Satan greift seine eigenen Truppen nicht an.

In 1. Thessalonicher 5,8 beschreibt Paulus den Helm des Heils als den »Helm mit der Hoffnung des Heils«. Daraus entnehmen wir, dass die wildesten und mächtigsten Angriffe Satans der Sicherheit und der Gewissheit gelten. Darum ermutigt Paulus die Gläubigen, der Errettung, die sie schon besitzen, fest zu vertrauen. Er wusste: Der Zweifel an der Sicherheit in Christus macht sie unfähig zum geistlichen Krieg, genauso wie ein Schlag auf den Kopf einem Menschen die Möglichkeit zur Selbstverteidigung nimmt.

Als Gläubige haben wir die Zusicherung, dass wir in Christus für immer geborgen sind. Wenn du daran zweifelst, so hast du den Helm nicht auf dem Kopf; darum bist du verwundbar; das erfüllt dich mit Zweifeln und Mutlosigkeit. Römer 8,29-30 versichert *allen* von Gott Gerechtfertigten, dass Er sie heiligt und verherrlicht. Niemand geht unterwegs verloren.

Jesus sagt: »Meine Schafe hören meine Stimme und ich kenne sie und sie folgen mir; und ich gebe ihnen ewiges Leben und sie gehen nicht verloren in Ewigkeit und niemand wird sie aus meiner Hand rauben« (Joh. 10,27-28). Das ist eine wunderbare Verheißung. So lass dir vom Feind nicht die Freude und Gewissheit rauben, dass du zu Christus gehörst und dass der Herr dich niemals fallen lassen wird (Hebr. 13,5).

Zum Gebet: Preise Gott für deine ewige Sicherheit in Christus!

Zum Bibelstudium: Lies Johannes 6,37-40. · Wer empfängt ewiges Leben? · Wie reagiert Christus auf alle, die zu Ihm kommen?

»Nehmt auch den Helm des Heils« (Eph. 6,17).

Wir können den Zweifel nur besiegen, wenn wir auf die bewahrende Kraft Gottes schauen.

Zweifel überfallen den Christen auf vielerlei Art. Wenn du gesündigt hast, mag dein Gewissen dich quälen, indem es sagt: »Du bist gewiss kein Christ. Aus welchem Grund sollte Gott dich retten? Du verdienst gar keine Gnade. Du bist viel zu schlecht. Wie kannst du dir einbilden, Gott könne dich je gebrauchen?« Solche Zweifel sind bei Christen sehr verbreitet, die mehr auf das blicken, was sie treiben, als auf Gottes Kraft.

Allzu oft sind wir schnell bereit, an Gottes Rettungsmacht zu glauben; aber es fällt uns schwer, an Seiner Bewahrungsmacht festzuhalten. Dazu kommt, dass viele Christen glauben, sie könnten wieder verloren gehen; so leben sie in beständiger Furcht, vom Glauben abzufallen. Wieder andere wissen überhaupt nichts von ihrer Sicherheit in Christus. Sie sind so darauf bedacht, Gott wohlzugefallen, dass sie die Gnade aus dem Blick verlieren und in eine Mentalität reiner Werkgerechtigkeit geraten.

Dein Verhalten bestimmt nicht dein Sein in Christus; dein Sein in Christus bestimmt dein Verhalten. Gute Werke sind das notwendige Ergebnis der Errettung (Eph. 2,10), aber sie erretten dich nicht und halten dich auch nicht in der Errettung. Das ist Gottes Werk.

Judas sagt: »Dem aber, der euch ohne Straucheln zu bewahren und vor seiner Herrlichkeit tadellos mit Jubel hinzustellen vermag …« (Jud. 24). »Vermag« ist die Übersetzung eines griechischen Wortes, das von Kraft spricht. »Bewahren« bedeutet, mitten im Kampf sicher zu sein, »ohne Straucheln« heißt, ohne in Sünde zu fallen. Zusammengenommen steht da also: Gott ist stark genug, dich vor dem Sündigen und vor dem Abfall von Ihm zu bewahren, einerlei wie intensiv Satan dich attackiert. Er wird dich auch weiterhin schützen und dich reinigen bis zu dem Tag, da du vollkommen und ohne jeden Makel in den herrlichen Himmel einziehen wirst.

Sünde ist eine ernste Angelegenheit und du darfst sie niemals leicht nehmen. Wenn du aber gesündigt hast, so erinnere dich, dass du als Gläubiger augenblicklich durch das Blut Jesu gereinigt worden bist (1. Joh. 1,7). Bekenne immer deine Sünden und lasse von ihnen; aber zweifle nie an Gottes Macht oder an Seiner Bereitschaft, dich auf dem rechten Weg zu erhalten. Vertraue auf Seine Gnade, nicht auf deine Fähigkeit, die Sache gut zu machen.

ZUM GEBET: Preise den Herrn, dass Er dich immerfort von deinen Sünden reinigt.

ZUM BIBELSTUDIUM: Lerne Judas 24-25 auswendig und zitiere diese Verse oft, um dich an Gottes Macht und Majestät zu erinnern.

»Nehmt auch den Helm des Heils« (Eph. 6,17).

Der Helm des Heils schützt dich vor Mutlosigkeit und Verzweiflung.

Wir haben gesehen, dass der Teufel die Gläubigen mit dem zweischneidigen Schwert des Zweifels und der Mutlosigkeit angreift. Aber damit gibt er sich nicht zufrieden. Er versucht, dich über die Mutlosigkeit bis in die Verzweiflung zu treiben und dir jede Hoffnung zu rauben. Wenn du nicht achtgibst und kampfesmüde wirst, werden seine Angriffe Erfolg haben.

Der Prophet Elia ist ein Beispiel dafür. Sein Wirken hatte auf dem Karmel seinen Höhepunkt erreicht. Dort hatte er 450 Propheten des Baal getötet (1. Kön. 18,40). Und doch floh er unmittelbar nach diesem großen Sieg um seines Lebens willen, weil die Königin Isebel ihn töten wollte (1. Kön. 19,1-3). Er lief vom Berg Karmel in die Wüste von Beerseba, »und kam und ließ sich unter einem Ginsterstrauch nieder. Da wünschte er sich zu sterben und sagte: Es ist genug. Nun, HERR, nimm mein Leben hin! Denn ich bin nicht besser als meine Väter« (Vers 4). Kurz darauf klagte er weiter: »Ich habe sehr geeifert für den HERRN, den Gott der Heerscharen. Deinen Bund haben die Söhne Israels verlassen, haben deine Altäre niedergerissen und deine Propheten mit dem Schwert umgebracht! Und ich allein bin übrig geblieben, ich allein, und [nun] trachten sie danach, [auch] mir das Leben zu nehmen« (Vers 10).

Elia verlor die Hoffnung, weil er die Umstände nicht mehr mit den Augen des Glaubens ansah; jetzt hatte er den Eindruck, allein den Kampf zu führen. Er gestattete sich, emotional, physisch und geistlich am Ende zu sein; darum überwältigte ihn das Selbstmitleid. Er fühlte sich hoffnungslos allein gelassen. Aber Gott hatte Elia nicht aufgegeben. Er hatte noch alles im Griff und verfügte über zahlreiches Volk (Vers 18). Elia hatte sozusagen seinen Helm des Heils abgesetzt und darum einen beinahe vernichtenden Schlag gegen sein Vertrauen auf Gottes Segnungen in seinem Leben erhalten.

Es mag Zeiten geben, wo du, wie Elia, dein Vertrauen verlierst und an Gottes Treue zweifelst. Dann bedeutet das Aufsetzen des Helms des Heils, dass du deine Augen von den Lebensumständen weg auf Gottes Verheißungen richtest. Du magst nicht immer das Empfinden der Gegenwart Gottes haben, auch nicht alles begreifen, was Er tut; aber sei versichert, Er wird dich nie aufgeben oder dich nie verlassen (Hebr. 13,5); Er wird Seine Absichten immer zum Ziel führen (Röm. 8,28).

Zum Gebet: Preise Gott für Sein unwandelbares Wesen und Seine unwiderruflichen Verheißungen.

Zum Bibelstudium: Lies Jesaja 40, 29-31 und Galater 6,9. · Welche Verheißungen werden in diesen Abschnitten gegeben? · Inwieweit treffen sie gerade auf dein Leben zu?

»Nehmt ... das Schwert des Geistes, das ist Gottes Wort!« (Eph. 6,17).

Gottes Wort ist deine Hauptangriffswaffe.

Alle von Paulus angeführten Waffen dienen der Verteidigung, außer einer: dem Schwert des Geistes. Das ist deine Offensivwaffe, um Satan abzuweisen.

Wir haben gesehen, dass die römischen Soldaten zwei Schwerter hatten – das große Breitschwert und den kleineren Dolch. Das hier mit »Schwert« übersetzte griechische Wort bezieht sich auf diesen Dolch, der zwischen 12 cm und gut einem halben Meter lang sein konnte und in einer am Gürtel hängenden Scheide getragen wurde.

Dieser Dolch war eine sehr verbreitete Waffe. Die Soldaten, die Jesus im Garten Gethsemane verhafteten, hatten alle einen solchen Dolch (Matth. 26,46). Petrus benutzte einen, um dem Knecht des Hohenpriesters das Ohr abzuschlagen (Matth. 26,51). Auch Jakobus, der Bruder des Johannes, wurde mit einer solchen Waffe getötet (Apg. 12,2). In Hebräer 11,37 heißt es, dass zahlreiche Glaubenshelden mit einem solchen Dolch oder Kurzschwert umgebracht worden sind.

»Das Schwert des Geistes« bezieht sich nicht direkt auf den heiligen Geist als solchen. Weil wir es aber mit einem geistlichen Feind zu tun haben, muss auch unsere Waffe geistlich sein (2. Kor. 10,4). Unser Schwert ist geistlich, weil es das durch den Heiligen Geist gegebene Wort ist. Er inspirierte die Schreiber, und durch das Wort überführt und rettet Er die Sünder (Joh. 16,8; Hebr. 4,12-13).

Das Wort bleibt in dir und verändert dich. Es gibt alles her, was du für ein gottesfürchtiges, siegreiches Leben brauchst. Es baut auf und bewirkt Heiligkeit (Apg. 20,32). Und es macht dich zu guten Werken bereit, indem es lehrt, ermahnt, korrigiert und in der Gerechtigkeit unterweist (2. Tim. 3,16-17).

Die Bibel ist eine mächtige und wirkungsvolle Waffe. Die Frage lautet: Weißt du damit umzugehen? Studierst du sie angelegentlich und wendest du ihre Grundsätze auf dein Leben an? Hast du einen Vorrat an biblischen Wahrheiten bereit, den du in der Hitze des Gefechts anwenden kannst?

Das römische Kurzschwert war eine Präzisionswaffe, die zu bestimmten Gelegenheiten ganz bestimmte Ziele erreichen sollte. Genauso ist das Schwert des Geistes am wirkungsvollsten, wenn du die richtigen geistlichen Grundsätze an der richtigen Stelle deines Alltags einsetzt. Tust du das?

Zum Gebet: Bitte Gott, deinen Wunsch zu verstärken, Sein Wort kennen zu lernen. · Bitte um Weisheit, das dir bereits Bekannte auf deine heutigen Entscheidungen anwenden zu können!

Zum Bibelstudium: Lies 1. Petrus 1,22 – 2,3. Wie müssen sich Gläubige dem Wort gegenüber verhalten?

»Nehmt … das Schwert des Geistes, das ist Gottes Wort!« (Eph. 6,17).

Das Schwert des Geistes handhaben, heißt bestimmte biblische Grundsätze auf bestimmte Situationen anwenden.

Der Herr hat uns ein vollkommenes Vorbild für die meisterliche und präzise Anwendung des geistlichen Schwertes gegeben. Nach Seiner Taufe »wurde Jesus vom Geist in die Wüste hinaufgeführt, um von dem Teufel versucht zu werden; und als er vierzig Tage und vierzig Nächte gefastet hatte, hungerte ihn schließlich. Und der Versucher trat zu ihm hin und sprach: Wenn du Gottes Sohn bist, so sprich, dass diese Steine Brot werden« (Matth. 4,1-3).

Satan forderte Christus heraus, Sein Vertrauen auf Seinen himmlischen Vater und auf dessen Macht und Durchhilfe fahren zu lassen. Gerade hatte Gott verkündet, dass Jesus Sein Sohn war (Matth. 3,17). Würde Er Ihn nun verlassen und in der Wüste dem Verhungern preisgeben? Satan drängte Jesus, die Sache in die eigenen Hände zu nehmen und selbst für sich zu sorgen. Damit wollte der Teufel auch ausdrücken, der Sohn Gottes habe doch wohl eine bessere Behandlung als diese zu erwarten.

Doch der Herr handelte nicht in eigener Machtvollkommenheit und forderte auch von Gott nicht, was Ihm zukam. Stattdessen demonstrierte Er Sein Vertrauen auf Gott und wies den Teufel wegen dessen böser Absichten zurecht: »Es steht geschrieben: ›Nicht vom Brot allein soll der Mensch leben, sondern von jedem Wort, das durch den Mund Gottes ausgeht‹« (Vers 4). Das heißt, den richtigen Vers an der richtigen Stelle zitieren. Genauso machte es der Herr bei den weiteren satanischen Versuchungen (die Verse 7.10).

Die Schrift gibt viele allgemeine Grundsätze; aber das Schwert des Geistes ist eine präzise Waffe. Wir müssen es lernen, den passenden Bibelvers an der richtigen Stelle einzusetzen. Das meint der Psalmist, wenn er sagt: »Wodurch hält ein Jüngling seinen Pfad rein? Indem er sich bewahrt nach deinem Wort … In meinem Herzen habe ich dein Wort bewahrt, damit ich nicht gegen dich sündige« (Ps. 119,9.11).

Weißt du, wo du die Bibel aufschlagen musst, wenn du dich gegen Sorgen, Mutlosigkeit, Schläfrigkeit, Lust oder Stolz zu wehren hast? Wenn nicht, ziehst du waffenlos in den geistlichen Krieg.

ZUM GEBET: Danke Gott für Sein kostbares Wort und die Studienhilfen, die uns heute zur Verfügung stehen. · Erneuere deinen Vorsatz, täglich systematisch die Bibel zu lesen!

ZUM BIBELSTUDIUM: Lies Psalm 119,97-105. Hast du diese Einstellung der Schrift gegenüber?

»Nehmt ... das Schwert des Geistes, das ist Gottes Wort!« (Eph. 6,17).

Deine Haltung der Bibel gegenüber bestimmt deine Brauchbarkeit im geistlichen Krieg.

Ich erinnere mich, wie einmal jemand von seinen Beobachtungen in einem schönen Garten berichtete. Zuerst sah er einen Schmetterling, der von Blüte zu Blüte gaukelte. Auf jeder saß er für einige Sekunden; doch von keiner hatte er tatsächlich einen Vorteil genossen.

Danach kam ein Botaniker mit Bestimmungsbuch und Lupe in den Garten. Während er sorgfältig die Blumen studierte, machte er verschiedene Eintragungen in sein Merkheft. Doch nach vielen Stunden sorgfältigster Arbeit hatte er zwar viel in seinem Buch stehen, aber wenig im Kopf behalten.

Dann kam eine kleine Biene. Wenn sie eine Blüte angeflogen hatte, kam sie bald danach mit Pollen beladen wieder zum Vorschein. Sie hatte morgens den Bienenstock leer verlassen und würde voll beladen heimkehren.

Beim Bibellesen gleichen manche Menschen auch dem Schmetterling. Sie gehen von einem Lieblingsvers zum anderen, von einem Seminar zum anderen oder von einem Buch zum nächsten. Sie sind sehr eifrig und verwenden manche Energie darauf; aber am Ende haben sie nur wenig vorzuweisen. Sie bleiben aufs Ganze gesehen unverändert, weil sie sich niemals von ganzem Herzen in das Wort vertieft haben. Ihnen reicht es, ein wenig am Rande herumzuflattern.

Andere mögen, wie der Botaniker, in große Tiefen hinabsteigen, jedoch ohne irgendetwas auf das eigene Leben anzuwenden. Ich kenne dicke Kommentare, die von Ungläubigen geschrieben wurden. In manchen Fällen haben sie Erstaunliches begriffen und doch kennen sie keine wahre Liebe zu Gott, und gehorchen wollen sie auch nicht. Welche Tragödie! Aber du musst kein Bibelwissenschaftler sein, um solche Fehler zu machen, du brauchst nur keinen Nutzen für dein Leben aus dem Gelernten zu ziehen.

Trachte lieber danach, es wie die Biene zu machen – verbringe viel Zeit mit dem Wort Gottes. Lies, studiere, mache dir Notizen – und dann gehe reicher als zuvor an deine Arbeit. Dein Herz wird mit Weisheit und biblischen Einsichten erfüllt sein und dein Leben wird angenehmer für Gott und Menschen und es wird reiner sein, weil das Wort sein Werk an dir getan hat (1. Kor. 2,13). Bist du ein Schmetterling, ein Botaniker oder eine Biene?

ZUM GEBET: Danke Gott für die Möglichkeiten, Sein Wort zu studieren. Mache viel Gebrauch davon.

ZUM BIBELSTUDIUM: Was ist nach Jakobus 1,22-25 der Unterschied zwischen einem, der das Wort nur hört und einem, der ihm danach gehorcht?

»Nehmt … das Schwert des Geistes, das ist Gottes Wort!« (Eph. 6,17).

Trotz satanischer Opposition wird Gottes Wort sein Werk in Gottes Leuten vollenden.

In Matthäus 13 erzählt der Herr die Geschichte von dem Sämann und der Saat: »Siehe, der Sämann ging hinaus zu säen; und indem er säte, fiel einiges an den Weg, und die Vögel kamen und fraßen es auf. Anderes aber fiel auf das Steinige, wo es nicht viel Erde hatte, und sogleich ging es auf … Als aber die Sonne aufging, wurde es verbrannt, und weil es keine Wurzel hatte, verdorrte es. Anderes aber fiel unter die Dornen; und die Dornen sprossten auf und erstickten es. Anderes aber fiel auf die gute Erde und gab Frucht« (die Verse 3-8).

Danach erklärte der Herr, die Saat sei die Wahrheit des Wortes Gottes. Satan und seine dämonischen Mächte können es denen entreißen, die es gehört, aber nicht verstanden haben, was damit gemeint ist. Sie können Anfechtungen und Verfolgungen über solche bringen, die emotional ergriffen wurden; dadurch machen sie, dass diese mutlos werden und abfallen. In einigen Fällen ersticken sie das Wort durch »die Sorgen des Lebens oder durch den Betrug des Reichtums« (die Verse 19-22).

Aber wahrhaft bußfertige Sünder empfangen und pflegen die Wahrheiten des Evangeliums, wie gute Erde den Samen empfängt und Frucht hervorbringt. Sie hören, verstehen, empfangen das Wort und produzieren dadurch geistliche Frucht (Vers 23).

Die Verkündigung des Evangeliums ist ein wichtiger Aspekt im Gebrauch des Schwertes des Geistes (Eph. 6,17). Tust du es , werden andere gewonnen und dem Heer Gottes hinzugefügt. Aber sei gewarnt! Satan gibt kein Territorium kampflos auf. Einige, vor denen du Zeugnis ablegst, werden vergessen, was du ihnen gesagt hast. Andere werden sich weigern, den weltlichen Einflüssen »ade« zu sagen. Andere wieder werden emotionaler antworten; aber ohne echte Hingabe an Christus und ohne von der Sünde zu lassen.

Solch ein geistlicher Kampf wird dich zwingen, deine Verkündigung mit Gebeten einzuhüllen und sie in klarer biblischer Lehre darzubieten. Wenn die Menschen genau verstehen, was es bedeutet, Christus anzunehmen und wenn ihre Herzen durch den Heiligen Geist vorbereitet sind, werden sie nicht so leicht der satanischen Opposition zum Opfer fallen.

ZUM GEBET: Bitte den Herrn, einem Menschen von Ihm erzählen zu dürfen oder einen schwankenden Gläubigen aufrichten zu können.

ZUM BIBELSTUDIUM: Lies 1. Thessalonicher 3,1-8. · Was machte dem Paulus in Bezug auf die Gläubigen in Thessalonich Sorgen? · Was tat er, um diesen Kummer zu beseitigen?

»Mit allem Gebet und Flehen betet zu jeder Zeit« (Eph. 6,18).

Höre den ganzen Tag nicht auf zu beten.

Weil das Gebet für dein Christenleben so wichtig ist, wirst du erwartet haben, Paulus hätte es mit einer weiteren geistlichen Waffe verglichen; aber das tut er nicht. Stattdessen macht er es zu dem, was alles andere durchdringt, indem er sagt: »Betet zu jeder Zeit.« Das ist unser geistlicher Lebensnerv – die Luft, die unser Geist atmet. Wie nützlich jedes Stück unserer Waffenrüstung ist, hängt direkt von der Qualität unseres Gebets ab.

Wir erkennen die Bedeutung des Gebets im ganzen Neuen Testament. Jesus lehrte Seine Jünger, immer wachend und betend zu sein, damit sie den zu erwartenden Trübsalen und Versuchungen widerstehen könnten (Luk. 21,36). Die Apostel weihten sich selbst dem Gebet (Apg. 6,4), wie auch der fromme Cornelius (Apg. 10,2). Jeder Christ muss ein anhaltender Beter sein (Röm. 12,12).

In Philipper 4,6 sagt Paulus: »Seid um nichts besorgt, sondern in allem sollen durch Gebet und Flehen mit Danksagung eure Anliegen vor Gott kundwerden.« Und den Thessalonichern sagt er: »Betet unablässig!« (1. Thess. 5,17) und belehrte die Männer, sie sollten überall »beten, indem sie heilige Hände aufheben« (1. Tim. 2,8).

Der Herr hat genauso wie Paulus nicht nur die Gläubigen zum Beten ermahnt, sondern auch selbst ein beispielhaftes Gebetsleben geführt. Jesus ging oft, um ganz für sich allein ausgedehnte Gebetszeiten zu halten, und Paulus schreibt viel von seinem flehentlichen Gebet für andere (siehe Kol. 1,9; Phim. 4).

Als Kinder mögen viele den Eindruck gewonnen haben, das Beten sei etwas für die Mahlzeiten, fürs Schlafengehen oder für den Gottesdienst. Und oft wird dies Missverständnis mit in die Erwachsenenjahre hineingenommen. Aber Gläubige müssen in ständiger Verbindung mit Gott sein, einfach, weil sie alles im Leben von Gott her betrachten sollten. Wie man die Erfahrungen und Empfindungen des Alltags mit einem guten Freund bespricht, so sollte man mit Gott darüber reden.

Gott liebt dich und will alle Freuden und Sorgen und Siege und Niederlagen mit dir teilen. Sei dir Seiner Gegenwart heute bewusst und nimm Sein Angebot herzlicher Kommunikation an.

ZUM GEBET: Danke Gott, dass Er immer erreichbar ist und deine Gebete hört. · Bitte Ihn um das Begehren, treuer die Gemeinschaft mit Ihm zu pflegen.

ZUM BIBELSTUDIUM: Was sagen die folgenden Verse über die besten Gebetszeiten? Psalm 55,16-17; Daniel 6,10; Lukas 6,12; 1. Timotheus 5,5.

»Mit allem Gebet und Flehen betet zu jeder Zeit im Geist und wachet hierzu in allem Anhalten und Flehen für alle Heiligen« (Eph. 6,18).

Dein Begehren, Gott kennen zu lernen, sollte dich zu ernsthaftem Gebet anspornen.

Das höchste Ziel des Menschen ist, Gott zu erkennen. Jesus betete zu Seinem Vater und sagte: »Dies ist das ewige Leben, dass sie dich, den allein wahren Gott und den du gesandt hast, Jesus Christus, erkennen« (Joh. 17,3). Von uns sagte Er: »Ich bin der gute Hirte und ich kenne die Meinen und die Meinen kennen mich« (Joh. 10,14). Und Johannes fügt hinzu: »Wir wissen aber, dass der Sohn Gottes gekommen ist und uns ein Verständnis gegeben hat, damit wir den Wahrhaftigen erkennen und wir sind in dem Wahrhaftigen und in seinem Sohn, Jesus Christus« (1. Joh. 5,20).

Jeder Christ kennt Gott durch die Errettung; aber darüber hinaus gibt es eine weit innigere Kenntnis Gottes, nach der sich jeder Gläubige sehnen sollte. Mose betete: »Lass mich doch deine Wege erkennen, so dass ich dich erkenne, damit ich Gunst finde in deinen Augen« (2. Mo. 33,13). David legte es seinem Sohn Salomo ans Herz: »Erkenne den Gott deines Vaters und diene ihm mit ungeteiltem Herzen und williger Seele!« (1. Chron. 28,9). Selbst der Apostel Paulus, der Christus vielleicht besser kannte als irgendeiner bis dahin, verlor nie die große Leidenschaft, »ihn … zu erkennen« (Phil. 3,10).

Solch ein Sehnen ist die Triebfeder hinter machtvollem Gebet. Menschen, die Gott am besten kennen, beten am meisten und am dringlichsten. Ihre Liebe zu Ihm treibt sie, Ihn besser kennen zu lernen und Ihm treuer zu dienen.

Wie steht es mit dir? Hast du innigen Umgang mit Gott? Offenbaren deine Gebete, dass du in der Erkenntnis Gottes zunimmst?

Paulus ermahnt uns: »Betet zu jeder Zeit im Geist und wachet hierzu mit allem Anhalten und Flehen für alle Heiligen« (Eph. 6,18). Dabei setzt er voraus, dass du Gott kennst und es dir darum geht, Seinen Willen in Seinem Volk in Erfüllung gehen zu sehen. Wenn das nicht so ist, wirst du nie die Wichtigkeit des fürbittenden Gebets zu schätzen wissen.

Zum Gebet: Der Missionar und Märtyrer Jim Elliot betete einst: »Herr, mache mich zu einem lebendigen Zeugnis für das, was es heißt, Dich zu kennen.« Lass dies dein tägliches Gebet sein.

Zum Bibelstudium: Lies 1. Chronika 28. · Was untersagte Gott dem David? · Was würde Salomo geschehen, wenn er es versäumte, Gott zu erkennen und Ihm zu dienen?

»Mit allem Gebet und Flehen betet zu jeder Zeit im Geist und wachet hierzu in allem Anhalten und Flehen für alle Heiligen« (Eph. 6,18).

Gott will, dass du über deine eigenen Probleme hinwegsiehst und für die Nöte anderer betest.

Der große Prediger D. Martyn Lloyd-Jones schreibt: »Vor dem Ausbruch des spanischen Bürgerkrieges waren die psychiatrischen Kliniken in Barcelona, Madrid und anderen Städten mit zahllosen Neurotikern überfüllt, die mit Drogen behandelt wurden oder regelmäßig psychoanalytische oder ähnliche Sitzungen mitmachten. Sie kamen Woche für Woche, Monat für Monat mit ihren persönlichen Problemen, Ängsten, Sorgen und Anfechtungen in die Kliniken, um weiterleben zu können.

Dann kam der Bürgerkrieg; und einer der ersten und erstaunlichsten Effekte des Krieges war, dass plötzlich alle psychotherapeutischen und psychiatrischen Kliniken leer waren. Die neurotischen Menschen waren auf einmal durch die weit größere Angst geheilt worden, was aus ihrer Stellung wird, ob ihre Häuser noch stehen, ob ihre Ehepartner noch leben oder ob man ihre Kinder umgebracht hat.

Ihre größere Angst befreite sie von den kleineren. Indem sie auf die gefährlichen Zustände blickten, vergaßen sie ihre persönlichen, manchmal vielleicht sogar lächerlichen Sorgen« (*The Christian Soldier: An Exposition on Ephesians 6:10 to 20* [Grand Rapids: Baker, 1978], S. 357).

Das ist ein negatives Beispiel für ein positives Prinzip: Deine eigenen Probleme verblassen, wenn du im Heiligen Geist für andere bittest. »Im Geist beten« (Eph. 6,18) ist ein Beten in Übereinstimmung mit dem Heiligen Geist – in Harmonie mit Seiner Person und Seinem Willen. Es ist dasselbe wie das Beten gemäß dem Willen Gottes (1. Joh. 5,14).

Der Heilige Geist verwendet sich für dich (Röm. 8,26-27) und du verwendest dich für andere. Das ist in der augenblicklichen religiösen Landschaft nicht immer leicht, wo die Egozentrik gefeiert statt gescholten wird und immer mehr bekennende Christen der Gesundheits-, Reichtums- und Wohlstandsketzerei verfallen. Gott aber fordert von uns, einander zu lieben, füreinander zu beten und sich um die Angelegenheiten der anderen zu kümmern (Phil. 2,3-4). Lass diese Forderung alle deine Beziehungen bestimmen!

ZUM GEBET: Fertige eine Liste der Personen an, für die du beten willst. · Wende Zeit auf, um für jeden zu beten und bitte Gott, dir zu zeigen, wie du dieser Person in ihren spezifischen Nöten dienen kannst.

ZUM BIBELSTUDIUM: Lies Philipper 2,1-11. · Wie sollte man sich anderen Gläubigen gegenüber betragen? · Welches Vorbild richtigen Verhaltens hat uns der Herr gegeben?

»Schließlich: Werdet stark in dem Herrn und in der Macht seiner Stärke« (Eph. 6,10).

Du kannst siegreich sein!

Diesen Monat haben wir etwas über den geistlichen Kampf gelernt und ich bete dafür, dass du dadurch besser gerüstet bist, ein sieghaftes Christenleben zu führen. Zum Abschluss unserer kurzen Betrachtung von Epheser 6,10-18 nenne ich einige wichtige Grundsätze, die du gern behalten solltest:

- Denke daran: der Teufel ist ein besiegter Feind. Der Herr kam, um die Werke des Teufels zu vernichten (1. Joh. 3,8) und wird ihn eines Tages in die ewige Hölle werfen (Offb. 20,10).
- Erinnere dich der Kraft Christi in deinem Leben. Johannes sagt: »… weil der, welcher in euch ist, größer ist als der, welcher in der Welt ist« (1. Joh. 4,4). Dieselbe Kraft, die den Satan besiegte, wohnt in dir. Demzufolge bist du nie allein und ohne göttlichen Beistand.
- Denke daran, dem Teufel zu widerstehen. Du hast die Kraft dazu; so gib ihm nicht nach, weil du seine Listen nicht durchschaust oder dich gar freiwillig den Versuchungen aussetzt.
- Trage zu aller Zeit deine geistliche Waffenrüstung. Es wäre töricht, ungewappnet in einen Krieg zu ziehen.
- Lass Christus deine Haltung und deine Taten kontrollieren. Der geistliche Kampf, in dem wir uns befinden, erfordert geistliche Waffen (2. Kor. 10,3-4); so nimm »jeden Gedanken gefangen unter den Gehorsam Christi« (Vers 5). Nähre dich durch Gottes Wort und gehorche seinen Grundsätzen.
- Bete, bete, bete! Gebete setzen die Kraft des Geistes frei. Sei ein ernsthafter und treuer Beter! (Jak. 5,16).

Gott hat nie beabsichtigt, dass du in geistlichen Niederlagen steckenbleibst. Ich bitte dich, von den angebotenen Vorräten Gottes Gebrauch zu machen. So wird dein Leben Ihn ehren. Genieße täglich das frohe Gefühl des Sieges!

Zum Gebet: Danke Gott, dass Er den endgültigen Sieg in Christus verheißen hat.

Zum Bibelstudium: Lies Epheser 6,10-18. · Sieh dir jede Waffe noch einmal an. · Fehlt dir vielleicht eine in deinem Verteidigungssystem? Wenn ja, dann überlege, was du tun musst, um diesen Mangel zu beheben.

»Diese [die Beröer] aber waren edler als die in Thessalonich; sie nahmen mit aller Bereitwilligkeit das Wort auf und untersuchten täglich in der Schrift, ob dies sich so verhielte« (Apg. 17,11).

Gott ehrt geistliche Einsicht.

Auf seiner zweiten Missionsreise predigte Paulus in Begleitung des Silas den Thessalonichern das Evangelium von Jesus Christus. Es dauerte nicht lange und das Evangelium schlug Wurzeln und viele bekehrten sich von ihrem Götzendienst, um »dem lebendigen und wahren Gott zu dienen« (1. Thess. 1,9). In 1. Thessalonicher 2,13 sagt Paulus: »Darum danken auch wir Gott unablässig, dass, als ihr von uns das Wort der Kunde von Gott empfingt, ihr es nicht als Menschenwort aufnahmt, sondern, wie es wahrhaftig ist, als Gottes Wort.« Ihre klare Antwort auf das Wort Gottes machte sie zu einem Vorbild für alle Gläubigen in jener Gegend (1. Thess. 1,7).

Aber so beispielhaft die Thessalonicher auch waren, ihre Glaubensgenossen in Beröa waren es noch mehr. Gott nennt sie »edel« (Apg. 17,11). Sie brannten darauf, zu hören, was Paulus und Silas zu sagen hatten, doch prüften sie alles an Gottes früherer Offenbarung im Alten Testament, bevor sie das Neue als Gottes Wort annahmen. Sie hatten gelernt, alles zu prüfen und das Gute festzuhalten (1. Thess. 5,21).

Die Kirche unserer Tage weist einen eklatanten Mangel an dieser Art Einsicht auf. Viele Hörer lassen sich durch neuartige Lehren oder gar regelrechte Ketzereien betrügen. Sie werden »hin- und hergeworfen und umhergetrieben von jedem Wind der Lehre« (Eph. 4,14). Wir brauchen höchst nötig ein neues Geschlecht von Beröern, die das Banner gesunder Lehre hochhalten und keine Kompromisse eingehen.

Mit diesem Ziel vor Augen werden wir diesen Monat das Wesen und den Segen des göttlichen Wortes betrachten. Da wirst du sehen, dass es die Quelle geistlichen Wachstums und Dienstes ist und dass es Segen, Sieg, Wahrheit und Erkenntnis bringt. Auch wirst du erkennen, wie unfehlbar, irrtumslos, autoritativ, inspiriert und allgenugsam es ist.

Ich bete dafür, dass du am Ende dieses Monats mit mehr Hingabe das Wort untersuchst, dass biblische Grundsätze dir mehr denn je bedeuten und dass du so ein edler Beröer von heute wirst.

ZUM GEBET: Bitte Gott um mehr Liebe zu Seinem wunderbaren Wort.

ZUM BIBELSTUDIUM: Lies Apostelgeschichte 17,1-5. · Warum verließen Paulus und seine Begleiter Thessalonich und Beröa? · Was lehren dich die Erfahrungen des Paulus über das, was du möglicherweise erlebst, wenn du anderen von Christus sagst?

»... dass ihr mit der Erkenntnis seines [Gottes] Willens erfüllt werdet in aller Weisheit und geistlichem Verständnis, um des Herrn würdig zu wandeln« (Kol. 1,9-10).

Gottesfürchtiges Betragen ist das Ergebnis gottesfürchtigen Denkens.

Vielleicht hast du schon einmal bei Computerfreaks den Ausdruck G.I.G.O. gehört: »Garbage in, garbage out.« (Wenn man Schrott in den Computer hineinsteckt, kommt auch Schrott heraus.) Die Eingabe bestimmt die Ausgabe. Genauso wird das, womit du dein Herz programmierst, am Ende dein Verhalten beeinflussen. Darum musst du dein Herz bereithalten für »alles, was wahr, alles, was ehrbar, alles, was gerecht, alles, was rein, alles, was liebenswert, alles, was wohllautend ist« und »wenn es irgendeine Tugend und wenn es irgendein Lob gibt, das erwägt!« (Phil. 4,8). So sagte einmal ein Prediger: »Du solltest so mit Gottes Wort gesättigt sein, dass dein Blut ›biblisch‹ ist. Wenn du dich schneidest, müsstest du Bibelverse bluten!« Diese Übertreibung zeigt, wie sehr es ihm um Gottes Wahrheit zu tun war – doch so sollte es jedem Gläubigen gehen.

Paulus betete für die Kolosser, dass sie den Willen des Herrn erkennen möchten, »um des Herrn würdig zu wandeln zu allem Wohlgefallen, fruchtbringend in jedem guten Werk und wachsend durch die Erkenntnis Gottes, gekräftigt mit aller Kraft ... zu allem Ausharren und [aller] Langmut, mit Freuden dem Vater danksagend« (Kol. 1,10-12).

Das sind wunderbare christliche Wesenszüge; doch wie erreicht man sie? Vers 9 gibt die Antwort: »... dass ihr mit der Erkenntnis seines Willens erfüllt werdet in aller Weisheit und geistlichem Verständnis.« Wer »erfüllt« ist mit Weisheit oder mit Heiligem Geist (Eph. 5,18), wird durch diese Weisheit, durch diesen Geist gesteuert. Bist du »voll Geistes«, so wird Er deine Entscheidungen bestimmen. Ebenso wirst du, erfüllt mit der Weisheit Gottes, durch dein Verhalten Seine Weisheit und Sein Verständnis offenbaren.

Der Ausdruck »Weisheit und geistliches Verständnis« bedeutet mehr als nur Bibelkenntnis. Er spricht davon, dass man diese Kenntnis durch die Leitung und Kraft des Geistes auf seine Lebenssituationen anwenden kann.

Wenn du dich unter Gebet mit dem Wort Gottes sättigst, wird es immer deutlicher dein Denken und Betragen kontrollieren. Und der Geist benutzt das Wort, dein Herz zu bewahren, dass du nicht in weltliches Betragen und Handeln verfällst (Röm. 12,2).

ZUM GEBET: Bitte den Herrn, dass Sein Geist heute jeden Aspekt deines Lebens beherrsche. · Bemühe dich, in jeder Lage dem entsprechenden biblischen Prinzip Geltung zu verschaffen.

ZUM BIBELSTUDIUM: Lerne Philipper 4,8 auswendig, damit du daran denkst, dein Herz mit dem zu nähren, was zur Gottesfurcht verhilft.

»Mein Wort … wird nicht leer zu mir zurückkehren, sondern … ausführen, wozu ich es gesandt habe« (Jes. 55,11).
»… um dich erkennen zu lassen, dass der Mensch nicht von Brot allein lebt, sondern von allem, was aus dem Mund des HERRN ausgeht« (5. Mo. 8,3).

Gottes Wort schafft und nährt.

Die Bibel enthält viele prächtige Verheißungen, von denen zwei sich auf sie selbst beziehen. Erstens sagt der Prophet Jesaja, dass Gottes Wort produktiv ist: »Denn wie der Regen fällt und vom Himmel der Schnee und nicht dahin zurückkehrt, sondern die Erde tränkt, sie befruchtet und sie sprießen lässt, dass sie dem Sämann Samen gibt und Brot dem Essenden, so wird mein Wort sein, das aus meinem Munde hervorgeht. Es wird nicht leer zu mir zurückkehren, sondern es wird bewirken, was mir gefällt und ausführen, wozu ich es gesandt habe« (Jes. 55,10-11). Wenn du mit dem Wort dienst, kann es einen Mitchristen ermutigen, einen Sünder zur Buße bringen oder gar einen Ungläubigen in seinen Sünden bestärken. Wie immer die Reaktion ist, sei sicher, das Wort hat immer erreicht, was es erreichen sollte.

Das Wort ist wie ein Botschafter, der sich beeilt, das Werk Gottes zu betreiben: »Er sendet seinen Spruch auf die Erde, sehr schnell läuft sein Wort. Er gibt Schnee wie Wolle, Reif streut er wie Staub aus. Er wirft sein Eis wie Brocken. Wer kann bestehen vor seinem Frost? Er sendet sein Wort und schmelzt sie. Er lässt seinen Wind wehen – es rieseln die Wasser. Er verkündet Jakob sein Wort, Israel seine Ordnungen und seine Rechtsbestimmungen« (Ps. 147,15-19). So wie Gott die Naturelemente einsetzt, um Seine Absichten zu erfüllen, so macht Er es auch mit Seinem Wort.

Das Wort ernährt aber auch. Mose schreibt: »Der Mensch [lebt] nicht von Brot allein, sondern von allem, was aus dem Mund des HERRN hervorgeht« (5. Mo. 8,3). Gottes Wort speist die Gläubigen und bewirkt dadurch geistliches Wachstum.

Wie musst du dich nun einem so mächtigen und produktiven Wort gegenüber verhalten? Vertraue ihm, dann kannst du jeden Tag in Zuversicht leben. Verkündige es, damit andere von seinem Autor erfahren. Gehorche ihm, damit es sein veränderndes Werk in dir treiben kann, wodurch du täglich Christus ähnlicher wirst.

Zum Gebet: Gottes Verheißungen sind dazu da, dir große Freude und viel Mut zu schenken. Nenne sieben Verheißungen, die dir besonders bedeutsam erscheinen. Nimm an jedem Wochentag eine, um sie zum Gegenstand deines Betens und Dankens zu machen.

Zum Bibelstudium: Welche Verheißungen gibt Jesus in Johannes 14,1-14?

»Strebe danach, dich Gott bewährt zur Verfügung zu stellen als einen Arbeiter, der sich nicht zu schämen hat, der das Wort der Wahrheit in gerader Richtung schneidet!« (2. Tim. 2,15).

Der Heilige Geist bewahrt uns vor falscher Lehre; aber Er entlässt uns nicht aus der Aufgabe, die Bibel sorgfältig zu studieren.

Einige Tage lang werden wir uns im Einzelnen mit dem Gewinn beschäftigen, den das Bibelstudium bietet. Heute soll uns ganz allgemein interessieren, warum es wichtig ist.

Vielleicht kennst du Gläubige, die das Bibelstudium für unnötig erachten. Sie meinen, das Bibellesen sei überflüssig, weil wir den Heiligen Geist haben, der uns alles lehrt. Dann zitieren sie oft 1. Johannes 2,27, um ihre Ansicht zu bekräftigen: »Und ihr! Die Salbung, die ihr von ihm empfangen habt, bleibt in euch und ihr habt nicht nötig, dass euch jemand belehre, sondern wie seine Salbung euch über alles belehrt, so ist es auch wahr und keine Lüge. Und wie sie euch belehrt hat, so bleibt in ihm!«

Dieser Abschnitt aber will nicht sagen, Bibelstudium und Bibellehrer seien überflüssig. Im Gegenteil ermahnt Johannes seine Leser, in dem zu bleiben, was sie schon gelernt hatten (Vers 24) und nur solche Lehrer zu verabscheuen, die Christus leugnen und die Gläubigen verführen.

Der Heilige Geist ist der in den Gläubigen wohnende Lügendetektor, der aufpasst, dass wir vor falscher Lehre bewahrt werden. Ein Christ mag zeitweise durch falsche Lehrer verwirrt werden; doch kann er letztlich niemals in den Abfall getrieben werden und Christus verleugnen. Wenn jemand vom Glauben abfällt, so ist dieser Abfall das Zeichen, dass er niemals ein wahrer Gläubiger gewesen ist (Vers 19).

Der Geist bewahrt dich vor dem Irrtum; aber du musst deiner Verpflichtung als Lernender nachkommen. Selbst ein Mann von der geistlichen Statur eines Timotheus musste das Wort angelegentlich studieren und sein Handeln danach ausrichten (2. Tim. 2,15).

Ich bete dafür, dass die Haltung des Psalmisten der Bibel gegenüber auch die deine wird: »Wie liebe ich dein Gesetz! Es ist mein Nachdenken den ganzen Tag« (Ps. 109,97).

Zum Gebet: Danke Gott für Sein herrliches Wort. · Bitte Ihn um tiefere Zuneigung zu Seinen Wahrheiten.

Zum Bibelstudium: Lies Titus 1,7-16 und 2. Timotheus 2,2. · Über welche Fähigkeiten muss ein Aufseher in Bezug auf Gottes Wort verfügen? · Warum sind diese Fähigkeiten nötig? Erkläre. · Kennst du dich in Gottes Wort aus?

»Seid wie neugeborene Kinder begierig nach der vernünftigen, unverfälschten Milch – damit ihr durch sie wachset zur Errettung« (1. Petr. 2,2).

Die Schrift ist die Quelle geistlichen Wachstums.

Ein Neugeborenes lag auf einem Abfallhaufen in einer kleinen Seitenstraße. Offensichtlich hatte es die Mutter dort hingelegt, damit es umkam. Das winzige Baby war schon beinahe tot, als jemand das schwache Weinen hörte und für ärztliche Hilfe sorgte. Es überlebte; aber nur, weil ihm Aufmerksamkeit und Nahrung zuteil wurden.

So ist es auch im Geistlichen. Darum gebraucht Petrus dies Bild, um die Abhängigkeit des Gläubigen vom Wort Gottes deutlich zu machen. Gibt man einem Baby keine Nahrung, so geht es bald zugrunde. Genauso verschmachtet ein Christ innerlich, wenn er sich nicht mit dem Wort Gottes nährt; außerdem wird er unbrauchbar für den Herrn. Stattdessen sollte sich ein Gläubiger nach dem Wort Gottes sehnen wie ein Neugeborenes nach der Milch seiner Mutter.

Die Schrift wendet das Bild von Eltern und Kindern auch in anderer Weise an, indem es die Christen Wiedergeborene nennt (Joh. 3,7; 1. Petr. 1,3) oder: Kinder Gottes (Röm. 8,16; 1. Joh. 3,1) oder indem sie von »Sohnschaft« spricht (Röm. 8,15; Eph. 1,5). So wie es für biologische Kinder selbstverständlich ist, dass sie wachsen und reife Menschen werden, so ist auch den Christen die Fähigkeit zum Wachsen gegeben. Wir haben sogar den Auftrag: »Wachset aber in der Gnade und Erkenntnis unseres Herrn und Heilands Jesus Christus« (2. Petr. 3,18).

Das Wort Gottes ist Grundlage unserer geistlichen Diät. Sie ist unsere Hauptnahrungsquelle. Paulus sagt: »Wie ihr nun den Christus Jesus, den Herrn, empfangen habt, so wandelt in ihm, gewurzelt und auferbaut in ihm und gefestigt im Glauben, wie ihr gelehrt worden seid« (Kol. 2,6-7). Mit »Glauben« ist in diesem Zusammenhang der Inhalt des Christentums – die gesamte Lehre der Schrift – gemeint. Wenn deine Erkenntnis und die rechte Handhabung biblischer Grundsätze bei dir zunehmen, so wirst du immer fester in der Wahrheit gegründet sein, so dass du standhaft bleibst und anderen eine Hilfe bieten kannst.

ZUM GEBET: Wenn du den Geschmack an Gottes Wort verloren hast, kann Sünde die Ursache sein (1. Petr. 2,1). Wenn ja, dann bitte Gott, dein Herz zu reinigen und erneute Sehnsucht nach Seiner Wahrheit zu schenken. Dann widme dich wieder täglich dem Bibelstudium.

ZUM BIBELSTUDIUM: Lies Apostelgeschichte 20,32 und 1. Thessalonicher 2,13 und beachte, welchen Einfluss die Bibel auf die Gläubigen hat.

»Alle Schrift ist von Gott eingegeben und nützlich, … damit der Mensch Gottes richtig sei, für jedes gute Werk ausgerüstet« (2. Tim. 3,16-17).

Die Bibel macht dich zum geistlichen Dienst fähig.

Jede Woche habe ich das Vorrecht, mit mehr als hundert Studenten des Master's Seminar zusammenzuarbeiten. Eine meiner größten Freuden ist es, wenn ich sehe, wie sie sich entschieden haben, Gottes Werk so zu betreiben, wie Gott es haben will.

Diese Haltung ist der Schlüssel zum Erfolg im Dienst, so wie Josua es lernte, als er nach Moses Tod die Führung der Israeliten übernahm. Damals sagte Gott zu ihm: »Dies Buch des Gesetzes soll nicht von deinem Munde weichen und du sollst Tag und Nacht darüber nachsinnen, damit du darauf achtest, nach allem zu handeln, was darin geschrieben ist; denn dann wirst du auf deinen Wegen ans Ziel gelangen und dann wirst du Erfolg haben« (Jos. 1,8).

Und so beschreibt Paulus dem Timotheus den Weg geistlichen Erfolges: »Wenn du dies (was eben gesagt wurde) den Brüdern vorstellst, so wirst du ein guter Diener Christi Jesus sein, der sich nährt durch die Worte des Glaubens und der guten Lehre, der du gefolgt bist« (1. Tim. 4,6).

Ein »Diener« ist einer, der die Güter und den Besitz eines anderen verwaltet und austeilt. Ein guter geistlicher Diener kennt und verbreitet Gottes Wort. Auf welcher Ebene du auch deinen Dienst versiehst, immer muss er mit der biblischen Lehre in Einklang sein. Damit das geschehen kann, musst du unbedingt wissen, was Gott über den Dienst an seinem Volk gesagt hat.

Ich habe viele Leute getroffen, die den Herrn lieben und Ihm von ganzem Herzen nützlich dienen möchten; aber sie hatten sich nicht die Zeit genommen, sich mit den Gesetzen vertraut zu machen, die den geistlichen Dienst beherrschen. Und so waren sie denn schlecht vorbereitet und haben sich in manchen Fällen ahnungslos an Aktivitäten beteiligt, die dem Wort Gottes strikt zuwiderliefen.

Lass dir das nicht passieren! Gottes Wort gibt reichlich alle Kraft, Weisung und Tröstung, die du brauchst, um Christus in rechter Weise dienen zu können. Untersuche Sein Wort genau und folge ihm auf den Fersen.

Zum Gebet: Danke Gott für jede Dienstgelegenheit, die er dir gibt. · Bitte Ihn um Hilfe, wenn du den Eindruck hast, irgendein Gebiet deines Dienstes müsste korrigiert werden. Und dann handle sofort entsprechend.

Zum Bibelstudium: Nach Philipper 1,12-18 ist es möglich, mit unlauteren Absichten zu dienen. Erkläre.

»Glückselig, die das Wort Gottes hören und bewahren« (Luk. 11,28).

Der Schrift gehorchen bringt geistliche Glückseligkeit.

Wenn die Schrift einen Menschen »glückselig« nennt, so hat dieser gewöhnlich einen zeitlichen oder geistlichen Segen empfangen. Dazu gehört auch die Freude und das Wohlbefinden aus der Erkenntnis, dass Gott selbst sich mit diesem Menschen beschäftigt.

Der Psalmist schreibt: »Glückselig der Mann, der nicht folgt dem Rat der Gottlosen, den Weg der Sünder nicht betritt und nicht im Kreis der Spötter sitzt, sondern seine Lust hat am Gesetz des Herrn und über sein Gesetz sinnt Tag und Nacht! Er ist wie ein Baum, gepflanzt an Wasserbächen, der seine Frucht bringt zu seiner Zeit und dessen Laub nicht verwelkt; alles, was er tut, gelingt ihm« (Ps. 1,1-3). Wer Gottes Wort kennt und Ihm gehorcht, wird glückselig sein. Der Psalmist vergleicht ihn mit einem starken, fruchtbaren und üppig wachsenden Baum.

Dazu sagt Jakobus: »Wer aber in das vollkommene Gesetz der Freiheit hineingeschaut hat und dabei geblieben ist, indem er nicht ein vergesslicher Hörer, sondern ein Täter des Werkes ist, der wird in seinem Tun glückselig sein« (Jak. 1,25). Wieder: Der Akt des Gehorsams als solcher bringt Glückseligkeit.

Johannes eröffnet das Buch der Offenbarung mit der Verheißung: »Glückselig, der liest und die hören die Worte der Weissagung und bewahren, was in ihnen geschrieben ist!« (Offb. 1,3). Und der Herr selbst beschließt die Offenbarung mit der gleichen Verheißung: »Glückselig, der die Worte der Weissagung dieses Buches bewahrt!« (Offb. 22,7). Gehorsam und Glückseligkeit gehen Hand in Hand.

Als Christ bist du »gesegnet mit jeder geistlichen Segnung in der Himmelswelt in Christus« (Eph. 1,3): Alle geistlichen Reserven stehen dir zur Verfügung. Selbst in Not- und Verfolgungszeiten ruht der Segen Gottes auf dir (1. Petr. 4,14). Aber du kannst dich selbst um Gottes Segen bringen, wenn du Sein Wort vernachlässigst oder andere Sünden begehst. So bewahre dein Herz sorgfältig und halte dich an Sein Wort. Tust du das, wirst du überfließende Freude genießen!

Zum Gebet: Schreibe auf, wo der Herr dich in der letzten Zeit besondere Glückseligkeit erfahren ließ. Preise Ihn für jede einzelne.

Zum Bibelstudium: Lies Jakobus 1,12; 1. Petrus 3,14 und 1. Petrus 4,14. Wie wirkt sich Gottes Segen aus, wenn du unschuldig leidest?

»Wodurch hält ein Jüngling seinen Pfad rein? Indem er sich bewahrt nach deinem Wort ... In meinem Herzen habe ich dein Wort bewahrt, damit ich nicht gegen dich sündige« (Ps. 119,9.11).

Die Schrift ist die Quelle geistlicher Siege.

Viele Christen leiden unter geistlichen Niederlagen oder Wiederholungssünden, weil sie nicht gelernt haben, biblische Grundsätze auf die spezifische Situation anzuwenden. Vielleicht wissen sie überhaupt nicht, was Gott von ihnen will, weil sie so unerfahren in Seinem Wort sind. Vielleicht wissen sie auch, was Er von ihnen erwartet, und sie schlagen Seinen Rat in den Wind. In beiden Fällen ist das Ergebnis dasselbe.

Jesus selbst wehrte die Angriffe Satans ab, indem Er Schriftstellen zitierte, die sich auf die bestimmte Versuchung bezogen (Matth. 4,1-11). Er kannte das Wort, glaubte daran und wollte dessen Grundsätze nicht abschwächen. Damit zeigte Er uns den Weg, dem wir zu folgen haben.

In bildlicher Sprache beschreibt der Apostel Johannes die Wichtigkeit des Wortes, wenn er drei Stufen geistlicher Reife mit »Kindern«, »jungen Männern« und »Vätern« bezeichnet. In 1. Johannes 2,14 sagt er: »Ich habe euch geschrieben, Kinder, weil ihr den Vater erkannt habt.« Geistliche Kinder haben noch keinen ausgewachsenen Glauben; aber sie wissen, wer ihr himmlischer Vater ist. Sie wissen, dass sie zu Gott gehören.

Dann fährt Johannes fort: »Ich habe euch, ihr jungen Männer, geschrieben, weil ihr stark seid und das Wort Gottes in euch bleibt und ihr den Bösen überwunden habt« (Vers 14). Geistliche junge Männer sind gesund, voll Tatkraft und Kampfesmut, weil das Wort bei ihnen bleibt – es wohnt in ihren Herzen. Sie überwinden den Bösen, weil ihre Lehre in Ordnung ist und sie daraus geistliche Weisheit und Erkenntnis gesammelt haben (Phil. 1,9). Sie durchschauen Satans Lügen und weisen sie ab.

In 1. Johannes 14 steht auch: »Ich habe euch, Väter, geschrieben, weil ihr den erkannt habt, [der] von Anfang [ist].« Geistliche Väter leben in einer tiefen, reifen Beziehung zu Gott, die aus langen Zeiten des Bibellesens und Betens erwachsen ist.

Welches dieser Bilder beschreibt dich am besten? Bist du ein geistliches Kind, ein junger Mann oder ein Vater? Was kannst du heute konkret unternehmen, damit dein Christenleben reifer und siegreicher wird?

Zum Gebet: Bitte Gott, Ihn mehr zu lieben und Sein Wort besser kennen zulernen. Darin liegt der Schlüssel zu geistlichem Sieg.

Zum Bibelstudium: Lerne Psalm 119,11 auswendig. Sage diesen Vers oft auf, damit er dich daran erinnert, das Wort Gottes im Herzen zu bewahren.

»Ich bin aber, meine Brüder, auch selbst im Blick auf euch überzeugt, dass auch ihr selbst voller Güte seid, erfüllt mit aller Erkenntnis, fähig, auch einander zu ermahnen« (Röm. 15,14).

Die Schrift ist die Quelle gottesfürchtiger Hilfeleistung.

In den letzten Jahren ist die Frage, wer unter Christen kompetent für seelische Hilfeleistung sei, zu einem wichtigen Thema geworden. Viele Pastoren und kirchliche Leiter haben ihre Seelsorgetätigkeit eingeschränkt oder gänzlich aufgegeben. Man hat ihnen eingeredet, sie seien dem nicht gewachsen, weil es ihnen an psychologischen Beratungstechniken mangle.

Hinter dieser Bewegung, weg von der pastoralen Seelsorge, steht der Gedanke, der Heilige Geist und die Schrift seien nicht in der Lage, den tiefsten Bedürfnissen des menschlichen Herzens zu begegnen. Es heißt, nur weltliche Psychologie, angewendet von geschulten Analytikern, sei dazu imstande.

In Wahrheit aber ist das Menschenherz »trügerisch … mehr als alles und unheilbar ist es. Wer kennt sich mit ihm aus?« (Jer. 17,9). Ja, wer? Niemand! Darin sind die humanistischen Berater eingeschlossen. In Vers 10 aber heißt es: »Ich, der HERR, [bin es], der das Herz erforscht und die Nieren prüft.« Nur Gott versteht das Herz des Menschen.

David betet: »HERR, du hast mich erforscht und erkannt. Du kennst mein Sitzen und mein Aufstehen, du verstehst mein Trachten von fern. Mein Wandeln und mein Liegen – du prüfst es. Mit allen meinen Wegen bist du vertraut … Wohin sollte ich gehen vor deinem Geist, wohin fliehen vor deinem Angesicht?« (Ps. 139,1-3.7). Nur Gott weiß, was im Herzen eines Menschen vorgeht. Nur der Heilige Geist, der mit Seinem Wort arbeitet, kann die tiefsten Gedanken und Absichten durchdringen und das Herz verändern und das Denken erneuern (Hebr. 4,12; Röm. 12,2).

Professionelle Psychologen sind kein Ersatz für vom Geist begabte Menschen, die das Wort kennen, göttliche Weisheit besitzen, voll Güte sind und darum die göttliche Wahrheit auf das Leben anderer anwenden können (Röm. 15,14).

Wenn Menschen dich um Rat bitten, ist das Beste, was du tun kannst, dass du ihnen zeigst, was Gottes Wort zu ihrem Problem sagt und wie es auf ihre Situation anzuwenden ist. Aber das gelingt erst, wenn du das Wort kennst und ihm erlaubst, zuerst an dir sein Werk zu tun. Dann wird es dich in die Lage versetzen, anderen nützlichen Rat zu geben.

ZUM GEBET: Danke Gott für den weisen und allgenugsamen Rat Seines Wortes. · Nimm dir neu vor, jede Gelegenheit zu nützen, dich mit dem Wort zu beschäftigen.

ZUM BIBELSTUDIUM: Worauf vertraut der Psalmist nach Psalm 119,24, wenn er einen Rat braucht oder gibt?

»Dein Gesetz ist Wahrheit ... Alle deine Gebote sind Wahrheit ... Die Summe deines Wortes ist Wahrheit« (Ps. 119.142.151.160).

Die Schrift ist die Quelle göttlicher Wahrheit.

Es erstaunt, wie viel Zeit die Menschen damit zubringen, die Wahrheit zu suchen. In seinem Gedicht *Mirjam* drückt John Greenleave Whittier ebenfalls sein Verwundern darüber aus:

Nach der Wahrheit ging ernstlich mein Sehnen,
nach dem Guten, dem Reinen, dem Schönen.
Stand's auf Gräbern, in Büchern der Alten?
Bei den Dichtern und ihren Gestalten?
Doch ich suchte und forschte vergebens,
Bis ich endlich die Quelle des Lebens
Und das wahre, vollkommene Wesen
in dem Buch fand, das Mutter gelesen.

Gott hatte nie die Absicht, die Wahrheit in Geheimnissen zu verbergen. Sein Wort ist die Fundgrube der Wahrheit, die alle Grundsätze enthält, die wir fürs Leben und Denken nötig haben.

Aber die Erkenntnis der Wahrheit beginnt mit der Erkenntnis Gottes, von dem sie stammt. In 1. Johannes 5,20 steht: »Wir wissen aber, dass der Sohn Gottes gekommen ist und uns Verständnis gegeben hat, damit wir den Wahrhaftigen erkennen; und wir sind in dem Wahrhaftigen, in seinem Sohn Jesus Christus. Dieser ist der wahrhaftige Gott und das ewige Leben.«

Und der Psalmist ruft aus: »Die Taten deiner Hände sind Wahrheit und Recht. Zuverlässig sind alle seine Gebote, festgegründet auf immer und ewig, ausgeführt in Wahrheit und Geradheit« (Ps. 111,7-8).

Als Christen wandeln wir in der Wahrheit; denn so beschreibt uns Jesus in Seinem Gebet zu Seinem Vater: »Heilige sie durch die Wahrheit! Dein Wort ist Wahrheit« (Joh. 17,17). Genauso sagt Johannes: »Eine größere Freude habe ich nicht als dies, dass ich höre, dass meine Kinder in der Wahrheit wandeln« (3. Joh. 4). Im Gegensatz dazu sind Ungläubige solche, »welche die Wahrheit in Ungerechtigkeit niederhalten« und sich dadurch selbst zum Ziel des göttlichen Zorns machen (Röm. 1,18).

Gott lieben, heißt die Wahrheit lieben; und die Wahrheit lieben, heißt das Wort Gottes lieben. Mögest du heute und immerfort in der Wahrheit des göttlichen Wortes wandeln!

ZUM GEBET: Danke Gott für das Vorrecht, Ihn zu kennen und in der Wahrheit wandeln zu können.

ZUM BIBELSTUDIUM: Wie beschreibt der Herr den Heiligen Geist in Johannes 14,17; 15,26 und 16,13?

Nachdem Gott vielfältig und auf vielerlei Weise ehemals zu den Vätern geredet hat in den Propheten, hat er am Ende dieser Tage zu uns geredet im Sohn« (Hebr. 1,1-2).

Die Schrift ist der Hort der göttlichen Offenbarung.

Jahrzehntelang haben liberale Theologen die Bibel als Sammlung rein menschlicher frommer Gedanken und Ansichten missdeutet. Aber die Schrift ist viel mehr als das. In Wirklichkeit ist sie göttliche Offenbarung – die Selbstenthüllung Gottes, der sich durch den Heiligen Geist den menschlichen Schreibern zu erkennen gab. Der Mensch hätte nie etwas wissen können über Gottes Wesen, über Seine Absichten und Anordnungen, wenn Gott sich nicht selbst offenbart hätte. Genauso bliebe ihm die eigene Entstehung und der Sinn und Zweck seiner Existenz verborgen. Paulus sagt: »›Was kein Auge gesehen und kein Ohr gehört hat und in keines Menschen Herz gekommen ist, was Gott denen bereitet hat, die ihn lieben.‹ Uns aber hat Gott es geoffenbart durch den Geist« (1. Kor. 2,9-10). Und in 2. Timotheus 3,16 fügt er hinzu: »Alle Schrift ist von Gott eingegeben und nützlich zur Lehre, zur Überführung, zur Zurechtweisung, zur Unterweisung in der Gerechtigkeit.« Gott hat jedes Wort inspiriert und spricht auf jeder Seite zu uns.

In Hebräer 1 werden zwei Arten der Selbstoffenbarung Gottes genannt: die Offenbarung im Alten Testament (»ehemals«) und im Neuen Testament (»im Sohn«, Vers 2). Zuerst sprach Er im Alten Testament »vielfältig« durch die Propheten zu den jüdischen Vätern. Das bezieht sich auf alle Bücher des Alten Testaments. »Auf vielerlei Weise« bezieht sich auf die Formen Seines Redens: Visionen, Prophetie, Gleichnisse, Abbilder, Symbole, Zeremonien, Gotteserscheinungen und indem Er hörbar mit den Vätern geredet hat.

Zwischen dem Ende des Alten Testaments und der Ankunft Johannes des Täufers liegen etwa vierhundert Jahre, während derer Gott schwieg. Doch wurde dies Schweigen durchbrochen, als Johannes das Kommen Christi ankündigte. Von da an redete Gott durch Seinen Sohn. Die Evangelien berichten von Seinem Leben und Lehren. Die Apostelgeschichte zeigt die Ausbreitung Seiner Lehre durch die Apostel und die frühe Kirche; die Briefe wenden Seine Lehre auf das tägliche Leben an, und die Offenbarung berichtet von Seiner triumphierenden Wiederkehr und der Vollendung all dessen, was Gott verheißen hat. Ist es nicht großartig, Gottes Absichten mit dem Leben und der Geschichte kennen zu dürfen?

Zum Gebet: Danke Gott dafür, dass Sein Wort eine Leuchte für deinen Fuß und ein Licht für deinen Pfad ist (Ps. 119,105).

Zum Bibelstudium: Wozu dient nach 5. Mose 29,28 die göttliche Offenbarung?

Ich ermahne, »für den ein für allemal den Heiligen überlieferten Glauben zu kämpfen« (Jud. 3).

Die Schrift enthält alles, was wir zu einem gottesfürchtigen Leben brauchen.

Seit vielen Jahren beobachte ich mit großer Sorge, dass sich zahlreiche Christen von einer durchdachten, biblischen und auf Gott gerichteten Theologie abbringen lassen und immer stärker zu mystischen, unbiblischen und menschenzentrierten Vorstellungen neigen. Ein sehr beängstigendes Merkmal dieses Trends ist die Verbreitung außerbiblischer Offenbarungen, von denen gewisse Leute behaupten, sie hätten sie direkt von Gott empfangen. Solche Ansprüche sind alarmierend, weil sie die Einmaligkeit und die zentrale Stellung der Bibel untergraben und die Menschen dazu bringen, sich mehr auf Menschenwort als auf das Wort Gottes zu verlassen. Sie erwecken den Eindruck, die Schrift reiche für das Leben eines Christen nicht aus und dass wir zusätzliche Offenbarungen brauchen, um diesem Mangel abzuhelfen.

Aber Gottes Wort enthält alles, was wir für unser geistliches Leben und einen gottesfürchtigen Wandel benötigen. Die »Schrift ist von Gott eingegeben und nützlich zur Lehre, zur Überführung, zur Zurechtweisung, zur Unterweisung in der Gerechtigkeit«, so dass wir völlig »für jedes gute Werk ausgerüstet« sind (2. Tim. 3,16-17). Was brauchen wir mehr?

Als der Apostel Johannes gestorben war, hörte die apostolische Offenbarung auf. Aber ihr schriftliches Vermächtnis bleibt das Maß, an dem wir jeden Lehrer und jede Lehre zu messen haben, die vorgeben, von Gott zu sein (1. Thess. 5,21; 1. Joh. 4,1). Wenn eine Lehre nicht mit der Heiligen Schrift übereinstimmt, so ist sie zu verwerfen. Stimmt sie aber überein, so ist sie keine neue Offenbarung. In beiden Fällen brauchen wir keine zusätzliche Offenbarung.

Gott hat viel daran gewandt, uns Seine Offenbarung mitzuteilen und zu erhalten, und Er wacht eifersüchtig darüber, dass sie in keiner Weise korrumpiert wird. Von Mose, dem ersten uns bekannten Empfänger göttlicher Offenbarung, bis zu dem letzten, dem Apostel Johannes, bleibt Gottes Mahnung dieselbe: »Ihr sollt nichts hinzufügen zu dem Wort, das ich euch gebiete und sollt nichts davon wegnehmen, damit ihr die Gebote des HERRN, eures Gottes, haltet, die ich euch gebiete!« (5. Mo. 4,2; Offb. 22,18-19).

Lass dich nicht durch vermeintliche neue Offenbarungen verwirren. Gehorche dem, was bereits offenbart ist.

Zum Gebet: Bitte Gott, Er möge dein Herz vor Irrtümern bewahren und deine Aufmerksamkeit auf Sein Wort gerichtet halten.

Zum Bibelstudium: Warum müssen wir nach 2. Timotheus 4,1-4 das Wort Gottes predigen und ihm Geltung verschaffen?

»Alle Schrift ist von Gott eingegeben und nützlich zur Lehre, zur Überführung, zur Zurechtweisung, zur Unterweisung in der Gerechtigkeit, damit der Mensch Gottes richtig sei, für jedes gute Werk ausgerüstet« (2. Tim. 3,16-17).

Gottes Wort ist inspiriert.

Unser Vers lehrt uns die Inspiration der Schrift. »Von Gott eingegeben« ist die Übersetzung des griechischen Wortes »gottgehaucht« oder »gottgegeistet«. Jedes Wort der Schrift ist aus dem Mund Gottes hervorgegangen! Die Theologen sprechen bei der Inspiration von einem geheimnisvollen Prozess, durch den Gott auf die Schreiber der Bibel eingewirkt hat, um irrtumsfreie und göttlich autoritative Texte zu verfassen. Die Inspiration ist ein Geheimnis, weil die Schrift nicht näher beschreibt, wie sie vor sich gegangen ist. Den einzigen Hinweis finden wir im zweiten Petrusbrief: »… indem ihr dies zuerst wisst, dass keine Weissagung der Schrift aus eigener Deutung geschieht. Denn niemals wurde eine Weissagung durch den Willen eines Menschen hervorgebracht, sondern von Gott her redeten Menschen, getrieben vom Heiligen Geist« (1,20-21).

»Eigene Deutung« bezieht sich auf die Herkunft. Die Schrift entstand nicht im Rahmen menschlicher Möglichkeiten, sondern der Heilige Geist trieb die Schreiber dazu an (Vers 21). »Getrieben« ist ein nautischer Begriff und beschreibt die Einwirkung des Windes auf das Segel, wodurch das Schiff bewegt wird. Genauso bewegte der Geist die biblischen Schreiber, um Gottes Wort in menschlicher Sprache darzustellen. Die menschlichen Schreiber der Bibel wussten, dass sie Gottes Wort niederschrieben, und so taten sie es mit Vertrauen und Autorität. Oft zitierte oder erwähnte einer den anderen als autorisierte Boten der göttlichen Offenbarung (z. B. 2. Petr. 3,15-16).

Für dich persönlich garantiert die Inspiration, dass das Wort der Schrift genau das ist, was Gott sagt. Es ist Sein Rat für dich; und so kannst du es studieren und ihm gehorchen in dem festen Vertrauen: Dies ist die Wahrheit, sie wird mich niemals in die Irre führen.

ZUM GEBET: Preise den Herrn für Sein inspiriertes Wort. · Mache es neu fest, dass du heute nach seinen Grundsätzen leben willst.

ZUM BIBELSTUDIUM: Oft bestätigt das NT die Inspiration des ATs, indem es alttestamentliche Texte Gott selbst sagen lässt. Vergleiche zum Beispiel folgende Stellen aus dem AT mit ihren neutestamentlichen Gegenstücken: 1. Mose 2,24 mit Matthäus 19,4-5; Psalm 2,1-2 mit Apostelgeschichte 4,25-26; Jesaja 55,3 mit Apostelgeschichte 13,34; Psalm 16,10 mit Apostelgeschichte 13,35; Psalm 95,7-11 mit Hebräer 3,7-11. · Was würdest du entgegnen, wenn jemand sagt, die Bibel sei nur das Wort frommer Menschen?

»Alle Rede Gottes ist geläutert« (Spr. 30,5).

Gottes Wort ist irrtumslos.

Der Ausdruck »irrtumslos« beschreibt den Glauben, dass die Originalschriften der Bibel völlig wahr sind in allem, was sie lehren – sei es in Lehre, Geschichte, Wissenschaft, Geographie, Geologie oder irgendeiner anderen Wissenschaft oder Erkenntnis. Das gilt auch für sorgfältige Abschriften dieser Originale.

Irrtumslosigkeit ist für einige Leute eine unpopuläre Vorstellung, weil sie meinen, das sei gar nicht so wichtig. Aber man überlege die Konsequenzen! Kein Christ würde leugnen, dass unsere Beziehung zu Jesus Christus von äußerster Wichtigkeit ist. Aber wie könntest du ohne die Bibel etwas über Ihn wissen? Er ist unser Herr und wir haben Seinen Anordnungen zu folgen (Hebr. 5,9). Woher sollten wir wissen, was Er befohlen hat, wenn wir Seinem Wort nicht glauben?

Andere lehnen die Irrtumslosigkeit ab, weil sie meinen, sie führe zu Trennungen. Eigentlich sollte aber die Irrtumslosigkeit unter den Evangelikalen etwas Verbindendes und nichts Trennendes sein. Welchen einigenden Faktor hätten wir denn, wenn wir nicht über die Göttlichkeit der Offenbarung eines Sinnes sind? Wieder andere halten sich in ihrem Urteil zurück, weil sie meinen, das sei eine Angelegenheit für die Gelehrten. Im Gegenteil, es ist die grundlegendste Angelegenheit überhaupt. Es geht um nicht weniger als um die Frage: »Gibt es Worte, die gewiss von Gott kommen?«

Irrtumslosigkeit ist nicht nur ein theologisches Debattenthema. Es geht hier um das Wesen Gottes. Gott kann nicht lügen (Tit. 1,2; Hebr. 6,18); darum ist Sein Wort wahr. In Jeremia 10,10 heißt es: »Der Herr ist in Wahrheit Gott« oder: »Jahwe, Gott, ist Wahrheit.« Der Apostel Johannes sagt, »dass Gott wahrhaftig ist« (Joh. 3,33). Und der Herr definiert das ewige Leben als die Erkenntnis des »allein wahren Gottes« (Joh. 17,3). Christus ist gekommen, »damit wir den Wahrhaftigen erkennen ... Dieser ist der wahrhaftige Gott und das ewige Leben« (1. Joh. 5,20). Lass dich nicht einschüchtern von denen, die der Integrität der Schrift Abbruch tun wollen. Hast du die Möglichkeit, so studiere jede Problemstelle, dann weißt du aus erster Hand, worum es geht und worin die Lösung zu suchen ist. Dabei bedenke immer, dass die Heilige Schrift durch den Heiligen Geist, den »Geist der Wahrheit« (Joh. 16,13) inspiriert wurde. Er kann sich nicht irren.

Zum Gebet: Wenn Psalm 119,12-16 wiedergibt, was in deinem Herzen ist, dann lies den Text vor dem Herrn als Gebet des Lobes und erneuter Hingabe.

Zum Bibelstudium: Was dachte der Herr nach Matthäus 22,29 und Johannes 17,17 von der Heiligen Schrift?

»Das Gesetz des HERRN ist vollkommen … das Zeugnis des HERRN ist zuverlässig … Die Rechtsbestimmungen des HERRN sind Wahrheit, sie sind gerecht allesamt« (Ps. 19,8-10).

Gottes Wort ist unfehlbar.

Unfehlbarkeit bezieht sich auf die Wahrheit der Schrift im Ganzen, während Irrtumslosigkeit auf die Richtigkeit jedes einzelnen Wortes verweist. Wie die Irrtumslosigkeit ist die Unfehlbarkeit durch das Wesen Gottes begründet. Gott kann nicht lügen und Er verändert sich nicht (1. Sam. 15,29). Gott bleibt in allem, was er tut, ganz und gar derselbe und Sein Wort spiegelt dies, Sein Wesen, wider. Der Psalmist schreibt: »Die Summe deines Wortes ist Wahrheit und jedes Urteil deiner Gerechtigkeit [währt] ewig« (Ps. 119,160). Und Paulus sagt: »So ist also das Gesetz heilig und das Gebot heilig und gerecht und gut« (Röm. 7,12).

Der Herr sagte, Er sei nicht gekommen, das Gesetz und die Propheten aufzulösen (Teile des Alten Testaments), sondern zu erfüllen. Und Er hat verheißen, dass alles in der Schrift seine Erfüllung finden wird (Matth. 5,17-18). In Johannes 10,35 erklärt Er, dass die Schrift nicht »aufgelöst« werden kann. Sie ist bindend und kann weder vernichtet noch aufgelöst oder beiseite getan werden. Gottes Wort ist unzerstörbar, autoritativ und unfehlbar.

Auf der praktischen Ebene bedeutet Unfehlbarkeit, dass du der Bibel vertrauen kannst. Sie wird dich nie hinters Licht führen oder dir einen Rat geben, der sich hinterher als Fehler herausstellt. Darauf verließ sich der Psalmist, als er schrieb: »Halte deinem Knecht deine Zusage aufrecht, die deiner Furcht entspricht! Wende ab meine Schande, die ich fürchte! Denn deine Bestimmungen sind gut. Siehe, ich sehne mich nach deinen Vorschriften! Belebe mich durch deine Gerechtigkeit! Lass über mich kommen deine Gnaden, HERR, dein Heil nach deiner Zusage, damit ich meinem Lästerer ein Wort antworten kann. Denn ich vertraue auf dein Wort. Entziehe meinem Mund das Wort der Wahrheit nicht allzu sehr. Denn ich hoffe auf deine Bestimmungen. Halten will ich dein Gesetz beständig, immer und ewig. Und ich werde wandeln in weitem Raum, denn nach deinen Vorschriften habe ich geforscht. Vor Königen will ich reden von deinen Zeugnissen und mich nicht schämen. Ich habe meine Lust an deinen Geboten, die ich liebe« (Ps. 119,38-47).

Zum Gebet: Preise Gott, weil Sein Wort überaus vertrauenswürdig ist.

Zum Bibelstudium: Lerne Psalm 119,165 auswendig, damit du dich immer an die Unfehlbarkeit des göttlichen Wortes erinnerst.

*»Hört, ihr Himmel und horch auf, du Erde!
Denn der HERR hat geredet« (Jes. 1,2).*

Gottes Wort ist die einzige Quelle mit göttlicher Autorität.

Wir sollten meinen, dass diejenigen, die auf der Inspiration, der Irrtumslosigkeit und der Unfehlbarkeit des göttlichen Wortes bestehen, sich automatisch seiner Autorität unterwerfen würden. Das ist aber nicht immer der Fall. Selbst solche, die von der Bibel die allerhöchste Meinung haben, gehorchen ihr oft nicht. Wir haben uns zu erinnern, dass die Autorität des göttlichen Wortes nicht eine Lehre ist, der man anhängen soll, sondern ein Grundsatz, dem man nachzufolgen hat.

Israel verfiel in den Fehler, hoch von der Schrift zu denken, ohne nach ihren Vorschriften zu handeln. Ihnen sagte Paulus: »Wenn du dich aber einen Juden nennst und dich auf das Gesetz stützt und dich Gottes rühmst und den Willen kennst und prüfst, worauf es ankommt, weil du aus dem Gesetz unterrichtet bist und getraust dich, ein Leiter der Blinden zu sein, ein Licht derer, [die] in Finsternis [sind], ein Erzieher der Törichten, ein Lehrer der Unmündigen, der die Verkörperung der Erkenntnis und der Wahrheit im Gesetz hat: – der du nun einen anderen lehrst, du lehrst dich aber selbst nicht? Der du dich des Gesetzes rühmst, du verunehrst Gott durch die Übertretung des Gesetzes? Denn ›der Name Gottes wird euretwegen unter den Nationen gelästert‹« (Röm. 2,17-21.23-24).

Israels Sünde veranlasste die Ungläubigen, Gott zu lästern. Das ist in unserer Gesellschaft genauso; da wird der Herr wegen der Sünden Seines Volkes nur noch belächelt.

Du bist die einzige Bibel, die mancher Ungläubige je zu lesen bekommt und dein Leben wird täglich beobachtet. Was erfahren andere durch dich? Sehen sie ein richtiges Bild deines Gottes?

Christen werden immer Übles erfahren; sorge aber dafür, dass es um der Gerechtigkeit willen und nicht wegen deiner Sünden geschieht. So wie Petrus sagt: »Führt euren Wandel unter den Nationen gut, damit sie, worin sie gegen euch als Übeltäter reden, aus den guten Werken, die sie anschauen, Gott verherrlichen am Tag der Heimsuchung!« (1. Petr. 2,12).

Zum Gebet: Bekenne jeden Bereich deines Lebens, in dem du Gottes Wort ungehorsam bist. · Bitte um Gnade und Kraft, täglich als einer zu leben, der wahren Respekt vor der Autorität des Wortes Gottes hat.

Zum Bibelstudium: Lies 1. Korinther 10,1-13. Zu welchem Zweck berichtet das Alte Testament uns von den Strafen über Israel?

»Das Gesetz des HERRN ist vollkommen und erquickt die Seele, das Zeugnis des HERRN ist zuverlässig und macht den Einfältigen weise. Die Vorschriften des HERRN sind richtig und erfreuen das Herz; das Gebot des HERRN ist lauter und macht die Augen hell. Die Furcht des HERRN ist rein und besteht in Ewigkeit. Die Rechtsbestimmungen des HERRN sind Wahrheit, sie sind gerecht allesamt; sie, die köstlicher sind als Gold, ja, viel gediegenes Gold und süßer als Honig und Honigseim. Auch wird dein Knecht durch sie gewarnt; in ihrer Befolgung liegt großer Lohn. Verirrungen – wer bemerkt sie? Von den verborgenen [Sünden] sprich mich frei! Auch von Übermütigen halte deinen Knecht zurück; lass sie mich nicht beherrschen! Dann bin ich tadellos und bin rein von schwerem Vergehen. Lass die Reden meines Mundes und das Sinnen meines Herzens wohlgefällig vor dir sein, HERR, mein Fels und mein Erlöser!« (Ps. 19,8-15).

Gottes Wort genügt der Seele in jeder Not.

Der König David war ein Mann starker Kontraste. Er kannte die Niedrigkeit eines Schafhirten und den Ruhm, ein ganzes Volk zu regieren. Er erlebte herrliche Siege und bitterste Niederlagen. Er suchte Gott und lud andererseits immense Schuld und Schmerzen auf sich, weil er zum Ehebrecher und Mörder geworden war. Das führte dazu, dass sein eigener Sohn nach Davids Leben trachtete. Einige Psalmen zeigen große Hoffnung, andere tiefe Verzweiflung. Aber immer wieder blickte er auf Gott, weil er sicher war, dass Gott alles vermochte und mit Seinen Hilfsmitteln allen Bedürfnissen gerecht werden konnte.

In Psalm 19 machte David die gewaltigste Aussage über die Allgenugsamkeit der Schrift, die wir kennen. Wenn wir den Psalm in den kommenden Tagen betrachten, so vergiss nicht, dass die tiefsten Bedürfnisse deiner Seele, deines innersten Seins, letztlich geistlicher Natur sind. Gott aber hat Hilfsmittel genug, diesen Bedürfnissen zu entsprechen. Darauf verließ sich David. Tu es auch!

Zum Gebet: Während unseres Studiums des neunzehnten Psalms bitte Gott immer wieder um neue Einsichten, die dir ermöglichen, Gottes gnädige Vorsorge besser zu schätzen und ihr sicherer zu vertrauen.

Zum Bibelstudium: Lies Psalm 19,1-15. · Womit vergleicht David das Wort Gottes? · Welchen Nutzen bringt das Wort dem Gläubigen? · Erfreust du dich dieser Gaben?

»Das Wort des HERRN ist vollkommen und erquickt die Seele« (Ps. 19,8).

Gott kann dich durch sein Wort in die Person verwandeln, die Er aus dir machen möchte.

Viele zweifeln heute an der Macht der Schrift, die tieferen Schichten des menschlichen Herzens und Denkens beeinflussen zu können. Die Bibel mag bei gewissen oberflächlichen oder »geistlichen« Problemen hilfreich sein, sagen sie; aber sie ist zu simplizistisch und reicht nicht aus für die höchst komplexen psychologischen Probleme des modernen Menschen. In Wahrheit aber kann auch der beste Psychologe nur das äußerliche Verhalten ändern. Er kann die Seele weder erlösen noch umgestalten. Nur Gott bringt das durch die Macht Seines Wortes zustande.

Das ist die Wahrheit, die in Psalm 19,8 steckt, wo die Schrift »das Gesetz des HERRN« genannt wird, wo also deren didaktische Seite betont wird. Die Bibel ist die Summe aller Belehrungen Gottes für die Menschen, sowohl was ihren Glauben, ihren Charakter und ihr Verhalten angeht.

Das Gesetz des HERRN ist »vollkommen«. Dies Wort drückt im allgemeinen Hebräisch das Ganzsein, die Vollständigkeit oder das Genugsein aus. Der Kommentator Albert Barnes schreibt von der Bibel, ihr fehle nichts an ihrer Vollständigkeit, nichts, was nötig wäre, sie zu dem zu machen, was sie sein soll. Sie ist komplett als Offenbarung der göttlichen Wahrheit; ihr fehlt nichts als Verhaltenskodex … Sie ist absolut wahr; sie ist ausgestattet mit vollendeter Weisheit in Bezug auf die Nöte der Menschen; sie leitet uns fehlerfrei bei all unserem Tun. Nichts ist in ihr, was die Menschen in Verirrung und Sünde führte; es gibt nichts, was der Mensch unbedingt wissen muss und es dort nicht findet (*Notes on the Old Testament: Psalms,* Vol. 1 [Grand Rapids, Mich.: Baker, 1974], S. 171).

Menschliches Denken ist fehlerhaft; aber Gottes Wort ist fehlerlos und enthält alles für unser geistliches Leben Nötige. Es ist so gehaltvoll, dass es deine Seele wiederherstellen kann. Das heißt, es reicht aus, dich zur Bekehrung zu bringen, dich zu beleben, zu erfrischen und jeden Aspekt deines Wesens umzugestalten, damit du genau so wirst, wie Gott dich haben will.

Sieh dich nicht nach den kraftlosen menschlichen Alternativen um, wo doch das Wort Gottes bereitsteht, dir in jeder Not zu dienen. Der geistliche Kampf wird mit geistlichen Waffen ausgefochten, nicht mit fleischlichen Techniken, Theorien und Therapien (2. Kor. 10,4).

Zum Gebet: Bitte Gott, dass Er deinen Blick bei allem, was du heute tust, auf Seinen Rat richtet.

Zum Bibelstudium: Lerne 2. Korinther 9,8 auswendig, um an Gottes überfließende Gnade zu denken, die Er dir erwiesen hat.

»Das Zeugnis des HERRN ist zuverlässig und macht den Einfältigen weise« (Ps. 19,8).

Gottes Wort teilt Weisheit und Erkenntnis mit, die rein menschliches Verstehen weit übersteigt.

David nennt das Wort Gottes hier »das Zeugnis des HERRN«. Die Bibel zeugt sowohl von dem, was Gott ist, als auch von dem, was Er von uns fordert. Außerdem ist sie ein »zuverlässiger« Zeuge. Das heißt, sie schwankt nicht, ist unbeweglich, unmissverständlich, zuverlässig und vertrauenswürdig. Petrus sagt dasselbe. Nach der Erinnerung an das unvorstellbare Erlebnis, das er mit Christus auf dem Berg der Verklärung hatte (2. Petr. 1,16-18), sagt er: »Und wir haben [ein] bestätigteres [Zeugnis] – das prophetische Wort« (Vers 19 ganz wörtlich übers.). Das Zeugnis des geschriebenen Gotteswortes ist sicherer und eine überzeugendere Bestätigung der göttlichen Wahrheit als selbst die Erfahrungen eines Apostels mit Christus selbst!

Vielleicht hat der Herr die Jünger auf der Straße nach Emmaus aus diesem Grund davon abgehalten, Ihn zu erkennen, als Er ihnen die biblische Basis für alles gab, was sie gesehen und gehört hatten (Luk. 24,27). Ihr Glaube und ihre künftige Predigt sollten auf die Schrift gegründet sein, nicht auf ihre persönlichen Erfahrungen – einerlei, wie wahr und bewegend diese Erlebnisse gewesen sein mögen.

Der Nutzen des wahrhaftigen Gotteswortes liegt darin, die Einfältigen weise zu machen (Ps. 19,8). Es nimmt sich unachtsame, unwissende und leichtgläubige Leute und lehrt sie die inhaltsschwere Wahrheit Gottes, um sie auf ihr Leben anzuwenden. Tun sie das, so werden sie Meister in der Kunst des Gott wohlgefälligen Lebens.

Das war die Freude des Psalmisten, wenn er schreibt: »Dein Gebot macht mich weiser als meine Feinde. Denn ewig ist es mein! Verständiger bin ich als alle meine Lehrer. Denn deine Zeugnisse sind mein Überlegen. Einsichtiger als Greise bin ich. Denn deine Vorschriften habe ich gehalten« (Ps. 119,98-100). Indem er das auf die Gläubigen des Neuen Testaments anwendet, betet Paulus: »Dass ihr mit der Erkenntnis seines Willens erfüllt werdet, in aller Weisheit und geistlichem Verständnis« (Kol. 1,9). Wenn das geschieht, sind wir in der Lage, »des Herrn würdig zu wandeln zu allem Wohlgefallen« (Vers 10). So wirkt sich göttliche Weisheit aus; sie ist der Schlüssel zu einem heiligen Leben.

ZUM GEBET: Bitte darum, Gott möge dir immer mehr Weisheit schenken, für heute und für alle Tages deines Lebens.

ZUM BIBELSTUDIUM: Lies Lukas 24,13-35 und beachte, wie der Herr den Jüngern auf der Straße nach Emmaus mit dem Wort diente.

»Die Vorschriften des Herrn sind richtig und erfreuen das Herz« (Ps. 19,9).

Das Bewusstsein, dein Leben verläuft auf der richtigen Bahn, ist eine Quelle großer Freude.

Worüber freust du dich? Deine Antwort wird viel über deine Vorlieben und über die Richtung offenbaren, die es geistlicherweise nimmt.
Der Psalmist schreibt: »Glückselig der Mann, der nicht folgt dem Rat der Gottlosen, den Weg der Sünder nicht betritt und nicht im Kreis der Spötter sitzt, sondern seine Lust hat am Gesetz des Herrn und über sein Gesetz sinnt Tag und Nacht! Er ist wie ein Baum, gepflanzt an Wasserbächen, der seine Frucht bringt zu seiner Zeit und dessen Laub nicht verwelkt; alles, was er tut, gelingt ihm« (Ps. 1,1-3).
Der Psalmist wusste, dass wahre Freude und Glückseligkeit aus der Erkenntnis Gottes und aus dem Bleiben an Seinem Wort kommt. Eben darauf vertraute auch David, wenn er schreibt: »Die Vorschriften des Herrn sind richtig und erfreuen das Herz« (Ps. 19,9).
Mit den »Vorschriften« sind in diesem Vers die göttlichen Grundsätze und Leitlinien für den Charakter und das Verhalten gemeint. Gott hat dich erschaffen und weiß, wie du zu leben hast, um Ihn zu ehren. Dazu hat Er in Seinem Wort alle Vorschriften offenbart, die du dafür kennen musst.
Jede göttliche Vorschrift ist »richtig«. Sie zeigt dir den rechten und wahren Weg. Welch Vertrauen gibt das! Während viele um dich her entmutigt und niedergeschlagen sind, weil sie weder Weg noch Ziel wissen, scheint dir Gottes Wort als Leuchte für deinen Fuß und als Licht auf deinem Pfad (Ps. 119,105). Es leitet dich durch das verwirrende Labyrinth des Lebens und gibt deinem Leben Ewigkeitswert. Lebe nicht nur deinen Vergnügungen. Dein Leben hat ein hohes und heiliges Ziel, und täglich kannst du mit Freude erfüllt sein, wenn du siehst, dass du diesem Ziel näherkommst.

Zum Gebet: Bitte Gott, heute und alle Tage, deiner ewigen Berufung bewusst zu sein. · Bitte Ihn, Er möge dich zu jemand schicken, der Christus braucht und ein Empfinden für den Sinnmangel in seinem Leben hat.

Zum Bibelstudium: Lies Kolosser 3,1-4. · Wie beschreibt Paulus den Herrn? · Worauf soll unser Denken gerichtet sein? · Nimmst du die Ermahnung des Apostels ernst?

»Das Gebot des HERRN ist lauter und macht die Augen hell« (Ps. 19,9).

Gehorsam gegen das Wort ist das Kennzeichen des wahren Gläubigen.

Heutzutage ist es nicht populär, von der Bibel als einem Gebote-Buch zu reden. Gebote haben mit Gesetz zu tun, und wir kennen die Gnade. Tatsache aber ist, dass sowohl das Alte als auch das Neue Testament eine Fülle von Geboten enthalten, die Gottes Volk zu befolgen hat.

Der Apostel Johannes sagt: »Und hieran erkennen wir, dass wir ihn erkannt haben, wenn wir seine Gebote halten. Wer sagt: Ich habe ihn erkannt und hält seine Gebote nicht, ist ein Lügner und in dem ist nicht die Wahrheit. Wer aber sein Wort hält, in dem ist wahrhaftig die Liebe Gottes vollendet« (1. Joh. 2,3-5). Für Johannes sind die Gebote Gottes und das Wort Gottes dasselbe.

Jesus sagt selbst: »Wenn ihr mich liebt, so werdet ihr meine Gebote halten« (Joh. 14,1) und: »Wer meine Gebote hat und sie hält, der ist es, der mich liebt; wer aber mich liebt, wird von meinem Vater geliebt werden« (Vers 21). Wenn du wirklich Christus liebst, wird dein Leben durch Gehorsam gegen Sein Wort gekennzeichnet sein.

Jedes Gebot Gottes ist »rein«, sagt der Psalmist (Ps. 19,9). Davon kommen »helle Augen«. Gottes Wort macht geistliche Wahrheiten sehr deutlich. Nicht jede Schriftstelle ist leicht verständlich; aber aufs Ganze gesehen ist die Botschaft dem wiedergeborenen Herzen klar verständlich.

Aber so deutlich die Bibel den Gläubigen ist, so wenig verstehen die nicht erretteten Menschen sie. Sie ist ihnen Torheit, weil ihr Sinn nicht erleuchtet wurde (1. Kor. 2,14). In ihrer geistlichen Blindheit entscheiden sie mit menschlich-philosophischen Spekulationen über Gottes Wort. Doch als Gläubiger wirst du beständig durch die Wahrheit des Wortes Gottes erleuchtet, so wie der Heilige Geist dir Verständnis gewährt und dies auf dein Leben anwendet. Deine Fähigkeit, das Wort zu begreifen, ist eine unschätzbare Gabe. Gebrauche sie, indem du täglich deine Bibelkenntnis vermehrst und dementsprechend gehorsamer wirst.

ZUM GEBET: Danke dem Herrn, dass Er dir Verständnis für die Wahrheit Seines Wort verliehen hat. · Nimm dir vor, täglich wenigstens eine neue Wahrheit aus der Schrift zu entdecken.

ZUM BIBELSTUDIUM: Lies 1. Korinther 2,14-16. Womit vergleicht Paulus den natürlichen (nicht-wiedergeborenen) Menschen und den geistlichen (wiedergeborenen) Menschen?

»Die Furcht des HERRN ist rein und besteht in Ewigkeit« (Ps. 19,10).

Gottesfurcht führt zu ehrerbietigem Verhalten und Tun.

Im Alten Testament bestand die Gottesfurcht darin, Ihm mit Demut und Ehrfurcht zu begegnen und sich seiner souveränen Macht zu beugen. In Psalm 34 schreibt David: »Kommt, ihr Söhne, hört mir zu: die Furcht des Herrn will ich euch lehren. Wer ist der Mann, der Lust zum Leben hat, der [seine] Tage liebt, um Gutes zu sehen? Bewahre deine Zunge vor Bösem und deine Lippen vor betrügerischer Rede; lass ab vom Bösen und tue Gutes, suche Frieden und jage ihm nach!« (Ps. 34,12-15). Und sein Sohn Salomo fügt hinzu: »Die Furcht des HERRN ist der Anfang der Erkenntnis ... fürchte den HERRN und weiche vom Bösen!« (Spr. 1,7; 3,7).

Das Konzept der Gottesfurcht ist nicht auf das Alte Testament beschränkt. Paulus sagt: »Bewirkt euer Heil mit Furcht und Zittern« (Phil. 2,12), »So wollen wir uns reinigen von jeder Befleckung des Fleisches und des Geistes und die Heiligkeit vollenden in der Furcht Gottes« (2. Kor. 7,1) und: »Ordnet euch einander unter in der Furcht Christi« (Eph. 5,21).

Unsere Gottesfurcht bringt uns dazu, Ihn anzubeten und unser Leben seinem Willen anzupassen. Wenn du Ihn fürchtest, wird dein höchstes Vergnügen sein, Ihm wohlzugefallen und dein größtes Bedauern, wenn du Ihm missfallen hast.

In Psalm 19,10 braucht David das Wort »Furcht« als Synonym für Gottes Wort, womit er sagt, dass die Bibel die Anleitung zu rechtem Gottesdienst ist. »Rein« ist eine Zusammenfassung, die so zu verstehen ist: Gottes Wort ist frei von Sünde, Verderbnis, Schmutz, Unreinheit, Unvollständigkeit und Irrtum. Die durch die Schrift übermittelten Botschaften sind immer »reine Worte – Silber, das geläutert in dem Schmelztiegel zur Erde fließt, siebenmal gereinigt« (Ps. 12,6).

Weil sie so vollkommen ist, besteht die Bibel in Ewigkeit (Ps.19,9). Darum sagt auch der Herr: »Der Himmel und die Erde werden vergehen, meine Worte aber werden *nicht* vergehen« (Mark. 13,31). Sie braucht nie »auf den neuesten Stand« gebracht oder dem Zeitgeist entsprechend verändert zu werden. Sie bleibt ewig bestehen, autoritativ und felsenfest. Wer über sie zu Gericht sitzt, sie schmäht oder ignoriert, befindet sich in höchster Gefahr. Es ist weit besser, Gott zu fürchten und sich vor Seinem offenbarten Willen zu beugen.

ZUM GEBET: Lies Psalm 33 als ein Dankgebet zu deinem Gott.

ZUM BIBELSTUDIUM: Lerne Sprüche 3,5-7 auswendig, damit du dadurch erinnert wirst, allezeit den Willen und das Wohlgefallen Gottes zu suchen.

»Die Rechtsbestimmungen des HERRN sind Wahrheit, sie sind gerecht allesamt« (Ps. 19,10).

Gottes Wort ist wahr und erzeugt Gerechtigkeit im Leben des Gläubigen.

Die Unfähigkeit menschlicher Weisheit, rechtschaffenes Leben hervorzubringen, wurde mir aufs Neue klar, als ich in dem Buch einer zeitgenössischen Psychotherapeutin las, wie Depressionen zu überwinden seien. Der erste Rat der Ärztin war, immer »Weg damit!« zu rufen, wenn ein negativer Gedanke auftauchte. Sie empfahl außerdem, ein Tonband mit positiven Botschaften während des Nachtschlafs laufen zu lassen und tagsüber positive Musik zu hören.

Ein anderer Rat war, irgendeine bedeutsame Philosophie zu studieren. Sie sagte, es sei einerlei, welche – Hauptsache, sie hilft dem Patienten –; doch warnte sie davor, von Sünde und Schuld zu sprechen. Alles gipfelte dann darin, man solle das spirituelle Licht in sich selbst entdecken.

Solcherlei Rat ist Torheit, weil er keinen Bezug zur Wahrheit hat. Das Beste, was dadurch erreicht werden kann, ist ein Kurieren von Symptomen. Die Krankheit selbst wird nicht geheilt.

Der Herr Jesus macht deutlich, wie hoffnungslos die Suche nach Wahrheit auf diesem Wege ist, wenn er einer Gruppe von Ungläubigen sagt: »Warum versteht ihr meine Sprache nicht? Weil ihr mein Wort nicht hören könnt. *Ihr* seid aus dem Vater, dem Teufel, … [er] stand nicht in der Wahrheit, weil keine Wahrheit in ihm ist. Wenn er die Lüge redet, so redet er aus seinem Eigenen, denn er ist ein Lügner und ein Vater derselben. Weil ich aber die Wahrheit sage, glaubt ihr mir nicht … Wer aus Gott ist, hört die Worte Gottes. Darum hört *ihr* nicht, weil ihr nicht aus Gott seid« (Joh. 8,43-47).

Ungläubige sehen Gottes Wort nicht als Wahrheit an. Gläubige aber hören die Wahrheit und beugen sich darunter. Wie David wissen sie, dass die Rechtsbestimmungen des HERRN Wahrheit und allesamt gerecht sind (Ps. 19,10).

Mit »Rechtsbestimmungen« sind in diesem Zusammenhang Anordnungen oder göttliche, »höchstrichterliche Urteile« gemeint. Sie sind »gerecht allesamt«; wer sie befolgt, wird zu allumfassender Gerechtigkeit angeleitet. Zusammengefasst bezeugen diese beiden Ausdrücke, dass wahre Gerechtigkeit aus Gottes Wort stammt und sich von dort unter Gottes Volk ausbreitet.

ZUM GEBET: Preise Gott, dass Er dir Sein Gerechtigkeit wirkendes Wort gegeben hat.

ZUM BIBELSTUDIUM: Was sagen die folgenden Stellen über Gottes gerechtes Wort? Psalm 119,89.128.137-138.142.160?

»Sie [Rechtsbestimmungen des HERRN], die köstlicher sind als Gold, ja, viel gediegenes Gold und süßer als Honig und Honigseim« (Ps. 19,11).

Du müsstest die Bibel höher bewerten als alle irdischen Schätze.

Ich habe einen Freund, der eine wunderschöne Sammlung kostbarer Bibeln besitzt. Am meisten gefällt mir ein ganz früher Druck aus dem sechzehnten Jahrhundert aus England. Als ich sie das erstemal in Händen hielt, bemerkte ich gleich, dass das obere Drittel aller Seiten ganz mit schwarzen Flecken bedeckt ist. Ich war tief erschüttert, als ich erfuhr, dass diese von dem Blut des damaligen Besitzers stammten.

Mein Freund erklärte mir, dass damals Maria die Blutige in England regierte. Sie hatte Freude daran, die Protestanten zu quälen und so viele wie möglich zu ermorden. Ihre Soldaten hatten eine Reihe schrecklicher Methoden, ihre Opfer umzubringen; zum Schluss tauchten sie dann deren Bibel in das vergossene Blut. Einige dieser Bibeln sind erhalten geblieben und als Märtyrerbibeln bekannt geworden. Wissenschaftliche Untersuchungen haben bestätigt, dass es sich bei den dunklen Flecken auf der Bibel meines Freundes tatsächlich um Menschenblut handelt.

Diese Bibel war vom fleißigen Gebrauch sehr abgenutzt und auf manchen Seiten finden sich Wasserflecken – vielleicht von Tränen? Offensichtlich war sie jemandes wichtigster Besitz; das Blut ist der Beweis dafür.

Psalm 19,11 spricht solchen Leuten aus dem Herzen, indem dort die Kostbarkeit des Wortes Gottes gepriesen wird. Für David war es mehr wert als das beste Gold und der reinste Honig. Darüber nachzudenken bedeutete ihm mehr als die wertvollsten und angenehmsten Dinge des natürlichen Lebens. Er wusste um die Fähigkeit der Schrift, allen geistlichen Hunger zu stillen.

Obwohl das Wort Gottes so kostbar ist, nehmen viele Christen es für selbstverständlich und werden in ihrem Bibellesen träge. Einige leben jahrelang dahin, ohne neue Einsichten aus der Bibel zu gewinnen.

Vielleicht kennst du einen, dem das so geht. Wenn ja, dann bitte den Herrn um Weisheit, ihn freundlich zu treuerem Umgang mit Gottes Wort anzuregen. Achte aber darauf, inzwischen nicht selbst gleichgültig zu werden.

Zum Gebet: Danke Gott für das Vorbild derer, die Gottes Wort um den Preis ihres Lebens geliebt haben. · Bitte Ihn um das Begehren, dich täglich daran nähren zu wollen und um den Antrieb, das auch zu tun.

Zum Bibelstudium: Lies 1. Petrus 2,1-2 als Erinnerung daran, dass dein Herz stets empfindsam für die Kostbarkeit des Wortes Gottes bleibt.

*»Auch wird dein Knecht durch sie gewarnt;
in ihrer Befolgung liegt großer Lohn« (Ps. 19,12).*

**Gottes Warnungen ernst nehmen
bringt geistliche Bewahrung und große Freude.**

Dieser Vers beschließt Davids Jubellied von der Allgenugsamkeit der Schrift. Sehr passend endet es mit der Wertschätzung göttlicher Ermahnungen! Denn Sein Volk vor Versuchungen, Sünde, Irrtum, Torheit, falschen Lehrern und jeder anderen Bedrohung zu bewahren und das geistliche Wohlbefinden zu fördern, ist ein Hauptinteresse Gottes. So sagt Gott zum Beispiel zu Hesekiel: »Dich nun, Menschensohn, habe ich als Wächter für das Haus Israel eingesetzt. Du sollst das Wort aus meinem Munde hören und sie von meinetwegen warnen« (33,7). Die große Tragödie des Alten Testaments liegt darin: »Sie verwarfen seine Ordnungen und seinen Bund, den er mit ihren Vätern geschlossen, und seine Warnungen, mit denen er sie gewarnt hatte« (2. Kön. 17,15). Der Apostel Paulus definierte seinen Dienst so: »Ihn [Christus] verkünden wir, indem wir jeden Menschen ermahnen und jeden Menschen in aller Weisheit lehren« (Kol. 1,28). Nachdem er die Gemeinde in Thessalonich ermahnt hatte, auf sexuelle Reinheit zu achten, fügt Paulus hinzu: »... weil der Herr Rächer ist über dies alles, wie wir euch auch vorher [schon] gesagt und eindringlich bezeugt haben« (1. Thess. 4,6).
Auch die ephesische Gemeinde warnt er und sagt: »Ich weiß, dass nach meinem Abschied grausame Wölfe zu euch hereinkommen werden, die der Herde nicht schonen. Und aus eurer eigenen Mitte werden Männer aufstehen, die verkehrte Dinge reden, um die Jünger abzuziehen hinter sich her. Darum wacht und denkt daran, dass ich drei Jahre lang Nacht und Tag nicht aufgehört habe, einen jeden unter Tränen zu ermahnen« (Apg. 20,29-32). Er tat das, indem er ihnen den ganzen Ratschluss Gottes verkündigte (Vers 27).
Die Warnungen der Schrift wurden uns nicht gegeben, uns zu frustrieren oder unter Zwang zu setzen; im Gegenteil, wenn du sie ernst nimmst, werden sie dich vor geistlichem Kummer bewahren und dich hoch erfreuen, weil du mit Gottes Willen übereinstimmst. Das ist der »große Lohn«, von dem David in Vers 12 spricht. Mögest du ihn empfangen, wie er es am Ende tat, indem du Gottes Wort in allen Lebenslagen beachtest.

ZUM GEBET: Überwältigt von der Allgenugsamkeit des Wortes Gottes, betete David: »Lass die Reden meines Mundes und das Sinnen meines Herzens wohlgefällig vor dir sein, HERR, mein Fels und mein Erlöser!« (Vers 15). Mache das auch zu deinem Gebet.

ZUM BIBELSTUDIUM: Lies noch einmal Psalm 19,8-12 und schreibe alle Segnungen der Schrift auf. Was haben sie mit deinem Leben zu tun?.

»Du weißt, von wem du gelernt hast,
und weil du von Kind auf die heiligen Schriften kennst,
die Kraft haben, dich weise zu machen zur Errettung
durch den Glauben, der in Christus Jesus ist« (2. Tim. 3,14-15).

Wer den Samen des göttlichen Wortes in das Herz eines Kindes pflanzt und dort hegt, kann eine überreiche geistliche Ernte erwarten.

Vor einiger Zeit traf ich eine Gruppe christlicher Führer, um mit ihnen Kandidaten für einen bedeutenden Dienst auszusuchen. Während unserer Besprechungen kam mir der Gedanke, dass die Väter der Kandidaten alle bekannte Pastoren waren. Jeder dieser Kandidaten war in einer Familie groß geworden, in der geistliche Wahrheiten täglich gelehrt und gelebt wurden. Das zeigt, welch mächtigen Einfluss ein christliches Erbe auf einen Menschen haben kann – ob er nun Pastor wird oder nicht. Keinesfalls sind es aber nur die Väter, die ihre Kinder im Sinne der Gerechtigkeit beeinflussen; eine fromme Mutter hat in der Regel viel mehr Möglichkeiten dazu.

Dr. G. Campbell Morgan hatte vier Söhne, die alle seinem Beispiel folgten und Pastoren wurden. Es wird berichtet, dass bei einem Familientreffen ein Freund einen der Söhne fragte: »Welcher Morgan ist denn nun der größte Prediger?« »Das ist leicht entschieden«, antwortete der Sohn, »Mutter!«

Timotheus hatte die Wohltat eines solchen Erbteils erfahren. Seine Mutter Eunice und seine Großmutter Lois (2. Tim. 1,5) lehrten ihn die Heiligen Schriften, die Weisheit geben und zur Errettung führen (2. Tim. 3,15). Schon als Kind wurde Timotheus für seinen Dienst ausgerüstet, zu dem ihn Gott später berufen sollte. Sein geistliches Training wurde ihm als Kind zuteil – und der geistliche Vorrat an biblischem Wissen, den er damals ansammelte, war ein wesentliches Hilfsmittel für seinen Dienst als Erwachsener.

Das kostbarste Gut, das Väter und Mütter ihren Kindern mitgeben können, ist eine gottesfürchtige Erziehung. Sie wird zur Grundlage für jeden späteren Dienst.

Zum Gebet: Preise Gott für alle, die dich im Wort Gottes unterwiesen und in der Gerechtigkeit bestärkt haben. · Hast du Kinder, so bete, dass sie dich in Treue übertreffen mögen · Bete treu für junge Menschen um dich her und sei ihnen ein Vorbild in Gottesfurcht, dem sie nacheifern können.

Zum Bibelstudium: Lies 1. Samuel 1,1 – 2,10. Welche Kennzeichen einer frommen Mutter findest du bei Hanna?

»Alle Schrift ist von Gott eingegeben und nützlich zur Lehre, zur Überführung, zur Zurechtweisung, zur Unterweisung in der Gerechtigkeit« (2. Tim. 3,16).

Die Bibel ist das Handbuch für göttliche Wahrheit.

Diesen Monat haben wir über manchen Segen der Heiligen Schrift nachgedacht. In unserem Vers finden wir vier weitere, denen wir bis zum Monatsende unsere Aufmerksamkeit schenken wollen: Sie lehrt Wahrheit, sie deckt Sünde und Irrtum auf, sie verändert das Verhalten und übt uns in der Gerechtigkeit. Wir sind bei den vorhergehenden Betrachtungen all diesem schon irgendwie begegnet; aber wir müssen sie wegen dieses Verses noch einmal anschauen, weil er die straffste Aussage über die Kraft und den Zweck der Schrift darstellt.

Erstens ist die Schrift »nützlich zur Lehre«. Das griechische, mit »Lehre« übersetzte Wort meint mehr den Inhalt als den Vorgang des Lehrens. Die Bibel ist Gottes Handbuch für die Wahrheit, das deine Gedanken und Taten prägen soll. Als Gläubiger hast du die Fähigkeit, die Schrift zu verstehen und entsprechend zu reagieren, weil nämlich der Heilige Geist in dir wohnt und dir geistliche Auffassungsgabe, Weisheit und Verständnis mitteilt (1. Joh. 2,27). Du hast »Christi Sinn« (1. Kor. 2,16).

Aber der Besitz der Fähigkeit, geistliche Wahrheiten zu verstehen, garantiert nicht, dass man sie auch anwendet. Den Israeliten ließ Gott durch den Propheten Hosea sagen: »Mein Volk kommt um aus Mangel an Erkenntnis« (4,6). Gottes Wahrheit stand dem Volk zur Verfügung; aber sie ignorierten sie und lebten in Ungehorsam.

Ich habe viele Menschen klagen gehört, sie hätten sich manchen Kummer sparen können, wenn sie nur die Bibel besser gekannt hätten – wenn sie sich nur die Zeit genommen hätten, um herauszufinden, was Gott in einer bestimmten Situation von ihnen erwartet hat. Vielleicht kennst du das. Die beste Art, diesen Fehler in Zukunft zu vermeiden, ist die, von jetzt an treu, mit viel Gebet, geduldig und intensiv deinen Sinn mit biblischer Wahrheit zu erfüllen und dann konsequent nach diesen Grundsätzen leben. Das wird eine bleibende Herausforderung sein; aber nur so werden wir aus der biblischen Lehre praktischen Nutzen ziehen und unnötigen Kummer vermeiden.

Ich bete dafür, dass du heute Mut fasst, das, was du aus Gottes Wort lernst, eifrig in die Tat umzusetzen.

ZUM GEBET: Bitte Gott, deine Lebensumstände dazu zu benutzen, dich näher zu Ihm zu bringen und tiefer in Seinem Wort zu graben.

ZUM BIBELSTUDIUM: Lies 2. Mose 24,1-8. · Wie reagierten die Israeliten auf das Wort Gottes? Wie machst du es?

»Alle Schrift … ist nützlich … zur Überführung« (2. Tim. 3,16).

Die Schrift ist der Maßstab, den du an alles anlegen musst.

Im November 1978 besuchte Leo Ryan, Mitglied des amerikanischen Repräsentantenhauses, den »People's Tempel« in Guyana (diese Sekte stammte aus Kalifornien). Er wollte die Berichte überprüfen, nach denen dort Leute gegen ihren Willen festgehalten wurden. Bald darauf wurde die Welt von der Meldung geschockt, der Abgeordnete sei mit seiner Begleitung in einen Hinterhalt gelockt und ermordet worden.

Noch viel schockierender war dann die furchtbare Entdeckung, die man einige Tage später machte. Die Behörden, die in das Grundstück in Jonestown, Guyana, eindrangen, stießen voller Entsetzen auf die Leichen von 780 Sektenmitgliedern, die erschossen waren oder Selbstmord mit Zyankali begangen hatten. Ihr Führer, Reverend Jim Jones, wurde in der Nähe des Altars entdeckt – er hatte sich durch einen Kopfschuss getötet.

Für viele war es das erste Mal, dass sie mit den tödlichen Auswirkungen satanischer Lehren konfrontiert wurden. In Büchern und Zeitschriften versuchte man monatelang zu erklären, wie es in unserer Zeit möglich war, so verführt und in den Freitod getrieben zu werden. Aber so tragisch das Sterben in Jonestown war, die meisten Kommentatoren übersahen die weit größere Tragödie – die geistliche Verdammnis, in die Jim Jones, David Koresh und all die anderen falschen Lehrer ihre Nachfolger gestürzt hatten.

Geistliche Verführung nimmt Gott äußerst ernst. Darum hat Er uns in der Schrift die Wahrheit mitgeteilt und alles, was dem widerspricht, entschieden zurückgewiesen. Das griechische, hier mit »Überführung« wiedergegebene Wort bedeutet »zurückweisen« oder »jemand entgegentreten«, der Fehlverhalten oder falsche Lehre predigt.

Wenn du die Schrift genau kennst, hast du einen Maßstab, mit dem du jede Lehre beurteilen kannst. Dir fällt es dann nicht schwer, zu merken, wo etwas Falsches gelehrt wird und du kannst dich so vor Verführung schützen. Daran dachte auch Johannes, als er sagte: »Ich habe euch, jungen Männern, geschrieben, weil ihr stark seid und das Wort Gottes in euch bleibt und ihr den Bösen überwunden habt« (1. Joh. 2,14). Falsche Lehrer werden stets versuchen, das Wort Gottes zunichte zu machen, weil zuerst Gottes Wahrheit ausgeschaltet sein muss, bevor sie ihre Lügen rechtfertigen können. Hüte dich vor ihrer List, indem du stark durch Gottes Wort wirst.

Zum Gebet: Danke Gott, dass Er 2,5dich vor geistlicher Verführung bewahrt hat. · Bete für alle, die falscher Lehre zum Opfer gefallen sind und nimm jede Gelegenheit wahr, sie mit Gottes Wort in Verbindung zu bringen.

Zum Bibelstudium: Lies 2. Korinther 11,1-4, 13-15. Wie beschreibt Paulus falsche Lehrer?

»Alle Schrift … ist nützlich … zur Überführung« (2. Tim. 3,16).

Menschen, denen nichts an einem heiligen Lebenswandel liegt, mögen sich gesunder Lehre nicht aussetzen.

Paulus ermahnte den Timotheus: »Predige das Wort, stehe bereit zu gelegener und ungelegener Zeit; überführe, weise zurecht, ermahne mit aller Langmut und Lehre« (2. Tim. 4,2). Er wusste, dass eine Zeit kommen würde, wo sie die gesunde Lehre nicht ertragen, »weil es ihnen in den Ohren kitzelt«, was die Irrlehrer sagen. »Und sie werden die Ohren von der Wahrheit abkehren und sich zu den Fabeln hinwenden« (die Verse 3-4).

Das gilt gewiss in der heutigen Zeit. Viele, die bekennen, Christus zu lieben, mögen Sein Wort nicht anhören. Oft fallen sie in geistliche Selbstzufriedenheit und umgeben sich mit Lehrern, die ihnen genau das sagen, was sie hören möchten. Finden sie keine Botschaft nach ihrem Geschmack, so schwimmen sie von Gemeinde zu Gemeinde oder sie bleiben einfach ganz zu Hause.

Solche Menschen haben ganz verdrehte Vorstellungen von biblischen Tröstungen und müssten sich ernsthaft prüfen, ob sie denn wirklich Gläubige sind (2. Kor. 13,5). Ihr Verhalten steht in krassem Gegensatz zu denen, die Christus wirklich lieben und mit dem ernsten Begehren unter sein Wort zu kommen, dessen Wahrheiten zu lernen und danach zu tun.

Doch selbst wahre Gläubige stehen in Gefahr, gleichgültig und kompromissbereit zu werden. Vielleicht hast du schon gemerkt, dass sich sündenbeladene Christen vor dem Wort Gottes drücken. Manchmal kommen sie eine Zeit lang nicht zur Bibelstunde. Sie meiden auch den Umgang mit anderen Gläubigen – besonders mit solchen, die sie für ihr Verhalten verantwortlich machen, weil sie genau wissen, was zu tun wäre.

Aber wie alle liebenden Eltern erlaubt auch Gott Seinen Kindern nicht, lange in der Sünde zu verharren. Darum erzieht Er sie (Hebr. 12,5-11). Früher oder später müssen sie Buße tun und mit Ihm ausgesöhnt werden.

Damit sündigende Christen wieder mit Gott ins Reine kommen, ist es sehr wichtig, dass andere Gläubige für sie anhaltend beten. Gott mag es gefallen, dich in dieser Weise zu gebrauchen; so sei allezeit zum Beten bereit und setze alles daran, anderen im Geiste der Sanftmut bei der Wiederherstellung zu helfen (Gal. 6,1).

ZUM GEBET: Kennst du einen Christen, der dem Wort Gottes ungehorsam ist? Wenn ja, dann bitte Gott, ihn zur Buße zu bringen. Sage dem Menschen, dass du für ihn betest und über ihn betrübt bist und stelle dich für den Wiederherstellungsprozess zur Verfügung, wenn der Herr es will.

ZUM BIBELSTUDIUM: Was sagt Matthäus 18,15-20 über den Umgang mit Christen, die sündigen?

»Alle Schrift … ist nützlich … zur Zurechtweisung« (2. *Tim.* 3,16).

Gottes Wort stärkt den bußfertigen Sünder.

Wenn du ein Gartenliebhaber bist, weißt du, dass artgerechtes Beschneiden das gesamte Wachstum und die Produktivität der Pflanzen erhöht. Sicher wussten die Zuhörer Jesu auch, was Er meinte, wenn Er sagt: »Ich bin der wahre Weinstock und mein Vater ist der Weingärtner. Jede Rebe an mir, die nicht Frucht bringt, die nimmt er weg; und jede, die Frucht bringt, die reinigt er, dass sie mehr Frucht bringe. *Ihr* seid schon rein um des Wortes willen, das ich zu euch geredet habe« (Joh. 15,1-3).

Der Herr vergleicht die Gläubigen mit Reben, die der Vater beschneidet, damit sie möglichst viel Frucht tragen. Das Wort ist Sein Winzermesser, das Er geschickt und genau anwendet, um unsere Unvollkommenheiten zu entfernen und die Gottesfurcht zu fördern. Er will alles aus unserem Leben entfernen, was uns am geistlichen Wachstum hindert.

Das hier mit »Zurechtweisung« übersetzte Wort spricht von der bestärkenden Wirkung des göttlichen Wortes. Die Schrift legt nicht nur die Sünde offen, sondern sie stärkt dich auch und stellt deine richtige geistliche Einstellung wieder her. Sie überführt dich und gibt dann Anweisungen zu einem rechten Neuanfang.

In Hiob 17,9 heißt es: »Der Gerechte wird an seinem Wege festhalten, und der, dessen Hände rein sind, wird an Stärke zunehmen.« Und Paulus fügt hinzu: »Und nun befehle ich euch Gott und dem Wort seiner Gnade, das die Kraft hat, aufzuerbauen und ein Erbe unter allen Geheiligten zu geben« (Apg. 20,32).

Wenn der Geist die Schrift gebraucht, um Sünde in deinem Leben aufzudecken, dann lasse die Sünde und tue, was die Schrift dir stattdessen sagt. Das Ergebnis wird eine Stärkung deines geistlichen Wandels sein. Hilfe auf diesem Wege erfährt, »wer sich nährt durch die Worte des Glaubens und der guten Lehre« (1. Tim. 4,6).

Ich bin überzeugt, dass jede Schwachheit bei dir zu einem Bereich großer Kraft werden kann, wenn du Gottes Wort erlaubst, sein heiligendes Werk an dir zu tun.

Zum Gebet: Danke Gott für die stärkende und wiederherstellende Kraft Seines Wortes. · Wenn es bei dir einen Lebensbereich gibt, der schwach und versuchlich ist, bekenne es dem Herrn und fange heute an, dich durch Sein Wort stärken zu lassen.

Zum Bibelstudium: Lies Epheser 1,18-23 und 3,14-21. · Worum bat Paulus? · Wie erweist Gott Seine Macht den Gläubigen gegenüber? · Reicht Gottes Macht für alle geistlichen Bedürfnisse? Erkläre.

»Alle Schrift ... ist nützlich ... zur Unterweisung in der Gerechtigkeit« (2. *Tim.* 3,16).

Gott ernährt dein geistliches Leben.

Wir beschließen unsere Betrachtung über das Wesen und die Segnungen des Wortes Gottes, indem wir unser Augenmerk auf die Wohltat richten, die alles zusammenfasst: die Unterweisung in der Gerechtigkeit. Alles, was das Wort zu deiner Belehrung, Überführung, Zurechtweisung tut, dient dazu, dass du in der Gerechtigkeit zunimmst, »damit der Mensch Gottes richtig sei, für jedes gute Werk ausgerüstet« (2. Tim. 3,17).

»Unterweisung« bezieht sich auf die Ausbildung und Erziehung von Kindern. Das Neue Testament braucht auch den Ausdruck »Züchtigung«, der sowohl in der Kindererziehung als auch beim geistlichen Wachstum eine bedeutende Rolle spielt (Hebr. 12,5-11). Der Gedanke ist: Vom geistlichen Säugling bis zum erwachsenen Christen unterweist und erzieht uns die Schrift in der Gottesfurcht.

Die Schrift ist geistliche Nahrung. Der Herr sagt: »Nicht vom Brot allein soll der Mensch leben, sondern von jedem Wort, das durch den Mund Gottes ausgeht« (Matth. 4,4). Und Petrus ermahnt uns: »Seid wie neugeborene Kinder begierig nach der vernünftigen, unverfälschten Milch – damit ihr durch sie wachset zur Rettung« (1. Petr. 2,2). Du müsstest nach dem Wort verlangen wie ein Baby nach der Milch. Aber Petrus setzt dieser Aussage die Ermahnung voran, »allen Trug und Heuchelei und Neid und alles üble Nachreden« abzulegen (Vers 1). Das ist die Voraussetzung. Jakobus lehrt den gleichen Grundsatz: »Deshalb legt ab alle Unsauberkeit und das Übermaß an Schlechtigkeit und nehmt das eingepflanzte Wort mit Sanftmut auf« (Jak. 1,21). Sich an dem Wort zu nähren, ohne vorher seine Sünden bekannt zu haben, ist so, als wollte man mit einem Maulkorb essen.

Entweder hält dich das Wort von der Sünde ab oder die Sünde hält dich von dem Wort ab. Bringe die Sache mit der Sünde sofort in Ordnung, damit sie dir den Appetit an Gottes Wort nicht verdirbt. Auch wenn du die Bibel gut kennst, musst du dich regelmäßig durch ihre Kraft erneuern und an deren Wahrheiten erinnern lassen. Darin liegt der Schlüssel zu geistlicher Gesundheit und Freude.

ZUM GEBET: Danke Gott für die Nahrung aus Seinem Wort. · Suche Seine Weisheit und Gnade, wenn du mit Sünde zu tun hast. Übergehe das nicht; denn sonst wird dein Verlangen nach biblischer Wahrheit verschwinden.

ZUM BIBELSTUDIUM: Lies Philipper 3,1 und 2. Petrus 1,12-15. · Was sagen Paulus und Petrus über die Wichtigkeit, an geistliche Wahrheiten erinnert zu werden, die du schon kennst? · Folgst du diesem Rat?

*»Der Glaube ist eine Verwirklichung dessen, was man hofft,
ein Überführtsein von Dingen, die man nicht sieht.
Denn durch ihn haben die Alten Zeugnis erlangt (Hebr. 11,1-2).*

Der christliche Glaube bringt gerechte Taten hervor.

Hebräer 11 nennt man »das Kapitel der Glaubenshelden«, »das Glaubenskapitel«, »die Ruhmeshalle der Heiligen« oder auch wohl »die Westminsterabtei der Bibel« (diese Kirche ist voller Ehrenmäler). Dies sind richtige Bezeichnungen, weil in diesem Kapitel die Tugenden der Glaubenshelden dargestellt werden, wie sie sich im Leben der alttestamentlichen Heiligen zeigten. Außerdem werden wir daran erinnert, dass man ohne Glauben Gott nicht gefallen kann.

Das war für die Hebräer des ersten Jahrhunderts nötig, weil der Judaismus den wahren Glauben an Gott verdrängt und ein gesetzliches System der Werkgerechtigkeit eingeführt hatte. Diese Botschaft ist aber auch heute noch von Bedeutung, weil unsere Hingabe an Christus sehr leicht zu einer Religion von Gesetzen und Vorschriften verkommen kann.

Während der Schreiber des Hebräerbriefes den Vorrang des Glaubens betont, untergräbt er nicht die Bedeutung der gerechten Werke. Ganz im Gegenteil, er ermahnt uns: »Lasst uns aufeinander achthaben, um uns zur Liebe und zu guten Werken anzureizen« (10,24) und der Heiligung nachzustreben, damit andere Christus in uns sehen und zu Ihm gezogen werden (12,4).

Doch gerechte Werke sind das Ergebnis der Errettung, nicht das Mittel dazu. Paulus sagt: »Wir sind sein Gebilde, in Christus Jesus geschaffen zu guten Werken, die Gott zuvor bereitet hat, damit wir in ihnen wandeln sollen« (Eph. 2,10). Ohne Glauben sind alle Versuche, Gott durch gute Werke zu gefallen, so nutzlos und beleidigend wie »ein beflecktes Kleid« (Jes. 64,5). Darum setzte Paulus alle seine jüdisch legalistischen Praktiken frohgemut beiseite und nannte sie »Dreck«. Er wollte nichts als »die Gerechtigkeit aus Gott aufgrund des Glaubens« (Phil. 3,8-9).

In diesem Monat werden wir die Glaubenshelden aus Hebräer 11 studieren. Dabei werden wir uns erinnern, dass sie keine perfekte Menschen waren. Aber ihr Glaube war beispielhaft und durch ihn erhielten sie Gottes Anerkennung. Das möge auch auf dich zutreffen!

ZUM GEBET: Danke Gott für die Gabe des Glaubens. · Gewiss kennst auch du Menschen, die Gott durch eigene Anstrengungen gefallen wollen. Bete für sie und nimm jede Gelegenheit wahr, ihnen von der Errettung durch den Glauben an Christus zu erzählen.

ZUM BIBELSTUDIUM: Suche dir eine Gestalt aus Hebräer 11 aus und lies im Alten Testament deren Lebensbeschreibung nach.

»Der Glaube ist eine Verwirklichung dessen, was man hofft« (Hebr. 11,1).

Der Glaube ist der solide Grund, von dem aus wir die Verheißungen Gottes erwarten.

Ein älterer Mann bekam zu seinem fünfundsiebzigsten Geburtstag einen Rundflug über seinen Heimatort in West Virginia geschenkt, in dem er sein ganzes Leben verbracht hatte. Obwohl er noch nie geflogen war, nahm er das freundliche Angebot an. Nachdem er etwa zwanzig Minuten über der Stadt gekreist hatte, kehrte der Pilot sicher zur Erde zurück. Der Enkel des Mannes begrüßte ihn begeistert und fragte: »Hattest du gar keine Angst, Opa?« »Nein«, antwortete er verlegen, »aber ich habe mich auch die ganze Zeit nicht mit meinem vollen Gewicht hingesetzt.«

Im Gegensatz zu diesem zögerlichen Großvater hat wahrer Glaube volles Zutrauen zu dem Gegenstand seines Glaubens. Für den Christen bedeutet das: Er ruht in Gott und Seinen Verheißungen. Das ist auch das wichtigste Kennzeichen all der Glaubenshelden, die in Hebräer 11 genannt werden. Sie alle vertrauten auf Gott und handelten dementsprechend.

Viele Menschen verwechseln Glauben mit der wehmütigen Sehnsucht, etwas ziemlich Unwahrscheinliches möge in der Zukunft geschehen. Aber die »Verwirklichung« in Hebräer 11,1 spricht von Substanz und Tatsachen, von wahrhaft existierenden Dingen und nicht von wagen Wunschträumen. Zum Glauben gehört also absolute Sicherheit.

So hatten die Heiligen des Alten Testaments die Verheißung, der Messias werde kommen und die Sünden wegnehmen. Sie glaubten Gott, auch wenn ihr Messias-Verständnis unvollständig und etwas verschwommen war. Sie wussten, dass ihre Erwartungen erfüllt würden und diese Sicherheit bestimmte ihr Leben. So ist das auch bei den Gläubigen des Neuen Testaments. Petrus sagt: »Den [Christus] ihr liebt, obgleich ihr ihn nicht gesehen habt; an den ihr glaubt, obwohl ihr ihn jetzt nicht seht, [über den] ihr mit unaussprechlicher und verherrlichter Freude jubelt; und [so] erlangt ihr das Ziel eures Glaubens, die Rettung der Seelen« (1. Petr. 1,8-9). Von Natur neigt der Mensch dazu, nur zu glauben, was er sehen, hören, berühren oder schmecken kann. Aber unsere leiblichen Sinne können trügen, Gott aber niemals (Tit. 1,2). Es ist weit besser, Gott und Seinen Verheißungen zu vertrauen.

ZUM GEBET: Welche Verheißungen Gottes sind dir heute von besonderer Bedeutung? Danke Gott dafür und erneuere deine Hingabe auf der Grundlage Seines Wortes.

ZUM BIBELSTUDIUM: Lies noch einmal Hebräer 11 und merke dir alle göttlichen Verheißungen, die du dort findest. Um sie klarer zu verstehen, suche andere Schriftstellen auf, die die gleichen Verheißungen erwähnen.

»Der Glaube ist … ein Überführtsein von Dingen, die man nicht sieht« (Hebr. 11,1).

Wahrer Glaube ist nicht nur gewiss, er handelt auch entsprechend.

Wenn der Schreiber sagt: »Der Glaube ist eine Verwirklichung dessen, was man hofft, ein Überführtsein von Dingen, die man nicht sieht«, so benutzt er zwei parallele, fast identische Redewendungen, um den Glauben zu definieren.

Wir haben gesehen, dass der Glaube die Gewissheit ist, dass sich alle Verheißungen Gottes im Laufe der Zeit erfüllen werden. »Das Überführtsein von Dingen, die man nicht sieht« geht in derselben Richtung einen Schritt weiter, indem hier eine Reaktion auf das Geglaubte und als sicher Erkannte genannt wird.

Jakobus behandelt das Thema so: »Es wird aber jemand sagen: Du hast Glauben und ich habe Werke. Zeige mir deinen Glauben ohne Werke und ich werde dir aus meinen Werken den Glauben zeigen! … Willst du aber erkennen … dass der Glaube ohne Werke nutzlos ist? … Denn wie der Leib ohne Geist tot ist, so ist auch der Glaube ohne Werke tot« (Jak. 2,18.20.26).

Noah hatte einen solchen reagierenden Glauben. Er hatte noch keinen Regen gesehen; denn vor der großen Flut regnete es noch nicht. Vielleicht verstand er auch nichts vom Schiffsbau. Trotzdem folgte er den Anweisungen Gottes und nahm 120 Jahre schwerer Arbeit auf sich, dazu manchen Spott wegen seines Glaubens, dass Gott die Wahrheit sprach. Sein Werk war das Zeugnis seines Glaubens.

Mose »betrachtete die Schmach des Christus [des Messias] für größeren Reichtum … als die Schätze Ägyptens; denn er schaute auf die Belohnung« (Hebr. 11,26). Der Messias sollte noch weitere 1400 Jahre auf sich warten lassen, doch Mose verließ den Reichtum und das Wohlleben in Ägypten, weil er der messianischen Erwartung nachstrebte.

Sadrach, Mesach und Abednego hatten eine lebensgefährliche Wahl zu treffen. Doch sie entschieden sich, dem Glauben an den unsichtbaren Gott entsprechend zu handeln, anstatt sich vor Nebukadnezar zu beugen, den sie nur allzu gut sehen konnten (Dan. 3). Auch wenn es ihren physischen Untergang bedeutete, wollten sie ihren Glauben nicht verleugnen.

Ich bete dafür, dass die heute von dir zu treffenden Entscheidungen dich als einen Menschen mit starkem Glauben und festen Überzeugungen ausweisen.

Zum Gebet: Bitte Gott, Er möge durch die Ereignisse dieses Tages deinen Glauben vermehren und stärken. · Schau nach allen Möglichkeiten aus, Ihm vollkommener zu vertrauen.

Zum Bibelstudium: Lies Daniel 3,1-30. Wie wurde der Glaube Sadrachs, Mesachs und Abednegos geprüft?

»Durch ihn [Glauben] haben die Alten Zeugnis erlangt« (Hebr. 11,2).

Gott macht denen Sein Wohlgefallen kund, die Ihm vertrauen.

Das Buch *Catch-22* erzählt von einer Fliegereinheit, die im Zweiten Weltkrieg auf der fiktiven Mittelmeerinsel Pianos stationiert ist. Bevor die Piloten die Insel wieder verlassen durften, mussten sie fünfundzwanzig gefährliche Feindeinsätze in Südeuropa fliegen.

Ein Pilot, Yosarian, wollte besonders gern von dort weg. Nachdem er seine fünfundzwanzig Einsätze absolviert hatte, begann sein Vorgesetzter die Anzahl der notwendigen Einsätze zu erhöhen. Nur Wahnsinn rechtfertigte eine vorzeitige Entlassung. Doch entschied der Kommandant, dass, wenn einer Verrücktheit vortäuschte, er gerade durch diese intelligente Tat bewiesen hätte, einen gesunden Verstand zu haben.

Als Yosarian begriff, dass es in diesem grausamen Spiel kein Entrinnen gab, beschloss er, ein Floß zu bauen und sich nach Schweden treiben zu lassen. Obwohl ein ganzer Kontinent zu umrunden war und die Strömung des Ozeans ihn in die entgegengesetzte Richtung treiben würde, ließ er sich nicht abhalten. Er wagte den Sprung ins Absurde, indem er mit einem hoffnungslosen und unrealisierbaren Plan seiner hoffnungslosen und unerträglichen Lage zu entrinnen hoffte.

In ihrem unentwegten Fragen nach dem Sinn des Lebens sind viele Menschen zu geistlichen Yosarians geworden. Gott, als die einzig sichere und sinnvolle Antwort auf alle Lebensfragen, lehnen sie ab. Stattdessen springen sie kopfüber in die Arme von unfähigen Helfern wie Alkohol, Drogen, Zauberei, Astrologie, Reinkarnation und zahllosen anderen Absurditäten.

Andere wieder kennen Gott und suchen Sein Wohlgefallen durch selbstgerechte Taten ohne wahren Glauben zu erringen. Auch für sie gilt: kein Glaube, keine Errettung, keine Hoffnung und keine Gewissheit. Wer aber Gott beim Wort nimmt und Ihm in wahrem Glauben naht, wird Sein Wohlgefallen finden und sich Seines Segens erfreuen. Es geht nicht um einen Sprung ins Ungewisse, sondern um eine lebendige Hoffnung auf den Gott, der den Menschen erschaffen hat und darum allein die tiefsten Sehnsüchte der Menschen erfüllen kann. Solche Menschen kennen die Freude und die Befriedigung eines Lebens, das man im Dienst Christi zubringt. Sie haben Frieden und die Gewissheit, dass alles in Ordnung ist – sowohl jetzt als auch in Ewigkeit.

Zum Gebet: Bete für Leute, die Gott ablehnen oder auf eigene Faust Sein Wohlgefallen erringen wollen. Zeige ihnen, dass allein Christus Sinn und Zweck in ihr Leben bringen kann.

Zum Bibelstudium: Welchen Status haben nach 2. Timotheus 2,24-26 Menschen, die das Evangelium ablehnen, und wie müssen wir ihnen begegnen?

»Durch Glauben verstehen wir,
dass die Welten durch Gottes Wort bereitet worden sind, so dass
das Sichtbare nicht aus Erscheinendem geworden ist« (Hebr. 11,3).

Gottes größte Wahrheiten werden durch schlichten Glauben erkannt.

Als Mensch des Glaubens durchschaust du das Leben in einer Weise, die den Ungläubigen verborgen ist. Du weißt, wie das sichtbare Universum begann, wozu es erschaffen ist und wie es enden wird. Du weißt, wer das Weltall regiert und wie du in den Gesamtplan passt. Du weißt, warum du da bist und wie du Dinge von Ewigkeitswert tun kannst.

Ungläubige können diese Dinge nicht schätzen; denn »ein natürlicher Mensch … nimmt nicht an, was des Geistes Gottes ist, denn es ist ihm eine Torheit und er kann es nicht erkennen, weil es geistlich beurteilt wird« (1. Kor. 2,14).

Einige der grundlegendsten Fragen des Lebens bleiben den meisten Menschen ein Geheimnis, weil sie Gottes Belehrungen in den Wind schlagen. So sind zum Beispiel die schärfsten Denker bis heute nicht über die Entstehung des Universums einig. Ihnen bleibt nichts als die fruchtlosen Erklärungsversuche von Dingen, die weit über den Bereich des wissenschaftlich Erforschbaren hinausgehen.

Doch liegen diese Dinge im Rahmen des Erkennbaren – wenn ein Mensch bereit ist, sich durch Gottes Wort belehren zu lassen. Die Bibel lehrt klar und deutlich, dass die sichtbare Welt durch Gottes Sprechen ins Dasein trat, indem Er Sichtbares aus Nichtstofflichem, Unsichtbarem schuf (Röm. 4,17). Kein Mensch hat das beobachten können. Es muss im Glauben angenommen werden.

Jeder Versuch, die Entstehung der Welt oder das Wesen des Menschen ohne die Bibel erklären zu wollen, ist Torheit. Der unwiedergeborene Verstand – einerlei wie großartig er ist – kann diese Dinge nicht ergründen.

So meine nie, du müsstest dich für deinen Glauben an Gottes Wort entschuldigen. Mache dir das Vertrauen des Psalmisten zu eigen: »Verständiger bin ich als meine Lehrer. Denn deine Zeugnisse sind mein Überlegen. Einsichtiger als Greise bin ich. Denn deine Vorschriften habe ich gehalten« (Ps. 119,99-100).

Zum Gebet: Lies 1. Mose 1 und 2, um dich an die Kraft und Weisheit zu erinnern, mit denen Gott das Weltall geschaffen hat. Suche aus diesen Kapiteln etwas Bestimmtes aus, für das du Gott loben kannst.

Zum Bibelstudium: Lerne Psalm 19,2 auswendig. Könntest du dir vorstellen, auf welche Weise die materiellen Dinge Gott preisen? (siehe auch Römer 1,18-20).

»Durch Glauben brachte Abel Gott ein besseres Opfer als Kain, durch welchen [Glauben] er das Zeugnis erhielt, gerecht zu sein, indem Gott Zeugnis gab zu seinen Gaben; und durch diesen [Glauben] redet er noch, obgleich er gestorben ist« (Hebr. 11,4).

Deine Lebensführung entscheidet darüber, was du anderen hinterlässt.

Der Bibellehrer James Moffatt schrieb: »Der Tod ist nie das letzte Wort im Leben eines ... Menschen. Wenn der Mensch diese Welt verlässt – sei er ein Gerechter oder ein Ungerechter –, so wird er hier etwas zurücklassen. Das mag etwas sein, was sich wie ein Geschwür oder Gift ausbreitet oder es mag etwas sein, das wie ein schöner Duft oder eine Blüte die Umgebung mit Segen erfüllt.«

Das macht das Leben der Söhne Adams und Evas – Kain und Abel – deutlich. Kain war ein Ungerechter, der Gott durch seine eigenen Anstrengungen gefallen wollte. Gott verwarf ihn (1. Mo. 4,5). Abel war gerecht; er diente Gott in wahrem Glauben und Gott nahm ihn an (Vers 4).

Aus Neid und Zorn ermordete Kain seinen Bruder. Dadurch wurde er der erste Mensch, der einem anderen das Leben raubte. Darum ist er für alle Zeiten ein Zeugnis für den stets überaus tragisch auslaufenden Versuch, Gott ohne wahren Glauben zu gefallen. Denn »ohne Glauben ist es unmöglich, ihm [Gott] wohlzugefallen«. Kain hat es versucht und scheiterte, wie Millionen andere, die seinen Spuren folgten.

Abel dagegen war der erste Mensch des Glaubens. Vor ihrem Fall hatten Adam und Eva den Glauben nicht in der Weise nötig wie ihre Nachkommen. Sie lebten im Paradies, in Eden, und hatten direkten Kontakt zu Gott. Erst ihre Kinder waren die ersten, die den Glauben in vollem Sinne nötig hatten.

Kains Vermächtnis ist Rebellion, Kummer und Gericht, während Abel Gerechtigkeit, Recht und rettenden Glauben weitergab. Sein Leben verkündet die zentrale Botschaft der Erlösung: Gerechtigkeit allein aus Glauben.

Welches Erbe wirst du deinen Nachkommen hinterlassen? Ich bete dafür, dass sie in dir ein Muster an Gerechtigkeit und Treue haben, dem sie nacheifern können.

ZUM GEBET: Preise Gott für den gerechten Abel und für alle, die seinem Beispiel gefolgt sind. · Bitte Ihn, dass du dich niemals gegen Sein Wort auflehnen mögest.

ZUM BIBELSTUDIUM: Lies 1. Mose 4,1-16 und 1. Johannes 3,11-12. · Welchen Rat gab Gott dem Kain, nachdem Er sein Opfer verworfen hatte? · Warum brachte Kain den Abel um? · Womit bestrafte Gott ihn?

»Durch Glauben brachte Abel
Gott ein besseres Opfer dar als Kain« (Hebr. 11,4).

Wahre Anbetung erfordert, dass man es zu Gottes Bedingungen tut.

Der tiefste Grund jeder falschen Religion ist die Annahme, der Mensch könne durch selbst gewählte Mittel zu Gott kommen, seien es Meditation, gute Werke oder ähnliches. Aber die Schrift sagt: »Es ist in keinem anderen Heil; denn auch kein anderer Name unter dem Himmel ist den Menschen gegeben, in dem wir errettet werden müssen« (Apg. 4,12). Und dieser Name ist Jesus Christus. Wir kommen zu Ihm, indem wir unsere Sünden bekennen und über unsere Sünden Buße tun, auf Sein versöhnendes Werk am Kreuz vertrauen und Seine leibliche Auferstehung von den Toten bekennen (siehe Röm. 10,9-10). Es gibt keinen anderen Weg zu Gott.

Schon Jahrhunderte vor Christi Tod hatte Gott einen Weg bereitet, Ihn anbeten zu können, indem man Ihm ein Schlachtopfer brachte. In 1. Mose 4,3-5 lesen wir: »Und es geschah nach einiger Zeit, da brachte Kain von den Früchten des Ackerbodens dem HERRN eine Opfergabe. Und Abel, auch er brachte von den Erstlingen seiner Herde und von ihrem Fett. Und der HERR blickte auf Abel und auf seine Opfergabe; aber auf Kain und seine Opfergabe blickte er nicht.«

Offensichtlich hatte Gott eine besondere Zeit für das Opfern bestimmt; denn »nach einiger Zeit« heißt wörtlich: »am Ende der Tage« – am Ende eines gewissen Zeitabschnitts. Außerdem hatte Er ihnen ein bestimmtes Muster für das Opfern und die Anbetung gegeben; denn sonst hätten Kain und Abel nicht gewusst, was ein passendes Opfer ist. Kain verwarf das vorgeschriebene Opfer und zeigte damit seinen Unwillen, sich dem Urteil Gottes über die Sünde zu unterwerfen.

Kains Opfer enthielt keine schlechten Bestandteile: Körner, Früchte und Gemüse wurden auch im mosaischen Bund als Opfer dargebracht. Doch musste zuerst ein Sündopfer dargebracht werden. Wie so viele Menschen heute, war Kain der irrigen Ansicht, Gott unter selbst gewählten Bedingungen nahen zu können. Dadurch wurde er der Vater aller falschen Religionen und sein Name wurde ein Synonym für Rebellion und Abfall (siehe Jud. 11).

ZUM GEBET: Danke Gott, dass Er so gnädig für die Errettung durch den Glauben an Jesus Christus gesorgt hat. · Achte sehr darauf, Ihm niemals unehrerbietig oder überheblich zu nahen.

ZUM BIBELSTUDIUM: Lies Judas 11. Wie beschreibt Judas die falschen Lehrer seiner Tage?

»... da brachte Kain von den Früchten des Ackerbodens dem HERRN eine Opfergabe. Und Abel, auch er brachte von den Erstlingen seiner Herde und von ihrem Fett. Und der HERR blickte auf Abel und auf seine Opfergabe; aber auf Kain und auf seine Opfergabe blickte er nicht« (1. Mo. 4,3-5).

Wahre Jüngerschaft ist durch Gehorsam gegen Gottes Wort gekennzeichnet.

In Johannes 8,31 äußerte der Herr etwas sehr Bedeutsames gegenüber einer Gruppe von Menschen, die einiges Interesse an Ihm zeigten: »Wenn ihr in meinem Wort bleibt, so seid ihr wahrhaft meine Jünger.« Leider verwarfen sie Sein Wort und bewiesen damit, dass sie weniger als wahre Jünger waren. Der Herr führte dann weiter aus: »Wer aus Gott ist, hört die Worte Gottes. Darum hört *ihr* nicht, weil ihr nicht aus Gott seid« (Vers 47). Sie hörten es wohl; aber es drang nicht zu ihren Herzen vor. Sie hatten Interesse, aber kein wahres Verlangen. Sie waren Hörer des Wortes, aber keine Täter (siehe Jak. 1,22).

Im Gegensatz dazu tat Abel, was Gott ihm geboten hatte. Dadurch war er sozusagen der erste Jünger. Vielleicht war er ein besserer Mensch als Kain – freundlicher, moralischer und zuverlässiger. Aber nicht deshalb nahm Gott sein Opfer an und verwarf das des Kain. Abel vertraute Gott, und dieser Glaube wurde ihm zur Gerechtigkeit gerechnet. Wie bei Abraham, dessen Glaube durch die Bereitschaft bestätigt wurde, seinen Sohn Isaak zu opfern (Jak. 2,21-22), wurde bei Abel der Glaube durch sein gehorsames Opfer offenbar. Er vertraute nicht auf seine eigene Güte, sondern stand zu seiner Sünde und brachte das vorgeschriebene Opfer dar.

Vielleicht hat Gott die Annahmen dieses Opfers dadurch angezeigt, dass Er es von Feuer verzehren ließ wie bei anderen Gelegenheiten in der Bibel (Ri. 6,21; 1. Kön. 18,38). Aber auf welche Weise auch immer – Gott tat dem Abel Sein Wohlgefallen kund.

Abels kurzes Leben enthält eine dreifache Botschaft für uns: Wir müssen zu Gott im Glauben kommen; wir müssen Gottes Wort annehmen und befolgen; Sünde zieht ernste Konsequenzen nach sich. Wenn du diese Botschaft zu Herzen nimmst, wirst du auf dem Wege wahrer Jüngerschaft gehen und Gott wird dich Seines Wohlgefallens versichern.

ZUM GEBET: Nimm dir vor, dem Herrn in allem wohlzugefallen, was du heute tust. Bitte um Weisheit und Gnade, das treu zu tun.

ZUM BIBELSTUDIUM: Lies die folgenden Verse und achte darauf, was sie darüber aussagen, wie man Gott gefallen kann: 2. Korinther 5,9; Epheser 5,6-10; Philipper 2,12-13; Hebräer 11,6 und Hebräer 13,15-16, 20-21.

»Durch Glauben wurde Henoch entrückt, so dass er den Tod nicht sah, und er wurde nicht gefunden, weil Gott ihn entrückt hatte; denn vor der Entrückung hatte er das Zeugnis gehabt, dass er Gott wohlgefallen habe« (Hebr. 11,5).

Wenn du im Glauben wandelst, genießt du vertrauten Umgang mit Gott.

Unser zweiter Glaubensheld ist Henoch. In 1. Mose 5,21-24 wird berichtet: »Henoch lebte 65 Jahre und zeugte Metuschelach. Und Henoch wandelte mit Gott, nachdem er Metuschelach gezeugt hatte, 300 Jahre und zeugte Söhne und Töchter. Und alle Tage Henochs betrugen 365 Jahre. Und Henoch wandelte mit Gott; und er war nicht mehr da, denn Gott nahm ihn weg.«
Welch ein wunderbarer Grabspruch: »Henoch wandelte mit Gott.« Sein Leben war ein beispielhafter Wandel im Glauben. Adam und Eva hatten im Garten Eden mit Gott gewandelt; aber ihre Sünde trennte sie von dieser Gemeinschaft. Henoch aber erfuhr diesen vertrauten Umgang mit Gott, den diese verspielt hatten.
Henochs gläubiger Wandel erfreute Gott sehr, und nach mehr als dreihundert Jahren wurde er in den Himmel aufgenommen, ohne den Tod kennen gelernt zu haben. Es ist, als hätte Gott gesagt: »Henoch, ich freue mich so sehr über deine Gesellschaft, dass ich dich jetzt gleich bei Mir haben will!«
Es wird eine Generation von Christen geben, die, wie Henoch, den Tod nicht schmecken wird. Eines Tages – vielleicht bald – wird der Herr Jesus zu Seiner Kirche zurückkommen und dann »werden wir, die Lebenden, die übrigbleiben, … entrückt werden in Wolken dem Herrn entgegen in die Luft; und so werden wir allezeit bei dem Herrn sein« (1. Thess. 4,17). Henoch ist ein wunderschönes Vorbild dieses großartigen, noch zukünftigen Ereignisses, das wir die Entrückung der Kirche nennen.
Wenn du mit Gott wandelst, hat Er Wohlgefallen an dir. Du bist Sein Kind und dein Lob und deine Gemeinschaft mit Ihm erfreuen Ihn. In Psalm 116,15 heißt es: »Kostbar ist in den Augen des HERRN der Tod seiner Frommen.« Der Tod ist nur deine Versetzung in Gottes Gegenwart und das für alle Ewigkeit.
Lass die Freude herzlichen Umgangs mit deinem Gott und die Erwartung, Christus von Angesicht zu Angesicht zu sehen – sei es bei der Entrückung oder durch den Tod – dir Ansporn sein, Ihm täglich und immer mehr wohlzugefallen!

ZUM GEBET: Danke Gott für die Zusage der Wiederkunft Christi.

ZUM BIBELSTUDIUM: Lies 1. Thessalonicher 4,13-18. · Welche Ereignisse umgeben die Entrückung der Kirche? · Wie sollten die Thessalonicher auf die Lehre des Paulus von der Entrückung reagieren? · Was solltest du tun?

»Henoch wandelte mit Gott« (1. Mo. 5,24).

Der Wandel mit Gott umfasst die Versöhnung, freudigen Gehorsam und ununterbrochenen Glauben.

Wenn die Bibel über den Wandel mit Gott spricht, redet sie von einer Lebenshaltung. So betet Paulus für die Kolosser (und für uns), sie möchten »mit der Erkenntnis seines Willens erfüllt werden in aller Weisheit und geistlichem Verständnis, um des Herrn würdig zu wandeln zu allem Wohlgefallen« (Kol. 1,9-10). Und den Ephesern sagt er: »Dies sage ich im Herrn, dass ihr nicht mehr wandeln sollt, wie die Nationen wandeln, in Nichtigkeit ihres Sinnes … Seid nun Nachahmer Gottes als geliebte Kinder! Und wandelt in Liebe, wie auch Christus uns geliebt hat« (Eph. 4,17; 5,1-2).

Das Alte Testament beschreibt Henoch als einen Menschen, der mit Gott gewandelt hat. Wenn auch relativ wenig über diesen bestimmten Menschen gesagt wird, so kann man doch aus dem Gesagten Folgerungen ziehen, die uns helfen, besser zu begreifen, was einen Wandel mit Gott ausmacht.

Erstens zeigt uns Henochs Wandel mit Gott, dass er zunächst Buße getan hat; denn in Amos 3,3 heißt es: »Gehen etwa zwei miteinander, außer wenn sie zusammengekommen sind?« Zwei Menschen können keine echte Verbindung haben, bevor sie nicht übereinstimmen. So kann Henoch nicht in Auflehnung gegen Gott gestanden haben, sondern lebte als ein durch den Glauben Versöhnter mit Gott.

Zweitens gehört zum Wandel mit Gott liebende Dienstbereitschaft. In 2. Johannes 6 heißt es: »Dies ist die Liebe, dass wir nach seinen Geboten wandeln.« Wir gehorchen Christus; aber unser Gehorsam ist durch die Liebe entfacht, nicht durch Gesetzlichkeit oder durch Furcht vor Strafe.

Drittens gehört zu einem gottesfürchtigen Wandel ununterbrochener Glaube; »denn wir wandeln durch Glauben, nicht durch Schauen« (2. Kor. 5,7). Und Kolosser 2,6-7 fügt hinzu: »Wie ihr nun Christus Jesus empfangen habt, so wandelt in ihm, gewurzelt und auferbaut in ihm und gefestigt im Glauben.« Durch Gnade glaubte Henoch an Gott und er gefiel Ihm sein ganzes Leben hindurch.

Sehen deine besten Bekannten in dir einen Menschen, der mit Gott wandelt? Ich vertraue darauf. Immerhin ist es das Unterscheidungsmerkmal eines wahren Gläubigen: »Wer sagt, dass er in ihm bleibe, ist schuldig, selbst auch so zu wandeln, wie er gewandelt ist« (1. Joh. 2,6).

ZUM GEBET: Preise Gott dafür, dass er dir Buße, Glauben und Liebe schenkte und dir Tag für Tag einen Wandel mit Ihm ermöglicht.

ZUM BIBELSTUDIUM: Was lehren Römer 8,4; Galater 5,16; Epheser 2,10; 1. Thessalonicher 2,12 und 1. Johannes 1,7 über den christlichen Wandel?

»Ohne Glauben aber ist es unmöglich, [ihm] wohlzugefallen; denn wer Gott naht, muss glauben, dass er ist« (Hebr. 11,6).

Nichts, was du ohne Glauben tust, kann Gott wohlgefallen.

Durch die gesamte Menschheitsgeschichte hindurch hat man alles nur Erdenkliche versucht, Gottes Gunst zu erringen. Die meisten haben dazu die Religionen benutzt; aber Religion ohne Christus ist nur ein satanisches Zerrbild der Wahrheit.

Viele vertrauen auf ihre eigenen guten Werke und machen sich nicht klar, dass selbst ihre heftigsten Bemühungen eine Beleidigung Gottes sind (Jes. 64,6; Phil. 3,8). Und je mehr wir versuchen, uns selbst zu rechtfertigen, um so mehr beleidigen wir Gott; denn »aus Gesetzeswerken wird kein Fleisch vor Ihm gerechtfertigt werden« (Röm. 3,20).

Einige vertrauen auf ihr familiäres Erbe oder auf ihre Volkszugehörigkeit. Die Juden meinten, Gott allein schon deshalb zu gefallen, weil sie Nachkommen Abrahams waren. Aber Johannes der Täufer warnte sie: »Otternbrut! Wer hat euch gewiesen, dem kommenden Zorn zu entfliehen? Bringt nun der Buße würdige Frucht; und meint nicht bei euch selbst zu sagen: Wir haben Abraham zum Vater! Denn ich sage euch, dass Gott dem Abraham aus diesen Steinen Kinder zu erwecken vermag« (Matth. 3,7-9).

Ohne Glauben kann der Mensch Gott nicht gefallen. Und der erste Glaubensschritt ist einfach, an die Existenz Gottes zu glauben. Das reicht nicht aus, einen Menschen zu retten – selbst die Dämonen stehen auf diesem Glaubensniveau (Jak. 2,19) –, aber es ist der Anfang, und mit Gottes Gnade kann daraus der volle, seligmachende Glaube erblühen.

Gott hat reichliche Beweise Seiner Existenz gegeben. In Römer 1,20 heißt es: »Sein unsichtbares [Wesen], sowohl seine ewige Kraft als auch seine Göttlichkeit, wird seit Erschaffung der Welt an dem Gemachten wahrgenommen und geschaut.« Und David sagt: »Die Himmel erzählen die Herrlichkeit Gottes und das Himmelsgewölbe verkündet seiner Hände Werk« (Ps. 19,2).

Die Schöpfung selbst verkündet Gottes Existenz, Macht und Herrlichkeit, doch die meisten Menschen halten die Wahrheit in Ungerechtigkeit nieder (Römer 1,18), indem sie den Schöpfer verwerfen und die Verantwortlichkeit vor Ihm leugnen. Anstatt sich vor Ihm zu beugen, verehren sie »Mutter Natur« oder glauben an die Evolution. Wie töricht!

ZUM GEBET: Preise Gott für die Schönheit der Schöpfung. · Bete Ihn an; Er ist der Geber aller guten Gaben (Jak. 1,17).

ZUM BIBELSTUDIUM: Lies Römer 1,18-32. Kannst du den Zusammenhang zwischen der Leugnung Gottes, dem Götzendienst und grober Unmoral erkennen? Erkläre.

»Wer Gott naht, muss glauben, dass er ist und denen, die ihn suchen, ein Belohner sein wird« (Hebr. 11,6).

Alle, die zu Gott kommen, werden als Belohnung ewiges Leben erhalten.

Wir haben gesehen, dass es ohne Glauben unmöglich ist, Gott zu gefallen. Und der erste Glaubensschritt ist, an Seine Existenz zu glauben. Darüber hinaus müssen wir glauben, dass Er Gebete erhört – genauer gesagt: dass Er die errettet, die im Glauben zu Ihm kommen.

Die Schrift sagt uns wiederholt, dass Gott nicht nur gefunden werden *kann*, sondern dass Er danach *verlangt*. David sagt zu seinem Sohn Salomo: »Wenn du ihn suchst, wird er sich von dir finden lassen; wenn du ihn aber verlässt, wird er dich verwerfen für ewig« (1. Chr. 28,9). Und der Herr sagt zu Jeremia: »Sucht ihr mich, so werdet ihr [mich] finden, ja, fragt ihr mit eurem ganzen Herzen nach mir, so werde ich mich von euch finden lassen« (Jer. 29,13). Und der Herr selbst sagt in Lukas 11,10: »Jeder Bittende empfängt und der Suchende findet und dem Anklopfenden wird aufgetan werden.«

Auf den ersten Blick scheinen diese Verse sowohl dem zu widersprechen, was Paulus in Römer 3,11-12 sagt: »Da ist keiner, der Gott sucht. Alle sind abgewichen«, als auch den Worten des Herrn: »Niemand kann zu mir kommen, wenn nicht der Vater, der mich gesandt hat, ihn zieht.« In Wirklichkeit sind aber beides nur die verschiedenen Seiten derselben theologischen Münze.

Auf der einen Seite sieht man Menschen, die an Gott glauben und Christus als Retter annehmen. Auf der anderen Seite erkennt man, dass Gott den Menschen dazu befähigt. Vor der Errettung ist der Mensch geistlich tot und völlig unfähig, auf das Evangelium zu reagieren. Gott muss ihm den rettenden Glauben schenken. Darum enthält die Bibel Aussagen wie die folgenden: »Euch ist es im Blick auf Christus geschenkt worden … an ihn zu glauben« (Phil. 1,29); »es glaubten, so viele zum ewigen Leben verordnet waren« (Apg. 13,48) und »deren [Lydias] Herz öffnete der Herr, dass sie achtgab auf das, was von Paulus geredet wurde« (Apg. 16,14).

Gott ist der große Belohner, der Seine Liebe und Gnade auf alle ausdehnt, die sich auf Ihn verlassen. »Jeder, der an ihn glaubt, wird nicht zuschanden werden« (Röm. 10,11).

ZUM GEBET: Wenn du für die Errettung eines Menschen betest, lass dich nicht entmutigen. Nur Gott kann rettenden Glauben gewähren; doch lässt Er uns durch gläubiges Gebet und Evangelisation an dem Erlösungswerk Anteil haben (Röm. 10,1).

ZUM BIBELSTUDIUM: Lerne Epheser 2,8-9 auswendig.

»Durch Glauben baute Noah, als er eine göttliche Unterweisung über das, was noch nicht zu sehen war, empfangen hatte, von Furcht bewegt, eine Arche zur Rettung seines Hauses. Durch ihn verurteilte er die Welt und wurde Erbe der Gerechtigkeit, die nach dem Glauben ist« (Hebr. 11,7).

Wahrer Glaube wirkt.

Wenn Jakobus sagt: »Glaube ohne Werke [ist] tot« (Jak. 2,26), so drückt er damit den überall in der Schrift zu findenden Grundsatz aus: Wahrer Glaube bringt immer gerechte Werke hervor.

Die in Hebräer 11 beschriebenen Personen offenbarten ihren echten Glauben durch das, was sie taten. Das trifft auch auf uns heute zu. Paulus sagt: »Die Gnade Gottes ist erschienen, heilbringend allen Menschen und unterweist uns, damit wir die Gottlosigkeit und die weltlichen Begierden verleugnen und besonnen, gerecht und gottesfürchtig leben in dem jetzigen Zeitlauf« (Tit. 2,11-12).

Vielleicht besser als sonst irgendeiner in der Geschichte illustriert Noah den Glaubensgehorsam. Die Bibel beschreibt ihn als einen gerechten Mann, untadelig unter seinen Zeitgenossen und als einen, der mit Gott lebte (1. Mo. 6,9). Ich erinnere mich, wie ein Reporter einen Profifußballer fragte, welche Chancen dieser sich ausrechnete, mit seiner Mannschaft den Pokal zu erringen. Der Spieler antwortete: »Ich glaube, wenn wir nur genau tun, was der Trainer sagt, werden wir gewinnen.« Er hatte also unbedingtes Vertrauen in seinen Trainer, war sich aber bewusst, dass auch die Mannschaft ihren Anteil zu leisten hatte.

Das ist ein Bild für den Glauben an Gott, den Noah besaß, dem er völlig vertraute, als er sich daran machte, das von menschlicher Warte betrachtet absolut töricht und nutzlos erscheinende Werk auszuführen. Man stelle sich vor, 120 Jahre lang alle Kraft und Zeit in ein Bauwerk zu stecken, das man vorher noch nie gesehen hat (ein Schiff von der Größe eines Ozeanriesen oder eines Schlachtschiffes), um sich vor etwas nie Erlebtem zu schützen (Regen und Überflutung). Doch Noah tat es ohne Widerspruch.

Noahs Glaube ist einzigartig, allein schon was die Ausmaße und die Zeitspanne der von Gott aufgetragenen Arbeit angeht. Er haderte nicht mit Gott, floh auch nicht aus seiner Berufung. Stimmt das auch von dir? Gehst du deinem Dienst so treu und beständig nach, wie Noah es tat? Ist dein Glaube ein wirkender Glaube?

Zum Gebet: Danke Gott für den Dienst, zu dem Er dich berufen hat. Wenn du den Eindruck hast, mehr tun zu können, bitte Ihn um Weisung. · Bitte Ihn um Treue und Geduld im Dienst für Ihn.

Zum Bibelstudium: Lies die Geschichte von Noah in 1. Mose 6,1 – 9,17.

»Durch Glauben baute Noah, als er eine göttliche Weisung über das, was noch nicht zu sehen war, empfangen hatte, von Furcht bewegt, eine Arche zur Rettung seines Hauses« (Hebr. 11,7).

Die Arche ist ein schönes Bild der Errettung aus Gnaden durch den Glauben.

Gott hatte den Noah zu einem gigantischen Werk berufen. Vorsichtig geschätzt war die Arche 150 Meter lang, 24 Meter breit und 15 Meter hoch. Sie war also fast eineinhalb Fußballfelder lang und mehr als vier Stockwerke hoch. Ihre drei Decks hatten eine Gesamtfläche von ungefähr 32 000 m² und das Volumen betrug beinahe 160 000 m³. Schiffsingenieure bestätigen, dass dies Schiff nach Gestalt und Größe unglaublich seetüchtig war.

Aber abgesehen von ihrer Größe und der Zweckmäßigkeit ihrer Abmessungen ist die Arche ein wunderbares Bild von der Rettung durch den Glauben an Jesus Christus. So wurde beispielsweise Noah angewiesen, die Arche von innen und außen mit Pech zu bestreichen (1. Mo. 6,14). Das hebräische Wort für »Pech« hat die gleiche Wurzel wie das für »Versöhnung«. Das Pech hielt das Wasser des Gerichts davon ab, in die Arche zu dringen, wie das Versöhnungsblut Christi das Gericht von dem bußfertigen Sünder abhält.

Die Arche war groß genug, von jeder Tierart ein Pärchen und dazu alle Menschen aufzunehmen, die sich zu Gott um Bewahrung wandten. Allerdings suchten nur acht Menschen die Rettung zu Gottes Bedingungen; wären aber mehr gekommen, hätte Gott sie gewiss der Familie des Noah zugesellt. Er will ja nicht, dass einer verloren gehe, sondern dass alle zur Buße kommen (2. Petr. 3,9). Alle, die in der Flut umkamen, taten dies, weil sie Gottes Rettungsmittel verwarfen.

Genauso reicht das Versöhnungsblut Jesu für alle Sünder und für jede Sünde seit dem Fall des Menschen im Garten Eden. Niemand, der zu Ihm kommt, wird hinausgestoßen werden (Joh. 6,37); und doch nehmen nur so wenige Seine gnädige Vorsorge in Anspruch (Matth. 7,14).

Noah war ein Mann, der mit Gott wandelte (1. Mo. 6,9); aber auch er war nicht sündlos. Das sehen wir daran, dass er nach der Flut betrunken war und sich unschicklich betragen hat (9,20-21). Aber Noah war, wie jeder Gläubige, durch Gottes Gnade gerechtfertigt, und sein Glaube wurde ihm zur Gerechtigkeit gerechnet. Das war zu aller Zeit die Grundlage der Errettung (1. Mo. 15,6; Röm. 4,5).

ZUM GEBET: Danke Gott für seine bewundernswerte Gnade, durch die Er dich errettet hat und dich fortgesetzt von deinen Sünden reinigt.

ZUM BIBELSTUDIUM: Lies Römer 4,1-8. · Worum geht es vor allem in diesem Abschnitt? · Wer ist das wichtigste Beispiel?

»Durch Glauben ... verurteilte er die Welt und wurde Erbe der Gerechtigkeit, die nach dem Glauben ist« (Hebr. 11,7).

Deine Werke und Worte sollten eine Zurechtweisung unserer gottlosen Gesellschaft darstellen.

In 1. Mose 6,5 heißt es: »Der HERR sah, dass die Bosheit des Menschen auf der Erde groß war und alles Sinnen der Gedanken seines Herzens nur böse den ganzen Tag.« Bevor Gott im Gericht gegen die verdorbenste Gesellschaft der Geschichte vorging, gebot Er Noah, eine Arche zu bauen, die für alle an Gott Glaubenden zu einem Symbol des Lebens und der Rettung wurde. Für alle Ungläubigen ist sie ein Zeichen des Todes und des Gerichts.

Gleichzeitig mit dem Bau der Arche predigte Noah von dem kommenden Gericht. Petrus nennt ihn den »Prediger der Gerechtigkeit« (2. Petr. 2,5) und jedes Brett, das er sägte und jeder Nagel, den er einschlug, war eine lebendige Illustration von der Dringlichkeit seiner Botschaft.

Gottes Warnung war ernst und Seine Botschaft war erschreckend, doch dauerten Seine Geduld und Gnade 120 Jahre an. Petrus sagt: »... als die Langmut Gottes in den Tagen Noahs abwartete, während die Arche gebaut wurde« (1. Petr. 3,20). Die Leute hatten in reichem Maße Gerichtswarnungen erhalten; aber sie hatten sich entschieden, Noahs Warnungen zu missachten.

So traurig die Geschichte aus Noahs Tagen ist, noch trauriger ist es sicher, dass sich die Haltung des Menschen Gott gegenüber seither nicht verändert hat. Der Herr Jesus sagt: »Aber wie die Tage Noahs [waren], so wird auch die Ankunft des Sohnes des Menschen sein. Denn wie sie in jenen Tagen vor der Flut waren: sie aßen und tranken, sie heirateten und verheirateten bis zu dem Tag, da Noah in die Arche ging und sie es nicht erkannten, bis die Flut kam und alle wegraffte, so wird auch die Ankunft des Sohnes des Menschen sein« (Matth. 24,37-39).

Wie Noah hast du den Auftrag, durch dein Handeln und Leben einem bösen und ehebrecherischen Geschlecht Gerechtigkeit zu verkünden. Sei darin treu, auch wenn die Leute nicht auf dich hören wollen. Nachdem Noah 120 Jahre lang fleißig gearbeitet und treu gepredigt hatte, betraten nur acht Menschen die Arche. Aber Gottes Absichten erfüllten sich und das menschliche Geschlecht wurde erhalten.

Zum Gebet: Du wirst häufig Menschen treffen, die sich über Gottes Gericht lustig machen und über dein Zeugnis lästern. Lass dich nicht entmutigen. Bete für sie und halte dich stets zum Dienst für sie bereit.

Zum Bibelstudium: Lies 2. Petrus 3. Wie sollte die Aussicht auf ein künftiges Gericht dein Verhalten beeinflussen?

»Durch Glauben war Abraham, als er gerufen wurde, gehorsam, auszuziehen an den Ort, den er zum Erbteil empfangen sollte; und er zog aus, ohne zu wissen, wohin er komme« (Hebr. 11,8).

Das Leben des Glaubens beginnt mit der Bereitschaft, alles loszulassen, was Gott missfällt.

Abraham ist das klassische Beispiel für das Leben im Glauben. Als Vater des jüdischen Volkes war er das klarste Beispiel für den Glauben, das dem Schreiber des Hebräerbriefes zur Verfügung stand. Allerdings mussten die Menschen, an die dieser Brief geschrieben wurde, verstehen lernen, dass Abraham mehr als ihr Stammvater war; er war unter anderem auch der Vater aller, die im Glauben an Gott leben (Röm. 4,11).

Im Gegensatz zu der verbreiteten Meinung unter den Juden des ersten Jahrhunderts, hatte Gott den Abraham nicht wegen dessen eigener Gerechtigkeit erwählt. Als Gott ihn berief, war er ein sündiger Mensch in einer götzendienerischen Gesellschaft. Seine Heimat war das chaldäische Ur, das im alten Mesopotamien zwischen Euphrat und Tigris liegt.

Gottes Berufung wird in 1. Mose 12,1-3 geschildert: »Geh aus deinem Land und aus deiner Verwandtschaft und aus deines Vaters Haus in das Land, das ich dir zeigen werde! Und ich will dich zu einer großen Nation machen und ich will dich segnen und ich will deinen Namen groß machen und du sollst ein Segen sein! Und ich will segnen, die dich segnen, und wer dir flucht, den werde ich verfluchen; und in dir sollen gesegnet werden alle Geschlechter der Erde!«

Achte auf Abrahams Reaktion: »Und Abraham ging hin, wie der Herr zu ihm geredet hatte« (Vers 4). Er hörte zu, vertraute und gehorchte. Seine Pilgerreise begann, als er sich von den Freuden seines heidnischen Landes getrennt hatte, um dem Plan Gottes für sein Leben nachzukommen.

So ist es auch mit dir, wenn du ein Mensch des Glaubens bist. Du musst sündige Vergnügungen verlassen, wenn du Christus nachfolgen willst. Und wenn die Liebe zu Christus wächst, nimmt im gleichen Maß das Verlangen nach weltlichen Vergnügungen ab.

Ich bete dafür, dass du beständig danach trachtest, in allem den Willen Gottes zu erfüllen und stets die Freude und die Sicherheit genießt, die der Nachfolge Christi entspringen.

Zum Gebet: Bitte Gott um Gnade und geistliche Kraft, heute im Glauben zu wandeln.

Zum Bibelstudium: Lerne 1. Johannes 2,15 auswendig, damit du immer an die Trennung von der Welt erinnert wirst.

»Durch Glauben siedelte er sich im Land der Verheißung an wie in einem fremden und wohnte in Zelten mit Isaak und Jakob, den Miterben derselben Verheißung; denn er erwartete die Stadt, die Grundlagen hat, deren Baumeister und Schöpfer Gott ist« (Hebr. 11,9-10).

Auf den Himmel zu blicken ist die beste Art,
mit den irdischen Schwierigkeiten fertig zu werden.

Gottes Berufung zu folgen ist nicht immer einfach. Er erwartet ausdrücklich, dass wir Ihm vertrauen; aber Er holt sich bei uns keine Ratschläge über Seine Entscheidungen, die sich oftmals dramatisch auswirken können. Er offenbart uns nicht zu aller Zeit Seine Pläne mit uns. Er hält die Feinde nicht immer von uns fern. Er prüft unseren Glauben, damit er ausdauernder und reifer wird; aber diese Prüfungen sind oft schmerzhaft. Er gibt uns auch Verheißungen, deren Erfüllung wir in diesem Leben nicht gewahr werden.
Wenn die Nachfolge für dich eine Herausforderung ist, so denke an Abraham, der keine Bibel hatte, keinen Seelsorger, keine Gottesdienste, keine geistlichen Betrachtungen und keinen Christen, der ihn ermutigen oder ermahnen konnte. Was er aber hatte, war die Verheißung eines Volkes, eines Landes und des Gesegnetseins (1. Mo. 12,1-3). Das reichte ihm.
Abraham hat sich nie in dem Land der Verheißung niedergelassen, auch sein Sohn Isaak und sein Enkel Jakob nicht. Sie waren Fremde und lebten als Nomaden. Abraham hat nie Häuser oder Städte gebaut. Die einzige Art seiner Landnahme war die des Glaubens, doch wartete er geduldig auf die Erfüllung der göttlichen Verheißungen.
So wichtig ihm das irdische Land war, so konnte er doch abwarten, weil sein Blick auf seine himmlische Heimat gerichtet war, auf »die Stadt, … deren Baumeister und Schöpfer Gott war« (Vers 10). Ihm war über jeden Zweifel klar, dass er diese Stadt einmal erben würde, einerlei, ob er die Einnahme des irdischen Erbes erleben würde oder nicht.
Genauso gibt die himmlische Gesinnung dir die Geduld, dein Werk für den Herrn auch dann fortzusetzen, wenn die Dinge mühsam werden. Nach meiner Kenntnis ist es das beste Mittel gegen Mutlosigkeit und geistlichen Fatalismus. Darum sagt Paulus auch: »Sinnt auf das, was droben ist, nicht auf das, was auf der Erde ist« (Kol. 3,2). Wenn dein Herz auf den Himmel gerichtet ist, kannst du alles aushalten, was hier auf Erden geschieht.

Zum Gebet: Preise den Herrn für deine himmlische Heimat. · Suche Seine Gnade, damit Er dir stets die richtige Sichtweise gibt, mitten in den Schwierigkeiten des Lebens.

Zum Bibelstudium: Lies, was in 1. Mose 12 – 17 über das Leben Abrahams berichtet wird.

»Durch Glauben empfing er auch mit Sarah, obwohl sie unfruchtbar war, Kraft, Nachkommenschaft zu zeugen und zwar über die geeignete Zeit des Alters hinaus, weil er den für treu achtete, der die Verheißung gegeben hatte. Deshalb sind auch von einem, und zwar Gestorbenen, [so viele] geboren worden, wie die Sterne des Himmels an Menge und wie der Sand am Ufer des Meeres, der unzählbar ist« (Hebr. 11,11-12).

Dein Glaube an Christus wird künftige Generationen beeinflussen.

Ich bin durch ein wunderbares christliches Erbteil gesegnet worden. Tatsächlich bin ich die fünfte Generation von Predigern in unserer Familie. Der Glaube meiner Vorfahren hat sich – direkt oder indirekt – mächtig auf mein Leben ausgewirkt. Und ich habe die Verantwortung, genauso wie sie, andere zum Guten zu beeinflussen – und du auch!

Hebräer 11,11-12 gibt uns ein sehr persönliches Beispiel davon, wie der Glaube eines Mannes ein ganzes Volk beeinflusst. Wenn auch in vielen Bibeln der Vers 11 auf Sarah bezogen wird, so ist die hier wiedergegebene Übersetzung doch vorzuziehen.

Gott hatte Abraham versprochen, ihn zum Vater eines großen Volkes zu machen (1. Mo. 12,2). Aber Sarah, Abrahams Frau, war immer unfruchtbar und nun waren beide alt geworden. Irgendwann wurde Sarah ungeduldig und beschloss, die Sache selbst in die Hand zu nehmen. Sie überredete Abraham, einen Sohn mit ihrer Magd Hagar zu zeugen (16,1-4). Dieser Ungehorsamsakt hat sich als äußerst kostspielig erwiesen; denn Ismael, das Kind aus dieser Verbindung, wurde der Stammvater der Araber, die beständige Feinde der Juden waren und sind.

Trotz dieser Zeit des Ungehorsams glaubte Abraham, dass Gott Sein Versprechen halten würde. Gott ehrte Abrahams Vertrauen und gab ihm den Isaak, das Kind der Verheißung, dessen Nachkommen unzählbar sind. Der Glaube eines Mannes hat buchstäblich die Welt verändert!

Genauso wird sich dein heute praktizierter Glaube auf morgen auswirken. So sei treu und denke daran, dass Gott »über alles hinaus zu tun vermag, über die Maßen mehr, als wir bitten oder erdenken, gemäß der Kraft, die in uns wirkt« (Eph. 3,20).

Zum Gebet: Danke Gott für alle, die einen guten Einfluss auf dich ausgeübt haben. · Bitte um mehr Möglichkeiten, andere zu beeinflussen, Christus ähnlicher zu werden.

Zum Bibelstudium: Lies die Geschichten von Abraham und Sarah in 1. Mose 18 – 21 und 23.

»Diese alle sind im Glauben gestorben und haben die Verheißungen nicht erlangt, sondern sahen sie von ferne und begrüßten sie und bekannten, dass sie Fremde und ohne Bürgerrecht auf der Erde seien. Denn die, die solches sagen, zeigen deutlich, dass sie ein Vaterland suchen. Und wenn sie an jenes gedacht hätten, von dem sie ausgezogen waren, so hätten sie Zeit gehabt, zurückzukehren. Jetzt aber trachten sie nach einem besseren, das ist nach einem himmlischen. Darum schämt sich Gott ihrer nicht, ihr Gott genannt zu werden, denn er hat ihnen eine Stadt bereitet« (Hebr. 11,13-16).

Die Ruhe in Gottes Verheißungen bringt ein erfülltes Leben.

Ich erinnere mich, wie ich voll Schrecken und Abscheu ansehen musste, wie sich ein wütender Mob durch Los Angeles wälzte und dabei Leute umbrachte und Häuser ansteckte. Dies Chaos nutzten zahllose Menschen aus, jedes erreichbare Geschäft zu plündern und zu zerstören. Ich habe ganze Familien gesehen – Mütter, Väter und kleine Kinder –, die alles, was sie stehlen konnten, in ihre Autos packten.

Das war das deutlichste Beispiel für Gesetzlosigkeit, das mir je begegnet ist. Es war, als sagten sie: »Ich bin mit dem mir zuteil gewordenen Leben unzufrieden; daher habe ich das Recht, alles zu nehmen, was ich ergattern kann – einerlei, wer dabei zu Schaden kommt.«

Vielleicht können wir uns gar nicht vorstellen, wie selbstsüchtig und ruhelos das Menschenherz sein kann, bis die Bande von Gesetz und Ordnung gesprengt werden und die Menschen tun können, was sie wollen, ohne Konsequenzen fürchten zu müssen. Dann stehen wir plötzlich vor den Folgen unserer gottlosen »Erst-komm-ich-Gesellschaft« und sie zeigt dann, wie sie wirklich ist. Sofortige Lustbefriedigung, ohne nach den Kosten zu fragen, ist das Motto unserer Tage.

Das steht in krassem Gegensatz zu Menschen des Glaubens wie Abraham, Isaak und Jakob, die sich auf Gott verließen, auch wenn ihre Umstände schlechter waren als sie es erwartet hatten. Gott hatte ihnen ein herrliches Land verheißen, doch haben sie es nie besessen. Tatsächlich waren sie Fremdlinge und Flüchtlinge in ihrem eigenen Land. Aber das machte ihnen nichts, weil sie nach einem besseren Ort Ausschau hielten – nach einer himmlischen Stadt. Ihr Glaube gefiel Gott wohl und Er schämte sich nicht, ihr Gott genannt zu werden. Welch ein wunderbares Zeugnis! Ich bete dafür, dass dies auch auf dich zutrifft. Lass dich nicht durch erdgebundene Hoffnungen und Träume unglücklich machen. Vertraue auf die Zusagen Gottes und richte deinen Blick auf die himmlische Heimat.

Zum Gebet: Danke Gott für den Segen eines zufriedenen Herzens.

Zum Bibelstudium: Lerne Psalm 27,4 auswendig.

»Durch Glauben hat Abraham, da er geprüft wurde, den Isaak dargebracht und er, der die Verheißungen empfangen hatte, brachte den einzigen [Sohn] dar, über den gesagt worden war: ›In Isaak soll deine Nachkommenschaft genannt werden‹, indem er dachte, dass Gott auch aus den Toten erwecken könne« (Hebr. 11,17-19).

Die Bereitschaft, etwas dir Kostbares dranzugeben, ist ein Beweis echten Glaubens.

John Bunyan hatte eine blinde Tochter, die ihm besonders lieb war. Wenn er wegen seiner Evangeliumspredigt im Gefängnis saß, machte er sich um seine Familie, und besonders um das blinde Kind, große Sorgen. Er schrieb dazu: »Ich sah mich als ein Mensch, der sein Haus über dem Haupt seiner Frau und seiner Kinder niederriss. Aber wenn es auch so ist, ich muss es tun. Den liebsten Götzen, den ich kenne, wer immer es sein mag, hilf, ihn von Deinem Thron zu reißen, damit ich allein Dich anbete!«

Trotz seines schrecklichen Kummers, war Bunyan bereit, auch das Liebste zu opfern, wenn Gott es verlangte. So war es auch mit Abraham. Alle Verheißungen Gottes hingen mit Isaak zusammen.

Abraham glaubte den göttlichen Verheißungen und das wurde ihm zur Gerechtigkeit gerechnet (1. Mo. 15,6). Aber der Beweis dafür kam, als Gott von ihm das Opfer seines Sohnes verlangte. Abraham war klar, wenn er Isaak tötete, brachte er den Bund mit Gott zu Tode. So schloss er, Gott werde Isaak gewiss aus den Toten auferwecken. Er glaubte an die Auferstehung, ehe diese Lehre deutlich ausgedrückt worden war.

Gott prüfte Abraham, und Abraham bestand den Test: Er war zum Opfer bereit. Und diese Höhe muss der Glaube schließlich immer erreichen. Der Herr sagt: »Wenn jemand mir nachkommen will, verleugne er sich selbst und nehme sein Kreuz auf sich und folge mir nach!« (Matth. 16,24). Und in Römer 12,1 lesen wir: »Ich ermahne euch nun, Brüder, durch die Erbarmungen Gottes, eure Leiber darzustellen als ein lebendiges, heiliges, Gott wohlgefälliges Opfer, was euer vernünftiger Gottesdienst ist« (Röm. 12,1).

Ich bete dafür, dass du willig alles drangibst, was dich hindert, ein möglichst nützlicher Diener Christi zu sein.

Zum Gebet: Danke Gott für alle, die du kennst und die die Prüfung eines opferwilligen Glaubens bestanden haben. · Bitte um Mut und Gnade, ihrem Beispiel folgen zu können.

Zum Bibelstudium: Lies den Bericht über Abraham in 1. Mose 22.

»Durch Glauben segnete Isaak auch im Hinblick auf zukünftige Dinge den Jakob und den Esau. Durch Glauben segnete Jakob sterbend einen jeden der Söhne Josephs und betete an über der Spitze seines Stabes. Durch Glauben gedachte Joseph sterbend des Auszugs der Söhne Israels und traf Anordnung wegen seiner Gebeine« (Hebr. 11,20-22).

Der Glaube triumphiert über den Tod.

Der Bibelausleger Matthew Henry schreibt: »Wenn auch die Gnade des Glaubens während des ganzen Lebens von universaler Bedeutung ist, so wird sie es ganz besonders, wenn es ans Sterben geht. Der Glaube hat sein schwerstes Werk ganz zum Schluss, damit der Gläubige alles zum guten Ende bringe, sowohl im Herrn zu sterben, als auch Ihn durch Geduld und Hoffnung zu ehren und damit ein Zeugnis von der Wahrheit des göttlichen Wortes und der Herrlichkeit Seiner Wege zu hinterlassen.«

Gott wird geehrt, wenn Seine Leute im Triumph sterben. Wenn wir ein Leben zu Seiner Verherrlichung geführt haben und mit Freuden diese Welt verlassen, um für alle Ewigkeit in Seine Gegenwart zu gelangen, gefällt Ihm das wohl; denn »kostbar ist in den Augen des HERRN der Tod seiner Frommen« (Ps. 116,15).

Viele Gläubige, die sich vor dem Sterben gefürchtet hatten, machten die Erfahrung, dass ihre letzten Augenblicke die schönsten und kostbarsten ihres Lebens waren.

Jakob, Isaak und Joseph sind Beispiele von Menschen, die dem Tod in starkem Glauben und festem Vertrauen entgegensahen. »Diese alle sind im Glauben gestorben und haben die Verheißungen nicht erlangt, sondern sahen sie von ferne und begrüßten sie und bekannten, dass sie Fremde und ohne Bürgerrecht auf der Erde seien« (Hebr. 11,13). Sie hatten nicht die Erfüllung aller Verheißungen erlebt; aber sie reichten sie im Glauben an ihre Kinder weiter.

Diese Männer hatten keinen perfekten Glauben. Joseph war zwar mustergültig; aber Jakob und Isaak haben oft in ihrem Wandel mit Gott geschwankt. Doch jeder beendete sein Leben im Triumph. Das ist die Belohnung aller, die Gott vertrauen und sich an Seine Verheißungen klammern.

Wie alle anderen Gläubigen vor dir hast auch du nicht die Erfüllung aller göttlichen Verheißungen erlebt. Doch hast du ganz gewiss weit mehr gesehen als Jakob, Isaak und Joseph. Wie viel mehr solltest du darum auf Gott vertrauen und alle dazu ermuntern, die dir folgen!

Zum Gebet: Danke Gott für Seine über Sünde und Tod triumphierende Gnade.

Zum Bibelstudium: Lies die letzten Worte Jakobs und Josephs in 1. Mose 48,1 – 49,33 und 50,22-26.

»Durch Glauben segnete Isaak auch im Hinblick auf zukünftige Dinge den Jakob und den Esau« (Hebr. 11,20).

Wenn du Gott ungehorsam bist, verspielst du Freude und Segen.

Isaak ist eine faszinierende Figur des Alten Testaments. Er war Abrahams lang ersehnter Sohn, das Kind des Bundes, das Kind der Verheißung. Doch abgesehen davon war er ziemlich durchschnittlich, passiv und still. Gerade einmal zwei Kapitel des ersten Buches Mose handeln von ihm, während jeder der anderen Patriarchen (Abraham, Jakob und Joseph) zwölf Kapitel füllt. Im Endergebnis glaubte Isaak an Gott und unterwarf sich Seinem Willen; doch scheint sein geistlicher Charakter in allem mehr zögerlich als resolut gewesen zu sein.

Nachdem eine Hungersnot Isaak gezwungen hatte, mit seiner Familie nach Gerar zu ziehen (einer Philisterstadt an der Grenze zwischen Palästina und Ägypten), erhielt er eine Gottesoffenbarung. Darin übertrug Gott die dem Abraham gemachten Bündnisverheißungen auf Isaak: »Halte dich als Fremder in diesem Lande auf und ich werde mit dir sein und dich segnen; denn dir und deinen Nachkommen werde ich alle diese Länder geben und ich werde den Schwur aufrecht erhalten, den ich deinem Vater Abraham geschworen habe. Und ich werde deine Nachkommen zahlreich machen wie die Sterne des Himmels und deinen Nachkommen alle diese Länder geben; und mit deinen Nachkommen werden sich segnen alle Nationen der Erde« (1. Mo. 26,3-4).

Man sollte meinen, solche Verheißung habe ihm Mut und Zuversicht eingeflößt; doch kaum dass er sie empfangen hatte, belog er die Männer von Gerar, weil er fürchtete, man werde ihn töten, um ihm seine Frau, Rebekka, zu nehmen (die Verse 22-24).

Und nur durch große Schwierigkeiten und mit manchem Rippenstoß brachte ihn der Herr schließlich wieder in das verheißene Land zurück, wo Er ihm die Bundesverheißungen wiederholte. Später in seinem Leben versuchte er sogar, seinen Sohn Esau zu segnen, nachdem dieser sein Erstgeburtsrecht an Jakob verkauft hatte (27,4; 25,33). Erst als er begriffen hatte, dass Gott unwiderruflich den Jakob erwählt hatte, fügte er sich.

Isaak ist ein deutliches Beispiel dafür, wie ein Gläubiger Freude und Segen verspielen kann, wenn er ungehorsam ist. Er erinnert aber auch an Gottes Treue – selbst widerstrebenden Heiligen gegenüber. Ist dein Gehorsam zögerlich oder entschlossen?

Zum Gebet: Danke Gott für Seine unwandelbare Treue dir gegenüber. · Suche Seine Vergebung, wenn dein Gehorsam widerstrebend ist oder fehlt. · Bitte Ihn, dass du Ihn genauso unwandelbar liebst, wie er dich.

Zum Bibelstudium: Lies von Isaak in 1. Mose 25,19 – 26,33.

»Durch Glauben segnete Jakob sterbend einen jeden der Söhne Josephs und betete an« (Hebr. 11,21).

Jakobs Leben ist ein Bild der geistlichen Pilgerreise von der Selbstherrlichkeit zur Unterwerfung.

Jakobs Leben kann man in drei Phasen einteilen: ein gestohlener Segen, Hingabe mit Bedingungen und ernsthafte Demut.

Von Anfang an wollte Gott den Jakob auf ganz besondere Weise segnen. Doch Jakob, dessen Name »Betrüger«, »Austrickser« oder »Fersenhalter« bedeutet, betrog seinen Vater, damit er ihn anstatt seines Bruders Esau segnen möge (1. Mo. 27,1-29). Das Ergebnis war, dass Jakob fliehen und vierzehn Jahre die Herden seines Onkels Laban hüten musste.

Als Jakob zu Laban zog, erschien ihm Gott im Traum (1. Mo. 28,10-22) und setzte ihn zum Empfänger des Segens ein, den Gott zuerst seinem Großvater Abraham und dann seinem Vater Isaak versprochen hatte.

Jakobs Reaktion spricht Bände; denn er »legte ein Gelübde ab und sagte: Wenn Gott mit mir ist und mich behütet auf diesem Weg, den ich gehe und mir Brot zu essen und Kleider anzuziehen gibt und ich in Frieden zurückkehre zum Haus meines Vaters, dann soll der HERR mein Gott sein« (die Verse 20-22). Jakobs Eid mit seinen Bedingungen bedeutete eigentlich: »Gott, wenn du alles tust, was ich will, dann will ich Dir gehören!«

Trotz dieser selbstsüchtigen Motive segnete Gott ihn, doch demütigte Er ihn gleichzeitig. Als die Zeit gekommen war, Laban zu verlassen, war Jakob bereit, sich rückhaltlos Gott anzuvertrauen. Man beachte die Veränderung seines Herzens in 1. Mose 32,11: »Ich bin zu gering für alle Gnadenerweise und alle Treue, die du deinem Knecht erwiesen hast.«

Dann erschien ihm Gott in der Gestalt eines Mannes und kämpfte die ganze Nacht mit ihm (Vers 24). Jakob wollte Ihn nicht loslassen, bevor Er ihn gesegnet habe. Das war keine selbstsüchtige Bitte, sondern kam aus einem Herzen, das gern so sein wollte, wie es Gott gefiel. Damals änderte Gott Jakobs Namen in »Israel«, das bedeutet »Kämpfer für [oder] mit Gott«.

Wie Abraham und Isaak vor ihm hat Jakob nie die Erfüllung der göttlichen Bündnisverheißungen erlebt. Doch auf seiner geistlichen Reise vom Jakob zum Israel, von der Selbstbestimmung zur Unterwerfung, lernte er, auf Gott zu vertrauen und auf Seine Zeit zu warten.

Zum Gebet: Bitte darum, beständig Gottes Willen nachzukommen und um Geduld, auf Seine Zeit zu warten.

Zum Bibelstudium: Lies die Jakobsgeschichten in 1. Mose 27 – 35.

»Durch Glauben gedachte Joseph sterbend des Auszugs der Söhne Israels und traf Anordnung wegen seiner Gebeine« (Hebr. 11,22).

Gott benutzt deine jetzigen Umstände, um Seine späteren Pläne auszuführen.

Wie Abraham, Isaak und Jakob war Joseph ein Erbe der Bundesverheißungen Gottes. Seine Erwartung war fest auf Gott gerichtet und er wusste, dass sein Volk eines Tages wieder in dem verheißenen Land sein würde. Obwohl er sein ganzes Leben als Erwachsener in Ägypten verbracht hatte, schwankte sein Glaube niemals. Am Ende seines Lebens wies er seine Brüder an, seine Gebeine aus Ägypten mitzunehmen und in ihrer künftigen Heimat zu bestatten (1. Mo. 50,25). Diese Bitte wurde beim Auszug erfüllt (2. Mo. 13,19).

Aber Josephs Glaube war nicht nur auf die zukünftigen Ereignisse gerichtet, nein, sein ganzes Leben ist durch außergewöhnliches Gottvertrauen und durch persönliche Integrität gekennzeichnet. Sein Verständnis von der göttlichen Souveränität war unter den Patriarchen einmalig. Obwohl er schwer unter den Händen von Übeltätern zu leiden hatte (einschließlich seiner Brüder, die ihn in die Sklaverei verkauften), erkannte er in allem die Hand Gottes und unterwarf sich Seinem Willen.

Joseph sagte später seinen Brüdern: »Und nun seid nicht bekümmert und werdet nicht zornig [auf euch selbst], dass ihr mich hierher verkauft habt! Denn zur Erhaltung des Lebens hat Gott mich vor euch hergesandt ... um euch ... am Leben zu erhalten für eine große Errettung. Und nun, nicht ihr habt mich hierhergesandt, sondern Gott« (1. Mo. 45,5.7-8). Später, nach dem Tode des Vaters, versicherte er ihnen noch einmal: »Fürchtet euch nicht! Bin ich etwa an Gottes Stelle? Ihr zwar, ihr hattet Böses gegen mich beabsichtigt, Gott [aber] beabsichtigte, es zum Guten [zu wenden] ... [um] ein großes Volk am Leben zu erhalten« (1. Mo. 50,19-20).

Was Josephs Glauben so überragend erscheinen lässt, ist sein Verständnis dafür, welche Rolle gegenwärtige Ereignisse bei der Erfüllung zukünftiger Verheißungen spielen. Er nahm die Segnungen in der gleichen Weise entgegen wie die Widerwärtigkeiten, weil er wusste, Gott würde beides zur Vollendung weit größerer Dinge in der Zukunft benutzen.

Joseph ist das klassische Beispiel dafür, dass denen, die Gott lieben, alle Dinge zum Guten mitwirken müssen (Röm. 8,28). Das ist eine Verheißung, der auch du vertrauen kannst.

ZUM GEBET: Befestige aufs Neue dein Vertrauen auf das souveräne Wirken Gottes in deinem Leben.

ZUM BIBELSTUDIUM: Lies über das Leben Josephs in 1. Mose 37 – 50.

»Durch Glauben wurde Mose nach seiner Geburt drei Monate von seinen Eltern verborgen, weil sie sahen, dass das Kind schön war; und sie fürchteten das Gebot des Königs nicht« (Hebr. 11,23).

Gott macht Seine Pläne. Du wandelst darin im Glauben.
Er bedarf weder deiner Hilfe noch deines Rates –
Er will nur deinen Gehorsam und dein Vertrauen.

Ein kluger Mensch hat einmal gesagt, Gottes Pläne verbessern zu wollen ist anmaßender, als die *Mona Lisa* mit einem Tintenkuli zu verschönern. Alles, was man erreichte, wäre die Zerstörung dieses Meisterwerks.

Die Geschichte von Amram und Jochebed, den Eltern des Mose, handelt von zwei Menschen, die sich weigerten, ein Meisterwerk zu zerstören. Sie vertrauten Gott vorbehaltlos und taten alles, damit Sein Plan mit ihrem Sohn in Erfüllung gehen konnte.

Wegen der großen Zahl und Kraft des hebräischen Volkes in Ägypten unterjochte es der Pharao und ordnete an, dass alle männlichen Hebräerbabys getötet werden sollten. Diesem boshaften Gebot widersetzten sich Moses Eltern und verbargen ihr Kind drei Monate lang. Dann legten sie es in einen wasserdichten Korb ans Ufer des Nils in der Nähe der Stelle, wo die Tochter des Pharao zu baden pflegte. Man kann sich kaum den Glauben vorstellen, der dazu nötig war; riskierten sie doch ihr eigenes Leben, dazu das ihres Kindes, indem sie es in den Korb legten, um es ausgerechnet in dessen Haus bringen zu lassen, der es auf den Tod aller kleinen Hebräerjungen abgesehen hatte.

Durch Gottes Vorsehung fand die Tochter des Pharao das Baby, empfand Mitleid und adoptierte es. Mehr noch: der Herr benutzte Moses schnell reagierende Schwester Mirjam, Jochebed als Pflegerin zu empfehlen, damit diese für ihren eigenen Sohn sorgen konnte. Das gab der Familie des Mose Gelegenheit, ihn über Gottes Versprechen zu belehren, dass Israel das verheißene Land ererben, ein mächtiges Volk und ein Segen für alle Völker werden sollte. Sie trugen dazu bei, den Glauben in ihn zu pflanzen, der später sein ganzes Leben kennzeichnete.

Du magst nie dazu berufen werden, ein Opfer von der Art zu bringen, wie es von Moses Eltern gefordert war; aber einerlei, wie hoch das Risiko ist, Gott ehrt deinen Gehorsam.

ZUM GEBET: Danke Gott für Seinen Lebensplan für dich. Bitte um Weisheit und Gnade, ihm entsprechend zu leben.

ZUM BIBELSTUDIUM: Lies von der Unterdrückung Israels und von Moses Geburt in 2. Mose 1,1 – 2,10.

»Durch Glauben weigerte sich Mose, als er groß geworden war, ein Sohn der Tochter Pharaos zu heißen und zog es vor, [lieber] zusammen mit dem Volk Gottes geplagt zu werden, als den zeitlichen Genuss der Sünde zu haben« (Hebr. 11,24-25).

Die Welt hat im Vergleich zu den Reichtümern Christi wenig zu bieten.

Vierzig Jahre lang genoss Mose das Beste, was Ägypten zu bieten hatte – ungeheuren Reichtum, Kultur, Ausbildung und Ansehen (Apg. 7,22). Doch er vergaß nie die Verheißungen, die Gott seinem eigenen Volk, Israel, gegeben hatte. »Als er aber ein Alter von vierzig Jahren erreicht hatte, kam es in seinem Herzen auf, nach seinen Brüdern, den Söhnen Israel, zu sehen. Und als er einen Unrecht leiden sah, verteidigte er ihn und rächte den Unterdrückten, indem er den Ägypter erschlug. Er meinte aber, seine Brüder würden verstehen, dass Gott ihnen durch seine Hand Rettung gebe; sie aber verstanden es nicht« (die Verse 23-25). Irgendwie wusste er, dass er zum Erretter seines Volkes von der ägyptischen Tyrannei berufen war. Obwohl es noch weitere vierzig Jahre dauern sollte, bis er vollkommen für dies Werk vorbereitet war, verließ er durch den Glauben die Schätze und die Ehre Ägyptens und ertrug mit Gottes auserwähltem Volk Ungemach.

Menschlich gesprochen traf Mose eine teure Wahl. Es schien, als habe er alles für nichts hingegeben. Doch traf vielmehr das Gegenteil zu, weil »er die Schmach des Christus für größeren Reichtum hielt als die Schätze Ägyptens; denn er schaute auf die Belohnung« (Hebr. 11,26).

Manchmal scheint der Gehorsam gegen Christus teuer zu kommen, besonders wenn böse Menschen Erfolg haben, während viele, die treu dem Herrn dienen, in Armut und Anfechtungen leben. Asaph, der Psalmist, hatte mit dem gleichen Problem zu kämpfen: »Siehe, dies sind Gottlose und immer sorglos, erwerben sie sich Vermögen. Fürwahr, umsonst habe ich mein Herz rein gehalten« (Ps. 73,12-13).

Aber sei sicher: Der ewige Lohn Christi wird die vergänglichen Freuden der Sünde bei weitem überwiegen. Die Bösen haben nur Gericht und Hölle zu erwarten – du aber die Herrlichkeit und den Himmel. So wähle stets den Gehorsam und vertraue auf Gott, dass er deine Entscheidungen lenkt, so wie Er es bei Mose getan hat.

Zum Gebet: Preise Gott dafür, dass der Gerechte einst vollen Lohn erhält. · Bitte Gott um Gnade, Ihm bei schweren Entscheidungen gehorchen zu können.

Zum Bibelstudium: Lies den Bericht des Stephanus über Mose in Apostelgeschichte 7,20-39.

Mose betrachtete »die Schmach des Christus für größeren Reichtum … als die Schätze Ägyptens; denn er schaute auf die Belohnung. Durch Glauben verließ er Ägypten und fürchtete die Wut des Königs nicht; denn er hielt standhaft aus, als sähe er den Unsichtbaren« (Hebr. 11,26-27).

Wenn du für Christus leidest, trägst du Seine Schmach.

Wie konnte Mose, der 1400 Jahre vor Christus lebte, Seine Schmach tragen? *Christus* ist die griechische Form des hebräischen Titels *Messias,* was »der Gesalbte« bedeutet. Von vielen Personen im Alten Testament wird gesagt, dass sie zu einem bestimmten Dienst für Gott gesalbt worden sind. Einige haben daher vermutet, Mose hätte an sich selbst als ein Bild des Messias gedacht, weil er das Volk aus der ägyptischen Knechtschaft führte. Sie würden den Vers 26 so übersetzen: »Er achtete die Schmach des von Gott gesalbten Befreiers …«

Wir meinen aber, es sei besser, diesen Vers auf den Herrn Jesus selbst, den künftigen großen Erlöser, anzuwenden. Wir wissen nicht, wie viel Mose von Christus wusste, sicherlich aber mehr als Abraham, von dem der Herr sagt: »Abraham … jubelte, dass er meinen Tag sehen sollte und er sah [ihn] und freute sich« (Joh. 8,56).

Der Messias wurde immer als einer betrachtet, der mit seinem Volk eng verbunden war. Wenn sie um der Gerechtigkeit willen litten, taten sie es an seiner Stelle. Darum sagt David: »Die Schmähungen derer, die dich schmähen, sind auf mich gefallen« (Ps. 69,10). Aus neutestamentlicher Perspektive gesprochen, sagt Paulus: »Ich trage die Malzeichen Jesu an meinem Leibe« (Gal. 6,17).

Aber in gewisser Weise leidet auch Christus mit Seinem Volk. Als der Herr dem Saulus von Tarsus entgegentrat, der die Gemeinde des Herrn heftig bekämpfte, sagte Er: »Saul, Saul, was verfolgst du mich? … Ich bin Jesus, den du verfolgst« (Apg. 9,4-5).

Mose erwählte, dem Hause des Pharao den Rücken zu kehren und sich mit Gottes Volk zu identifizieren, weil er wusste, dass die Leiden für Christus weit besser waren als alle Reichtümer Ägyptens. Irgendwann wirst auch du um Christi willen Verfolgung erleiden (2. Tim. 3,12), so sei darauf vorbereitet. Wenn es dann soweit ist, folge dem Beispiel des Mose, der Glauben und Mut bewies; denn du weißt, dass Gott dein Schild und dein sehr großer Lohn ist (siehe 1. Mo. 15,1).

ZUM GEBET: Folge dem Beispiel der Apostel und danke Gott, wenn du ein klein wenig von der Schmach tragen darfst, die die Welt Christus zufügen möchte (Apg. 5,27-41).

ZUM BIBELSTUDIUM: Lerne Psalm 27,1 auswendig, damit du ermutigt wirst, wenn Schwierigkeiten auf dich zukommen.

»Durch Glauben hat er das Passa gefeiert und die Blutbestreichung ausgeführt, damit der Verderber der Erstgeburt sie nicht antaste. Durch Glauben gingen sie durchs Rote Meer wie über trockenes Land, während die Ägypter, als sie es versuchten, verschlungen wurden« (Hebr. 11,28-29).

Ein Mensch des Glaubens richtet sich dankbar nach Gottes Bestimmungen, einerlei, ob er deren Sinn sofort versteht oder nicht.

Als die Zeit für Mose gekommen war, das Volk aus Ägypten zu führen, sah, menschlich gesprochen alles so aus, als sei es unmöglich. Der Pharao dachte gar nicht daran, zwei bis drei Millionen Sklaven so mir nichts, dir nichts ziehen zu lassen. Sein furchterregendes Heer stand bereit, einen solchen Auszug zu vereiteln.

Aber wenn Gott einen Plan gefasst hat, trifft Er auch die zur Durchführung nötigen Vorkehrungen. In diesem Fall hatte Er zehn Plagen geschickt, um bei dem Pharao eine Sinnesänderung zu bewirken.

Die zehnte und schlimmste Plage war der Tod aller Erstgeborenen (2. Mo. 11,5). Um sich selbst vor dieser Plage zu schützen, sprengten sie das Blut eines Lammes an die Schwellen und Pfosten ihrer Haustüren. Wenn der Todesengel das Blut sah, ging er vorüber. So wurde die Passafeier eingesetzt.

Das Blut dieser ersten Passalämmer hatte in sich nicht die Kraft, den Tod von den Häusern fernzuhalten; aber es offenbarte Glauben und Gehorsam und es wies auf das künftige Opfer Christi hin (siehe Joh. 1,29).

Pharao begriff die Botschaft und ließ das Volk ziehen; doch änderte er kurz darauf seine Meinung und befahl seinem Heer, die Verfolgung aufzunehmen. Wieder griff Gott ein, als es um den Durchzug durch das Rote Meer ging. Er erlaubte Seinem Volk, trockenen Fußes hindurchzugehen, während Er das ganze ägyptische Heer ertränkte, als es versuchte, den Israeliten zu folgen.

Das ist ein deutliches Bild jener Lektion, die jeder Gläubige lernen muss: Gottes Bestimmungen sind immer die besten. Sie mögen dem menschlichen Verstand manchmal töricht erscheinen – so wie »das Wort vom Kreuz … denen, die verloren gehen, Torheit« ist (1. Kor. 1,18). Aber ein Mensch des Glaubens vertraut Gott und nimmt Seine Bestimmungen dankbar an.

ZUM GEBET: Danke Gott für die weisen und gnädigen Bestimmungen, die er für deine Errettung und deinen fortlaufenden Wandel als Christ festgelegt hat.

ZUM BIBELSTUDIUM: Lies die Geschichte vom Passa und vom Durchzug durch das Rote Meer (2. Mose 11 – 14).

*»Durch Glauben fielen die Mauern Jerichos,
nachdem sie sieben Tage umzogen waren« (Hebr. 11,30).*

Der Glaube ist der Schlüssel zu geistlichem Überwinden.

Vierzig Jahre waren vergangen, seit das Volk der Israeliten sich geweigert hatte, in das Land der Verheißung einzuziehen. Jene ganze ungläubige Generation war in der Wüste zugrunde gegangen. Jetzt führte Josua deren Kinder in das Land hinein. Das erste Hindernis, dem sie begegneten, war Jericho – eine gut befestigte Stadt in der Nähe der Jordanmündung.

Es gab damals Städte, deren Mauern waren oben breit genug, dass zwei Wagen auf ihr aneinander vorbeifahren konnten. Vielleicht war das in Jericho wegen der strategisch wichtigen Lage auch der Fall. Das, zusammen mit dem Heer der Verteidiger, machte die Stadt praktisch uneinnehmbar, besonders für die unerfahrenen Israeliten, denen es an militärischer Ausbildung fehlte. Aber was für Menschen unmöglich ist, ist für Gott sehr einfach. Außerdem bot sich hier die Gelegenheit, dass Gott Seine Macht und das Volk seinen Glauben und seinen Gehorsam demonstrierte.

Man kann sich wohl vorstellen, wie eigenartig dem Hebräervolk zumute war, als sie sechs Tage lang jeweils einmal um die Stadt zogen. Darin hätten wir keinen militärischen Sinn erblickt. Als sie aber am siebten Tag siebenmal um die Stadt zogen und die Priester ihre Widderhörner bliesen, als sie zum letzten Mal kräftig ins Horn stießen und das Volk laut schrie, da fielen die Mauern von selbst um (Jos. 6,20). Der Glaube hatte eine furchterregende Festung in einen Trümmerhaufen verwandelt.

Kannst du dich auch in der letzten Zeit an geistliche Widerstände erinnern? Wie bist du mit ihnen verfahren? In deinem Christenwandel wirst du immer wieder damit zu tun haben; aber fürchte dich nicht. Betrachte sie als Möglichkeiten, deinen Glauben zu üben und Gottes Macht zu sehen, wie sie sich in deinem Leben entfaltet. Halte am Vertrauen zum Herrn fest und zeige deinen Glauben, indem du mutig tust, was Er dir aufträgt.

Zum Gebet: Bitte Gott um demütiges Vertrauen auf seine Kraft, sooft du auf Schwierigkeiten stößt.

Zum Bibelstudium: Lies von der Eroberung Jerichos in Josua 6,1-21. Beachte, wie oft das Volk ohne Zögern den Befehlen Josuas gehorcht.

»Durch Glauben kam Rahab, die Hure, nicht mit den Ungehorsamen um, da sie die Kundschafter in Frieden aufgenommen hatte« (Hebr. 11,31).

Rahab demonstriert die Tiefe und Weite der staunenswerten göttlichen Gnade.

Unser letzter alttestamentlicher Glaubensheld passt so gar nicht in unsere Liste. Rahab war nicht nur eine Prostituierte, sie war auch eine Heidin – sogar eine Kanaaniterin.

Die Kanaaniter waren ein götzendienerisches, ausschweifendes Volk, das selbst unter den Heiden wegen seiner Unmoral und Grausamkeit verschrien war. Doch mitten in einer so schlechten Gesellschaft kam Rahab zum Glauben an den Gott Israels.

Josua 2,9-11 berichtet von ihrem Glaubensbekenntnis vor den zwei Männern, die Josua als Spione nach Jericho geschickt hatte: »Ich habe erkannt, dass der HERR, euer Gott, euch das Land gegeben hat und dass der Schrecken vor euch auf uns gefallen ist, so dass alle Bewohner des Landes vor euch mutlos geworden sind. Denn wir haben gehört, dass der HERR die Wasser des Schilfmeeres vor euch ausgetrocknet hat, als ihr aus Ägypten zogt und was ihr den beiden Königen der Amoriter getan habt, die jenseits des Jordan waren, dem Sihon und dem Og, an denen ihr den Bann vollstreckt habt. Als wir das hörten, zerschmolz unser Herz und in keinem blieb noch Mut euch gegenüber. Denn *der HERR, euer Gott, ist Gott oben im Himmel und unten auf der Erde.*«

Rahab bewies die Echtheit ihres Bekenntnisses, indem sie ihr Leben riskierte, als sie die beiden Spione vor dem König von Jericho versteckte, als dieser sie suchen ließ. Weil sie log, als sie die Kundschafter versteckt hatte (die Verse 4-5), bezweifeln manche die Echtheit ihres Glaubens. Wahre Gläubige würden doch bestimmt nicht so lügen, oder?! Abraham tat es. Sarah tat es. Isaak tat es. Jakob tat es. Wichtig ist nur, dass Gott ihren Glauben ehrte, nicht ihre Verirrungen.

Wie bei allen Glaubenshelden bisher war auch Rahabs Glaube nicht perfekt, auch kannte sie Gottes Moralgesetz nur äußerst mangelhaft. Aber weil sie auf Gott vertraute, wurde sie bei der Eroberung Jerichos verschont und noch größere Ehre wurde ihr zuteil: Sie wurde die Mutter des Boas, der Ruth heiratete, die Urgroßmutter Davids. Dadurch kam sie in die Ahnenreihe unseres Herrn Jesus Christus (Matth. 1,5).

ZUM GEBET: Preise Gott dafür, dass Er auch den schmutzigsten Sünder annimmt, der sich im Glauben zu Ihm wendet.

ZUM BIBELSTUDIUM: Lies alles über Rahab in Josua 2,1-24; 6,22-25 und Jakobus 2,25.

»Gott … hat am Ende dieser Tage zu uns geredet im Sohn, den er zum Erben aller Dinge eingesetzt hat, durch den er auch die Welten gemacht hat; er, der Ausstrahlung seiner Herrlichkeit und Abdruck seines Wesens ist und alle Dinge durch das Wort seiner Macht trägt, hat sich zur Rechten der Majestät in der Höhe gesetzt, nachdem er die Reinigung von den Sünden bewirkt hat« (Hebr. 1,1-3).

Christus steht über allen und über allem.

Der Hebräerbrief war an eine Hörerschaft gerichtet, die sich zusammensetzte aus jüdischen Christen, aus jüdischen Nichtchristen, die intellektuell von Jesus überzeugt waren, Ihn aber noch nicht angenommen hatten, und aus jüdischen Nichtchristen, die dem Evangelium ganz und gar nicht glaubten. Das Ziel des Schreibers war es, zu zeigen, dass Christus mehr ist als jeder und alles, was vor Ihm gewesen ist, seien es alttestamentliche Personen, Einrichtungen, Rituale oder Opfer. Im Besonderen stellt er Christus den Engeln, Mose, Josua, Aaron und der Priesterschaft, darüber hinaus dem Alten Bund und dem Opfersystem gegenüber. Die jüdischen Gläubigen brauchten diesen Blick auf den Vorrang Christi, weil die meisten von ihnen wegen ihres christlichen Zeugnisses Verfolgung litten. Einige standen in Gefahr, das Evangelium mit den jüdischen Zeremonien und Gesetzlichkeiten zu verwechseln oder in ihre vorige Ordnung zurückzufallen.

Wer intellektuell überzeugt, aber geistlich unentschieden war, hatte die Warnung nötig, nicht auf diesem Punkt stehen zu bleiben, sondern den Weg bis zum rettenden Glauben zu gehen. Sie standen in der Gefahr, die größte nur denkbare Sünde zu begehen: Jesus Christus als Retter und Herrn abzulehnen.

Die überhaupt nicht an Christus glaubten, mussten erkennen lernen, dass dieser Jesus wirklich das war, was Er von sich behauptete. Solchen Leuten erklärte der Schreiber die einzigartige Priesterschaft Christi und die dringliche Notwendigkeit, sich im Glauben zu Ihm zu wenden.

In deinem Freundeskreis gibt es vielleicht auch Christen, die schwach im Glauben sind und gestärkt und belehrt werden müssten. Halte dich bereit, ihnen, wann immer möglich, zu helfen.

Zweifellos kennst du auch Menschen, die intellektuell von Jesus als Heiland überzeugt sind, sich aber weigern, Ihn als Herrn über sich anzuerkennen. Sei nicht feige und sage ihnen, wie dringend sie die Errettung nötig haben.

Denen, die Christus geradeheraus ablehnen, verkünde tapfer das Evangelium und vertraue dem Heiligen Geist, dass Er die Herzen überwindet.

ZUM GEBET: Preise den Herrn, dass er über allem steht, und für Seine überwindende Gnade.

ZUM BIBELSTUDIUM: Lies Hebräer 1 und 2. Wem vergleicht der Schreiber Christus? Sieh genau hin.

»Die Hauptsache aber bei dem, was wir sagen, ist: Wir haben einen solchen Hohenpriester, der sich gesetzt hat zur Rechten des Thrones der Majestät in den Himmeln« (Hebr. 8,1).

Weil Jesus als Hoherpriester dient, haben wir Zugang zu Gott.

Der Zugang zu Gott war das beständige Problem des jüdischen Volkes. 2. Mose 33,20 erklärt uns, dass niemand Gott sehen und lebendig bleiben kann. Nur einmal im Jahr, am Großen Versöhnungstag (Jom Kippur) ging der Hohepriester ins Allerheiligste, wo Gott in einzigartiger Weise gegenwärtig war. Dort erschien er mit dem Sühneblut für das Volk vor Gott. Gottes Bund mit Israel war die Grundlage ihrer Gemeinschaft mit Ihm. Und das Opfersystem des Alten Bundes bot dem Volk eine äußerliche Handlung, mit der sie ihre innere Bußfertigkeit ausdrücken konnten. Aber sie mussten unaufhörlich opfern, weil auch ihre Sünden nie aufhörten. Sie brauchten einen vollkommenen Priester und ein Opfer, das erlaubte, immer zu Gott kommen zu dürfen. Genau das war und tat der Herr.

In Hebräer 10 heißt es, der Herr habe Seinen Leib ein für allemal als Opfer für die Menschheit dargebracht und sich dann zur Rechten Gottes gesetzt (die Verse 10.12). Das war ein revolutionäres Konzept für das jüdische Denken. Ein amtierender Priester konnte sich niemals setzen, weil sein Werk niemals abgeschlossen war. Der Herr nun brachte etwas Neues, Wunderbares: ein einmaliges Opfer, das für alle Ewigkeit ausreicht. Das war die Grundlage des Neuen Bundes.

Die Priesterschaft unseres Herrn ist für immer und ist alle Zeit wirksam: »Dieser aber, weil er in Ewigkeit bleibt, hat ein unveränderliches Priestertum. Darum kann er die auch völlig erretten, die sich durch ihn Gott nahen, weil er immer lebt, um sich für sie zu verwenden« (Hebr. 7,24-25). Das ist die zentrale Aussage des Hebräerbriefes.

Es war für die Juden nicht leicht, die Notwendigkeit eines neuen Bundes einzusehen. Die meisten lehnten Christus direkt ab. Genauso verwerfen heute viele Sein Priestertum und meinen, zu ihren Bedingungen Gott nahen zu können. Doch machen sie einen schwerwiegenden Fehler. Der Herr Jesus sagt selbst: »Niemand kommt zum Vater als nur durch mich« (Joh. 14,6).

ZUM GEBET: Preise Gott, dass Er dich durch Seinen Sohn, Jesus Christus, in Seine Gegenwart treten lässt.

ZUM BIBELSTUDIUM: Lies Hebräer 10,19-25 und achte darauf, wie Gott auf das Priestertum Christi antwortet.

»Nachdem Gott vielfältig und auf vielerlei Weise ehemals zu den Vätern geredet hat in den Propheten, hat er am Ende dieser Tage zu uns geredet im Sohn« (Hebr. 1,1-2).

Wir haben keine Möglichkeit, Gott zu entdecken; Er muss sich dem Menschen offenbaren.

Von Anbeginn haben sich die Menschen selbst betrogen, indem sie meinten, Gott durch die verschiedenen Religionen entdecken zu können. In Wirklichkeit aber sind wir von Raum und Zeit wie mit Mauern umgeben. Gott ist außerhalb dieses Systems und der Mensch fühlt, dass Gott da ist, er kann aber nicht zu Ihm kommen. Jede neue Religion ist nur ein weiterer nutzloser Versuch, die Wände zu durchdringen und Ihn zu erfahren.

Unsere einzige Hoffnung besteht darin, dass Gott die Mauern durchdringt. Das lesen wir in Hebräer 1,1-2. Zuerst tat Er es mit Worten (im Alten Testament), dann persönlich (in Jesus Christus). In Bezug auf Gottes Wort sagt David: »Der Geist des HERRN hat durch mich geredet und sein Wort war auf meiner Zunge« (2. Sam. 23,2). Und Jeremia fügt hinzu: »Der HERR streckte seine Hand aus und rührte meinen Mund an und der HERR sprach zu mir: Siehe, ich lege meine Worte in deinen Mund« (Jer. 1,9). Von Christus aber sagt der Apostel Johannes: »Das Wort wurde Fleisch und wohnte unter uns und wir haben seine Herrlichkeit angeschaut, eine Herrlichkeit als eines Eingeborenen vom Vater, voller Gnade und Wahrheit … Niemand hat Gott jemals gesehen; der eingeborene Sohn, der in des Vaters Schoß ist, der hat [ihn] kundgemacht« (Joh. 1,14.18).

Die Ironie des menschlichen Denkens, Gott auf eigene Faust finden zu können, liegt darin, dass ohne die Anleitung durch den Heiligen Geist niemand Ihn wirklich finden *möchte*. In Wirklichkeit wollen sie nur ein kosmisches Glücksgefühl, das ihr Dasein verschönt, oder nur eine Beruhigung für ihr beladenes Gewissen. Paulus sagt: »Da ist *kein* Gerechter, auch nicht einer; da ist *keiner*, der verständig ist; da ist *keiner*, der Gott sucht« (Röm. 3,10-11).

Gott hätte uns unserer Sünde und Torheit überlassen können; aber Er durchbrach die Mauern und offenbarte uns alles, was wir brauchen, um Erlösung und Gemeinschaft mit Ihm zu bekommen. Welch ein Vorrecht haben wir, dass wir Sein Wort studieren und nach Seinen Grundsätzen leben dürfen! Strebe täglich danach!

Zum Gebet: Preise Gott für die Fähigkeit, Sein Wort zu lieben.

Zum Bibelstudium: Lies 1. Korinther 2,6-16 und achte darauf, wie natürliche (nicht wiedergeborene) Menschen auf die göttliche Offenbarung reagieren.

»Nachdem Gott vielfältig und auf vielerlei Weise ehemals zu den Vätern geredet hat in den Propheten, hat er am Ende dieser Tage zu uns geredet im Sohn« (Hebr. 1,1-2).

Das Alte Testament ist nur ein Vorspiel von dem, was im Neuen Testament offenbart ist.

Wenn der Herr sagt: »Meint nicht, dass ich gekommen sei, das Gesetz und die Propheten (das Alte Testament) aufzulösen; ich bin nicht gekommen, aufzulösen, sondern zu erfüllen«, so bestätigt er, dass die Schrift fortschreitet von der Verheißung zur Erfüllung, vom Teilweisen zum Ganzen. Wir nennen das eine fortschreitende Offenbarung.

So erwartete das Alte Testament das Kommen Christi; das Neue berichtet von Seinem Erscheinen. Die Schreiber des Alten Testaments verstanden nicht alles, was sie schrieben, weil es sich auf ihre Zeit nicht anwenden ließ. Darum schreibt Petrus: »Im Hinblick auf diese Rettung suchten und forschten die Propheten, die über die an euch [erwiesene] Gnade weissagten. Sie forschten, auf welche oder auf was für eine Zeit der Geist Christi, der in ihnen war, hindeutete, als er die Leiden, die auf Christus [kommen sollten] und die Herrlichkeiten danach vorher bezeugte. Ihnen wurde offenbart, dass sie nicht sich selbst, sondern euch dienten im Blick auf das, was euch jetzt verkündigt worden ist durch die, welche euch das Evangelium verkündigt haben im Heiligen Geist« (1. Petr. 1,10-12).

Fortschreitende Offenbarung heißt keineswegs, das AT sei ungenau. Der Unterschied liegt nicht in der Richtigkeit der Offenbarung, sondern in ihrer Vollständigkeit. Wie ein Kind von Buchstaben zu Wörtern und Sätzen gelangt, so schreitet die göttliche Offenbarung von Bildern, Zeremonien und Weissagungen voran bis zur Vollendung in Jesus Christus im NT.

Obwohl es also, gemessen am Neuen Testament, unvollständig ist, ist das Alte Testament nichtsdestoweniger ganz und gar durch Gott inspiriert worden. Das wird im Neuen Testament oft bestätigt. Petrus teilt uns mit, dass keiner der menschlichen Schreiber des Alten Testaments aus eigenem Willen geschrieben hat, sondern vom Heiligen Geist geleitet wurde (2. Petr. 1,21). Und Paulus fügt hinzu: »Alle Schrift ist von Gott eingegeben und nützlich zur Lehre, zur Überführung, zur Zurechtweisung, zur Unterweisung in der Gerechtigkeit« (2. Tim. 3,16). Das Alte Testament ist nicht die ganze Wahrheit Gottes; aber alles, was darin steht, ist ganz wahr. Und wenn du vom Alten zum Neuen Testament fortschreitest, erkennst du immer genauer Gottes Wesen und Seinen Erlösungsplan.

ZUM GEBET: Preise Gott für die vollkommene Offenbarung, der du in der Schrift mit Freuden begegnen kannst.

ZUM BIBELSTUDIUM: Lerne 2. Timotheus 3,16-17 auswendig.

»Nachdem Gott vielfältig und auf vielerlei Weise ehemals zu den Vätern geredet hat in den Propheten, hat er am Ende dieser Tage zu uns geredet im Sohn« (Hebr. 1,1-2).

Der Herr Jesus Christus brachte nicht nur die volle Offenbarung Gottes, Er selbst war sie.

Eine samaritische Frau sagte einst: »Ich weiß, dass der Messias kommt, der Christus genannt wird; wenn jener kommt, wird er uns alles verkündigen« (Joh. 4,25). Die Erwartung jener Tage war, selbst unter den Samaritern, dass der Messias Gott endgültig und vollständig offenbaren würde. Der Heilige Geist bestätigt durch den Schreiber des Hebräerbriefes, dass dies wahr ist: »Gott … hat am Ende dieser Tage zu uns geredet im Sohn« (Hebr. 1,1-2). Das Alte Testament offenbarte Gott stückweise. Jedes Detail war wahr, aber unvollständig. Als aber der Herr kam, wurde das Gesamtbild deutlich; und obwohl Er von Seinem eigenen Volk verworfen wurde, war Er doch in Wahrheit die Erfüllung der messianischen Hoffnungen, die man jahrhundertelang genährt hatte.

Das alttestamentliche Zeitalter der Verheißungen endete, als der Herr kam. Er ist Gottes endgültiges Wort: »Denn so viele Verheißungen Gottes es gibt, in ihm ist das Ja, deshalb durch Ihn auch das Amen, Gott zur Ehre durch uns« (2. Kor. 1,20).

Gott drückte sich in seinem Sohn vollständig aus. Darum sagt Johannes: »Das Wort wurde Fleisch und wohnte unter uns und wir haben seine Herrlichkeit angeschaut, eine Herrlichkeit als eines Eingeborenen vom Vater, voller Gnade und Wahrheit … Niemand hat Gott jemals gesehen; der eingeborene Sohn, der in des Vaters Schoß ist, der hat [ihn] kundgemacht« (Joh. 1,14,18). Und Paulus fügt hinzu: »In ihm wohnt die ganze Fülle der Gottheit leibhaftig« (Kol. 2,9).

Die praktischen Folgen dieser Wahrheit sind überwältigend. Wenn Christus die Fülle der göttlichen Offenbarung ist, brauchst du außer Ihm nichts mehr. In Ihm bist du »zur Fülle gebracht« (Kol. 2,10) und »alles zum Leben und zur Gottseligkeit [wurde dir] geschenkt« (2. Petrus 1,3). Sein Wort ist genug; es bedarf keiner Zusätze und braucht nicht »auf dem Laufenden gehalten zu werden«.

Zum Gebet: Bitte Gott, dir zu zeigen, wie du dich vollkommener auf Sein Wort und auf die Hilfsquellen in Christus verlassen kannst.

Zum Bibelstudium: Lies Johannes 1,1-18, damit du dir neu klarmachst, wie vollständig Gott in Seinem Sohn offenbart wurde.

»Gott … hat … am Ende dieser Tage zu uns geredet im Sohn, den er zum Erben aller Dinge gemacht hat« (Hebr. 1,1-2).

Weil Jesus der Sohn Gottes ist, ist Er der Erbe von allem, was Gott gehört.

Als Christus zum ersten Mal auf die Erde kam, wurde Er arm um unseretwillen, damit wir durch Seine Armut reich würden (2. Kor. 8,9). Er hatte nichts zu eigen, »nicht, wo er sein Haupt hinlegt« (Luk. 8,58). Bei Seinem Tode nahm man Ihm selbst Seine Kleider und man begrub Ihn in dem Grab, das einem anderen gehörte.

Es übersteigt das menschliche Begriffsvermögen, dass der galiläische Zimmermann, der wie ein gewöhnlicher Krimineller nackt und blutend an einem Kreuz draußen vor der Stadt Jerusalem zu Tode kam, der König der Könige und der Herr der Herren sein soll. Aber er ist es!

Als Sohn Gottes ist Er der Erbe all dessen, was Gott gehört. In Kolosser 1,16 erklärt der Apostel Paulus, dass nicht nur alle Dinge *durch* Christus, sondern auch *für* Ihn geschaffen wurden. Alles, was existiert, wird erst zu seiner vollen Entfaltung kommen, wenn es unter der endgültigen Herrschaft Christi steht. Auch das Buch der Psalmen sagt voraus, dass Christus eines Tages der Erbe aller Besitztümer Gottes sein wird. Wenn der Vater von Seinem Sohn spricht, sagt er: »Fordere von mir und ich will dir die Nationen zum Erbteil geben, zu deinem Besitz die Enden der Erde« (Ps. 2,8). Ebenso erklärt Gott: »So will ich ihn zum Erstgeborenen machen, zum höchsten unter den Königen der Erde« (Ps. 89,28; siehe Kol. 1,15). »Erstgeborener« weist auf die gesetzlichen Rechte hin – besonders auf die des Erbens und der Machtausübung.

Wenn Christus wieder auf die Erde kommt, wird er völlig und auf ewig alle Dinge in Besitz nehmen (Offb. 11,15). Und weil wir Ihm vertraut haben, werden wir »Miterben Christi« (Röm. 8,16-17). Wenn wir in Sein ewiges Reich einziehen, werden wir mit Ihm alles besitzen. Er bleibt allein als Christus und Herr; aber das Erbe werden wir mit Ihm teilen. Sein wunderbares Erbe wird auch uns gehören.

ZUM GEBET: Danke Gott, dass Er dich zum Miterben Christi gemacht hat. Danke dem Herrn, dass dies durch Seinen Tod am Kreuz Wirklichkeit werden konnte.

ZUM BIBELSTUDIUM: Lies Offenbarung 5,1-14 und 11,15-18 und beachte, wie sich die Himmelsbewohner Christus gegenüber verhalten.

»Gott … hat … am Ende dieser Tage zu uns geredet im Sohn, … durch den er auch die Welten gemacht hat« (Hebr. 1,1-2).

Christus ist der Baumeister, durch den Gott die Welt erschaffen hat.

Johannes 1,1-3 bezeugt: »Im Anfang war das Wort … Alles wurde durch dasselbe geschaffen und ohne dasselbe wurde auch nicht eines, das geworden ist.« Der Herr Jesus hat die Fähigkeit, etwas aus dem Nichts zu erschaffen (siehe Röm. 4,17) und das unterscheidet Ihn von den Geschöpfen. Nur Gott kann so erschaffen, wir nicht. Wenn du das könntest, wohntest du in einem besseren Haus, hättest ein anderes Auto, vielleicht auch einen anderen Beruf – wenn du überhaupt einen ausübtest. Du brauchtest nur in deinem Garten zu sitzen und Geld zu erschaffen. Glücklicherweise hat Gott uns verdorbenen Menschen dies Recht nicht gegeben.

Die Fähigkeit, *ex nihilo* (aus dem Nichts) etwas zu erschaffen, hat nur Gott allein, und die Tatsache, dass Jesus in dieser Weise etwas erschafft, weist Ihn als Gott aus und bestätigt seinen absoluten Vorrang über alles. Er schuf alles Materielle und Geistliche. Durch den Menschen wurde das ursprünglich tadellose Werk Christi mit Sünden befleckt und die ganze Schöpfung sehnt sich nach der Wiederherstellung des anfänglichen Zustands (Röm. 8,19-21).

Das gewöhnliche Wort für »Welt« ist *kosmos*, aber das wird in Hebräer 1,2 nicht verwendet. Hier heißt es *aionas*, was sich nicht auf die materielle Welt, sondern auf die »Zeitalter« bezieht. So wird es auch oft übersetzt. Jesus Christus ist nicht nur der Schöpfer der materiellen Welt, sondern hat neben dem Stoff auch Zeit, Raum und Energie erschaffen. Der Schreiber des Hebräerbriefes beschränkt die Schöpfung nicht auf unsere Erde, sondern zeigt uns, dass Christus der Schöpfer des gesamten Universums, ja des Seins an sich ist. Und alles dies gelang Ihm ohne Mühe.

Und wie steht's nun mit dir? Wenn du in Gott nicht den Schöpfer der Welten siehst, hast du Schwierigkeiten, wenn du die Entstehung des Universums erklären willst. Woher kam alles? Wer plante es? Wer machte es? Das kann der Zufall nicht! Jemand muss es getan haben und die Bibel sagt uns, wer es war: Jesus Christus.

Zum Gebet: Preise den Herrn für das Wunder der Schöpfung, das wir so leicht für selbstverständlich nehmen.

Zum Bibelstudium: Lies Kolosser 1,16-23, um den Zusammenhang zwischen der Schöpfung und deiner Errettung zu erkennen.

»Er, der Ausstrahlung seiner Herrlichkeit und Abdruck seines Wesens ist« (Hebr. 1,3).

Jesus Christus ist beides: Gottes Offenbarung und Gott Selbst.

So wie die Strahlen der Sonne der Erde Licht, Wärme, Leben und Wachstum geben, so ist Jesus Christus das herrliche Licht Gottes, das in die Herzen der Menschen scheint. Als »Ausstrahlung der Herrlichkeit Gottes« sehen wir in Christus Gott selbst. Niemand kann Gott in Seiner vollen Herrlichkeit sehen und niemand wird es je können. Die Ausstrahlung Seiner Herrlichkeit, die uns erreicht, erscheint uns in der Person Jesu Christi.

So wie die Sonne nie ohne ihren Glanz war und auch nie von ihm getrennt werden kann, so war Gott nie ohne die Herrlichkeit Christi und man kann Ihn auch nicht von ihr trennen. Nie war Gott ohne Ihn und nie war Er ohne Gott und nie und auf keine Weise kann Er von Gott getrennt werden. Doch der Glanz der Sonne ist nicht die Sonne und so ist auch in diesem Sinne die Herrlichkeit Christi in seinem Menschsein nicht genau dasselbe wie Gott. Er ist voll und ganz Gott und doch eine unterschiedliche Person in der Dreieinen Gottheit.

Der Herr selbst sagt: »Ich bin das Licht der Welt; wer mir nachfolgt, wird nicht in der Finsternis wandeln, sondern wird das Licht des Lebens haben« (Joh. 8,12). Als die Ausstrahlung der Herrlichkeit Gottes kann Christus dies Licht in dein und mein Leben übertragen, damit auch wir die Herrlichkeit Gottes in einer dunklen Welt ausstrahlen.

Indem der Schreiber vom »Abdruck seines Wesens« spricht, um Seine Beziehung zu Gottes Wesen zu verdeutlichen, benutzt er einen Ausdruck, den man gewöhnlich mit dem Aufdruck auf ein Siegel oder eine Briefmarke verbindet. Jesus Christus drückte in Raum und Zeit auf alles, was Er war, sagte und tat, das Siegel vollkommener Gottesebenbildlichkeit.

Wie wunderbar ist die Erkenntnis, dass Jesus Christus, der sowohl der völlige Ausdruck Gottes war und genauso Gott vollkommen unter uns Menschen offenbarte, in unser Leben kommen kann, um uns Licht zur Erkenntnis Gottes zu geben. Sein Licht ist die Quelle geistlichen Lebens. Und Sein Licht gibt uns Ziel, Sinn, Freudigkeit, Frieden, Glück und Gemeinschaft, einfach *alles* – und das für alle Ewigkeit.

ZUM GEBET: Danke Gott, dass Er beschlossen hat, Mensch zu werden, damit wir erkennen könnten, wie Er ist.

ZUM BIBELSTUDIUM: Lies 2. Korinther 4,3-6 und beachte, wer den Menschen erlaubt, geistlich zu sehen oder nicht zu sehen.

»Er [Christus], der ... alle Dinge
durch das Wort seiner Macht trägt« (Hebr. 1,3).

Christus hält durch die Kraft Seiner Allmacht die ganze Schöpfung aufrecht.

Wir gründen unser ganzes Leben auf der Konstanz der Naturgesetze. Wenn etwa ein Erdbeben die normalen Bedingungen und Handlungsabläufe ein wenig unterbricht, so hat das verheerende Folgen. Könntest du dir vorstellen, wenn Jesus Christus Seine bewahrende Macht über die Gesetze des Universums aufgeben würde; denn »alles besteht durch ihn« (Kol. 1,17)? Wir könnten nicht weiter existieren; unsere Atome würden durch die Milchstraßen zerstieben.
Wenn Er die Gesetze der Schwerkraft auch nur für einen Augenblick aussetzte, hätten wir keinerlei Haltepunkt mehr. Wenn die Naturgesetze auch nur ein wenig variierten, wäre unser Leben zu Ende. Unsere Nahrung könnte in Gift verwandelt sein; wir flögen vielleicht in den Weltraum hinaus oder wären den überflutenden Wellen der Weltmeere preisgegeben. Ungezählte Schreckensdinge könnten geschehen.
Aber das Universum hat Bestand, weil Jesus Christus es erhält und alle seine Bewegungen und Interaktionen steuert. Er verbürgt den Zusammenhalt. Er ist nicht der deistische »große Uhrmacher«, der einst die Welt »aufgezogen« und dann dem Zufall überlassen hat. Der Grund, weshalb das Universum ein Kosmos und kein Chaos ist – ein geordnetes und berechenbares System und kein zufälliges, unvorhersehbares Durcheinander –, ist die erhaltende Macht Jesu Christi. Das ganze Universum liegt in den Händen Jesu. Seine unerforschliche Weisheit und Seine unerschöpfliche Kraft zeigen sich in Seinem Weltenregiment. Und Er erhält alles »durch das Wort seiner Macht«. Der Schlüssel zur Schöpfungsgeschichte in 1. Mose 1 liegt in zwei Worten: »Gott sprach«. Gott sprach und es geschah.
Wenn ich über Christi Kraft, das Universum zu erhalten, nachdenke, werden meine Gedanken auf die wunderbare Verheißung in Philipper 1,6 gelenkt: »Ich bin ebenso in guter Zuversicht, dass der, der ein gutes Werk in euch angefangen hat, es vollenden wird bis auf den Tag Jesu Christi.« Wenn Christus ein Werk in deinem Herzen beginnt, lässt er es nicht dabei. Er wird es beständig bewahren, bis zu dem Tag, an dem Er dich in die sichtbare Gegenwart Gottes stellen wird. Ein Leben, wie auch ein Universum, das nicht von Christus bewahrt wird, ist chaotisch.

Zum Gebet: Bitte Gott, dich an die bewahrende Kraft Christi zu erinnern, wenn du wieder einmal Trübsal leidest.

Zum Bibelstudium: Lies Hiob 38 – 39, damit du die bewahrende Kraft Christi im Universum besser schätzen lernst.

»[Christus] hat sich zur Rechten der Majestät in der Höhe gesetzt, nachdem er die Reinigung der Sünden bewirkt hat« (Hebr. 1,3).

Jesus Christus opferte sich für die Sünden aller Menschen; dann, nachdem er alles vollbracht hatte, setzte Er sich zu seinem Vater.

Die Bibel macht es ganz deutlich: »Der Lohn der Sünde ist der Tod« (Röm. 6,23). Jesus Christus ging ans Kreuz und starb den Tod, den wir verdient hatten. Damit befreite Er uns von der Strafe der Sünde durch den Glauben an Ihn.

Der Schreiber des Hebräerbriefes fährt dann fort, von Christus zu sagen, Er sei einer, »der nicht Tag für Tag nötig hat, wie die Hohenpriester, zuerst für die eigenen Sünden Schlachtopfer darzubringen, dann für die des Volkes; denn dies hat er ein für allemal getan, als er sich selbst dargebracht hat« (Hebr. 7,27). Im Alten Testament mussten die Priester beständig Opfer darbringen, der Herr brachte nur eines. Er war nicht nur der Priester, Er war auch das Opfer! Er brachte ein unsagbar wirkmächtiges Opfer; denn Er tilgte damit unsere Sünden für ewig aus – etwas, was alttestamentliche Opfer nie konnten.

Als Sein Opfer vollbracht war, setzte Er sich »zur Rechten der Majestät in der Höhe« (Hebr. 1,3). Das ist von großer Bedeutung, weil sich die Priester des Alten Bundes niemals hinsetzten; im Heiligtum gab es keine Sitzgelegenheit, weil immerfort Opfer zu bringen waren. Der Herr nun brachte ein Opfer, vollendete es und ging dann zum Vater, um sich hinzusetzen. Was die alttestamentlichen Opfer nicht vermochten, tat das Opfer Christi für alle Zeiten. Daraufhin hat Ihn Gott zu Seiner Rechten erhoben und Ihm den Platz der Ehre und der Ruhe gegeben. Aber es ist höchst bedeutsam: Von diesem Platz aus verwendet sich Christus für uns bei dem Vater (Röm. 8,24).

Vergiss nie, was der Herr für uns getan hat – und was Er noch für uns tut: »Wenn jemand sündigt – wir haben einen Beistand bei dem Vater: Jesus Christus, den Gerechten« (1. Joh. 2,1).

ZUM GEBET: Danke dem Herrn für das Opfer an deiner Statt. Danke Ihm auch für die Errettung, die Er dir erwirkt hat und dass du jetzt Zugang zum Vater hast.

ZUM BIBELSTUDIUM: Lies Hebräer 9,1 – 10,18, um ein tieferes Verständnis davon zu gewinnen, dass Christus die endgültige Erfüllung des alttestamentlichen Priestersystems ist. Auf welche besondere Weise hat Er es erfüllt?

»Er ist um so viel erhabener geworden als die Engel« (Hebr. 1,4).

Durch eine überlegene Beweisführung aus dem AT zeigt der Schreiber, dass Christus der Mittler eines größeren Bundes geworden ist.

Der Mensch ist ein wunderbares und erstaunliches Geschöpf – höher als alle Pflanzen, Tiere und was es sonst in der sichtbaren Schöpfung gibt. Aber es gibt geschaffene Wesen, die selbst den Menschen noch überragen – die Engel.

In Hebräer 2,9 sehen wir das; denn als der Herr Mensch wurde, war er »ein wenig unter die Engel erniedrigt«. Nach dem Fall der aufrührerischen Engel unter dem Satan, hatten die himmlischen Engel nicht mehr die Möglichkeit, die Sünde zu wählen. Diese Engel sind heilig, stark und weise. Sie sind besondere Wesen, die Gott vor der Erschaffung des Menschen ins Dasein gerufen hat.

Das Volk der Juden hatte eine Vorstellung von der erhabenen Position der Engel, weil sie wussten, dass der Alte Bund durch Vermittlung der Engel zu den Menschen gekommen war. So heißt es in Galater 3,19: »Was [soll] nun das Gesetz? Es wurde der Übertretung wegen hinzugefügt – bis der Nachkomme käme, dem die Verheißung galt –, angeordnet durch Engel in der Hand eines Mittlers.«

Weil die Leser so viel von den Engeln hielten, sah sich der Schreiber des Hebräerbriefes einer Schwierigkeit gegenüber. Wenn er zeigen wollte, dass Christus der Mittler eines besseren Bundes ist, so musste er beweisen, dass Christus die Engel überragt. Er benutzte dazu sieben Texte aus dem Alten Testament.

Hätte er christliche Schriften benutzt, um Christus als den besseren Mittler darzustellen, könnten seine ungläubigen jüdischen Leser sagen: »Wir akzeptieren diese Texte nicht als von Gott inspiriertes Wort.« So aber sagt er mit seiner Methode sehr klug: »Öffnet eure eigenen Schriften, dann will ich daraus meine Behauptungen beweisen.« Und dieser Weg führt zu starken, ja unüberwindbaren Argumenten.

In den nächsten Tagen werden wir sehen, in welcher Weise Christus höher als die Engel ist und wie Er der Mittler eines besseren Bundes für uns sein konnte.

Zum Gebet: Weil vieles aus dem Neuen Testament auf den Schriften des Alten Testaments aufbaut, solltest du Gott danken, dass Er Sein vollständiges Wort durch die Jahrhunderte auch für uns bis heute erhalten hat.

Zum Bibelstudium: Lies Galater 3,8, Römer 9,15 und Matthäus 4,4. Welche alttestamentlichen Texte werden da angesprochen? Um welche Wahrheit geht es jeweils?

»Er ist um so viel erhabener geworden als die Engel, wie er einen vorzüglicheren Namen vor ihnen ererbt hat. Denn zu welchem der Engel hat er jemals gesagt: »Mein Sohn bist du, ich habe dich heute gezeugt?« und wiederum: »Ich werde ihm Vater und er wird mir Sohn sein?« (Hebr. 1,4-5).

**Der Herr ist mehr als die Engel;
denn er ist nicht nur ein Bote – sondern Sohn.**

Nun dürfen wir nicht in den Fehler verfallen zu glauben, der Herr sei »weniger« als Gott, weil er der »Sohn« ist. Johannes sagt von Ihm: »Dieser ist der wahrhaftige Gott und das ewige Leben« (1. Joh. 5,20). Und der gleiche Johannes sagt in seinem Evangelium (12,41), Jesaja habe den Herrn Jesus gesehen, als er sagte: »Da sah ich den Herrn sitzen auf hohem und erhabenem Thron … Seraphim standen über ihm. Jeder von ihnen hatte sechs Flügel: mit zweien bedeckte er sein Gesicht, mit zweien bedeckte er seine Füße und mit zweien flog er. Und einer rief dem anderen zu und sprach: Heilig, heilig, heilig ist der Herr der Heerscharen! Die ganze Erde ist erfüllt mit seiner Herrlichkeit« (Jes. 6,1-3).
Allerdings hat der Herr in Seiner Erniedrigung gesagt: »Der Sohn kann nichts von sich selbst tun, außer was er den Vater tun sieht« (Joh. 5,19) und: »Ich suche nicht meinen Willen, sondern den Willen dessen, der mich gesandt hat« (5,30). Und Er hat sich noch viel tiefer erniedrigt, »indem er gehorsam war bis zum Tode, ja zum Tode am Kreuz« (Phil. 2,8). Aber das hat Er alles getan, weil Er uns geliebt und sich für uns hingegeben hat (Gal. 2,20). Und darum hat Ihn Gott auch hoch erhoben und Ihn als »Sohn Gottes in Kraft erwiesen dem Geist der Heiligkeit nach durch Totenauferstehung« (Röm. 1,4). Und jetzt sitzt Er zur Rechten Gottes, bis alle Feinde zum Schemel Seiner Füße gelegt geworden sind (Ps. 110,1).
Uns Menschen geziemt, wenn wir Aussagen über unseren Schöpfer machen, die allergrößte Zurückhaltung. Mose musste, als er in die Gegenwart des Herrn trat, seine Schuhe ausziehen; dann verbarg er auch noch sein Angesicht, weil er die Größe der göttlichen Herablassung empfand. Doch wir Menschen neigen dazu, alles einordnen, katalogisieren und »in den Griff bekommen« zu wollen, um es beherrschen zu können und vergessen dann völlig, dass wir es hier mit dem Allerhöchsten selbst, mit dem Allerhochheiligsten zu tun haben, vor dem sich jedes Geschöpf nur anbetend niederbeugen darf.

Zum Gebet: Preise Gott, dass Er, »der ein unzugängliches Licht bewohnt«, sich in dem Herrn Jesus so weit zu uns herabgeneigt hat, dass wir jetzt Seine Kinder sein dürfen.

Zum Bibelstudium: Lies Offenbarung 5 und sieh, was wir als Gläubige tun werden, wenn nichts von der alten Natur mehr an uns ist.

»Wenn er aber den Erstgeborenen wieder in den Erdkreis einführt, spricht er: »Und alle Engel Gottes sollen ihn anbeten« (Hebr. 11,6).

Jesus Christus ist größer als die Engel; denn sie beten Ihn an.

Obwohl sich Jesus Christus selbst erniedrigt hat und für eine Zeit niedriger als die Engel wurde, beten sie Ihn doch zu aller Zeit an. Wenn Ihn aber die Engel anbeten, muss Er weit über ihnen stehen.

Die Engel haben Ihn zu aller Zeit als Gott angebetet. Da es nun eine Sünde ist, jemand anderen als Gott anzubeten, bezeugt die bloße Tatsache, dass die Engel Christus anbeten, dass Er Gott ist. In Offenbarung 19,10 und 22,8-9 sehen wir, wie scharf der Apostel von dem Engel zurückgewiesen wurde, als er ihn anbeten wollte.

Zur Zeit verstehen die Engel das ganze Ausmaß des göttlichen Heilsplans nicht. Petrus berichtet uns, dass die Propheten nicht alles verstanden, was sie niederschrieben. »Sie forschten, auf welche oder auf was für eine Zeit der Geist Christi, der in ihnen war, hindeutete, als er die Leiden, die auf Christus [kommen sollten] und die Herrlichkeiten danach vorher bezeugte« (1. Petr. 1,11). Dann fügt er aber hinzu, es handle sich dabei um Ereignisse, »in welche Dinge Engel hineinzuschauen begehren« (Vers 12).

Das wird aber nicht immer so bleiben. Achte darauf, dass in Hebräer 1,6 steht: »Wenn er aber den Erstgeborenen *wieder* in den Erdkreis einführt ...« Gott hatte Ihn schon einmal in diese Welt gebracht; bei Seinem zweiten Kommen aber wird Er Ihn in unvorstellbarer Herrlichkeit vorstellen. Dann wird die Weissagung aus Psalm 97,7, die in Hebräer 1,6 zitiert wird, ganz in Erfüllung gehen: »Alle Engel Gottes sollen ihn anbeten.«

Bei Seinem zweiten Kommen wird Christus in Seiner vollen Herrlichkeit als Sohn offenbar werden. Mehr als je zuvor werden wir dann Grund haben, in den himmlischen Chor einzustimmen: »Würdig ist das Lamm, das geschlachtet worden ist, zu empfangen die Macht und Reichtum und Weisheit und Stärke und Ehre und Herrlichkeit und Lobpreis« (Offb. 5,12).

Zum Gebet: Danke Gott für Seinen wunderbaren Errettungsplan. Bitte Ihn, dass er in dir täglich deutlicher in Erscheinung tritt.

Zum Bibelstudium: Lies Offenbarung 5,1-12 und beachte, wie sich die Engel dem Lamm Gottes gegenüber verhalten. Welches besondere Ereignis ließ sie so reagieren?

»Von den Engeln zwar spricht er: ›Der seine Engel zu Winden macht und seine Diener zu einer Feuerflamme‹, von dem Sohn aber: ›Dein Thron, o Gott, ist von Ewigkeit zu Ewigkeit‹« (Hebr. 1,7-8).

Jesus Christus ist Gott und hat die Engel erschaffen.

Heutzutage behaupten viele Leute, Jesus Christus sei nur ein Mensch, ein Engel, ein Prophet oder von Gott zu himmlischen Ehren erhoben worden. Sie alle bringen Gottes Zorn auf sich herab. Die Bibel und vor allem der Schreiber des Hebräerbriefes lassen keinen Zweifel darüber, wer Christus ist. Zunächst befasst sich der Schreiber mit der Natur der Engel, wenn er sagt: »Der seine Engel zu Winden macht und seine Diener zu einer Feuerflamme.« »Machen« heißt einfach »erschaffen«. Und mit »Der« ist Christus gemeint. Daraus ist klar ersichtlich, dass Christus die Engel erschaffen hat.
Sie stehen Ihm auch zur Verfügung – »seine Engel«. Sie sind Seine von Ihm erschaffenen Diener, die nichts aus sich selbst heraus tun, sondern auf die Befehle Christi warten.
Der größte Unterschied zwischen der Natur der Engel und der des Christus aber liegt darin, dass Er der ewige Gott ist. Der Vater sagt zu dem Sohn: »Dein Thron, o Gott, ist von Ewigkeit zu Ewigkeit« (Vers 8). Das ist einer der kräftigsten, klarsten, nachdrücklichsten und unwiderleglichsten Beweise für die Gottheit Christi in der ganzen Bibel.
Während Seines ganzen Erdendienstes hat der Herr bezeugt, Gott gleich zu sein. Er sagt: »Ich und der Vater sind eins« (Joh. 10,30). Und der Apostel Johannes schließt seinen ersten Brief mit den Worten: »Wir wissen aber, dass der Sohn Gottes gekommen ist und uns ein Verständnis gegeben hat, damit wir den Wahrhaftigen erkennen; und wir sind in dem Wahrhaftigen, in seinem Sohn Jesus Christus. Dieser ist der wahrhaftige Gott und das ewige Leben« (1. Joh. 5,20).
Gott, der Sohn, ist zu uns gekommen, damit wir verstehen könnten, dass Gott Wahrheit und Christus selbst wahrer Gott ist. Unser Glaube ist auf der Göttlichkeit unseres Herrn Jesus Christus gegründet.

ZUM GEBET: Bitte Gott um ein vertieftes Verständnis von der Wirklichkeit der Gottheit Jesu Christi.

ZUM BIBELSTUDIUM: Lies Johannes 1,1-18 und streiche die Verse an, die von der Beziehung Christi zu Gott reden. Wenn ein Ungläubiger dich nach der Bedeutung dieses Abschnitts fragen würde, welche Antwort könntest du geben?

»Dein Thron ist von Ewigkeit zu Ewigkeit und das Zepter der Aufrichtigkeit ist das Zepter deines Reiches; du hast Gerechtigkeit geliebt und Gesetzlosigkeit gehasst, darum hat dich, o Gott, dein Gott gesalbt mit Freudenöl vor deinen Gefährten« (Hebr. 1,8-9).

Als ewiger Gott und König liebt Christus Gerechtigkeit und Er hasst Gesetzlosigkeit.

In unseren Tagen ist es für uns Christen schwer, sich rückhaltlos hinter unsere politischen Führer zu stellen, weil wir sehen, wie von ihnen das, was Gott Gerechtigkeit nennt, verwässert oder gar lächerlich gemacht wird.
Christus aber regiert von einem ewigen Thron herab und Sein Regiment als Gott und König ist ohne Ende. Das Zepter in seiner Hand ist das Kennzeichen Seiner Regierung; vor allen Dingen ist sie gerecht.
Aber das geht noch weiter. Er handelt nicht nur in Gerechtigkeit – Er liebt sie auch. Wie oft gehorchen wir freudlos und unterwerfen nur missmutig unseren Willen. Der Herr hat uns ein anderes Beispiel hinterlassen.
In Jakobus 1,17 heißt es: »Jede gute Gabe und jedes vollkommene Geschenk kommt von oben herab, von dem Vater der Lichter, bei dem keine Veränderung ist noch eines Wechsels Schatten.« Wirkliche Gerechtigkeit unterscheidet sich nie von dem, was wahr, richtig und gut ist. Und Johannes sagt: »Und dies ist die Botschaft, … dass Gott Licht ist und gar keine Finsternis in ihm ist« (1. Joh. 1,5). Gott ist nur Licht und nur Gerechtigkeit. Alles, was der Herr tat, entsprang Seiner Liebe zur Gerechtigkeit.
Weil Christus Gerechtigkeit liebt, hasst Er Gesetzlosigkeit. Da Er liebt, was richtig ist, muss Er das hassen, was falsch ist. Das kann man nicht voneinander trennen; eins kann nicht ohne das andere bestehen. Du kannst nicht wahrhaftig die Gerechtigkeit und gleichzeitig die Sünde lieben. Wenn wirkliche Liebe zu Gott vorhanden ist, wird sich auch wahre Liebe zur Gerechtigkeit finden – und absoluter Hass gegen die Sünde.
Je mehr du und ich Jesus Christus ähnlicher werden, umso mehr werden wir die Gerechtigkeit lieben. Unser Verhalten der Gerechtigkeit und der Sünde gegenüber offenbart letztlich, wie weit wir dem Bilde Christi entsprechen. Prüfe dein Verhalten und deine Taten. Zu welchem Ergebnis kommst du?

ZUM GEBET: Bitte Gott wie der Psalmist, Gott möge dir zeigen, ob »ein Weg der Mühsal« bei dir ist (Ps. 139,24).

ZUM BIBELSTUDIUM: Lies Psalm 119 und beachte, wie oft der Psalmist entweder von seiner Liebe zu Gottes Gesetz oder zur Gerechtigkeit spricht.

»Du, Herr, hast im Anfang die Erde gegründet und die Himmel sind Werke deiner Hände; sie werden untergehen, du aber bleibst; und sie alle werden veralten wie ein Kleid und wie einen Mantel wirst du sie zusammenrollen, wie ein Kleid, und sie werden verwandelt werden. Du aber bist derselbe und deine Jahre werden nicht aufhören« (Hebr. 1,10-12).

Christus war schon vor dem Beginn der Welt; Er hat also keinen Anfang.

Jesus Christus ist unerschaffen. Um die Erde zu gründen und am Anfang den Himmel zu erschaffen, muss Er vor diesem Beginn existiert haben. Der Apostel Johannes bezeugt das, indem er sagt: »Im Anfang war das Wort« (Joh. 1,1). Christus ist ewig.

Der Herr ist auch unveränderlich, das heißt, Er bleibt immer derselbe. In Hebräer 13,8 heißt es: »Jesus Christus [ist] derselbe gestern, heute und in Ewigkeit.« Wir müssen uns an diese Wahrheit klammern, weil sich in unserer Zeit alles so drastisch verändert.

Eines Tages wird auch das Dauerhafteste zugrunde gehen. Trotzdem geht es uns wie den Leuten, die Petrus warnt, weil sie versucht waren zu glauben, »seitdem die Väter entschlafen sind, bleibt alles so von Anfang der Schöpfung an« (2. Petr. 3,4). Unser Vers nun sagt uns, dass der Herr Jesus eines Tages Himmel und Erde wie alte Lumpen beiseite werfen wird.

Noch erstaunlicher: In Vers 12 wird hinzugefügt, Christus werde sie »zusammenrollen«. So heißt es in Offenbarung 6,14: »Und der Himmel schwand dahin wie ein Buch, das zusammengerollt wird und jeder Berg und jede Insel wurde von ihrer Stelle gerückt.« Während der großen Trübsalszeit werden die Himmel, als seien sie jetzt bis in alle Ecken ausgespannt, wie eine Buchrolle aufgerollt werden.

Aber wir können uns darauf verlassen: Wenn auch die ganze Schöpfung untergehen wird, der Herr nicht; und Er wird einen neuen Himmel und eine neue Erde schaffen. Alle Lebewesen, die Erde und die Sterne sind der Vergänglichkeit unterworfen, Christus aber nicht. Er verändert sich nicht und ist auch keiner Veränderung unterworfen. Welch ein Vertrauen sollte uns das in den täglichen Anforderungen des Lebens geben!

Zum Gebet: Danke dem Herrn für Seinen unwandelbaren Plan für dein Leben und für Seine Kraft, ihn einzuhalten.

Zum Bibelstudium: Lies 2. Petrus 3 und versuche, eine Antwort zu finden auf die skeptischen Fragen der Ungläubigen, was die Endzeitprophetien der Bibel betrifft.

»Zu welchem der Engel hat er jemals gesagt: »Setze dich zu meiner Rechten, bis ich deine Feinde hinlege als Schemel deiner Füße«? Sind sie nicht alle dienstbare Geister, ausgesandt zum Dienst um derer willen, die das Heil ererben sollen?« (Hebr. 1,13-14).

Jesus Christus ist dazu bestimmt, dass am Ende alles im Universum Ihm unterworfen ist.

Damit in dem Namen Jesu jedes Knie sich beuge, der Himmlischen und Irdischen und Unterirdischen« (Phil. 2,10). Diese großartige Verheißung bestätigt, dass Jesus Christus zum Herrn des gesamten Weltalls bestimmt ist. Doch ist im Bezug auf diese Herrschaft zu beachten: »Wenn ihm alles unterworfen ist, dann wird auch der Sohn selbst dem unterworfen sein, der ihm alles unterworfen hat, damit Gott alles in allem sei« (1. Kor. 15,28). Christus ist seinem Vater unterordnet, aber nur in Seiner Rolle als der Sohn. Während der ewige Sohn in Seiner Göttlichkeit dem Vater gleicht, ist Er Ihm in Seinem Amt unterordnet.

Schließlich wird Gott alle Reiche, Autoritäten und Mächte dieser Welt Christus unterstellen, wenn Er in Herrlichkeit bei Seinem zweiten Kommen erscheint. »Aus seinem Munde geht ein scharfes Schwert hervor, damit er mit ihm die Nationen schlage; und er wird sie hüten mit eisernem Stab und er tritt die Kelter des Weines des Grimmes des Zornes Gottes, des Allmächtigen. Und er trägt auf seinem Gewand und an seiner Hüfte einen Namen geschrieben: König der Könige und Herr der Herren« (Offb. 19,15-16). Christi ewige Bestimmung ist die Herrschaft über die neuen Himmel und die neue Erde. Was aber ist mit den Engeln? Während Christus Seiner höchsten Bestimmung entgegengeht, sind sie für immer dazu ausersehen, denen zu dienen, die das Heil erwerben sollen (Hebr. 11,14) – und das sind wir.

Engel schützen und bewahren die Gläubigen vor zeitlichen Gefahren. Sie retteten Lot und seine Familie aus der Zerstörung Sodoms. Sie gingen mit Daniel in die Löwengrube, um ihn zu beschützen. Außer dass wir ewig in Gottes Gegenwart sein werden, ist unsere Bestimmung, immer von Engeln bedient zu werden. Und dieser Dienst begann im Augenblick unserer Errettung.

Zum Gebet: Danke Gott, dass Er so vielfältig für dich sorgt. Er hat dich errettet, lässt Christus deinen Fürsprecher sein, gibt dir den Heiligen Geist als deinen Lehrer und sendet Seine Engel, dir zu dienen.

Zum Bibelstudium: Lies 2. Könige 6,8-23 und beachte, auf welch erstaunliche Weise dem Propheten Elisa gedient wurde.

*»Ich bitte euch aber, Brüder,
ertragt das Wort der Ermahnung!« (Hebr. 13,22).*

**Die Einladung zur Errettung muss sowohl
Ermahnungen als auch Warnungen enthalten.**

Die Hölle ist zweifellos voller Leute, die Jesus Christus nicht aktiv bekämpft haben, sondern nur deshalb ins Verderben »geschlittert« sind, weil sie nicht auf das Evangelium reagiert hatten. Solchen Leuten gilt die Ermahnung von Hebräer 2,1-4. Sie haben die gute Botschaft von der Errettung durch Jesus Christus wahrgenommen; aber sie weigerten sich, Ihm ihr Leben auszuliefern. Und so sind sie an der Berufung Gottes vorbei ins ewige Verderben geraten.

Das Wort Gottes fordert stets eine Antwort. Jeder Lehrer, der etwas erreichen möchte, hat mehr zu tun, als nur Fakten zu liefern; er muss warnen, ermahnen und immer wieder einladen. Vielleicht hat er eindrucksvolle Bibelkenntnisse, doch wenn er nicht leidenschaftlich darauf dringt, dass die Hörer reagieren, so ist er kein guter Botschafter Jesu Christi.

Der Herr selbst hatte diese Leidenschaft. Trotz der Verwerfung durch Sein eigenes Volk, rang Er um seine Errettung: »Jerusalem, Jerusalem, die da tötet die Propheten und steinigt, die zu ihr gesandt sind! Wie oft habe ich deine Kinder versammeln wollen, wie eine Henne ihre Küken unter ihre Flügel und ihr habt nicht gewollt« (Matth. 23,37). Da kannst du sehen, wie sehr es Ihm um Sein Volk zu tun war.

Paulus hatte die gleiche Leidenschaft: »Ich sage die Wahrheit, ... dass ich große Traurigkeit habe und unaufhörlichen Schmerz in meinem Herzen; denn ich selbst, ich habe gewünscht, verflucht zu sein von Christus weg für meine Brüder, meine Verwandten nach dem Fleisch« (Röm. 9,2-3). Ein wahrer Lehrer will mehr als akademische Bildung; er will, dass die Menschen richtig auf das Gelernte reagieren.

So wie der Schreiber des Hebräerbriefes müssen wir auch mitunter diejenigen warnen, denen wir Zeugnis geben. Wenn du erleben willst, dass ungläubige Freunde, Verwandte oder Bekannte zu Christus kommen, dann warne sie. Lass sie dein Interesse an ihnen und deine Liebe spüren. Lass bitte niemand ins ewige Verderben gleiten, weil du ihn nicht ausreichend gewarnt hast!

ZUM GEBET: Bitte Gott um Weisheit, wenn du solche Menschen warnst, denen du das Evangelium bezeugt hast.

ZUM BIBELSTUDIUM: Lies Hebräer 3,7-13; 6,4-8; 10,26-31 und 12,25-29 und beachte, auf welche Weise der Schreiber diese weiteren Warnungen vorbringt.

»Wie werden wir entfliehen, wenn wir eine so große Errettung missachten? Sie ist [ja], nachdem sie ihren Anfang [damit] genommen hatte, dass sie durch den Herrn verkündigt wurde, uns gegenüber von denen bestätigt worden, die es gehört haben« (Hebr. 2,3).

Viele Menschen wissen, was in der Bibel steht;
aber sie ziehen keine Konsequenzen daraus.

Nie werde ich die Dame vergessen, die in mein Büro kam. Sie war eine Prostituierte und bat flehentlich um Hilfe. Ich sprach mit ihr über die Forderungen, die Christus an sie stellte und fragte sie, ob sie ihre Sünden bekennen und Christus als Herrn ihres Lebens annehmen wollte. Sie willigte ein und betete. Es sah aus, als meine sie es ernst.

Dann schlug ich vor, das Buch, in dem sie alle ihre Bekanntschaften notiert hatte, zu verbrennen. Sie sah mich ungläubig an und sagte: »Wie bitte?« – »Wenn Sie für Jesus Christus leben wollen«, erklärte ich ihr, »und Sie wirklich Seine Vergebung empfangen und Ihn als Herrn angenommen haben, dann müssen Sie das beweisen.« »Aber das Buch ist eine Menge Geld wert«, sagte sie, »das will ich nicht verbrennen.« Nachdem sie es in ihre Tasche zurückgesteckt hatte, blickte sie mir gerade in die Augen und sagte: »Ich glaube, ich will Jesus doch lieber nicht.«

Als es um die Kosten ging, war sie nicht bereit. Ich weiß nicht, was aus ihr geworden ist; aber ich trage Leid um sie und andere ihresgleichen.

Ich bin sicher, du kennst ähnliche Menschen. Sie wissen und glauben, dass Jesus der Retter ist; sie wissen, dass sie Ihn brauchen, aber sie sind nicht bereit, sich Ihm auszuliefern. Vielleicht gehen sie auch zur Kirche und hören das Wort Gottes. Sie gleichen dem Menschen, der glaubt, dass man im Boot nicht ertrinkt, aber niemals wagt, sich hineinzubegeben.

Solch ein Schicksal ist das allertragischste. Diese Menschen müssen gewarnt werden. Sie bedürfen eines kräftigen Anstoßes auf Christus zu. Möge der Herr dich als Werkzeug gebrauchen, durch das noch viele gerettet werden, die begriffen haben, dass sie sich entscheiden müssen.

Zum Gebet: Bitte Gott, die Herzen deiner Bekannten zu erweichen, von denen du weißt, dass sie die Tatsachen des Evangeliums kennen und sich noch nicht entschieden haben.

Zum Bibelstudium: Lies Matthäus 19,16-22. Welche Fragen würdest du jemand stellen, der den Eindruck macht, gern Christ werden zu wollen?

»Deswegen müssen wir umso mehr darauf achten, was wir gehört haben, damit wir nicht etwa [am Ziel] vorbeigleiten« (Hebr. 2,1).

Gottes Wort ist der Anker, der die Menschen bewahrt, am Hafen der Errettung vorüberzugleiten.

Als der englische Forscher William Parry mit seiner Mannschaft das nördliche Eismeer untersuchte, musste er noch weiter nach Norden gehen, um seine Kartierung zu vollenden. So bestimmten sie ihren Standort nach den Sternen und begannen einen Marsch, mit dessen Tücken sie nicht gerechnet hatten.

Nach vielen Stunden hielten sie erschöpft inne. Nachdem sie wieder ihre Position festgestellt hatten, ergab sich, dass sie jetzt weiter südlich waren als zu Beginn ihres Marsches. Sie waren über eine große Eisscholle gegangen, die schneller nach Süden trieb als sie nach Norden gewandert waren.

In dieser Lage befinden sich alle Menschen, die Christus verwerfen. Darum sagt unser Vers, wir müssten auf das Wort Gottes achten, damit wir nicht vom Ziel abgetrieben werden.

Warum sollte jemand Christus absichtlich verwerfen? Er kam als der Mensch gewordene Gottessohn in diese Welt, starb am Kreuz, um uns Vergebung der Sünden zu bringen, bezahlte für unsere Schuld, erwies uns göttliche Liebe und gibt uns mehr Segen und Freude als wir begreifen können.

Die beiden griechischen Ausdrücke für »umso mehr auf das achten« und »vorbeigleiten« stammen beide aus der Seefahrt. Das erste bedeutet »ein Schiff vertäuen« und das andere wird benutzt, wenn man das Schiff fahrlässig an der Hafeneinfahrt hat vorbeitreiben lassen, weil man das Steuer außer Acht gelassen und Wind und Strömung nicht einkalkuliert hat. Unser Vers hätte auch so übersetzt werden können: »Wir müssen sehr darauf achten, dass unser Lebensschiff auf den Dingen verankert ist, die wir gelernt haben, sonst treiben wir am Hafen der Errettung vorüber und gehen ewig verloren.«

Die meisten Menschen wenden sich nicht in voller Absicht von Gott ab, sondern gleiten beinahe unbemerkt am rettenden Hafen vorbei und zerschellen an den Felsen ewigen Untergangs. Sei stets bereit, Menschen zu warnen, von denen du weißt, dass sie in Gefahr stehen, unbemerkt das Ziel zu verfehlen.

ZUM GEBET: Bitte Gott, deine Entschlusskraft zu stärken, wenn du die Notwendigkeit spürst, jemand auf dessen Verhältnis zu Gott hin anzusprechen.

ZUM BIBELSTUDIUM: Lerne Sprüche 4,20-22, damit du dich selbst erinnerst, wie wichtig es ist, sich an Gottes Wort zu halten.

»Wenn das durch Engel verkündete Wort fest war und jede Übertretung und jeder Ungehorsam gerechte Vergeltung empfing, wie werden wir dann entfliehen, wenn wir eine so große Errettung missachten?« (Hebr. 2,2-3).

Wer nicht Christus als Retter und Herrn annimmt, ist unweigerlich dem Gericht verfallen.

Heute glauben die meisten, Gott sei ein Gott der Liebe und Gnade und nicht ein Gott der Gerechtigkeit. Ein kurzer Blick auf die heutigen Verse müsste sie eines Besseren belehren. Hier geht es dem Schreiber darum: Wenn schon das Alte Testament sehr deutlich macht, dass Übertretung und Ungehorsam ernste und gerechte Strafen nach sich zogen, wie viel sicherer werden gleiche und noch härtere Strafen den Verächter des Neuen Testaments treffen, das doch von dem Herrn Jesus Christus selbst offenbart worden ist!

Sowohl das Alte als auch das Neue Testament bestätigen, dass das Gesetz durch Vermittlung von Engeln zu den Menschen kam (5. Mo. 33,2; Apg. 7,38). Das von Engeln überbrachte Gesetz, besonders die Zehn Gebote, stehen unerschütterlich. Das bedeutet: Wenn jemand das Gesetz bricht, zerbricht das Gesetz den Übertreter. Das Gesetz ist unantastbar; wer es versucht, wird bestraft.

»Jede Übertretung und jeder Ungehorsam empfängt gerechte Strafe« (Vers 2). »Übertretung« ist das Überschreiten einer Linie – eine absichtliche, vorsätzliche Sünde. »Ungehorsam« kann auch schon entstehen, wenn man schlecht zugehört hat und darum Gottes Befehle, Warnungen und Einladungen in den Wind schlägt. Das sind dann Unterlassungssünden – man tut nicht, was man hätte tun sollen.

Hebräer 2,2 bringt auch die Anklage zum Schweigen, Gott sei ungerecht. Es heißt hier, sie werden »gerechte Vergeltung« empfangen. Gott ist Seinem Wesen nach gerecht. Jede Strafe, die Er für eine Sünde androht, soll die Sünder davon abschrecken, eben diese Sünde zu tun.

Gott hat das Volk Israel schwer bestraft, weil sie genau Bescheid wussten. Das leitet uns zu dem wichtigen Grundsatz, dass die Strafe immer in Beziehung dazu steht, wie viel Wahrheit einer erkannt und dann verworfen hat. Wer das Evangelium kennt, wer es verstandesmäßig erfasst und geglaubt hat und dann abgleitet, der wird die allerhärteste Strafe erleiden.

Zum Gebet: Bitte Gott, Er möge dir deutlicher machen, welcher Strafe du entronnen bist, damit du umso eifriger den Verlorenen nachgehst.

Zum Bibelstudium: Lies Matthäus 11,20-24; 12,38-42 und Lukas 12,47-48, damit du siehst, wie Christus mit denen umging, die die Wahrheit kannten und sich doch dagegen auflehnten.

»Wie werden wir entfliehen, wenn wir eine so große Errettung missachten? Sie ist [ja], nachdem sie ihren Anfang genommen [damit] hatte, dass sie durch den Herrn verkündet wurde, uns gegenüber von denen bestätigt worden, die es gehört haben, wobei Gott zugleich Zeugnis gab durch Zeichen und Wunder und mancherlei Machttaten und Austeilungen des Heiligen Geistes nach seinem Willen« (Hebr. 2,3-4).

Gott bestätigte die von Christus gepredigte Wahrheit des Evangeliums durch viele Zeichen.

Als der Herr das Evangelium predigte, tat Er viele Wunder, die Seine Worte glaubhaft machten. Er sagte: »Glaubt den Werken, wenn ihr auch mir nicht glaubt« (Joh. 10,38). Er verkündete, von Gott gekommen zu sein; dann machte Er es allen offensichtlich, dass dies wirklich so war.

Nikodemus kam zu Jesus bei Nacht und sagte zu Ihm: »Niemand kann diese Zeichen tun, die du tust, es sei denn Gott mit ihm« (Joh. 3,2). Der Herr bestätigte Seinen Dienst durch Seine eigenen Wunderwerke. Petrus ruft das am Pfingsttage ins Gedächtnis zurück: »Jesus, den Nazoräer, einen Mann, der von Gott euch gegenüber erwiesen worden ist durch Machttaten und Wunder und Zeichen« (Apg. 2,22).

Auch der zweiten Generation Seiner Prediger gab Gott die bestätigenden Zeichen – den Aposteln; somit konnte niemand die Echtheit ihrer Botschaft in Zweifel ziehen. Was die Apostel sagten, war nicht ihre Privatmeinung; es war göttliche Wahrheit, erwiesen durch Machttaten, Wunder und Zeichen.

Machttaten, Wunder und Zeichen sind Synonyme für alles Übernatürliche, was die Apostel taten. Aber die Apostel bestätigten das Wort auch durch »Austeilungen des Heiligen Geistes«. Das bezieht sich auf die zeitlich begrenzten Zeichengaben in der Bibel, wie das Zungenreden und die Heilungen, nicht auf die auferbauenden Gaben, die der Kirche für alle Zeiten verliehen sind.

Heute bestätigt Gott sein Wort durch das Wunder des göttlichen Wortes.

Lass nie von dir gesagt sein, du hättest Jesus Christus abgelehnt. Die Geschichte lehrt, dass einige versäumte Stunden Napoleon den Untergang bei Waterloo kosteten. Christi Rettung abzuweisen würde dich ewige Freude kosten und die Verdammnis einbringen. Gestatte dir nicht, an der Gnade »vorbeizugleiten«.

Zum Gebet: Danke Gott für sein Wort, denn darin hast du alle Wahrheiten, die du brauchst, um den Segen des Evangeliums zu genießen.

Zum Bibelstudium: Lies Apostelgeschichte 5 – 19 und schreibe alle Wunder der Apostel auf, mit denen sie das Evangelium bestätigten.

»Denn nicht Engeln hat er den zukünftigen Erdkreis unterworfen, von dem wir reden; es hat aber irgendwo jemand bezeugt und gesagt: ›Was ist der Mensch, dass du seiner gedenkst oder des Menschen Sohn, dass du auf ihn achtest? Du hast ihn ein wenig unter die Engel erniedrigt; mit Herrlichkeit und Ehre hast du ihn gekrönt; du hast alles unter seine Füße gelegt.‹ Denn indem er ihm alles unterwarf, ließ er nichts übrig, das ihm nicht unterworfen wäre« (Hebr. 2,5-8).

Ursprünglich war der Mensch zum König über die Erde bestimmt.

Wenn wir das riesige, schier endlose Universum anschauen und dann an den winzigen Punkt mittendrin denken, den wir Erde nennen, können wir nur staunend fragen: »Was ist der Mensch? Mit welchem Recht nehmen wir in den Gedanken Gottes einen so weiten Raum ein?«

David hat darauf eine Antwort: »Du hast ihn ein wenig geringer gemacht als die Engel, mit Herrlichkeit und Ehre krönst du ihn. Du machst ihn zum Herrscher über die Werke deiner Hände; alles hast du unter seine Füße gestellt« (Ps. 8,5-7). Der Schreiber des Hebräerbriefes zitiert diesen Psalm, um zu zeigen, dass Gott den Menschen zum König bestimmt hat.

David schrieb seinen Psalm gewiss im Hinblick auf das, was Gott am Anfang gesagt hat: »Lasst uns Menschen machen in unserem Bild, uns ähnlich! Sie sollen herrschen über die Fische des Meeres und über die Vögel des Himmels und über das Vieh und über die ganze Erde und über alle kriechenden Tiere, die auf der Erde kriechen« (1. Mo. 1,26). Gottes ursprünglicher Plan mit dem Menschen in seiner Unschuld war, ihn zum König über eine unbefleckte Erde zu machen.

Als Gott den Adam machte, war er rein und unbefleckt und Gott gab ihm Ehre und Herrlichkeit. Gott krönte ihn zum König der Erde: »Du hast alles unter seine Füße gelegt« (Hebr. 2,8). Eines Tages wird uns das Recht, über die Erde zu herrschen, zurückgegeben und Gottes gesamte Schöpfung wird unter unsere Füße gelegt.

Zum Gebet: Lies Psalm 8 und bete Gott mit diesen Worten an.

Zum Bibelstudium: Lies Daniel 7,18-27 und beachte, wie weit die Herrschaft der Heiligen am Ende reichen wird.

»Jetzt aber sehen wir ihm noch nicht alles unterworfen« (Hebr. 2,8).

Gottes ursprüngliche Bestimmung für den Menschen ist durch die Sünde eingeschränkt worden.

Gott gab dem Menschen die Herrschaft über die ganze Erde. Er brauchte nichts zu tun, als dies anzunehmen und sich der für ihn vorbereiteten Erde zu erfreuen. Aber Adam sündigte und Satan entriss ihm die Krone. Die Herrschaft hatte gewechselt: Von da an herrschte die Erde über den Menschen.

Das kann man schnell überprüfen, indem man die Anstrengungen beobachtet, die unternommen werden, um das ökologische Gleichgewicht wieder herzustellen. Umweltbewusstsein ist ein Schlagwort unserer Tage. Doch auch mit der modernsten Technologie haben wir die Erde nicht »im Griff«.

Was geschah, als Adam gesündigt hatte? Man konnte nicht mehr ohne Anstrengung ernten, was die Erde hervorgebracht hatte; jetzt musste man »im Schweiße des Angesichts« arbeiten (1. Mo. 3,18). Und die Frauen hatten Schmerzen bei der Geburt zu erleiden (3,16). Bald gab es den ersten Mord in Adams Familie. Schließlich musste Gott beinahe das gesamte Menschengeschlecht wegen seiner Ausschweifungen in der großen Flut ertränken.

Weite Bereiche des Tierreichs leben in Furcht vor dem Menschen und können nicht gezähmt werden. Wo die Erde einst reichlich gute Dinge hervorbrachte, wachsen jetzt Dornen, Unkraut und anderes, was Mühsal bereitet. Unerträgliche Hitze oder Kälte, giftige Pflanzen und Tiere, Erdbeben, Wirbelstürme, Flutwellen, Orkane und Krankheiten sind alle Ergebnisse des Sündenfalls. Der Mensch ist nicht mehr König, sondern Sklave – ein sterbendes Geschöpf, das einen aussichtslosen Kampf gegen eine sterbende Erde führt.

Erstaunlicherweise ist sich die Erde ihres Zustands bewusst: »Denn die Schöpfung ist der Nichtigkeit unterworfen worden – nicht freiwillig, sondern durch den, der sie unterworfen hat« (Röm. 8,20). Jetzt erwartet sie sehnlich den Tag, an dem die Söhne Gottes – die Gläubigen – in dem Reich Christi offenbar werden, weil sie dann von der Knechtschaft der Vergänglichkeit befreit sein wird (die Verse 19.21.22).

In dem wunderbaren Plan Gottes ist ein Tag vorgesehen, an dem der Mensch die einst verlorene Herrschaft wieder antreten wird. Möge unser Herr diesen Tag bald erscheinen lassen!

Zum Gebet: Danke Gott, dass Er eines Tages die Erde von dem Fluch wegen der Sünde erlösen wird.

Zum Bibelstudium: Lies Jesaja 60,25; 2. Petrus 3,13 und Offenbarung 21,27. Was wird die neue Erde kennzeichnen?

»Wir sehen aber Jesus, der ein wenig unter die Engel erniedrigt war, wegen des Todesleidens mit Herrlichkeit und Ehre gekrönt, damit er durch Gottes Gnade für jeden den Tod schmeckte« (Hebr. 2,9).

Jesus Christus ist der Einzige, der die Bestimmung des Menschen wiederherstellen konnte.

Der endgültige Fluch über unserer verlorenen Bestimmung ist der Tod. Gott hatte Adam gewarnt, er würde sterben, äße er von dem Baum der Erkenntnis des Guten und Bösen (1. Mo. 2,17). In dem wiederhergestellten Reich werden wir wieder über die erneuerte Erde erhoben werden. Aber die einzige Möglichkeit, wieder zu herrschen, bestand darin, den Fluch der Sünde zu beseitigen, und der einzige Weg dahin war die Bezahlung für den Lohn der Sünde, für den Tod (Röm. 6,23).

Darin liegt ja das Problem: Wie könnten wir herrschen, wenn wir tot sind? Wir müssen von den Toten auferweckt werden; aber das können wir nicht selbst bewerkstelligen. Darum aber sandte Gott Seinen Sohn Jesus Christus. Um dies große Werk für uns zu vollbringen, musste Er Mensch werden. Er selbst musste für eine kleine Weile »unter die Engel erniedrigt« werden. Um den Menschen das Reich zurückzugeben, musste Er für alle Menschen den Tod schmecken. Christus kam, um für uns zu sterben; denn in Seinem Sterben konnte Er den Tod besiegen.

Aber Er ist auch von den Toten auferstanden: »Wir wissen, dass Christus, aus den Toten auferweckt, nicht mehr stirbt; der Tod herrscht nicht mehr über ihn« (Röm. 6,9). Was bedeutet das aber für uns? »Wenn wir verwachsen sind mit der Gleichheit seines Todes, so werden wir es auch mit der [seiner] Auferstehung sein« (Vers 5).

In dem Augenblick, als du an Christus glaubtest, wurdest du mit Ihm identifiziert. Du starbst mit Ihm am Kreuz, du bist auferweckt und du fingst an, in einem neuen Leben zu wandeln. Jetzt bist du Miterbe Christi in seinem ewigen Reich.

Christus schmeckte den Tod für dich und mich; so erlangten wir das verlorene Erbteil wieder. Feiere diese herrliche Wahrheit mehr als die Geburt Christi an diesem Tage.

Zum Gebet: Bevor du heute etwas anderes anfängst, preise deinen himmlischen Vater für Seinen wunderbaren Erlösungsplan.

Zum Bibelstudium: Lies Jesaja 2,2-4 und 11,6-9 und betrachte das Wesen unserer künftigen Herrschaft.

»Wir sehen aber Jesus, der ein wenig unter die Engel erniedrigt war, wegen des Todesleidens mit Herrlichkeit und Ehre gekrönt, damit er durch Gottes Gnade für jeden den Tod schmeckte« (Hebr. 2,9).

Jesus Christus wurde geboren, um als unser Stellvertreter zu sterben.

Den meisten Gläubigen fällt es zu dieser Jahreszeit schwer, den Herrn anders als Kind in der Krippe zu sehen. Wir wissen zwar, weshalb Er kam, aber gewöhnlich verbinden wir das Kreuz mit einer anderen Jahreszeit. Doch sollte uns immer bewusst sein, dass Er kam, um zu sterben.

Die zarten Kinderhändchen, die der Heilige Geist im Mutterschoß der Maria zubereitete, waren bestimmt, um durchnagelt zu werden. Diese kleinen rundlichen Füßchen sollten auf den Hügel Golgatha hinaufsteigen, um dort ans Kreuz geschlagen zu werden. Sein heiliges Haupt wurde zubereitet, um die Dornenkrone zu tragen. Sein zarter, in Windeln gewickelter Leib sollte mit einem Spieß durchbohrt werden, um ein gebrochenes Herz zu beweisen. Der Tod Christi war kein Unglücksfall; Er war zum Sterben geboren.

Jesus starb, um den Fluch von uns abzuwenden, damit wir das Reich zurück erhielten. Aber um das tun zu können, musste Er als Mensch zu uns kommen. Indem Er es aber tat und sich sogar für eine Zeit unter die Engel erniedrigte, hat Er etwas vollbracht, was kein Engel je hätte tun können: Er hat uns wiederhergestellt.

Vor allem anderen wurde Christus ein Mensch, um für alle anderen Menschen den Tod erleiden zu können. Er kam, um an unserer Stelle zu sterben – um unser Stellvertreter zu werden. Gott hatte zwei Optionen: Entweder ließ Er uns sterben – denn das ist der Lohn der Sünde – oder Er erlaubte einem Stellvertreter, unsere Strafe auf sich zu nehmen und an unserer Stelle zu sterben. Aus lauter Gnade entschied Er sich für die zweite Möglichkeit.

Es ist von vitaler Bedeutung, dass wir an dem stellvertretenden Tod Christi festhalten, weil liberale Theologen behaupten, der Tod des Herrn sei nur ein Vorbild, wie das eines Märtyrers, der für irgendetwas gestorben ist. Dabei ist Er doch für dich und für mich als Stellvertreter gestorben! Dadurch befreite Er uns zu einem Leben für und mit Gott. Wir sollten staunen und jubeln, dass der Schöpfer der Engel, der Herr der Heerscharen, bereit war, sich um unseretwillen unter Seine Geschöpfe zu erniedrigen.

ZUM GEBET: Danke dem Herrn für die Bereitschaft, sich bis zu uns als Mensch herabzuneigen, um uns zu retten.

ZUM BIBELSTUDIUM: Lies Psalm 22 und achte auf die Weissagungen über Jesu Leiden am Kreuz.

»Wir sehen aber Jesus, der ein wenig unter die Engel erniedrigt war, wegen des Todesleidens mit Herrlichkeit und Ehre gekrönt, damit er durch Gottes Gnade für jeden den Tod schmeckte« (Hebr. 2,9).

Um uns als Stellvertreter dienen zu können, musste sich Christus in die tiefste Tiefe begeben.

Jesu Kreuzestod war nicht billig zu haben. Er starb einen furchtbaren Tod, der nicht still und friedlich kam, sondern von schrecklichen körperlichen Qualen und schwersten inneren Kämpfen begleitet war. Der Tod, den Er zu schmecken bekam, war der Fluch der Sünde. In den sechs Stunden am Kreuz erlitt Er den Todeskampf aller Menschen, so dass niemand umzukommen braucht. Er hatte keine Sünde begangen; und doch litt Er freiwillig unter dem Gewicht aller Sünden, die je begangen waren und noch begangen werden.

Gott sandte Seinen Sohn und Sein Sohn kam willig, um die Menschheit vom Tode zu erlösen. Paulus schreibt: »Als die Fülle der Zeit kam, sandte Gott seinen Sohn, geboren von einer Frau, geboren unter Gesetz, damit er die loskaufte, [die] unter Gesetz [waren], damit wir die Sohnschaft empfingen« (Gal. 4,4-5).

Nur indem Er den Tod als Mensch erduldete, konnte Er die Menschheit vom Tod befreien. In früherer Zeit hatten die Könige einen, der alles, was der König essen oder trinken wollte, zuvor probieren musste. Christus hat den Giftkelch bis zur Neige ausgetrunken, ehe er an unsere Lippen kam – den Kelch, den wir verdient hätten. Er starb stellvertretend für uns, dadurch erlöste Er uns von der todbringenden Sünde und schenkte uns göttliches Leben.

Was bewegte den Herrn, für uns zu leiden? Gnade. Was wir nicht verdient hatten (die Erlösung), empfingen wir und was wir verdient hatten (ewigen Tod), empfingen wir nicht. Unbändige Liebe leitete Christus zu diesem gnadenreichen Werk für uns: »Hierin ist die Liebe, nicht dass wir Gott geliebt haben, sondern dass er uns geliebt und seinen Sohn gesandt hat als eine Sühnung für unsere Sünden« (1. Joh. 4,10).

Nachdem Er das Werk Seines stellvertretenden Todes vollbracht hatte, wurde Er mit »Herrlichkeit und Ehre gekrönt« und zur Rechten Gottes, des Vaters, erhoben, von wo aus Er in alle Ewigkeit regieren wird. Er ist unser großer Stellvertreter, dem wir dann auch in alle Ewigkeit Dank und Lob darbringen werden.

Zum Gebet: Bitte Gott um Gelegenheiten, anderen, die sich noch nicht zu Christus gewendet haben, das Evangelium zu sagen, auch wenn du dadurch Anfeindungen erfährst.

Zum Bibelstudium: Lies Jesaja 52,13 – 53,12. Dann erkennst du, was der Gott des Weltalls von Seiten der Menschen zu leiden hatte.

»Es geziemte ihm, um dessentwillen alle Dinge und durch den alle Dinge sind, indem er viele Söhne zur Herrlichkeit führte, den Urheber ihrer Errettung durch Leiden vollkommen zu machen« (Hebr. 2,10).

Durch den Tod wurde Christus der vollkommene Führer Seines Volkes.

Bei allem, was der Herr tat, dürfen wir nicht vergessen, dass Er damit den souveränen Plan Gottes erfüllte. Der Schreiber des Hebräerbriefes sagt uns, es sei in Gottes Augen »geziemend« für Christus gewesen, »viele Söhne zur Herrlichkeit« zu bringen. Das bedeutet: Alles, was Gott durch Christus tat, stimmte mit Seinem Wesen überein.

Das Kreuz war ein Meisterstück göttlicher Weisheit. Es zeigt Seine Heiligkeit und Seinen Hass gegen die Sünde. Es stand in Übereinstimmung mit Seiner Kraft; denn Christus ertrug in wenigen Stunden, woran alle Sünder in Ewigkeit tragen müssten (und niemals hätten sie dadurch eine Sühnung ihrer Schuld erreicht). Das Kreuz zeigt Gottes Liebe zu den Menschen. Und Christi Kreuzestod passt völlig zu der Gnade Gottes, weil Er Ihn als Stellvertreter leiden ließ.

Um »viele Söhne zur Herrlichkeit« bringen zu können, musste Gott »den Urheber ihrer Errettung durch Leiden vollkommen machen«. Das griechische Wort für »Urheber« (*archegos*) bedeutet »Anführer« oder »Herzog«. Es wurde gewöhnlich für den gebraucht, der eine Bresche schlug, durch die andere folgen konnten. Der *archegos* stand niemals hinter der Truppe und erteilte Befehle, er war stets vorn, um anderen den Weg zu bahnen. Als der große *archegos* ist Er vor uns her geschritten und hat uns die Bahn freigemacht.

Alles erscheint furchteinflößend und bedrohlich, wenn der Tod naht. Da liegt ein Weg vor uns, den wir nicht allein gehen können. Aber »der Urheber unserer Errettung« sagt: »Weil ich lebe, werdet auch ihr leben« (Joh. 14,19). Nur der vollkommene »Durchbrecher« (Mi. 2,13) kann uns aus der Herrschaft des Todes in die Gegenwart Seines Vaters bringen. Für dich bleibt nur, deine Hand in Seine durchbohrte Hand zu legen, dann wird Er dich von der einen Seite des Todes auf die andere Seite bringen, so dass du mit dem Apostel Paulus sagen kannst: »Wo ist, o Tod, dein Sieg? Wo ist, o Tod, dein Stachel?« (1. Kor 15,55).

ZUM GEBET: Preise Gott für alle Seine herrlichen Eigenschaften, besonders für die in Christi Tod offenbarten!

ZUM BIBELSTUDIUM: Lies Hebräer 5,8-9 und 1. Petrus 2,19-25. Welche Aufschlüsse geben diese Verse über Hebräer 2,10?

»Denn sowohl der, welcher heiligt, als auch die, welche geheiligt werden, sind alle von einem; aus diesem Grund schämt er sich nicht, sie Brüder zu nennen, indem er spricht: ›Kundtun will ich deinen Namen meinen Brüdern; inmitten der Gemeinde will ich dir lobsingen.‹ Und wiederum: ›Ich will mein Vertrauen auf ihn setzen.‹ Und wiederum: ›Siehe, ich und die Kinder, die Gott mir gegeben hat‹« (Hebr. 2,11-13).

**Unser heiliger Christus macht uns heilig,
darum kann Er uns jetzt Seine Brüder nennen.**

Von unserem Standpunkt her und aus unserer Erfahrung betrachtet, ist es schwierig, uns als Heilige zu bezeichnen. Die Sünde klebt uns in dieser gefallenen Welt allzu sehr an. In Gedanken und Taten sind wir alles andere als heilig. Doch in Christus sind wir vollkommen heilig.

Wir mögen nicht immer als Heilige handeln, doch wegen unseres Glaubens an Christus sind wir vollkommen heilig in den Augen Gottes. Obwohl sich ein Kind nicht immer wie sein Vater verhält, bleibt es doch sein Sohn. Wir sind in dem Sinne heilig vor Gott, dass die Gerechtigkeit Christi uns zugerechnet und auf uns angewendet wird durch den Glauben. Sein Opfertod hat uns geheiligt und so stehen wir vor Gott als Menschen, »welche geheiligt werden«.

»Denn mit einem Opfer hat er die, die geheiligt werden, für immer vollkommen gemacht« (Hebr. 10,14). Wir sind so rein wie Gott rein ist, so gerecht wie Christus gerecht ist und sind daher berechtigt, Seine Brüder genannt zu werden, weil wir jetzt Seiner Gerechtigkeit teilhaftig sind.

Der Heiligende und die Geheiligten haben *einen* Vater und der Heiligende »schämt sich nicht«, die Geheiligten Seine Brüder zu nennen. Welch eine überwältigende Wahrheit!

Die praktische Erfahrung des Christenlebens in dieser Welt schließt Sünde mit ein; aber die Realität der Stellung unserer neuen Natur vor Gott ist vollkommene Heiligkeit. »Ihr seid in ihm zur Fülle gebracht« (Kol. 2,10). Doch in der Lebenspraxis haben wir einen langen Weg zu gehen, der aber von dem großen Ziel beherrscht sein soll, dass unsere Praxis mit unserer Stellung übereinstimmt. Da wir nun Christi Brüder und Kinder Gottes sind, möge das uns anreizen, mit aller Kraft dementsprechend zu leben.

Zum Gebet: Danke dem Herrn für Sein heiligendes Werk am Kreuz, das dich befähigt, heilig zu sein.

Zum Bibelstudium: Lies Römer 1,16. Kannst du diese Aussage des Paulus von ganzem Herzen nachsprechen, wo doch Gott durch Christus so viel an dir getan hat?

»Weil nun die Kinder Fleisches und Blutes teilhaftig sind, hat auch er in gleicher Weise daran Anteil gehabt, um durch den Tod den zunichte zu machen, der die Macht des Todes hat, das ist den Teufel, und um alle zu befreien, die durch Todesfurcht das ganze Leben hindurch der Knechtschaft unterworfen waren« (Hebr. 2,14-15).

Christus kam, um die Macht Satans zu zerbrechen; das geschah durch Sein siegreiches Sterben.

Damit wir die Freiheit erhielten, mit Gott zu leben und Anteil an allem göttlichen Segen zu haben, musste jemand Satans tödliche Faust zerschmettern. Durch die Sünde erlangt Satan große Macht über die Menschen; aber diese Macht selbst ist der Tod.

Satan wusste, dass Gott den Tod wegen unserer Sünde fordert. Er wusste, dass in Adam alle sterben müssen – dass der Tod so gewiss ist wie das Leben. Und er wusste, dass, wenn die Menschen so bleiben, wie sie sind, sie für ewig aus der Gegenwart Gottes weichen und in die Hölle kommen müssen. So geht es dem Teufel darum, den Menschen bis zu seinem Tode festzuhalten, weil nach dem Sterben die Möglichkeit der Errettung für immer vorüber ist.

Um dem Satan die Macht des Todes zu entwinden, sandte Gott Seinen Sohn in diese Welt. Wenn man stärkere Waffen als der Gegner hat, helfen ihm die seinen nichts. Man kann nicht mit Pfeil und Bogen gegen ein Maschinengewehr ankämpfen. Satans Waffe ist der Tod; aber Gottes Waffe ist das ewige Leben und damit vernichtete Jesus den Tod.

Wie konnte Er das erreichen? Durch seine Auferstehung bewies Er, dass der Tod besiegt war. Darum sagt Er: »Weil *ich* lebe, werdet auch *ihr* leben« (Joh. 14,19). Seine Auferstehung rüstet den Gläubigen mit ewigem Leben aus.

Nichts erschreckt die Menschen mehr als die Todesfurcht. Doch wenn wir Christus annehmen, birgt der Tod nichts Erschreckendes mehr; denn er befreit uns, um in die Gegenwart unseres Herrn zu gelangen. Wir können mit Paulus sagen: »Das Leben ist für mich Christus und das Sterben Gewinn« (Phil. 1,21). Freue dich, dass du deine Hand in die des Todesüberwinders gelegt hast; Er wird dich durch den Tod ans andere Ufer bringen.

ZUM GEBET: Bitte Gott, dir ein klareres Bewusstsein davon zu geben, dass Er den Tod überwunden hat und daher in der Lage ist, dir zu einem Leben zu helfen, durch das Er verherrlicht wird.

ZUM BIBELSTUDIUM: Lies 1. Korinther 15,50-58. Wie sollten wir angesichts unseres Wissens über den Tod unser Leben führen?

»Er nimmt sich doch wohl nicht der Engel an, sondern der Nachkommenschaft Abrahams nimmt er sich an. Daher musste er in allem den Brüdern gleich werden, damit er barmherzig und ein treuer Hoherpriester vor Gott werde, um die Sünden des Volkes zu sühnen; denn worin er selbst gelitten hat, als er versucht worden ist, kann er denen helfen, die versucht werden« (Hebr. 2,16-18).

Der Herr kam, um mit uns zu empfinden;
daher kann Er unser gnädiger und treuer Hoherpriester sein.

In seinem Brief an Timotheus berät und ermutigt Paulus seinen jungen Mitarbeiter in mancher Hinsicht. Da geht es um Gesundheit, Urteilsfähigkeit, moralische und geistliche Kämpfe und so weiter. All das ist schön zusammengefasst in diesen Worten: »Halte im Gedächtnis Jesus Christus, auferweckt aus den Toten, aus dem Samen Davids« (2. Tim. 2,8).

Wie Timotheus müssen auch wir daran denken, dass der Herr Mensch war, besonders wenn das Leben mühselig ist. Dann können wir beten: »Herr, Du weißt, was Du ausgehalten hast, als Du hier warst. Jetzt geht es mir so ähnlich.« Wir können sicher sein, dass Er uns versteht und uns tröstet.

Der Herr kam nicht nur, um uns zu retten, sondern auch, um mit uns empfinden zu können. Er erlebte, was wir erleben, so kann er »barmherzig und ein treuer Hoherpriester« sein. »Denn wir haben nicht einen Hohenpriester, der nicht Mitleid haben könnte mit unseren Schwachheiten, sondern der in allem in gleicher Weise [wie wir] versucht worden ist, [doch] ohne Sünde« (Hebr. 4,15).

Er hat alles durchgemacht, was wir je erleben werden – und noch mehr. Die meisten von uns werden niemals das volle Ausmaß einer Versuchung erfahren, weil wir ihr längst vorher erlegen sind. Jesus aber sündigte nie, so dass Er das volle Maß jeglicher Versuchung durchlitt.

Wir haben keinen allgewaltigen Gott, der mächtig und heilig, aber gleichgültig wäre. Er weiß, wenn uns etwas schmerzt, wenn wir schwach sind oder versucht werden. Unser Herr Jesus Christus ist nicht nur unser Retter, sondern unser liebender Herr, der mit uns fühlt. Freue dich von Herzen der Größe Seiner Liebe zu uns!

Zum Gebet: Bitte Gott, dich daran zu erinnern, wie nötig du Ihn allezeit brauchst und nicht nur in schweren Stunden.

Zum Bibelstudium: Lerne 1. Korinther 10,13 auswendig, damit du gleich daran denkst, wenn du in Schwierigkeiten gerätst.

Bibelstellenverzeichnis

Bibelleseplan

Januar

1. Joh. 1,1-18
2. 1Mo. 1 – 4
3. 1Mo. 5 – 8
4. 1Mo. 9 – 12
5. 1Mo. 13 – 16
6. Ps. 1 – 3
7. 1Mo. 17 – 19
8. 1Mo. 20 – 22
9. Hiob 1 – 4
10. Hiob 5 – 8
11. Hiob 9 – 12
12. Hiob 13 – 16
13. Ps. 4 – 7
14. Hiob 17 – 20
15. Hiob 21 – 24
16. Hiob 25 – 28
17. Hiob 29 – 32
18. Hiob 33 – 36
19. Hiob 37 – 39
20. Ps. 8 – 11
21. Hiob 40 – 42
22. 1Mo. 23 – 26
23. 1Mo. 27 – 30
24. 1Mo. 31 – 34
25. 1Mo. 35 – 38
26. 1Mo. 39 – 42
27. Ps. 12 – 14
28. 1Mo. 43 – 46
29. 1Mo. 47 – 50
30. 2Mo. 1 – 3
31. 2Mo. 4 – 6

Februar

1. 2Mo. 7 – 9
2. 2Mo. 10 – 12
3. Ps. 15 – 17
4. 2Mo. 13 – 15
5. 2Mo. 16 – 18
6. 2Mo. 19 – 21
7. 2Mo. 22 – 24
8. 2Mo. 25 – 27
9. 2Mo. 28 – 30
10. Ps. 18 – 20
11. 2Mo. 31 – 33
12. 2Mo. 34 – 37
13. 2Mo. 38 – 40
14. 3Mo. 1 – 3
15. 3Mo. 4 – 6
16. 3Mo. 7 – 9
17. Ps. 21 – 23
18. 3Mo. 10 – 12
19. 3Mo. 13 – 15
20. 3Mo. 16 – 18
21. 3Mo. 19 – 21
22. 3Mo. 22 – 24
23. 3Mo. 25 – 27
24. Ps. 24 – 26
25. 4Mo. 1 – 3
26. 4Mo. 4 – 6
27. 4Mo. 7 – 10
28. 4Mo. 11 – 12

März

1. 4Mo. 13 – 15
2. 4Mo. 16 – 18
3. Ps. 27 – 29
4. 4Mo. 19 – 21
5. 4Mo. 22 – 24
6. 4Mo. 25 – 27
7. 4Mo. 28 – 30
8. 4Mo. 31 – 33
9. 4Mo. 34 – 36
10. Ps. 30 – 32
11. 5Mo. 1 – 3
12. 5Mo. 4 – 6
13. 5Mo. 7 – 9
14. 5Mo. 10 – 12
15. 5Mo. 13 – 15
16. 5Mo. 16 – 18
17. Ps. 33 – 35
18. 5Mo. 19 – 21
19. 5Mo. 22 – 24
20. 5Mo. 25 – 27
21. 5Mo. 28 – 30
22. 5Mo. 31 – 34
23. Josua 1 – 3
24. Ps. 36 – 38
25. Josua 4 – 6
26. Josua 7 – 9
27. Josua 10 – 12
28. Josua 13 – 15
29. Josua 16 – 18
30. Josua 19 – 21
31. Ps. 39 – 41

April

1. Josua 22 – 24
2. Richt. 1 – 3
3. Richt. 4 – 6
4. Richt. 7 – 9
5. Richt. 10 – 12
6. Richt. 13 – 15
7. Ps. 42 – 44
8. Richt. 16 – 18
9. Richt. 19 – 21
10. Ruth 1 – 4
11. 1Sam. 1 – 3
12. 1Sam. 4 – 6
13. 1Sam. 7 – 9
14. Ps. 45 – 47
15. 1Sam. 10 – 13
16. 1Sam. 14 – 16
17. 1Sam. 17 – 19
18. 1Sam. 20 – 22
19. 1Sam. 23 – 25
20. 1Sam. 26 – 28
21. Ps. 48 – 50
22. 1Sam. 29 – 31
23. 2Sam. 1 – 3
24. 2Sam. 4 – 6
25. 2Sam. 7 – 9
26. 2Sam. 10 – 12
27. 2Sam. 13 – 15
28. Ps. 51 – 53
29. 2Sam. 16 – 18
30. 2Sam. 19 – 21

Mai

1. 2Sam. 22 – 24
2. 1Kö. 1 – 4
3. Spr. 1 – 3
4. Spr. 4 – 6
5. Ps. 54 – 56

6. .... Spr. 7 – 9
7. .... Spr. 10 – 12
8. .... Spr. 13 – 15
9. .... Spr. 16 – 18
10. .... Spr. 19 – 21
11. .... Spr. 22 – 24
12. .... Ps. 57 – 59
13. .... Spr. 25 – 27
14. .... Spr. 28 – 31
15. ...... Hohesl. 1 – 4
16. ...... Hohesl. 5 – 8
17. .... 1Kö. 5 – 7
18. .... 1Kö. 8 – 11
19. .... Ps. 60 – 62
20. .... Pred. 1 – 4
21. .... Pred. 5 – 8
22. .... Pred. 9 – 12
23. .... 1Kö. 12 – 14
24. .... 1Kö. 15 – 17
25. .... 1Kö. 18 – 20
26. .... Ps. 63 – 65
27. 1Kö. 21 – 22; 2Kö. 1
28. .... 2Kö. 2 – 4
29. .... 2Kö. 5 – 7
30. .... 2Kö. 8 – 10
31. ... 2Kö. 11,1 – 14,25

Juni

1. .... Jona
2. .... Ps. 66 – 68
3. ..... 2Kö. 14,26-29;
.... Amos 1 – 3
4. .... Amos 4 – 6
5. .... Amos 7 – 9
6. .... 2Kö. 15 – 17
7. .... 2Kö. 18 – 21
8. .... 2Kö. 22 – 25
9. .... Ps. 69 – 71
10. .... 1Chr. 1 – 3
11. .... 1Chr. 4 – 6
12. .... 1Chr. 7 – 9
13. ...... 1Chr. 10 – 12
14. ...... 1Chr. 13 – 16
15. ...... 1Chr. 17 – 19
16. .... Ps. 72 – 74
17. ...... 1Chr. 20 – 22
18. ...... 1Chr. 23 – 25
19. ...... 1Chr. 26 – 29
20. .... 2Chr. 1 – 3
21. .... 2Chr. 4 – 6
22. .... 2Chr. 7 – 9
23. .... Ps. 75 – 77
24. ...... 2Chr. 10 – 12
25. ...... 2Chr. 13 – 15
26. ...... 2Chr. 16 – 18
27. ...... 2Chr. 19 – 22
28. .. Joel 1 – 3; Obadja
29. ... 2Chr. 23,1 – 26,8
30. .... Ps. 78 – 80

Juli

1. .... Jes. 1 – 3
2. .... Jes. 4 – 6;
...... 2Chr. 26,9-23
3. ...... 2Chr. 27 – 29
4. ...... 2Chr. 30 – 32
5. .... Jes. 7 – 9
6. .... Jes. 10 – 12
7. .... Ps. 81 – 83
8. .... Jes. 13 – 15
9. .... Jes. 16 – 18
10. .... Jes. 19 – 21
11. .... Jes. 22 – 24
12. .... Jes. 25 – 27
13. .... Jes. 28 – 30
14. .... Ps. 84 – 86
15. .... Jes. 31 – 33
16. .... Jes. 34 – 36
17. .... Jes. 37 – 39
18. .... Jes. 40 – 42
19. .... Jes. 43 – 45
20. .... Jes. 46 – 48
21. .... Ps. 87 – 90
22. .... Jes. 49 – 51
23. .... Jes. 52 – 54
24. .... Jes. 55 – 57
25. .... Jes. 58 – 60
26. .... Jes. 61 – 63
27. .... Jes. 64 – 66
28. .... Ps. 91 – 93
29. .... Hosea 1 – 3
30. .... Hosea 4 – 6
31. .... Hosea 7 – 9

August

1. ...... Hosea 10 – 12
2. ...... Hosea 13, 14;
.... Micha 1
3. .... Micha 2 – 4
4. .... Ps. 94 – 96
5. .... Micha 5 – 7
6. ...... Nahum 1 – 3
7. 2Chr. 33 – 34; Zeph. 1
8. .... Zeph. 2 – 3;
.... 2Chr. 35
9. .... Hab. 1 – 3
10. .... Jer. 1 – 3
11. .... Ps. 97 – 99
12. .... Jer. 4 – 6
13. ...... Jer. 11, 12, 26
14. .... Jer. 7 – 9
15. ...... Jer. 10, 14, 15
16. .... Jer. 16 – 18
17. ...... Jer. 19, 20, 35
18. ...... Ps. 100 – 102
19. ...... Jer. 25, 36, 45
20. .... Jer. 46 – 49
21. ...... Jer. 13, 22, 23
22. ...... Jer. 24, 27, 28
23. ..... Jer. 29, 50 – 51
24. .... Jer. 30 – 33
25. .... Ps. 103 – 105
26. ...... Jer. 21, 34, 37
27. ..... Jer. 38, 39, 52
28. .... Jer. 40 – 42
29. .. Jer. 43 – 44; Kla. 1
30. .... Kla. 2 – 5
31. ...... 2Chr. 36,1-8;
.... Dan. 1 – 3

September

1. ...... Ps. 106 – 108
2. .... Dan. 4 – 6
3. .... Dan. 7 – 9
4. ...... Dan. 10 – 12
5. .... 2Chr. 36,9 – 21;
.... Hes. 1 – 3
6. .... Hes. 4 – 6
7. .... Hes. 7 – 9
8. .... Ps. 109 – 111
9. .... Hes. 10 – 12
10. .... Hes. 13 – 16
11. .... Hes. 17 – 20
12. .... Hes. 21 – 24
13. .... Hes. 25 – 28
14. .... Hes. 29 – 32

15. Ps. 112 – 114
16. Hes. 33 – 36
17. Hes. 37 – 40
18. Hes. 41 – 44
19. Hes. 45 – 48
20. 2Chr. 36,22-23; Esra 1 – 3
21. Esra 4; Haggai 1 – 2
22. Ps. 115 – 117
23. Sach. 1 – 3
24. Sach. 4 – 6
25. Sach. 7 – 9
26. Sach.10 – 12
27. Sach. 13,14
28. Esra 5 – 7
29. Ps. 118,1 – 119,16
30. Esra 8 – 10

Oktober

1. Esther 1 – 3
2. Esther 4 – 6
3. Esther 7 – 10
4. Neh. 1 – 3
5. Neh. 4 – 6
6. Ps. 119,17 – 72
7. Neh. 7 – 9
8. Neh. 10 – 13
9. Maleachi
10. Matth. 1 – 3
11. Matth. 4 – 7
12. Matth. 8 – 10
13. Ps. 119,73 – 120
14. Matth. 11 – 13
15. Matth. 14 – 16
16. Matth. 17 – 19
17. Matth. 20 – 22
18. Matth. 23 – 25
19. Matth. 26 – 28
20. Ps. 119,121-176
21. Mark. 1 – 4
22. Mark. 5 – 8
23. Mark. 9 – 12
24. Mark. 13 – 16
25. Lk. 1 – 4
26. Lk. 5 – 8
27. Ps. 120 – 122
28. Lk. 9 – 12
29. Lk. 13 – 16
30. Lk. 17 – 20
31. Lk. 21 – 24

November

1. Joh. 1 – 3
2. Joh. 4 – 6
3. Ps. 123 – 125
4. Joh. 7 – 9
5. Joh. 10 – 12
6. Joh. 13 – 15
7. Joh. 16 – 18
8. Joh. 19 – 21
9. Apg. 1 – 4
10. Ps. 126 – 128
11. Apg. 5,1 – 8,3
12. Apg. 8,4 – 11,18
13. Apg. 11,19 – 14,28
14. Jak
15. Gal.
16. Apg. 15 – 17,10
17. Ps. 129 – 131
18. Phil.
19. 1Thess.
20. 2Thess.; Apg. 17,11; 18,11
21. 1Kor. 1 – 3
22. 1Kor. 4 – 7
23. 1Kor. 8,1 – 11,1
24. Ps. 131 – 134
25. 1Kor. 11,2 – 14,40
26. 1Kor. 15 – 16
27. 2Kor. 1 – 5
28. 2Kor. 6 – 9
29. 2Kor. 10 – 13
30. Apg. 18,12 – 19,41; Eph. 1 – 2

Dezember

1. Ps. 135 – 137
2. Eph. 3 – 6
3. Röm. 1 – 3
4. Röm. 4 – 6
5. Röm. 7 – 9
6. Röm. 10 – 12
7. Röm. 13 – 16
8. Ps. 138 – 140
9. Apg. 20 – 22
10. Apg. 23 – 25
11. Apg. 26 – 28
12. Kol.
13. Hebr. 1 – 4
14. Hebr. 5 – 8
15. Ps. 141 – 144
16. Hebr. 9 – 11
17. Hebr. 12 – 13; Tit.
18. Phim.
19. 1Tim.; 2Tim.
20. 1Petr.
21. 1Jo.
22. Ps. 145 – 147
23. 2Petr.; 2/3Jo.; Jud.
24. Offb. 1 – 3
25. Offb. 4 – 7
26. Offb. 8 – 10
27. Offb. 11 – 13
28. Offb. 14 – 17
29. Ps. 148 – 150
30. Offb. 18 – 20
31. Offb. 21 – 22

dlv

Paperback

John F. MacArthur
Lampen ohne Öl

256 Seiten
DM 16.80
ISBN 3-89397-253-6

Evangelium »light« – salonfähig gestutztes Christentum – biblische Nachfolge im Ausverkauf – was bleibt in der heutigen Evangeliumsverkündigung vom Ärgernis des Kreuzes? Warum sind die Christen kaum noch von der Welt zu unterscheiden?

Kann es sein, dass wir Menschen zu Christen deklarieren, die gar nicht wirklich wiedergeboren sind, sondern »nur eine Form der Gottseligkeit haben, deren Kraft aber verleugnen«?

Typische und heute gängige Formulierungen wie »Nimm Jesus an«, »Lade Jesus ein«, »Bitte Jesus, in dein Leben zu kommen« und »Triff eine Entscheidung für Christus« – entsprechen sie der Verkündigung des Herrn?

In diesem Buch über den »Evangelikalismus« macht MacArthur die gegenwärtige, notvolle Situation der Evangeliumsverkündigung deutlich und stellt ihre biblische Praxis und Lehre im Leben des Herrn und der Apostel gegenüber. Auch die Entwicklung im Lauf der Kirchengeschichte wird behandelt.